보카

뉴 텝 스
최 신 경 향
반 영

PAGODA Books

TEPS란?

TEPS(Test of English Proficiency developed by Seoul National University)는 서울대학교 언어교육원에서 개발한 영어 인증 시험으로 최근 영어 사용 환경과 영어 교육 및 평가의 국제적인 추세를 반영한 영어 능력 평가이다. TEPS는 국가공무원 선발 및 국가자격시험에서 영어 과목을 대체할 수 있고, 대학(원) (편)입학 및 졸업 기준에 사용되며, 공공기관과 기업 외에도 다양한 기관에서 채용 및 인사평가 요소로 활용된다.

뉴텝스 구성 및 유형

구분	파트	문제유형	문항수	제한시간	점수범위
청해	Part 1.	한 문장을 듣고 이어질 응답 고르기 (문장 1회 청취 후 선택지 1회 청취)	10	40분	0~240점
	Part 2.	짧은 대화를 듣고 이어질 응답 고르기 (대화 1회 청취 후 선택지 1회 청취)	10		
	Part 3.	긴 대화를 듣고 질문에 알맞은 답 고르기 (대화 및 질문 1회 청취 후 선택지 1회 청취)	10		
	Part 4.	담화를 듣고 질문에 알맞은 답 고르기(1지문 1문항) (담화 및 질문 2회 청취 후 선택지 1회 청취)	6		
	Part 5.	담화를 듣고 질문에 알맞은 답 고르기(1지문 2문항) (담화 및 질문 2회 청취 후 선택지 1회 청취)	4		
어휘	Part 1.	대화문의 빈칸에 알맞은 어휘 고르기	10	25분	0~60점
	Part 2.	단문의 빈칸에 알맞은 어휘 고르기	20		
문법	Part 1.	대화문의 빈칸에 알맞은 답 고르기	10		
	Part 2.	단문의 빈칸에 알맞은 답 고르기	15		
	Part 3.	대화 및 문단에서 문법상 틀리거나 어색한 부분 고르기	5		
독해	Part 1.	지문을 읽고 빈칸에 알맞은 답 고르기	10	40분	0~240점
	Part 2.	지문을 읽고 문맥상 어색한 내용 고르기	2		
	Part 3.	지문을 읽고 질문에 알맞은 답 고르기(1지문 1문항)	13		
	Part 4.	지문을 읽고 질문에 알맞은 답 고르기(1지문 2문항)	10		
합		14파트	135	105분	0~600점

- 뉴텝스는 변경전보다 문항 수가 65문항 감소한 135문항이 출제되고, 시험 시간은 약 35분 감소한 약 105분으로 축소되었다. 총 점수 또한 990점 만점에서 600점 만점으로 변경되었다.
- 청해 Part 5와 독해 Part 4에 1지문 2문항 구성의 신유형이 추가되었다.
- 청해 Part 3의 청취 횟수가 2회에서 1회로 감소되었고, 대화 전에 대화 상황이 제시된다.
- 어휘와 문법 영역의 시험 시간이 통합되었고 시험 순서가 "문법→어휘"에서 "어휘→문법"으로 변경되었다.
- 독해 영역에 메신저 대화, 인터넷 정보, 문서 양식 등 새로운 유형의 지문이 출제되며 일부 지문에는 실제를 반영한 디자인이 적용되어 출제된다.

보카
뉴 텝 스
최 신 경 향
반 영

초판 1쇄 인쇄 2019년 7월 1일
초판 3쇄 발행 2023년 7월 25일

지 은 이 | 권민지, 김인, 박민경, 유니스정, 이운정, 정지윤, 제니김, 하승연
펴 낸 이 | 박경실
펴 낸 곳 | **PAGODA Books** 파고다북스
출판등록 | 2005년 5월 27일 제 300-2005-90호
주   소 | 06614 서울특별시 서초구 강남대로 419, 19층(서초동, 파고다타워)
전   화 | (02) 6940-4070
팩   스 | (02) 536-0660
홈페이지 | www.pagodabook.com

저작권자 | ⓒ 2019 권민지, 김인, 박민경, 유니스정, 이운정, 정지윤, 제니김, 하승연

ISBN 978-89-6281-829-1 (13740)

파고다북스   www.pagodabook.com
파고다 어학원   www.pagoda21.com
파고다 인강   www.pagodastar.com
테스트 클리닉   www.testclinic.com

▎낙장 및 파본은 구매처에서 교환해 드립니다.

시험 응시 안내

1. 시험 접수 회차별로 지정된 접수기간 중 인터넷 또는 접수처를 방문하여 접수가 가능하다. 정기접수 기간을 놓친 경우 추가접수는 온라인으로만 가능하다.

- 인터넷 접수: www.teps.or.kr에서 본인인증 후 접수가 가능하다. 사진 파일을 미리 준비해야 하며, 응시료(39,000원, 추가 접수 시 42,000원)는 신용카드 또는 계좌이체로 결제 가능하다.
- 접수처 방문 접수: www.teps.or.kr에서 가까운 접수처를 확인 후 방문한다. 접수처 방문 접수 시, 3×4 사진 한 장과 응시료가 필요하다.
- 접수 취소: 인터넷과 접수처에서 접수 취소가 가능하다. 접수처 취소는 해당 접수처에서 접수한 경우에만 가능하다. 취소 신청 시점에 따라 환불율이 다르게 적용된다.

2. 시험 일정 시험은 매달 토요일에 1~2회(일요일 연 1회 정도) 진행된다. 자세한 일정은 www.teps.or.kr에서 확인 가능하다.

3. 시험 준비물 규정신분증(주민등록증, 운전면허증, 유효한 여권, 공무원증 등), **컴퓨터용 사인펜**(연필 불가), **수정테이프**(수정액 불가), **손목시계**(전자시계 불가), **수험표**(접수확인 용도로 지참 권장)

4. 입실 안내 14시 30분까지(일요일 시험의 경우 09시 30분까지) **입실 완료**
14시 50분(일요일 시험의 경우 09시 50분) **이후에는 입실 불가**

5. 성적 발표 시험일 이후 2주차 화요일 17시에 TEPS 홈페이지를 통해 발표된다. 접수 시 성적표 **수령** 방법을 '인터넷 성적표'로 선택한 경우 성적 발표 직후부터 출력 가능하며, '우편'으로 선택하신 경우 성적 발표일을 기준으로 7~10일 가량 소요된다.

응시 관련 TIP

1. 시험 전 – 준비물을 잘 챙겼는지 다시 한 번 확인한다.
– 시험 장소 및 시간과 배정된 고사실을 확인한다.
– 모든 시험이 끝날 때까지 휴식 시간이 없으므로 화장실은 시험 시작 전에 미리 다녀온다.

2. 시험 시 – 답안을 따로 마킹할 시간이 없으므로 풀면서 바로 마킹한다.
– 각 영역별 시간을 준수하지 않는 경우 규정위반으로 시험 성적이 무효 처리될 수 있다.
– 대부분의 영역이 앞에는 쉬운 문제가, 뒤에는 어려운 문제가 나오므로 앞에서 너무 많은 시간을 할애하지 않는다.
– 풀기 어려운 문제에서 너무 많은 시간을 허비하여 다른 문제를 풀 시간이 부족하지 않도록 한다.
– 문항 배점이 다르므로 어려운 문제를 많이 맞추면 높은 점수를 받을 확률이 높다.

청해 Listening Comprehension

뉴텝스 청해 영역은 총 5개의 파트로 구성되어 있으며, Part 1~3은 대화체로 각각 10문항, Part 4와 5는 강연, 방송, 안내, 광고 등 다양한 분야의 1인 담화로 각각 6문항과 4문항으로 구성된다. Part 5는 1지문 2문항 유형으로 이루어 진다. 문제와 선택지 모두 시험지에 표기되어 있지 않는 100% 청취시험이다.

파트별 문제 유형

Part 1 한 문장을 듣고 이어질 응답 고르기 (10문항)

W: Want to try that new Italian restaurant tonight?
M: _____
(a) By all means. I'm looking forward to it.
(b) But I don't know how to cook Italian food.
(c) No. I'd rather eat out.
(d) Sure. I know where it sells.

새로 오픈한 이탈리안 음식점을 가자고 제안하고 있다. 제안을 받아들이며 기대가 된다는 (a)가 정답이다.

Part 2 짧은 대화를 듣고 이어질 응답 고르기 (10문항)

W: Where did you get those new shoes?
M: I got them for my birthday, but I never wear them.
W: But it looks comfortable.
M: _____
(a) Well, I wear them regularly.
(b) Those are not my kind of thing.
(c) I can't afford to buy one.
(d) I agree. That's why I prefer to wear them.

생일 선물로 새 신발을 받은 내용이다. 신발이 편하게 보이기는 하나 마음에 안 든다는 답변으로 (b)가 정답이다.

Part 3   긴 대화를 듣고 질문에 알맞은 답 고르기 (10문항)

W: I'm afraid that my house hasn't been sold yet.
M: Have people come to have a look?
W: No, hardly any people were interested in it.
M: You might want to reduce the price a little.
W: I did. The price was much lower than before. It's only $150,000.
M: Then, I hope you will get an offer soon.

Q: Which is correct about the woman according to the conversation?
(a) She is confident that her house will be sold soon.
(b) Some prospective buyers visited her house.
(c) She recently lowered the house's asking price.
(d) The original price for her house was $150,000.

집을 팔려고 내놓았는데 팔리지 않아 가격을 내렸다는 내용으로 (c)가 정답이다. (d)는 원래 가격이 아니라 내린 가격을 말하는 것이므로 오답이다.

Part 4   담화를 듣고 질문에 알맞은 답 고르기 (1지문 1문항, 6문항)

I'd like to inform you of a change regarding our meeting today. CEO Jack Baxter was supposed to deliver a speech at the meeting, but some urgent matters forced him to go to the branch office in Paris. We tried to arrange an internet teleconference with him, but because of the difference in time zone we have no choice but to postpone the meeting until this coming Thursday. Everything else but the date will be unchanged, and the agenda will proceed as planned.

Q: What is the main idea of the announcement?
(a) The internet teleconference will take place at the original date.
(b) Jack Baxter will call off the meeting due to the business trip.
(c) No changes will be made for the meeting.
(d) There will be a change of the meeting date due to the CEO's absence.

Jack Baxter 회장의 출장으로 예정된 회의가 연기된다는 공지사항이다. 회의가 연기된다고 했으므로 정답은 (d)다. 인터넷 화상 회의는 시차로 인해 불가능하다고 했으므로 (a)는 오답이며 회의가 취소된 게 아니라 연기되었으므로 (b)와 (c)는 답이 될 수 없다.

Today, we are going to discuss corporal punishment. Surprisingly, it is little known that it can negatively affect the development of children. A recent study carried by UNICEF shows that more than 300 million children have experience receiving various types of physical punishment from their parents or caregivers. Many articles published by experts argue that using physical discipline is detrimental to children's emotional development, causing them to become violent in adulthood. Fortunately, many developed countries are getting aware of the severity and Sweden became the first country to legally prohibit corporal punishment in 1981. Since 2003, the number of nations banning it has increased. But some people believe that laws should not control the way parents punish their children. They also think children can effectively correct their wrongdoing by physical discipline.

Q1: What is the talk mainly about?
(a) Why corporal punishment should be banned
(b) The number of countries against physical discipline
(c) Views on corporal punishment and related statistics
(d) Examples of various corporal punishment

Q2: Which is correct about corporal punishment according to the talk?
(a) Nearly 300 million children have experience receiving it.
(b) Sweden became the first country to legally ban it in 2003.
(c) There are a number of articles warning against using it.
(d) No one argues that it is harmful to children's development.

Q1: 체벌에 대한 내용으로 체벌을 부정적으로 여기는 통계자료와 긍정적으로 생각하는 의견들을 제시하고 있으므로 (c)가 답이 된다.
Q2: 아이들에게 체벌은 해롭고 성인이 될 때 폭력적으로 만든다는 전문가들의 기사들이 출판되었다고 언급하고 있다. 그러므로 정답은 (c)다.

어휘 & 문법 Vocabulary & Grammar

뉴텝스 어휘 & 문법 영역은 25분 동안 60문항(어휘 30문항 + 문법 30문항)을 풀도록 구성되어 있다.

어휘 Vocabulary

뉴텝스 어휘 영역은 Part 1 구어체 10문항, Part 2 문어체 20문항, 총 30문항으로 구성된다. 구어체 문항은 일상 대화에서 자주 사용되는 표현 및 숙어들이 출제되며 문어체 문항은 학술적·전문적인 어휘들이 출제된다. 문맥에서 자연스러운 의미를 이해하는 것이 중요하다.

파트별 문제 유형

Part 1 대화문의 빈칸에 알맞은 어휘 고르기 (10문항)

Q. A: Can you give me a ride after the party tomorrow?
   B: Sure, since I don't drink at all. Just _____.
(a) turn me down
(b) count on me
(c) give me a hand
(d) take me on

상대방이 부탁한 내용에 대한 긍정의 답변과 함께 쓸 수 있는 표현을 찾아야 한다. 믿어도 좋다고 확인시키는 (b)가 정답이다.

Part 2 단문의 빈칸에 알맞은 어휘 고르기 (20문항)

Q. The executives of the board requested that the urgent matters be _____ at the monthly meeting.
(a) failed
(b) addressed
(c) entailed
(d) aggravated

긴급한 문제들을 목적어로 취하면서 다루다, 처리하다는 의미의 동사는 (b) addressed가 자연스럽다.

문법 Grammar

뉴텝스 문법 영역은 Part 1 대화문 10문항, Part 2 문어체 15문항, 그리고 Part 3 어법상 틀린 문장 고르기 5문항으로 이루어져 있다. 다양한 길이의 문장의 문법 자체에 대한 이해도뿐만 아니라 구문에 대한 이해력을 평가한다.

파트별 문제 유형

Part 1 대화문의 빈칸에 알맞은 답 고르기 (10문항)

Q. A: Why is Jack leaving?
B: I heard he _____ a great job in London.
(a) offered
(b) was offered
(c) will have offered
(d) had offered

동사의 태와 시제를 동시에 묻는 문제로 런던에 좋은 직장을 제의 받아서 떠난다는 내용이다. 수동태와 과거 시제로 쓴 (b)가 자연스럽다.

Part 2 단문의 빈칸에 알맞은 답 고르기 (15문항)

Q. No one made Peter _____ the dishes and he thought Sam was supposed to.
(a) to do
(b) to be done
(c) do
(d) doing

make는 사역동사로 쓰여 사람을 목적어로 취하면 동사원형이 따라 온다. 정답은 (c)다.

Part 3 대화 및 문단에서 문법상 틀리거나 어색한 부분 고르기 (5문항)

(a) W: I heard you attended Ted's party.
(b) M: Yes. I complete stuffed myself.
(c) W: I heard he took the cooking lessons for more than a year.
(d) M: No wonder he's quite the chef. Everyone enjoyed the meal.

(b)에서 주어와 동사 사이에 들어 갈 수 있는 품사는 부사이므로 "complete"를 "completely"로 고쳐야 한다.

독해 Reading Comprehension

뉴텝스 독해 영역은 40분동안 총 35문항을 풀어야 한다. Part 1은 빈칸 넣기 10문제, Part 2는 흐름파악 2문제, Part 3는 알맞은 선택지 고르기, 그리고 Part 4는 긴 지문, 2문항으로 구성되어 있다. 지문은 실용문(서신, 홍보, 공지, 양식 등)의 비전문적 학술문으로 출제된다. 일부 지문은 다양한 지문 디자인이 적용되어 있다.

파트별 문제 유형

Part 1 시문을 읽고 빈칸에 알맞은 답 고르기 (10문항)

Here's good news. People can now expect _____. The new regulation regarding shipping proposed by the liberal party last year was passed, under which people could rely on delivery time. It requires all shipping to be sent within the time they contract. If customers who place an order don't receive the merchandise at the right time they promise, the company is forced to give a refund if asked.
(a) get a refund when the product delivered is defective
(b) file a complaint to the company
(c) get a discount if the item is sent late
(d) get the product they order on time

배달 시간을 준수해야 새로운 규정을 소개하는 내용으로 주문한 물건을 제때에 받을 수 있는 내용이 답이 된다. 그러므로 정답은 (d)가 된다.

Part 2 지문을 읽고 문맥상 어색한 내용 고르기 (2문항)

Q. There are many effective ways first-generation immigrants can do to encourage their children to become proficient in their family's native language. (a) If they don't speak English well enough, their children can't get along with them and avoid having a talk. (b) Parents should make sure they expose their children to their native language daily as children will learn and use English at school. (c) It is advisable for them to spend a lot of time talking in their native tongue. (d) Moreover, recommending books, movies, and music in their language to children is beneficial.

부모의 모국어를 아이들에게 효과적으로 가르치는 방법을 소개하는 내용으로 부모가 영어를 못할 때 처해지는 상황은 흐름에 어색하므로 정답은 (a)가 된다.

As the "Father of American education", Franz Boas played a significant role in giving equal access to education for all students regardless of their social backgrounds. He was one of the key members to establish state-funded public schools in America. He strongly believed that students from various social backgrounds should be taught together. Franz also argued that parents should help the school provide quality education and prepare children to become sensible citizens.

Q: What can be inferred about Franz Boas from the passage?
(a) His belief of education undermined the school's role in education.
(b) He suggested that students be taught based on their social backgrounds.
(c) He spurred the improvement of education but failed to gain support.
(d) He believed equal access to education for all would help the development of children.

미국의 평등교육에 앞장섰던 Franz Boas에 대한 내용이다. 다양한 배경을 가진 아이들이 동등하게 교육을 받아야 한다는 것을 주장과 관련된 알맞은 보기는 (d)가 된다.

To: Jean Smith
From: Albert Stewart
Re: The Rental Agreement
Date: June 2

Jean,

I received mail from Theodore Howe. According to him, the total amount in the rental agreement you emailed this morning got the error. The data you sent was not the negotiated figures in the meeting on May 20.

Mr. Howe would like to finalize his agreement with us by tomorrow, but he wants to make sure the rental paperwork is in place as soon as possible. If not done by tomorrow, he will proceed to rent another property he has been offered on Hallow Street.

Since I'm on a business trip until next week, I suggest you handle this urgent matter. Please email Mr. Howe a corrected agreement immediately. Please keep me posted on all correspondence regarding this matter.

Thank you.

Q1: What is the purpose of this e-mail?
(a) To criticize the failure of a negotiation
(b) To introduce a new agreement
(c) To report a problem
(d) To negotiate a contract

Q2: What would Mr. Stewart like Ms. Smith to do?
(a) Halt an acquisition
(b) Find another client
(c) Reschedule a meeting
(d) Send a document

Q1: 이메일을 쓴 목적을 묻는 질문으로 임대 금액의 오류를 알리는 내용이다. 정답은 (c)가 된다.
Q2: 마지막부분에 잘못된 내용을 수정한 동의서를 보내라고 요청하고 있으므로 (d)가 정답이다.

목차

뉴텝스 어휘 ≫

청해 표현 >>

이 책의 구성과 특징

파고다 뉴텝스 보카는 출제 빈도가 높은 최신 뉴텝스 단어들을 주제별로 구성한 텝스 전문가의 현장 강의 노하우가 담긴 텝스 어휘 사전입니다. 이 책에 수록된 어휘 및 표현들뿐만 아니라 예문과 Check-up 문제들도 연구·분석하여 반영하였습니다.

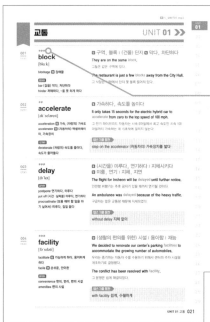

난이도에 따른 표제어 정렬

쉬운 단어를 먼저 학습할 수 있도록 난이도 순으로 정렬하여, 학습의 효율성을 최대화하였습니다.

출제율

별표(★★★)로 출제 빈도를 표시함으로써, 중요한 단어를 먼저 학습할 수 있도록 학습의 효과를 극대화하였습니다.

어휘 중복

여러 주제에서 출제되는 중요 단어를 중복 제시함으로써, 주제별 다르게 사용되는 단어의 뜻을 학습할 수 있습니다.

텝스 기출 표현

현장 강의 시간에 판서해 주는 표제어와 관련된 어구를 정리함으로써, 각 어휘별 학습 포인트를 파악할 수 있습니다. 또한, 표제어와 쉽게 헷갈릴 수 있는 단어들을 함께 비교하며 학습할 수 있습니다.

표제어와 관련된 어휘

표제어와 관련된 다양한 어휘(파생어, 동의어, 반의어)들을 정리함으로써, 표제어를 학습하는 동시에 관련 있는 여러 단어를 추가로 학습할 수 있습니다.

발음기호와 음원

발음기호와 표제어를 원어민의 발음으로 읽어
줌으로써, 독해 영역뿐만 아니라 뉴텝스 청해
영역도 동시에 학습할 수 있습니다.

청해 표현

뉴텝스 청해 영역에서 자주 출제되는 표현 · 문
장을 수록하고 대화문의 예문을 제공함으로써,
청해 영역을 대비할 수 있습니다.

Check-up Questions

뉴텝스 어휘 Part 2와 청해 Part 1과
유사한 형태의 문제를 제공함으로써,
실전 감각을 익힙니다.

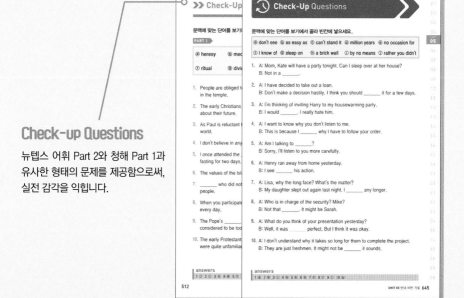

학습 플랜 PLAN

30일 플랜

Day 1 어휘 UNIT 01. 교통 청해 표현 UNIT 01. 인사·안부	**Day 2** 어휘 UNIT 02. 음식·식생활 청해 표현 UNIT 02. 감사·사과	**Day 3** 어휘 UNIT 03. 여행·숙박·항공 청해 표현 UNIT 03. 조언·제안
Day 4 어휘 UNIT 04. 인간관계 청해 표현 UNIT 04. 동의·수락	**Day 5** 어휘 UNIT 05. 통신 청해 표현 UNIT 05. 반대·비판·거절	**Day 6** 어휘 UNIT 06. 주거 청해 표현 UNIT 06. 위로·격려
Day 7 어휘 UNIT 07. 가정·가족 청해 표현 UNIT 07. 칭찬	**Day 8** 어휘 UNIT 08. 쇼핑 청해 표현 UNIT 08. 시간·약속	**Day 9** 어휘 UNIT 09. 취미·여가 청해 표현 UNIT 09. 감정 표현 (긍정)
Day 10 어휘 UNIT 10. 대중매체 청해 표현 UNIT 10. 감정 표현 (부정)	**Day 11** 어휘 UNIT 11. 건강·의학 청해 표현 UNIT 11. 가정·가족	**Day 12** 어휘 UNIT 12. 직장·업무 청해 표현 UNIT 12. 직장
Day 13 어휘 UNIT 13. 경제 청해 표현 UNIT 13. 학교	**Day 14** 어휘 UNIT 14. 학교·교육 청해 표현 UNIT 14. 경제·돈	**Day 15** 어휘 UNIT 15. 사회 청해 표현 UNIT 15. 여행·항공
Day 16 어휘 UNIT 16. 사고·재난 청해 표현 UNIT 16. 교통·길	**Day 17** 어휘 UNIT 17. 역사 청해 표현 UNIT 17. 쇼핑	**Day 18** 어휘 UNIT 18. 문학 청해 표현 UNIT 18. 전화
Day 19 어휘 UNIT 19. 예술 청해 표현 UNIT 19. 인간관계	**Day 20** 어휘 UNIT 20. 법·범죄 청해 표현 UNIT 20. 건강	**Day 21** 어휘 UNIT 21. 환경 청해 표현 UNIT 21. 음식·외식
Day 22 어휘 UNIT 22. 날씨 청해 표현 UNIT 22. 의문사	**Day 23** 어휘 UNIT 23. 철학 청해 표현 UNIT 23. YES/NO질문들	**Day 24** 어휘 UNIT 24. 심리 청해 표현 UNIT 24. 다양한 답변들
Day 25 어휘 UNIT 25. 종교 청해 표현 UNIT 25. 여러 장소	**Day 26** 어휘 UNIT 26. 정치 청해 표현 UNIT 26. 날씨·환경	**Day 27** 어휘 UNIT 27. 공학·기술 청해 표현 UNIT 27. 광고·공지
Day 28 어휘 UNIT 28. 화학·물리 청해 표현 UNIT 28. 숫자	**Day 29** 어휘 UNIT 29. 생물 청해 표현 UNIT 29. 신체	**Day 30** 어휘 UNIT 30. 천문 청해 표현 UNIT 30. 동물

60일 플랜

뉴텝스 어휘

UNIT
01

교통

교통

UNIT 01 ≫

UNIT 02 03 04 05 06 07 08 09 10 11 12 13 14 15 16 17 18 19 20 21 22 23 24 25 26 27 28 29 30

---

001 ☐☐☐

★★★
block
[blɑːk]

blockage 圐 장애물

유의어
bar (길을) 막다, 차단하다
hinder 저해하다, ~을 못 하게 하다

圐 구역, 블록 l (건물) 단지 圐 막다, 차단하다

They are on the same block.
그들은 같은 구역에 있다.

The restaurant is just a few blocks away from the City Hall.
그 식당은 시청에서 단지 몇 블록 떨어져 있다.

---

002 ☐☐☐

★★
accelerate
[əkˈseləreɪt]

acceleration 圐 가속, (차량의) 가속도
accelerator 圐 (자동차의) 액셀러레이터, 가속장치

반의어
decelerate (차량의) 속도를 줄이다, 속도가 줄어들다

圐 가속하다, 속도를 높이다

It only takes 15 seconds for the electric hybrid car to accelerate from zero to the top speed of 100 mph.
그 전기 하이브리드 자동차는 시속 0마일에서 최고 속도인 시속 100마일까지 가속하는 데 15초밖에 걸리지 않는다.

텝스기출표현
step on the accelerator (자동차의) 가속장치를 밟다

---

003 ☐☐☐

★★★
delay
[dɪˈleɪ]

유의어
postpone 연기하다, 미루다
put off (시간·날짜를) 미루다, 연기하다
procrastinate (보통 해야 할 일을 하기 싫어서) 미루다, 질질 끌다

圐 (시간을) 미루다, 연기하다 l 지체시키다
圐 미룸, 연기 l 지체, 지연

The flight for Incheon will be delayed until further notice.
인천행 비행기는 추후 공지가 있을 때까지 연기될 것이다.

An ambulance was delayed because of the heavy traffic.
구급차는 많은 교통량 때문에 지체되었다.

텝스기출표현
without delay 지체 없이

---

004 ☐☐☐

★★★
facility
[fəˈsɪləti]

facilitate 圐 가능하게 하다, 용이하게 하다
facile 圐 손쉬운, 안이한

유의어
convenience 편의, 편리, 편의 시설
amenities 편의 시설

圐 (생활의 편의를 위한) 시설 l 용이함 l 재능

We decided to renovate our center's parking facilities to accommodate the growing number of automobiles.
우리는 증가하는 자동차 수를 수용하기 위해서 센터의 주차 시설을 개조하기로 결정했다.

The conflict has been resolved with facility.
그 분쟁은 쉽게 해결되었다.

텝스기출표현
with facility 쉽게, 수월하게

★★★
convenient
[kən'viːniənt]

convenience 명 편의, 편리, 편의 시설

형 편리한, 간편한

The portable medication device makes it more convenient for patients to move around a hospital or home.

이동식 투약 기기는 환자들이 병원이나 집에서 이동하는 것을 더 편리하게 해 준다.

★★
crosswalk
['krɔːswɔːk]

명 횡단보도

Drivers should slow down at crosswalks regardless of traffic lights.

운전자들은 신호등에 상관없이 횡단보도에서는 속도를 줄여야 한다.

★★★
crucial
['kruːʃl]

유의어
essential 필수적인, 극히 중요한
necessary 필요한
vital 필수적인

형 중대한, 결정적인

It is crucial for you to observe the speed limit to avoid any probability of an accident.

어떤 사고 가능성도 없애기 위해서는 규정 속도를 준수하는 것이 중요하다.

텝스 기출 표현
crucial to ~에 있어서 아주 중대한

★★
bound
[baʊnd]

유의어
bind 묶다, (붕대 등으로) 감다, 싸다, 결속시키다

형 ~행의 | ~에 발이 묶인 | ~할 가능성이 큰

The number of trains bound for Chicago has increased.

시카고행 기차의 수가 증가했다.

Passengers have been bound by a snowstorm.

승객들은 눈보라로 인해 발이 묶여 있다.

텝스 기출 표현
be bound to ~할 가능성이 크다, ~할 것 같다, ~할 의무가 있다
bound for ~행의

★★★
casualty
['kæʒuəlti]

유의어
victim (범죄·질병·사고 등의) 피해자, 희생자, 환자
fatality (재난·질병 등으로 인한) 사망자, (특정 질병의) 치사율
loss (한 사람의) 죽음[사망], 인명 손실

명 사상자, 피해자

The city council decided to install speed cameras at every intersection in the city to reduce a casualty figure.

시의회는 사상자 수를 줄이기 위해서 그 도시의 모든 교차로에 속도 감시 카메라를 설치하기로 결정했다.

▶혼동하지 말자!
causality 인과 관계

010
□□□

***
congested
[kənˈdʒestɪd]

congest 图 혼잡하게 하다, 정체시키다
congestion 圐 혼잡, 정체, 막힘
congestive 圀 충혈성의

圀 붐비는, 혼잡한 | 충혈된

Because of the heavy traffic, the road in front of the City Hall is notorious for its congested intersection.

많은 교통량 때문에, 시청 앞의 그 길은 혼잡한 교차로로 악명 높다.

How long have your eyes been congested?

눈이 충혈된 지 얼마나 되었나요?

011
□□□

**
curb
[kɜːrb]

유의어
restrict 제한하다, 한정하다

圀 도로 경계석, (차도 가의) 연석 图 (특히 좋지 못한 것을) 억제하다

He parked his car by the curb and got a parking ticket.

그는 도로 경계석 옆에 주차해서 주차 위반 딱지를 떼였다.

The Bank of Korea announced that they would try to curb the rampant inflation by raising interest rates.

한국은행은 이율을 올림으로써 걷잡을 수 없는 인플레이션을 억제하기 위해 노력하겠다고 발표했다.

▶혼동하지 말자!
curve 곡선, 커브, 구부리다

012
□□□

***
fare
[fer]

유의어
fee (전문적 서비스에 대한) 수수료, (조직·기관 등의) 회비, 가입비
rate (단위에 대한) 요금
charge (상품·서비스에 대한) 요금

圀 (기차·버스·배 등의) 운임, 요금 | (끼니로 제공되는) 식사[음식]

Susan sent all the members of the group a list of airlines offering affordable fares.

Susan은 그룹의 모든 회원들에게 저렴한 운임을 제공하는 항공사 목록을 보냈다.

We have the finest fare in this city cooked with organic ingredients.

우리는 유기농 재료로 요리한 이 도시 최고의 음식을 제공하고 있다.

013
□□□

***
fine
[faɪn]

图 벌금을 부과하다 圀 벌금, 과태료 圀 아주 작은

Laura was fined for jaywalking.

Laura는 무단 횡단으로 벌금을 물었다.

The police gave John a fine because he exceeded the speed limit.

경찰은 John이 과속했기 때문에 벌금을 부과했다.

텝스 기출 표현
be fined for ~으로 벌금을 물다
the fine print (작은 문자로 인쇄된) 세세한 항목

| 014 □□□ | ★★★ **vehicle** [ˈviːhɪkl] 유의어 medium 중간의, (대중 전달용) 매체, 수단 | 명 차량, 탈것, 운송 수단 \| (감정 표현·목표 달성 등의) 수단[매개체] |

Since 1977, the number of Chinese who own a vehicle has increased dramatically.

1977년 이래로, 차량을 소유하고 있는 중국인의 수가 극적으로 증가했다.

Water was a vehicle by which the disease had been spreading.

물은 그 질병이 퍼진 매개체였다.

| 015 □□□ | ★★★ **route** [raʊt] reroute 동 길을[여정을/경로를] 변경하다 유의어 track (밟아서 생긴) 오솔길, 철도, 선로 lane 차선, 좁은 길 | 명 길, 노선, 경로 |

The new mayor promised to start repairs on the bike route.

새로운 시장은 그 자전거 전용 도로 수리를 시작하겠다고 약속했다.

| 016 □□□ | ★★★ **detour** [ˈdiːtʊr] 유의어 roundabout 로터리, 우회적인 | 명 우회(로) 동 우회하다 |

Drivers will be asked to make a detour because delays of over 30 minutes are expected.

30분 이상의 지체가 예상되기 때문에, 운전자들은 우회해 달라는 요청을 받게 될 것이다.

Some drivers detour around the heavy traffic.

어떤 운전자들은 교통 혼잡을 피해 우회한다.

> **텝스 기출 표현**
> make a detour 우회하다(= take a detour)
>
> ▶혼동하지 말자!
> contour (사물의) 윤곽, 등고선
> devour (배가 몹시 고파서) 게걸들린 듯 먹다

| 017 □□□ | ★★★ **shortcut** [ˈʃɔːrtˌkʌt] | 명 지름길, 손쉬운 방법 |

Nobody may go around the long way instead of taking a shortcut.

그 누구도 지름길로 가는 대신 멀리 돌아가지 않을 것이다.

> **텝스 기출 표현**
> take a shortcut 지름길로 가다

018 □□□

★★★
bump
[bʌmp]

bumpy 뤵 (바닥이) 울퉁불퉁한, (여정이) 평탄치 않은

유의어
collide 충돌하다, 부딪치다, 상충하다

⑤ (~에) 부딪치다

The eyewitness stated that the taxi driver intentionally bumped into the pedestrian.

목격자는 택시 운전사가 의도적으로 보행자를 쳤다고 진술했다.

텝스 기출 표현

bump into 사람 '사람'에게 부딪치다(= run into 사람)

---

019 □□□

★★★
direction
[dəˈrekʃn]

direct 뤵 직접적인 ⑤ ~로 향하다, 지휘하다, 지시하다
director 뤵 책임자, 관리자, 감독, 지휘자

몡 (위치·이동의) 방향 ‖ 지시, 명령 ‖ 지휘, 통솔

Two cars which came from the opposite direction suddenly ran into each other.

반대 방향에서 오던 두 차량이 갑자기 서로 충돌했다.

---

020 □□□

★★★
interrupt
[ˌɪntəˈrʌpt]

interruption 뤵 중단, 가로막음, 방해

유의어
disturb (작업 등을) 방해하다
provont 막다, 예방하다

⑤ (말·행동을) 방해하다, 중단시키다, 가로막다

The protest has not met any public opposition yet since it hasn't interrupted the traffic.

그 시위는 교통을 방해하지 않았기 때문에 아직 대중의 반대에 부딪히지 않았다.

---

021 □□□

★★★
opposite
[ˈɑːpəzət]

뤵 ~ 맞은편의, (마주 보고 있는 둘 중) 다른 편의 ‖ 반대의 몡 반대, 반대되는 것 쥅 건너편에

The gym is located in the building opposite the post office.

그 체육관은 우체국 맞은편 건물 안에 위치해 있다.

---

022 □□□

★★★
jam
[dʒæm]

유의어
clog 막다

몡 교통 체증 ⑤ 가득 채우다 ‖ 밀어 넣다

Many metropolises impose congestion fees to deal with traffic jams.

많은 주요 도시들은 교통 체증을 해결하기 위해서 혼잡 통행료를 부과한다.

텝스 기출 표현

traffic jam 교통 체증(= traffic congestion)

***
tow
[toʊ]

🔵 (자동차·보트를) 끌다, 견인하다, 예인하다
🔵 (자동차의) 견인, (보트의) 예인

After my car broke down, a tow truck towed it to the garage.

내 차가 고장 나서, 견인차가 차를 정비소로 견인했다.

▶혼동하지 말자!
stow 집어넣다
mow (잔디를) 깎다, (풀 등을) 베다

---

*
straightaway
[ˌstreɪtəˈweɪ]

유의어
forthwith 곧, 당장
instantly 즉각, 즉시

🔵 즉시, 곧바로 🔵 (길·경주로의) 직선 (코스)

After signing up the website, consumers can straightaway receive a discount coupon.

소비자들은 웹사이트에 가입한 후에, 즉시 할인 쿠폰을 받을 수 있다.

The driver didn't slow the speed down, and the collision happened when he came to a straightaway.

그 운전자는 속력을 줄이지 않았고, 그가 직선 도로에 도달했을 때 충돌이 발생했다.

---

*
navigate
[ˈnævɪɡeɪt]

navigation 🔵 항해, 운항, 조종
navigator 🔵 조종사, 항해사

🔵 (지도 등을 보며) 길을 찾다, 방향을 읽다 |
(바다·강 등을) 항해하다

The company provides workshops to teach children how to navigate using paper maps.

그 회사는 아이들에게 종이 지도를 사용하여 길을 찾는 방법을 가르치는 워크숍을 제공한다.

It will be possible to navigate among the stars in the near future.

가까운 미래에 별들 사이를 항해하는 것이 가능해질 것이다.

***
traffic
[ˈtræfɪk]

🔵 (특정한 시간대 도로상의) 차량들, 교통(량) |
(특정한 경로를 이동하는) 운항[운행] | 밀거래

Air traffic control centers play an important role in preventing mid-air collisions.

항공 교통 관제 센터는 항공기의 공중 충돌을 예방하는 데 중요한 역할을 한다.

텝스기출표현
traffic in ~을 밀거래하다
human traffic 인신매매

027
□□□

***

transfer

- 동 [træns'fɜːr]
- 명 ['trænsfɜːr]

유의어

switch 전환하다, 바꾸다, 전환
put A through to B A를 B에게 연결하다
connect A to B A를 B에게 연결하다

동 갈아타다 | 이동하다, 전학 가다[전근 가다] |
전화를 연결해 주다 명 이체, 전송

People in Seoul usually need to transfer several times
when they commute.

서울 사람들은 통근할 때 보통 여러 번 환승해야 한다.

I was transferred to New York after having worked for five
years.

나는 5년 동안 일한 후에, 뉴욕으로 전근 왔다.

템스 기출 표현

transfer from A to B A에서 B로 갈아타다, A에서 B로 전근
가다[전학 가다]

028
□□□

*

transport

- 명 ['trænspɔːrt]
- 동 [træn'spɔːrt]

transportation 명 수송, 운송

명 수송, 운송 (수단) 동 수송하다

This system will not ensure sustainable transport.

이 시스템은 지속 가능한 수송을 보장해 주지 않을 것이다.

It is financially implausible to transport the bricks from the
Netherlands.

벽돌을 네덜란드에서부터 수송하는 것은 경제적으로 맞지 않아 보
인다.

029
□□□

*

cargo

['kɑːrɡoʊ]

명 (선박 · 비행기의) 화물

Some of the cargo from the crashed ship was salvaged
by other ships.

파손된 배에서 나온 화물 중 일부는 다른 배들에 의해 건져졌다.

030
□□□

***

commute

[kə'mjuːt]

commuter 명 통근자 형 통근의

동 통근하다, 통학하다 명 출퇴근, 통근, 통근 거리

These days, many people decide to live in suburban
areas and commute to work by car.

오늘날 많은 사람들은 교외 지역에 살며 차로 통근하기를 선택한다.

I decided to move downtown for an easy commute.

나는 편한 출퇴근을 위해 시내로 이사 가기로 결정했다.

템스 기출 표현

a messy commute 혼잡한 통근

031 ★★★

designate

[ˈdezɪɡneɪt]

designated 혱 지정된
designation 몡 지명, 지정

동 지정하다 | 지명하다

The government designated the area as a free parking lot.
정부는 그 지역을 무료 주차장으로 지정했다.

---

032 ★★★

impatient

[ɪmˈpeɪʃnt]

반의어
patient 참을성 있는, 환자

혱 어서 ~하고 싶어 하는 | (오래 기다려야 해서) 짜증 난, 안달하는

After getting her driver's license, she was impatient to go for a drive.
운전면허를 딴 후, 그녀는 어서 드라이브를 가고 싶어 했다.

---

033 ★★★

disrupt

[dɪsˈrʌpt]

disruption 몡 혼란, 붕괴

동 (교통·통신 등을) 혼란시키다, 두절시키다

The large protest disrupted traffic today, and many people complained about it.
대규모 시위가 오늘 교통을 방해했고, 많은 사람들이 그것에 대해 불평했다.

---

034 ★

cushion

[ˈkʊʃn]

동 (추락·충돌의) 충격을 완화하다 | (손해·피해·악영향으로부터) 보호하다

The pilot tried to cushion the impact by directing the plane toward the ocean.
그 조종사는 비행기를 바다 쪽으로 유도함으로써 충격을 완화하려고 시도했다.

텝스 기출 표현
cushion the impact 충격을 완화하다

---

035 ★

fork

[fɔːrk]

유의어
diverge (다른 방향으로) 갈라지다, (의견이) 나뉘다

동 (도로·길 등이) 갈라지다 몡 갈림길

I got lost where the road forks into two.
나는 길이 두 갈래로 갈라지는 곳에서 길을 잃었다.

If you want to go to the Hilton Hotel, you need to turn left where this road forks.
만약 당신이 힐튼 호텔에 가기를 원한다면, 이 길이 갈라지는 곳에서 좌회전해야 합니다.

---

036 ★★

terminate

[ˈtɜːrmɪneɪt]

terminal 몡 종착점 혱 끝의

동 종점이 되다 | 끝내다, 종료하다, 끝나다

This train terminates at Busan.
이 기차는 부산이 종점이다.

▶혼동하지 말자!
exterminate 박멸하다

037
□□□

**

bypass

[ˈbaɪpɑːs]

유의어
circumvent 피해 가다, 둘러 가다

⑧ 우회하다 | (정해진 절차·순서를 거치지 않고) 건너뛰다

They bypassed downtown to avoid heavy traffic.

그들은 교통 체증을 피하기 위해서 시내를 우회했다.

038
□□□

*

manned

[mænd]

반의어
unmanned 무인의

⑱ (기계·차량 등이) 유인의

China launched its first manned spaceship in 2003.

중국은 2003년에 첫 유인 우주선을 발사했다.

039
□□□

**

hail

[heɪl]

hailstone **⑱** 우박
hailstorm **⑱** 우박을 동반한 폭풍

⑧ ~을 불러 세우다 | 묘사하다 | ~ 출신이다 | 환호하다, 극찬하다 **⑱** 우박

It is hard to hail a taxi in downtown late at night.

밤늦게 시내에서 택시를 잡는 것은 어렵다.

텝스 기출 표현
hail from ~ 출신이다

040
□□□

***

turbulence

[ˈtɜːrbjələns]

유의어
upheaval 격변, 대변동

⑱ 난기류 | 격동, 격변

The pilot anticipated severe turbulence and announced that passengers should fasten their seatbelts.

조종사는 심한 난기류를 예상하고 승객들이 안전벨트를 매야 한다고 방송했다.

041
□□□

**

diverge

[daɪˈvɜːrdʒ]

divergent **⑱** 갈라지는, 일탈한
divergence **⑱** 분기, 일탈

반의어
converge (사람들·차량이) 모여들다,
(길·선 등이) 만나다

⑧ (길·선 등이) 갈라지다

He realized that he got lost when he saw diverging roads in front of him.

그는 그 앞의 갈림길을 보았을 때 길을 잃었음을 깨달았다.

텝스 기출 표현
diverge from ~에서 갈라지다

042
□□□

**

sober

[ˈsoʊbər]

반의어
under the influence 과음한 상태에서,
술에 취한 상태에서

⑱ 술에 취하지 않은, 맑은 정신의, 냉철한

People must not drive a car when they are not sober enough.

사람들은 술이 충분히 깨지 않았을 때 운전해서는 안 된다.

---

043 ☐☐☐ ✳✳

toll
[toʊl]

뗑 통행료 | (전쟁 · 재난 등의) 사상자 수, 희생자 수

Every car which goes through the tunnel should pay tolls at tollgates.

그 터널을 통과하는 모든 차는 톨게이트에서 통행료를 내야 한다.

> **텝스기출표현**
>
> toll road 유료 도로
> take a toll on ~에 피해를 가져오다, ~에 타격을 주다

---

044 ☐☐☐ ✳✳

embark
[ɪmˈbɑːrk]

embarkation **뗑** 탑승

반의어
disembark (배 · 비행기에서) 내리다

뙹 (배에) 승선하다, 승선시키다

Many people embark for Fukuoka in Busan.

많은 사람들이 부산에서 후쿠오카행 배에 탄다.

> **텝스기출표현**
>
> embark on ~을 시작하다, ~에 착수하다

---

045 ☐☐☐ ✳✳

rear-end
[ˈrɪrend]

반의어
a head-on collision 정면충돌

뙹 (차의 뒷부분을) 들이받다, (차 따위가) 추돌하다

Drivers usually hit the brakes when they see speed cameras and get rear-ended by the car behind them.

운전자들은 과속 단속 카메라를 보면 보통 급하게 브레이크를 밟아서 뒷차에 의해 추돌당하게 된다.

---

046 ☐☐☐ ✳✳✳

heed
[hiːd]

heedless **뗑** 무관심한

유의어
take notice of ~을 알아차리다, 주의하다

뙹 (충고 · 경고에) 주의를 기울이다

My son did not heed my advice.

내 아들은 내 조언에 주의를 기울이지 않았다.

---

047 ☐☐☐ ✳✳

cramped
[kræmpt]

cramp **뗑** (근육에 생기는) 경련
뙹 (발달 · 진행을) 막다, 방해하다

뗑 (방 등이) 비좁은 | (사람들이) 비좁게 있는

I was shocked when I took the subway in Seoul during rush hour because it was so cramped.

나는 러시아워일 때 서울에서 지하철을 탔다가 너무 비좁아서 충격을 받았다.

★★★

overtake

[ˌoʊvərˈteɪk]

유의어

catch up with 따라가다, 따라잡다

🖲 추월하다 | (수·양·중요도 면에서) 앞지르다, 능가하다

The cargo truck drove fast to overtake cars in front of it.

화물 트럭은 앞의 차들을 추월하기 위해서 빠르게 운전했다.

▶혼동하지 말자!
undertake 착수하다, 약속하다
intake 섭취

★★

strand

[strænd]

🖲 오도 가도 못 하게 하다, 발을 묶다

Hundreds of tourists are stranded because of the heavy rain.

수백 명의 여행객들이 폭우로 발이 묶여 있다.

★★

transient

[ˈtrænʃnt]

유의어

fleeting 순식간의, 잠깐의
temporary 일시적인, 임시의

🖲 일시적인, 순간적인

This area is usually crowded at this time of the day because of a large transient population.

이 지역은 보통 이 시간이면 많은 유동 인구로 붐빈다.

★★

reckless

[ˈrekləs]

유의어

rash 경솔한, 성급한
impetuous 성급한, 충동적인

🖲 부주의한, 경솔한, 무모한, 난폭한

An old man visited the police station to ask how to report a reckless driver.

한 노인이 난폭 운전자를 신고하는 방법을 묻기 위해서 경찰서를 방문했다.

★★

skirt

[skɜːrt]

🖲 (가장자리를) 둘러 가다 | (곤란·문제 등을) 회피하다

They could save time by skirting the city instead of driving through.

그들은 그 도시를 통과하여 운전해 가는 대신에 그 도시를 빙 둘러 감으로써 시간을 절약할 수 있었다.

★★

stray

[streɪ]

유의어

astray 길을 잃은

🖲 제 길을 벗어나다 | (딴생각·이야기로) 벗어나다 🖲 길을 잃은, 주인이 없는

They got lost when their car strayed off the route because of a thick, heavy fog.

그들은 짙은 안개 때문에 차가 경로에서 벗어났을 때 길을 잃었다.

054 ★

circumvent
[ˌsəːrkəmˈvent]

circumvention **명** 회피, 우회, 계략으로 속임, 모함

> **유의어**
>
> bypass 우회 도로, 우회하다
> evade (어떤 일이나 사람을) 피하다,
> 모면하다, (도덕적·법적 의무를) 회피
> 하다

동 (길을 막고 있는 것을) 피해 가다 | (문제·어려움·법 등을) 회피하다

Drivers are forced to circumvent the area since it is under construction.
그 지역이 공사 중이기 때문에 운전자들은 그 지역을 돌아서 가야 한다.

The company has circumvented negative reactions to certain products.
그 회사는 특정 제품에 대한 부정적인 반응을 회피해 왔다.

> **텝스 기출 표현**
>
> circumvent the regulation 규정을 회피하다

---

055 ★★

traverse
[trəˈvərs]

traversable **형** 횡단할 수 있는, 통과할 수 있는

동 가로지르다 | 반대하다 **명** 횡단 | 방해 **형** 가로지르는, 가로 놓인

Many pedestrians traverse the bridge on a daily basis.
많은 보행자들이 매일 그 다리를 횡단한다.

---

056 ★★

crooked
[ˈkrʊkɪd]

crook **동** (손가락·팔을) 구부리다
명 갈고리

> **반의어**
>
> straight 곧은, 똑바른

형 비뚤어진, 구부러진

You should drive carefully on these crooked roads.
이 구불구불한 길에서는 조심해서 운전해야 한다.

---

057 ★★★

salvage
[ˈsælvɪdʒ]

명 (재난·사고로부터 재화의) 구조, (침몰선의) 인양
동 (난파선·침몰선을) 구조하다, 인양하다

The government seemed to abandon the attempt at salvage.
정부는 인양에 대한 시도를 포기한 것처럼 보였다.

The company salvaged a huge chest of gold from the shipwreck.
그 회사는 난파선에서 커다란 금 상자를 인양했다.

---

058 ★★

dent
[dent]

동 (단단한 표면을 세게 쳐서) 찌그러뜨리다 | (자신감·명성 등을) 훼손하다

The bumper of the car was badly dented because of the rear-end collision.
차의 범퍼는 후미 충돌 때문에 심하게 찌그러졌다.

059 □□□

★★★
transit
[ˈtrænzɪt]

🖲 수송 l (다른 곳으로 가기 위한) 통과, 환승

The cost of mass transit in Seoul is much higher than that in Busan.

서울의 대중 교통비는 부산보다 훨씬 더 비싸다.

> **텝스기출표현**
>
> mass transit 대중교통
> in transit 수송 중에

060 □□□

★★
overturn
[ˌoʊvərˈtɜːrn]

🖲 뒤집히다, 뒤집다 l 번복하다 l 전복시키다

A train went off the track and was overturned.

기차가 탈선해서 전복되었다.

061 □□□

★
jolt
[dʒoʊlt]

> **유의어**
>
> jerk 홱 움직이다, 홱 움직임

🖲 (배·차가) 갑자기 거칠게 움직이다, 덜컹거리게 하다

When the bus stopped abruptly, all the passengers were jolted forwards.

버스가 갑자기 멈췄을 때, 모든 승객들은 앞쪽으로 흔들렸다.

062 □□□

★★
steer
[stɪr]

🖲 (차·배·말 등을) 몰다, 조종하다 l (어떤 방향으로) 나아가다, ~을 안내하다

It is terribly difficult to steer the car when it snows.

눈이 내릴 때 운전하는 것은 매우 어렵다.

> **텝스기출표현**
>
> sit behind the steering wheel (자동차를) 운전하다, (배를) 조종하다

063 □□□

★
veer
[vɪr]

> **유의어**
>
> shift 옮기다, 이동하다, 자세를 바꾸다
> swerve 방향을 바꾸다[틀다]

🖲 방향을 홱 바꾸다[틀다]

The bus suddenly veered into the sidewalk stand.

그 버스는 갑자기 인도 위의 노점으로 방향을 홱 틀었다.

064 □□□

★★
hamper
[ˈhæmpər]

> **유의어**
>
> hinder 저해하다, 방해하다

🖲 방해하다

Driving an electric hybrid car won't hamper your mobility since electric vehicle charging stations are being installed.

전기 자동차 충전소들이 설치되는 중이기 때문에 전기 하이브리드 차를 운전하는 것은 당신의 기동성을 방해하지 않을 것이다.

☐☐☐

charter
[ˈtʃɑːrtər]

동 (항공기·배를) 전세 내다 l (대학 기관 등을) 인가하다

The government will charter a boat to bring people back who are stuck on a deserted island.
정부는 무인도에 갇힌 사람들을 데려오기 위해서 배를 전세 낼 것이다.

☐☐☐

cordon
[ˈkɔːrdn]

동 (경찰이) 비상선을[경계선을] 치다 **명** 비상선, 경계선, 저지선

The public parking lot was cordoned off by the police because a car burst into eruption.
차 한 대가 갑자기 폭발했기 때문에 공공 주차 구역은 경찰에 의해 출입이 통제되었다.

> **텝스 기출 표현**
> be cordoned off 저지선이 설치되다, 출입이 통제되다

☐☐☐

tether
[ˈteðər]

유의어
moor (배를) 정박하다[계류하다]
tie up 묶어 놓다, 묶다

반의어
untether (동물·배의) 밧줄을[사슬을] 풀다, ~을 놓아 주다

동 (밧줄·사슬로 동물·배를 말뚝·부두에) 묶어 두다

The fisherman tethered the boat to the dock after hearing that a big storm was coming.
그 어부는 큰 폭풍이 몰려오는 중이라는 것을 듣고, 배를 부두에 묶어 두었다.

> **텝스 기출 표현**
> sever the tether 밧줄을 절단하다, 연결 고리를 끊다

☐☐☐

crackdown
[ˈkrækdaʊn]

명 엄중 단속

There will be a crackdown on drunken driving.
음주 운전에 대한 엄중 단속이 있을 것이다.

☐☐☐

circuitous
[sərˈkjuːɪtəs]

유의어
circular 원형의, 둥근, 순회하는
roundabout (길을) 둘러 가는, 우회적인

형 (노선·여정이) 우회하는, 돌아가는

They took a circuitous route on their way to work.
그들은 출근길에 우회로로 갔다.

> **텝스 기출 표현**
> a circuitous route 우회로

070 □□□

★
careen
[kəˈriːn]

유의어
hurtle 돌진하다

동 (사람·차량이 위태롭게) 달리다

He watched a car careen off the road and down the hill.

그는 차 한 대가 도로에서 이탈해 언덕 아래로 떨어지는 것을 보았다.

---

071 □□□

★
pandemonium
[ˌpændəˈmoʊniəm]

유의어
chaos 혼돈, 혼란
anarchy 무정부 상태, 난장판

명 대혼란

The car accident created a complete pandemonium by blocking traffic.

그 차 사고는 교통을 막음으로써 완전한 대혼란을 일으켰다.

---

072 □□□

★
convoluted
[ˈkɑːnvəluːtɪd]

convolution 명 복잡한 것, 나선

형 난해한, 복잡한 | 나선형의, 구불구불한

Those who visit Seoul for the first time had better take a taxi because of its convoluted routes.

서울을 처음 방문하는 사람들은 복잡한 길 때문에 택시를 타는 것이 낫다.

---

073 □□□

★★
deviate
[ˈdiːvieɪt]

deviation 명 일탈, 탈선
deviant 형 일탈적인

동 벗어나다, 일탈하다

Many people were injured because the train deviated from the rail.

기차가 탈선해서 많은 사람이 부상을 당했다.

---

074 □□□

★
meander
[miˈændər]

동 (강·도로 등이) 구불구불하다 | (특히 특별한 목적 없이 이리저리) 거닐다

Did you see the road meandered through forests?

숲 사이로 구불구불하게 난 길을 봤나요?

They meandered along the street to kill time.

그들은 시간을 보내기 위해서 그 길을 따라 거닐었다.

---

075 □□□

★
daunt
[dɔːnt]

daunted 형 겁먹은, 기가 죽은

유의어
intimidate 겁을 주다, 위협하다

동 겁먹게 하다, 기죽게 하다

When I drove a car for the first time, I was so daunted that it took me two hours to get home.

내가 처음 차를 몰았을 때, 나는 너무 겁을 먹어서 집에 도착하는 데 2시간이 걸렸다.

★★
bald
[bɔːld]

유의어
worn out (사물이) 닳아서 못 쓰게 된

ⓐ 타이어가 닳아 버린, (표면이) 닳은 | 대머리의
Those bald tires should be replaced.
저 닳은 타이어들은 교체되어야 한다.

People should not laugh at those who are bald.
사람들은 대머리인 사람들을 비웃어서는 안 된다.

▶혼동하지 말자!
bold 대담한, 용감한

★
topple
[ˈtɑːpl]

유의어
overthrow 타도하다, 전복시키다, 타도, 전복

ⓥ 넘어지다, 넘어뜨리다
The traffic signals have been toppled since the heavy storm last week.
지난주에 강한 폭풍우가 있었던 이후 신호등이 쓰러져 있다.

★★★
halt
[hɔːlt]

ⓥ 멈추다, 서다 | 세우다, 중단시키다 **ⓝ** 멈춤, 중단
The police officer tried to halt the car, but the driver refused to do so.
경찰관이 차를 멈춰 세우려 했지만, 그 운전자는 그러기를 거부했다.

텝스기출표현
come to a halt 정지하다, 멈추다

★
bustling
[ˈbʌslɪŋ]

bustle **ⓥ** 바삐 움직이다, 서두르다
ⓝ 부산함, 북적거림

ⓐ 부산한, 북적거리는
No one believes that this quiet and empty downtown was once bustling with activity.
그 누구도 이 조용하고 텅 빈 시내가 한때 활기로 북적거렸다는 것을 믿지 않는다.

★
defer
[dɪˈfɜːr]

유의어
shelve 보류하다
procrastinate 미루다, 연기하다

ⓥ 미루다, 연기하다
Only for drivers with specific reasons, deferring a parking fine can be allowed.
특정한 이유가 있는 운전자들에게만, 주차 위반 과태료 납부를 미루는 것이 허락된다.

081 □□□

★
deluge
[ˈdeljuːdʒ]

유의어
inundate 쇄도하다, 침수시키다
overwhelm 압도하다, 제압하다

동 쇄도하다, 폭주하다 | 물에 잠기게 하다
명 폭우, 호우 | 쇄도, 폭주
The highway is deluged with cars.
고속도로는 차로 가득 차 있다.

---

082 □□□

★★
gridlock
[ˈɡrɪdlɑːk]

명 (교통) 정체, 교착 상태
The demonstrators created gridlock downtown.
시위자들이 시내에 교통 정체를 일으켰다.

---

083 □□□

★
sinuous
[ˈsɪnjuəs]

형 (이동 중에 우아하게) 선회하는 | 물결 모양의, 구불구불한
Guests arrived at the resort walking along the sinuous path.
손님들은 구불구불한 길을 따라 걸어서 그 휴양지에 도착했다.

---

084 □□□

★
labyrinth
[ˈlæbərɪnθ]

유의어
maze 미로, 종잡을 수 없이 복잡한 것

명 미로
This subway station is like a labyrinth.
이 지하철역은 미로 같다.

---

085 □□□

★
viaduct
[ˈvaɪədʌkt]

명 구름다리, 고가교
The viaduct will be closed for some time since there are some cracks on it.
그 고가교는 균열이 생겨서 한동안 폐쇄될 것이다.

---

086 □□□

★
adrift
[əˈdrɪft]

형 표류하는
The survivors spent a week adrift on a raft.
생존자들은 뗏목을 타고 일주일 동안 표류했다.

---

087 □□□

★
depot
[ˈdiːpoʊ]

명 (버스 등의 차량을 보관·수리하는) 차고 | (대규모) 창고 | (작은) 역, 정류장
The two buses were towed to the depot after they collided each other at the intersection.
버스 두 대가 교차로에서 추돌한 후 차고로 견인되었다.

---

088 □□□

★
derailment
[ˌdiːˈreɪlmənt]

derail 동 탈선하다, 탈선시키다

명 탈선
Automatic brakes can save lives when a derailment happens.
자동 제동 장치는 탈선이 일어났을 때 생명을 구할 수 있다.

★

devious

['di:viəs]

유의어

deceitful 기만적인, 부정직한
underhand 비밀의, 부정직한

형 우회하는, 구불구불한 | 정직하지 못한, 기만적인

The taxi driver suggested that he take a devious route to the airport because of the heavy traffic.

많은 교통량 때문에 택시 기사는 공항에 우회해서 갈 것을 제안했다.

★★

embargo

[ɪmˈbɑːrgoʊ]

명 (선박의) 출항[입항] 금지, 억류 동 (배에) 출항[입항] 금지를 명하다 | 몰수하다, 징발하다

The government put an embargo on the ship whose captain was arrested and charged with drug smuggling.

정부는 마약 밀매 혐의로 체포되어 기소된 선장의 배에 출항 정지를 명했다.

★

swerve

[swɜːrv]

동 (갑자기) 방향을 바꾸다[틀다]

A truck swerved to avoid a stray cat and caused a serious traffic accident.

한 트럭이 길고양이를 피하려고 갑자기 방향을 틀어서 대형 교통사고를 일으켰다.

★

hulk

[hʌlk]

명 (폐선의) 선체

Several ships sailed out to salvage the hulk of a wrecked ship.

배 몇 척이 난파선의 선체를 인양하기 위해서 출항했다.

★

turnpike

['tɜːrnpaɪk]

유의어

pike 유료 고속 도로, 요금 징수소, 통행요금

명 유료 고속 도로

It is recommended to travel by turnpike since it is less likely to bumper to bumper.

차가 밀릴 가능성이 적기 때문에, 유료 고속 도로로 여행하는 것을 추천한다.

★★

ply

[plaɪ]

동 (배 · 버스 등이 정기적으로) 다니다, 왕복하다

Late at night, you can see many taxis plying for hire in downtown.

당신은 늦은 밤에 시내에서 많은 택시들이 손님을 찾아다니는 것을 볼 수 있다.

텝스 기출 표현

ply for hire 손님을 찾다, 승객을 찾아다니다

095
□□□

propulsion

[prə'pʌlʃn]

명 추진, 추진력

Before the experiment with jet propulsion come off, airplanes were driven by propellers.

제트 추진 실험이 성공하기 전에는, 비행기는 프로펠러로 운행되었다.

▶혼동하지 말자!
protrusion 돌출, 돌출부

096
□□□

puncture

['pʌŋktʃər]

통 구멍을 내다, 구멍이 나다 명 (뾰족한 것에 찔려서 생긴) 구멍, 상처

Somebody punctured all the tires of his car, so he needed to stop at the garage to make a replacement.

누군가가 그의 차 모든 타이어에 구멍을 내어 놓아서, 그는 교체하기 위해 정비소에 들러야 했다.

Since his car tire had a puncture on his way to work, he was late for the meeting.

그가 출근하는 길에 차에 구멍이 나서, 그는 회의에 늦었다.

▶혼동하지 말자!
punctual 시간을 지키는[엄수하는]

097
□□□

stowaway

['stoʊəweɪ]

명 (배·비행기 등을) 몰래 탄 사람, 밀항자, 밀입국자

The crew discovered the stowaway and reported him to the maritime police.

선원들은 그 밀항자를 발견했고, 해양 경찰에 그를 신고했다.

098
□□□

thoroughfare

['θɜːroʊfer]

명 (도시의) 주요[간선] 도로

The thoroughfares of the city have been cut off by a heavy snow.

폭설로 그 도시의 주요 도로가 차단되었다.

099
□□□

tugboat

['tʌg,boʊt]

명 예인선

Today, several tugboats have managed to salvage a sunken vessel which sank after hitting an iceberg.

오늘, 예인선 몇 척이 빙하에 부딪혀 침몰한 침몰선을 인양해 냈다.

100
□□□

underpass

['ʌndərpæs]

반의어

overpass 고가 도로, 고가 철도, 육교, (도로·철도 등의 위에 가설된) 다리

명 (다른 도로·철도의) 아래쪽 도로[철도]

Since the underpass was closed, pedestrians had to make a detour.

지하도가 폐쇄되었기 때문에, 보행자들은 돌아서 가야만 했다.

문맥에 맞는 단어를 보기에서 골라 빈칸에 넣으세요.

PART 1

ⓐ fined	ⓑ bound	ⓒ blocks	ⓓ traverse	ⓔ towed
ⓕ hailed	ⓖ transfer	ⓗ commute	ⓘ congestion	ⓙ chartered

1. Travelers should _____ English Cannel to visit England.

2. Because of the local circumstances, all flights _____ for Egypt have been postponed until further notice.

3. If you don't park in the designated area, your car will be _____ away.

4. Many people take the subway to _____ to work.

5. They _____ a bus for a trip to the beach.

6. Lisa was _____ for using her cell phone while driving.

7. Sam _____ a taxi to go home.

8. Turn left after going down three _____ if you want to go to the post office.

9. The mayor was late due to traffic _____.

10. _____ from subway to bus at Seoul station.

answers
1 ⓓ 2 ⓑ 3 ⓔ 4 ⓗ 5 ⓙ 6 ⓐ 7 ⓕ 8 ⓒ 9 ⓘ 10 ⓖ

>> Check-Up Questions

문맥에 맞는 단어를 보기에서 골라 빈칸에 넣으세요.

PART 2

ⓐ skirted	ⓑ reckless	ⓒ route	ⓓ cramped	ⓔ embargo
ⓕ bypass	ⓖ bald	ⓗ detour	ⓘ cordoned	ⓙ veered

11. Because the road was under construction, they should follow the signs to _____.

12. The captain _____ to the right to avoid collision.

13. The development of GPS navigation made it much easier to find a _____.

14. All the drivers _____ the road to avoid hitting a dead dog on the road.

15. People can become easily exhausted when they fly in an airplane for a long time because of its _____ legroom.

16. A new _____ will save us a lot of time.

17. Luis caused the death of a pedestrian with _____ driving.

18. After passing through a rough road for a long time, my car had _____ tires.

19. The bridge was closed and _____ by the police because a young man committed suicide.

20. The government put an _____ on imports of a few Mexican products.

answers
11 ⓗ 12 ⓙ 13 ⓒ 14 ⓐ 15 ⓓ 16 ⓕ 17 ⓑ 18 ⓖ 19 ⓘ 20 ⓔ

뉴텝스 어휘

UNIT
02

음식 · 식생활

음식 · 식생활 UNIT 02 >>

001
**
flavor
[ˈfleɪvər]

savor 맛, 풍미

📙 풍미, 맛

Salt is used in many dishes to enhance the flavor of food.
소금은 음식의 맛을 돋우기 위해 여러 요리에 사용된다.

002
*
bite
[baɪt]

📙 간단한 식사 | 물린 상처 📗 물다

With not much time left until the flight, I only had just enough time to grab a bite.
비행기 탑승 시간까지 시간이 얼마 남지 않아서, 간단히 식사할 정도의 시간만 있었다.

> **템스 기출 표현**
> grab a bite 간단히 먹다

003
*
blend
[blend]

combine 결합하다

📗 섞다, 혼합하다

Once the ingredients are blended, add the potatoes, making sure they are all coated with the cream.
일단 재료들이 다 섞이면, 감자를 넣고, 크림이 모두 묻었는지 확인하세요.

004
*
mixture
[ˈmɪkstʃər]

📙 혼합물

For lunch, we had a loaf of bread stuffed with a mixture of meat and vegetables.
우리는 점심으로 고기와 야채의 혼합물로 채워진 빵 한 덩어리를 먹었다.

005
*
dairy
[ˈderi]

📙 유제품의, 우유의

The most common among allergic foods are dairy products and wheat.
알레르기를 유발하는 음식 중에서 가장 흔한 것은 유제품과 밀이다.

> **템스 기출 표현**
> dairy product 유제품
> the dairy industry 낙농업

006 □□□	****** **dine** [daɪn] diner 명 작은 식당, 식사하는 사람	통 **식사를 하다, 만찬을 들다** On the day I got a job offer, I took my whole family out to dine at a fancy restaurant. 내가 일자리 제안을 받은 날에, 나는 가족 전부를 데리고 고급 레스토랑에서 식사하기 위해 나갔다.
007 □□□	***** **raw** [rɔ:] 유의어 uncooked 익히지 않은, 날것의	형 **익히지 않은, 날것의** To avoid illness, travelers are advised not to eat raw food. 질병을 피하려면 여행자들은 익히지 않은 음식을 먹지 말아야 한다.
008 □□□	****** **rare** [rer]	형 **(고기를) 덜 익힌 ㅣ 희귀한** The customer had ordered a well-done steak, so she was displeased when she found her steak to be rare. 그 손님은 충분히 익힌 스테이크를 주문했기 때문에, 자신의 스테이크가 덜 익었다는 것을 알고 불쾌해 했다.
009 □□□	***** **ripe** [raɪp] ripen 통 익다, 익게 하다	형 **(과일 등이) 익은** He poured himself a cup of coffee and picked a ripe peach for breakfast. 그는 커피를 한 잔 따르고, 아침 식사로 잘 익은 복숭아를 골랐다.
010 □□□	******* **contain** [kənˈteɪn] 유의어 include 포함하다	통 **담고 있다, 포함하다 ㅣ (감정 등을) 억누르다, 참다** Oranges contain vitamin C, which is widely known to have positive effects on immune functions. 오렌지는 비타민 C를 함유하고 있으며, 비타민 C는 면역 기능에 긍정적인 영향을 미치는 것으로 널리 알려져 있다.
011 □□□	******* **include** [ɪnˈkluːd] 유의어 incorporate 포함하다 encompass 포함하다	통 **포함하다** Many foods include vitamin E, which makes it possible for people to get enough of the vitamin naturally. 많은 음식에는 비타민 E가 포함되어 있어, 사람들이 자연스럽게 그 비타민을 충분히 섭취하는 것이 가능하다.
012 □□□	****** **reservation** [ˌrezərˈveɪʃn] 유의어 booking 예약	명 **예약 ㅣ 의구심** 6 p.m. to 7 p.m. is the busiest hour for the restaurant, so it's difficult to find a seat without a reservation. 이 음식점은 저녁 6시부터 7시까지가 가장 바쁜 시간이어서, 예약 없이는 자리를 찾기가 어렵다.

044

013 ★★
ingredient
[ɪnˈɡriːdiənt]

🔟 재료, 성분

Organic dishes with local ingredients have recently become popular among those pursuing a healthy lifestyle.

최근 건강한 생활 방식을 추구하는 사람들 사이에서 지역 재료들이 들어간 유기농 요리가 인기를 끌고 있다.

---

014 ★★★
treat
[triːt]

treatment 🔟 대우, 치료

🔟 대접, 한턱 🔟 대접하다 ㅣ 대하다 ㅣ 치료하다

Reaching for the bill, he said that dinner was his treat since he had been promoted with a big pay raise.

계산서를 집으려고 손을 뻗으면서, 그는 많은 급여 인상과 함께 승진 했으므로 자기가 저녁을 대접하겠다고 말했다.

After the students received their awards, they were treated to a buffet and drinks.

학생들은 상을 받은 후, 뷔페와 음료수를 대접받았다.

> **텝스기출표현**
> treat 사람 to A '사람'에게 A를 대접하다

---

015 ★★
eat out

반의어
eat in 집에서 먹다

외식하다

Tired from a long day at work, we both decided to eat out instead of cooking.

회사에서이 긴 하루로 지쳐서, 우리 둘 다 요리하는 대신 외식하기로 결정했다.

---

016 ★★
preparation
[ˌprepəˈreɪʃn]

🔟 준비, 대비

Some people are sensitive to certain ingredients used in the preparation of the food.

어떤 사람들은 음식 준비에 사용되는 특정 재료들에 민감하다.

---

017 ★
spill
[spɪl]

🔟 (액체 등을) 흘리다, 쏟다

Someone dropped their glass of wine and spilled the wine on the floor.

누군가가 와인 잔을 떨어뜨려 바닥에 와인을 쏟았다.

> **텝스기출표현**
> cry over spilled milk 이미 엎지른 물을 두고 한탄하다

018
□□□

★★

preserve

[prɪˈzɜːrv]

preservative 명 방부제

동 보존하다

Using salt has long been known as a method for preserving food over extended periods of time.

소금을 사용하는 것은 음식을 오랫동안 보존하는 방법으로 예전부터 알려져 왔다.

019
□□□

★

balance

[ˈbæləns]

명 균형, 조화 | 잔고 동 균형을 유지하다

Eating more fruit and vegetables is necessary for nutritional balance in your diet.

과일과 채소를 더 많이 먹는 것은 식단의 영양 균형을 위해 필요하다.

020
□□□

★★★

picky

[ˈpɪki]

유의어

fussy 까다로운
particular 까다로운
demanding 요구가 많은, 쉽게 만족하지 않는

형 까다로운

Every kid is a picky eater, but if you always cook the things they like for them, they'll never get over it.

모든 아이들은 식성이 까다롭지만, 만약 항상 그들을 위해 그들이 좋아하는 것을 요리해 준다면, 그들은 절대 그것을 극복하지 못할 것이다.

텝스 기출 표현

picky eater 편식가, 식성이 까다로운 사람

021
□□□

★

beverage

[ˈbevərɪdʒ]

명 음료

Everyone is welcome to attend the event, but alcoholic beverages will not be served.

모두가 행사에 참가할 수 있으나, 알코올음료는 제공되지 않을 것이다.

텝스 기출 표현

alcoholic beverages 알코올음료

022
□□□

★

seal

[siːl]

명 밀봉 동 밀봉하다

Sealing ingredients separately keeps food fresher by preventing the moisture from being lost.

재료들을 따로따로 밀봉하면 수분이 손실되는 것을 방지해 음식이 더 신선하게 유지된다.

023
□□□

★★

serve

[sɜːrv]

server 명 (식당에서) 서빙하는 사람
serving 명 1인분, 한 그릇

동 (음식을) 제공하다 | 섬기다, 봉사하다 | 역할을 하다

The meeting was over in less than an hour, and refreshments were served afterwards.

회의는 1시간도 채 안 되어 끝났고, 그 이후에 다과가 제공되었다.

024 ☐☐☐

★
aroma
[əˈroʊmə]

유의어
scent 향기
fragrance 향기

명 향기

The aroma of fresh coffee came from the nearby coffee shop.

신선한 커피 향기가 근처 커피숍에서 풍겨 나왔다.

---

025 ☐☐☐

★★
appetite
[ˈæpɪtaɪt]

명 식욕

It is best to satisfy your appetite with healthy food.

건강한 음식으로 식욕을 채우는 것이 가장 좋다.

텝스기출표현
whet 사람's appetite 식욕을 돋우다
lose 사람's appetite 식욕을 잃다

---

026 ☐☐☐

★★★
nutrient
[ˈnuːtriənt]

nutrition **명** 영양
nutritious **형** 영양분이 많은
nutritional **형** 영양상의

명 영양소, 영양분

Many cultures have developed lunch which balances essential nutrients.

많은 문화권에서 점심은 필수 영양소의 균형을 이루도록 발전했다.

텝스기출표현
essential nutrient 필수 영양소
nutrient deficiency 영양실조

---

027 ☐☐☐

★★★
appeal
[əˈpiːl]

유의어
attract 마음을 끌다
interest 관심을 끌다
intrigue 흥미를 불러일으키다

통 마음에 들다, 흥미를 끌다 | 애원하다, 간청하다 | 항소하다 **명** 매력 | 애원, 간청 | 항소

Due to its small portions and high prices, the new restaurant has failed to appeal to local residents.

그 새 식당은 양이 적고 가격이 비싸서 지역 주민들의 마음에 들지 못하고 있다.

---

028 ☐☐☐

★★
essential
[ɪˈsenʃl]

유의어
crucial 중대한, 결정적인
vital 필수적인
indispensable 없어선 안 될, 필수적인

형 필수의, 매우 중요한, 없어서는 안 될

For those who bake at home, having their refrigerator stocked with eggs and milk is essential.

집에서 베이킹을 하는 사람들에게 냉장고에 달걀과 우유를 채워 넣는 것은 필수적이다.

029 □□□	****** **poultry** [ˈpoʊltri]	**명 가금류** Frozen turkeys and other poultry must always be thawed fully before cooking. 냉동 칠면조 및 다른 가금류는 요리하기 전에 항상 완전히 해동되어야 한다.
030 □□□	***** **produce** [ˈprɑːduːs]	**명 (과일·야채 등의) 농산물** The quality of produce at the local grocery has gone downhill. 지역 식료품점의 농산물의 질이 떨어졌다.
031 □□□	***** **vineyard** [ˈvɪnjərd]	**명 포도원, 포도밭** Wine can be confusing because even the wine from the same vineyard changes from year to year. 포도주는 같은 포도원에서 나오는 것조차도 해마다 바뀌기 때문에 혼란스러울 수 있다.
032 □□□	***** **give off**	**(냄새·빛·열 등을) 발산하다, 풍기다** What he cooked for dinner gave off a strange smell, and no one dared to try it first. 그가 저녁으로 요리한 것은 이상한 냄새를 풍겼고, 아무도 감히 그것을 먼저 먹어 보려고 하지 않았다.
033 □□□	***** **vending machine**	**자동판매기** Some schools in the district are planning to remove vending machines from schools. 이 지역의 일부 학교들은 학교 내 자판기를 없앨 계획이다.
034 □□□	***** **bitter** [ˈbɪtər]	**형 (맛이) 쓴** The wine served at dinner was too bitter for my taste, so I had to drink water instead. 저녁 식사 때 나왔던 포도주는 내 입맛에는 너무 써서, 대신 나는 물을 마셔야만 했다.
035 □□□	***** **pay the bill**	**비용을 지불하다** When I go out for a meal with my brother, he is always the one who pays the bill. 내가 형과 함께 외식할 때, 돈을 내는 사람은 항상 형이다.
036 □□□	***** **processed food**	**가공식품** My New Year's resolution is to cut down on processed food and eat more vegetables. 나의 새해 결심은 가공식품을 줄이고 야채를 더 먹는 것이다.

037 ☆
protein
[ˈproʊtiːn]

명 단백질

Lentils are the most important source of protein in the Indian diet.

렌틸콩은 인도식 식단에서 가장 중요한 단백질 공급원이다.

---

038 ☆
fiber
[ˈfaɪbər]

명 섬유질

High consumption of dietary fiber regulates blood sugar levels and prevents heart disease.

다량의 식이 섬유 섭취는 혈당 수치를 조절하고 심장병을 예방하게 해 준다.

---

039 ☆
carbohydrate
[ˌkɑːrboʊˈhaɪdreɪt]

명 탄수화물

Carbohydrates are the most important source of energy used by the body.

탄수화물은 신체에서 사용되는 가장 중요한 에너지원이다.

---

040 ☆☆
refreshing
[rɪˈfreʃɪŋ]

refreshments 명 다과

형 상쾌한 | 참신한

Whole dried berries can be soaked in water to produce a refreshing drink.

통째로 말린 열매는 청량음료를 만들기 위해 물에 푹 담궈도 된다.

---

041 ☆☆
refrigerate
[rɪˈfrɪdʒəreɪt]

refrigerator 명 냉장고

동 (음식 등을) 냉장하다

If the room temperature is too high, it is best to refrigerate most kinds of foods.

실내 온도가 너무 높을 경우, 대부분 종류의 음식을 냉장 보관하는 것이 최선이다.

---

042 ☆
stir
[stɜːr]

동 젓다

She picked up a teaspoon to stir her coffee.

그녀는 커피를 저으려고 찻숟가락을 들었다.

---

043 ☆☆
swallow
[ˈswɑːloʊ]

유의어
gulp 꿀꺽 삼키다

동 (음식 등을) 삼키다

Chewing thoroughly before you swallow the food will prevent you from overeating.

음식을 삼키기 전에 철저히 씹으면 과식을 막을 수 있다.

044 □□□	★★★ **tab** [tæb] 유의어 check 계산서	**명** 계산서

It wasn't my turn to pick up the tab, because I had paid for everyone's meal the week before.

내가 일주일 전에 모든 사람들의 식사비를 냈기 때문에, 내가 계산할 차례는 아니었다.

> 텝스 기출 표현
> pick up the tab 계산하다, 비용을 지불하다
> (= get the tab, grab the tab)

---

045 □□□ ★
tap water

수돗물

The widespread belief that it is better to drink bottled water rather than tap water is not necessarily true.

수돗물보다 생수를 마시는 것이 좋다는 널리 퍼진 믿음이 반드시 사실인 것은 아니다.

---

046 □□□ ★★
cutlery
[ˈkʌtləri]
유의어
silverware 은식기류

명 식기류

No one had bothered to clean up after the meal, so dishes and cutlery were still scattered on kitchen tables.

식사 후에 아무도 치우려고 하지 않아서, 접시와 식기류가 여전히 부엌 식탁에 널려 있었다.

---

047 □□□ ★★
dietary
[ˈdaɪəteri]

형 규정식의, 식이 요법의

The doctor gave me some dietary advice for maintaining my blood pressure at a healthy level.

의사는 나에게 혈압을 건강한 수준으로 유지하기 위한 식습관에 대해 조언해 주었다.

---

048 □□□ ★★
consumption
[kənˈsʌmpʃn]
유의어
ingestion 섭취
intake 섭취

명 먹고 마시는 것(섭취) | 소비

Excessive consumption of soft drinks in childhood has been shown to lead to calcium deficiency.

어린 시절 청량음료의 과다 섭취는 칼슘 부족으로 이어지는 것으로 나타났다.

---

049 □□□ ★
chill
[tʃɪl]

동 열을 식히다, 차게 만들다

The champagne should be chilled for at least four hours before serving.

샴페인은 서빙하기 전 최소 4시간 동안 차게 만들어야 한다.

050 □□□	★★★ **starving** [ˈstɑːrvɪŋ] **유의어** famished 배가 고파 죽을 지경인 ravenous 배가 고파 죽을 지경인	**형** 배고픈 Not having had anything to eat for the whole day, I was starving when I got home. 온종일 아무것도 먹지 못해서, 집에 도착했을 때 나는 배가 고팠다.
051 □□□	★★★ **help oneself to**	~을 마음껏 먹다 Once I felt comfortable, I began to help myself to the food in front of me. 일단 편안해지자, 나는 내 앞에 있는 음식을 마음껏 먹기 시작했다.
052 □□□	★ **sip** [sɪp]	**동** 조금씩 마시다 **명** 한 모금 The father and son sat in the living room sipping tea after they had eaten their cake. 아버지와 아들은 케이크를 먹은 후, 차를 마시며 거실에 앉아 있었다.
053 □□□	★★ **speechless** [ˈspiːtʃləs] **유의어** dumbstruck 놀라서 말도 못 하는	**형** (충격 등으로) 말문이 막힌 The diners were speechless with delight at the seven-course meal. 식사하는 사람들은 7가지 코스 식사에 기뻐서 말문이 막혔다.
054 □□□	★ **cater** [ˈkeɪtər] catering **명** (행사 등을 대상으로 하는) 음식 공급	**동** (사업으로 행사에) 음식을 공급하다 ǀ ~의 요구를 채우다 There is no need for guests to bring any food, as everything is being catered. 모든 것이 준비될 것이기 때문에, 손님들은 음식을 가지고 올 필요가 없다.
055 □□□	★ **cuisine** [kwɪˈziːn]	**명** 요리, 요리법 The restaurant's menu covers various international cuisines with emphasis on South American food. 그 레스토랑의 메뉴는 특히 남미 요리에 강조점을 둔 전 세계 다양한 나라들의 요리를 제공한다.
056 □□□	★ **greasy** [ˈɡriːsi] **유의어** oily 기름기가 함유된	**형** (음식이) 기름진 Being on a strict diet, she does not eat greasy foods such as pork and hamburgers. 그녀는 엄격한 다이어트를 하고 있어서, 돼지고기나 햄버거 같은 기름진 음식을 먹지 않는다.

057 ☐☐☐	✱ **liquor** [ˈlɪkər]	명 술, 주류 This restaurant serves a wide array of liquor at the bar. 이 식당은 바에서 다양한 종류의 술을 판매한다.
058 ☐☐☐	✱ **leftover** [ˈleftoʊvər]	명 남은 음식 All the guests had second helpings of the main dish, so there were no leftovers. 모든 손님들이 주요리를 2인분씩 먹었기 때문에 남은 음식이 없었다.
059 ☐☐☐	✱✱ **overeat** [ˌoʊvərˈiːt]	동 과식하다 A meal in the morning boosts your energy and can stop you from overeating later in the day. 아침 식사는 당신의 에너지를 증진시켜 주며, 나중에 과식하는 것을 막아 준다.
060 ☐☐☐	✱ **seasoning** [ˈsiːzənɪŋ] 유의어 condiments 양념	명 양념, 조미료 One way to increase appetite is to add flavor to the food by using spices, sauces, and seasonings. 식욕을 돋우는 한 가지 방법은 향신료, 소스, 양념을 사용하여 음식에 맛을 더하는 것이다.
061 ☐☐☐	✱ **expiration date**	식품 등의 유효 기간[날짜] Expiration dates will help you determine whether food has gone bad. 유통 기한은 음식이 상했는지를 판단하는 데 도움이 될 것이다.
062 ☐☐☐	✱✱✱ **decline** [dɪˈklaɪn] 유의어 reject 거부하다, 거절하다 refuse 거절하다, 거부하다	동 사양하다, 거절하다 | 감소하다 The waiter approached them with glasses of champagne but both of them declined politely. 웨이터는 샴페인 잔을 들고 그들에게 다가갔지만 둘 다 정중하게 거절했다.
063 ☐☐☐	✱ **potluck** [pɑːtˈlʌk]	명 각자 음식을 가져와서 나눠 먹는 식사 He came up with the idea of having a potluck party to ease the burden of cooking. 그는 요리하는 것의 부담을 덜기 위해 각자 음식을 가져와서 나눠 먹는 파티를 열 생각을 했다.

★★★

authentic

[ɔːˈθentɪk]

authenticate 통 증명하다
authenticity 명 신빙성

유의어
genuine 진짜의

형 진짜인, 진정한 | 정확한

There are not very many restaurants in this city serving authentic Korean food.

이 도시에는 진짜 한국 음식을 제공하는 식당이 그리 많지 않다.

★★★

sufficient

[səˈfɪʃnt]

suffice 통 충분하다

유의어
adequate 충분한, 적절한
ample 충분한

형 충분한

There was sufficient food to last the whole family for more than a week.

온 가족이 일주일 이상 먹기에 충분한 음식이 있었다.

★★

make do with

견디다, 때우다

With the stove not working properly, we had to make do with takeout food.

가스레인지가 제대로 작동하지 않아서, 우리는 포장해 온 음식으로 때워야 했다.

★★

digest

[daɪˈdʒest]

digestion 명 소화
digestive 형 소화를 돕는, 소화력이 있는

통 소화하다 | 이해하다 명 요약

Unlike other food components, fiber isn't digested by your body.

다른 음식 성분들과 달리 섬유질은 신체에 의해 소화되지 않는다.

★★

intake

[ˈɪnteɪk]

명 섭취(량)

Overweight people should cut back on the amount of food intake to help reduce weight.

과체중인 사람들은 살을 빼는 데 도움이 되도록 음식 섭취량을 줄여야 한다.

★★

ingest

[ɪnˈdʒest]

유의어
consume 먹다

통 (음식물 등을) 섭취하다

As you ingest protein, your body will break it down into amino acids.

단백질을 섭취하면, 인체는 그것을 아미노산으로 분해할 것이다.

070 mouth-watering

[ˈmaʊθˌwɔːtərɪŋ]

유의어
appetizing 식욕을 돋우는, 맛있어 보이는

형 군침이 돌게 하는, 맛있어 보이는

The air was thick with the mouth-watering, sweet smell of food.

공기가 군침이 도는 달콤한 음식 냄새로 가득했다.

---

071 specialty

[ˈspeʃəlti]

명 (특정 사람·지역이 잘 만드는 것으로) 유명한 음식 | 전문

Having a reputation for satisfying large appetites, cheese steak is a Philadelphia specialty.

왕성한 식욕을 만족시키는 것으로 유명한 치즈 스테이크는 필라델피아의 유명한 음식이다.

---

072 brew

[bruː]

brewery 명 맥주 양조장

동 (차 등을) 끓이다 | (맥주를) 양조하다

As the guests arrived, I started brewing the tea to welcome them.

손님들이 도착했을 때, 나는 그들을 환영하기 위해 차를 끓이기 시작했다.

---

073 culinary

[ˈkʌlɪneri]

형 요리의, 음식의, 주방의

The chef was very proud of his culinary skills and put great care into sharing them in his cookbook.

주방장은 자신의 요리 솜씨를 매우 자랑스러워했고, 요리책에서 그것들을 공유하는 데 많은 공을 들였다.

---

074 graze

[greɪz]

동 (가축이) 풀을 뜯다

The sheep are allowed to graze on pastures for most of the year and are very healthy.

양들은 일 년의 대부분을 목초지에서 풀을 뜯을 수 있어서 매우 건강하다.

---

075 supplement

명 [ˈsʌpləmənt]
동 [ˈsʌpləˌment]

유의어
complement 보완하다

명 (영양) 보충제 | 보충물 동 보충하다, 추가하다

Foods rich in fiber provide various nutrients that supplements do not.

섬유질이 풍부한 음식은 보충제가 제공하지 않는 다양한 영양소를 제공한다.

---

076 staple

[ˈsteɪpl]

명 주식 형 주된, 주요한

Bread, an important staple, is often purchased rather than home baked.

중요한 주식인 빵은 집에서 굽기보다는 주로 구매된다.

077 □□□	**artificial** [ˌɑːrtɪˈfɪʃl]	웹 인공적인, 인위적인, 부자연스러운

Many beverages labeled as "sugar-free" contain artificial sweeteners.

'무설탕'이라고 표시된 많은 음료들은 인공 감미료를 포함하고 있다.

---

078 □□□	**additive** [ˈædətɪv]	웹 첨가물

The consumer organization called for clearer labeling of additives on food and drink products.

소비자 단체는 식품과 음료 제품에 첨가물을 더 명확하게 표기할 것을 요구했다.

> **텝스기출표현**
> food additives 식품 첨가제

---

079 □□□	**decay** [dɪˈkeɪ]	웹 부패하다 웹 부패, 부식

decayed 웹 부패한, 썩은

A piece of fruit will decay far less quickly if refrigerated, than if left out in the sun.

과일 조각은 냉장 보관하면 햇볕 아래 남겨 두었을 때보다 훨씬 덜 빨리 썩는다.

유의어
spoil 음식이 상하다
decompose 부패되다

---

080 □□□	**disgust** [dɪsˈɡʌst]	웹 혐오감, 역겨움 웹 혐오감을 유발하다, 역겹게 만들다

disgusting 웹 역겨운, 구역질 나는, 혐오스러운

Feeling disgust against certain types of food is likely to have a genetic basis.

특정 종류의 음식에 대해 혐오감을 느끼는 것은 유전적 기반이 있을 가능성이 크다.

유의어
revulsion 혐오감, 역겨움

---

081 □□□	**utensil** [juːˈtensl]	웹 (가정·부엌에서 사용하는) 도구, 기구

Parents should make sure that dangerous kitchen utensils are out of children's reach.

부모들은 위험한 주방 기구들을 아이들의 손이 닿지 않는 곳에 두어야 한다.

---

082 □□□	**mince** [mɪns]	웹 (고기·야채를) 잘게 다지다

He minced some garlic and added it into the mixture.

그는 마늘을 다져서 혼합물에 넣었다.

083

stale ★★
[steɪl]

🔷 (음식 등이) 신선하지 않은, 만든 지 오래된 I 진부한, 신선미가 없는

I felt embarrassed to invite my friends to my house because the kitchen was full of stale food.

부엌에 오래된 음식이 가득했기 때문에 나는 친구들을 집으로 초대하는 것이 당혹스러웠다.

084

dilute ★★
[daɪˈluːt]

🔷 희석하다

This juice should be diluted with water before drinking.

이 주스는 마시기 전에 물로 희석해야 한다.

085

refined ★★
[rɪˈfaɪnd]

유의어
civilized 교양 있는
sophisticated 세련된, 교양 있는
purified 정제한

🔷 세련된, 고상한, 품위 있는 I 정제된

The old man's manner was refined and gentle.

그 노인의 태도는 품위 있고 부드러웠다.

In American colonial times, sugar was not as refined as nowadays and contained impurities.

미국의 식민지 시대에는 설탕이 요즘만큼 정제되지 않았고 불순물을 함유하고 있었다.

086

complimentary ★★★
[ˌkɑːmplɪˈmentri]

유의어
free 무료의
on the house 무료로[서비스로] 제공되는
gratis 무료로
flattering 아첨하는

🔷 무료의 I 칭찬하는

Guests can enjoy a variety of reading materials and complimentary refreshments.

손님들은 다양한 읽을거리와 무료 다과를 즐길 수 있다.

We have received very complimentary remarks from our customers about the facilities and the services we offer.

우리는 고객들로부터 우리가 제공하는 시설과 서비스에 대해 매우 칭찬을 받았다.

087

garnish ★
[ˈɡɑːrnɪʃ]

🔷 (요리의) 고명 🔷 (요리에) 고명을 얹다 I 장식하다, 꾸미다

Different types of green herbs are served during meals as a garnish.

다양한 종류의 녹색 허브가 식사 중에 고명으로 제공된다.

088

gorge ★
[ɡɔːrdʒ]

유의어
stuff 너무 많이 먹다
devour 배고파서 걸신들린 듯이 먹다
gobble 게걸스럽게 먹다

🔷 게걸스럽게 먹다 🔷 협곡

It is difficult not to feel guilty after gorging yourself on chocolates.

초콜릿을 실컷 먹고 난 뒤에 죄책감을 느끼지 않기란 어렵다.

텝스기출표현
gorge oneself on ~을 실컷 먹다

089
fast
[fæst]

유의어
hunger strike 단식 투쟁

동 단식하다 **명** 단식

Muslims who fast during the month of Ramadan do not eat or drink from dawn to sunset.

라마단 동안 금식을 하는 이슬람교도들은 새벽부터 해질 때까지 먹지도 마시지도 않는다.

090
parched
[pɑːrtʃt]

유의어
thirsty 목이 마른, 갈증이 나는

형 몹시 목마른, 목이 타는

Having forgotten to take water on her long walk, she was parched and in need of water when she came home.

그녀는 긴 산책에 물을 가지고 가는 것을 잊어서, 집에 돌아왔을 때 목이 몹시 말라 물이 필요했다.

091
quench
[kwentʃ]

동 갈증을 풀다 | 타는 불을 끄다

We walked to the nearest coffee shop and ordered drinks to quench our thirst.

우리는 가장 가까운 커피숍으로 걸어가서 갈증을 해소하기 위해 음료수를 주문했다.

텝스 기출 표현

quench 사람's thirst 갈증을 해소하다

092
bland
[blænd]

형 (맛이) 자극적이지 않은, 특별한 맛이 안 나는 | 단조로운, 재미없는

Bland foods such as toast or crackers may relieve feelings of nausea.

토스트나 크래커와 같이 자극적이지 않은 음식은 메스꺼움을 완화한다.

▶혼동하지 말자!
blend 섞다, 혼합하다

093
delectable
[dɪˈlektəbl]

유의어
delicious 맛있는
tasty 맛있는
palatable 맛있는

형 (음식 등이) 아주 맛있는

It is advisable to follow the locals to find the most delectable food in the area.

그 지역에서 가장 맛있는 음식을 찾기 위해서는 현지인들을 따르는 것이 좋다.

094 □□□	**craving** ★★ ['kreɪvɪŋ] **유의어** longing 갈망, 열망 yearning 갈망, 동경 desire 욕구, 갈망	명 갈망, 열망 Eating dried fruit is great for satisfying cravings for sweet food. 말린 과일을 먹는 것은 단 음식에 대한 갈망을 만족시키는 데 아주 좋다.

095 □□□	**edible** ★★ ['edəbl] **반의어** inedible 먹을 수 없는	형 식용의, 먹어도 되는 There are many poisonous mushrooms easy to be mistaken for edible ones. 먹을 수 있는 것으로 오인되기 쉬운 독버섯들이 많이 있다.

096 □□□	**savor** ★ ['seɪvər] savory 형 맛 좋은, 자극적인 맛이 나는 **유의어** relish 음식을 맛보다	통 맛보다, 음미하다 명 맛, 풍미 I chewed more slowly to savor the flavor of the food. 나는 음식의 맛을 음미하기 위해 더 천천히 씹었다.

097 □□□	**rigorous** ★★★ ['rɪgərəs] rigorously 부 엄격히 **유의어** strict 엄격한 stringent 엄중한	형 철저한, 엄격한 A rigorous diet plan is not always the best way to lose weight. 엄격한 다이어트 계획이 항상 살을 빼는 최고의 방법은 아니다.

098 □□□	**sober** ★ ['soʊbər] **반의어** drunk 술에 취한 intoxicated (술·마약에) 취한	형 술 취하지 않은	엄숙한, 진지한 I had never seen her sober since she was always with a drink in her hand. 그녀가 항상 술을 손에 들고 있었기 때문에, 나는 그녀가 술에 취하지 않은 것을 본 적이 없었다.

099 □□□	**assuage** ★★★ [ə'sweɪdʒ] **유의어** fulfil 채우다, 만족시키다 gratify (욕구 등을) 충족시키다 appease 달래다	통 (식욕 등을) 채우다, 완화하다, 달래다 She assuaged her hunger with her favorite food. 그녀는 가장 좋아하는 음식으로 배고픔을 달랬다.

100

□□□

**

satiate

[ˈseɪʃieɪt]

 유의어

sate 채우다, 충족시키다

satisfy 만족시키다

🔊 (식욕 등을) 충분히 만족시키다

Foods high in protein satiate hunger better than those high in fat.

단백질이 풍부한 음식은 지방이 많은 음식보다 배고픔을 더 잘 충족 시킨다.

문맥에 맞는 단어를 보기에서 골라 빈칸에 넣으세요.

PART 1

ⓐ intake	ⓑ complimentary	ⓒ satiate	ⓓ delectable	ⓔ produce
ⓕ cravings	ⓖ refrigerated	ⓗ parched	ⓘ picky	ⓙ rigorous

1. My daughter is a _____ eater, and only eats what she finds palatable.

2. The local grocery store sells fresh _____ at a reasonable price.

3. _____ drinks are offered to guests when they check in at this hotel.

4. After the ten-mile run, the team of runners who were feeling _____ were glad to find bottled water at the finish line.

5. The restaurant has recently hired a new head chef, who is known for his skills in developing _____ menus.

6. When on a diet, it is important to hold back _____ for foods high in sugar.

7. Sticking to a _____ dietary regimen will help you lose weight.

8. The ideal _____ of water differs from one person to another, since it is dependent on a person's weight and lifestyle.

9. Not having had anything to eat for breakfast, the man ate a banana to _____ his hunger.

10. The leftover food was _____ in order to keep it from spoiling.

answers
1 ⓘ 2 ⓔ 3 ⓑ 4 ⓗ 5 ⓓ 6 ⓕ 7 ⓙ 8 ⓐ 9 ⓒ 10 ⓖ

>> Check-Up Questions

문맥에 맞는 단어를 보기에서 골라 빈칸에 넣으세요.

PART 2

ⓐ disgust	ⓑ nutrients	ⓒ savor	ⓓ decay	ⓔ ripe
ⓕ consumption	ⓖ culinary	ⓗ assuage	ⓘ ingest	ⓙ appetite

11. After such a big lunch, I didn't have much of a(n) _____ for dinner.

12. Eating slowly will let you not only _____ your food but also eat less.

13. Studies show that organic food does not necessarily contain more _____ than non-organic food.

14. There are many ways of telling whether a fruit is _____.

15. According to recent data, _____ of rice in Korea has declined steadily over the past few decades.

16. An allergic reaction to certain types of food is likely to intensify each time you _____ the food.

17. The author of this cookbook shares her _____ skills providing a detailed explanation of many recipes.

18. Food may _____ when the weather is hot if not kept at appropriate temperatures.

19. It is natural that people may feel _____ at certain kinds of dishes of other cultures.

20. It took so long for the food to be served at the restaurant that we had to drink most of the wine to _____ our hunger.

| answers
  11 ⓙ 12 ⓒ 13 ⓑ 14 ⓔ 15 ⓕ 16 ⓘ 17 ⓖ 18 ⓓ 19 ⓐ 20 ⓗ

뉴텝스 어휘

UNIT
03

여행 · 숙박 · 항공

여행·숙박·항공 UNIT 03 >>

---

001 □□□
**
depart
[dɪˈpɑːrt]

⑧ 출발하다

Passengers waiting to board the flight departing for Seoul are required to wait at the gate.

서울행 비행기에 탑승하기 위해 기다리는 승객들은 탑승구에서 대기해야 한다.

> **텝스 기출 표현**
>
> depart for ~로 출발하다
> depart from ~에서 출발하다

---

002 □□□
**
typical
[ˈtɪpɪkl]

⑱ 대표적인, 전형적인

On our first day of the trip, we had a typical American breakfast with eggs and bacon.

여행 첫날, 우리는 계란과 베이컨을 곁들인 전형적인 미국식 아침 식사를 했다.

---

003 □□□
***
be booked up

예약이 다 차다

When I realized that all the rooms were booked up, I regretted not having made reservations in advance.

방이 모두 예약되어 있다는 것을 알게 되었을 때, 나는 미리 예약하지 않은 것을 후회했다.

---

004 □□□
**
content
[ˈkɑːntent]

⑱ 만족하는 ⑲ 내용물, (문서 등의) 내용

I was content with the way the customer service representative dealt with my complaints.

나는 고객 서비스 담당자가 내 불만을 처리한 방식에 만족했다.

---

005 □□□
**
round trip

왕복 여행

This ticket is for a round trip to Chicago where I have a business meeting with clients.

이 표는 내가 고객들과의 사업상 회의를 갖게 될 시카고로 가는 왕복 여행 표이다.

---

006 □□□
*
peak season

성수기

It is likely that you will have to spend more when planning a vacation during peak season.

성수기에 휴가를 계획할 때는 더 많은 돈을 써야 할 가능성이 크다.

---

007 ☐☐☐

★

routine

[ruːˈtiːn]

📘 정기적인, 일상의 📗 일상, 일과

I was fed up with taking care of routine tasks every day, and I realized I was in need of a vacation.

나는 매일 일상적인 업무를 처리하는 것에 진저리가 났고, 휴가가 필요하다는 것을 깨달았다.

---

008 ☐☐☐

★★

postpone

[poʊˈspoʊn]

유의어

put off 늦추다
delay 늦추다

📘 연기하다, 늦추다

Most of the employees had to postpone their summer vacations due to the tight schedule of the new project.

대부분의 직원들은 새 프로젝트의 빡빡한 일정 때문에 여름 휴가를 연기해야 했다.

---

009 ☐☐☐

★★★

room rate

객실 요금

The room rates at the lavish hotel were much higher than we had expected, and it was well over our budget.

호화로운 호텔의 객실 요금은 우리가 예상했던 것보다 훨씬 비쌌고, 그것은 우리의 예산을 훨씬 초과했다.

---

010 ☐☐☐

★★★

customs

[ˈkʌstəmz]

customary 📘 관습상의
custom 📗 관습 📘 맞춤 제작의

📗 세관

When going through customs, you are required to answer questions regarding items purchased abroad.

세관을 통과할 때에는 해외에서 구매한 물품에 대한 질문들에 답해야 한다.

---

011 ☐☐☐

★★★

declare

[dɪˈkler]

📘 (세관에서) 신고하다 | 선언하다, 공표하다

Failing to declare items that exceed the duty-free limits at customs will lead to a fine.

세관에서 면세 한도를 초과한 품목을 신고하지 않으면 과태료가 부과될 것이다.

---

012 ☐☐☐

★

souvenir

[ˌsuːvəˈnɪr]

📗 기념품

It is not always easy to find practical yet meaningful souvenirs.

실용적이면서도 의미 있는 기념품을 찾는 것이 항상 쉽지만은 않다.

---

013 ☐☐☐

★

connecting flight

 반의어

direct flight 직항 비행편
nonstop flight 무착륙 비행편

연결 비행편

It is advisable to book connecting flights on a single airline so that you don't have to walk long distances.

먼 거리를 걸을 필요가 없도록 단일 항공사로 연결 항공편을 예약하는 것이 좋다.

014 □□□

★★★
carry-on
[ˈkeriɑːn]

형 기내 반입용의

Please stow all carry-on luggage in the overhead compartment.

모든 기내 반입용 수하물은 머리 위 짐칸에 넣어 주십시오.

> **텝스 기출 표현**
>
> carry-on luggage 기내 반입용 수하물(= carry-on baggage)

---

015 □□□

★
adventurous
[ədˈventʃərəs]

형 모험심이 강한

Traveling with an adventurous friend may allow you to engage in new experiences.

모험을 즐기는 친구와 함께하는 여행은 당신이 새로운 경험을 할 수 있게 해 줄 것이다.

---

016 □□□

★★
flexible
[ˈfleksəbl]

형 융통성이 있는, 유연한

One of the merits of traveling by yourself is that it is easier to plan a flexible schedule.

혼자 여행하는 것의 장점 중 하나는 융통성 있는 일정을 계획하기가 더 쉽다는 것이다.

---

017 □□□

★★
memorable
[ˈmemərəbl]

유의어
unforgettable 잊을 수 없는

형 기억할 만한

Photographs capture memorable moments and let you look back on the memory.

사진은 기억에 남는 순간들을 담아내고, 당신으로 하여금 그 기억을 되돌아보게 해 준다.

---

018 □□□

★★★
check in

유의어
check (수화물을) 부치다

(호텔에서) 숙박 수속을 밟다 | (공항에서) 짐 등을 부치다 | (공항에서) 탑승 수속을 밟다

After checking in at the hotel, we immediately unpacked our bags and got ready to explore the city.

호텔에 체크인한 후, 우리는 즉시 가방을 풀고 도시를 탐방할 준비를 했다.

Those who wish to check in additional luggage can do so at an extra fee.

추가 수하물을 부치고자 하는 사람은 추가 요금을 지불함으로써 그렇게 할 수 있다.

---

019 □□□

★
belongings
[bɪˈlɔːŋɪŋz]

명 재산, 소유물

Please check that you have not left any of your belongings behind.

두고 가시는 소지품은 없는지 확인하십시오.

★★
halt
[hɔːlt]

유의어
suspend 중지하다, 중단하다

🔵 중단하다 🔴 중지, 멈춤

Our check-in procedures were halted when my husband realized his passport had expired.

남편이 자신의 여권이 만료된 것을 알아차렸을 때 우리의 탑승 수속 절차는 중단되었다.

★★★
impatient
[ɪmˈpeɪʃnt]

유의어
impetuous 성급한, 충동적인

🔴 성급한

Hearing news of flights being delayed, some impatient passengers complained to the airline representative.

비행기가 연착된다는 소식을 듣자, 일부 성급한 승객들은 항공사 직원에게 불만을 토로했다.

★★
compromise
[ˈkɒmprəmaɪz]

🔵 타협하다, 화해하다 | (명성·평판을) 위태롭게 하다, 손상하다 🔴 타협, 절충안

After arguing about the destination, the two friends compromised and decided on going to Paris.

목적지에 대해 논쟁을 벌인 끝에, 두 친구는 타협해서 파리로 가기로 결정했다.

★
itinerary
[aɪˈtɪnəreri]

🔴 여행 일정, 여행 계획

The itinerary of the package tour was packed with unnecessary shopping schedules.

패키지여행 일정에는 불필요한 쇼핑 일정이 꽉 차 있었다.

★★★
deserve
[dɪˈzɜːrv]

🔵 (마땅히) ~을 받을 만하다

Full of sights to see, Busan deserves its reputation for being one of the best cities in Korea tourists can visit.

볼거리로 가득한 부산은 관광객들이 방문할 수 있는 최고의 대한민국 도시들 중 하나라는 평판을 받을 만하다.

★★
delay
[dɪˈleɪ]

🔵 지연시키다, 늦추다 🔴 지체, 지연

Heavy rainfall caused my flight to be delayed, and I could only wait until further notice.

폭우로 비행기가 연착되었고, 나는 다음 통지가 있을 때까지 기다릴 수밖에 없었다.

I will be on vacation this week, so there may be delays in e-mail replies.

나는 이번 주에 휴가이기 때문에, 이메일 답장이 늦어질 수도 있다.

★
layover
[ˈleɪˌoʊvər]

유의어
stopover 도중하차

🔴 (항공편의) 경유, 도중하차

There was a two-hour layover in Tokyo, during which I took the advantage of exploring the airport.

도쿄에서 두 시간 동안 경유를 하게 되어서, 그동안 나는 공항을 둘러보는 기회를 누렸다.

027 ☐☐☐

★
nauseous
[ˈnɔːʃəs]

nausea 뎽 메스꺼움, 구역질

유의어
queasy 메스꺼운

뎽 메스꺼운, 구역질 나는, 멀미하는

The bumpy ride in the bus made the man nauseous, and he had to get off at the next stop.

덜컹거리는 버스 때문에 남자는 멀미가 나서, 다음 정류장에서 내려야 했다.

028 ☐☐☐

★★
fascinating
[ˈfæsɪneɪtɪŋ]

fascinate 뎽 마음을 사로잡다, 매료시키다
fascinated 뎽 마음을 빼앗긴, 매료된

뎽 매혹적인, 굉장히 재미있는

My brother, who is enthusiastic about traveling, always has some fascinating anecdotes.

여행하는 것을 무척 좋아하는 나의 형은 항상 재미있는 일화를 가지고 있다.

029 ☐☐☐

★★★
overwhelming
[ˌoʊvərˈwelmɪŋ]

뎽 압도적인, 굉장한

The overwhelming majority said that they preferred quiet vacation spots to bustling cities.

압도적 다수가 바쁜 도시보다는 조용한 휴양지를 선호한다고 말했다.

030 ☐☐☐

★
monotonous
[məˈnɑːtənəs]

뎽 (지루할 정도로) 단조로운

Timothy felt his life was getting monotonous and decided to take a long vacation.

Timothy는 자신의 삶이 단조로워지고 있다고 느꼈고 긴 휴가를 보내기로 결심했다.

031 ☐☐☐

★★
magnificent
[mægˈnɪfɪsnt]

뎽 장대한, 웅장한

Many people who travel to Egypt to see the magnificent pyramids wonder about how they were constructed.

웅장한 피라미드를 보기 위해 이집트로 여행하는 많은 사람들은 그것들이 어떻게 지어졌는지 궁금해한다.

032 ☐☐☐

★
overlook
[ˌoʊvərˈlʊk]

뎽 간과하다 | 너그럽게 봐주다

When planning a vacation, you should never overlook the fact that traveling long distances will tire you out.

휴가를 계획할 때는 장거리 여행으로 당신이 지치게 될 거라는 사실을 절대 간과해서는 안 된다.

033 ☐☐☐

★★
sympathize
[ˈsɪmpəθaɪz]

sympathy 뎽 공감, 동정심
sympathetic 뎽 동정적인

뎽 공감하다, 동감하다 | 동정하다, 측은히 여기다

The child's parents sympathized with their daughter when her first school excursion was canceled due to rainfall.

그 아이의 부모는 그녀의 첫 수학여행이 강우 때문에 취소되자 딸과 공감해 주었다.

034

★
inspiring
[ɪnˈspaɪərɪŋ]

inspire 동 영감을 주다, 격려하다

형 영감을 주는

Many writers say that going to new places is inspiring, and thus piques their imagination.

많은 작가들은 새로운 장소에 가는 것은 영감을 주며, 상상력을 자극한다고 말한다.

035

★★
embarrassed
[ɪmˈbærəst]

embarrassing 형 난처한, 당혹스러운

형 난처해하는, 당혹스러워하는

The tour guide was embarrassed when he couldn't answer any questions about the city's history.

그 관광 가이드는 도시의 역사에 대한 어떠한 질문에도 대답하지 못하자 당황했다.

036

★
weary
[ˈwɪri]

형 지친

Tired and weary from the long trip, we were glad to be home.

긴 여행으로 피곤하고 지쳐서, 우리는 집에 돌아오게 되어 기뻤다.

037

★
confirmation
[ˌkɑːnfərˈmeɪʃn]

명 확정, 확인

I accessed the hotel website in order to make a confirmation of booking my hotel room for the right date.

나는 정확한 날짜에 호텔 방을 예약한 것을 확인하기 위해 호텔 웹사이트에 접속했다.

038

★
boarding pass

탑승권

Please have your boarding pass ready for inspection.

검사를 위해 탑승권을 준비하십시오.

039

★
airfare
[ˈerfer]

명 항공 요금

With the emergence of several low-cost carriers, airfare has now become lower than ever before.

몇몇 저가 항공사의 등장으로 항공료는 이제 그 어느 때보다 낮아졌다.

040

★★
isolation
[ˌaɪsəˈleɪʃn]

isolate 동 고립시키다, 격리시키다

유의어
seclusion 격리

명 고립, 격리

Going to an unfamiliar country and enjoying the isolation can be an effective means for a change of pace.

낯선 나라에 가서 고립을 즐기는 것은 기분 전환을 위한 효과적인 수단이 될 수 있다.

041 ☐☐☐

**

spectacular

[spek'tækjələr]

spectacle 몡 장관, 구경거리

유의어

scenic 아름다운, 경치가 좋은

웹 (경치가) 장관인, 멋있는

The view from the top of the tower was so spectacular that I couldn't move myself away from the windows.

탑 꼭대기에서 바라본 풍경은 너무나도 장관이어서 나는 창문에서 떨어질 수가 없었다.

---

042 ☐☐☐

*

intriguing

[ɪn'tri:gɪŋ]

웹 아주 흥미로운

James shared some intriguing stories about his trip to the Sahara Desert.

James는 그의 사하라 사막 여행에 대한 흥미로운 이야기들을 했다.

---

043 ☐☐☐

***

accommodation

[ə,kɑ:mə'deɪʃn]

뎽 숙박 시설

There are many other hotels nearby for the accommodation of travelers with a tight budget.

가까운 곳에 빠듯한 예산을 가진 여행객들을 위한 숙소를 제공하는 다른 호텔들이 많이 있다.

---

044 ☐☐☐

***

vacancy

['veɪkənsi]

vacant 웹 비어 있는

뎽 빈방 | 공석, 결원

At this time of the year, vacancies at cost-effective hotels are hard to come by.

연중 이맘때는 비용 효율적인 호텔의 빈방을 좀처럼 찾기가 어렵다.

---

045 ☐☐☐

*

drowsy

['draʊzi]

웹 졸리는, 나른한

Fifteen hours in a plane left us in a tired and drowsy state when we finally reached the hotel.

비행기에서의 열다섯 시간 때문에, 마침내 호텔에 도착했을 때 우리는 피곤하고 졸린 상태에 있었다.

---

046 ☐☐☐

**

disturbance

[dɪ'stɜ:rbəns]

disturb 통 방해하다

뎽 방해, 장애

Noises from the construction site nearby caused disturbance to the hotel guests.

인근 공사장에서 들려오는 소음은 호텔 투숙객들에게 방해되었다.

---

047 ☐☐☐

***

eminent

['emɪnənt]

유의어

prominent 유명한, 저명한
renowned 유명한, 저명한

웹 저명한 | 뛰어난

Roald Amundsen is an eminent explorer, well known for his feats.

Roald Amundsen은 그의 업적으로 잘 알려진 저명한 탐험가다.

▶혼동하지 말자!

imminent 임박한

048 □□□	✶ **top-notch** [ˌtɑːpˈnɑːtʃ]	형 최고의, 일류의 All the restaurants recommended by this magazine are top-notch, so they are worth visiting. 이 잡지가 추천하는 식당은 모두 최고급이기 때문에 가 볼 만하다.
049 □□□	✶ **marvel** [ˈmɑːrvl]	동 놀라다, 경탄하다 Tourists marvel at the beauty of Jeju Island and usually come back for another visit. 관광객들은 제주도의 아름다움에 경탄하고, 보통 다시 방문하기 위해 돌아온다.
050 □□□	✶ **exhilarating** [ɪgˈzɪləreɪtɪŋ]	형 아주 신나는 After days of taking exams, flying to an exotic island was exhilarating. 며칠 동안 시험을 치른 후, 이국적인 섬으로 비행기를 타고 가는 것은 아주 신나는 일이었다.
051 □□□	✶✶✶ **encounter** [ɪnˈkaʊntər]	동 (우연히) 마주치다, 만나다 | (위험·곤란 등에) 직면하다 명 (뜻밖의) 만남 People visiting the national park should be aware of what to do when they encounter a bear. 국립공원을 방문하는 사람들은 곰과 마주쳤을 때 무엇을 해야 하는지 알아야 한다.
052 □□□	✶✶ **punctual** [ˈpʌŋktʃuəl] 반의어 tardy 늦은, 느린	형 시간을 잘 지키는 Package tours require everyone to be punctual. 단체 관광은 모든 사람에게 시간을 잘 지킬 것을 요구한다.
053 □□□	✶ **expedition** [ˌekspəˈdɪʃn]	명 원정, 탐험 The teachers accompanied groups of students on expeditions among the hills, woods, and lakes. 선생님들은 언덕, 숲, 호수 사이를 탐험하는 학생들과 동행했다.
054 □□□	✶ **overtake** [ˌoʊvərˈteɪk]	동 따라잡다, 추월하다 The accident took place when the couple's rental car overtook stationary vehicles. 이 사고는 부부의 렌터카가 정차 중인 차량들을 추월하면서 발생했다.

055 □□□

**
tempting
[ˈtemptɪŋ]

tempt 🔘 유혹하다

🔘 솔깃한, 구미가 당기는

Going to Italy was a tempting idea for Sandra, but she declined as she did not have enough savings.

이탈리아에 가는 것은 Sandra에게는 구미가 당기는 생각이었지만, 그녀는 저축이 충분하지 않아 사양했다.

---

056 □□□

**
undergo
[ˌʌndərˈɡoʊ]

🔘 경험하다, 겪다

It was impossible to enjoy a quiet stay at the resort, because it was undergoing a major refurbishment.

리조트가 대대적인 재단장 중이어서, 리조트에서 조용히 머무는 것을 즐기기가 불가능했다.

---

057 □□□

*
amenity
[əˈmenəti]

🔘 생활 편의 시설

One of the merits of this hotel is that it is situated in a convenient location, close to all local amenities.

이 호텔의 장점 중 하나는 모든 지역 편의 시설에 가까운 편리한 곳에 위치해 있다는 것이다.

---

058 □□□

*
laid-back
[ˌleɪdˈbæk]

🔘 한가롭고 평온한, 느긋한

I enjoyed the laid-back, calm city which was quite unlike my hometown.

나는 고향과는 전혀 다른 평온하고 조용한 도시를 즐겼다.

---

059 □□□

**
unwind
[ˌʌnˈwaɪnd]

🔘 긴장을 풀다

I hope this vacation will be a chance to unwind and forget about the worries of everyday life.

나는 이번 휴가가 긴장을 풀고 일상의 걱정거리를 잊는 계기가 되었으면 좋겠다.

---

060 □□□

***
verify
[ˈverɪfaɪ]

verification 🔘 확인

🔘 (사실인지) 확인하다 | 입증하다

As no one else had visited India before, there was no way of verifying the man's stories.

이전에 인도를 방문해 본 적이 있는 사람이 아무도 없었으므로, 그 남자의 이야기가 사실인지 확인할 방법이 없었다.

---

061 □□□

***
cancelation
[ˌkænsəˈleɪʃn]

🔘 (예약) 취소

Cancelation of your reservation may lead to extra fees.

예약을 취소하면 추가 요금이 발생할 수 있다.

---

062 □□□

*
idle
[ˈaɪdl]

🔘 한가한 | 게으른, 나태한

Looking at the waves at the beach, I enjoyed the idle moment while reading my favorite book.

바닷가의 파도를 바라보며, 나는 좋아하는 책을 읽는 동안 한가로운 순간을 즐겼다.

*

daydream

[ˈdeɪdriːm]

🔵 공상에 잠기다 🟨 공상

I spent the long hours on the plane daydreaming about what to do and where to visit in Paris.

나는 비행기 안에서, 파리에서 무엇을 하고 어디를 방문할지에 대해 공상을 하며 긴 시간을 보냈다.

---

*

jet lag

시차로 인한 피로

Rapid transition through multiple time zones causes jet lag.

여러 개의 표준 시간대 사이를 빠르게 이동하는 것은 시차로 인한 피로를 유발한다.

**

mingle

[ˈmɪŋgl]

🔵 어울리다, 교제하다 | 섞이다

Staying at a guesthouse and mingling with people from all over the world affected my perspective of life.

게스트 하우스에 머물면서 세계 각지의 사람들과 어울렸던 것은 나의 인생관에 영향을 주었다.

***

facilitate

[fəˈsɪlɪteɪt]

🔵 용이하게 하다

Renting a car instead of using mass transit will facilitate the traveler to visit more places.

대중교통을 이용하는 대신에 차를 빌리는 것은 여행자가 더 많은 곳을 방문하기 쉽게 할 것이다.

**

unattended

[ˌʌnəˈtendɪd]

🟨 방치된, 내버려 둔

Tourists are strongly advised never to leave their bags unattended.

관광객들은 가방을 절대 방치하지 말 것을 강력히 권고받는다.

---

*

valuables

[ˈvæljuəblz]

valuable 🟨 귀중한
invaluable 🟨 매우 귀중한

🟨 귀중품

It is not advisable to take your valuables when going on vacation since there is always a risk of theft or loss.

도난이나 분실의 위험이 항상 있어서 휴가를 갈 때 귀중품을 가져가는 것은 바람직하지 않다.

---

*

play it by ear

그때그때 봐서 처리하다

Over-planning for a vacation may lead to fatigue, so it is often more enjoyable when you play it by ear.

과도한 휴가 계획은 피로를 유발할 수 있으므로 즉흥적으로 처리하는 것이 더 즐거울 수도 있다.

070 □□□

★★★
anticipate
[ænˈtɪsɪpeɪt]

anticipation 圆 기대, 예상

🔲 기대하다, 예상하다

Tourists are anticipating beautiful weather in Hawaii.
관광객들은 하와이의 아름다운 날씨를 기대하고 있다.

---

071 □□□

★★
ambience
[ˈæmbiəns]

유의어
atmosphere 분위기

圆 분위기

After renovations, the old hotel gained a bright and cheerful ambience.
개조한 후에, 그 오래된 호텔은 밝고 명랑한 분위기를 가지게 되었다.

---

072 □□□

★★★
urge
[ɜːrdʒ]

🔲 권유하다, 촉구하다 圆 충동, 욕망

Passengers with certain illnesses are urged to inform the aircrew about their condition.
특정 질병을 앓고 있는 승객들은 승무원에게 그들의 상태를 알려야 한다.

---

073 □□□

★
dread
[dred]

dreadful 圆 끔찍한, 지독한

🔲 두려워하다

Natives of the island often dread the increase of tourists since it may lead to more noise and pollution.
그 섬의 원주민들은 관광객의 증가가 더 많은 소음과 오염으로 이어질 수 있어서 종종 두려워한다.

---

074 □□□

★★
allure
[əˈlʊr]

유의어
lure 꾀다, 유혹하다
entice 꾀다, 유혹하다
tempt 꾀다, 유혹하다

🔲 끌어들이다, 꾀다

The feeling of excitement about an unfamiliar place allures people to travel abroad.
낯선 곳에 대한 흥분이 사람들을 외국으로 여행하도록 끌어들인다.

---

075 □□□

★
disembark
[ˌdɪsɪmˈbɑːrk]

유의어
deplane 비행기에서 내리다

반의어
embark 승선하다

🔲 (배·비행기 등에서) 내리다

The people who disembarked from the ship were not happy about the cold, foggy weather.
배에서 내린 사람들은 춥고 안개가 자욱한 날씨를 달갑게 여기지 않았다.

---

076 □□□

★
misgiving
[ˌmɪsˈɡɪvɪŋ]

圆 불안, 의심

Some people travel to other countries with misgivings due to their preconceptions.
어떤 사람들은 선입견 때문에 불안한 마음으로 다른 나라를 여행하기도 한다.

077 □□□	**domestic** [dəˈmestɪk]	國 국내의 l 가정의
		Domestic airlines offer various discounts on ticket prices.
		국내 항공사들은 항공권 가격에 대해 다양한 할인을 제공한다.

078 □□□	**extraordinary** [ɪkˈstrɔːrdəneri]	國 보기 드문 l 대단한
		The guidebook provides an extraordinary amount of useful information on the city's must-see attractions.
		그 안내서는 도시의 필수 관광지에 대한 보기 드문 양의 유용한 정보를 제공한다.

079 □□□	**breathtaking** [ˈbreθteɪkɪŋ]	國 (너무 아름답거나 놀라워서) 숨이 턱 막히는
		The view from the peak of the mountain was breathtaking.
		산봉우리에서 바라본 풍경은 숨이 막힐 지경이었다.

080 □□□	**confiscate** [ˈkɑːnfɪskeɪt]	園 압수하다, 몰수하다
		Water bottles exceeding a certain size will be confiscated at airport security.
		일정 크기를 초과하는 물병은 공항 검색대에서 압수될 것이다.

081 □□□	**ridicule** [ˈrɪdɪkjuːl] ridiculous 國 우스꽝스러운 **유의어** tease 놀리다, 조롱하다 mock 놀리다, 조롱하다 jeer 놀리다, 조롱하다 taunt 놀리다, 조롱하다	園 비웃다, 조소하다
		The airline representative was ridiculed when he dismissed the passengers' inconvenience.
		그 항공사 대표는 승객들이 겪어야 했던 불편함을 무시했을 때 조롱을 받았다.

082 □□□	**fatigue** [fəˈtiːg]	國 피로, 피곤
		Fatigue from spending so many hours on the road overwhelmed the driver when he got home.
		집에 도착했을 때 그 운전자는 도로에서 많은 시간을 보내서 생긴 피로감에 휩싸였다.

083 □□□	**candid** [ˈkændɪd] candor 國 솔직함	國 솔직한, 숨김없는
		Candid reviews about the bed and breakfast show that it is not as well kept as it looks in the photos.
		그 민박집에 대한 솔직한 후기는 그것이 사진에서 보는 것만큼 잘 관리되지 않았다는 것을 보여 준다.

01
UNIT
02
UNIT
03
04
05
06
UNIT
07
08
09
10
11
12
13
UNIT
14
15
16
UNIT
17
18
19
20
21
22
23
24
25
26
27
28
29
UNIT
30

084
□□□

✽✽
solitary
[ˈsɑːləteri]

solitude 명 고독

형 인적이 없는, 외딴 | 혼자의, 혼자 지내는

Traveling to a solitary place where the environment is quiet will let you enjoy peace.

주변이 조용한 외딴곳을 여행하는 것은 평화로움을 즐길 수 있게 해 줄 것이다.

085
□□□

✽✽✽
impede
[ɪmˈpiːd]

impediment 명 장애물

유의어
hinder 방해하다
hamper 방해하다

동 방해하다, 지연시키다

An irritated man with complaints about his room impeded my check-in procedure at the hotel.

자기 방에 대한 불평으로 짜증이 난 남자가 내 호텔 체크인 절차를 방해했다.

086
□□□

✽
jitters
[ˈdʒɪtərz]

jittery 형 초조한

명 초조, 신경과민

Flying on airplanes makes me nervous and always gives me the jitters.

비행기를 타고 나는 것은 나를 불안하게 하고 항상 초조함을 유발한다.

087
□□□

✽
pinnacle
[ˈpɪnəkl]

유의어
summit 절정, 정점, 정상

명 절정, 정점 | 산봉우리

After reaching the pinnacle of her career, the woman resigned from her job to travel the world with her family.

경력의 정점에 이른 후, 그 여자는 가족과 함께 세계를 여행하기 위해 직장을 그만두었다.

We arrived at the rock pinnacle on the side of the canyon and started taking pictures.

우리는 협곡 한쪽에 있는 바위 정점에 도착해서 사진을 찍기 시작했다.

088
□□□

✽
mesmerize
[ˈmezməraɪz]

동 마음을 사로잡다, 넋을 빼놓다

The children were mesmerized by the documentary on the explorer's recent expedition to the jungle.

아이들은 탐험가의 최근 정글 탐험에 관한 다큐멘터리에 매료되었다.

089
□□□

✽✽
scrutinize
[ˈskruːtənaɪz]

scrutiny 명 정밀 조사

동 세밀히 조사하다

Particular about where he sleeps, Patrick scrutinizes the whole hotel room and asks for another if he is not satisfied.

잠자리에 까다로운 Patrick은 호텔 방 전체를 꼼꼼히 살피고, 만족스럽지 않을 때는 다른 방을 요구한다.

090
□□□

✽
stow
[stoʊ]

동 (짐을) 싣다

Small bags can be stowed under the seats.

작은 가방은 좌석 아래 넣어 두어도 된다.

---

091 ☐☐☐

✱
picturesque
[ˌpɪktʃəˈresk]

형 그림 같은, 아름다운

The couple managed to save money by staying at a bed and breakfast in a picturesque village instead of a fancy hotel.

그 부부는 화려한 호텔이 아닌 그림 같은 마을의 민박집에서 머무름으로써 돈을 절약할 수 있었다.

---

092 ☐☐☐

✱✱
impeccable
[ɪmˈpekəbl]

형 나무랄 데 없는, 결점 없는

This hotel is known for its impeccable service.

이 호텔은 흠 잡을 데 없는 서비스로 유명하다.

---

093 ☐☐☐

✱✱✱
circumspect
[ˈsɜːrkəmspekt]

유의어
prudent 신중한
judicious 신중한
discreet 신중한

형 신중한, 조심스러운

The authorities are circumspect about coming to a definite conclusion on what caused the plane crash.

당국은 비행기 추락의 원인에 대해 명확한 결론을 내리는 데에 신중한 태도를 보인다.

---

094 ☐☐☐

✱✱
overt
[oʊˈvɜːrt]

형 명백한, 공공연한

The tourist was indignant at the fact that she had experienced overt racism.

그 관광객은 본인이 노골적인 인종 차별을 겪었다는 사실에 분개했다.

▶혼동하지 말자!
avert 피하다, 방지하다

---

095 ☐☐☐

✱
linger
[ˈlɪŋgər]

통 (아쉬움이 남아서) 서성이다, 더 오래 머물다

Although I could hear the tour guide calling me, I lingered in the gardens before heading to the bus.

여행 가이드가 나를 부르는 소리가 들렸지만, 나는 버스로 향하기 전에 정원에서 서성거렸다.

---

096 ☐☐☐

✱
raucous
[ˈrɔːkəs]

형 시끄러운

The raucous behavior of the guests in the next room kept us awake all night.

옆방에 있던 손님들의 요란한 행동은 우리를 밤새 깨어 있게 했다.

---

097 ☐☐☐

✱
traverse
[trəˈvɜːrs]

통 가로지르다, 횡단하다

The hikers spent four days traversing the forest before reaching the mountains.

등산가들은 산에 도착하기 전에 나흘간 숲을 가로질렀다.

098 ✱
serene
[səˈriːn]

🔞 고요한, 평화로운

The serene lake calmed the woman's nervousness.

고요한 호수가 여자의 초조함을 진정시켰다.

---

099 ✱
defer
[dɪˈfɜːr]

유의어
delay 연기하다
postpone 연기하다

🔟 미루다, 연기하다

Some of the meetings were deferred on the business trip, which allowed the employees to spend their time sightseeing.

출장에서의 일부 회의들이 연기되어, 직원들은 관광하며 시간을 보낼 수 있게 되었다.

---

100 ✱
quaint
[kweɪnt]

🔞 예스러운

The new shopping center stands out among the old and quaint buildings of the district.

새 쇼핑센터는 그 지역의 낡고 예스러운 건물들 사이에서 눈에 띈다.

문맥에 맞는 단어를 보기에서 골라 빈칸에 넣으세요.

PART 1

ⓐ accommodations   ⓑ halting   ⓒ unattended   ⓓ unwind   ⓔ facilitated

ⓕ encountered   ⓖ weary   ⓗ belongings   ⓘ vacancies   ⓙ eminent

---

1. The luxurious trips include fully paid chartered flights and five-star hotel _____.

2. A thief was caught stealing from a car, whose driver had left it _____ to deliver a package.

3. All of us were _____ from the flight that lasted for ten hours.

4. The angry protesters were blocking the road and _____ the traffic.

5. Despite the hardships he _____ on the trip, he is already looking ahead to another challenge next year.

6. This center is now a focal point for the community and has _____ the growth of tourism in our city.

7. The singer's new album has received praise from the country's most _____ musicians.

8. Use relaxation techniques to _____ such as listening to music, taking a hot bath, going for a walk, a bike ride or reading a magazine.

9. Any personal _____ should be in the overhead compartment during takeoff and landing.

10. There were no _____ at the hotels I was interested in, so I tried searching for cheaper options.

answers
1 ⓐ   2 ⓒ   3 ⓖ   4 ⓑ   5 ⓕ   6 ⓔ   7 ⓙ   8 ⓓ   9 ⓗ   10 ⓘ

문맥에 맞는 단어를 보기에서 골라 빈칸에 넣으세요.

PART 2

ⓐ raucous　　ⓑ amenities　　ⓒ impeccable　　ⓓ impedes　　ⓔ pinnacle

ⓕ fatigue　　ⓖ anticipated　　ⓗ circumspect　　ⓘ candid　　ⓙ scrutinized

11. I closed my window to shut out the noise of _____ laughter coming from across the corridor.

12. Excessive regulation _____ the adoption of new management practices.

13. Once you have decided where you want to live, make sure that the local _____ suit your needs.

14. An interviewer expects the job candidates to be truthful and _____ in all their answers.

15. Newly developed products are _____ by the laboratory before the manufacturing process.

16. The politician started from very humble beginnings but has now reached the _____ of success.

17. The tutor was impressed with how _____ the young girl's English was, despite the fact that it was not her first language.

18. None of us had _____ any trouble during the trip since everything was perfectly planned.

19. Some people are _____ about openly discussing gender issues because they are afraid it could result in an argument.

20. Research shows that driver _____ is a major factor in approximately 25 percent of all motor accidents.

answers

11 ⓐ　12 ⓓ　13 ⓑ　14 ⓘ　15 ⓙ　16 ⓔ　17 ⓒ　18 ⓖ　19 ⓗ　20 ⓕ

뉴텝스 어휘

UNIT
04

인간관계

인간관계 UNIT 04 >>

001
☐☐☐

**
reliable
[rɪˈlaɪəbl]

reliability 명 신뢰

유의어
dependable 믿을 수 있는
trustworthy 믿을 수 있는

형 믿을[신뢰할] 수 있는

Jenny is very reliable, so I always confide in her about my personal problems.

Jenny는 매우 믿을 만해서, 나는 언제나 나의 개인적인 문제에 대해 그녀에게 털어놓는다.

002
☐☐☐

**
sociable
[ˈsoʊʃəbl]

유의어
gregarious 사교적인

형 사교적인, 사람들과 어울리기 좋아하는

When I first met Jane at the party, I considered her highly sociable, enjoying talking with others.

내가 Jane을 파티에서 처음 보았을 때, 그녀는 굉장히 사교적이어서 다른 이들과 이야기하는 것을 즐긴다고 생각했다.

003
☐☐☐

***
collaborate
[kəˈlæbəreɪt]

collaborative 형 공동의

유의어
team up 협력하다

동 협력하다, 공동으로 작업하다

As Sara was collaborating on my film, we had to meet every other day.

Sara와 내 영화를 공동 작업하고 있어서, 우리는 격일로 만나야 했다.

텝스 기출 표현
collaborate on ~에 대해 협력하다

004
☐☐☐

***
offend
[əˈfend]

offense 명 공격
offence 명 위법
offensive 형 불쾌한

동 기분을 상하게[불쾌하게] 하다

I didn't mean to offend David when I mentioned his mistake on the accounting report.

회계 보고서에 대한 David의 실수에 대해 언급을 했을 때 그의 기분을 상하게 하려고 했던 건 아니었다.

005
☐☐☐

***
compete
[kəmˈpiːt]

competitive 형 경쟁하는
competitor 명 경쟁자

동 경쟁하다

The purpose of this discussion is to communicate ideas effectively, not to compete with each other.

이 토론의 목적은 서로 경쟁하는 게 아니라 효과적으로 의견을 나누는 것이다.

006
☐☐☐

*
open-minded
[ˌoʊpənˈmaɪndɪd]

유의어
unprejudiced 편견이 없는

형 열린 마음을 가진

Being open-minded is important when getting along with different types of people.

다른 유형의 사람들을 대할 때 열린 마음을 갖는 것은 중요하다.

007 □□□

feud
[fjuːd]

유의어
conflict 충돌

명 불화

The lengthy feud between the two sisters has been resolved recently.

두 자매간의 오랜 불화는 최근에 해결되었다.

---

008 □□□

accompany
[əˈkʌmpəni]

accompaniment 명 동반

동 동반하다

Accompanying him were some friends of his.

몇 명의 친구가 그와 동행했다.

---

009 □□□

aggressive
[əˈgresɪv]

aggression 명 공격

유의어
offensive 공격적인

명 공격적인

During the meeting, the manager was quite aggressive, hurting others' feelings.

회의하는 동안, 그 매니저는 꽤 공격적이어서 다른 이들의 기분을 상하게 했다.

---

010 □□□

peer
[pɪr]

명 또래

Some people can often leave things unsaid and still be understood perfectly by their peers.

어떤 사람들은 종종 말하지 않아도 또래들에 의해 완벽하게 이해될 수 있다.

> **텝스기출 표현**
>
> peer pressure 또래 집단으로부터 받는 사회적 압력
> peer review 동료 심사

---

011 □□□

reconcile
[ˈrekənsaɪl]

reconciliation 명 화해

유의어
resolve 해결하다
settle 해결하다

동 조화시키다, 화해시키다

They should reconcile their differences and cooperate when they work on the same project.

그들은 같은 프로젝트를 놓고 일할 때 서로 차이를 조화시키고 협력해야 한다.

---

012 □□□

sympathize
[ˈsɪmpəθaɪz]

sympathy 명 공감
sympathetic 형 공감하는

동 공감하다

When Ann was upset about losing her job, I sympathized with her.

Ann이 실직한 것에 대해 속상해할 때, 나는 공감이 갔다.

013 ☐☐☐

선 selfless

[ˈselfləs]

selflessness 뎅 자기를 돌보지 않음, 사심이 없음

뎅 이타적인, 사심 없는

I read about Paul Wilhelm's selfless devotion in the fight for medical equality.

나는 의료 평등을 위해 싸운 Paul Wilhelm의 사심 없는 헌신에 대해서 읽었다.

---

014 ☐☐☐

★★★ consent

[kənˈsent]

유의어
agreement 합의
approval 승인

뎅 동의

David couldn't take the car without his parents' consent.

David는 부모 허락 없이 차를 가져갈 수 없었다.

---

015 ☐☐☐

★★★ input

[ˈɪnpʊt]

유의어
opinion 의견

뎅 조언[지식](의 제공)

When people are down, they probably have little room for input from another person.

사람들은 의기소침해졌을 때, 다른 사람의 조언을 받아들일 여지가 거의 없게 된다.

---

016 ☐☐☐

★★★ favor

[ˈfeɪvər]

뎅 호의 | 청

I'm certain that Peter is the last person to refuse to offer a favor.

장담컨대 Peter는 절대 호의 베푸는 걸 거절할 사람이 아니다.

텝스기출표현
ask a favor 부탁하다

---

017 ☐☐☐

★★ get along with

~와 사이좋게 지내다

The interesting thing about good leaders is that they get along well with different kinds of people.

좋은 지도자들에 대한 흥미로운 점은 그들이 다른 종류의 사람들과 잘 어울린다는 것이다.

---

018 ☐☐☐

★ envy

[ˈenvi]

유의어
be jealous 질투하다

됨 부러워하다

His peers envied Jackson for his privileged family background.

Jackson의 또래들은 그의 특혜받은 가정환경을 부러워했다.

텝스기출표현
green with envy 몹시 샘을 내는

019
□□□

★
disrespectful
[ˌdɪsrɪˈspektfəl]

형 무례한

Andrew was so disrespectful for his coworker that observers could not miss it.

Andrew는 그의 동료를 너무 무례하게 대했기 때문에 목격자들이 그것을 모를 수 없었다.

020
□□□

★
easygoing
[ˌizɪˈɡoʊɪŋ]

형 태평한, 느긋한

I believe Mark is an easygoing person since he is not easily annoyed or worried.

나는 Mark가 쉽게 짜증을 내거나 걱정을 하지 않아서 태평한 사람이라고 생각한다.

021
□□□

★★★
demanding
[dɪˈmændɪŋ]

형 까다로운, 요구 사항이 많은 | 힘든

She is very demanding and always orders me to do almost everything.

그녀는 요구 사항이 너무 많고 항상 나에게 거의 모든 걸 다 하라고 시킨다.

The overwork project is quite demanding, so I can't stand it.

야근 프로젝트는 너무 힘들어서 견딜 수가 없다.

022
□□□

★★
prejudice
[ˈpredʒudɪs]

유의어
bias 편견
preconception 선입견

명 편견

Prejudice can block communication and deter understanding between people.

편견은 의사소통을 단절시키고 사람들을 서로 이해하지 못하게 할 수 있다.

023
□□□

★
brag
[bræg]

유의어
boast 자랑하다

동 자랑하다

His parents happily bragged about how their son had been accepted by Stanford.

그의 부모님은 아들이 스탠퍼드 대학에 합격한 것에 대해 기뻐하며 자랑했다.

024
□□□

★
repulsive
[rɪˈpʌlsɪv]

repulsiveness **명** 불쾌

형 불쾌한

Some spectators thought his speech was acceptable, but others said it was completely repulsive.

일부 관중들은 그의 연설이 적절했다고 생각했지만, 다른 이들은 완전히 불쾌했다고 말했다.

025
□□□

★
sit on the fence

중립을 지키다

I couldn't help but sit on the fence when they argued about politics.

그들이 정치에 대해 논쟁할 때 나는 중립을 지킬 수밖에 없었다.

026 ★★
adore
[əˈdɔːr]

adoration 명 흠모
adorable 형 사랑스러운

동 무척 좋아하다

He stopped to buy her flowers on his way home since she really adored them.

그녀가 꽃을 좋아하기 때문에 그는 집에 가는 길에 그녀에게 주려고 꽃을 샀다.

---

027 ★★★
dispute
[dɪˈspjuːt]

유의어
disagree 동의하지 않는다
refute 반박하다

동 이의를 제기하다

No one wanted to dispute that there was a flaw in the grading system.

채점 방식에 문제가 있다는 점에 대해서 아무도 이의를 제기하고 싶어 하지 않았다.

---

028 ★
affection
[əˈfekʃn]

affectionate 형 다정한

유의어
fondness 좋아함
liking 애호, 좋아함

명 애정

Those who observed Cathy and Pitt said that their marriage seemed to be filled with affection.

Cathy와 Pitt를 봤던 사람들은 그들의 결혼은 애정으로 가득 차 있는 것 같다고 말했다.

---

029 ★★★
annoying
[əˈnɔɪɪŋ]

유의어
irritating 짜증 나는
disturbing 골치 아픈

형 짜증 나게 하는

Although her behavior is annoying at times, I have much respect for Amy.

가끔 Amy의 행동이 짜증 나기도 하지만, 난 그녀를 무척 존경한다.

---

030 ★
arrogant
[ˈærəgənt]

arrogance 명 오만함

형 건방진, 오만한

The employees dislike him as the boss is so arrogant in the way he talks.

직원들은 사장의 말투가 거만해서 그를 싫어한다.

---

031 ★
jealous
[ˈdʒeləs]

jealousy 명 질투, 시샘

유의어
envious 부러워하는

형 질투가 많은

Her jealous colleague said that Sara would come to no good in the company.

질투가 많은 Sara의 동료는 그녀가 회사에서 성공하지 못할 거라고 말했다.

032
□□□
★
hospitable
[hɑːˈspɪtəbl]

hospitality 명 환대, 친절함

유의어
friendly 친절한

형 환대하는, 친절한

The locals did not appear to be hospitable when I visited the island.

그 섬에 갔을 때 주민들은 환대하는 것처럼 보이지 않았다.

033
□□□
★★
acquaintance
[əˈkweɪntəns]

acquaint 동 알게 하다
acquainted 형 잘 알고 있는

명 아는 사람, 지인

Amy's boyfriend introduced her to some acquaintances at the party.

Amy의 남자 친구는 파티에서 그녀를 그의 몇몇 지인들에게 소개했다.

텝스 기출 표현
have an acquaintance (with) (~와) 안면이 있다

034
□□□
★
compatible
[kəmˈpætəbl]

compatibility 명 호환성

반의어
incompatible 서로 맞지 않은

형 사이좋게 지내는 | (컴퓨터 등에) 호환이 되는

Jenny and Peter are very compatible as they share many things in common.

Jenny와 Peter는 공통점이 많아서 아주 잘 맞는다.

The newly developed program is compatible with conventional equipment.

새로 개발된 프로그램은 기존의 장비와 호환이 된다.

035
□□□
★
company
[ˈkʌmpəni]

명 함께 있음

I was grateful for Susan's company while I was recovering from the accident.

내가 사고로부터 회복되는 동안 Susan이 함께 있어 줘서 고마웠다.

텝스 기출 표현
enjoy 사람's company '사람'과 같이 있어 즐겁다

036
□□□
★★
grateful
[ˈɡreɪtfl]

gratefulness 명 고맙게 여김
gratitude 명 감사

명 감사하는

Jane's parents were grateful to the captain of the rescue team for finding their lost daughter.

Jane의 부모들은 잃어버린 딸을 찾아 준 것에 대해 구조대 팀장에게 감사했다.

---

037 □□□

**
condolence
[kən'dovləns]

명 애도, 조의

I called to send my condolences to his father's sudden death.

나는 전화해서 그의 아버지의 갑작스러운 죽음에 애도를 전했다.

> **텝스 기출 표현**
>
> send 사람's condolences 애도를 표하다
> (= offer 사람's condolences)

---

038 □□□

*
consolable
[kən'sovləbl]

형 위로할 수 있는, 마음이 진정되는

My kids wouldn't be consolable if the rain stopped soccer game today.

오늘 비로 인해 축구 경기를 못 하게 되면 아이들이 위로할 수 없을 정도로 슬퍼할 것이다.

---

039 □□□

**
bump into

유의어
run into 우연히 만나다

~를 우연히 만나다

When I attended the seminar in Paris, I bumped into an old friend of mine.

파리에서 세미나에 참석했을 때, 옛 친구 한 명을 우연히 만났다.

---

040 □□□

***
laud
[lɔːd]

동 칭찬하다

The CEO lauded David for his excellent accomplishments.

최고 경영자는 David의 뛰어난 업적을 칭찬했다.

---

041 □□□

*
catch up

(오랫동안 못했던) 이야기를 나누다

As we hadn't met for ages, we had a great time catching up things during the party.

우리는 오랫동안 서로 못 봤기 때문에, 파티에서 밀렸던 이야기를 하며 즐거운 시간을 보냈다.

---

042 □□□

***
break up

유의어
split 헤어지다

헤어지다, 이혼하다

Although I tried to talk her out of it, she broke up with him.

나는 그녀를 말렸지만, 그녀는 그와 헤어졌다.

---

043 □□□

*
be on good terms with

유의어
get along well 잘 지내다

~와 사이가 좋다

Tommy is not on good terms with John these days after a big argument.

큰 다툼 이후로 Tommy는 요즘 John과 사이가 안 좋다.

> **▶혼동하지 말자!**
>
> be on speaking terms with ~와 말하고 지내는 사이다

☐☐☐

put off

화나게 하다

Robert's unusual behavior puts me off sometimes.

때때로 Robert의 유별난 행동이 나를 화나게 한다.

☐☐☐

blind date

소개팅

A friend of mine set me up on a blind date, but it didn't go well.

친구가 나에게 소개팅을 해 주었지만, 잘되지 않았다.

☐☐☐

undermine

[ˌʌndərˈmaɪn]

유의어
weaken 약화시키다

반의어
reinforce 강화하다

⑧ 약화시키다

The rival poet used her physical disability to undermine her influence.

경쟁 상대 시인은 그녀의 영향력을 약화시키려고 그녀의 신체적 장애를 이용했다.

☐☐☐

set up

소개해 주다

He wanted to set me up with his brother, who was not my type.

그는 나에게 내가 좋아하는 타입이 아닌 그의 형을 소개해 주고 싶어 했다.

☐☐☐

hang out with

~와 어울려 다니다

Most parents force their kids not to hang out with their misbehaving peers.

대부분의 부모는 자녀들에게 나쁜 행동을 하는 또래들과 어울려 다니지 말라고 강요한다.

☐☐☐

amiable

[ˈeɪmiəbl]

유의어
sociable 사교적인

⑱ 붙임성 좋은, 상냥한

The new manager seems to be amiable as he easily becomes close to the people around him.

새 매니저는 다른 사람들을 쉽게 친해지는 걸 보니 붙임성이 좋은 것 같다.

☐☐☐

demeaning

[dɪˈmiːnɪŋ]

demean ⑧ 비하하다

유의어
humiliating 굴욕적인

⑱ 비하하는, 모욕적인

His friend chastised him for the remarks that were viewed as demeaning to others.

그의 친구는 다른 사람들을 비하하는 것으로 보이는 말들에 대해 그를 꾸짖었다.

**
intimate
[ˈɪntəmət]

유의어
close 가까운

형 친밀한

Rick introduced me to his family as an intimate acquaintance.

Rick는 나를 절친한 사이라고 그의 가족에게 소개했다.

*
mock
[mɑːk]

유의어
pick on 괴롭히다

동 무시하다 | 조롱하다

I can't believe Sally was so rude to Tim, mocking his unusual haircut.

Sally가 Tim의 특이한 헤어스타일을 무시하며 무례하게 대했다는 게 믿기지 않는다.

*
make fun of

~를 놀리다

Some kids feel funny while they make fun of other people's weakness.

어떤 아이들은 다른 사람들의 약점을 놀리면서 재밌어한다.

***
make it up to

기분을 풀어 주다, 만회하다

After being late for the date, Tom took her to a nice restaurant to make it up to her.

데이트에 늦어서 Tom은 그녀의 기분을 풀어 주려고 좋은 음식점에 그녀를 데려갔다.

*
flatter
[ˈflætər]

flattery 명 아첨

동 (칭찬으로) 기쁘게 하다

David was good at flattering his supervisor to gain his trust, which paid off.

David는 신뢰를 얻기 위해 상사를 기쁘게 하는 데 능숙한데 그게 효과가 있었다.

**
grudge
[grʌdʒ]

유의어
grievance 불만

명 원한, 유감

Although my manager was too harsh on me, I didn't hold any grudge against him.

비록 매니저가 나에게 심하게 대했지만, 나는 그에게 아무런 유감이 없었다.

*
inquisitive
[ɪnˈkwɪzətɪv]

inquire 동 묻다

유의어
curious 호기심 많은
nosy 참견하기 좋아하는

형 꼬치꼬치 캐묻는

Susan resented her boyfriend when he was overly inquisitive about her personal things.

Susan은 그녀의 남자 친구가 지나치게 그녀의 개인적인 일을 꼬치꼬치 묻자 기분 나빠했다.

058
☐☐☐

✻
detest
[dɪˈtest]

detestation 명 증오, 혐오

유의어
loathe 혐오하다

동 몹시 싫어하다, 혐오하다

The leader, detested as a dictator by the public, was assassinated in 1965.

사람들이 독재자라고 혐오했던 그 지도자는 1965년에 암살되었다.

059
☐☐☐

✻
demeanor
[dɪˈminər]

명 처신, 태도

Tom's demeanor was solid and firm when he argued with his boss.

Tom의 태도는 그의 사장과 논쟁할 때 믿음직했고 확고했다.

060
☐☐☐

✻
rapport
[ræˈpɔːr]

명 친목 관계, 신뢰 관계

Parents were happy to see that the rapport between the teacher and the students was getting better every day.

부모들은 교사와 학생들 간의 신뢰 관계가 매일 향상되는 것을 보고 기뻐했다.

061
☐☐☐

✻✻
reciprocate
[rɪˈsɪprəkeɪt]

reciprocation 명 보답

동 보답하다, 답례하다

I'd love to reciprocate since you helped with my gardening.

정원 일을 도와주셨으니 당신에게 답례하고 싶습니다.

062
☐☐☐

✻
dub
[dʌb]

동 별명을 붙이다

Arnold Parlmer was dubbed "the King" by his frantic fans.

Arnold Parlmer는 그의 열광적인 팬들에 의해 '왕'이라는 별명을 갖게 되었다.

063
☐☐☐

✻
patch up

(불화 등을) 수습하다, 화해하다

We managed to patch up our difference in the negotiation.

우리는 가까스로 협상에 대한 의견 차이를 수습했다.

064
☐☐☐

✻✻✻
courteous
[ˈkɜːrtiəs]

courtesy 명 예의

형 예의 바른, 공손한

Students should be taught to be courteous to teachers.

선생님들에게 공손하게 행동하도록 학생들을 가르쳐야 한다.

065
☐☐☐

✻✻
impartial
[ɪmˈpɑːrʃl]

impartialness 명 공정

형 공정한

April is impartial and gives a fair opinion about any situations.

April은 공정하고 어떠한 상황에서도 올바른 의견을 제시한다.

**
notorious
[noʊˈtɔːriəs]

유의어
infamous 악명 높은

형 악명 높은

Harold is notorious for harshly criticizing other's work.
Harold는 다른 이의 업무를 심하게 비판하는 것으로 악명 높다.

---

*
introverted
[ˈɪntrəvɜːrtɪd]

반의어
extroverted 외향적인

형 내성적인

Often as I'd like to hang around with her, she is quite an introverted person.
나는 그녀와 자주 어울려 다니고 싶지만, 그녀는 꽤 내성적인 사람이다.

---

*
forthright
[ˈfɔːrθraɪt]

유의어
frank 솔직한

형 솔직한, 단도직입적인

I feel uncomfortable with Jones as he's overly forthright to other colleagues.
Jones는 다른 동료들에게 지나치게 솔직해서 불편하다.

---

*
opinionated
[əˈpɪnjəneɪtɪd]

형 고집이 센, 독선적인

Aggressive and opinionated behaviors will invariably lead to a serious consequence.
공격적이고 독선적인 행위는 반드시 심각한 결과를 초래할 것이다.

---

*
reprehensible
[ˌreprɪˈhensəbl]

reprehend 동 꾸짖다, 비난하다

형 비난받을 만한

The public deemed the senate's licentious behavior to be reprehensible.
사람들은 그 상원 의원의 방종한 행위는 비난받을 만하다고 여겼다.

***
accuse
[əˈkjuːz]

유의어
blame 비난하다

동 비난하다, 고소하다

Sally accused the man of inappropriate remarks.
Sally는 부적절한 발언을 했다는 이유로 남자를 비난했다.

텝스기출표현
accuse 사람 of A A라는 이유로 '사람'을 비난하다

**
antagonistic
[ænˌtægəˈnɪstɪk]

유의어
hostile 적대적인

형 적대적인, 대립하는

People with narcissistic personality are highly antagonistic or defensive when criticized.
자기애적 성격을 지닌 사람들은 비판을 받았을 때 매우 적대적이거나 방어적이다.

073 □□□

★★★
biased
[ˈbaɪəst]

유의어
prejudiced 편견이 있는

반의어
unbiased 편견이 없는

형 편향된, 선입견이 있는

The teacher was biased against certain students as he often treated them unfairly.

특정 학생들을 부당하게 대우하는 것을 볼 때 그 교사는 그들에게 편견을 가지고 있었다.

---

074 □□□

★
solidarity
[ˌsɑːlɪˈdærəti]

유의어
unity 통합
unification 결합, 통합

명 결속, 단결

The supporters decided to march today to strengthen solidarity with their leader.

지지자들은 그들의 지도자와의 결속을 다지기 위해 오늘 행진을 하기로 결정했다.

---

075 □□□

★★
incite
[ɪnˈsaɪt]

incitement **명** 선동, 조장

동 선동하다, 조장하다

The labor union leader tried to incite the employees to strike, but it failed.

노동조합 대표는 직원들이 파업하도록 선동하려 했지만 실패했다.

---

076 □□□

★★★
bully
[ˈbʊli]

유의어
harass 괴롭히다

동 (약자를) 괴롭히다, 따돌리다

Richard was bullied by the older kids and seriously hurt.

Richard는 더 나이 많은 아이들에게 괴롭힘을 당해 심하게 다쳤다.

---

077 □□□

★★★
hostile
[ˈhɑːstl]

hostility **명** 적대감

형 적대적인

Those who are isolated by society tend to interpret others as hostile.

사회로부터 소외된 사람들은 다른 사람들을 적대적이라고 해석하는 경향이 있다.

---

078 □□□

★
pretentious
[prɪˈtenʃəs]

반의어
unpretentious 가식 없는

형 허세를 부리는, 가식적인

Joseph was often saying some pretentious things to me since he was promoted to the manager.

Joseph는 매니저로 승진한 후부터 나에게 자주 허세 부리는 말들을 했다.

---

079 □□□

★★
frivolous
[ˈfrɪvələs]

frivol **동** 허송 생활하다
frivolousness **명** 경솔, 경박

형 경솔한 | 하찮은

Rick was lambasted for being frivolous at the party.

Rick은 파티에서 경솔하게 굴었다고 맹비난을 받았다.

My grandmother used to advise me not to waste time on something so frivolous.

할머니는 내게 시간을 하찮은 곳에 쓰지 말라고 조언하시곤 했다.

080 ★★
impervious
[ɪmˈpɜːrviəs]

imperviousness 명 영향을 받지 않음

형 영향을 받지 않는

Although I told him he was doing wrong, he was impervious to criticism.

그가 잘못하고 있다고 말해도, 그는 비판을 귀담아듣지 않았다.

---

081 ★
distraught
[dɪˈstrɔːt]

형 심란한, 속상해하는

The audience will no doubt be distraught to learn that his latest movie is hugely disappointing.

청중들은 그의 최신 영화가 매우 실망스럽다는 것을 알게 되면 당연히 속상해할 것이다.

---

082 ★★★
intimidate
[ɪnˈtɪmɪdeɪt]

intimidating 형 위협적인

유의어
threaten 위협하다

동 위협하다, 겁을 주다

Some leaders tried to intimidate people into following the unfair rules.

일부 지도자들은 사람들을 위협해서 부당한 규정을 따르게 하려고 했다.

---

083 ★★
reprimand
[ˈreprɪmænd]

유의어
rebuke 질책하다

동 꾸짖다, 질책하다

I was reprimanded by my boss for her mistakes.

나는 그녀가 한 실수 때문에 사장님한테 혼났다.

---

084 ★★★
acclaim
[əˈkleɪm]

acclamation 명 환호, 갈채

유의어
praise 칭찬하다

동 칭송하다, 환호를 보내다

The actor was highly acclaimed by the critics as his performance was outstanding.

그 배우는 뛰어난 연기로 비평가들로부터 호평을 받았다.

---

085 ★
wrangle
[ˈræŋgl]

동 언쟁을 벌이다

They wrangled over who would use the bigger room in their new house.

그들은 새 집에서 더 큰 방을 누가 쓸 것인가로 격렬히 다퉜다.

---

086 ★
mischief
[ˈmɪstʃɪf]

mischievous 형 짓궂은

명 장난, (심각하지 않은) 나쁜 짓

She was upset about her kids getting into mischief too often.

그녀는 아이들이 너무 자주 장난을 치는 것에 화가 났다.

| 087 | **
manipulate
[məˈnɪpjuleɪt] | 동 조종하다, 다루다
Susan often manipulates other people to do what she wants.
Susan은 종종 그녀가 원하는 것을 다른 사람이 하도록 조종한다. |

| 088 | *
estranged
[ɪˈstreɪndʒd] | 형 소원한, 사이가 틀어진
The couple decided to divorce as they were so estranged that the reconciliation seemed inconceivable.
그 부부는 너무 소원해져서 화해는 상상할 수 없을 정도로 보였기 때문에 이혼하기로 했다. |

| 089 | **
appease
[əˈpiːz]
appeasable 형 달랠 수 있는 | 동 달래다
Although her boyfriend apologized about his remark, Sally wasn't appeased and left promptly.
그녀의 남자 친구는 그가 한 말에 대해 사과했지만, Sally는 달래지지 못했고 바로 나가버렸다. |

| 090 | ***
resent
[rɪˈzent]
resentment 명 분개 | 동 분개하다, 분하게 여기다
She often resented the attention she received as an identical twin when she was young.
그녀는 어릴 적 일란성 쌍둥이여서 받았던 관심에 자주 분개했다. |

| 091 | *
disparage
[dɪˈspærɪdʒ]
disparagement 명 비난
disparaging 형 얕보는 | 동 폄하하다
The critics simply disparaged any policy put forth by the current mayor.
그 비평가들은 현 시장에 의해 제안되는 어떠한 정책도 그냥 폄하했다. |

| 092 | *
blunt
[blʌnt]
bluntly 부 퉁명스럽게 | 형 퉁명스러운, 직설적인, 무딘
The manager was so blunt and straightforward that many staff were uncomfortable working with her.
그 매니저는 너무 퉁명스럽고 직설적이어서 많은 직원이 그녀와 같이 일하는 것을 불편해했다. |

| 093 | **
rift
[rɪft]
유의어
quarrel 싸움
split 분열 | 명 불화, 대립
The distinct opinion caused a rift, and Jenny and Mina ended their friendship between them.
의견의 차이가 불화를 일으켰고 Jenny와 Mina 사이의 우정은 끝이 났다. |

| 094 | **
insulting
[ɪnˈsʌltɪŋ] | 형 모욕하는, 욕설하는
You shouldn't pay much attention to any insulting comments made by your opponent.
당신은 상대편의 모욕하는 발언들에 신경 쓰지 말아야 한다. |

095
chastise
[tʃæˈstaɪz]

图 꾸짖다

It was not my role to chastise employees, so I told the supervisor about David's tardiness.

직원을 꾸짖는 것은 내 역할이 아니어서, David의 지각에 대해 상사에게 말했다.

096
finicky
[ˈfɪnɪki]

图 몹시 까다로운

My mother-in-law is very finicky, so it's hard to buy a present for her.

장모님은 매우 까다로워서 선물을 사기가 어렵다.

097
en masse

무리를 지어

Citizens were out en masse for nine consecutive days to protest against the national pension system reforms.

시민들은 국민연금 개혁에 반대하는 시위를 하기 위해 9일 연속적으로 무리 지어 나왔다.

098
gregarious
[grɪˈgeriəs]

gregariousness 图 사교성

图 사교적인

Susan Rockwell's tough exterior obscures her gregarious personality.

Susan Rockwell의 강인한 외모가 그녀의 사교적인 성격을 가린다.

099
obdurate
[ˈɑːbdərət]

유의어
stubborn 고집 센

图 고집 센

Harold keeps insisting on his ideas, so he is too obdurate to persuade.

Harold는 그의 생각을 계속 우겨서 설득하기에는 너무 고집이 세다.

100
slander
[ˈslændər]

slanderous 图 비방적인

图 비방하다 图 비방, 모함

After Poe, one of the most well-known poets, passed away, his rival tried to slander him at every chance.

가장 유명한 시인 중 한 명인 Poe가 죽은 후, 그의 경쟁자는 기회가 있을 때마다 그를 비방하려 했다.

텝스 기출 표현
groundless slander 근거 없는 비방

문맥에 맞는 단어를 보기에서 골라 빈칸에 넣으세요.

PART 1

ⓐ disputed	ⓑ arrogant	ⓒ resented	ⓓ insult	ⓔ finicky
ⓕ consent	ⓖ chastised	ⓗ grudge	ⓘ lauded	ⓙ patch

1. Despite the serious argument with him in the past, I had no _____ against Jack.

2. He was _____ by the public for overcoming his physical limitation.

3. It was hard for me to _____ things up with my sister since she was so upset about my mistake.

4. The teacher _____ me for not paying attention to the lecture.

5. Although my feedback seemed offensive to Jack, I didn't mean to _____ him at all.

6. Because the boss was so _____ about the report, we had to review the report thoroughly.

7. The _____ of a parent is required to enter the summer program.

8. The issue they _____ was settled as soon as they found the convincing solution.

9. His friend was _____ to other people, believing he was superior to them.

10. Jay _____ the harsh criticism about his work as he did his best.

>> Check-Up Questions

문맥에 맞는 단어를 보기에서 골라 빈칸에 넣으세요.

PART 2

ⓐ notorious	ⓑ terms	ⓒ courteous	ⓓ reciprocate	ⓔ rapport
ⓕ intimate	ⓖ biased	ⓗ reprehensible	ⓘ envy	ⓙ sociable

11. As two teams communicated each other well, the _____ between them was getting better.

12. Tom really wanted to _____ their kindness during his stay in New York.

13. David has an _____ friendship with Smith since they have known each other for ages.

14. Most of the rural people in India were _____ to strangers, treating them very well.

15. The supervisor in the sales division was so _____ and assigned too much work to the employees.

16. They are not on good _____ with her and don't even say hello to her.

17. Some people tend to be _____ against foreigners, thinking they are weird.

18. My sister suggests that I be more _____ because I prefer to be alone at home.

19. I _____ people who are confident about themselves and behave competently.

20. I thought the protestors' claim was right, but the violence committed by them was _____.

answers
11 ⓔ 12 ⓓ 13 ⓕ 14 ⓒ 15 ⓐ 16 ⓑ 17 ⓖ 18 ⓙ 19 ⓘ 20 ⓗ

뉴텝스 어휘

UNIT
05

통신

통신

001 ★★★
address
[əˈdres]

🔹 강연하다, 연설하다 | (문제를) 다루다, 해결하다 | ~라고 부르다

You will be in charge of address**ing a meeting.**
당신이 회의 때 연설을 맡게 될 것이다.

We must address **the issue in question.**
우리는 제기되는 문제를 해결해야만 한다.

002 ★
airmail
[ˈermeɪl]

🔹 항공 우편

Please send this letter by airmail.
이 편지를 항공 우편으로 보내 주세요.

003 ★
surface mail

보통 우편

I sent a parcel via surface mail.
나는 보통 우편으로 소포를 부쳤다.

004 ★
area code

지역 번호

You must enter an area code.
지역 번호를 입력해야 합니다.

005 ★★
attention
[əˈtenʃn]

🔹 주의, 집중 | 관심, 흥미 | 앞, 참조

Please, draw your attention **here.**
모두 여기를 주목해 주세요.

His dissertation claimed our attention.
그의 논문은 우리의 관심을 사로잡았다.

006 ★
booth
[buːθ]

유의어
kiosk (신문·음료 등을 파는) 매점

🔹 칸막이 장소 | 간이점, 노점

She's standing in a telephone booth.
그녀는 공중전화 부스 줄에 서 있다.

You can get the ticket at the booth **over there.**
저기 노점에서 표를 살 수 있어요.

007 ★
busy signal

유의어
busy tone 통화 중 신호

통화 중 신호음

All I got was a busy signal **when I called him.**
내가 그에게 전화했을 때 들리는 건 통화 중 신호음뿐이었다.

008 ☐☐☐	* **in care of**	~(씨) 전교

I told her to send a letter in care of my mother.
니는 그녀에게 우리 엄마를 통해서 편지를 보내라고 말했다.

---

009 ☐☐☐

* **coin-release lever**

동전 반환 버튼

Did you press the coin-release lever?
동전 반환 버튼은 눌러 보셨나요?

---

010 ☐☐☐

* **collect call**

수신자 요금 부담 전화

I'd like to place a collect call to Chicago.
저는 수신자 요금 부담 전화로 시카고에 전화를 걸고 싶습니다.

---

011 ☐☐☐

*** **correspond**

[ˌkɔːrəˈspɑːnd]

반의어
disaccord 일치하지 않다, 부조화, 불일치

🔵 일치하다, 부합하다, 상응하다 | 편지를 주고 받다

Your views exactly correspond to mine.
당신의 견해는 내 견해와 정확히 일치한다.

Since I have an urgent issue, I need to correspond with him.
긴급한 문제가 있어서, 나는 그와 교신해야 한다.

> **텝스기출표현**
> correspond to ~에 일치하다(= coincide with)
> correspond with 편지 왕래를 하다, 소식을 주고받다

---

012 ☐☐☐

*** **delivery**

[dɪˈlɪvəri]

deliver 🔵 배달하다, (연설 · 강연 등을) 하다, (판결을) 내리다

🔵 배달 | 연설 | 출산, 분만

When will I take delivery of the furniture?
가구 배달은 언제 받을 수 있을까요?

Despite clumsy delivery, the keynote speaker wowed the audiences.
서툰 전달력에도 불구하고, 기조 연설자는 청중들을 열광시켰다.

---

013 ☐☐☐

* **direct mail**

(직접 개인 · 가정으로 보내는) 광고 우편물

The department store sends direct mail to customers every 2 weeks.
백화점은 고객들에게 2주에 한 번 광고 우편물을 보낸다.

UNIT 05

014 □□□

★
directory
[də'rektəri]

图 안내 책자, 주소록

You can find my phone number in the telephone directory.
제 전화번호는 전화번호부에서 찾을 수 있어요.

---

015 □□□

★
disconnect

반의어
connect 연결하다, 연결되다, 이어지다

图 (가스·수도·전기의) 연결을 끊다 ㅣ (전화·회선 등을) 끊다, 접속을 끊다

If you continue to not pay the bill on time, your electricity may be disconnected.
계속해서 제때 요금을 내지 않으면, 전기가 끊길지도 몰라요.

Disconnect audio test connection.
오디오 테스트 연결을 끊겠습니다.

---

016 □□□

★
dispatch
[dɪ'spætʃ]

图 신속히 처리하다 ㅣ (편지 등을) 보내다 图 급송 ㅣ 특전 ㅣ 신속함

If he can't dispatch his job, please let me know.
그가 이 일을 신속히 처리할 수 없다면, 제게 알려 주세요.

Please send this letter by dispatch.
이 편지를 속달로 보내 주세요.

---

017 □□□

★
extension number

내선 번호

You've entered the extension number incorrectly.
당신은 내선 번호를 잘못 입력했습니다.

---

018 □□□

★
hot line

긴급 직통 전화

Since 2007, she's been working in hot line service to deal with customers' complaints.
2007년 이후로, 그녀는 고객들의 불만 사항을 다루는 직통 전화 서비스 부서에서 일하고 있다.

---

019 □□□

★
junk mail

광고 우편물

Our company has instituted a system to block junk mails.
우리 회사는 광고 메일을 차단하는 시스템을 도입했다.

---

020 □□□

★
local call

시내 통화

A local call costs only 20 cents for 10 minutes, which I think is reasonable.
시내 통화는 10분에 20센트밖에 하지 않으므로, 합리적인 가격이라고 생각한다.

---

021 □□□	**long-distance call**	시외 전화, 장거리 전화

021 □□□

✶ **long-distance call**

시외 전화, 장거리 전화

I'm trying to make a long-distance call, but it seems it's not working. Can you help me?

시외 전화를 걸려고 하는데, 안 되는 것 같네요. 도와주시겠어요?

---

022 □□□

✶✶ **mail**
[meɪl]

통 우편(물)을 부치다, 우송하다 **명** 우편(물)

Don't forget to mail your cover letter to the company.

회사에 자기소개서를 부치는 것을 잊지 마세요.

He has received a lot of mail from his fans.

그는 팬들로부터 많은 우편물을 받았다.

---

023 □□□

✶ **money order**

(송금)환, (특히) 우편환

I'd like to send a U.S. dollar money order.

저는 미국 달러 우편환을 보내고 싶은데요.

---

024 □□□

✶ **operator**
[ˈɑːpəreɪtər]

operate **통** 작동하다, 가동하다
operation **명** 조작, 운영, 효력, 수술

명 전화 교환수 | (기계·기구 등을 조작하는) 기사

I work as an operator at a telegraph company.

저는 전신 회사에서 교환원으로 일해요.

Since I'm a machine operator, I'll let you know how to operate the machine.

기계공인 제가 그 기계의 작동법을 알려 드릴게요.

---

025 □□□

✶ **overnight mail**

(하루 걸리는) 속달 우편

How much would it cost if I send it by overnight mail?

이것을 속달 우편으로 보내면 비용이 얼마나 될까요?

---

026 □□□

✶ **overseas call**

국제 전화

I want to place an overseas call to Australia.

저는 호주로 국제 전화를 걸고 싶어요.

---

027 □□□

✶ **parcel**
[ˈpɑːrsl]

유의어
package 꾸러미, 소포, 짐

명 소포, 꾸러미 **통** 소포를 싸다

If you send this by express mail, the parcel will be delivered within two days.

속달로 부친다면, 소포는 이틀 이내에 도착할 것이다.

She parceled up the toys to send.

그녀는 그 장난감들을 소포로 보내려고 쌌다.

phone card

★

유의어
calling card 전화 카드

전화 카드
I prefer to use a phone card, actually.
사실 저는 전화 카드 사용하는 것을 더 선호해요.

★
postscript
[ˈpoʊstskrɪpt]

추신(= P.S.)
P.S. stands for "postscript".
P.S.는 '추신'을 나타낸다.

★★★
register
[ˈredʒɪstər]

registration 圐 등록, (출생·혼인·사망 사실의) 신고, (우편물) 등기 처리

유의어
enroll 등록하다, (이름을) 명부에 올리다, 입대하다
enrollment 등록, 기재, 입학

圄 등기 우편으로 보내다 | 기록하다, 등록하다
圐 기록(부), 명부
You can register luggage on a railway.
당신은 짐을 철도 수화물로 부칠 수 있습니다.

Sorry, sir. Your name is not registered on the list.
죄송합니다. 고객님의 성함은 저희 명단에 등록되어 있지 않습니다.

★
seal
[siːl]

圄 밀봉하다 圐 도장, 인장, 직인
Make sure to seal the envelope.
확실히 봉투를 봉인해 주세요.

The reference bore the dean's seal.
추천서에는 학장의 직인이 찍혀 있었다.

★★
surcharge
[ˈsɜːrtʃɑːrdʒ]

유의어
extra charge 할증 요금

圄 추가 요금을 부과하다 圐 (정상 요금에 덧붙는) 추가 요금
We were surcharged for upgrading the room.
우리는 방을 업그레이드한 것에 대해 추가 요금을 내야 했다.

Is there a surcharge for refills?
리필하는 데 추가 요금이 있나요?

★
telegraph
[ˈtelɪɡræf]

圄 전보를 보내다 圐 전보, 전신
Telegraph your departure to your parents.
전보로 부모님께 당신의 출발을 알려 드리세요.

Do you work at a telegraph company?
당신은 전신 회사에서 일하시나요?

*
zip code

우편 번호

Would you please let me know the zip code of our address?

우리 집 주소의 우편 번호를 알려 주시겠어요?

035
□□□

★★★
put A through to B

A를 B에 연결해 주다

I've been trying to reach her this morning, but she wasn't available. Can you put me through to her now?

오늘 아침에 그녀에게 연락하려고 했는데 전화를 받지 않던데요. 혹시 지금 연결해 주실 수 있나요?

036
□□□

★★★
swamped
[swɑ:mpt]

유의어
be tied up with ~로 바쁘다

반의어
idle 한가한, 일이 없는, 놀고 있는

형 바쁜

Since I'm swamped with work lately, I don't think I can make it to the conference.

제가 요즘 일로 바빠서, 콘퍼런스에 참석 못 할 것 같아요.

037
□□□

★★★
remind
[rɪˈmaɪnd]

유의어
conjure up ~을 상기시키다[떠올리게 하다]
call to mind 기억을 불러일으키다, 상기하다

동 상기시키다

I'm calling to remind you of the next week's appointment with Dr. Vick.

다음 주에 있을 Vick 박사님과의 약속을 상기시켜 드리려고 전화했습니다.

038
□□□

★★
reach
[riːtʃ]

유의어
get to ~에 도달하다
contact 연락하다, 연락, 접촉

동 ~에 이르다[닿다 / 도달하다] | ~에게 연락하다

I hope this letter reaches you.

이 편지가 당신에게 가 닿기를 바랍니다.

Where have you been? I've been trying to reach you all day.

어디에 있었던 거예요? 온종일 당신에게 연락하려고 애썼어요.

★★

contact
[ˈkɑːntækt]

동 ~와 연락하다 **명** 연락, 접촉 | 교제, 교섭, 관계

I've been trying to contact you all day.
하루 종일 당신과 연락하려고 했어요.

Have you kept in contact with your friends from your university?
당신은 대학교 친구들과 연락하나요?

> **텝스기출표현**

keep in contact with ~와 접촉하다[연락하다]
　(= keep in touch with)

★★

air
[er]

동 방송하다 **명** 으스대는 태도 | 공기, 대기 | 공중, 항공

The social commentary program airs every Saturday.
사회 비평 프로그램은 매주 토요일에 방송한다.

I don't like she put on airs.
나는 그녀의 으스대는 태도가 싫어요.

> **텝스기출표현**

on air 방송 중인
put on airs 뽐내다, 잘난 체하다

★★

give it a shot

유의어

give it a go 시도하다
give it a try 시도하다

시도하다, 한번 해 보다

I guess I can give it a shot.
제가 한번 해 볼 수 있을 것 같아요.

★★★

current
[ˈkɜːrənt]

형 현재의, 지금의, 최신의 **명** 흐름, 해류, 기류

The current fad in youth is to use abbreviations.
젊은이들 사이에 최신 유행은 축약어를 사용하는 것이다.

Air currents are concentrated areas of winds.
기류는 바람이 집중되는 곳이다.

043
★★★
notify
[ˈnoʊtɪfaɪ]

유의어
inform 알리다, 통지하다

🔳 알리다, 통지하다

I'll notify you of the exact date and starting time.
정확한 날짜와 시작 시각을 통보해 드리겠습니다.

> 관련 표현
>
> notify 사람 of A '사람'에게 A를 알리다(= inform 사람 of A)
> notify 사람 that S V ~ '사람'에게 ~를 알리다
> (= inform 사람 that S V)

044
★★
copy
[ˈkɑːpi]

유의어
emulate 모방하다
mimic 모방하다, 흉내 내다
duplicate 복사하다, 복제하다

🔳 복사하다, 복제하다 🔳 복사[복제](본) | 원고
[소식 / 기사] (거리)

The artist copied the theme from one of Picasso's artwork.
그는 Picasso의 예술 작품 중 하나에서 주제를 모방했다.

You will need to send us a copy of the synopsis at least a week in advance prior to the scheduled presentation date.
요약본의 복사본을 적어도 예정된 발표 날짜 일주일 전에는 미리 보내 주셔야 합니다.

045
★★★
raise
[reɪz]

🔳 올리다 | (문제 등을) 제기하다 | 불러일으키다

The mayor agreed to raise taxes, which made people more resentful.
시장은 세금을 올리는 데 동의했고, 그 결과 많은 사람들을 분노하게 했다.

I'd like to raise an issue over the speed of our company's network.
우리 회사 네트워크와 관련하여 안건을 제기하고 싶습니다.

046
★★
broach
[broʊtʃ]

🔳 (이야기를) 꺼내다, 발의하다

She was dreading to broach the topic to her father.
그녀는 아버지께 그 문제를 꺼내는 것이 두려웠다.

047
★★★
bug
[bʌg]

반의어
error 실수, 오류
blunder 실수

🔳 (시스템상의) 오류 | 유행병 | 벌레

A bug in the system caused a bunch of mixed flights.
시스템상의 오류가 많은 비행편의 혼란을 일으켰다.

★★

intermittent

[ˌɪntərˈmɪtənt]

유의어

sporadic 산발적인, 이따금 발생하는

🔳 간헐적인, 간간이 일어나는 | (접속이) 간간이 끊기는

We've sorted out an intermittent problem of Internet access.

우리는 인터넷 접속과 관련한 간헐적으로 나타나는 문제를 해결했다.

Since the network shows intermittent connection, there must be something wrong with it.

네트워크가 간간이 끊기는 걸 보니, 무언가 잘못된 게 틀림없다.

★★

advent

[ˈædvent]

🔳 출현, 도래, 발현

Since the advent of the railway system, modern society has evolved a lot.

철도 시스템의 출현 이래로, 현대 사회는 많이 진보해 왔다.

★★

hang up

전화를 끊다

Please do not hang up.

전화를 끊지 말아 주세요.

★★

notable

[ˈnoʊtəbl]

유의어

noteworthy 주목할 만한
remarkable 놀랄 만한, 놀라운

🔳 놀라운, 주목할 만한 | 중요한

He is a notable figure in baseball history.

그는 야구 역사에 있어서 주목할 만한 인물이다.

★★

respond to

유의어

reply 대답하다, 응하다, 대응하다
answer 대답하다, 대응하다
counter 대응하다

(질문에) 답하다 | ~에 대응하다[반응하다]

Can you respond to my question?

제 질문에 답변해 주시겠습니까?

The scanner doesn't seem to respond to my command.

스캐너가 제 명령에 응답하지 않는 것 같습니다.

★★★

blunt

[blʌnt]

유의어

straightforward 솔직한
frank 솔직한, 노골적인
candid 솔직한

🔳 무딘 | 직설적인

The scissors are too blunt to cut anything.

그 가위는 너무 무뎌서 잘리지 않는다.

She's notorious for blunt speaking.

그녀는 직설적인 화법으로 악명 높다.

□□□

**

brag

[bræɡ]

유의어

flaunt 과시하다
show off ~을 자랑하다
boast 뽐내다, 자랑하다

图 자랑하다, 과시하다

The telecommunication company brags about the fastest connection speed compared to other competitors.

그 통신 회사는 다른 경쟁업체들과 비교했을 때 가장 빠른 연결 속도를 자랑한다.

탭스기출표현

brag about 자랑하다, 자만하다, 허풍 떨다

055
□□□

***

keep up with

유의어

savvy 정통한

(뉴스·유행 등에 대해) 잘 알다, 정통하다

Don't you keep up with the communication protection rules?

당신은 통신 보호 규칙에 관해 잘 알고 있지 않아요?

056
□□□

***

put on hold

유의어

put off 연기하다
push back 미루다

지연시키다

The meeting has been put on hold due to the disagreement on that topic.

그 회의는 사안에 관한 불일치로 인해 지연되었다.

057
□□□

***

forward

['fɔːrwərd]

图 보내다, 전송하다 图 앞의 l 진보적인 图 앞으로

I will forward the brochure next week.

다음 주에 책자를 보내 드리겠습니다.

We should keep trying to the forward movement of history.

우리는 역사의 전진을 위해 계속 노력해야 한다.

058
□□□

**

get a hold of

~와 연락을 취하다

I've been trying to get a hold of you.

당신과 연락하려고 노력했어요.

059
□□□

*

give 사람's regards to

유의어

bid farewell to ~에게 작별을 고하다, ~에게 작별 인사를 하다

'사람'에게 안부를 전하다

Please give my regards to her.

그녀에게 제 안부를 전해 주세요.

---

060 ☐☐☐

**
interfere
[ˌɪntərˈfɪr]

유의어
intervene 개입하다, 끼어들다
tamper 참견하다, 간섭하다

🔵 간섭하다, 참견하다

Some viruses may be interfering with your installation.
바이러스가 설치를 방해하는 것일 수도 있다.

---

061 ☐☐☐

**
intervene
[ˌɪntərˈviːn]

🔵 개입하다, 끼어들다, 중재하다

That's why the government must intervene to prevent the
company from gaining a monopoly.
이것이 그 회사가 독점 권한을 행사하는 걸 막기 위해서 정부가 간섭
해야 하는 이유다.

---

062 ☐☐☐

**
intolerant
[ɪnˈtɑːlərənt]

🔵 너그럽지 못한 | (특정 식품·약품을) 못 먹는,
과민증이 있는

Our company is intolerant of malicious complaints from
customers.
우리 회사는 고객들의 악의적인 불평에는 관용적이지 않다.

We have to order soy milk for lactose-intolerant students.
유당 소화 장애를 가진 학생들을 위해 우리는 두유를 주문해야 한다.

---

063 ☐☐☐

*
right away

즉시, 곧바로

Please forward this parcel to him right away.
이 소포를 그에게 즉시 전달 부탁합니다.

---

064 ☐☐☐

**
in advance

미리, 사전에

You should make reservations at least two days in
advance online.
당신은 적어도 이틀 전에는 온라인으로 미리 예약해야 합니다.

---

065 ☐☐☐

***
put up with

유의어
endure 견디다, 참다, 인내하다

참다, 참고 견디다

We've been putting up with it for a long time, how much
longer will it take for the technician to come?
우리는 정말 오랫동안 참고 기다렸어요, 기술자가 올 때까지 얼마나
더 기다려야 하죠?

---

066 ☐☐☐

***
take the place

유의어
substitute 대신하다, 대체하다
replace 대신하다, 대체하다
fill in for A A를 대신하다[대리하다]

~을 대신하다

No other Internet company can take the place of offering
the best deals than our company in this industry.
업계에서 우리 회사보다 더 좋은 가격 조건을 제시하는 인터넷 회사
는 없습니다.

**

break out

발생하다

There is a high likelihood of war breaking out.

전쟁이 발발할 가능성이 농후하다.

068
□□□

***

have something to do with

유의어

have a bearing on ~와 관계가 있다

반의어

have nothing to do with ~와 관계가 없다

~와 관계가 있다

I guess the connection problem has something to do with cables.

제 생각엔 연결 문제는 케이블과 관련 있는 것 같아요.

069
□□□

**

esteemed

[ɪˈstiːmd]

형 존경받는, 높이 평가되는

Due to her industrious nature, she is esteemed by employees.

그녀의 부지런한 성격으로 인해, 그녀는 직원들에게 존경받는다.

070
□□□

*

be through with

유의어

finish 끝내다, 마무리하다
complete 끝내다, 끝마치다

끝내다

Unless I'm through with this work, I'll not be able to go out with you.

이 일을 끝내지 않으면, 당신과 함께 외출할 수 없을 거예요.

071
□□□

*

for nothing

유의어

complimentary 무료의
on the house 무료로 제공되는

무료로

The subscription fees are for nothing for the first three months.

처음 3개월간의 구독료는 무료입니다.

072
□□□

***

refer to

유의어

consult 찾아보다, 참고하다, 참조하다

언급하다, 나타내다 | 참조하다

I need some books referring to telecommunication.

나는 전기 통신에 관한 서적이 필요하다.

Refer to the dictionary if you need to.

필요하다면 사전을 참고하세요.

073
□□□

***

with respect to

유의어

regarding ~에 관하여
concerning ~에 관하여

~에 관하여

He is savvy with respect to computers.

그는 컴퓨터와 관련해서는 정통하다.

---

074 ☐☐☐	**get in touch with** **	~와 접촉하다[연락하다]

get in touch with **

유의어
contact 연락하다, 접촉하다

~와 접촉하다[연락하다]

Were you able to get in touch with them?
그들과 연락이 닿았나요?

---

075 ☐☐☐

contribute ***
[kənˈtrɪbjuːt]

图 기여하다, 공헌하다 | 기고하다

She contributes money on a regular basis.
그녀는 정기적으로 기부금을 낸다.

I contributed an essay to a magazine.
나는 잡지에 에세이를 기고했다.

---

076 ☐☐☐

couch potato *

소파에 앉아 TV만 보며 많은 시간을 보내는 사람

When I'm home, I guess I'm pretty much like a couch potato.
저는 집에 있을 때, 소파에 누워 TV만 보는 거 같아요.

---

077 ☐☐☐

specialize in **

~을 전문으로 하다

This corporation specializes in wireless communication.
이 기업은 무선 통신을 전문으로 하는 회사이다.

---

078 ☐☐☐

salutation *
[ˌsæljuˈteɪʃn]

图 인사 | (편지의) 인사말

She waved her hand in salutation.
그녀는 손을 흔들며 인사했다.

The head of the communication committee reviewed whether the salutation would be appropriate for the event.
통신위원회의 수장은 인사말이 행사에 적절한지 검토했다.

텝스기출표현
exchange salutations 인사를 나누다(= exchange greetings)

---

079 ☐☐☐

break the news **

소식을 전하다

She would probably break the news to her parents.
그녀는 아마 부모님께 소식을 전할 것이다.

---

080 ☐☐☐

eavesdrop **
[ˈiːvzdrɑːp]

유의어
overhear (남의 대화 등을) 우연히 듣다

图 엿듣다, 우연히 듣다

He was caught eavesdropping on a telephone conversation.
그는 전화 통화 내용을 엿듣다가 잡혔다.

081 □□□
**
come to the fore
표면화되다

The scandal between two anchors has been come to the fore currently.

두 앵커 사이에 있었던 스캔들은 최근에 표면화되기 시작했다.

---

082 □□□
***
mundane
[mʌnˈdeɪn]

유의어
dull 지루한, 따분한, 재미없는
tedious 지루한, 싫증 나는

형 재미없는, 지루한, 일상적인

I'm fed up with these mundane tasks.

나는 정말 이런 지루한 일이 지겹다.

---

083 □□□
***
divulge
[daɪˈvʌldʒ]

divulgence **명** 비밀 누설, 폭로

유의어
debunk 폭로하다, 파헤치다

동 (비밀을) 알려 주다, 누설하다

Diplomats should not divulge confidential information for the world.

외교관들은 절대로 기밀 정보를 발설해서는 안 된다.

---

084 □□□
**
garrulous
[ˈgærələs]

유의어
talkative 수다스러운

형 수다스러운, 말이 많은

He gets garrulous when he drinks.

그는 술을 마실 때면 수다스러워진다.

---

085 □□□
**
affix
[əˈfɪks]

동 부착하다, 붙이다 | (도장을) 찍다, 서명하다

You should affix stamps on the parcel.

소포에 우표를 붙이셔야 합니다.

You need to affix your signature on a contract.

당신은 계약서에 서명해야 합니다.

---

086 □□□
***
forgo
[fɔːrˈgoʊ]

유의어
forsake 버리다, 저버리다, 그만두다
renounce 포기하다, 단념하다, 버리다

동 ~을 버리다[포기하다]

Unless they sign a contract, it means they'll forgo their rights to have their day in court at a later time.

계약에 서명하지 않는다면, 그것은 후에 법정에서 발언할 수 있는 권리를 포기하는 것과 같다.

---

087 □□□
*
incipient
[ɪnˈsɪpiənt]

형 막 시작된

We tried our best to handle the incipient complaints from customers.

우리는 고객들의 초기 불만을 해결하기 위해 최선을 다했다.

liaise

[liˈeɪz]

유의어

contact 연락하다
reach ~와 연락을 취하다

통 ~와 연락을 취하다[연락하다]

I tried to liaise with the contractor about the abrupt systematic errors but to no avail.

갑작스런 시스템상의 오류 때문에 계약 업체에 연락해 봤지만 헛수고였다.

089

remit

[rɪˈmɪt]

통 송금하다 | ~을 이송하다 | (세금 따위를) 면제하다, 경감하다 | (죄를) 용서해 주다

Remit the money to her right away.

지금 당장 그녀에게 송금해 주세요.

The case was remitted to the Supreme Court.

그 사건은 대법원으로 회부되었다.

090

reticent

[ˈretɪsnt]

유의어

taciturn 말수가 적은

반의어

loquacious 말이 많은

형 말을 잘 안 하는, 말이 없는

He is very reticent when it comes to his own business.

그는 그가 하는 사업에 관해선 거의 말을 하지 않는다.

091

snub

[snʌb]

유의어

insult 모욕하다, 모욕
disregard 무시하다, 묵살하다
slight 무시하다

통 모욕하나, 무시하나 | 서부하나 명 모욕, 무시

I tried to be nice to her, but she kept snubbing me.

저는 그녀에게 잘해 주려고 노력했는데, 그녀는 계속 저를 무시했어요.

I didn't mean it as a snub.

모욕하려는 건 아니었어요.

092

wrangle

[ˈræŋgl]

통 언쟁을 벌이다, 다투다 명 언쟁, 다툼

They continue to wrangle over the matter.

그들은 그 문제에 관해 계속해서 언쟁을 벌였다.

No decisions were made today due to the continuous wrangle between the two parties.

양당 간의 지속된 다툼으로 인해 어떠한 결정도 내려지지 않았다.

093

out of order

유의어

on the blink 제대로 작동이 안 되는
off-kilter 고장 난
on the fritz 고장 난

고장 난

It seems like the copier is out of order again.

복사기가 또 고장이 난 것 같아요.

**
be on the verge of -ing

유의어
be on the point[edge / brink] of -ing
~하기 직전이다

막 ~하기 직전이다

The company was on the verge of filing for bankruptcy.

그 회사는 기의 피신 신청 직전에 있다.

---

*
shrewd
[ʃruːd]

유의어
clever 영리한, 똑똑한

형 영리한, 재치 있는

He is a shrewd guy in business.

그는 사업에 있어서 영리한 사람이다.

***
stifle
[ˈstaɪfl]

유의어
subdue 진압하다, 억누르다
quell 진압하다, 누그러뜨리다

동 억누르다

The man tried to stifle his emotions.

그 남자는 자신의 감정을 억누르려고 노력했다.

---

*
dud
[dʌd]

명 실패작

That movie was a total dud!

그 영화는 완전한 실패작이었어요!

**
ardent
[ˈɑːrdnt]

유의어
fervent 열렬한, 강렬한
fervid 열렬한

형 열렬한

She has many ardent fans for her music.

그녀에게는 그녀의 음악을 좋아하는 열렬한 팬들이 많이 있다.

***
skyrocket
[ˈskaɪrɑːkɪt]

유의어
soar 급등하다, 급증하다, 치솟다
surge 급등하다, 급증하다

반의어
plunge 급락하다

동 급등하다, 치솟다

Compared to three years ago, the introductory fees for this Internet service provider seem to have skyrocketed.

3년 전과 비교했을 때, 이 인터넷 업체의 가입비는 많이 오른 것 같다.

100

***
unanimous
[juˈnænɪməs]

형 만장일치의

All the judges were unanimous **over establishing laws which protect minors from getting exposed to harmful online materials.**

모든 판사들은 미성년자를 해로운 온라인 콘텐츠의 노출로부터 막을 수 있는 법을 세워야 한다는 것에 만장일치로 동의했다.

문맥에 맞는 단어를 보기에서 골라 빈칸에 넣으세요.

PART 1

ⓐ brags	ⓑ reminded	ⓒ to do with	ⓓ delivery	ⓔ come to
ⓕ notified	ⓖ address	ⓗ on hold	ⓘ surcharge	ⓙ register

1. How should I _____ you?

2. The Communications Commission decided to put it _____ temporarily.

3. Our company offers free _____ service.

4. You have at least two weeks to _____ your domain name.

5. The company _____ about the high quality of its software.

6. That's a service _____ we add for parties of ten or more people.

7. Since he was the last person using the computer in the office last night, the systematic problem must have something _____ him.

8. My mom _____ me of some family obligations that involved a yearly-trip.

9. The issue about A has _____ the fore.

10. The telegraph company _____ me that I have an outstanding balance.

UNIT 01
UNIT 02
UNIT 03
UNIT 04
UNIT 05
UNIT 06
UNIT 07
UNIT 08
UNIT 09
UNIT 10
UNIT 11
UNIT 12
UNIT 13
UNIT 14
UNIT 15
UNIT 16
UNIT 17
UNIT 18
UNIT 19
UNIT 20
UNIT 21
UNIT 22
UNIT 23
UNIT 24
UNIT 25
UNIT 26
UNIT 27
UNIT 28
UNIT 29
UNIT 30

>> Check-Up Questions

문맥에 맞는 단어를 보기에서 골라 빈칸에 넣으세요.

PART 2

ⓐ keep up	ⓑ correspond	ⓒ out of order	ⓓ seal	ⓔ respect to
ⓕ bug	ⓖ swamped	ⓗ put up with	ⓘ raise	ⓙ contact

11. I don't think my boss will _____ my salary.

12. There must be a _____ since the computer's screen is blinking again.

13. The certificate was sent with a _____ on it.

14. The communication company introduced a new automatic system to _____ with times.

15. I sometimes _____ with my friend who is living on the other side of where I live.

16. I don't know how much longer I should _____ this slow connection.

17. I've been _____ with so much work, so I don't even have time for a movie.

18. Let's discuss something with _____ how to court new clients.

19. Should you find any problems using this Internet service, please _____ us at 1900-0901.

20. Please be aware that all the office telephones will be _____ between 1 P.M. to 3 P.M.

answers
11 ⓘ 12 ⓕ 13 ⓓ 14 ⓐ 15 ⓑ 16 ⓗ 17 ⓖ 18 ⓔ 19 ⓙ 20 ⓒ

UNIT
06

뉴텝스 어휘

주거

주거

---

001 □□□

**
comfort
[ˈkʌmfərt]

comfortable 형 편안한
comforting 형 위안이 되는

명 안락함, 편안함 동 위로하다, 위안하다

Comfort is my priority when it comes to choosing a new house to move into.

이사할 새집을 고를 때는 안락함이 나의 우선 사항이다.

---

002 □□□

***
remove
[rɪˈmuːv]

removal 명 제거, 이동

유의어
eliminate 제거하다
get rid of 없애다

동 없애다, 제거하다 ǀ 옮기다, 이동시키다

It is not always easy to remove a coffee stain from a piece of clothing.

옷의 커피 얼룩을 제거하는 것은 늘 쉬운 일은 아니다.

---

003 □□□

***
repair
[rɪˈper]

repairable 형 수리할 수 있는

유의어
mend 수선하다
fix 수리하다

동 수리하다, 수선하다 명 수리, 수선

When I found out how much it would cost to repair the roof, I was worried that my budget wouldn't be enough.

지붕을 수리하는 데 얼마가 들지 알게 된 뒤, 나는 예산이 부족할 것 같아 걱정이 됐다.

---

004 □□□

**
construct
[kənˈstrʌkt]

construction 명 건설, 공사
constructive 형 건설적인

동 (건물을) 세우다, 건설하다

The original building was destroyed, but a new one that looks exactly the same was constructed at the same site.

원래 건물은 파괴되었지만, 똑같이 생긴 새 건물이 같은 장소에 건설되었다.

---

005 □□□

***
rent
[rent]

유의어
lease 임대, 임대차 계약

명 집세, 임차료 동 (사용료를 내고) 빌리다, 임차하다

The deadline for our rent payment is in two weeks.

우리의 집세 지불 기한은 2주 뒤이다.

Many employees at the company rent a small apartment near the office.

그 회사의 많은 직원들은 사무실 근처에 있는 작은 아파트를 임차한다.

텝스 기출 표현
pay rent 집세를 내다

□□□

lend
[lend]

유의어
loan 빌려주다

반의어
borrow 빌리다

图 (일정 기간 다른 사람에게 무엇을) 빌려주다

He had to lend money to his sister who was in need of extra money for renovating her house.

그는 집을 개조하는 데 여분의 돈이 필요한 여동생에게 돈을 빌려주어야 했다.

□□□

resident
[ˈrezɪdənt]

reside **图** 거주하다
residence **图** 거주, 주택

유의어
inhabitant 거주자, 주민

图 주민, 거주자

Due to the massive storm, hundreds of residents living in this city were left without electricity.

엄청난 폭풍으로 인해 이 도시에 사는 수백 명의 주민들이 정전 상태에 놓였다.

□□□

decorate
[ˈdekəreɪt]

decoration **图** 장식(품)

유의어
adorn 장식하다
embellish 장식하다

图 장식하다, 꾸미다

The living room was decorated beautifully with a large Christmas tree and ornaments.

거실은 커다란 크리스마스트리와 장식품으로 아름답게 꾸며져 있었다.

□□□

place
[pleɪs]

유의어
position (특정한 위치에) 두다
situate (특정한 위치에) 두다

图 두다, 놓다

The plants were placed on the window sill and created a warm atmosphere in the room.

그 식물들은 창턱에 놓여 방 안에 따뜻한 분위기를 자아냈다.

□□□

cozy
[ˈkoʊzi]

유의어
homey 편안한

图 아늑한, 편안한

The fireplace in the living room lets you enjoy a cozy atmosphere.

거실 벽난로는 아늑한 분위기를 즐길 수 있게 한다.

✦✦

mess
[mes]

messy 휑 어질러진

유의어
untidiness 지저분함
disorder 혼란

명 엉망진창, 어수선함 동 망쳐 놓다

No one bothered to clean up the mess in the kitchen last night, which made it difficult to cook breakfast.

어젯밤 부엌에 어질러진 것을 치우는 사람이 아무도 없어서 아침 식사를 만들기가 힘들었다.

You should use a straw to drink the juice without spilling it or messing your clothes.

주스를 흘리거나 옷을 엉망으로 만들지 않고 마시려면 빨대를 사용해야 한다.

텝스 기출 표현
make a mess 어지르다
mess up 다 망치다

✦✦

replace
[rɪˈpleɪs]

replaceable 휑 대신할 수 있는

유의어
substitute 대신하다
supersede 대신하다, 대체하다

동 교체하다, 대체하다

The couple agreed on replacing the bedroom furniture that they had been using for over ten years.

그 부부는 10년 넘게 사용하던 침실 가구를 교체하는 것에 동의했다.

텝스 기출 표현
replace A with B A를 B로 바꾸다

✦✦✦

settle
[ˈsetl]

settlement 명 정착, 해결
settler 명 정착인
settled 휑 정착한

동 정착하다, 자리 잡다 | 해결하다, 처리하다 | 결정하다

This town is a perfect place to settle down and raise a family.

이 동네는 정착하여 가정을 꾸리기에 안성맞춤인 곳이다.

텝스 기출 표현
settle down 자리 잡다, 진정되다
settle into ~에 정착하다[자리 잡다]

✦

sweep
[swiːp]

동 쓸다, 청소하다

With the vacuum cleaner at the repair center, I had no choice but to use a broom to sweep the floor.

진공청소기가 수리 센터에 있어서, 나는 빗자루를 이용해 바닥을 쓸 수밖에 없었다.

★★★
local
[ˈloʊkl]

형 현지의, 지역의 **명** 지역 주민

200 citizens took part in a protest in order to save the local park from being sold to developers.

200명의 시민들이 지역 공원이 개발자들에게 팔리는 것을 막기 위해 시위에 참가했다.

★★
cleanse
[klenz]

유의어
rinse 헹구다, 씻어 내다

동 (피부·상처를) 씻다[세척하다]

It is important to cleanse the skin before applying the cream.

크림을 바르기 전에 피부를 깨끗이 씻는 것이 중요하다.

★
babysit
[ˈbeɪbɪsɪt]

babysitter **명** 아이를 돌봐주는 사람

동 아이를 돌봐주다

I couldn't join my friends to go to the concert since I had to babysit my brother at home.

나는 집에서 남동생을 돌봐야 했기 때문에 친구들과 함께 콘서트에 갈 수 없었다.

★
day-care center

탁아소

Whether there are any day-care centers nearby is a vital factor for parents with young children to consider.

가까운 곳에 탁아소가 있는지는 어린 자녀를 둔 부모들이 고려해야 할 중요한 요소다.

★★
urban
[ˈɜːrbən]

유의어
civic 시의, 도시의

반의어
rural 시골의

형 도시의

The writer's latest novel focuses on the bleak future of urban lifestyles.

그 작가의 최신 소설은 도시 생활의 어두운 미래에 초점을 맞추고 있다.

★★
suburb
[ˈsʌbɜːrb]

명 교외, 근교

Those living in the suburbs use their vehicles to get around, rather than walk.

교외에 사는 사람들은 걷기보다는 차를 타고 돌아다닌다.

★★
renovate
[ˈrenəveɪt]

renovation **명** 수리, 개조

유의어
refurbish 개조하다, 새단장하다

동 수리하다, 개조하다

Looking at the luxurious interior, I thought it must have been expensive to renovate the old house.

호화로운 인테리어를 보니, 낡은 집을 개조하는 데 비용이 많이 들었을 것이라는 생각이 들었다.

★★★ enhance
[ɪnˈhæns]

enhancement 📗 상승, 향상

유의어
improve 개선하다

📙 향상시키다, 높이다

Home appliances enhance the quality of life for busy people.

가전제품은 바쁜 사람들의 삶의 질을 높여 준다.

★★★ adequate
[ˈædɪkwət]

adequately 📗 충분히

반의어
inadequate 불충분한

📙 충분한, 적절한

The house was not very large, but it was adequate for the family of three.

그 집은 그리 크지 않았지만, 세 식구가 살기에는 적당했다.

★ economical
[ˌiːkəˈnɑːmɪkl]

유의어
thrifty 절약하는
frugal 검소한

📙 경제적인 | 알뜰한

The economical heating system allows residents to save on their expenses.

경제적인 난방 시스템은 거주자들이 비용을 절약할 수 있게 해준다.

★ real estate

부동산, 토지

With retailers taking up most of the land, there is little real estate left on the south side of town.

소매상들이 이 땅의 대부분을 차지하고 있어, 마을 남쪽에는 토지가 거의 남아 있지 않다.

텝스 기출 표현

real estate agency 부동산 중개업소
real estate agent 부동산 중개인(= realtor)

★★ wash the dishes

유의어
do the dishes 설거지하다
help with the dishes 설거지를 돕다

설거지하다

I don't mind washing the dishes when my roommate is not able to.

나는 룸메이트가 설거지할 수 없을 때 설거지하는 것을 마다치 않는다.

★ cost of living

생활비

The cost of living has increased since the birth of our new baby.

우리의 새 아기가 태어나면서부터 생활비가 증가했다.

★
living conditions

생활 환경

Having quiet surroundings, this town has excellent living conditions for those who prefer a peaceful neighborhood.

주변 환경이 조용해서, 이 마을은 평화로운 동네를 선호하는 사람들에게 훌륭한 주거 조건을 갖추고 있다.

★★
make a living

생계를 꾸리다

Students with loans have a hard time making a living when they start on their first job.

대출을 받은 학생들은 첫 직장에 다니기 시작할 때 생계를 유지하는 데 어려움을 겪는다.

★★★
turn off

(전기 · TV 등을) 끄다 I (수도 · 가스를) 잠그다

I always worry that I might have forgotten to turn off the lights before leaving the house.

나는 집을 나서기 전에 불을 끄는 것을 잊어버렸을까 봐 늘 걱정이 된다.

★★★
inconvenience
[ˌɪnkənˈviːniəns]

inconvenient 형 불편한

유의어
trouble 불편
bother 귀찮음

명 불편, 폐

Playing instruments during late hours causes much inconvenience to neighbors.

늦은 시간에 악기를 연주하는 것은 이웃들에게 큰 불편을 준다.

★
trim
[trɪm]

동 (깎아) 다듬다 I (불필요한 부분을) 잘라 내다

The town hall's gardening class covers various activities including trimming hedges and mowing grass.

마을 회관의 정원 가꾸기 수업은 울타리 다듬기와 잔디 깎기를 포함한 다양한 활동을 다룬다.

★
rusty
[ˈrʌsti]

rust 명 녹

형 녹슨

All residents of the apartment agreed on replacing the rusty steel front gates with new ones.

그 아파트의 모든 주민들이 녹슨 강철 정문을 새로운 문으로 교체하는 것에 동의했다.

★
dwell
[dwel]

dwelling 명 주거, 주택

유의어
reside 거주하다

동 살다, 거주하다

Many tourists flocked to see the caravans in the forest where gypsies were dwelling.

집시들이 살았던 숲속의 이동식 주택을 보기 위해 많은 관광객들이 몰려들었다.

01
UNIT
02
UNIT
03
UNIT
04
UNIT
05
UNIT
06
07
UNIT
08
09
UNIT
10
11
UNIT
12
13
UNIT
14
15
16
UNIT
17
18
UNIT
19
20
21
22
23
UNIT
24
25
UNIT
26
UNIT
27
UNIT
28
UNIT
29
UNIT
30

035

* **cellar**

['selər]

유의어
basement 지하실

명 (식료품 · 포도주의) 지하 저장실

The party host led the guests to the cellar to let them pick out a bottle of wine they liked.

파티 주최자는 손님들이 마음에 드는 와인을 고를 수 있도록 그들을 지하실로 안내했다.

036

* **porch**

[pɔːrtʃ]

명 현관

On sunny days, the old couple enjoyed having a cup of tea while sitting on the porch.

그 노부부는 화창한 날엔 현관에 앉아 차 마시는 것을 즐겼다.

037

* **attic**

['ætɪk]

명 다락(방)

I keep my old pictures in the attic.

나는 다락방에 옛날 사진을 둔다.

038

* **corridor**

['kɔːrɪdɔːr]

명 복도 | (기차 내의) 통로

My room is just across the second floor corridor from my sister's.

내 방은 언니의 방에서 2층 복도 바로 맞은편에 있다.

039

** **furnished**

['fɜːrnɪʃt]

형 가구가 비치된

One of the great features of this apartment is that it is fully furnished.

이 아파트의 좋은 특징 중 하나는 가구가 완비되어 있다는 것이다.

040

* **hit the hay**

자다, 잠자리에 들다

After hours of studying for the next day's test, I felt I should hit the hay and get some sleep.

다음 날 시험을 위해 몇 시간 동안 공부한 후에, 나는 잠자리에 들어 잠을 좀 자야겠다고 느꼈다.

041

* **faucet**

['fɔːsɪt]

명 수도꼭지

The faucet in the bathroom has been leaking for weeks.

욕실의 수도꼭지에서 몇 주째 물이 새고 있다.

042

** **drip**

[drɪp]

동 물방울이 뚝뚝 떨어지다

Noises of water dripping from the pipes kept us awake all night.

파이프에서 물이 뚝뚝 떨어지는 소리 때문에 우리는 밤새 깨어 있었다.

043 ★★
leak
[liːk]

동 (물·가스 등이) 새다 | (비밀 등을) 누설하다

I had to call an emergency service to make sure the gas wasn't leaking.

가스가 새는 것은 아닌지 확인하기 위해 나는 긴급 서비스를 불러야 했다.

---

044 ★★★
chores
[tʃɔːrs]

명 가정 내의 잡일, 가사

Dividing chores among family members helps children realize how much work goes into keeping a house clean.

가족들 간에 집안일을 나누는 것은 집을 깨끗하게 유지하는 데 얼마나 많은 일이 필요한지 아이들이 깨닫게 해 준다.

> **텝스기출표현**
> household chores 집안일
> do the chores 집안일을 하다

---

045 ★★★
errand
[ˈerənd]

명 심부름

You should postpone your errands since the wind is expected to pick up soon.

바람이 곧 거세질 것으로 예상되므로 심부름을 연기하는 게 좋을 거예요.

> **텝스기출표현**
> run an errand 심부름을 하다

---

046 ★
mop
[mɑːp]

> **유의어**
> wipe 훔치다, 닦아 내다

동 대걸레로 닦다 **명** 대걸레

Having spilt coffee all over the kitchen floor, I had to mop it.

부엌 바닥 전체에 커피를 엎질러서 대걸레로 닦아야 했다.

---

047 ★
rub
[rʌb]

동 문지르다, 비비다

He found a clean towel to rub the surface of the table so as to prevent it from staining.

그는 탁자 표면에 얼룩이 지지 않도록 탁자를 문지를 깨끗한 수건을 찾았다.

---

048 ★
lawn mower

잔디 깎는 기계

The gardener was not able to find the lawn mower so he couldn't cut the grass.

정원사는 잔디 깎는 기계를 찾을 수 없어서 잔디를 깎지 못했다.

049 □□□

**

plumber

[ˈplʌmər]

plumbing 명 배관

명 배관공

We should call the plumber to fix the broken sink.

우리는 고장 난 세면대를 수리하기 위해 배관공을 불러야 한다.

---

050 □□□

*

stink

[stɪŋk]

유의어

reek 악취를 풍기다

통 악취를 풍기다

When the police found the missing woman's residence, they could smell it stink of mold and garbage.

경찰이 실종된 여성의 주거지를 발견했을 때, 그곳에서 곰팡이와 쓰레기 냄새가 났다.

---

051 □□□

*

draft

[dræft]

유의어

outline 윤곽을 그리다

명 찬바람, 외풍 통 초안을 작성하다

The bedroom always has a draft coming in, even if the windows are firmly closed.

창문이 굳게 닫혀 있어도, 침실에는 항상 외풍이 들어온다.

---

052 □□□

**

blackout

[ˈblækaʊt]

유의어

power cut 정전
power failure 정전

명 정전

Nearly 3,000 citizens were left with no electricity due to the blackout after the heavy storm.

심한 폭풍이 몰아친 후 정전 때문에 3천 명에 가까운 시민들이 전기가 끊긴 상태에 놓였다.

---

053 □□□

**

stain

[steɪn]

유의어

spot 얼룩
blot 얼룩

통 얼룩지게 하다 명 얼룩, 때

Ketchup will stain white fabric if left unwashed for a long period of time.

케첩은 오랫동안 빨지 않고 둘 경우 하얀 천에 얼룩을 남길 것이다.

---

054 □□□

**

clog

[klɑːg]

unclog 통 ~에서 장애를 없애다

유의어

block 막히게 하다
jam 막히게 하다

통 막다

The toilet was clogged with toilet paper.

변기가 화장지로 막혀 있었다.

텝스기출 표현

clogged drain 막힌 배수로

---

055 □□□

**

spotless

[ˈspɑːtləs]

유의어

immaculate 티 없이 깨끗한
pristine 아주 깨끗한

형 티끌 하나 없는

The cleaning service did a perfect job and the whole house was spotless.

청소 업체가 일을 완벽하게 해서 집 안은 티끌 하나 없이 깨끗했다.

UNIT
01
UNIT
02
UNIT
03
04
UNIT
05
UNIT
06
UNIT
07
08
UNIT
09
UNIT
10
UNIT
11
12
UNIT
13
UNIT
14
UNIT
15
UNIT
16
UNIT
17
18
UNIT
19
UNIT
20
21
UNIT
22
UNIT
23
24
UNIT
25
UNIT
26
UNIT
27
UNIT
28
UNIT
29
UNIT
30

**

clutter
[ˈklʌtər]

cluttered 혱 어수선한

유의어
jumble 마구 뒤섞다

동 어지르다

Let's throw out some old books so they don't clutter our new home.

우리의 새집을 어지럽히지 않도록 헌 책 몇 권을 버립시다.

**

smear
[ˈsmɪr]

유의어
tarnish 더럽히다

명 얼룩 동 더럽히다

After many attempts to fix the boiler himself, the man's clothes were covered with oil smears.

직접 보일러를 고치려고 여러 번 시도한 뒤에, 남자의 옷은 기름 얼룩으로 뒤덮여 있었다.

The windows of the old house were smeared with dirt and dust.

낡은 집의 창문은 흙과 먼지로 얼룩져 있었다.

---

*

detergent
[dɪˈtɜːrdʒənt]

명 세제

Using the wrong kind of detergent in a dishwasher can damage it.

잘못된 종류의 세제를 사용하면 식기세척기를 손상시킬 수 있다.

---

*

bleach
[bliːtʃ]

명 표백제 동 표백하다

This homemade bleach washes out all kinds of stains and works on any kind of fabric.

집에서 만든 이 표백제는 모든 종류의 얼룩을 씻어 내고, 어떤 종류의 직물에도 효과가 있다.

---

*

scour
[ˈskaʊər]

유의어
scrub 문질러 씻다

동 문질러 닦다

After cooking for the family dinner, he scoured the gas stove to remove the grease.

그는 가족 저녁 식사를 위해 요리를 한 후, 기름기를 제거하기 위해 가스레인지를 문질러 닦았다.

**

rummage
[ˈrʌmɪdʒ]

유의어
scrabble 뒤지며 찾다

동 샅샅이 뒤지다

My grandmother rummaged the box to find her childhood pictures to show me.

할머니는 나에게 보여 줄 자신의 어린 시절 사진들을 찾으려고 상자를 뒤졌다.

disinfect ✲✲

[ˌdɪsɪnˈfekt]

disinfectant 圐 소독약, 살균제

圄 소독하다

It is advisable to clean and disinfect the bathroom on a regular basis.

정기적으로 화장실을 청소하고 소독하는 것이 좋다.

---

inhabit ✲✲✲

[ɪnˈhæbɪt]

inhabitant 圐 거주자
inhabitable 圐 살기에 적합한

圄 살다, 거주하다, 서식하다

Some Native Americans inhabit reservation areas, though many of them actually live in cities.

일부 북미 원주민들은 보호 구역에 거주하지만, 그들 중 많은 이들은 실제로는 도시에 산다.

> ▶혼동하지 말자!
> inhibit 억제하다, 방해하다

---

appliance ✲✲

[əˈplaɪəns]

圐 (가정용) 기기

Electrical appliances must be used after reading the safety manuals.

가전제품은 안전 설명서를 읽은 후 사용해야 한다.

> 텝스기출표현 ▶
> home appliance 가정용 전기 제품

---

upkeep ✲✲

[ˈʌpkiːp]

유의어
maintenance (건물·기계 등의) 보수 관리

圐 (건물 등의) 유지(비)

Residents of the apartment are notified about the costs resulting from the upkeep of the building.

그 아파트의 주민들은 건물 유지에 따른 비용을 통보받는다.

---

dim ✲

[dɪm]

유의어
gloomy 어둑어둑한, 음울한

圐 어둑한

There were only candles lighting the dim room.

어둑한 방에는 촛불만 켜져 있었다.

---

dingy ✲

[ˈdɪndʒi]

圐 우중충한, 거무칙칙한

Having been empty for months, the rooms were dingy and covered with dust.

몇 달 동안 비어 있었기 때문에, 방들이 우중충했으며 먼지로 뒤덮여 있었다.

spacious
[ˈspeɪʃəs]

유의어
commodious 넓은
roomy 넓은

형 넓은

Thanks to the pay raise, I could finally afford to move into a spacious new apartment.

월급 인상 덕분에, 마침내 나는 널찍한 새 아파트로 이사할 여유가 생겼다.

---

trespass
[ˈtrespəs]

유의어
intrude 침입하다
break into (건물에) 침입하다

동 (무단으로) 침입하다

The thief was charged with trespassing on private property.

그 도둑은 사유 재산을 무단 침입한 혐의로 기소되었다.

---

wall electrical outlet

벽면 전기 콘센트

Plug the coffee machine into a wall electrical outlet before turning on its power.

전원을 켜기 전에 커피 머신을 벽면 전기 콘센트에 꽂으십시오.

---

demolish
[dɪˈmɑːlɪʃ]

유의어
tear down ~을 파괴하다

동 철거하다, 무너뜨리다

The old low-rise building will be demolished, and a hospital will be constructed in its place.

낡은 저층 건물이 철거되고, 그 자리에 병원이 세워질 것이다.

---

assemble
[əˈsembl]

assembly 명 조립, 집회

유의어
gather 모으다

반의어
disassemble 해체하다

동 (여러 부품을 모아 하나의 구조물을) 조립하다
Ⅰ (사람을) 모으다

It took hours for them to assemble the bookshelf because they had no instructions to refer to.

참고할 설명서가 없어서 그들은 책장을 조립하는 데 몇 시간이 걸렸다.

UNIT
01
UNIT
02
UNIT
03
UNIT
04
UNIT
05
UNIT
06
UNIT
07
UNIT
08
UNIT
09
UNIT
10
UNIT
11
UNIT
12
UNIT
13
UNIT
14
UNIT
15
UNIT
16
UNIT
17
UNIT
18
UNIT
19
UNIT
20
UNIT
21
UNIT
22
UNIT
23
UNIT
24
UNIT
25
UNIT
26
UNIT
27
UNIT
28
UNIT
29
UNIT
30

073 □□□

**
adjust
[əˈdʒʌst]

adjustment 명 조정, 적응
adjustable 형 조절할 수 있는

유의어
get used to ~에 익숙해지다

동 조절하다, 조정하다 ㅣ 적응하다

Temperatures suddenly dropped overnight, so I had to get up during the night to adjust the heating system.
밤사이 기온이 갑자기 떨어졌기 때문에, 나는 한밤중에 일어나 난방 장치를 조정해야 했다.

The newlyweds had no problem adjusting to their new house thanks to their landlord.
그 신혼부부는 집주인 덕분에 새집에 적응하는 데 아무런 문제가 없었다.

텝스기출표현
adjust to ~에 적응하다

---

074 □□□

***
establish
[ɪˈstæblɪʃ]

유의어
found 설립하다

동 (기업·학교 등을) 설립하다

This foundation was established by a wealthy businessman who donated all of his possessions.
이 재단은 자신의 전 재산을 기부한 부유한 사업가에 의해 설립되었다.

---

075 □□□

***
disposable
[dɪˈspoʊzəbl]

형 일회용의

I cut myself using cheap disposable razors.
값싼 일회용 면도기를 사용하다가 상처를 입었다.

---

076 □□□

*
eyesore
[ˈaɪsɔːr]

명 눈엣가시, 눈에 거슬리는 것

This ornament is an eyesore and should be removed from the living room.
이 장식은 눈엣가시이므로 거실에서 치워야 한다.

---

077 □□□

*
unsightly
[ʌnˈsaɪtli]

유의어
hideous 흉물스러운

형 보기 흉한

The dead plants in the bedroom were unsightly.
침실의 죽은 식물들은 보기 흉했다.

---

078 □□□

*
shabby
[ˈʃæbi]

형 허름한, 낡은

We have had this furniture for several years, which is why it looks so shabby and worn out.
우리는 이 가구를 몇 년 동안 가지고 있었는데, 그래서 그것은 매우 허름하고 낡아 보인다.

★

exterminate
[ɪkˈstɜːrmɪneɪt]

동 해충을 박멸하다

Our services ensure that all your pests are exterminated and do not come back.

저희의 서비스는 모든 해충이 박멸되고 다시는 돌아오지 않을 것을 보장합니다.

★★★

contractor
[kənˈtræktər]

명 계약자 (특히 토목·건축업자)

Having a limited budget, I couldn't hire a contractor for the renovation.

한정된 예산 때문에, 수리를 위한 시공업체를 고용할 수 없었다.

★★

renewal
[rɪˈnuːəl]

renew **동** 재개하다, 갱신하다
renewable **형** 재생 가능한

명 재개발 ㅣ 갱신

The proposed renewal of this area will drive out residents who cannot afford to live in luxurious apartments.

이 지역의 재개발은 호화 아파트에 살 여유가 없는 주민들을 몰아낼 것이다.

★★

premises
[ˈpremɪsɪz]

명 건물이 딸린 부지

The intruder broke into the premises but was soon caught by security and handed over to the police.

침입자는 구내에 침입했으나 곧 보안팀에게 붙잡혀 경찰에 넘겨졌다.

★★

vacate
[ˈveɪkeɪt]

vacant **형** 비어 있는
vacancy **명** 공간, 공석, 빈방

유의어
evacuate 장소를 비우다, 사람들을 대피시키다

동 (집·건물 등을) 비우다

Rooms must be vacated before the extermination process so that no people remain within the house.

박멸 절차가 이루어지기 전에 집 안에 남아 있는 사람이 없도록 방이 비워져야 한다.

★

dismantle
[dɪsˈmæntl]

동 (기계·구조물을) 분해하다[해체하다]

The old tower will be dismantled and demolished by using a large crane.

낡은 탑은 대형 크레인을 이용해 해체되고 철거될 것이다.

★★

evict
[ɪˈvɪkt]

eviction **명** 쫓아냄, 퇴거

동 쫓아내다, 퇴거시키다

I'm afraid I will get evicted if I don't pay this month's rent.

나는 이번 달 집세를 내지 않으면 쫓겨날까 봐 걱정된다.

★★★
tenant
[ˈtenənt]

圆 세입자, 임차인

Tenants should report property damage immediately to prevent further inconvenience.

세입자들은 추가 불편을 겪지 않도록 즉시 건물의 고장을 알려야 한다.

★★★
landlord
[ˈlændlɔːrd]

圆 집주인

It is better to ask the landlord for intervention when a conflict with a neighbor arises.

이웃과 갈등이 생겼을 때는 집주인에게 개입을 요청하는 것이 좋다.

★★
stuffy
[ˈstʌfi]

圆 숨 막히는, 답답한

She opened the windows to ventilate the stuffy room.

그녀는 답답한 방을 환기시키기 위해 창문을 열었다.

★
repellent
[rɪˈpelənt]

repel 圖 격퇴하다, 물리치다

圆 방충제

This mosquito repellent contains no substances harmful to humans.

이 모기 퇴치제는 인체에 유해한 물질을 함유하고 있지 않다.

★★
indispensable
[ˌɪndɪˈspensəbl]

유의어
essential 필수적인
crucial 필수적인
vital 필수적인

圆 없어서는 안 될, 필수의

Vacuum cleaners are indispensable for a large house like this.

진공청소기는 이런 큰 집에 필수이다.

★
ventilation
[ˌventəˈleɪʃən]

ventilate 圖 환기하다

圆 환기, 통풍

Open the windows every few hours for ventilation.

환기를 위해 몇 시간마다 창문을 여십시오.

★
superintendent
[ˌsuːpərɪnˈtendənt]

圆 (어떤 일·장소의) 관리인[감독자]

The superintendent should have put up warning signs when the floors were wet from the leaking roof.

관리인은 지붕이 새서 바닥이 젖어 있었을 때 경고문을 붙였어야 했다.

★★
ornate
[ɔːrˈneɪt]

ornament 명 장식품

유의어
elaborate 정교한, 화려하게 꾸민

형 화려하게 장식된

Everyone admired the ornate lobby of the lavish mansion.

모두가 호화로운 대저택의 화려한 로비에 감탄했다.

★★
adjacent
[əˈdʒeɪsnt]

유의어
adjoining 서로 접한, 인접한

형 인접한, 가까이 있는

There is a small bakery adjacent to my house.

우리 집 근처에 작은 빵집이 있다.

★★
vicinity
[vəˈsɪnəti]

형 가까운 곳, 근처

There are no supermarkets in the vicinity of my house, so I have to drive in order to shop for groceries.

우리 집 근처에 슈퍼마켓이 없어서, 식료품을 사려면 차를 타고 가야 한다.

★
insulate
[ˈɪnsəleɪt]

insulation 명 단열

통 단열하다

The roof of this building is insulated to reduce heat loss.

이 건물의 지붕은 열 손실을 줄이기 위해 단열 처리되어 있다.

★
brittle
[ˈbrɪtl]

유의어
fragile 부서지기 쉬운
frail 연약한
delicate 연약한

형 깨지기 쉬운, 약한

Brittle objects should be treated with care.

깨지기 쉬운 물건은 주의해서 다루어져야 한다.

★★★
refrain
[rɪˈfreɪn]

유의어
abstain 자제하다

통 삼가다

The man refrained from smoking within his house.

남자는 그의 집 안에서 담배 피우는 것을 삼갔다.

텝스기출표현
refrain from ~을 삼가다(= abstain from)

★

forsake
[fərˈseɪk]

유의어

abandon 버리다

leave 버리다

통 (사람을) 저버리다 | (습관 등을) 버리다

The orphan had no memories of his parents and only knew that his parents had forsaken him.

그 고아는 부모에 대한 기억이 없었고 단지 그의 부모가 그를 버렸다는 것만을 알고 있었다.

★

dilapidated
[dɪˈlæpɪdeɪtɪd]

형 건물이 다 쓰러져 가는

The houses on the west side of the city are old and dilapidated.

도시의 서쪽에 있는 집들은 낡고 쓰러져 간다.

문맥에 맞는 단어를 보기에서 골라 빈칸에 넣으세요.

PART 1 ▶

ⓐ clogging	ⓑ settle	ⓒ shabby	ⓓ adjusting	ⓔ indispensable
ⓕ spacious	ⓖ stain	ⓗ spotless	ⓘ vicinity	ⓙ inconvenience

1. Following safety rules is a(n) _____ part of working in the kitchen.

2. We had to call the plumber since we were unsure of what was _____ the drain.

3. People generally prefer to _____ down with their families as they grow older.

4. There are two rooms on this floor, both of which are _____ and have air conditioning.

5. The house was on a quiet street, with only a few neighbors living in the _____.

6. Although the rent was lower than my last house, the loud noise coming from the construction site nearby was a major _____.

7. It was difficult to get rid of the coffee _____ on my shirt, so I had to cover it with my jacket until I got home.

8. All of the guests marveled at how _____ the large house was and wondered how long it would take to clean the rooms.

9. Contrary to the cottage's _____ exterior, its interior had recently been renovated.

10. Due to the faulty heating system, tenants were having trouble _____ the temperature.

answers
1 ⓔ 2 ⓐ 3 ⓑ 4 ⓕ 5 ⓘ 6 ⓙ 7 ⓖ 8 ⓗ 9 ⓒ 10 ⓓ

UNIT
01
UNIT
02
UNIT
03
UNIT
04
UNIT
05
UNIT
06
UNIT
07
UNIT
08
UNIT
09
UNIT
10
UNIT
11
UNIT
12
UNIT
13
UNIT
14
UNIT
15
UNIT
16
UNIT
17
UNIT
18
UNIT
19
UNIT
20
UNIT
21
UNIT
22
UNIT
23
UNIT
24
UNIT
25
UNIT
26
UNIT
27
UNIT
28
UNIT
29
UNIT
30

►► **Check-Up** Questions

문맥에 맞는 단어를 보기에서 골라 빈칸에 넣으세요.

PART 2 ►

@ adequate	ⓑ brittle	ⓒ cluttered	ⓓ furnished	ⓔ inhabiting
ⓕ evicted	ⓖ chores	ⓗ trespassing	ⓘ rusty	ⓙ demolished

11. _____ rental apartments are convenient for those who do not wish to spend the budget on furniture.

12. _____ china should not be placed on unstable shelves.

13. Mark was let go from his job, could not pay his rent, and it eventually led to him being _____ from his house.

14. The old building was _____ two years ago, and now a shopping mall stands in its place.

15. The man who was found within the closed museum was arrested for _____.

16. The people _____ this island know how to live in harmony with nature.

17. Her free time in the evenings was spent helping the family with household _____.

18. Many residents feel that the apartment building does not offer _____ parking.

19. The bedside table was so _____ with objects that its surface couldn't be seen.

20. The building's gates had _____ metal hinges which made loud noises every time the gates opened.

answers

11 ⓓ 12 ⓑ 13 ⓕ 14 ⓙ 15 ⓗ 16 ⓔ 17 ⓖ 18 ⓐ 19 ⓒ 20 ⓘ

UNIT
07

가정·가족

가정·가족

---

001 □□□

★★★
sibling
[ˈsɪblɪŋ]

몡 형제, 자매

A quarrel between siblings can estrange them.
형제들 사이의 다툼은 그들 사이를 멀어지게 할 수 있다.

> **텝스기출표현**
> sibling rivalry 형제자매 사이의 경쟁심

---

002 □□□

★★★
spouse
[spaʊs]

spousal **혱** 결혼의

몡 배우자

He should consult his spouse before devoting much time to his career.
그는 자기 직업에 많은 시간을 할애하기 전에 그의 배우자와 상의를 해야만 한다.

---

003 □□□

★★
fiancé
[ˌfiːɑːnˈseɪ]

몡 약혼자

His fiancé is looking forward to the wedding day.
그의 약혼자는 결혼식 날을 학수고대하고 있다.

---

004 □□□

★★★
offspring
[ˈɔːfsprɪŋ]

유의어
child 아이
baby 아기

몡 자식, (동식물) 새끼

Parents should not smoke in front of their impressionable offspring.
부모들은 쉽게 외부의 영향을 받는 자녀들 앞에서 담배를 피워서는 안 된다.

> **텝스기출표현**
> leave offspring 자손을 남기다
> produce offspring 아이를 낳다

---

005 □□□

★★★
tenant
[ˈtenənt]

유의어
leaseholder 임차인
resident 거주자

몡 세입자

Tenants are responsible for all damages they cause.
세입자들은 그들이 일으킨 모든 손상에 대한 책임이 있다.

---

006 □□□

★★★
urban
[ˈɜːrbən]

혱 도시의

Nuclear families are increasing in urban area.
도시 지역에서는 핵가족이 증가하고 있다.

| 007 □□□ | **vacate** [ˈveɪkeɪt] vacant 웹 비어 있는 | 图 (집·건물 등을) 비우다 Tenants should vacate their property when the lease expires. 세입자들은 임대 기한이 만료되면 집을 비워야 한다. |

| 008 □□□ | **junk** [dʒʌŋk] | 명 잡동사니, 폐물 The attic of his house was full of junk. 그의 집 다락방은 잡동사니로 가득 차 있었다. |

| 009 □□□ | **put a strain on** | 부담을 주다 His unfair dismissal put a strain on his family life. 그의 부당 해고는 그의 가족들의 삶에 부담을 주었다. |

| 010 □□□ | **lease** [liːs] | 명 임대차 계약 The tenant and the landlord agreed to renew their lease for another year. 세입자와 건물주는 임대 계약을 1년 더 갱신하는 것에 동의했다. |

| 011 □□□ | **nag** [næg] | 图 잔소리하다, 귀찮게 들볶다 Most children do not understand why their mother nags at them. 대부분의 아이들은 왜 엄마가 잔소리를 하는지 이해하지 못한다. |

| 012 □□□ | **earn a living** | 생계를 꾸리다 He has earned a modest living. 그는 근근이 생계를 꾸려 왔다. |

| 013 □□□ | **dwelling** [ˈdwelɪŋ] | 명 주거, 주택 There are a few things to consider when people choose to purchase their dwellings. 사람들이 주택을 구입할 때 고려해야 할 몇 가지 사항들이 있다. |

| 014 □□□ | **faucet** [ˈfɔːsɪt] | 명 수도꼭지 He had the plumber fix the drip in the faucet. 그는 배관공에게 수도꼭지의 물 새는 것을 고치도록 했다. |

| 015 □□□ | **household chores** | 가사일 Parents can make their children help with household chores at home. 부모들은 집에서 자녀들이 가사일을 돕게 할 수 있다. |

016 ☐☐☐	★★★ **housekeeping** [ˈhaʊskiːpɪŋ]	명 살림살이 I (호텔의) 청소 Her mother is good at housekeeping. 그녀의 어머니는 살림을 잘하신다.
017 ☐☐☐	★★★ **detergent** [dɪˈtɜːrdʒənt]	명 세제 People want to buy detergents that can help limit mold growth. 사람들은 곰팡이 발생 억제에 도움이 될 수 있는 세제를 사고 싶어 한다.
018 ☐☐☐	★ **diaper** [ˈdaɪpər]	명 기저귀 Mothers should know little difference in quality exists among diaper brands. 엄마들은 기저귀 브랜드들이 질적으로 거의 차이가 없음을 알아야 한다.
019 ☐☐☐	★ **corridor** [ˈkɔːrɪdɔːr]	명 복도 That corridor leads to the living room. 저 복도는 거실로 이어진다.
020 ☐☐☐	★★★ **cost of living**	생활비 People are concerned about the soaring cost of living. 사람들은 치솟는 생활비에 대해 염려한다.
021 ☐☐☐	★★★ **cozy** [ˈkoʊzi]	형 안락한, 편안한 People feel cozy and comfortable in their house. 사람들은 자신의 집에서 안락하고 편안함을 느낀다.
022 ☐☐☐	★★ **day-care center**	탁아소 More day-care centers need to be established for working parents. 맞벌이 부모들을 위해 더 많은 탁아소들이 설립되어야 한다.
023 ☐☐☐	★ **air out**	환기시키다 We should air out the room at least once a day. 적어도 하루에 한 번 우리는 방을 환기시켜야 한다.
024 ☐☐☐	★★★ **adequate** [ˈædɪkwət]	형 충분한, 알맞은 His salary is not adequate to support his family. 그의 월급은 그의 가족을 부양하기에 충분하지 않다.

01 UNIT
02 UNIT
03 UNIT
04 UNIT
05 UNIT
06 UNIT
07 UNIT
08 UNIT
09 UNIT
10 UNIT
11 UNIT
12 UNIT
13 UNIT
14 UNIT
15 UNIT
16 UNIT
17 UNIT
18 UNIT
19 UNIT
20 UNIT
21 UNIT
22 UNIT
23 UNIT
24 UNIT
25 UNIT
26 UNIT
27 UNIT
28 UNIT
29 UNIT
30 UNIT

025 □□□	★★★ **adjust** [əˈdʒʌst] adjustment 명 적응	동 적응하다 She soon adjusted herself to living in the outskirts. 그녀는 곧 교외에 사는 것에 적응했다.
026 □□□	★★★ **appliance** [əˈplaɪəns]	명 전기 제품 We are sure to unplug all electrical appliances when we leave home for a long time. 우리는 장기간 집을 비울 때는 반드시 모든 전기 제품의 플러그를 뽑는다.
027 □□□	★★ **assemble** [əˈsembl]	동 조립하다 It is hard to assemble the bookshelf. 그 책장을 조립하는 것은 어렵다.
028 □□□	★★★ **break into**	~에 침입하다 The man who had broken into the house was finally arrested. 그 집에 무단 침입한 남자가 마침내 잡혔다.
029 □□□	★★★ **comfort** [ˈkʌmfərt]	명 안락함, 편안함 동 위로하다 Noise between floors can disturb other people's comfort. 층간 소음은 다른 사람들의 편안함을 방해할 수 있다.
030 □□□	★★★ **construct** [kənˈstrʌkt]	동 건설하다 Eco-friendly buildings for families with young children are being constructed. 어린 자녀가 있는 가족들을 위한 친환경적인 건물이 건설되고 있다.
031 □□□	★★★ **domestic** [dəˈmestɪk]	형 가정의 Parents should not let their children be in hazardous domestic situations. 부모들은 자녀들을 위험한 가정 환경에 있게 해서는 안 된다.
032 □□□	★★★ **enhance** [ɪnˈhæns]	동 향상시키다, 강화하다 Parents should know that the best way to enhance children's self-esteem is by spending a lot of time with them. 부모들은 아이들의 자존감을 강화시키는 가장 좋은 방법이 그들과 많은 시간을 보내는 것임을 알아야 한다.
033 □□□	★★★ **anxious** [ˈæŋkʃəs]	형 걱정하는, 불안한 Children feel anxious when they are apart from their parents. 아이들은 부모와 떨어져 있을 때 불안함을 느낀다.

034 □□□

★★★
devote
[dɪˈvoʊt]

동 헌신하다, (노력·시간·돈을) 쏟다, 기울이다

Parents devote a lot of effort to growing their children.
부모들은 그들의 아이들을 키우는 데 많은 노력을 기울인다.

---

035 □□□

★★★
rigid
[ˈrɪdʒɪd]

형 경직된 | 엄격한, 융통성이 없는

Setting rigid barriers between yourself and your family can lead to isolation from others.
당신 자신과 가족 사이에 경직된 경계를 세우는 것은 다른 사람들로부터의 고립을 초래할 수 있다.

She thinks her father is rigid.
그녀는 자기 아버지가 엄격하다고 생각한다.

---

036 □□□

★★★
maintenance
[ˈmeɪntənəns]

명 보수 관리

Sufficient maintenance of heating and ventilation system is needed to make home healthy and safe.
난방과 환기 시스템의 충분한 유지 보수는 가정을 건강하고 안전하게 만들어 주는 데 필요하다.

---

037 □□□

★★★
furnished
[ˈfɜːrnɪʃt]

형 가구가 비치된

One-person household prefers a fully-furnished studio apartment.
1인 가구는 가구가 완비된 원룸형 아파트를 선호한다.

---

038 □□□

★★
bond
[bɑːnd]

명 유대 관계, 결속

A bond between parents and children is crucial in the development of children.
부모와 자녀들 사이의 유대 관계는 아이들의 발달에 있어 매우 중요하다.

---

039 □□□

★★
inconvenience
[ˌɪnkənˈviːniəns]

명 불편, 폐

Home owners should ask for understanding of the inconvenience from their neighborhoods before the renovation of their house.
집주인들은 그들의 집을 개조하기 전에 이웃들에게 불편함에 대한 양해를 구해야만 한다.

---

040 □□□

★★★
inhabitant
[ɪnˈhæbɪtənt]

명 거주자, 주민

Inhabitants of the apartment solicited suggestions to improve building safety.
그 아파트 주민들은 건물 안전 개선을 위한 제안을 요청했다.

041 □□□	**insulate** ★★ [ˈɪnsəleɪt]	图 단열하다
		Insulating homes is the best way to conserve energy.
		집을 난방하는 것은 에너지를 절약하는 가장 좋은 방법이다.

042 □□□	**lawn mower** ★	잔디 깎는 기계
		Residents in country houses should purchase a lawn mower for cutting grass on lawns.
		전원주택에 사는 사람들은 잔디밭의 잔디를 자르기 위해 잔디 깎는 기계를 구매해야 한다.

043 □□□	**leak** ★★★ [liːk]	图 (물·가스 등이) 새다
		We should be aware that the smell can be the first sign of leaking gas in the house.
		냄새는 집에서 가스가 샌다는 첫 신호가 될 수 있음을 우리는 알고 있어야만 한다.

044 □□□	**look after** ★★★ 유의어 take care of 돌보다	~를 보살펴 주다
		It can be hard for working parents to decide who will look after their children.
		일하는 부모들은 누가 그들의 아이를 돌볼 것인지를 결정하는 것이 어려울 수 있다.

045 □□□	**make a living** ★★★	생계를 꾸리다
		People try to find a decent way to make a living.
		사람들은 생계를 꾸리기 위해 괜찮은 방법을 찾으려고 한다.

046 □□□	**mishap** ★★ [ˈmɪshæp]	图 작은 사고
		Her daughter had a mishap because of her carelessness.
		그녀의 딸은 부주의함 때문에 작은 사고를 겪었다.

047 □□□	**stunt** ★ [stʌnt]	图 저해하다
		Parents are not aware that watching TV too much can stunt their children's development of literacy.
		부모들은 텔레비전을 너무 많이 보는 것이 아이들의 글을 읽고 쓰는 능력을 저해할 수 있다는 사실을 모른다.

048 □□□	**give birth to** ★★★	(아이·새끼를) 낳다[출산하다]
		She gave birth to a healthy baby in 1975.
		그녀는 1975년에 건강한 아기를 출산했다.

---

049 ☐☐☐

★★★
refrain
[rɪˈfreɪn]

통 삼가다, 자제하다

People should refrain from purchasing unnecessary things to save money.

사람들은 돈을 저축하기 위해 불필요한 것들을 구매하는 것을 자제해야 한다.

---

050 ☐☐☐

★★★
parenting
[ˈperəntɪŋ]

명 양육

People have a lot of concern for raising independent children through trustful parenting.

사람들은 신뢰적인 양육을 통해 독립적인 아이들로 키우는 것에 관심이 많다.

---

051 ☐☐☐

★★★
affection
[əˈfekʃn]

명 애정

Their marriage is filled with affection.

그들의 결혼은 애정으로 가득 차 있다.

---

052 ☐☐☐

★
motherhood
[ˈmʌðərhʊd]

명 모성

When women have their first child, they can have learned about motherhood.

여자들은 그들의 첫아이를 가질 때 모성에 관해 배울 수 있다.

---

053 ☐☐☐

★★★
situated
[ˈsɪtʃueɪtɪd]

형 위치해 있는

The luxurious gated community is situated in the center of the city.

외부인 출입 제한 고급 주택지가 그 도시 중심지에 위치해 있다.

---

054 ☐☐☐

★★★
beyond repair

수리할 수 없을 정도로

The heating system of the house is beyond repair.

그 집의 난방 장치는 수리할 수 없는 정도이다.

---

055 ☐☐☐

★★★
jeopardize
[ˈdʒepərdaɪz]

통 위험에 빠뜨리다

Some people think that sleeping in the same bed with their baby can jeopardize the baby's health.

어떤 사람들은 아기와 같은 침대에서 자는 것이 아기의 건강을 위험에 빠뜨릴 수 있다고 생각한다.

---

056 ☐☐☐

★★★
divorce
[dɪˈvɔːrs]

명 이혼

The divorce rate rose from 1990 to 2000, before stabilizing at a high rate over the next 5 years.

이혼율은 1990년부터 2000년까지 증가하다가 그 후 5년 동안에는 높은 비율을 일정하게 유지했다.

---

057 ★★
well-maintained
[ˌwelˈmeɪnˈteɪnd]

형 손질이 잘 된

The apartment is in close proximity to the well-maintained park.

그 아파트는 잘 관리된 공원 가까이에 있다.

---

058 ★★★
complimentary
[ˌkɑːmplɪˈmentri]

형 무료의

The big shopping mall provides shoppers with complimentary childcare services.

그 큰 쇼핑몰은 쇼핑객들에게 무료 탁아 서비스를 제공한다.

---

059 ★★
patriarchy
[ˈpeɪtriɑːrki]

patriarchal 형 가부장제의, 가부장적인

명 가부장제

A report on patriarchy showed that gender equality index in patriarchal society tended to be low.

가부장제에 관한 한 보고서에서는 가부장적 사회 내에서는 양성평등 지수가 낮은 경향이 있다는 것을 보여 줬다.

---

060 ★★★
enforce
[ɪnˈfɔːrs]

동 시행하다

Parents set and enforce the rules to teach children how to avoid the danger of the world.

부모들은 아이들에게 세상의 위험을 피하는 방법을 가르치기 위해 규칙을 정하고 시행한다.

---

061 ★★★
adolescent
[ˌædəˈlesnt]

명 청소년

Adolescents come into conflict with their parents because they are eager to be independent.

청소년들은 자립심이 강해져서 그들의 부모와 갈등을 빚게 된다.

---

062 ★★
adjoining
[əˈdʒɔɪnɪŋ]

형 서로 접한, 인접한

People prefer the apartment building adjoining a big shopping mall.

사람들은 큰 쇼핑몰에 인접해 있는 그 아파트 건물을 선호한다.

---

063 ★★★
in honor of

~을 축하하여

My parents are having a party in honor of their 20th wedding anniversary next week.

나의 부모님은 다음 주에 결혼 20주년 기념일을 축하하는 파티를 열 계획이다.

---

064 ★★★
discipline
[ˈdɪsəplɪn]

동 훈육하다

Some parents rarely discipline their children not to hurt their self-respect.

몇몇 부모들은 자녀들의 자존심에 상처를 주고 싶지 않아서 훈육을 거의 하지 않는다.

065 □□□

comfortable
[ˈkʌmfətəbl]

형 편안한

Most families make efforts to have a comfortable home that suits them.

대부분의 가정들은 그들에게 맞는 편안한 가정생활을 가지려고 노력한다.

---

066 □□□

confidence
[ˈkɑːnfɪdəns]

confide 동 비밀을 털어놓다
confident 형 자신감이 있는, 확신하는

명 자신감

Parents should help their child build confidence.

부모들은 그들의 자녀가 자신감을 키울 수 있도록 도와줘야 한다.

---

067 □□□

cope with

~에 대처하다

Children can learn how to cope with stress from their parents.

아이들은 부모로부터 스트레스에 대처하는 방법을 배울 수 있다.

---

068 □□□

content with

~에 만족하는

Teenagers tend not to be content with their looks, which stems from a lack of self-esteem.

십 대들은 그들의 외모에 만족하지 않는 경향이 있는데, 그것은 자존감 부족에서 기인하는 것이다.

---

069 □□□

family-friendly
[ˌfæməliˈfrendli]

형 가족 친화적인

More and more people have wanted to work at a company which has a family-friendly system recently.

최근에 점점 더 많은 사람들이 가족 친화적인 시스템이 있는 회사에서 일하고 싶어 한다.

---

070 □□□

penalize
[ˈpiːnəlaɪz]

동 불리하게 만들다 | 처벌하다

Most working parents are afraid of getting penalized for taking days off when their children are sick.

대부분의 맞벌이 부모들은 아이들이 아플 때 며칠 쉬는 것으로 인해 불리한 처우를 받을까 봐 걱정한다.

---

071 □□□

accompany
[əˈkʌmpəni]

동 동반하다

Young children should be accompanied by adults to enter the theater.

그 극장에 들어가기 위해서는 어린이들은 어른들과 동행해야 한다.

072 □□□	✶ **pregnancy** [ˈpreɡnənsi]	명 임신 If women smoke during pregnancy, their children will be likely to be born with a disability 만약 여성들이 임신 중에 담배를 피우면, 그들의 아이들은 장애를 가지고 태어날 가능성이 크다.
073 □□□	✶ **stroller** [ˈstroʊlər]	명 유모차 Parents are demanding compensation to know their strollers were faulty. 부모들은 그들의 유모차에 결함이 있는 것을 알게 되어 보상을 요구하고 있다.
074 □□□	✶✶ **disinfect** [ˌdɪsɪnˈfekt]	동 소독하다 Home owners try to disinfect their house regularly for their health. 집주인들은 그들의 건강을 위해 정기적으로 그들의 집을 소독하려고 노력한다.
075 □□□	✶ **inside and out**	속속들이, 안팎으로 The couple knows each other inside and out because of a long marriage. 그 부부는 오랜 결혼 생활로 서로를 속속들이 잘 안다.
076 □□□	✶✶✶ **corporal punishment**	체벌 According to the research, corporal punishment at home increases offensive behavior. 연구에 따르면, 가정에서의 체벌은 공격적인 행동을 증가시킨다고 한다.
077 □□□	✶✶✶ **be taken for granted**	당연히 여기다 Parents' great sacrifices for their children should not be taken for granted. 부모의 자식을 위한 큰 희생은 당연시 여겨져서는 안 된다.
078 □□□	✶✶✶ **priority** [praɪˈɔːrəti]	명 우선순위 Making our family happy should be a top priority. 우리 가정을 행복하게 만드는 것이 최우선이다.
079 □□□	✶ **marriage license**	결혼 증명서 When people apply for spousal visas, they should submit a duplicate of their marriage license. 배우자 비자를 신청할 때는 그들의 결혼 증명서 사본을 제출해야 한다.

080	*** **dread** [dred]	图 두려워하다 Children of working parents often dread feeling lonely at home. 맞벌이 부모의 자녀들은 종종 집에서 외로움을 느끼는 것을 두려워한다.

081	*** **raise** [reɪz]	图 기르다 Experiences from our childhood can affect how we choose to raise our children. 우리의 어린 시절의 경험이 우리가 아이들을 기르는 방법에 영향을 끼칠 수 있다.

082	*** **expose** [ɪkˈspoʊz]	图 노출시키다 Parents should prevent their children from being exposed to the commercial world. 부모들은 그들의 아이들이 상업 세계에 노출되는 것을 예방해야만 한다.

083	*** **alienate** [ˈeɪliəneɪt] alienation 圐 소외 [유의어] estrange 소원하게 하다	图 (사람을) 멀어지게[소원하게] 하다 Some parents inadvertently alienated their children. 몇몇 부모은 자기도 모르게 그들의 자녀들을 멀어지게 했다.

084	** **amicable** [ˈæmɪkəbl] amicably 图 우호적으로	阌 (관계가) 우호적인, 원만한 Most siblings have an amicable relationship when they grow up. 대부분의 형제들은 자라서 우호적인 관계를 맺는다.

085	** **benevolent** [bəˈnevələnt] benevolence 圐 자비심, 자선 [유의어] beneficent 인자한	阌 자비로운, 인자한 Parents should be benevolent even if their children misbehave. 부모들은 비록 그들의 자녀가 버릇없이 행동할 때조차도 인자해야만 한다.

086	* **bicker** [ˈbɪkər] [유의어] quarrel 다투다 squabble 다투다	图 (사소한 일로) 다투다, 싸우다 Newlyweds often bicker over trivial matters. 신혼부부들은 종종 사소한 문제로 다툰다.

087 □□□	★★★ **celebrate** [ˈselɪbreɪt] celebration 명 기념, 축하	통 기념하다, 축하하다 Parents throw a party to celebrate the birth of their children. 자녀들의 탄생을 축하하기 위해 부모들은 파티를 연다.

088 □□□	★★ **congenial** [kənˈdʒiːniəl] congeniality 명 일치, 적합성	형 마음이 맞는 l 적합한 She has a congenial sister. 그녀에게는 마음이 맞는 여동생이 있다. The big room has an atmosphere that is congenial to studying. 그 큰 방은 공부하기에 적합한 분위기를 가졌다.

089 □□□	★★ **congregate** [ˈkɑːŋɡrɪɡeɪt] congregation 명 모임, 회중 유의어 assemble 모이다	통 모이다 Families congregated in the park to enjoy the spring weather. 가족들은 봄 날씨를 즐기러 공원에 모였다.

090 □□□	★★★ **estranged** [ɪˈstreɪndʒd] 유의어 alienated 소원해진	형 (사이가) 멀어진, 소원해진 l 별거 중인 Children can feel estranged from their parents for neglecting them. 자녀들은 자신을 방치한 것 때문에 부모님과 소원해질 수 있다.

091 □□□	★★★ **intimate** [ˈɪntɪmət] intimacy 명 친밀함 intimately 부 친밀하게	형 친한, 친밀한 Residents try to be on intimate terms with neighborhoods. 주민들은 이웃들과 친한 사이가 되려고 노력한다.

092 □□□	★★★ **inherit** [ɪnˈherɪt] inheritance 명 상속, 유산 inheritor 명 상속인, 후계자 inheritable 형 유전되는	통 (성질·체질을) 물려받다 l 상속받다 My patience that I inherited from my father helped me overcome the great troubles. 나의 아버지로부터 물려받은 인내심이 내가 큰 역경들을 극복하는 데 도움이 되었다. He inherited the property from his parents. 그는 부모님으로부터 재산을 물려받았다.

093 □□□	★★★ **privilege** [ˈprɪvəlɪdʒ]	명 특권 Families with many children can have the privilege. 많은 아이들이 있는 가족들은 특권을 가질 수 있다.

094 ☐☐☐	★ **gregarious** [grɪˈɡeriəs]	형 사교적인
		My mother has a gregarious personality.
		나의 어머니는 사교적인 성격이다.

095 ☐☐☐	★★★ **introverted** [ˈɪntrəvɜːrtɪd] introvert 명 내성적인 사람 유의어 reserved 내성적인	형 내성적인
		My younger sister tried to meet new people to get over her introverted personality.
		내 여동생은 내성적인 성격을 극복하기 위해 새로운 사람들을 만나려고 노력했다.

UNIT 07

096 ☐☐☐	★ **meddle** [ˈmedl] meddling 형 간섭하는 명 간섭 유의어 interfere 간섭하다	동 간섭하다
		Parents tend to meddle with their children's private life.
		부모들은 자녀들의 사생활에 참견하는 경향이 있다.

097 ☐☐☐	★★★ **possess** [pəˈzes] possession 명 소유, 소유물, 재산 유의어 own 소유하다	동 소유하다
		My grandfather possesses great wealth not to worry about his old age.
		나의 할아버지는 노령에 관해 걱정하지 않아도 될 만큼 엄청난 부를 소유하고 계신다.

098 ☐☐☐	★★ **propriety** [prəˈpraɪəti] proper 형 적절한 반의어 impropriety 무례함	명 적절성, 예절, 예의
		Parents should make their children observe the proprieties.
		부모들은 그들의 자녀가 예의범절을 지키게 해야 한다.

099 ☐☐☐	★★★ **rapport** [ræˈpɔːr] 유의어 intimacy 친밀, 관계	명 (친밀한) 관계, 친분
		He looked for ways to build rapport with his father-in-law.
		그는 장인어른과 친분을 쌓을 방법들을 찾았다.

100 ☐☐☐	★ **reconcile** [ˈrekənsaɪl] reconciliation 명 화해, 조화 reconcilable 형 화해시킬 수 있는	동 화해시키다
		Children were reconciled with each other by their parents.
		부모들에 의해 자녀들은 서로 화해했다.

문맥에 맞는 단어를 보기에서 골라 빈칸에 넣으세요.

PART 1

ⓐ adjoining	ⓑ inherit	ⓒ cost of living	ⓓ meddle	ⓔ adequate
ⓕ jeopardize	ⓖ mishaps	ⓗ inconvenience	ⓘ tenant	ⓙ parenting

1. He wants to _____ the family business.

2. You should pay rent for the house you live in as a _____.

3. My younger sister and I wanted to have _____ rooms.

4. We should not cause others _____ in the public place.

5. She considers her house _____ for one-person household.

6. Most parents believe that _____ is demanding.

7. We should not _____ with everything of our children.

8. People prefer living in the city where the _____ is low.

9. He tried to learn valuable lessons from a series of _____.

10. We should know that smoking can _____ our family's health.

answers
1 ⓑ 2 ⓘ 3 ⓐ 4 ⓗ 5 ⓔ 6 ⓙ 7 ⓓ 8 ⓒ 9 ⓖ 10 ⓕ

UNIT 01
UNIT 02
UNIT 03
UNIT 04
UNIT 05
UNIT 06
UNIT 07
UNIT 08
UNIT 09
UNIT 10
UNIT 11

>> **Check-Up** Questions

문맥에 맞는 단어를 보기에서 골라 빈칸에 넣으세요.

PART 2

ⓐ bickered	ⓑ siblings	ⓒ bond	ⓓ estranged	ⓔ congenial
ⓕ taken for granted	ⓖ introverted	ⓗ nag	ⓘ proprieties	ⓙ rapport

11. Most parents _____ at their children about regular meals.

12. We often think parents' love is _____.

13. When I was young, I _____ with my brother all the time.

14. If we don't spend much time with our family, we can be _____ from them.

15. He is the only child so he doesn't have any _____.

16. I am _____ to my father.

17. _____ people are quiet and shy and find it difficult to talk to other people.

18. The strong _____ unites our family.

19. _____ are the standards of social behavior which most people consider socially or morally acceptable.

20. We should make efforts to be in _____ with our neighborhood.

UNIT 12
UNIT 13
UNIT 14
UNIT 15
UNIT 16
UNIT 17
UNIT 18
UNIT 19
UNIT 20
UNIT 21
UNIT 22
UNIT 23
UNIT 24
UNIT 25
UNIT 26
UNIT 27
UNIT 28
UNIT 29
UNIT 30

answers

11 ⓗ 12 ⓕ 13 ⓐ 14 ⓓ 15 ⓑ 16 ⓔ 17 ⓖ 18 ⓒ 19 ⓘ 20 ⓙ

뉴텝스 어휘

UNIT
08

쇼핑

쇼핑 UNIT 08 ≫

001
★★
grocery store

식료품점

The grocery store I frequently go to sells fresh produce.
내가 자주 가는 식료품 가게는 신선한 농산물을 판매한다.

002
★
amount
[əˈmaʊnt]

명 양, 액수 | 총액

Most stores charge an extra amount for home delivery.
대부분의 가게들이 집까지 배달해 주고 추가 요금을 받는다.

> **텝스기출표현**
> amount to (합계가) ~에 이르다

003
★★
vendor
[ˈvendər]

명 노점상, 행상

Every street vendor selling food is subject to the same grading system that is used in restaurants.
음식을 파는 모든 노점상에도 음식점에서 사용되는 것과 똑같은 평가 시스템이 적용된다.

004
★★
brochure
[broʊˈʃʊr]

유의어
leaflet 인쇄물
flier 전단

명 소책자, 안내 책자

Enclosed is our new product's brochure for your review.
검토하실 수 있도록 저희 새 제품의 안내 책자를 동봉하였습니다.

005
★★
pricey
[ˈpraɪsi]

유의어
costly 비싼
overpriced 값이 매우 비싼

형 값비싼

The trousers the clerk recommended seemed a little too pricey for me.
점원이 추천한 바지는 나에게 좀 비싸 보였다.

006
★★
compact
[kɑːmˈpækt]

형 소형의

I should borrow Tom's laptop for my business trip as it is compact and portable.
Tom의 노트북이 작고 휴대성이 좋으니 제가 출장 때 그걸 빌려가야겠어요.

☀

plastic bag

비닐봉지

Customers can return their plastic bags to recycle them at the store.

고객들은 비닐봉지를 재활용하기 위해 가게에 반납할 수 있다.

☀☀

in the market for A

A 구매에 관심이 있는

As Sam was in the market for a new car, he went to the nearest car dealership.

Sam은 새 차 구매에 관심이 있어 가까운 자동차 대리점에 갔다.

☀

clearance sale

재고 정리 세일, 창고 정리 판매

Chair World is holding a huge clearance sale to entice shoppers to drop in.

Chair World는 쇼핑객들을 끌어들이기 위해 어마어마한 재고 정리 세일을 하고 있다.

☀☀

pick up

사다

He asked me to pick up some bread on my way home.

그는 나에게 집에 오는 길에 빵을 사 오라고 부탁했다.

유의어

buy 사다, 구매하다
purchase 구매하다

☀

liquidation sale

점포 정리 세일

Any clothes remaining after the liquidation sale will be contributed to charity.

점포 정리 세일 후 남은 모든 옷들은 자선 단체에 기부될 것이다.

☀☀

stock

[stɑːk]

명 (상점의) 재고품

We have a variety of imported shoes in stock.

우리는 다양한 종류의 수입 신발들을 재고로 구비해 놓았습니다.

텝스기출표현

in stock 재고가 있는

☀☀☀

budget

[ˈbʌdʒɪt]

명 예산 **동** 예산을 세우다

I'm not sure such a pricey TV is well within our budget.

그런 비싼 TV가 우리 예산 범위 안에 맞을지 모르겠어요.

텝스기출표현

out of the budget 예산을 벗어나는

**
top-of-the-line
[ˌtɑːpəvðəˈlaɪn]

형 최고급의, 최신식의

Sara was thrilled to get a top-of-the-line computer for her birthday.

Sara는 최고급 컴퓨터를 생일 선물로 받아 몹시 기뻐했다.

---

*
appliance
[əˈplaɪəns]

명 (가정용) 기기, 제품

He knows how to handle all kind of household appliances.

그는 모든 종류의 가전제품을 다루는 방법을 안다.

텝스기출표현
household appliance 가전제품

***
over-the-counter drugs

(처방전 없이 구매 가능한) 일반 의약품

I think convenience stores should sell over-the-counter drugs.

나는 편의점에서 일반 의약품을 팔아야 한다고 생각한다.

***
defective
[dɪˈfektɪv]

defect **명** 결함

형 결함이 있는

Should you have any defective item, return it immediately.

결함이 있는 제품이 있으면, 바로 반품하세요.

**
steep
[stiːp]

형 비싼

The jacket I wanted to buy was too steep and I couldn't afford it.

내가 사고 싶었던 재킷은 너무 비싸서 살 형편이 안 됐다.

---

*
crease
[kriːs]

반의어
creaseless 주름이 없는

명 주름

He always irons out the crease in his pants first thing in the morning.

그는 언제나 아침에 제일 먼저 바지의 주름을 다림질한다.

***
fit
[fɪt]

유의어
suit 잘 맞다

동 잘 맞다

Since I don't fit into any of your clothes, an exchange won't work.

당신의 옷이 나에게 맞는 게 전혀 없어서 교환은 아무런 소용이 없다.

텝스기출표현
the right fit 잘 맞는 옷

021
☐☐☐

✻

expiration date

유통 기한

As the dairy product passed its expiration date, he had no choice but to discard it.

그 유제품은 유통기한이 지나서, 그는 어쩔 수 없이 그것을 버렸다.

022
☐☐☐

✻✻✻

flat rate

유의어
fixed price 정가

균일가, 정액 요금

We charge a flat rate of three dollars for all shipping.

모든 배송은 고정 요금으로 3달러를 받습니다.

023
☐☐☐

✻

flea market

벼룩시장

Some churches hold flea market twice a year to earn money for special projects.

몇몇 교회들은 특별 행사의 기금 마련을 위해 일 년에 두 번 벼룩시장을 연다.

024
☐☐☐

✻✻

garage sale

중고 물품 세일

Garage sales are so popular in the states that people easily get good deals.

중고 물품 세일은 미국에서 인기가 많아서 사람들은 할인된 물건들을 쉽게 구매한다.

025
☐☐☐

✻✻✻

refund

[ˈriːfʌnd]

refundable 형 환불할 수 있는

유의어
reimbursement 환급

명 환불

The clerk refused to offer cash refunds for credit card purchases.

점원은 신용 카드로 구매한 것을 현금으로 환불해 주기를 거절했다.

026
☐☐☐

✻✻✻

warranty

[ˈwɔːrənti]

유의어
guarantee 보증

명 (제품의) 품질 보증서

This machine has a warranty that covers the cost of replacement parts.

이 기계는 대체 부품들의 비용이 적용되는 보증서가 있다.

027
☐☐☐

✻

gift certificate

상품권

The store gave John a gift certificate as a token of apology.

그 가게는 John에게 사과의 표시로 상품권을 주었다.

028

inventory

[ˈɪnvəntɔːri]

□□□

**

명 재고품 | 재고 조사

Jessie was disappointed when she saw the sign on the door saying they were closed for inventory.

Jessie는 재고 조사를 위해 문을 닫았다는 문에 내건 표지판을 보고 실망했다.

텝스기출표현

take inventory 재고 조사를 하다

029

voucher

[ˈvaʊtʃər]

□□□

**

명 상품권, 할인권

An electronic voucher has been issued for customer use.

고객의 용도에 맞게 쓸 수 있는 전자 상품권이 발행되었다.

030

carry

[ˈkæri]

□□□

***

동 취급하다

I was told that it was the largest size the store carry.

그것이 그 가게가 취급하는 가장 큰 사이즈라고 들었다.

텝스기출표현

carry a variety of items 다양한 제품을 취급하다

031

luxurious

[lʌgˈʒʊriəs]

luxury 명 사치, 사치품

□□□

***

형 사치스러운, 호화로운

They stayed in the luxurious hotel during the trip and didn't want to return home.

그들은 여행하는 동안 호화로운 호텔에서 지내서 집에 돌아가고 싶지 않았다.

032

outfit

[ˈaʊtfɪt]

유의어

attire 의복
garment 의복

□□□

***

명 의복

Her closet was full of fancy outfits, most of which she had only worn once.

그녀의 옷장은 화려한 옷들로 가득한데 대부분이 한 번밖에 안 입었던 것들이었다.

033

assortment

[əˈsɔːrtmənt]

□□□

**

명 모음, 구색을 갖추어 한데 모은 것

Make sure to check out a great assortment of teas at the store.

그 상점에서 다양한 종류의 차를 꼭 확인해 보세요.

텝스기출표현

provide an assortment 구색을 갖추다

034 □□□	★★★ **try on**	한번 입어 보다

When he found the nice trousers, he decided to try them on.

괜찮은 바지를 발견하자, 그는 한번 입어 보기로 했다.

---

035 □□□	★ **billboard** [ˈbɪlbɔːrd]	📓 광고판

It was the large billboard on the plaza that disfigured the countryside.

시골 경관을 망치고 있는 건 쇼핑센터 위에 있는 커다란 광고판이었다.

---

036 □□□	★★★ **boycott** [ˈbɔɪkɑːt]	📓 불매 운동

Some people thought the boycott against products of Japan was too extreme.

일부 사람들은 일본 상품에 대한 불매 운동이 너무 지나치다고 생각했다.

> **텝스 기출 표현**
>
> lift a boycott 불매 운동을 해제하다

---

037 □□□	★★★ **durable** [ˈdʊrəbl] durability 📓 내구성	📓 오래가는, 내구성이 좋은

Most of the furniture in our store was made with durable wood.

우리 가게 대부분의 가구는 내구성이 좋은 재질의 나무로 만들어졌다.

---

038 □□□	★★★ **bustle** [ˈbʌsl]	📘 북적거리다

The store was bustling with many excited holiday shoppers to make gift purchases.

그 가게는 선물을 구매하려는 흥분한 휴일 쇼핑객들로 북적거렸다.

---

039 □□□	★★ **store credit**	가게 적립

The store policy says they offer only store credits for returns.

가게 규정에 반품 시 (환불은) 가게 적립금으로만 제공한다고 쓰여 있다.

---

040 □□□	★★★ **distinctive** [dɪˈstɪŋktɪv] 유의어 characteristic 특유의 special 특별한	📓 독특한, 특유의, 차이를 나타내는

Scarves designed by Jessica are well known for their distinctive metal decorations.

Jessica가 디자인한 스카프는 독특한 금속 장식으로 유명하다.

041 **
warehouse
[ˈwerhaʊs]

명 창고, 상품 보관소

The shipping manager had to take inventory in the warehouse twice a week.

운송 매니저는 일주일에 두 번 창고에서 재고 조사를 해야 했다.

---

042 ***
implausible
[ɪmˈplɔːzəbl]

형 타당하지 않은

The customer considered the return policy implausible.

그 고객은 반품 규정이 타당하지 않다고 생각했다.

---

043 *
wholesale price

도매가

I was thrilled when I was told that they offered goods for a wholesale price.

그들이 제품을 도매가로 제공한다는 걸 들었을 때 나는 무척 기뻤다.

---

044 *
freebie
[ˈfriːbi]

명 공짜 물건, 경품

It is a common practice that newspapers get freebies to promote products.

신문이 제품을 홍보하고 그에 대한 사은품을 받는 건 일반적인 관행이다.

---

045 ***
fortune
[ˈfɔːrtʃuːn]

명 거금

Eric had to spend a fortune on a flat-screen TV, but he thought it was worth every penny.

Eric은 평면 TV에 거금을 들여야 했지만, 그만한 가치가 있다고 여겼다.

> **텝스기출표현**
> cost a fortune 엄청나게 비싸다

---

046 **
impulse
[ˈɪmpʌls]

impulsive 형 충동적인

명 충동 형 충동적인

People are most prone to impulse buying during the Christmas holidays.

성탄절 휴일 때 사람들은 충동구매를 가장 하기 쉽다.

> **텝스기출표현**
> impulse goods 충동구매 상품
> on impulse 충동적으로

---

047 *
spree
[spriː]

명 흥청망청하기

Sara is struggling to find a way to curtail her shopping sprees.

Sara는 자신의 흥청망청 쇼핑하는 버릇을 억제할 방법을 찾느라 애쓰고 있다.

048 □□□	★★★ **afford** [əˈfɔːrd] affordable 웹 (가격이) 알맞은, 줄 수 있는	통 (경제적 · 시간적으로) 여유가 있다 He thought he couldn't afford to buy a convertible car. 그는 오픈카를 살 여유가 없다고 생각했다. **텝스기출표현** can afford to do ~할 여유가 있다

049 □□□	★★★ **steal** [stiːl]	명 싼 물건 He thought it was a steal when he bought a jacket at 10 dollars. 그는 재킷을 10달러에 사면서 매우 싸다고 생각했다. **텝스기출표현** What a steal! 정말 싸네요!

050 □□□	★★★ **gear** [gɪr]	통 적합하게 하다 This computer is geared toward gaming or editing, not suitable for light users. 이 컴퓨터는 게임이나 편집 작업에 적합하므로 평범한 사용자들에게는 맞지 않다.

051 □□□	★★★ **browse** [braʊz]	통 둘러보다 I was browsing many stores for bargains in Rome. 나는 로마에서 싼 물건을 찾으러 많은 상점들을 둘러보고 있었다.

052 □□□	★★★ **complimentary** [ˌkɑːplɪˈmentri] compliment 통 칭찬하다	형 무료의 Complimentary breakfast is served daily as a perk. 특전으로 무료 조식이 매일 제공된다. ▶혼동하지 말자! complementary 상호 보완적인

053 □□□	★★★ **exclusive** [ɪkˈskluːsɪv] exclusively 부 독점적으로	형 독점적인 ǀ 고가의 Some rooms are for the exclusive use of VIP customers in this department. 일부 방은 이 백화점의 VIP 고객 전용이다. **텝스기출표현** obtain exclusive sales rights 독점 판매권을 따다

★★★
reasonable
[ˈriːznəbl]

유의어
affordable 저렴한

형 적당한, 저렴한

I will consider buying the used car if they ask for a reasonable price.

그들이 적절한 가격을 제시하면 나는 그 중고차를 사는 것을 고려해 볼 것이다.

★★★
bargain
[ˈbɑːrgən]

bargaining **명** 흥정

동 흥정하다 **명** (정상가보다) 싸게 사는 물건

He regretted not bargaining down the price when he purchased the convertible car.

그는 오픈카를 살 때 값을 깎지 않은 것을 후회했다.

I found a real bargain when I stopped by the outlet.

내가 할인 매장에 들렀을 때 매우 싼 물건 하나를 발견했다.

★★★
genuine
[ˈdʒenjuɪn]

유의어
authentic 진짜의

형 진짜의

It is hard to distinguish between fake designer bags and genuine ones these days.

요즘은 가짜 명품 가방들과 진짜를 구분하기가 어렵다.

★★
gullible
[ˈgʌləbl]

형 잘 속는

Johnson is very gullible when it comes to merchants' tricks.

Johnson은 상인의 상술에 잘 속는다.

★★★
haggle
[ˈhægl]

동 값을 깎다

I saw him haggling over the price of a shirt in the market.

나는 시장에서 셔츠 값을 두고 실랑이를 벌이는 그를 보았다.

★★★
range
[reɪndʒ]

명 범위 **동** (범위가) ~에 이르다

I realized that the flat-screen TV I wanted to get was way over my price range.

내가 사고 싶었던 평면 TV가 생각하고 있던 가격대에서 크게 벗어난다는 걸 깨달았다.

The price of electronic appliance ranges from 100 dollars to 1,000 dollars.

전자제품의 가격은 100달러에서 1,000달러에 이른다.

060 ★★★
spurious
[ˈspjʊriəs]

spuriousness 명 가짜, 위조

유의어
fake 가짜의, 모조품

형 가짜의

I recognized that some of the designer bags he brought were spurious.

나는 그가 가져온 명품 가방들 중 일부가 가짜라는 것을 알아차렸다.

061 ★★★
versatile
[ˈvɜːrsətl]

형 다용도의

This Home Set is immensely versatile and useful, selling like hot cakes.

이 홈 세트는 기능이 다양하고 유용해서 불티나게 팔리고 있다.

텝스 기출 표현

a versatile tool 다목적 도구

062 ★★
giveaway
[ˈɡɪvəweɪ]

명 경품

Our store offers small product samples as giveaways to customers.

우리 가게는 고객들에게 경품으로 작은 제품 샘플을 제공한다.

063 ★★★
delicate
[ˈdelɪkət]

형 다루기 힘든, 섬세한

Silk and other delicate fabric should be treated with extra caution.

실크나 다른 섬세한 직물은 특별히 조심해서 다뤄야 한다.

텝스 기출 표현

a delicate issue 다루기 힘든 문제

064 ★★
rip-off
[ˈrɪpɔːf]

명 바가지, 비싼 물건

They charged 15,000 won for a hamburger and I thought it was a rip-off.

그들이 햄버거를 15,000원을 받아서 바가지라 생각했다.

065 ★★★
fad
[fæd]

유의어
craze 열풍
fashion 유행
trend 유행

명 일시적 유행

The young singer actually started the fad of women wearing slacks.

그 젊은 가수가 여성 슬랙스 유행을 이끌었다.

066
□□□

★★★
be sold out

매진되다, 품절되다
I wanted to buy a red skirt, but the store clerk said that they were sold out of the red one.
나는 빨간색 치마를 사고 싶었지만, 가게 직원이 빨간색은 품절됐다고 말했다.

067
□□□

★★★
on cash

유의어
in cash (구매) 현금으로

현금에 한해
They give a 10 percent discount on cash purchases.
그들은 현금 구매에 대해 10퍼센트를 할인해 주고 있다.

068
□□□

★★★
endorse
[ɪnˈdɔːrs]

🔟 (유명인이 광고에 나와서 특정 상품을) 보증하다, 홍보하다
These sneakers endorsed by a famous player were in high demand.
유명한 선수가 홍보한 이 운동화는 잘 팔렸다.

069
□□□

★★
tailor-made
[ˌteɪlərˈmeɪd]

유의어
custom-made 주문 제작한

반의어
ready-made 이미 만들어져 나온

🔟 (양복점에서) 맞춘 | (개인·목적을 위한) 맞춤의
The man asked the clerk if he could have a suit tailor-made.
그 남자는 점원에게 양복을 맞출 수 있는지 물어보았다.

070
□□□

★★★
sought-after
[ˈsɔːtæftər]

유의어
in demand 수요가 많은
popular 인기 있는

🔟 수요가 많은, 인기 있는
The mall is the city's most sought-after shopping destination.
그 쇼핑몰은 이 도시에서 가장 인기 있는 쇼핑 장소이다.

071
□□□

★★★
go out of fashion

유행하지 않게 되다, 한물가다
Products that went out of fashion could also hold commercial value these days.
한물간 상품들도 요즘은 상업적 가치를 지닐 수 있다.

072
□□□

★★★
get a good deal

싸게 잘 사다
You can get a good deal if you look around in the market.
시장에서 여러 군데 둘러보면 싸게 살 수 있어요.

073
□□□

★★
mark down

유의어
discount 할인해 주다

가격을 인하하다
He refused to mark down the item on display.
그는 진열된 상품의 가격을 인하하는 걸 거절했다.

---

074 □□□	****** **place a limit on**	**~을 제한하다**

~을 제한하다

The department store placed a limit on the number of customers to be accepted for the sale promotion event.

그 백화점은 판매 촉진 행사를 위해 수용할 수 있는 고객 수를 제한했다.

---

075 □□□

* **throw in**

~을 덤으로 주다

Take this cap with this shirt as I can throw it in.

제가 덤으로 드리는 거니 셔츠와 함께 이 모자도 가져가세요.

---

076 □□□

* **fritter**
[ˈfrɪtər]

⑤ (시간·돈을) 조금씩 다 써 버리다

She already frittered away her money and ended up being broke.

그녀는 벌써 돈을 조금씩 다 써 버려서 결국 빈털터리가 되었다.

---

077 □□□

*** **splurge**
[splɜːrdʒ]

⑤ 돈을 흥청망청 쓰다

Although Jane was concerned about the budget for the trip, Rick said that it would be OK to splurge once in a while.

Jane은 여행 예산에 대해서 걱정했지만, Rick는 가끔 돈을 펑펑 쓰는 것도 괜찮을 거라고 말했다.

---

078 □□□

* **squander**
[ˈskwɑːndər]

⑤ (시간·돈을) 낭비하다

He squandered all his fortune on gambling.

그는 도박으로 전 재산을 탕진했다.

---

079 □□□

* **tout**
[taʊt]

⑤ 크게 선전하다, 홍보하다

The latest model is being touted online, gaining much popularity among young users.

최신 모델은 온라인에서 크게 홍보되고 있어서, 젊은 사용자들에게 많은 인기를 얻고 있다.

---

080 □□□

*** **secondhand**
[ˈsekəndˈhænd]

유의어
used 중고의

⑱ 중고의

When I obtained the car at secondhand, I was really satisfied with the price.

나는 중고차를 구했을 때 가격에 매우 만족했다.

---

081 □□□

*** **tight**
[taɪt]

tighten ⑤ 조여지다

⑱ 몸에 꼭 끼는 | 단단한

This hat is too tight for me, and I'd like to get one larger.

이 모자는 저한테 너무 작아서, 좀 더 큰 것을 원해요.

**
all-purpose
[ɔːlˈpɜːrpəs]

형 다용도의, 만능의

If you purchase all-purpose flour, it will be useful when you cook many different dishes.

다목적 밀가루를 구입하면, 여러 다른 요리를 할 때 유용할 것이다.

**
becoming on

유의어
suitable 잘 맞는

~에게 잘 어울리는

The hat looks very becoming on you.

그 모자는 당신에게 꽤 잘 어울려 보여요.

---

*
choosy
[ˈtʃuːzi]

유의어
picky 까다로운

형 까다로운

She is choosy about what she wears, so I never get her an outfit for a present.

그 여자는 옷을 까다롭게 골라 입어서, 나는 절대 그녀에게 옷을 선물하지 않는다.

***
extravagant
[ɪkˈstrævəgənt]

extravagance 명 사치

형 사치스러운, 낭비하는

It is no surprise that many young people are spoiled by living an extravagant life.

많은 젊은이들이 사치스러운 삶을 살아서 망가지는 것은 놀랄 일이 아니다.

***
gorgeous
[ˈgɔːrdʒəs]

gorgeousness 명 화려함

형 화려한, 매우 멋진

The customer wore the gorgeous clothing, splurging on outfits.

옷에 돈을 펑펑 쓰는 그 고객은 화려한 옷차림을 하고 있었다.

***
high-end
[ˌhaɪˈend]

형 최고급의

Leanders Cosmetics Co. announced its plan to market a high-end line of consmetic products under the name of Sanders.

Leanders Cosmetics사는 Sanders라는 이름으로 최고급 화장품 라인을 시장에 내놓겠다는 계획을 발표했다.

**
in bulk

대량으로, 도매로

Some people buy commodities in bulk in case of a natural disaster.

일부 사람들은 자연재해를 대비해 생필품을 대량으로 구매한다.

***
outrageous
[aʊtˈreɪdʒəs]

형 (가격이) 터무니없는

It's outrageous to pay 100 dollars for a simple T-shirt.

단순한 티셔츠 한 장에 100달러를 주고 사는 것은 터무니없다.

090 ☐☐☐	****** **chintzy** [ˈtʃɪntsi]	형 싸구려의, 초라한 The Halloween costume he lent looked somehow chintzy, and I decided to buy one. 그가 빌려준 핼러윈 의상이 왠지 싸구려 같아서 하나 사기로 했다.
091 ☐☐☐	******* **disgruntled** [dɪsˈgrʌntld] 유의어 discontented 불만족한 dissatisfied 만족하지 못한	형 불만을 품은 The store manager offered to refund any disgruntled customers in full. 가게 점장은 불만 있는 고객 모두에게 전액 환불해 주겠다고 했다.
092 ☐☐☐	******* **exorbitant** [ɪgˈzɔːrbɪtənt]	형 엄청난, 터무니없는 A 15-minute runway show requires an exorbitant expenditure. 15분짜리 패션쇼가 엄청난 지출이 요구된다.
093 ☐☐☐	******* **generic** [dʒəˈnerɪk]	형 상표명이 없는, 노브랜드의 Would you like the generic product or a name brand? 상표명이 없는 것으로 드릴까요, 아니면 유명 브랜드 상품으로 드릴까요?
094 ☐☐☐	****** **gratuitous** [grəˈtuːɪtəs]	형 무료의 As long as the voucher is granted, gratuitous entrance is permitted. 바우처를 받으면, 무료 입장이 허락된다.
095 ☐☐☐	****** **off-the-rack** [ɔːfðəˈræk]	형 (옷이) 기성품의 I've got a 27-inch waist and I have no problem fitting into about anything off-the-rack. 내 허리는 27인치이며 어떤 기성복을 입어도 아무 문제가 없다.
096 ☐☐☐	****** **pecuniary** [pɪˈkjuːnieri]	형 돈의, 금전상의 He suffered a pecuniary loss three months after investing in the stock. 그는 주식에 투자한 지 3개월 후 금전적인 손실로 고통받았다.
097 ☐☐☐	****** **preposterous** [prɪˈpɑːstərəs]	형 터무니없는 l 불합리한 This is the most preposterous bargain sale I've ever heard of. 이건 내가 들어 본 할인 행사들 중에 제일 터무니없다.

****
prodigal**
[ˈprɑːdɪgl]

prodigalize 통 낭비하다

유의어
extravagant 터무니없는, 낭비하는

형 낭비하는

She is prodigal with her money to buy luxurious clothes.
그녀는 사치스러운 옷들을 사는 데 돈을 낭비한다.

***
sparingly**
[ˈsper.ɪŋ.li]

sparing 형 아끼는

부 절약하여 | 부족하여

Susan advised me to drink items with caffeine sparingly.
Susan은 나에게 카페인이 든 음료를 조금만 마시라고 조언했다.

***
sumptuous**
[ˈsʌmptʃuəs]

sumptuousness 명 고가, 화려함

형 값비싼, 호화스러운

We're serving a sumptuous repast for lunch.
우리는 점심으로 호화로운 식사를 대접할 것이다.

문맥에 맞는 단어를 보기에서 골라 빈칸에 넣으세요.

PART 1

ⓐ prodigal	ⓑ fortune	ⓒ impulse	ⓓ market	ⓔ spurious
ⓕ reasonable	ⓖ defective	ⓗ endorsed	ⓘ sought-after	ⓙ splurged

1. I tried to cut down on the cost of living as the new car cost a _____.

2. When she came across a luxurious purse, she bought it on _____.

3. Although Rick was in the _____ for a new car, he had to save more money to buy one.

4. He wanted to buy the used guitar as the asking price was quite _____.

5. He was shocked to know that the gem he bought last week was_____.

6. The coat _____ by the celebrity was very expensive.

7. She says her clothes are _____ and popular despite their high price.

8. Although he didn't earn much this year, he _____ on the trip during the holidays.

9. He had to go back to the store for exchange because the machine he bought was _____.

10. Sara was so _____ on expensive clothes that she hardly saved her salary.

UNIT 01
UNIT 02
UNIT 03
UNIT 04
UNIT 05
UNIT 06
UNIT 07
UNIT 08
UNIT 09
UNIT 10
UNIT 11
UNIT 12
UNIT 13
UNIT 14
UNIT 15
UNIT 16
UNIT 17
UNIT 18
UNIT 19
UNIT 20
UNIT 21
UNIT 22
UNIT 23
UNIT 24
UNIT 25
UNIT 26
UNIT 27
UNIT 28
UNIT 29
UNIT 30

≫ Check-Up Questions

문맥에 맞는 단어를 보기에서 골라 빈칸에 넣으세요.

PART 2 ≫

ⓐ distinctive	ⓑ outrageous	ⓒ carried	ⓓ voucher	ⓔ fit
ⓕ sold out	ⓖ secondhand	ⓗ pick up	ⓘ steep	ⓙ bargain

11. I asked my brother to _____ some bread on his way home.

12. I wanted to get a nice leather jacket, but most of them were _____.

13. When I went to the mall to buy a shirt, I was surprised they _____ a variety of the imported ones.

14. She was pleased to get the _____ guitar at a reasonable price.

15. By the time I went to the bakery, bread had been _____.

16. That overweight people can't find clothing to _____ them is one of the biggest complaints.

17. I paid much money for this new car as I didn't _____ it down.

18. The _____ attitude toward the marriage life eventually separated the couple.

19. It is _____ that we have to pay the extra to use the swimming pool in this luxury hotel.

20. The restaurant offered the _____ to the customer who complained about the service.

answers
11 ⓗ 12 ⓕ 13 ⓒ 14 ⓖ 15 ⓕ 16 ⓔ 17 ⓙ 18 ⓐ 19 ⓑ 20 ⓓ

뉴텝스 어휘

UNIT
09

취미 · 여가

취미·여가　　　　UNIT 09 ≫

001

**
moviegoer
[ˈmuːvigoʊər]

유의어
film-goer 영화 관람객, 영화 팬
movie buff 영화에 빠진 사람

명 영화를 자주 보러 가는 사람, 영화 팬

If you are a regular moviegoer, you may feel movies today aren't what they used to be.

만약 당신이 영화를 자주 보러 가는 사람이라면, 오늘날의 영화가 예전 같지 않다고 느낄 수도 있다.

002

***
athlete
[ˈæθliːt]

athletic 형 체육의, 운동용의, 운동선수다운
athletics 명 운동 경기

명 운동선수

The athletes sometimes take illegal drugs to enhance their athletic abilities.

운동선수들은 그들의 운동 능력을 향상시키기 위해 때때로 불법적인 약물을 복용하기도 한다.

003

***
gardening
[ˈgɑːrdnɪŋ]

명 정원 가꾸기, 원예

Although gardening takes more time and effort than you may think, it is rewarding.

원예는 네가 생각하는 것보다 더 많은 시간과 노력이 들지만, 그것은 보람 있는 일이다.

004

***
outdoor
[ˈaʊtdɔːr]

outdoors 부 야외에서 명 야외, 전원

반의어
indoor 실내의

형 야외의, 옥외의

As spring comes, more and more people are enjoying outdoor activities.

봄이 되면서, 점점 더 많은 사람들이 야외 활동을 즐기고 있다.

텝스기출표현
outdoor activity 야외 활동
outdoor sports 야외 스포츠

005

**
boo
[buː]

동 야유하다

The audiences booed as soon as the singer appeared.

관중들은 그 가수가 나타나자마자 야유했다.

006

***
leisure
[ˈliːʒər]

leisurely 형 한가한, 여유로운

유의어
free time 자유 시간
spare time 여가

명 여가, 여가 생활, 자유 시간

Thanks to shortened working hours, people can spend more time on leisure than before.

줄어든 근무 시간 덕분에, 사람들은 전보다 여가 생활에 더 많은 시간을 쓸 수 있게 되었다.

referee

[ˌrefəˈriː]

유의어
umpire 심판
judge 심판, 심사 위원
arbiter 중재자

명 (스포츠 경기의) 심판, 중재자 **동** 심판을 보다, 중재를 보다

As soon as the referee blows the whistle, the game will get under way.
심판이 호루라기를 불자마자 게임이 시작될 것이다.

He seemed to be quite nervous because it was his first time to referee on a game.
그가 경기에서 심판을 본 것은 처음이기 때문에 그는 꽤나 긴장한 것처럼 보였다.

텝스기출표현
assistant referee 부심

▶혼동하지 말자
refer 언급하다, 지시하다
reference 언급, 참조

---

collect
★★★

[kəˈlekt]

collection **명** 수집, 수집물
collector **명** 수집가

유의어
assemble 모이다, 모으다
accumulate 모으다, 축적하다

동 수집하다, 모으다

Collecting stamps is an outdated hobby.
우표를 수집하는 것은 시대에 뒤떨어진 취미이다.

텝스기출표현
collect evidence 증거를 수집하다
collect taxes 세금을 거두다

---

competition
★★★

[kɑːmpəˈtɪʃn]

compete **동** 경쟁하다, 겨루다
competitive **형** 경쟁적인
competitor **명** 경쟁자

유의어
rivalry 경쟁 (의식)
contest 대회, 시합

명 대회, 시합 l 경쟁

Scarcely had the competition began when it started to pour.
시합이 시작되자마자 비가 마구 쏟아지기 시작했다.

There had been intense competition between two companies on winning a contract.
그 계약을 따내는 데 두 회사 간에 치열한 경쟁이 있었다.

---

spectator
★★

[ˈspekteɪtər]

spectate **동** 지켜보다, 구경하다

유의어
audience 청중, 관중
onlooker 구경꾼, 방관자

명 관중, 구경꾼

The players might be demoralized without spectators' passionate cheering.
관중들의 열렬한 응원이 없으면 선수들의 사기가 꺾일 수도 있다.

▶혼동하지 말자!
spectacle 장관, (굉장히 인상적인) 광경

011 □□□

★★★
effort
['efərt]

effortless 웹 힘이 들지 않는, 수월한
effortful 웹 노력한

유의어
endeavor 노력, 노력하다

명 노력, 분투 | 노력의 성과[결과]

The player's effort became in vain since he was seriously
injured during practice.

연습 중 심하게 부상을 당했기 때문에, 그 선수의 노력은 헛된 것이
되었다.

It is his effort that he finally gets into shape.
그가 마침내 좋은 몸매를 유지하게 된 것은 그의 노력의 결과다.

탭스기출표현

make an effort 노력하다(= put an effort)
all-out effort 전력

UNIT
09

---

012 □□□

★★★
champion
['tʃæmpiən]

유의어
winner 우승자, 승자
advocate 지지하다, 옹호하다, 지지자

명 챔피언, 우승자 동 ~을 위해 싸우다, ~을
옹호하다

Michael will be the champion in the swimming race again,
considering his amazing lap time.

Michael의 놀라운 랩 타임을 고려했을 때, 그는 수영 대회에서 다시
우승할 것이다.

Martin Luther King championed the cause of African
Americans' human rights.

Martin Luther King은 흑인들의 인권이라는 대의를 위해 싸웠다.

---

013 □□□

★★★
take turns

차례로 돌아가며 ~하다, 교대로 ~하다

They took turns throwing darts.
그들은 차례로 돌아가며 다트를 던졌다.

---

014 □□□

★★
recreational
[ˌrekriˈeiʃənl]

recreate 동 되살리다, 재현하다
recreation 명 레크리에이션, 오락, 취
미(삼아 하는 일)

형 기분 전환의, 오락용의, 레크리에이션의

We provide senior citizens with various recreational
activities such as swimming and cooking.

우리는 노인분들에게 수영과 요리 같은 다양한 오락성 활동을 제공한다.

탭스기출표현

recreational activity 여가 활동
recreational goods 오락용품

---

015 □□□

★★
be into

유의어
be interested in ~에 관심이 많다,
~에 흥미가 있다

~을 좋아하다, ~에 관심이 많다

I am so much into reading 18th century English literature
which displays the traditional lifestyle of the era.

나는 당시의 전통적인 삶의 방식을 보여 주는 18세기 영국 문학을 읽
는 데 매우 관심이 많다.

01
02
03
04
05
06
07
08
10
11
12
13
14
15
16
17
18
19
20
21
22
23
24
25
26
27
28
29
30

***
tie
[taɪ]

유의어
draw 비기다, 그리다, 끌다

동 (경기 등에서) 두 팀이 동점을 이루다 | 묶다

I heard that Mark and Steven tied for the first place in the race.

저는 Mark와 Steven이 경기에서 공동 일등을 했다고 들었어요.

You'd better tie your shoe lace tighter if you don't want to fall down.

넘어지고 싶지 않다면, 신발 끈을 좀 더 꽉 묶는 게 좋을 거예요.

텝스 기출 표현
be tied with ~와 동점이다

***
amuse
[əˈmjuːz]

amused **형** 재미있어 하는, 즐거워하는
amusing **형** 즐거운
amusement **명** 재미, 즐거움, 놀이

유의어
entertain 즐겁게 해 주다, 대접하다
cheer 응원하다, 힘을 북돋우다

동 (다른 사람을) 즐겁게 하다, 즐겁게 해 주다

Having been amused by the band's music, she bought their latest album without hesitation.

그 밴드의 음악이 그녀를 즐겁게 했기 때문에, 그녀는 그들의 최신 앨범을 망설임 없이 구입했다.

텝스 기출 표현
be amused ~을 즐기다
keep 사람 amuse '사람'을 계속 즐겁게 해 주다

---

*
couch potato

소파에 앉아 여가를 보내는 사람, 게으르고 활동적이지 않은 사람

He is such a couch potato that he spends all of the time watching television.

그는 너무 게으르고 활동적이지 않은 사람이라 그의 모든 시간을 텔레비전 보는 데 쓴다.

---

*
archery
[ˈɑːrtʃəri]

명 궁술, 양궁, 활쏘기

Korea is the world's most dominant nation in archery, as evidenced by the many Olympic gold medals.

많은 올림픽 금메달을 통해 증명되듯이, 한국은 양궁에서 가장 우세한 국가이다.

**
craft
[kræft]

명 (수)공예 **동** 공예품을 만들다

The percentage of students taking craft classes has been declining.

공예 수업을 듣는 학생들의 비율이 줄고 있다.

This sophisticated piece of furniture is crafted by the master craftsman.

이 정교한 가구는 장인에 의해 만들어진 것이다.

UNIT
01
UNIT
02
UNIT
03
04
UNIT
05
06
07
08
UNIT
09
UNIT
10
11
12
13
14
15
16
17
18
19
20
21
22
23
24
25
26
27
28
29
30

021 ☐☐☐

**
get into shape

몸매를 가꾸다

I'm trying to get into shape by taking an hour's walk after dinner.

나는 저녁 식사 후 한 시간씩 걸음으로써 몸매를 가꾸려고 애쓰는 중이다.

---

022 ☐☐☐

**
gaiety
[ˈgeɪəti]

명 흥겨움, 유쾌함

With delicious food and cheerful music, the party was full of gaiety and laughter.

맛있는 음식과 즐거운 음악과 함께 파티는 흥겨움과 웃음으로 가득 찼다.

---

023 ☐☐☐

*
calligraphy
[kəˈlɪɡrəfi]

명 서예

Having taken a calligraphy class for seven years, I have good handwriting.

서예 수업을 7년간 들어서 나는 글씨를 잘 쓴다.

---

024 ☐☐☐

***
enthusiasm
[ɪnˈθuːziæzəm]

enthusiastic 형 열렬한, 열광적인
enthusiast 명 열성적인 사람, ~의 팬

명 열성, 열광

His enthusiasm for soccer made him go to England to watch the Premier League.

축구에 대한 그의 열성은 프리미어 리그를 보러 영국까지 가게 만들었다.

---

025 ☐☐☐

***
pastime
[ˈpæstaɪm]

유의어
hobby 취미
entertainment 오락
leisure 여가

명 취미, 오락

The opponents of fine arts seem to think it is an ivory tower pastime.

순수 예술을 반대하는 사람들은 그것을 세상과는 동떨어진 취미 활동으로 생각하는 것 같다.

> **텝스기출표현**
> national pastime 국민 오락

---

026 ☐☐☐

***
cooperate
[koʊˈɑːpəreɪt]

cooperation 명 협력, 협동
cooperative 형 협력하는

유의어
collaborate 협력하다, 공동으로 작업하다

동 협력하다, 협동하다

Despite a serious feud among the team members, they had to cooperate with each other to win the game.

비록 팀원들 간에 심각한 불화가 있었지만, 그들은 경기에서 승리하기 위해 서로 협력할 수밖에 없었다.

▶혼동하지 말자!
corporate 기업, 회사

work out ★★★

유의어

exercise 운동하다

운동하다 | 일이 잘 풀리다, 순조롭게 해결되다

Many successful people work out regularly, considering health as an important component of their success.

많은 성공한 사람들은 건강을 그들의 성공에 중요한 요소로 여기기 때문에 규칙적으로 운동한다.

Despite your hard work, things didn't work out as well as expected.

당신의 노고에도 불구하고, 상황이 기대만큼 잘 풀리지 않았다.

▶혼동하지 말자!

work off (감정을 육체적인 노력을 통해) 풀다, 해소하다
work on 작업하다, 일하다

028

defeat ★★★

[dɪˈfiːt]

🔁 패배시키다, 격퇴하다 🔁 패배, 좌절

Entering semifinals is almost impossible unless the team manages to defeat the other two teams.

그 팀이 다른 두 팀을 패배시키지 못한다면 준결승에 진출하는 것은 거의 불가능하다.

029

pull through ★★

유의어

manage to 간신히 ~를 해내다
recover 회복되다
bounce back 회복되다

(아주 힘든 일을) 해내다 | (수술·병 후에) 회복하다

I am not sure of her pulling through the game as she is playing against the last year's world champion.

그녀가 작년 세계 챔피언과 경쟁하기 때문에 나는 그녀가 경기를 잘 해낼 수 있을지 확신할 수가 없다.

030

pitcher ★

[ˈpɪtʃər]

🔁 투수

Park Chan-ho is South Korea's first pitcher to play in the Major League.

박찬호는 메이저 리그에서 뛴 한국 최초의 투수다.

031

stroll ★★

[stroʊl]

유의어

wander 거닐다, 돌아다니다, 헤매다
roam 돌아다니다, 배회하다
ramble 걷다, 거닐다

🔁 한가롭게 (이리저리) 거닐다, 산책하다 🔁 산책

Laura found herself peaceful when strolling along the beach, watching the sunset.

Laura는 일몰을 보면서 해변을 산책할 때 편안함을 느꼈다.

텝스 기출 표현

take a stroll 산책하다(= go for a stroll, have a stroll)

032 ★★

talented
[ˈtæləntɪd]

talent 명 재능

유의어
gifted 재능이 있는
competent 능숙한

형 재능 있는, 유능한

Mozart, an exceptionally talented composer, lived short but wrote almost 700 pieces while he was alive.

이례적으로 재능 있는 작곡가 Mozart는 단명했지만, 살아 있는 동안 거의 700편의 곡을 썼다.

---

033 ★

intermission
[ˌɪntərˈmɪʃn]

명 (연극·영화 등의) 중간 휴식 시간, 쉬는 시간

Those who are late for the performance can enter the intermission session.

공연에 늦은 사람은 쉬는 시간에 입장할 수 있다.

UNIT
09

---

034 ★★

take up

~를 재미로 배우다, 취미로 시작하다

I am thinking of taking up violin after work.

나는 퇴근 후에 바이올린을 배울 생각이다.

---

035 ★

embroidery
[ɪmˈbrɔɪdəri]

embroider 동 수를 놓다

명 자수, 수놓기

I have learned embroidery to make unique clothes for my daughter.

나는 내 딸을 위한 독특한 옷을 만들기 위해 수놓기를 배우고 있다.

---

036 ★★

cramp
[kræmp]

유의어
restrict 제한하다

명 경련, 쥐 동 (무엇의 발달·진행을) 막다

He got a cramp during the game and had to drop out of it.

그는 경기 중에 쥐가 나서 중도 하차해야만 했다.

The government's severe restriction on press might cramp the nation's democracy.

언론에 대한 정부의 극심한 제한은 국가의 민주주의 발전을 막을 수 있다.

---

037 ★★

distraction
[dɪˈstrækʃn]

distractible 형 기분 전환하는
distracting 형 방해하는

명 기분 전환, 오락 ㅣ 집중을 방해하는 것, 산만

Sometimes traveling abroad could be a good distraction from your dull routine.

때로는 해외여행이 당신의 지루한 일상에서의 좋은 기분 전환이 될 수 있다.

---

038 ★★★

it's worth a shot

유의어
it's worth a try 시도해 볼 가치가 있다
it's worth trying 시도할 가치가 있다

시도해 볼 만하다

Although it seems quite demanding, it's worth a shot considering the money we can make.

비록 그것은 꽤나 많은 노력이 들 것 같지만, 우리가 벌 수 있는 돈을 고려해 보면 시도해 볼 만하다.

★★
odds
[ɑːdz]

유의어

possibility 가능성, 기회
chance 기회, 가능성
likelihood 가능성

명 승산, 가능성 | 역경, 곤란

What do you think the basketball team's odds of winning the championship title?

그 농구팀이 챔피언 타이틀을 따낼 가능성이 얼마나 된다고 생각하나요?

텝스 기출 표현 ▶

be at odds with ~와 상충하다

★★★
flexibility
[ˌfleksəˈbɪləti]

flexible **형** 유연한

명 (신체적) 유연성 | 융통성

Taking a yoga class is conducive to enhancing your flexibility.

요가 수업을 듣는 것은 당신의 유연성을 강화시키는 데 도움이 된다.

★★★
venue
[ˈvenjuː]

유의어

site 장소, 현장
scene 현장
spot 장소, 지점

명 (사건·경기·행사가 일어나는) 장소

Considering price and accessibility, the venue we used last year would be the best choice.

가격과 접근성을 고려해 볼 때, 우리가 작년에 사용했던 장소가 최선이다.

▶혼동하지 말자!

revenue 수입
Venus 금성, 금성의

★★★
competent
[ˈkɑːmpɪtənt]

competence **명** 능력

형 능숙한, 유능한

Our club is looking for a competent skier who can enjoy skiing in advanced runs with us.

우리 동호회는 우리와 함께 고급 활강로에서 함께 스키를 즐길 스키에 능숙한 사람을 모집 중입니다.

★★★
dedicate
[ˈdedɪkeɪt]

dedicated **형** 전념하는, 헌신하는
dedicator **명** 헌신자

동 (시간·노력·일생을) 바치다, 전념하다 | (저서·작곡 등을) 바치다, 헌정하다

He dedicated his life to studying everything he can about archaeology.

그는 고고학에 대해 그가 할 수 있는 모든 연구를 하는 데 일생을 바쳤다.

He dedicated his latest novel to his wife who supported him while he was composing.

그는 그가 책을 쓰는 동안 지지해 준 아내에게 그의 신작 소설을 헌정했다.

044

□□□

★★★
intermediate
[ˌɪntərˈmiːdiət]

웹 중간의, (수준이) 중급의 **웹** 중급자

Not until last year were there any ski runs cater to intermediates.

작년까지만 해도, 중급자들의 욕구를 충족시킬 만한 스키 활강로가 없었다.

045

□□□

★★★
fed up

유의어

tired of ~에 진절머리가 난
bored 지루해하는, 따분해하는

지긋지긋한, 신물 나는

Sarah was fed up with her dull routine, so she tried to find new hobbies.

Sarah는 그녀의 따분한 일상에 싫증이 나서 새로운 취미를 찾으려고 애썼다.

> **텝스기출 표현**
> be fed up with ~가 지긋지긋하다

046

□□□

★
stay tuned

(라디오·TV 등의) 주파수를[채널을] 고정하다
| 계속 집중하다

Stay tuned because the baseball game will be broadcast later on this channel.

잠시 후 야구 경기가 이 채널에서 중계될 예정이므로 채널을 고정해 주세요.

Stay tuned for this important announcement.

이 중요한 안내에 계속 집중해 주세요.

047

□□□

★
fanatic
[fəˈnætɪk]

유의어

enthusiast 열광적인 팬
mania 마니아, 열광

웹 열광적인 지지자, 팬, 매니아

Many fanatics tend to blindly worship celebrities that they love.

많은 열광적인 팬들은 그들이 좋아하는 유명인들을 맹목적으로 숭배하는 경향이 있다.

048

□□□

★★
hilarious
[hɪˈleriəs]

hilariously **문** 유쾌하게

유의어

amusing 재미있는, 즐거운

웹 유쾌한, 즐거운

Although the movie wasn't my kind of thing, it was hilarious.

비록 영화가 내 취향은 아니었지만, 유쾌했다.

049

□□□

★
be all thumbs

유의어

clumsy 어설픈, 솜씨 없는
awkward 이상한, 서투른

몹시 서투르다, 솜씨가 없다

Unlike my mother, I am all thumbs when it comes to drawing.

우리 엄마와 다르게, 나는 그림 그리는 데는 솜씨가 없다.

UNIT
09

050 □□□

★★★
call off

유의어
cancel 취소하다
withdraw 철수하다, 철회하다

취소하다, ~을 철회하다

The game, having been planned for almost a year, was called off because of the typhoon.

거의 일 년간 준비해 온 그 경기는 태풍 때문에 취소되었다.

---

051 □□□

★★
sedentary
[ˈsednteri]

📖 (일·활동을) 주로 앉아서 하는, 몸을 많이 움직이지 않는

Modern people usually lead a sedentary life so they sometimes have to exercise intentionally.

현대인들은 주로 앉아서 생활하기 때문에 때로는 의도적으로 운동을 할 필요가 있다.

> 텝스기출표현
a sedentary life 앉아 지내는 생활

---

052 □□□

★★★
eligible
[ˈelɪdʒəbl]

📖 자격 요건을 갖춘

The students who are able to run as fast as at least 13 seconds per 100 meters are eligible for the competition.

100미터를 적어도 13초 만에 달릴 수 있을 만큼 빠른 학생들이 대회 출전 자격을 얻는다.

> 텝스기출표현
be eligible (for) 자격이 있다

---

053 □□□

★★★
endurance
[ɪnˈdʊrəns]

endure 📖 참다, 견디다, 오래가다
endurable 📖 참을 수 있는, 견딜 수 있는

유의어
staying power 지구력

📖 지구력, 인내심

Not only endurance but also strength is required to complete a marathon.

마라톤을 완주하기 위해서는 지구력뿐만 아니라 힘도 필요하다.

> 텝스기출표현
build endurance 지구력을 키우다

---

054 □□□

★
goof off

유의어
blow off 수업을 빼먹다, 농땡이 치다

빈둥거리다, (해야 할 일을) 땡땡이치다

I like to goof off on weekend, eating something delicious and doing nothing.

나는 주말에 맛있는 것을 먹고 아무것도 안 하면서 빈둥거리기를 좋아한다.

182

**

neck and neck

유의어

close 가까운, 막상막하의

막상막하의, 우열을 가리기 힘든

Their scores were so neck and neck that nobody could predict who would win.

그들의 점수는 막상막하하여서 누가 이길지 아무도 예측할 수 없었다.

텝스기출 표현

a neck and neck competition 막상막하의 경기
(= a neck and neck race)
neck and neck competitors 막상막하의 경쟁자들

---

056 □□□

**

stake

[steɪk]

⑧ 내기에 돈을 걸다 ⑨ 내기, 내기에 건 돈

He staked too much money on horse racing.

그는 경마에 너무나도 많은 돈을 걸었다.

텝스기출 표현

stakeholder 이해관계자, 투자자

---

057 □□□

**

flaunt

[flɔːnt]

유의어

display 내보이다
show off ~을 자랑하다
boast 뽐내다, 자랑하다

⑧ 자랑하다, 과시하다

Sometimes flaunting your talent may increase your opportunity of success in competition.

때로는 재능을 과시하는 것이 경쟁에서 성공할 수 있는 기회를 증가 시킬 수 있다.

---

058 □□□

**

leave cold

~에게 영향을 주지 못하다, 관심을 끌지 못하다

With its boring plot and crude effects, the movie left me cold.

진부한 줄거리와 조잡한 효과 때문에, 그 영화는 내 관심을 끌지 못 했다.

---

059 □□□

***

ardent

[ˈɑːrdnt]

ardency ⑲ 열심, 열렬함

유의어

fervid 열렬한
passionate 열정적인, 열렬한

⑲ 열렬한, 열정적인

I am an ardent reader of novels, as they allow me to forget about hectic realities at least for a moment.

나는 열렬한 소설 팬인데, 소설은 정신없는 현실을 잠시나마 잊게 해 준다.

텝스기출 표현

ardent supporter 열렬한 지지자[옹호자]
(= ardent admirer, ardent adherent)

060 □□□ ★★
robust
[roʊˈbʌst]

형 원기 왕성한, 건강한

Although my grandmother, who has been working out for her whole life, is in her 80's, she is still robust.

평생을 운동한 우리 할머니는 80대이지만, 여전히 정정하시다.

---

061 □□□ ★★★
enamored
[ɪˈnæmərd]

형 매혹된, 홀딱 반한

Americans were once enamored of the Japanese arts, which seemed so exotic to them.

미국인들은 그들에게 매우 이국적으로 보이는 일본 예술에 한때 완전히 매혹되었다.

---

062 □□□ ★★★
partake
[pɑːrˈteɪk]

partaker **형** 분담자, 관계자, 함께하는 사람

유의어
take part in ~에 참여하다[참가하다]
participate in ~에 참여하다[참가하다]

동 참가하다

Only those who got through the preliminaries are allowed to partake in the next round.

예선을 통과한 사람만이 다음 라운드에 참가할 수 있다.

텝스기출표현
partake in ~에 참여하다

---

063 □□□ ★★
jubilant
[ˈdʒuːbɪlənt]

형 (경기 · 게임 등에 승리하여) 기뻐하는, 환희하는, 의기양양한

Thousands of spectators were jubilant at the victory of the team.

수천 명의 관중들이 그 팀의 승리에 환희했다.

---

064 □□□ ★★★
aspiration
[ˌæspəˈreɪʃn]

aspire **동** 열망하다
aspirational **형** 출세 지향적인

유의어
desire 욕구, 갈망

형 열망, 갈망, 포부

Although the opponent was the last year's champion, Sarah was filled with the aspiration to beat him.

비록 상대는 작년도 챔피언이지만, Sarah는 그를 이기겠다는 포부로 가득 차 있었다.

텝스기출표현
political aspiration 정치적 야망

---

065 □□□ ★★
intriguing
[ɪnˈtriːɡɪŋ]

intrigue **동** 흥미를 불러일으키다, 모의하다, 음모를 꾸미다 **형** 음모, 흥미로움
intriguingly **부** 흥미를 자아내어, 호기심을 자극하여

형 아주 흥미로운, 호기심을 돋우는

To match its popularity, the movie was so intriguing that I lost track of time.

인기에 걸맞게, 그 영화는 무척 흥미로워서 시간 가는 줄 몰랐다.

★★★
mundane
[mʌnˈdeɪn]

유의어
dull 따분한, 재미없는
ordinary 평범한, 일상적인

형 재미없는, 평범한, 일상적인

Never have I thought my life to be mundane, as living itself is a wonderful thing.

살아 있는 것 자체로도 멋진 것이기 때문에, 나는 내 인생이 재미없다고 생각해 본 적이 없다.

텝스기출표현
mundane task 일상적인 일

★★★
engross
[ɪnˈɡroʊs]

동 몰두하게 만들다, 열중하게 하다

Kelly was so engrossed in the movie that she didn't notice her father's coming.

Kelly는 영화에 너무 몰두해서, 아버지가 온 것을 알아채지 못했다.

텝스기출표현
be engrossed in ~에 몰두하다[심취하다]

★★
unwind
[ˌʌnˈwaɪnd]

유의어
relaxed 느긋한, 여유 있는

동 긴장을 풀다, (걱정거리로부터 벗어나) 기분 전환하다 | (감긴 것을) 풀다

Grabbing a beer with some colleagues is a good way to unwind me after a hectic day at work.

동료들과 맥주 한잔하는 것은 회사에서 바쁜 하루를 보낸 후 긴장을 푸는 좋은 방법이다.

Once entangled, a long thread is hard to unwind.

일단 한번 얽히고 나면, 긴 실은 풀기 어렵다.

★★
avocation
[ˌævoʊˈkeɪʃn]

유의어
hobby 취미
leisure 여가
recreation 오락 삼아 하는 일, 취미

명 취미, 여가 활동 | 부업

Taking up an avocation may be the pleasurable distraction of your boring daily life.

취미를 시작하는 것은 지루한 일상에 즐거운 기분 전환이 될 수 있다.

Although Ramond has a full-time job, he is in search of avocation for extra income.

Ramond는 정규직으로 일하고 있지만, 추가 소득을 위해 부업을 찾고 있다.

**

excursion
[ɪkˈskɜːrʒn]

유의어
outing 야유회
picnic 소풍

명 소풍, 여행

My family is planning to go on an excursion to the campsite near my house.

우리 가족은 집 근처에 있는 캠프장으로 소풍을 갈 계획이다.

텝스 기출 표현
make an excursion 소풍 가다, 놀러 가다

**

dexterous
[ˈdekstrəs]

dexterity 명 (손·머리를 쓰는) 재주

유의어
skillful 숙련된, 솜씨 좋은, 능숙한

형 솜씨가 좋은, 영리한

Her dexterous violin playing drew many people on the street.

그녀의 솜씨 좋은 바이올린 연주가 거리의 많은 사람들을 끌어모았다.

***

rekindle
[ˌriːˈkɪndl]

동 (감정·생각 등에) 다시 불을 붙이다, 다시 불러일으키다

Renaissance is a period when the public's interest in arts was rekindled.

르네상스는 예술에 대한 대중들의 관심이 다시 불붙은 시기이다.

**

indulge
[ɪnˈdʌldʒ]

indulgence 명 탐닉, 하고 싶은 대로 함
indulgent 형 하고 싶은 대로 하게 놔두는

동 마음껏 하다, 탐닉하다 | 제멋대로 하게 하다, 버릇없이 기르다

I indulge myself in reading comic books, favorite pastime of mine, whenever I have free time.

나는 시간이 날 때마다 내가 제일 좋아하는 취미 생활인 만화 읽기를 마음껏 즐긴다.

As Rachael was indulged too much by her parents, she is so arrogant and rude.

Rachael은 응석받이로 자라서 거만하고 무례하다.

텝스 기출 표현
be indulged in ~에 푹 빠지다

**

fervent
[ˈfɜːrvənt]

형 열렬한, 강렬한

Considering his rational behavior, it is hard to believe he is a fervent adherent of supernatural beings.

그의 이성적인 태도를 고려해 봤을 때, 그가 초자연적인 것에 대한 열렬한 옹호자라는 것은 믿기 어렵다.

075

ingenious
[ɪnˈdʒiːniəs]

ingenuity 図 기발한 재주, 재간
ingeniously 貝 기발하게, 영리하게

유의어
creative 図 창조적인, 창의적인
clever 図 영리한, 똑똑한

図 기발한, 독창적인, 영리한

Had it not been for the coach's ingenious ruse, we couldn't have pulled off the game.

코치의 기발한 책략이 없었더라면, 우리는 경기에서 승리를 거둘 수 없었을 것이다.

▶혼동하지 말자!
ingenuous 순진한, 천진한
indigenous 토착의, 토종의

076

strain
[streɪn]

图 (근육 등의) 염좌를 입다 図 부담, 중압감

Stretching your body before exercising is a must if you don't want to strain.

염좌를 입고 싶지 않다면, 운동 전에 스트레칭을 하는 것은 필수다.

Now that I had too much work to deal with, I was under the great strain.

처리해야 할 일이 너무 많아서, 나는 심한 중압감에 시달렸다.

077

sophisticated
[səˈfɪstɪkeɪtɪd]

sophisticate 图 세련되게 하다, 정교하게 하다
sophistication 図 교양

유의어
educated 교육을 받은, 학식 있는
refined 정제된, 세련된, 교양 있는

図 세련된, 교양 있는 | 정교한, 복잡한

People living in a big city is said to have sophisticated tastes.

대도시에 사는 사람들은 세련된 취향을 가지고 있다고 여겨진다.

The device is so sophisticated that nobody could understand how to use it.

그 장치는 너무 복잡해서 누구도 그것을 어떻게 사용해야 할지 알 수 없었다.

078

adroit
[əˈdrɔɪt]

図 능숙한, 솜씨 있는, 재치 있는

Having debuted as a Rookie of the year, he was adroit at not only acting but also singing and dancing.

올해의 신인으로 데뷔한 그는 연기뿐만 아니라 춤과 노래에도 유능했다.

079

tenacity
[təˈnæsəti]

유의어
inflexibility 불요불굴, 확고부동
persistence 고집

図 끈기, 고집

The athlete's tenacity was downplayed by the people focusing just on the result of the game.

그 선수의 끈기는 경기의 결과에만 초점을 맞추는 사람들에 의해 대단치 않게 생각되었다.

▶혼동하지 말자!
tenant 세입자, 임차인

audacious

[ɔːˈdeɪʃəs]

유의어

daring 대담한

형 대담한

His audacious play led the team to victory.

그의 대담한 플레이가 팀을 승리로 이끌었다.

---

pull off an upset

유의어

pull off a win 승리를 거두다
pull off a victory 승리를 얻다

역전승을 거두다

The Korean national soccer team pulled off an upset win against German.

한국 국가 대표 축구팀이 독일에게 역전승을 거두었다.

---

novice

[ˈnɑːvɪs]

유의어

beginner 초보자
armature 아마추어, 취미로 하는 사람
fledgling 신출내기, 초보자

명 초보자, 풋내기

Several English courses are being offered to novices this semester.

이번 학기에 몇 개의 영어 강좌가 초보자들에게 제공되고 있다.

---

exertion

[ɪgˈzɜːrʃn]

exert **동** 노력하다, 분투하다, (권력·영향력을) 가하다, 행사하다
exertive **형** 노력하는

명 노력, 분투 | (권력·힘 등의) 행사, 발휘

The continued exertion is the most basic building block for winning champion.

끊임없는 노력은 우승을 위한 가장 기본적인 구성 요소이다.

The ruthless mob attacked City Hall only to take the power of the city with the exertion of force.

무자비한 폭도들은 시청을 공격하더니 결국 무력을 행사하여 도시를 점령했다.

텝스기출표현

physical exertion 신체 활동
exertion of authority 권력의 행사

---

raffle

[ˈræfl]

명 추첨, 경품 행사

Never have I won anything in raffles.

나는 추첨으로 무언가를 받아 본 적이 한 번도 없다.

---

meticulous

[məˈtɪkjələs]

meticulousness **명** 꼼꼼함, 세심함

유의어

thorough 빈틈없는, 철두철미한

형 꼼꼼한, 세심한

Embroidery seems to be the hobby that matches well with her meticulous nature.

자수는 그녀의 꼼꼼한 성격에 잘 어울리는 취미인 것 같다.

086

***
avid
[ˈævɪd]

avidity 명 욕망, 갈망
avidness 명 탐하기, 열심
avidly 부 탐욕스럽게, 열광적으로

형 (취미에) 열심인 | 열렬히 원하는, 탐하는(~ for)

It sounds absurd but to an avid collector, this pottery can be sold more than 10,000 dollars.

터무니없게 들리겠지만, 열렬한 수집가에게 이 도자기는 1만 달러 이상에 팔린다.

Don't be avid for other's money.

다른 사람의 돈을 탐하지 마세요.

텝스 기출 표현

an avid reader 열렬한 독자(독서광)
an avid movie-goer 열렬한 영화 팬(영화광)

087

*
dabble
[ˈdæbl]

동 ~을 취미 삼아 (잠깐) 해 보다, 잠깐 손대다

Since I dabbled in learning French, I can speak a little bit of it.

나는 불어를 취미 삼아 배웠기 때문에, 불어를 조금 할 줄 안다.

텝스 기출 표현

dabble in 취미로 ~하다

088

*
deft
[deft]

유의어
skillful 숙련된, 솜씨 좋은, 능숙한
adroit 노련한

형 능숙한, 솜씨 좋은

After years of practice, she became so deft at playing the guitar.

수년간의 연습 끝에, 그녀는 기타 연주에 능숙하게 되었다.

089

**
vapid
[ˈvæpɪd]

유의어
dull 따분한, 재미없는
tedious 지루한, 싫증 나는

형 흥미롭지 못한, 지루한 | (음식이) 김빠진, 맛이 없는

Never have I seen such a vapid and predictable movie before.

이렇게 지루하고 뻔한 영화는 이전에 본 적이 없다.

I'd rather drink water than drink vapid beer.

김빠진 맥주를 마시느니 차라리 물을 마시는 게 낫겠다.

090

**
ebullient
[ɪˈbʌliənt]

형 열정이 넘치는, 패기만만한, 사기가 충천한

The actor showed an ebullient performance though he had little energy left.

그 배우는 에너지가 거의 남아 있지 않았지만 열정적인 연기를 보여주었다.

voracious
[vəˈreɪʃəs]

형 식욕이 왕성한, 게걸스러운 | 열렬한

Since Katie hadn't eaten anything in two days, she had a voracious appetite in every food.

Katie는 이틀간 아무것도 먹지 않았기 때문에, 모든 음식에 왕성한 식욕을 갖고 있었다.

Katie must be a voracious reader as she read almost every book in this library, regardless of genres.

Katie는 장르와 관계없이 이 도서관에 있는 거의 모든 책을 읽었기 때문에 열렬한 독서광임에 틀림없다.

> **텝스기출표현**
>
> a voracious appetite 게걸스러운 식욕, 왕성한 식욕
> a voracious reader 열렬한 독서광

choreography
[ˌkɔːriˈɑːɡrəfi]

명 안무

The choreography of Michael Jackson was unprecedented, and many people were captivated by it.

Michael Jackson의 안무는 전례 없던 것이었고, 많은 사람들이 그 안무에 매료되었다.

tepid
[ˈtepɪd]

유의어
lukewarm 미지근한

형 미지근한, 열의 없는, 맥 빠진

The musical's great success is surprising, given those critics' tepid reviews.

비평가들의 뜨뜻미지근한 평을 고려했을 때, 그 뮤지컬의 큰 성공은 놀랍다.

doodle
[ˈduːdl]

동 낙서를 끄적거리다

While listening to a long and boring speech, she doodled all over her notebook.

길고 지루한 연설을 들으면서, 그녀는 노트에 낙서를 끄적거렸다.

revel
[ˈrevl]

동 한껏 즐기다, 몹시 즐기다 | 흥청거리며 놀다

While strolling, they reveled in the beautiful warm weather of spring.

그들은 산책하면서, 아름답고 따뜻한 봄 날씨를 한껏 즐겼다.

They were all drunk and reveled all night long.

그들은 모두 취했고, 밤새 흥청거리며 놀았다.

> **▶혼동하지 말자!**
>
> rebel 반역자

★
versatile
[ˈvɜːrsətl]

versatility ❷ 다재, 다예, 다능
versatilely ❷ 다재다능하게

❸ (사람이) 다재다능한 | (식품·건물 등이) 다용도의, 다목적의

As a versatile player, she has acted various roles from a princess to a tough middle-aged woman.
다재다능한 연기자로서, 그녀는 공주에서 거친 중년 여성에 이르기까지 다양한 역할을 해 왔다.

Herbs are versatile plants that are used variously from seasoning to medicine.
허브는 조미료에서부터 약재까지 다양하게 쓰이는 다용도 식물이다.

★
euphoria
[juːˈfɔːriə]

euphoric ❷ 행복감의, 도취감의

유의어
gaiety 흥겨움, 유쾌함

❸ 행복감, 희열

The stadium was filled with euphoria when the team pulled off a superb victory.
그 팀이 경기에서 완승했을 때 경기장은 환희로 가득 찼다.

★★
exuberant
[ɪgˈzuːbərənt]

❷ 활기 넘치는, 열의가 넘치는 | (식물 등이) 무성한, 잘 자라는

The audience applauded her exuberant performance.
관중들은 그녀의 열의 넘치는 공연에 박수를 보냈다.

The exuberant leaves of this tree make it more attractive.
이 나무의 무성한 나뭇잎은 나무를 더 매력적으로 만든다.

★★
plebeian
[pləˈbiːən]

❷ 교양 없는 | 평민의

Art film lovers often disparage people who enjoy commercial movies, thinking their tastes are plebeian.
예술 영화 팬들은 상업 영화를 즐기는 사람들의 취향이 교양 없다며 종종 무시하곤 한다.

In the past, there was a clear distinction between the aristocratic class and the plebeian class.
과거에는 귀족 계급과 평민 계급 간에 분명한 구별이 있었다.

★
neophyte
[ˈniːəfaɪt]

❸ 초보자 | (새롭게 종교를 가진) 새 신자

The term neophyte is sometimes used to make fun of the person who can't play games well.
'초보자'라는 단어는 종종 경기를 잘하지 못하는 사람을 놀리기 위해 사용된다.

문맥에 맞는 단어를 보기에서 골라 빈칸에 넣으세요.

PART 1

ⓐ take turns　ⓑ eligible　ⓒ enthusiasm　ⓓ pastime　ⓔ competent

ⓕ spectators　ⓖ endurance　ⓗ take up　ⓘ partake　ⓙ called off

---

1. Football is an American national _____ that everyone enjoys regardless of age or sex.

2. Athletes develop _____ and strength with extensive physical training.

3. Despite there being a severe blizzard, the game wasn't _____.

4. Her _____ for the violin seems to be waned after a few years of heavy practice.

5. Children who are more than ten years old are _____ for taking swimming lessons.

6. He is quite _____ in playing the guitar as he has done it for many years.

7. I am planning to _____ yoga to get in shape.

8. The qualifying trials for the Olympic drew many _____.

9. You should _____ playing bowling.

10. People like to _____ in the game that is not too competitive but interesting.

answers
1 ⓓ　2 ⓖ　3 ⓙ　4 ⓒ　5 ⓑ　6 ⓔ　7 ⓗ　8 ⓕ　9 ⓐ　10 ⓘ

>> Check-Up Questions

문맥에 맞는 단어를 보기에서 골라 빈칸에 넣으세요.

PART 2

ⓐ ardent	ⓑ unwind	ⓒ neck and neck	ⓓ rekindled	ⓔ tenacity
ⓕ dabble	ⓖ vapid	ⓗ choreography	ⓘ dexterous	ⓙ intriguing

11. My interest in action movies has been _____ due to the movie, *Avengers*.

12. _____ and courage are the building blocks to be good athletes.

13. Ted felt classic novels were too _____ and predictable.

14. The singer, whose singing and _____ were very powerful fascinated many people.

15. The _____ young craftsman made this beautiful chair.

16. Jessica used to _____ in drawing but didn't last long.

17. Sometimes going abroad is a good way to _____ people from their dull routine.

18. With the _____ story and artisstic scenes, the movie draws a lot of people.

19. The game was so _____ that I kept getting nervous while watching it.

20. As an _____ fan of baseball, I am really looking forward to the season's start.

answers
11 ⓓ 12 ⓔ 13 ⓖ 14 ⓗ 15 ⓘ 16 ⓕ 17 ⓑ 18 ⓙ 19 ⓒ 20 ⓐ

UNIT
10

뉴텝스 어휘

대중매체

대중매체 UNIT 10 ≫

001
□□□

★★★
acclaim
[əˈkleɪm]

acclamation 명 갈채

유의어
hail 축하하다
compliment 칭찬하다

반의어
scarification 혹평

통 격찬하다, 호평하다 명 호평

The work was acclaimed as a masterpiece.
그 작품은 걸작으로 호평받았다.

A Streetcar Named Desire met with critical acclaim.
〈욕망이라는 이름의 전차〉는 비평가의 호평을 받았다.

텝스기출표현
critical acclaim 비평가의 호평
garner widespread acclaim 널리 호평을 받다

▶혼동하지 말자!
accolade 포상, 칭찬
acclimate 순응시키다

002
□□□

★★★
appropriate
[əˈproʊpriət]

유의어
befitting 알맞은
relevant 적절한

반의어
inappropriate 부적절한

형 적절한, 적당한

By using the appropriate tones, actors were able to get across certain messages.
적절한 어조를 사용하면서, 배우들은 특정 메시지를 전달할 수 있었다.

003
□□□

★★
aspire
[əˈspaɪər]

aspiration 명 열망

유의어
yearn 열망하다
long 열망하다

통 열망하다

It is always good to have goals and aspire to reach them.
목표를 가지고 그것을 이루려고 열망하는 것은 항상 좋은 일이다.

텝스기출표현
aspire to success 성공을 갈망하다

004
□□□

★★★
celebrity
[səˈlebrəti]

명 유명 인사

The celebrity swallows his feelings in front of the public.
그 유명 인사는 대중 앞에서 그의 감정을 억누른다.

005
★★★

cite

[saɪt]

citation 명 인용
citable 형 인용할 수 있는

통 언급하다, 인용하다 | 소환하다

The report cites unidentified police sources.

그 보고서는 확인되지 않은 경찰 증거들을 인용하고 있다.

She was cited by the board of directors.

그녀는 이사회에 의해 소환되었다.

006
★★★

turn out

~임이 밝혀지다

The news turned out to be an untruth.

그 뉴스는 거짓임이 밝혀졌다.

007
★★

commentary

[ˈkɑːmənteri]

명 논평 | 해설

Her commentary was aimed at politicians who have a close relationship with big enterprises.

그녀의 논평은 대기업과 친밀한 관계에 있는 정치가들을 겨냥한 것이었다.

His commentary on the abstruse theory was helpful for students to understand.

난해한 이론에 대한 그의 설명은 학생들이 이해하는 데 도움이 되었다.

008
★★★

compelling

[kəmˈpelɪŋ]

형 주목하지 않을 수 없는

There are several compelling reasons why people should watch the film.

사람들이 왜 그 영화를 봐야 하는지 여러 주목할 만한 이유들이 있다.

> **탭스 기출 표현**
>
> a compelling need 강력한 욕구(= a compelling desire)
> compelling evidence 강력한 증거

009
★★

crack up

웃음을 터뜨리다

The movie never fails to crack people up.

그 영화는 기필코 사람들을 웃음 터지게 만든다.

010
★★★

criticism

[ˈkrɪtɪsɪzəm]

명 비판, 비평

She is well-known for her harsh criticism.

그녀는 냉혹한 비판으로 유명하다.

011
★★★

inform

[ɪnˈfɔːrm]

information 명 정보
informative 형 유익한

통 영향을 미치다 | 알리다

Every experience in your life informs your art.

당신 삶의 모든 경험은 당신의 예술에 영향을 미친다.

★★★
initiative
[ɪˈnɪʃətɪv]

initiate 图 착수시키다
initial 圈 처음의 圈 첫 글자

圈 독창성 | 솔선 | 발의안

He lacks initiative and has no great ambitions in life.
그는 독창성이 부족하고 삶에 있어 큰 야망도 없다.

★★★
issue
[ˈɪʃuː]

圈 (출판물의) 호, 판 图 발행하다

The fashion magazine's recent issue is out of press.
그 패션 잡지의 최근 호는 매진이다.

The publishing company issues a weekly magazine.
그 출판사는 주간지를 발행한다.

★★★
keep an eye on

~을 주시하다[눈여겨보다, 감시하다]

People are keeping an eye on recent accidents.
사람들은 최근 사고들을 예의 주시하고 있다.

★★★
medium
[ˈmiːdiəm]

圈 매체, (전달의) 수단

The medium of TV is undergoing a change unlike anything it has experienced before.
TV 매체는 지금까지 경험해 본 그 무엇과도 다른 변화를 겪고 있다.

★★
misinformed
[ˌmɪsɪnˈfɔːrmd]

圈 잘못된 정보를 받은

If people are misinformed about culture, the results can be serious.
사람들이 문화에 대해 잘못 알게 된다면, 결과는 심각할 수 있다.

★★
obsess
[əbˈses]

图 사로잡다

Most journalists are obsessed by the desire to produce the most exciting newspaper story.
대부분의 기자들이 가장 흥미로운 신문 기사를 쓰고 싶은 열망에 사로잡혀 있다.

> **텝스 기출 표현**
>
> be obsessed by ~에 사로잡히다
> obsess over ~에 대해 강박 관념을 갖다

★★★
on behalf of

~을 대신하여

She does not speak on behalf of NBC News.
그녀는 NBC 뉴스를 대변하지 않는다.

| 019 ☐☐☐ | ★★★ **participate** [pɑːrˈtɪsɪpeɪt] participation 명 참여 participant 명 참가자 | 통 참여하다 The celebrity participated in this pilot program. 그 유명 인사는 이 시범 프로그램에 참여했다. |

| 020 ☐☐☐ | ★ **pique** [piːk] | 통 감정을 해치다, 화나게 하다 Her silly act piqued the public. 그녀의 어리석은 행동은 대중을 화나게 했다. |

| 021 ☐☐☐ | ★★★ **pirate** [ˈpaɪrət] | 통 저작권을 침해하다 Good care must be taken not to pirate. 저작권을 침해하지 않기 위한 충분한 주의가 필요하다. |

| 022 ☐☐☐ | ★★★ **predictable** [prɪˈdɪktəbl] | 형 예측 가능한 She thinks American movies are so boring and predictable. 그녀는 미국 영화들은 지겹고 결말이 뻔하다고 생각한다. |

| 023 ☐☐☐ | ★★★ **press** [pres] | 명 언론, 보도 기관 통 압박하다 The press made him a hero. 언론은 그를 영웅으로 만들었다. People are pressing for getting to the bottom of the issue. 사람들은 사건의 진상을 규명할 것을 압박하고 있다. |

| 024 ☐☐☐ | ★★★ **raise** [reɪz] | 통 (문제·의문 등을) 제기하다 ㅣ 들다, 올리다 The public raised a question if she was telling the truth. 그녀가 진실을 말했는지에 대해 국민들은 의문을 제기했다. |

| 025 ☐☐☐ | ★ **rave review** | 호평 The new movie received rave reviews. 새 영화는 극찬을 받았다. |

| 026 ☐☐☐ | ★★★ **relevant** [ˈreləvənt] | 형 관련된 The issue is relevant not only to adults. 그 쟁점이 성인에게만 해당되는 것은 아니다. |

| 027 ☐☐☐ | ★ **remorse** [rɪˈmɔːrs] | 명 양심의 가책, 후회 She hasn't shown the slightest bit of remorse. 그녀는 반성의 기미라고는 조금도 보이지 않았다. |

028 □□□

**

replete

[rɪˈpliːt]

명 가득한

This article is replete with useful information.

이 기사는 유익한 정보로 가득하다.

텝스 기출 표현

be replete with ~으로 가득하다

---

029 □□□

***

revolve

[rɪˈvɑːlv]

동 중심 내용으로 삼다 | 회전하다

The movie revolves around mankind's attempts to colonize the Earth's waters.

그 영화는 지구의 물을 장악하려는 인류의 시도를 중심으로 전개된다.

The TV program showed satellites were revolving around the Earth.

그 TV 프로그램은 지구 주위를 돌고 있는 인공위성들을 보여 주었다.

텝스 기출 표현

revolve around ~를 중심으로 전개되다

---

030 □□□

**

sensation

[senˈseɪʃn]

명 센세이션(돌풍, 선풍), 세상을 떠들썩하게 하는 것

The president's speech created a sensation among the audience.

대통령의 연설은 청중에게 돌풍을 일으켰다.

텝스 기출 표현

create a sensation 돌풍을 일으키다
(= cause a sensation, produce a sensation)

---

031 □□□

***

subscription

[səbˈskrɪpʃn]

subscribe 동 구독하다

명 (정기 간행물의) 정기 구독

The subscription is for a free, 60-day trial.

구독은 60일 시험 (구동) 기간 동안 무료이다.

---

032 □□□

*

syndicate

[ˈsɪndəkət]

동 (기사·논설을) 동시에 신문·잡지에 배급하다

He was so successful on the radio that his show was syndicated and broadcasted all over the country.

그는 라디오에서 매우 성공을 거두어서 그의 공연은 전국적으로 배급되고 방송되었다.

033 □□□

***
unbearable
[ʌnˈberəbl]

형 참을 수 없는

The actor stated that the pain had been unbearable since the injury.

그 배우는 다친 이후로 고통을 참을 수 없다고 말했다.

---

034 □□□

***
uncover
[ʌnˈkʌvər]

동 폭로하다

This documentary uncovers how the actions of government officials have negatively affected the public.

이 다큐멘터리는 정부 관료들의 행동이 어떻게 대중들에게 부정적인 영향을 끼쳤는지를 폭로한다.

---

035 □□□

*
viewership
[ˈvjuːərʃɪp]

명 시청자 수, 시청률

There's no way in the world to reverse the viewership decline.

도무지 시청률 하락을 반전시킬 방법이 없다.

---

036 □□□

***
distribute
[dɪˈstrɪbjuːt]

동 배급하다

Distributing films in cinemas is costly.

영화관에 영화를 배급하는 것은 비용이 많이 든다.

> **텝스기출 표현**
> distribute a film 영화를 배급하다

---

037 □□□

***
announce
[əˈnaʊns]

동 알리다, 발표하다

She is about to announce the winner.

그녀는 수상자를 막 발표하려고 한다.

---

038 □□□

***
article
[ˈɑːrtɪkl]

명 (신문·잡지의) 기사 | 조항 | 품목

She saw a local newspaper article highly critical of her.

그녀는 지역 신문에서 그녀를 혹독하게 비판하는 기사를 읽었다.

---

039 □□□

**
broadcast
[ˈbrɔːdkæst]

동 방송하다 명 방송

His speech was broadcast around the world.

그의 연설은 전 세계로 방송되었다.

People watched the soccer match on a broadcast relayed from the stadium.

사람들은 축구 경기를 중계 방송으로 보았다.

040 ***

popularity

[ˌpɑːpjuˈlærəti]

명 인기

The singer has gained popularity quickly overseas.

그 가수는 해외에서 빠르게 인기를 얻었다.

텝스기출표현

gain popularity 인기를 얻다

---

041 *

generalization

[ˌdʒenrələˈzeɪʃn]

명 일반화

We should not make hasty generalizations.

우리는 성급하게 일반화해서는 안 된다.

---

042 ***

inquire

[ɪnˈkwaɪər]

통 묻다, 알아보다

The reporter inquired the politician about his public pledge.

그 기자는 정치인에게 그의 공약에 대해 물었다.

---

043 ***

journalism

[ˈdʒɜːrnəlɪzəm]

명 언론 | 신문·방송학

In fact, quite a few people rush into the journalism field.

사실, 꽤 많은 사람들이 언론 분야로 성급하게 뛰어들고 있다.

---

044 ***

mislead

[ˌmɪsˈliːd]

misleading 형 오해하게 만드는

통 오도하다, 잘못 인도하다

Trying to mislead voters is nothing new.

유권자들을 오도하려는 시도는 새삼스러운 일이 아니다.

---

045 ***

obvious

[ˈɑːbviəs]

obviously 부 명백하게

유의어

explicit 분명한

형 명백한

It is obvious to everyone that the politician is wrong.

그 정치인이 틀렸다는 것은 누가 봐도 명백하다.

---

046 **

pop culture

대중문화

We should feel some ownership in our own pop culture

우리는 우리만의 대중문화에 대해 주인 의식을 가져야 한다.

---

047 **

prime time

(방송의) 황금 시간대

The prime time news has a large viewership.

황금 시간대 뉴스는 시청률이 높다.

| 048 □□□ | ***
touching
[ˈtʌtʃɪŋ] | 혤 감동적인
The film is surprisingly touching.
그 영화는 놀라울 만큼 감동적이다. |

| 049 □□□ | ***
unrealistic
[ˌʌnriːəˈlɪstɪk] | 혤 비현실적인
This is so unrealistic, and if it is an integral part of the story, it should have been put in a later episode.
이것은 너무 비현실적이고, 만약 이것이 그 이야기의 필수적인 부분이라면, 뒤에 나올 에피소드에 넣었어야 했다. |

| 050 □□□ | *
visually
[ˈvɪʒuəli] | 붠 시각적으로
The troupe is visually stunning.
그 공연단은 시각적으로 굉장히 멋지다. |

| 051 □□□ | ***
doubt
[daʊt] | 혤 의심
Without a doubt, you will be at the edge of your seat during the film.
의심할 여지 없이, 영화를 보는 동안 긴장을 놓을 수 없을 것이다.

템스기출표현
without a doubt 의심할 여지 없이, 확실히 |

| 052 □□□ | ***
add up | 말이 되다, 앞뒤가 맞다
Its overall composition just doesn't add up.
이것의 전반적인 구성은 앞뒤가 맞지 않다. |

| 053 □□□ | ***
air
[er] | 惏 방송하다
The singing competition will be airing next June throughout the nation.
그 노래 경연대회는 다음 6월에 전국적으로 방송될 것이다. |

| 054 □□□ | *
baseless
[ˈbeɪsləs] | 혤 근거 없는, 사실 무근의
The rumors have always proved baseless.
그 소문들은 언제나 근거 없는 것으로 밝혀졌다. |

| 055 □□□ | *
caption
[ˈkæpʃn] | 혤 자막, 설명
It is unable to set the photo caption.
사진 자막을 설정할 수 없다. |

056
☐☐☐

✶
contributor
[kənˈtrɪbjətər]

명 (신문·잡지의) 기고가, 투고가, 기부자

He is among the contributors of the magazine.

그는 그 잡지의 기고가들 중 한 사람이다.

057
☐☐☐

✶✶✶
edit
[ˈedɪt]

통 편집하다

All their footage was scrutinized but the filmmakers could edit as they saw fit.

그들의 모든 장면은 검열 받았으나, 영화 제작자들은 그들이 적절하다고 보는 대로 편집할 수 있었다.

058
☐☐☐

✶✶✶
feature
[ˈfiːtʃər]

명 특집 기사

There was an informative feature on environmental issues in the newspaper.

신문에 환경 문제에 관해 유익한 기사가 났다.

059
☐☐☐

✶
manuscript
[ˈmænjuskrɪpt]

명 원고

The manuscript is going to press at the end of this month.

원고는 이달 말에 인쇄에 들어갈 예정이다.

060
☐☐☐

✶✶✶
reference
[ˈrefrəns]

명 언급 | 참고, 참조

The report is full of references to the recent economic recession.

보고서에는 최근 경제 침체에 관한 언급이 가득하다.

061
☐☐☐

✶✶✶
release
[rɪˈliːs]

통 발표하다, 공개하다

The singer will sing songs that he has not even released yet on his concert.

그 가수는 그의 콘서트에서 심지어 아직 발표되지 않은 곡들을 부를 것이다.

062
☐☐☐

✶✶✶
revise
[rɪˈvaɪz]

통 수정하다

The authority revised its projections in 2010.

2010년에 당국은 그들의 계획을 수정했다.

revision 명 수정, 개정판

063
☐☐☐

✶✶✶
censor
[ˈsensər]

통 검열하다

The government has heavily censored the news.

정부는 뉴스를 심하게 검열해 왔다.

censorship 명 검열

---

064 □□□	★★ **concise** [kənˈsaɪs]	휑 (말·문체가) 간결한 The report is deliberately concise. 그 보고서는 의도적으로 간결하다.
065 □□□	★★★ **distort** [dɪˈstɔːrt] distortion 휑 왜곡 유의어 skew 왜곡하다	툉 (사실을) 왜곡하다 It does little good to distort and exaggerate. 왜곡하고 과장하는 것은 무익하다.
066 □□□	★★ **dubious** [ˈduːbiəs]	휑 의심스러운 ㅣ 모호한 The arguments used to justify the coup are dubious. 쿠데타를 정당화하기 위해 사용된 주장들은 미심쩍다. His dubious answer provoked the public. 그의 모호한 답변은 대중들을 화나게 했다.
067 □□□	★★★ **editorial** [ˌedɪˈtɔːriəl]	휑 (신문·잡지의) 사설 The reporter dealt with the environmental problem in an editorial. 그 기자는 한 사설에서 환경 문제를 다루었다.
068 □□□	★★★ **entice** [ɪnˈtaɪs]	툉 꾀다, 유혹하다 The movie was designed to entice or intrigue people. 그 영화는 사람들을 꾀어내거나 호기심을 자극하기 위해 만들어졌다.
069 □□□	★★★ **have nothing to do with**	~와 아무런 관계가 없다 The spokesperson insists that the confidentiality agreements have nothing to do with marketing. 대변인은 비밀유지협정은 마케팅과는 아무런 관련이 없다고 주장한다.
070 □□□	★★★ **hilarious** [hɪˈleriəs]	휑 유쾌한, 즐거운 In the preview, production company Universal Pictures revealed three hilarious scenes. 시사회에서 제작사 유니버설 영화사는 세 개의 우스운 장면을 보여 줬다.
071 □□□	★★★ **humiliating** [hjuːˈmɪlieɪtɪŋ]	휑 굴욕적인 They forecast a humiliating defeat for the president. 그들은 대통령이 굴욕적인 패배를 할 것이라고 예측했다.

072 □□□
*
hypocrisy
[hɪˈpɑːkrəsi]

hypocritical **형** 위선적인

명 위선 (행위)

The TV show presents a theme of hypocrisy and inferiority.

그 TV 쇼는 위선과 열등이라는 주제를 보여 준다.

---

073 □□□
***
in-depth
[ˈɪndepθ]

형 면밀한, 상세한

Newstime aims to offer more in-depth coverage of regional and national news.

〈뉴스타임〉은 지방 및 전국의 소식에 대한 좀 더 심층적인 보도를 제공하는 것을 목표로 삼고 있다.

---

074 □□□
**
keep 사람's ear to the ground

여론에 귀를 기울이다

The reporter insisted that political figures keep their ear to the ground.

그 기자는 정치인들이 여론에 귀 기울여야 한다고 주장했다.

---

075 □□□
***
malicious
[məˈlɪʃəs]

형 악의 있는

The actress dismissed the recent rumors about her divorce as malicious.

그 여배우는 자신의 이혼에 관한 최근 소문을 악의적인 것이라고 일축했다.

---

076 □□□
***
outspoken
[aʊtˈspoʊkən]

형 솔직한, 거리낌 없이 말하는

People were touched by her outspoken address.

사람들은 그녀의 솔직한 연설에 감명받았다.

---

077 □□□
**
overrate
[ˌoʊvərˈreɪt]

동 과대평가하다

Like all dictators, he ultimately overrated his own power.

다른 모든 폭군들처럼, 그도 결국에는 자신의 힘을 과대평가했다.

---

078 □□□
***
tribute
[ˈtrɪbjuːt]

명 헌사, 찬사

The chief of police paid tribute to their tenacity in pursuing the case.

그 경찰서장은 사건을 쫓는 그들의 끈기에 경의를 표했다.

> **텝스기출표현**
> pay tribute to ~에게 경의를 표하다

079 periodical
[ˌpɪriˈɑːdɪkl]

명 잡지, 정기 간행물

The library has an extensive range of material that is regularly updated, such as newspapers and periodicals.

도서관에는 신문과 잡지 같은 정기적으로 업데이트되는 다양한 종류의 자료가 구비되어 있다.

080 pinpoint
[ˈpɪnpɔɪnt]

동 정확히 지적하다

No one could pinpoint what triggered the initial confrontation.

무엇이 초기 대치를 유발했는지 아무도 정확히 집어내지 못했다.

081 predominant
[prɪˈdɑːmɪnənt]

predominantly **부** 주로

형 두드러진 | 우세한

The predominant themes of music in the film stand in sharp contrast to the horror and destruction of society.

영화에서 음악이라는 두드러진 주제는 사회의 공포와 파괴의 이미지와 극명하게 대조를 이룬다.

082 preeminence
[priˈemənəns]

preeminent **형** 탁월한

명 탁월

The preeminence of cinema as a source of entertainment has significantly undermined the importance of reading for enjoyment.

여흥의 원천으로서 영화의 탁월성은 즐거움을 위한 독서의 중요성을 상당히 약화시켜 왔다.

083 villain
[ˈvɪlən]

명 악당

Joker is considered one of the greatest villains in American movies.

Joker는 미국 영화에서 최고의 악당들 중 하나로 여겨진다.

084 besmirch
[bɪˈsmɜːrtʃ]

동 (명예·인격을) 손상시키다

His scandal besmirched the good name of him.

그의 추문은 그의 명성을 손상시켰다.

censure
[ˈsenʃər]

图 비난하다, 책망하다 명 비난

The senator was censured for leaking information to the press.

그 상원 의원은 언론에 정보를 유출시킨 것에 대하여 비난받았다.

No one expected such severe censures.

어느 누구도 그러한 호된 비난을 예상하지 못했다.

> **템스기출표현**
> severe censure 호된 비난
> bitter censure 통렬한 비난(= strong censure)

---

covertly
[koʊˈvɜːtli]

图 은밀히

The villains were working covertly in the film.

영화에서 그 악당들은 은밀하게 일했다.

---

discretion
[dɪˈskreʃn]

명 사리 분별, 신중

Viewer discretion is advised.

시청자의 신중함이 권고된다.

---

divulge
[daɪˈvʌldʒ]

图 누설하다, 폭로하다

Reporters do not divulge the sources of their articles.

취재진들은 기사의 출처를 누설하지 않는다.

> ▶혼동하지 말자!
> diverge (다른 방향으로) 갈라지다

---

frivolous
[ˈfrɪvələs]

图 사소한, 하찮은 | 천박한

The journalist contributed an article of a frivolous lawsuit to a newspaper.

그 기자는 신문에 사소한 소송에 관한 기사를 기고했다.

The journalist referred to his earlier rather frivolous comment but there was a serious side to it.

그 기자는 이전에 말했던 그의 꽤 경박한 의견을 언급했지만, 거기에는 진지한 측면이 있었다.

> **템스기출표현**
> frivolous conduct 경박한 행동

090
☐☐☐

**
fudge
[fʌdʒ]

유의어
fabricate 날조하다

🔴 날조하다

The duty of the reporters is to report the news, not fudge it.
기자들의 임무는 뉴스를 보고하는 것이지, 날조하는 것이 아니다.

091
☐☐☐

**
hoax
[hoʊks]

🔵 날조, 조작

Art is just one big hoax.
예술은 단지 하나의 거대한 속임수일 뿐이다.

092
☐☐☐

***
implausible
[ɪmˈplɔːzəbl]

🟢 받아들이기 어려운

It sounds implausible, but it is obviously possible.
받아들이기 어렵게 들리지만, 이것은 분명히 가능하다.

093
☐☐☐

**
libel
[ˈlaɪbl]

🔵 명예 훼손

She began a libel suit against a newspaper.
그녀는 한 신문사를 상대로 명예 훼손 소송을 일으켰다.

094
☐☐☐

**
ludicrous
[ˈluːdɪkrəs]

🟢 어이없는, 우스꽝스러운

The government has clearly made a ludicrous blunder.
정부는 어이없는 실수를 저질렀다.

095
☐☐☐

**
obituary
[oʊˈbɪtʃueri]

🔵 사망 기사, 부고

He became such a celebrity that when he died his obituary ran in numerous newspapers.
그는 그가 죽었을 때 부고 기사가 수많은 신문에 실렸을 정도로 유명 인사가 되었다.

096
☐☐☐

***
pervasive
[pərˈveɪsɪv]

🟢 만연한

Inequalities are far more pervasive than people think.
불평등은 사람들이 생각하는 것보다 훨씬 더 만연해 있다.

097
☐☐☐

***
resonate
[ˈrezəneɪt]

🔴 반향을 불러일으키다

These issues resonated with the public.
이러한 쟁점들이 대중들의 반향을 불러일으켰다.

098
☐☐☐

***
unprecedented
[ʌnˈpresɪdentɪd]

🟢 전례가 없는

Such a growth seemed unprecedented in recent history.
이러한 성장은 최근 역사에서는 전례가 없는 일이었다.

✶✶

scapegoat

[ˈskeɪpɡoʊt]

명 희생양

The previous government did nothing but made scapegoats out of them.

이전의 정부는 그들을 희생양으로 만드는 것 외에는 아무것도 하지 않았다.

✶✶

slander

[ˈslændər]

동 중상모략하다, ~의 명예를 훼손하다

She angrily accused the investigators of slandering both her and her family.

그녀는 그 수사관들이 자신과 자기 가족의 명예를 훼손했다고 강하게 비난했다.

문맥에 맞는 단어를 보기에서 골라 빈칸에 넣으세요.

PART 1

ⓐ keeping an eye ⓑ rave reviews ⓒ misinformed ⓓ replete ⓔ obsessed

ⓕ appropriate   ⓖ acclaimed   ⓗ participated ⓘ obvious ⓙ turned out

1. Journalists were deliberately _____ about the murder case by the police.

2. The magazine is _____ with celebrity gossip.

3. His first novel garnered _____.

4. She is famous for an _____ singer.

5. The old man _____ to have the key to the solution of the problem in the movie.

6. People in the film industry are _____ on her.

7. It is _____ that the film will fail at the box office.

8. The music artists who _____ in producing his album will take to the stage to perform this year.

9. Reporters were _____ by the scandal which blew upon the politician's reputation.

10. People tend to rely on mass media to get _____ information.

>> Check-Up Questions

문맥에 맞는 단어를 보기에서 골라 빈칸에 넣으세요.

PART 2 ▶

ⓐ besmirch	ⓑ censured	ⓒ unprecedented	ⓓ in-depth	ⓔ censored
ⓕ implausible	ⓖ resonated	ⓗ generalizations	ⓘ subscription	ⓙ nothing

11. People should call and renew their _____ before it expires.

12. The films have _____ to do with certain religions.

13. The novel _____ with readers because of their criticisms of education.

14. Dictators _____ writers in order to forestall criticism in history.

15. The _____ success of the magazine ended the recession of the publishing business.

16. The important social issues were discussed _____ on the news.

17. The article was meant to _____ the politician's reputation.

18. The singer was _____ for illegal betting.

19. He stood firm in his _____ claim on the televised debate.

20. His column is about the fallacy of hasty _____.

answers
11 ⓘ 12 ⓙ 13 ⓖ 14 ⓔ 15 ⓒ 16 ⓓ 17 ⓐ 18 ⓑ 19 ⓕ 20 ⓗ

뉴텝스 어휘

UNIT
11

건강·의학

건강 · 의학

UNIT 11 >>

UNIT 01
UNIT 02
UNIT 03
UNIT 04
UNIT 05
UNIT 06
UNIT 07
UNIT 08
UNIT 09
UNIT 10
UNIT 11
UNIT 12
UNIT 13
UNIT 14
UNIT 15
UNIT 16
UNIT 17
UNIT 18
UNIT 19
UNIT 20
UNIT 21
UNIT 22
UNIT 23
UNIT 24
UNIT 25
UNIT 26
UNIT 27
UNIT 28
UNIT 29
UNIT 30

---

001 □□□
★★
illness
[ˈɪlnəs]

유의어
ailment 질환

명 병

Pets carry certain bacteria, viruses, parasites, and fungi that can cause illness if transmitted to humans.
애완동물들은 인간에게 옮겨졌을 때 질병을 유발할 수 있는 박테리아, 바이러스, 기생충, 그리고 곰팡이를 지니고 있다.

> **텝스기출표현**
> suffer from an illness 병으로 고통받다

---

002 □□□
★★
addiction
[əˈdɪkʃn]

addict 통 중독되게 하다 명 중독자
addictive 형 중독성의

명 중독 | 몰입

Addiction is compulsive dependence upon a certain kind of drug.
중독은 특정 약물에 대한 강박적인 의존이다.

---

003 □□□
★
allergic
[əˈlɜːrdʒɪk]

형 알레르기가 있는

I'm allergic to all of the pollen in the air.
나는 공기 중에 있는 모든 꽃가루에 알레르기가 있다.

> **텝스기출표현**
> be allergic to ~에 알레르기가 있다

---

004 □□□
★★★
apply
[əˈplaɪ]

application 명 신청, 적용

유의어
lay on (페인트 등을) 칠하다

통 (약·화장품을) 바르다 | 신청하다 | 적용하다

Apply the medicine after carefully reading the directions.
지시 사항을 잘 읽은 뒤에 약을 바르세요.

> **텝스기출표현**
> apply the ointment 연고를 바르다
> apply for a grant 보조금을 신청하다

---

005 □□□
★
ache
[eɪk]

유의어
suffer 고통을 겪다

통 아프다 명 아픔, 쑤심

She exercised too much and now she aches all over.
그녀는 운동을 너무 열심히 해서 지금 온몸이 아프다.

> **텝스기출표현**
> ache for ~을 갈망하다, ~에 마음이 아프다

---

006 □□□	✶ **surgery** [ˈsɜːrdʒəri] surgeon 명 외과 의사 유의어 operation 수술	명 외과 수술 She pioneered a breakthrough in plastic surgery. 그녀는 성형 수술 분야에서 획기적인 수술법을 발견했다

007 □□□	✶ **therapy** [ˈθerəpi] 유의어 remedy 치료법	명 치료, 요법 We provide financial support in every therapy phase. 우리는 모든 요법의 단계들을 재정적으로 지원한다.

008 □□□	✶✶ **relieve** [rɪˈliːv] relief 명 완화, 경감 유의어 soothe 진정시키다 alleviate 완화하다	동 (불쾌감 · 고통 등을) 덜어 주다 This transplant operation is bound to relieve much of the pain. 이 이식 수술이 고통을 상당 부분 경감시켜 줄 것이다.

009 □□□	✶ **pump** [pʌmp] 유의어 beat (심장이) 고동치다 throb 고동치다	동 (심장이) 뛰다 After suffering from congestive heart failure disease, his organ could not pump adequate blood on its own. 울혈성 심부전 질환을 겪은 뒤, 그의 심장은 스스로 충분히 뛰지 못했다.

010 □□□	✶✶✶ **undergo** [ˌʌndərˈgoʊ] 유의어 go through 겪다	동 겪다	견디다 The patient is undergoing Western treatment combined with alternative medicine. 그 환자는 대체 의학이 결합된 서구 치료법을 받고 있다. In life, to undergo a hardship means to grow up. 인생에서 고난을 견디는 것은 성장을 의미한다.

011 □□□	✶ **vein** [veɪn]	명 정맥 Doctors are cautious about touching the vein that carries the blood, which travels from the heart through arteries. 의사들은 심장에서 동맥을 통해 나오는 피가 들어 있는 정맥을 건드리는 것을 경계한다.

▶혼동하지 말자!
vain 헛된, 허무한

01 UNIT
02 UNIT
03 UNIT
04 UNIT
05 UNIT
06 UNIT
07 UNIT
08 UNIT
09 UNIT
10 UNIT
11 UNIT
12 UNIT
13 UNIT
14 UNIT
15 UNIT
16 UNIT
17 UNIT
18 UNIT
19 UNIT
20 UNIT
21 UNIT
22 UNIT
23 UNIT
24 UNIT
25 UNIT
26 UNIT
27 UNIT
28 UNIT
29 UNIT
30 UNIT

012 □□□

★★

checkup
[ˈtʃek͵ʌp]

명 건강 검진, 점검

An annual medical checkup is crucial for sufferers of lung diseases.

매년 건강 검진을 받는 것은 폐 질환을 앓는 사람들에게 꼭 필요한 일이다.

---

013 □□□

★

coma
[ˈkoʊmə]

명 혼수상태

Sarah was in a coma for a year following the accident that happened in Hawaii.

Sarah는 하와이에서 있었던 사고 이후 1년간 혼수상태에 있었다.

텝스기출표현

go into a coma 혼수상태에 빠지다

▶혼동하지 말자!
comma 콤마, 쉼표

---

014 □□□

★★

infect
[ɪnˈfekt]

유의어
contaminate 오염시키다
taint 오점을 남기다
defile 더럽히다

동 감염시키다 | (나쁜 버릇에) 물들이다

Cleansing the wound can deter the virus from infecting the immune system.

상처를 소독하는 것은 바이러스가 면역 체계를 감염시키는 것을 막을 수 있다.

---

015 □□□

★★

medication
[͵medɪˈkeɪʃn]

medicate **동** 약을 투여하다

유의어
pharmaceutical drug 의약물

명 약물 치료, 의약품

The medication container is connected to the injured patient with an atomizer.

약물 용기는 흡입기로 환자에게 연결된다.

▶혼동하지 말자!
mediation 중재
meditation 명상

---

016 □□□

★

obesity
[oʊˈbiːsəti]

obese **형** 비만의

명 비만

The USA government announced that it would implement a tax-hike on fast food, to control obesity ratio.

미국 정부는 비만율을 통제하기 위해 패스트푸드에 대한 세금을 인상하겠다고 공표했다.

★
overdose
[ˈoʊvərdoʊs]

유의어
drug abuse 약물 남용

명 **과다 복용**

Michael Jackson died from what some say was a long-term drug overdose.

Michael Jackson은 사람들의 말에 의하면, 장기적인 약물 과용 때문에 사망했다고 한다.

★★
immune
[ɪˈmjuːn]

immunity 명 면역력

형 **면역의**

The poor are susceptible to the epidemic due to their weak immune system.

빈곤층은 면역 체계가 약하여 전염병에 취약하다.

> **텝스기출표현**
> be immune to ~에 영향을 받지 않다
>
> ▶혼동하지 말자!
> immure 감금하다
> immutable 불변의

★★
inject
[ɪnˈdʒekt]

injection 명 주사, 주입

유의어
vaccinate 예방 접종을 하다
administer 약을 투여하다
inoculate 접종하다

동 **주사하다, 주입하다**

Authorities said that the unlicensed doctor injected patients with toxic substances.

당국은 그 무면허 의사가 환자들에게 유해한 물질을 주사했다고 밝혔다.

> **텝스기출표현**
> inject a remark 말참견을 하다

★★★
operation
[ˌɑːpəˈreɪʃn]

operate 동 작동하다, 수술하다

명 **수술, 조작, 운영**

The doctors are afraid of the operation on an advanced cancer patient.

의사들은 암이 진행된 환자를 수술하기 꺼려한다.

★★
recover
[rɪˈkʌvər]

유의어
recuperate 회복하다
convalesce 나아지다, 회복하다

동 **(건강을) 회복하다 | 복구하다**

Personally, the best therapy to recover from one's fatigue is to sleep tight and eat well.

개인적으로 피로를 회복하는 가장 좋은 방법은 잘 자고 잘 먹는 것이라고 생각한다.

The mechanic recovered the data lost from virus-infection.

그 정비공은 바이러스 감염으로 손실된 데이터를 복구시켰다.

*
abrasion

[əˈbreɪʒn]

abrade 동 찰과상을 입히다

명 찰과상

The nasty abrasion I had on my elbow joint was the result of an abrupt fall in the stairs.

내 팔꿈치의 심한 찰과상은 갑작스럽게 계단에서 넘어진 결과였다.

★★★
aggravate

[ˈæɡrəveɪt]

aggravation 명 악화

유의어
exacerbate 악화시키다
inflame 노하게 하다

동 악화시키다

Smoking can aggravate your acute symptoms from asthma.

흡연은 당신 천식의 급성 증후를 악화시킬 수 있다.

텝스기출표현
aggravate the evil 폐해를 가증시키다

★★★
alleviate

[əˈliːvieɪt]

alleviation 명 경감, 완화

유의어
moderate 완화하다
allay 진정시키다

동 완화하다, 경감하다

This pill alleviates symptoms of inflammation but can cause some dizziness.

이 알약은 염증 증상을 완화할 수 있으나 어지러움증을 유발할 수 있다.

★★★
administer

[ədˈmɪnɪstər]

administration 명 관리, 행정

동 (약을) 투여하다 | (업무를) 관리하다 | (시험을) 실시하다

The elderly need daily injections to administer another medication for Alzheimer's disease.

노인들은 알츠하이머병을 위한 또 다른 약을 투여하기 위해서 주사를 매일 맞아야 한다.

텝스기출표현
administer a will 유언을 집행시키다

★★
abortion

[əˈbɔːrʃn]

abort 동 유산하다

유의어
miscarriage 유산

명 낙태, 유산

Published studies have shown an interrelation between abortion and mental illness.

발표된 연구들은 낙태와 정신 질환의 상호 관련성을 보여 줬다.

텝스기출표현
a back-alley abortion 불법 낙태 시술

027 ☐☐☐

✱
anemia
[əˈniːmiə]

anemic 혤 빈혈증의

명 빈혈

Her symptoms of fatigue, shortness of breath, and anemia can be attributed to her prior injection to alleviate the pain.

그녀의 피로, 숨가쁨과 빈혈 등의 증상은 앞서 그녀가 맞은 진통제 주사에서 기인한 것일 수 있다.

---

028 ☐☐☐

✱✱
chronic
[ˈkrɑːnɪk]

chronicity 혤 만성

유의어
inveterate 상습적인, 고질적인

반의어
acute 급성인

형 만성적인, 상습적인

The chronic unemployment problem has been intertwined with the flagging birth rate of Korea.

만성적인 실업 문제는 한국의 줄어드는 출산율과 밀접하게 관련되어 있다.

---

029 ☐☐☐

✱✱✱
complication
[ˌkɑːmplɪˈkeɪʃn]

complicate 통 복잡하게 하다

유의어
perplexing 난처하게 하는
intricate 얽힌, 난해한

명 합병증 | 복잡한 문제

Boundaries between complications of chronic heart diseases and lung diseases are difficult to distinguish.

만성 심장병 합병증과 폐 질환의 경계를 구별하는 것은 어렵다.

텝스 기출 표현
develop a complication 합병증이 생기다

---

030 ☐☐☐

✱✱✱
contract
[kənˈtrækt]

contraction 혤 수축

유의어
constrict 수축하다
covenant 계약하다

통 심각한 병에 걸리다 | 수축하다 | 계약하다

For individuals who contracted AIDS, the flu is a life-threatening condition.

에이즈에 걸린 사람들에게 감기는 생명을 위협하는 질환이다.

Muscles contracting in the stomach can cause nausea.

위에서 수축하는 근육들은 메스꺼움을 유발할 수 있다.

텝스 기출 표현
a contracting market 줄어들고 있는 시장

---

031 ☐☐☐

✱✱✱
detrimental
[ˌdetrɪˈmentl]

detriment 혤 손상, 상해

유의어
injurious 손상을 주는
deleterious 유해한

형 해로운

Detrimental side effects may be caused by antibiotic overuse.

항생제 오용에 의해 해로운 부작용이 야기될 수 있다.

텝스 기출 표현
be detrimental to health 건강에 해롭다

01
UNIT 02
UNIT 03
04
05
06
UNIT 07
UNIT 08
09
10
UNIT 11
UNIT 12
13
14
15
16
17
UNIT 18
UNIT 19
20
21
22
23
24
25
26
27
28
29
30

032 □□□

✦
epidemic
[ˌepɪˈdemɪk]

유의어
outbreak 발발
plague 전염병
contagion (접촉) 전염

명 유행성 전염병 **형** 유행하는, 유행성의

The store had to shut down for two days due to the regional outbreak of a flu epidemic.

유행성 독감이 지역적으로 발생하여 그 상점은 이틀간 폐쇄되어야 했다.

---

033 □□□

✦✦
eradicate
[ɪˈrædɪkeɪt]

eradication **명** 근절, 박멸

유의어
exterminate 없애다

동 뿌리 뽑다, 근절하다

To eradicate the epidemic, the immunization procedure was mandated to all residents.

전염병을 근절하기 위해 예방 주사 조치가 모든 주민들에게 의무화 되었다.

> **텝스기출표현**
> eradicate illiteracy 문맹을 퇴치하다

---

034 □□□

✦
hypochondria
[ˌhaɪpəˈkɑːndriə]

유의어
apprehension 염려
anxiety 불안

명 건강 염려증

Patients with hypochondria lapse into a lethargic silence, experiencing anxiety over illusional health problems.

건강 염려증 환자들은 그들에게 건강상의 문제가 있다는 망상으로 불 안해하며 무기력한 침묵에 빠진다.

---

035 □□□

✦
inoculate
[ɪˈnɑːkjuleɪt]

inoculation **명** 예방 접종

유의어
vaccinate 예방 접종하다

동 예방 접종하다

Outbound travelers to tropical regions need to be inoculated against measles, mumps, and rubella vaccine.

열대 지방으로 떠나는 여행자들은 홍역, 볼거리, 그리고 풍진 예방 접종을 해야 한다.

---

036 □□□

✦✦✦
prescription
[prɪˈskrɪpʃn]

prescribe **동** 처방하다, 규정하다, 지시하다

명 처방전

The doctor wrote a patient a wrong prescription, mistaking his symptom as congestive heart failure.

그 의사는 환자의 증상을 울혈성 심부전으로 오인하고 잘못된 처방 전을 써 줬다.

> **텝스기출표현**
> fill a prescription 약을 조제하다

037

★
pernicious
[pərˈnɪʃəs]

유의어
deleterious 유해한
malignant (종양·병이) 악성인
vicious 악성인

명 유해한, 악성의, 치명적인

He had to spend a fortune on the surgery after the pernicious infection.

그는 유해한 감염 이후 수술을 위해 큰 비용을 지불해야 했다.

038

★★
plague
[pleɪg]

유의어
afflict 괴롭히다

명 전염병, 역병 동 괴롭히다

Plague can be treated with antibiotics and supportive care.

전염병은 항생제와 지지 요법으로 치료할 수 있다.

039

★
prognosis
[prɑːgˈnoʊsɪs]

prognostic 형 예후의 명 징후

유의어
convalescence 요양

명 예후

Sometimes gutsy movement and hopeful prognosis get patients through the darkness.

가끔은 활발한 움직임과 질병에 대한 낙관적 예후가 환자들로 하여금 힘든 시기를 극복하게 해 준다.

040

★★
susceptible
[səˈseptəbl]

유의어
prone ~하기 쉬운

명 감염되기 쉬운, 영향받기 쉬운

Poor nutrition and lack of exercise could make your body susceptible to immune disease.

부실한 영양과 운동 부족은 당신의 신체를 면역 질환에 걸리기 쉽게 만들 수 있다.

> **텝스기출표현**
> be susceptible to flattery 아부에 약하다

041

★
veterinarian
[ˌvetərɪˈneriən]

명 수의사

The family asked a veterinarian to treat a cow infected by the mad cow disease.

그 가족은 수의사에게 광우병에 걸린 소를 치료해 달라고 요청했다.

042

★
numb
[nʌm]

유의어
paralyzed 마비된
torpid 움직이지 않는
stupefied 얼이 빠진

명 감각을 잃은, 마비된

Even with my gloves on, my fingers are numb with frostbite.

장갑을 끼고도, 내 손가락은 동상으로 무감각해졌다.

> **텝스기출표현**
> go numb 마비되다

---

043 □□□

*
anesthetic
[ˌænəsˈθetɪk]

명 마취제

The doctor gave me an anesthetic to alleviate the pain.

의사는 고통을 줄이기 위해 나에게 마취제를 주사했다.

---

044 □□□

***
attribute
[əˈtrɪbjuːt]

attribution **명** 귀속, 귀인

유의어
ascribe (원인 등을) ~로 돌리다

통 ~의 탓으로 돌리다

The majority of skin cancer is attributed to excessive UV exposure on the beach.

대부분의 피부암은 해변에서의 과도한 자외선 노출 때문이다.

텝스기출표현
be attributed to ~때문이다

---

045 □□□

*
bodily fluids

유의어
secretion 분비물

체액

People admitted into hospital undergo tests on bodily fluids such as blood, urine, and saliva.

병원에 입원한 사람들은 혈액, 소변, 그리고 침과 같은 체액에 대한 검사를 받는다.

---

046 □□□

**
congested
[kənˈdʒestɪd]

congestion **명** 막힘, 정체

형 막힌, 혼잡한

The health insurance covered daily sufferings such as a congested nose, cold, and headache.

그 건강 보험은 코막힘, 감기 그리고 두통과 같은 일상적인 고통도 보장됐다.

텝스기출표현
congested nose 코막힘

---

047 □□□

***
diagnose
[ˌdaɪəgˈnoʊs]

diagnosis **명** 진단

통 진단하다

Doctors obtain a patient's private medical record to diagnose a disease.

의사들은 환자의 질병을 진단하기 위해서 개인 진료 기록을 얻는다.

---

048 □□□

**
disorder
[dɪsˈɔːrdər]

명 병, 장애 | 무질서

Certain types of skin cancer are assumed to be an inherited disorder.

특정 종류의 피부암은 유전병으로 간주된다.

★★★

alternative
[ɔːlˈtɜːrnətɪv]

substitute 대체물

웹 대안의 **웹** 대안

Many people are turning to alternative medicine to improve blood circulation and maintain their health.

많은 사람들이 혈액 순환을 개선시키고 건강을 유지하기 위해 대체 의학으로 눈을 돌리고 있다.

텝스 기출 표현

alternative medicine 대체 의학

★

autism
[ˈɔːtɪzəm]

웹 자폐증

Autism is a disorder that affects children, commonly known as its symptom of repetitive behavior.

반복 행동 증상으로 잘 알려져 있는 자폐증은 아이들에게 영향을 주는 질환이다.

★

digestive system
digestion **웹** 소화

소화기 계통

After the surgery to restore eyesight, one might suffer from chronic digestive system disorders.

시력을 회복하기 위한 수술 뒤에, 환자는 만성적인 소화기 계통 장애를 겪을 수 있다.

★

hypertension
[ˌhaɪpərˈtenʃn]

hypotension 저혈압

웹 고혈압

Hypertension, which leads to heart disease, is readily curable using homeopathic medicine.

심장 질환을 야기하는 고혈압은 동종 요법 약으로 쉽게 치료가 가능하다.

★★

annihilate
[əˈnaɪəleɪt]

exterminate 없애다

웹 전멸시키다, 몰살시키다

Hopeful at the prospect of annihilating cancer, the patient was willing to go through agonizing pain.

암을 완전히 제거할 수 있다는 전망에 희망적이었던 환자는 엄청난 고통도 겪을 용의가 있었다.

★

neurotic
[nʊˈrɑːtɪk]

compulsive 강박관념에 사로잡힌

웹 신경과민인 사람 **웹** 신경과민의

Our supervisor, leading the board of directors, is a neurotic who is difficult to follow.

이사회를 이끌고 있는 우리 상사는 따르기 힘든 신경질적인 사람이다.

Research shows that neurotic students score higher in tests, despite their test anxieties.

연구 결과는 신경과민성의 학생들이 시험에 대한 불안에도 불구하고 시험에서 더 높은 점수를 기록한다는 것을 보여 준다.

★

fracture

[ˈfræktʃər]

 유의어

rift 균열

rupture 파열

🗱 골절

The patient has a fracture in his leg.

그 환자는 다리에 골절이 생겼다.

> **텝스기출표현**
>
> fracture into ~로 쪼개지다

★

fetus

[ˈfiːtəs]

 유의어

embryo 배아

🗱 태아

The mother needs to be healthy for the fetus to be healthy.

모체가 건강해야 태아도 건강하다.

★

insomnia

[ɪnˈsɑːmniə]

 유의어

vigilance 불면증, 경계, 조심

asomnia 불면증

🗱 불면증

People believe insomnia is worsened by unnecessary worries of daily life.

사람들은 불면증이 일상생활에 대한 쓸데없는 걱정으로 인해 악화된다고 믿는다.

★★★

pharmaceutical

[ˌfɑːrməˈsuːtɪkl]

pharmacy 🗱 약국

🗱 제약의

The venom of a toad has a pharmaceutical value, in that it contains antioxidants.

두꺼비의 독에는 항산화제가 포함되어 있다는 점에서 조제적 가치가 있다.

★

ward

[wɔːrd]

🗱 병동, 구역

Because of the watch and ward, they had to suffer from undernourishment during the war.

주야 감시 때문에 그들은 전쟁 중 영양실조에 걸렸다.

> **텝스기출표현**
>
> ward off ~을 피하다

★★

contagious

[kənˈteɪdʒəs]

유의어

infectious 전염되는

🗱 전염되는

The common cold is a contagious disease but its cure can be bought over the counter.

일반적인 감기는 전염병이지만 치료제는 처방전 없이 구매 가능하다.

✦
placebo
[pləˈsiːboʊ]

명 속임약

If you are to show any doubt whatsoever in this experiment, this placebo treatment cannot be effacious.

만약 당신이 어떠한 형태로든 이 실험에서 의심을 표한다면, 이 플라세보 치료는 효과가 없게 된다.

> **텝스기출표현**
> placebo effect 플라세보 효과

✦
transplant
[trænsˈplænt]

transplantation 명 이식

유의어
implant 심다

동 이식하다

After undergoing a heart transplant operation, he came down with a viral infection.

그는 심장 이식 수술을 받은 뒤, 바이러스에 감염되었다.

✦
cavity
[ˈkævəti]

cavitate 동 공동을 만들다

유의어
pit 구멍이

명 충치 | 구멍

Simply put, a cavity is a hole in your tooth, but if left untreated, it could develop into mouth cancer.

충치는 단순히 말하면 이에 있는 구멍이지만, 치료되지 않으면 구강 암으로 악화될 수 있다.

✦
abdominal
[æbˈdɑːmɪnl]

abdomen 명 복부

형 복부의

When you tighten your abdominal muscles before lifting, you can shed the abdominal fat at ease.

들기 전에 복근을 조이면, 복부 지방을 쉽게 줄일 수 있다.

> **텝스기출표현**
> abdominal respiration 복식 호흡

✦✦
malpractice
[ˌmælˈpræktɪs]

유의어
malfeasance 배임

명 의료 과실, 배임

This hospital was not covered by professional insurance and lost all the patients after the malpractice in 1988.

이 병원은 전문업 보험에 가입되어 있지 않았고 1988년 의료 사고 이후 모든 환자들을 잃었다.

066
□□□

**
acupuncture
[ˈækjupʌŋktʃər]

명 침술

The new fat-loss therapy uses intermittent acupuncture as well as the traditional western drug.

새로운 지방 제거 치료는 기존의 서구 약물뿐만 아니라 간헐적인 침술도 사용한다.

067
□□□

*
abscess
[ˈæbses]

abscessed **형** 종기가 생긴

명 종기, 농양

She had an eye removed and deep-rooted abscesses drained, now waiting for her eyesight to restore.

그녀는 한쪽 눈을 제거하고 뿌리 깊은 종기의 물을 뺐으며, 이제 시력이 회복되기를 기다리고 있다.

> **텝스기출표현**
> lance an abscess 종기를 절개하다

068
□□□

*
antigen
[ˈæntɪdʒən]

antigenic **형** 항원의

명 항원

An antigen is referred to as an agent perceived as foreign by a body's immune system.

항원은 신체의 면역 체계에서 이질적이라고 인지되는 병원체를 일컫는다.

069
□□□

***
antibiotic
[ˌæntibaɪˈɑːtɪk]

명 항생제

The veterinarian added antibiotic medicines to the pigs' feed to prevent infection.

수의사는 감염을 막기 위해 돼지 사료에 항생제를 넣었다.

> **텝스기출표현**
> antibiotic resistance 내성

070
□□□

*
rash
[ræʃ]

유의어
frivolous 불성실한, 성급한
imprudent 경솔한

명 발진, 뾰루지 **형** 성급한

His neck and back are covered with a widespread red rash.

그의 목과 등은 온통 붉은 반점 투성이다.

> **텝스기출표현**
> heat rash 땀띠

UNIT 11

UNIT 11 건강·의학 **225**

**

appendix

[əˈpendɪks]

append 통 첨부하다

유의어
supplement 부록

명 맹장 | 부록

Appendix cancer is a rare type of cancer and its symptoms are hard to notice.

맹장암은 드문 종류의 암이며 증세도 알아채기 어렵다.

---

*

autopsy

[ˈɔːtɑːpsi]

명 부검

The autopsy revealed that students died of food poison, exhibiting flayed corpses.

사체 부검은 피부가 벗겨진 시체들을 전시하며, 학생들이 식중독으로 사망했음을 밝혔다.

---

*

marrow

[ˈmæroʊ]

명 골수

Transplanting red marrow, which produces red and white blood cells, is not plausible in this case.

적혈구와 백혈구를 생산하는 적색 골수 이식은 이 경우에는 불가능하다.

텝스기출표현
to the marrow 뼛속까지, 철저하게

---

*

cardiac

[ˈkɑːrdiæk]

cardiovascular 형 심혈관의

형 심장의

As the main organ of the cardiac system, a ruptured heart is the main cause of most cardiovascular events.

심장계의 주요 기관으로서, 파열된 심장은 심혈관 질환의 주된 원인이 된다.

**

debilitate

[dɪˈbɪlɪteɪt]

debilitating 형 쇠약하게 하는
debility 명 쇠약

유의어
marcid 쇠약하게 하는

동 심신을 약화시키다

Regardless of the type, a headache can be extremely debilitating, scary, and costly at the same time.

유형에 상관없이, 두통은 사람을 매우 쇠약하게 할 수 있으며, 무섭고, 그와 동시에 비용이 많이 들 수 있다.

**

degenerate

[dɪˈdʒenəreɪt]

degenerative 형 퇴행성의

유의어
decline 쇠퇴하다
deteriorate 악화되다

동 악화되다

The old woman had to go through treatment because her foot joint degenerated due to wear and tear.

그 늙은 여인은 마모에 의해 족관절이 악화됐기 때문에 치료를 받아야 했다.

077 ☐☐☐

✱
embryo
[ˈembrioʊ]

유의어
fetus 태아

명 배아

Therapeutic cloning creates an embryo, bringing hope for sufferers of the non-curable disease.

치료 복제는 배아를 생성하는데, 이는 난치성 질환으로 고통을 겪는 사람들에게 희망을 주고 있다.

---

078 ☐☐☐

✱
endoscopy
[enˈdɑːskəpi]

endoscope **명** 내시경

명 내시경술

After using endoscopy, clinical practice in the field of general surgery has changed radically.

내시경술 사용 이후, 일반외과 분야의 임상 관행은 급격히 변화해 왔다.

---

079 ☐☐☐

✱
euthanasia
[ˌjuːθəˈneɪʒə]

명 안락사

Meaning a benevolent death, the term "euthanasia" is bringing legitimate concerns regarding free will to live.

자비로운 죽음을 의미하는 '안락사'는 살고자 하는 자유 의지와 관련하여 정당한 우려를 낳고 있다.

---

080 ☐☐☐

✱✱
exacerbate
[ɪgˈzæsərbeɪt]

exacerbation **명** 악화, 격화

유의어
inflame 격앙시키다, 악화시키다
aggravate 악화시키다

동 고통을 더하다 | 악화시키다

The therapy exacerbated the patient's pain, making it more fierce and intense.

그 치료는 환자의 고통을 더 무섭고 강렬하게 만들었다.

> **텝스기출표현**
> exacerbate the tension 긴장을 높이다

> ▶ 혼동하지 말자!
> exasperate 몹시 화나게 하다

---

081 ☐☐☐

✱
hemorrhage
[ˈhemərɪdʒ]

hemorrhagic **명** 출혈의

유의어
bleeding 출혈

명 출혈 | (거액의) 자산 손실

The doctor failed his patient in the hospital, causing a massive brain hemorrhage during the operation.

의사는 수술 도중 심한 뇌출혈을 야기하며 병원에 입원한 환자를 죽게 만들었다.

> **텝스기출표현**
> financial hemorrhage 자산 손실

---

082 ☐☐☐

✱✱
inflammation
[ˌɪnfləˈmeɪʃn]

inflame **동** 흥분시키다, 악화시키다

명 염증

The saliva of leeches is known to reduce blood clotting and inflammation.

거머리의 침은 혈액 응고와 염증을 막는 것으로 알려져 있다.

★★★

malady

[ˈmælədi]

유의어

canker 병폐

malaise 해악

명 병 | 심각한 문제, 병폐

Those who received blood transfusions are suffering from inflammation on top of some strange malady.

수혈을 받은 이들은 염증과 더불어 이상한 병으로 고통받고 있다.

★

panacea

[ˌpænəˈsiːə]

명 만병 통치약

The senator claims that reform cannot be a panacea for political corruption.

상원 의원은 개혁이 정치적 부패에 대한 만병 통치약이 될 수 없다고 주장한다.

★★

recuperate

[rɪˈkuːpəreɪt]

recuperation **명** 회복

동 회복하다

In his condolences to those injured, he advised that patients have more time to recuperate.

그는 부상당한 이들에게 위로의 뜻을 전하며, 환자들이 회복하는 데 좀 더 많은 시간을 보낼 것을 당부했다.

텝스 기출 표현

recuperate 사람's strength 기력을 회복하다

★★

sedative

[ˈsedətɪv]

sedate **형** 차분한

유의어

narcotic 진통제, 마약

명 진정제

Painkillers work as sedatives but can cause nausea, upset stomach, and depressed respiration.

진통제들은 진정 효과가 있지만, 메스꺼움, 소화 불량과 호흡 저하를 야기할 수 있다.

★★★

virulent

[ˈvɪrələnt]

형 악성의, 맹독의

According to the research, the anticipated epidemic is to be highly virulent and contagious.

연구 결과에 따르면, 예상되는 전염병은 매우 치명적이고 감염성이 높을 것이다.

★

perspiration

[ˌpɜːrspəˈreɪʃn]

perspiratory **형** 땀의, 발한의

명 땀

This tube removes exhaled moisture and perspiration, helping the body to cool down.

이 튜브는 내쉰 습기와 땀을 제거해 주며, 신체의 체온을 낮추도록 도와준다.

✦✦
pneumonia
[nuːˈmoʊniə]

pneumonic 형 폐렴의

명 폐렴

Her son became ill with pneumonia, but the treatment along with the concoction will help him regain his health.

그녀의 아들은 폐렴에 걸렸으나, 치료와 조제약이 아들의 건강을 회복하게끔 만들 것이다.

✦
respiratory
[ˈrespərətɔːri]

respiration 명 호흡

유의어
inhaling 흡입의

명 호흡의

Respiratory equipment in the hospital should be taken care of with extreme precaution.

병원에서의 호흡 장비는 매우 조심스럽게 다뤄져야 한다.

텝스기출표현
respiratory disease 호흡기 질환

✦✦✦
sanitation
[ˌsænɪˈteɪʃn]

유의어
hygiene 위생

명 위생 시설

Seeking better sanitation, migrants are drawn from less-developed countries to wealthier countries.

더 나은 위생 시설을 찾아 이민자들은 저개발 국가에서 부유한 국가로 옮겨 간다.

✦✦
seizure
[ˈsiːʒər]

유의어
convulsion 발작
confiscation 압수

명 발작 | 압수

A seizure is defined as a series of neurologic disorder, often resulting in a sudden change in behavior.

발작은 신경학적 장애로 정의되며 종종 급작스런 행동의 변화를 야기한다.

텝스기출표현
provisional seizure 가압류

✦
sling
[slɪŋ]

유의어
cast 던지다, 깁스

명 (부러진 팔을 고정시키는) 팔걸이 붕대
동 (느슨하게) 매다

In the attached first-aid arm sling manual, you can learn about how to correctly sling an arm.

첨부된 응급 팔걸이 붕대 설명서에서 붕대를 팔에 올바르게 매는 법을 배울 수 있다.

✦
ulcer
[ˈʌlsər]

유의어
canker 궤양

명 궤양

Appendicitis usually begins with ulcers in appendix later spreading to other organs.

맹장염은 보통 맹장 안의 궤양으로 시작해서 나중에 다른 장기들로 옮겨 퍼진다.

095 ★★
pandemic
[pænˈdemɪk]

pandemonium 圐 대혼란

유의어
epidemic 유행병
pestilence 역병

圐 범유행, 범유행병

The department announced that a pandemic influenza episode is likely to be sooner than expected.

해당 부서는 유행성 독감의 발생이 생각했던 것보다 빨리 있을 것이라고 발표했다.

---

096 ★
anorexia
[ˌænəˈreksiə]

유의어
apastia 거식증
sitophobia 거식증

圐 거식증

The distorted images of celebrities in broadcast TV is leading to social problems including anorexia.

TV에서 방송되는 연예인들의 왜곡된 이미지가 거식증을 포함한 사회 문제로 이어지고 있다.

---

097 ★
contusion
[kənˈtuːʒn]

contuse 圄 타박상을 입히다

유의어
bruise 타박상

圐 타박상

Withdrawal symptoms of the drug include vomiting and bruising or swelling after contusions.

그 약의 금단 증상으로는 구토와 부딪침 뒤의 멍이나 붓기를 들 수 있다.

---

098 ★
senility
[sɪˈnɪləti]

senile 圀 망령 난, 노망든

유의어
decrepitude 쇠약
senescence 노쇠, 노년기

圐 노쇠, 노망

Senility made it hard for him to take care of himself, not to mention the conference he is in charge of.

그는 너무 늙어서 그가 담당하고 있는 회의뿐만 아니라, 자신의 몸조차 감당하지 못하게 됐다.

텝스 기출 표현
live until 사람's senility 오래도록 살다

---

099 ★
tuberculosis
[tuːˌbɜːrkjəˈloʊsɪs]

tuberculous 圀 결핵의

圐 결핵

Considering that dry cough is mistaken for tuberculosis, you do not have to be hospitalized before diagnosis.

마른 기침이 폐결핵으로 오인될 수 있으므로, 진단받기 전에는 입원할 필요가 없다.

100

★
olfactory
[ɑːlˈfæktəri]

형 후각의

Our noses have special cells that help us smell which are named as olfactory receptors.

. 우리의 코는 우리가 냄새를 맡게 하는 특별한 세포를 갖고 있고, 이는 후각의 감각기라고 불린다.

문맥에 맞는 단어를 보기에서 골라 빈칸에 넣으세요.

PART 1

ⓐ relieve	ⓑ obesity	ⓒ apply	ⓓ coma	ⓔ infect
ⓕ immune	ⓖ illness	ⓗ contract	ⓘ overdose	ⓙ checkup

1. _____ anxiety disorder, namely hypochondria, is worrying excessively about health.

2. Please _____ the cream after degerming the infected wound.

3. Young girls on a strict diet tend to catch cold easily because of their weak _____ system.

4. Drug _____ can cause unwanted side effects such as vomiting, nausea, and anemia.

5. Students should wash their hands so that viruses cannot _____ them.

6. This pill will _____ pain and tension.

7. Eating fast food can cause _____.

8. People _____ the virus when they are vulnerable and weak.

9. Jennifer went into a _____ after the accident.

10. Every applicant should have a medical _____ prior to the interview.

answers
1 ⓖ 2 ⓒ 3 ⓕ 4 ⓘ 5 ⓔ 6 ⓐ 7 ⓑ 8 ⓗ 9 ⓓ 10 ⓙ

≫ Check-Up Questions

문맥에 맞는 단어를 보기에서 골라 빈칸에 넣으세요.

PART 2

> ⓐ inoculate ⓑ susceptible ⓒ eradicate ⓓ congested ⓔ hypochondria
>
> ⓕ pernicious ⓖ prescription ⓗ detrimental ⓘ veterinarian ⓙ epidemic

11. Excessive drinking can be _____ to your health.

12. The doctor is going to _____ a patient against influenza.

13. She became lethargic with her _____ nose.

14. The outbreak of a flu _____ led the school to close down for a week.

15. Patients with _____ experience extreme anxiety and concern about their health.

16. The manager's bad condition had a _____ effect on the entire project.

17. An unbalanced diet makes the human body _____ to infections.

18. We asked a _____ to cure a sick dog.

19. The government is planning to _____ corruption by 2030.

20. The doctor wrote a patient a _____ for a cold medicine.

answers

11 ⓗ 12 ⓐ 13 ⓓ 14 ⓙ 15 ⓔ 16 ⓕ 17 ⓑ 18 ⓘ 19 ⓒ 20 ⓖ

뉴텝스 어휘

UNIT
12

직장 · 업무

직장·업무 UNIT 12 >>

UNIT 01
UNIT 02
UNIT 03
UNIT 04
UNIT 05
UNIT 06
UNIT 07
UNIT 08
UNIT 09
UNIT 10
UNIT 11
UNIT 12
UNIT 13
UNIT 14
UNIT 15
UNIT 16
UNIT 17
UNIT 18
UNIT 19
UNIT 20
UNIT 21
UNIT 22
UNIT 23
UNIT 24
UNIT 25
UNIT 26
UNIT 27
UNIT 28
UNIT 29
UNIT 30

001 ☐☐☐

✱✱
arrange
[əˈreɪndʒ]

arrangement 명 정돈, 준비, 배치

🔵 정리하다, 배열하다 | 준비하다, 마련하다

If the employee had arranged the files by color, he could have distinguished between them far more easily.
만약 그 직원이 파일들을 색깔별로 정리했더라면, 그것들을 훨씬 더 쉽게 구별할 수 있었을 것이다.

Our company could help you arrange the crucial meeting and don't hesitate to contact us.
저희 회사는 당신이 중요한 회의를 준비하는 데 도움을 줄 수 있으니 주저하지 말고 연락 주세요.

---

002 ☐☐☐

✱✱✱
dismiss
[dɪsˈmɪs]

dismissal 명 해고

🔵 해고하다 | 해산시키다 | 묵살하다, 일축하다

To improve staff efficiency, the manager dismissed the employee following the incident.
직원 효율성을 향상시키기 위해 매니저는 그 사건 이후 그 직원을 해고했다.

The boss decided to dismiss the claim from his subordinate as he had been negligent in his duties.
사장은 자신의 부하가 업무상 태만했었기 때문에 그의 요구를 묵살하기로 결정했다.

▶혼동하지 말자!
demise 종말, 죽음

---

003 ☐☐☐

✱✱✱
agenda
[əˈdʒendə]

🔵 안건, 의제 (목록)

The next debate on the agenda was about increasing productivity but the debate ended indecisively.
안건 목록의 다음 논의 사항은 생산성 증가에 대한 것이었지만 결론을 내리지 못하고 끝났다.

텝스기출표현
set the agenda 의제를 정하다

004
□□□

**
obtain
[əbˈteɪn]

obtainment 명 입수, 획득
obtainable 형 얻을 수 있는

图 (노력 끝에) 얻다, 달성하다

The manager lamented over the situation that he couldn't obtain approval to hire some new employees.

그 매니저는 몇몇 새로운 직원들을 고용하기 위한 승인을 받을 수 없었던 상황에 대해 한탄했다.

> **텝스기출표현**
>
> obtain certification 인증을 받다

005
□□□

*
union
[ˈjuːniən]

图 조합, 노동조합

The labor union plans to require the company not to bring down the low wages any more.

해당 노조는 회사가 낮은 임금을 더 이상 낮추지 않도록 요구할 계획이다.

006
□□□

***
handle
[ˈhændl]

handling 명 처리, 다룸

图 다루다, 처리하다

Most employees heard some members have the ability to handle and deal with some hard work swiftly.

대부분의 직원들은 몇몇 사람들이 어려운 일을 신속하게 처리하고 해결하는 능력을 지니고 있다는 얘기를 들었다.

007
□□□

*
requirement
[rɪˈkwaɪərmənt]

require 图 필요하다, 요구하다

유의어
prerequisite 필요 조건

图 필요 조건

It was not a requirement of the company to abide by all the regulations of each department.

각 부서의 모든 규정들을 준수하는 것은 회사의 필수 사항은 아니었다.

008
□□□

***
layoff
[ˈleɪˌɔːf]

图 정리 해고

Most of the employees are losing their precious jobs in the layoff.

이번 대량 해고 조치로 직원들 중 대부분이 그들의 소중한 일자리를 잃을 것이다.

009
□□□

**
competent
[ˈkɑːmpɪtənt]

competence 명 능력, 능숙함
competently 图 유능하게, 충분하게

반의어
incompetent 무능한

图 능숙한, 유능한

The competent and brilliant employee deserves credit for handling lots of his work promptly.

그 유능하고 훌륭한 직원은 많은 업무를 즉각적으로 처리함에 대한 공으로 칭찬받아 마땅하다.

---

*
conference
[ˈkɑːnfərəns]

명 (대규모) 회의, 학회, 회담

The leaders will have a principal conference about the way some vital office rules are practiced.

대표들은 일부 필수적인 회사 규정들이 시행되는 방식에 대한 중요한 회의를 가질 것이다.

> **텝스기출표현**
>
> attend a conference 학술 발표회에 참석하다
> summit conference 정상 회담
>
> ▶혼동하지 말자!
> deference 복종, 경의

***
attend
[əˈtend]

attendance 명 출석
attention 명 주의, 주목
attentive 형 주의를 기울이는

동 참석하다, 출석하다 ㅣ 처리하다

I heard that he couldn't attend the seminar last week in Japan due to his private works.

난 그가 개인적인 업무 때문에 지난주에 일본에서 있었던 세미나에 참석할 수 없었다고 들었다.

The employee had to quickly attend to his business to meet the deadline.

해당 직원은 마감 기한을 맞추기 위해 사무를 신속하게 처리해야 했다.

***
manage
[ˈmænɪdʒ]

management 명 관리, 경영

동 (힘든 일을) 간신히 해내다 ㅣ 관리하다

The employees were relieved to hear that the idle employee managed to finish the hard task on time.

직원들은 그 게으른 사원이 어려운 업무를 제시간에 간신히 끝냈다는 소식을 듣고 안도했다.

The managers must be cognizant of the fact and should understand how to manage the tasks.

매니저들은 그 사실에 대해 반드시 인지해야 하며 그 일들을 어떻게 관리해야 하는지 이해해야 한다.

*
novice
[ˈnɑːvɪs]

명 초보자

The employer has to help the novice who failed in his attempt since no one cares about what the novice did.

아무도 초보자가 한 행동에는 신경 쓰지 않기 때문에 고용주는 시도에 실패한 그 초보자를 도와주어야 한다.

✳
project
🔵 [ˈprɑːdʒekt]
🔴 [prəˈdʒekt]

🔵 (연구·생산·개선을 위한) 계획 🔴 계획하다

The employees extended the deadline in case they can't finish their project by next Thursday.

해당 직원들은 다음 주 목요일까지 그들의 프로젝트를 끝내지 못할 경우를 대비하여 마감 기한을 연장했다.

텝스 기출 표현
make a project proposal 기획안을 마련하다

✳
interview
[ˈɪntərvjuː]

interviewer 🔵 면접관
interviewee 🔵 면접 받는 사람

🔵 면접, 회견, 인터뷰

The man was humiliated throughout the crucial job interview since he was not prepared for the interview.

그 남자는 면접에 대한 준비가 되어 있지 않았기 때문에 중요한 입사 면접 내내 망신을 당했다.

텝스 기출 표현
depth interview 심층 인터뷰

✳✳✳
renewal
[rɪˈnuːəl]

renew 🔵 재개하다, 갱신하다

🔵 갱신, (기한) 연장 l 재개, 부활

For the renewal of business cards, some employees were required to contact the department which handles it.

명함 갱신을 위해, 몇몇 직원들은 그것을 처리하는 부서에 연락해야 했다.

✳✳
hectic
[ˈhektɪk]

유의어
frantic 광란의
heated 격한, 흥분한

🔵 정신없이 바쁜, 빡빡한

The office workers must have been exhausted since they had a hectic and busy day.

사무직 직원들은 정신없고 바쁜 하루를 보냈기 때문에 매우 지쳤음에 틀림없다.

텝스 기출 표현
a hectic schedule 빡빡한 일정
lead a hectic life 정신없이 바쁘게 살다

✳✳✳
workload
[ˈwɜːrkloʊd]

🔵 업무량, 작업량

No one in the company could withstand the intense workload absolutely exhausting.

그 회사에서 굉장히 힘든 그 강도 높은 업무량을 견딜 수 있는 사람은 아무도 없었다.

텝스 기출 표현
carry a heavy workload 과중한 작업을 하다

---

department
[dɪˈpɑːrtmənt]
★★★

명 (기업체·대학과 같은 조직의 한) 부서

The several employees of the department have been praised for updating lots of information at high speed.

그 부서의 몇몇 직원들은 많은 정보를 빠른 속도로 갱신해 온 것에 대해 칭찬을 받아 왔다.

▶혼동하지 말자!
deportment 몸가짐, 행실, 행동거지

---

position
[pəˈzɪʃn]
★★★

positioning 명 위치 설정, 포지셔닝

명 입장 | 직위 | 위치, 자리

There is a rumor that the company has not supported his position despite his efforts.

그의 노력에도 불구하고 회사가 그의 입장을 지지해 주지 않았다는 소문이 있다.

---

senior
[ˈsiːniər]
★★

유의어
superior 뛰어난, 보다 나은

반의어
subordinate 하급의, 하위의, 부하

형 고위의 명 윗사람, 연장자 | 상급자

The managers should have been disciplined for helping him enter a senior accounting position.

매니저들은 그가 상급의 회계 직책에 올라가도록 도와준 것에 대해 징계를 받았어야 했다.

The new employee has been coached by his senior with a lot of experience for one year.

그 신입 사원은 경험 많은 선배에게서 1년 동안 지도를 받아 왔다.

---

envy
[ˈenvi]
★★

envious 형 부러워하는, 선망하는

동 부러워하다 명 부러움

Most workers envy the worker for finding such a great counselor helpful to the development of the company.

대부분의 근무자들은 그 직원이 회사의 발전에 도움이 되는 매우 훌륭한 조언자를 찾은 것에 대해 부러워한다.

The president is the envy of all the staff as he has the power to control all of the company's systems.

그 사장은 회사의 모든 시스템을 통제할 수 있는 권력을 가지고 있기 때문에 모든 직원의 부러움의 대상이다.

텝스기출표현
be the envy of 사람 '사람'의 선망의 대상이다

023 □□□

**

tackle

[ˈtækl]

유의어

deal with (문제 등을) 처리하다

🔟 (문제 등을) 해결하다, (문제 상황과) 씨름하다

The matter was so burdensome that the employees couldn't tackle it without the help of their boss.

그 문제는 너무 부담스러워서 직원들은 그들의 상사의 도움 없이는 문제를 해결할 수 없었다.

테스기출표현

tackle a problem 문제를 다루다

---

024 □□□

**

recruit

[rɪˈkruːt]

recruitment 명 신규 채용

🔟 (새로운 사람을) 모집하다, 뽑다 📋 신입 사원

It was so critical for the manager to recruit new workers for the noticeable growth of the company.

그 매니저가 회사의 눈에 띄는 성장을 위해 신입 직원들을 모집하는 일은 매우 중요했다.

The important work screwed by the new recruit has to be handled by another competent worker.

신입 사원에 의해 엉망이 된 중요한 일은 다른 유능한 근무자에 의해 처리되어야 한다.

---

025 □□□

***

promote

[prəˈmoʊt]

promotion 명 승진, 홍보

유의어

forward 나아가게 하다, 촉진하다
advance 진척시키다, 촉진하다

🔟 승진시키다 | 홍보하다 | 촉진하다

Since the workers were promoted to the position last year, there has been a drastic change in company sales.

그 직원들이 작년에 그 직위로 승진된 이후, 회사 매출에 급격한 변화가 있어 왔다.

The financial support from the company has been helpful to promote the development of new technology.

회사로부터의 재정적 지원은 신기술 개발을 촉진시키는 데 도움이 되어 왔다.

---

026 □□□

**

split

[splɪt]

🔟 의견이 갈리다 📋 차이 | 불화

Many workers have been aware that the managers' opinions split up over the company policies.

많은 직원들이 회사 정책에 대한 매니저들의 의견이 갈렸다는 사실을 인지해 왔다.

The split between the two employees finally created an uncomfortable atmosphere.

두 명의 직원들 사이의 불화는 결국 경직된 분위기를 조성했다.

테스기출표현

split 사람 up '사람'의 사이를 갈라놓다

027
weary
[ˈwɪri]

flagging 축 늘어지는, 맥이 빠지는

형 지친, 피곤한 동 지치게 하다

It is not surprising that lots of weary workers have countless mistakes at work.

많은 지친 근무자들이 근무 중에 무수히 많은 실수를 저지른다는 점은 놀랍지 않다.

It is undeniable that the serious and insurmountable situation could weary many workers out.

그 심각하고 극복할 수 없는 상황이 많은 근로자들을 지치게 할 수 있었다는 사실은 부인할 수 없다.

▶혼동하지 말자!
wary 경계하는, 조심하는

028
certificate
[sərˈtɪfəkət]

certification 명 증명서

명 증명서 | 자격증, 면허증

All the employees who use the system have to request a certificate to get more information about specific features.

그 시스템을 사용하는 모든 직원은 특정 기능에 대한 자세한 정보를 얻으려면 인증서를 요청해야 한다.

텝스 기출 표현
issue a certificate 증명서를 발급하다

029
occupation
[ˌɑːkjuˈpeɪʃn]

occupy 동 (장소를) 차지하다, 종사하다

명 직업 | 점령

Lots of outdated policies related to diverse occupations need to be revised for better working conditions.

다양한 직업과 관련된 많은 구식 정책들이 더 나은 근무 환경을 위해 개정될 필요가 있다.

텝스 기출 표현
a fruitful occupation 실수입이 많은 직업

030
incentive
[ɪnˈsentɪv]

명 장려책, 혜택

You and your colleagues can get a bonus and added incentive if you finish the tasks quickly.

당신과 동료들이 업무를 빨리 끝내면 특별 보너스와 추가 혜택을 받을 수 있다.

▶혼동하지 말자!
incense 향, 격분하게 하다

performance
[pərˈfɔːrməns]

perform 통 (일을) 수행하다, 공연하다

명 성과, 실적 | 공연

The manager required his subordinates to achieve performance improvement as the sale had decreased.

그 매니저는 판매 실적이 감소했기 때문에 자신의 부하 직원들에게 실적 향상을 성취하도록 요구했다.

텝스 기출 표현

pay-for-performance 성과별 지급

★

overwork
[ˌoʊvərˈwɜːrk]

overworked 형 혹사당하는

명 과로, 혹사 통 혹사하다, 과로하다

The new employee must have been tired out and exhausted from overwork and heavy workload.

그 신입 사원은 과로와 과도한 업무 때문에 지치고 녹초가 되었음에 틀림없다.

Some employees had no choice but to overwork themselves to finish writing the financial report.

몇몇 직원들은 재정 보고서 작성을 끝내기 위해 과로할 수밖에 없었다.

텝스 기출 표현

overwork oneself 일을 너무 많이 하다

★★★

submit
[səbˈmɪt]

submission 명 항복, 제출
submissive 형 순종적인

통 제출하다 | 항복하다, 굴복하다

If you had not submitted your report, you would have been at a disadvantage.

당신이 보고서를 제출하지 않았다면, 당신은 불이익을 봤을 것이다.

★

retire
[rɪˈtaɪər]

retirement 명 은퇴, 퇴직

통 은퇴하다, 퇴직하다

Some of the managers would like to retire early and live in the country for the rest of their life.

몇몇 매니저들은 일찍 은퇴해서 남은 인생 동안 시골에서 살고 싶어 한다.

▶혼동하지 말자!

reticent 과묵한, 말수가 적은

★
supervise
[ˈsuːpərvaɪz]

supervision 몡 감시, 감독
supervisor 몡 감독관, 관리자

유의어
oversee 감독하다

됭 감시하다, 감독하다

The managers have exerted themselves and struggled to supervise all of the work handled by the junior workers.
매니저들은 부하 직원들에 의해 처리되는 모든 일을 감독하기 위해 최선을 다해 노력해 왔다.

★
résumé
[ˈrezəmeɪ]

몡 이력서 | 요약, 개요

If you are looking for a job, you have to spare time for writing your résumé instead of playing games indoors.
당신이 일자리를 찾는 중이라면, 집에서 컴퓨터 게임을 하는 대신 이력서를 작성하는 데 시간을 내야 한다.

Some new employees who want to take this special training program have to check the résumé.
이 특별 교육 프로그램을 이수하고 싶은 몇몇 신입 사원들은 해당 개요를 확인해야 한다.

텝스기출표현
submit a résumé 이력서를 제출하다

★★★
shift
[ʃɪft]

유의어
displace 바꾸어 놓다, 옮겨 놓다
relocate 다시 배치하다

몡 전환, 이동 | 교대조 됭 (장소를) 옮기다

The employee working the night shift in the department wants to switch to day shift regardless of salary.
그 부서에서 야간 근무조로 일하는 직원은 급여에 상관없이 오전 근무조로 바꾸고 싶어 한다.

There are numerous people who shift work to other companies where they can earn higher wages.
더 높은 임금을 벌 수 있는 다른 회사로 일을 옮겨 가는 사람들이 많이 있다.

텝스기출표현
day shift 주간 근무(↔ night shift 야간 근무)

▶혼동하지 말자!
swift 신속한

★★★
hire
[ˈhaɪər]

유의어

employ 고용하다, (기술·방법 등을) 쓰다

동 (사람을) 고용하다 **명** 고용된 사람

It seems that the companies could not hire some competent employees any more due to lower sales.

그 회사들은 저조한 매출 때문에 몇몇 유능한 직원들을 더 이상 고용할 수 없었던 것으로 보인다.

The new hire was so clever that he could do his work without the support of his boss.

그 신입 사원은 매우 영리해서 상사의 도움 없이 그의 일을 할 수 있었다.

★★★
postpone
[poʊˈspoʊn]

postponement **명** 연기, 미룸

유의어

put off 연기하다
defer 연기하다, 미루다

동 연기하다, 미루다

We all think that you have to postpone the meeting since you are not prepared for the presentation.

우리 모두는 네가 발표 준비가 되어 있지 않기 때문에 그 회의를 미뤄야 한다고 생각한다.

★★
discharge
동 [dɪsˈtʃɑːrdʒ]
명 [ˈdɪstʃɑːrdʒ]

유의어

release 석방, 석방하다

동 (어떤 장소·직무에서) 해고하다 **명** 석방, 해고

The manager discharged him for making lots of mistakes and lying about the task.

매니저는 그가 많은 실수를 저지르고 일에 대해 거짓말하고 있다는 이유로 그를 해고했다.

Thanks to the mass discharge of employees, the small company could manage to overcome its financial crisis.

직원의 대량 해고 덕분에, 그 작은 회사는 재정 위기를 간신히 극복할 수 있었다.

★★
application
[ˌæplɪˈkeɪʃn]

apply **동** 지원하다, 신청하다, 적용하다
applicable **형** 해당되는, 적용되는

유의어

request 부탁, 요구, 요청

명 지원서 | 적용, 응용

Your application will be reviewed and checked several times to ensure that the work is right for you.

그 업무가 당신에게 적합한지 확인하기 위해 당신의 지원서는 여러 번 검토되고 확인될 것입니다.

▶혼동하지 말자!
appliance 기기

***

appoint
[ə'pɔɪnt]

appointment 명 약속, 임명, 직위

유의어

name 임명하다

동 임명하다 | (시간·장소 등을) 정하다

The managers always have an obligation and right to appoint capable counselors for their department.

매니저들에겐 항상 자신들의 부서를 위한 능력 있는 조언자들을 임명할 의무와 권리가 있다.

The boss appointed the date of each department meeting.

사장은 각 부서의 회의 날짜를 정했다.

---

*

underpaid
[ˌʌndər'peɪd]

형 박봉의

Many workers who had been underpaid and ignored went on strike for a wage increase.

급여를 적게 받고 무시당해 왔던 많은 근로자들이 임금 인상을 위해 파업에 돌입했다.

텝스기출표현

underpaid laborer 임금을 충분히 받지 못하는 노동자

---

*

preside
[prɪ'zaɪd]

president 명 대통령, 회장

유의어

officiate 직무 등을 수행하다

동 회의를 주재하다

Some representatives declared that they plan to preside over a meeting about merging with another company.

몇몇 대표들은 다른 회사와의 합병에 관한 회의를 주재할 계획이라고 발표했다.

---

*

personnel
[ˌpɜːrsə'nel]

명 (조직·군대의) 인원, 직원 | (회사의) 인사과

The matter not easy to solve must be addressed by outstanding service personnel.

그 해결하기 쉽지 않은 문제는 우수한 서비스 직원에 의해 처리되어야 한다.

The personnel which can handle several problems about the staff will lose its authority due to the small mistake.

직원들과 관련된 여러 문제들을 처리할 수 있는 인사과가 작은 실수로 인해 권위를 잃게 될 것이다.

---

*

telecommuting
[ˌtelikə'mjuːtɪŋ]

telecommuter 명 재택근무자
telecommute 동 재택근무하다

명 재택근무

Some experts claim that telecommuting can be very helpful for increasing work efficiency.

몇몇 전문가들은 재택근무가 업무 효율을 높이는 데 매우 도움이 될 수 있다고 주장한다.

---

047 □□□ ✷

bossy
[ˈbɔːsi]

형 권위적인

Many employees say that the mean senior who has a bossy personality should be criticized.

많은 직원들이 권위적인 성격의 그 못된 상사는 비난받아야 한다고 말한다.

---

048 □□□ ✷✷

organize
[ˈɔːrɡənaɪz]

organization **명** 조직(체), 단체, 기구

유의어
arrange 정돈하다, 정리하다

동 (어떤 일을) 준비하다 | 정리하다, 체계화하다

To organize the big event, all of the managers of the company have exerted themselves for one year.

큰 행사를 준비하기 위해 회사의 모든 매니저들이 1년 동안 힘써 왔다.

They have to organize a committee to discuss sensitive issues about employment.

그들은 고용에 대한 예민한 문제들을 토론하기 위해서 위원회를 구성해야 한다.

---

049 □□□ ✷✷

qualification
[ˌkwɑːlɪfɪˈkeɪʃn]

qualify **동** 자격을 얻다, 자격을 주다
qualified **형** 자격이 있는

명 (경험·기술 등의) 자격

An emergency meeting was held because no program met the qualification of this computer.

이 컴퓨터에 대한 권한을 충족시키는 프로그램이 하나도 없었기 때문에 비상 회의가 열렸다.

---

050 □□□ ✷

process
[ˈprɑːses]

proceed **동** 진행하다
processing **명** 처리 과정

명 (특정 결과를 달성하기 위한) 과정 **동** 처리하다

The employees who want to be a part of the project are acquainted with the details of the application process.

그 프로젝트의 일원이 되길 원하는 직원은 신청 절차의 세부 사항을 잘 숙지해야 한다.

---

051 □□□ ✷

awkward
[ˈɔːkwərd]

형 (처리하기) 곤란한 | (기분이) 어색한

The workers have been in awkward circumstances since the incident last year.

근무자들은 지난해 그 사건 이후로 곤란한 상황에 처해 있었다.

The employees felt awkward when their boss didn't howl them down as usual.

직원들은 그들의 상사가 평소와 같이 그들에게 호통치지 않아서 어색했다.

---

052 □□□ ✷✷

productivity
[ˌprɑːdʌkˈtɪvəti]

명 생산성

Cooperation among workers is crucial to increase productivity and enhance efficiency.

생산성을 향상시키고 효율성을 증대시키기 위해서는 근로자들 간의 협력이 매우 중요하다.

---

053 □□□

*
paycheck
[ˈpeɪˌtʃek]

명 급료 (지불 수표), 급여

The employee is inclined to blow his paycheck on his car and hardly saves his salary for some individual reasons.

그 직원은 자신의 차에 급여를 다 날리는 경향이 있으며 몇몇 개인적인 이유로 월급을 거의 모으지 않는다.

---

054 □□□

**
negligent
[ˈneglɪdʒənt]

negligence **명** 부주의, 태만, 과실
neglect **동** 방치하다, 도외시하다

유의어
remiss 태만한

형 (업무 등에) 태만한 | 무관심한

If some workers had been remiss and negligent in their work, the job performance couldn't have been improved.

만약 몇몇 근무자들이 그들의 업무에 있어서 소홀하고 태만했다면, 업무 능력은 향상될 수 없었을 것이다.

The managers were extremely negligent when the meeting was held.

매니저들은 언제 그 회의가 열렸는지에 대해 극도로 무관심했다.

> **텝스기출표현**
> be negligent of 사람's duties 직무에 태만하다

---

055 □□□

**
remuneration
[rɪˌmjuːnəˈreɪʃn]

명 보수

Most of the employees may have been frustrated with the remuneration they received last week.

직원들 중 대부분은 지난주에 받은 보수 때문에 실망했을지도 모른다.

> **텝스기출표현**
> remuneration for 사람's service 근로에 대한 보수

---

056 □□□

*
off-duty
[ˌɔːfˈduːti]

반의어
on-duty 당번인

형 비번인, 근무 시간 외의

For several reasons, the manager and his coworkers have wanted to go off-duty early.

여러 이유로, 매니저와 그의 회사 동료들은 일찍 퇴근하고 싶어 했다.

> **텝스기출표현**
> go off-duty 근무를 피하다, 퇴근하다

---

057 □□□

**
colleague
[ˈkɑːliːg]

명 (같은 직장·직종에 종사하는) 동료

Many employees didn't want to work with the worker known for being jealous of his colleague's success.

많은 직원들이 자신의 동료의 성공을 질투하는 것으로 알려진 그 직원과는 일하고 싶지 않아 했다.

*

morale

[məˈræl]

명 사기, 의욕

The employers should have provided several positive
conditions to all the employees to boost their morale.

고용주들은 모든 직원의 사기를 북돋기 위해 그들에게 여러 가지 긍
정적인 여건을 조성했어야 했다.

---

*

convene

[kənˈviːn]

통 (회의 등을) 소집하다 | 회합하다

The president had to convene a committee related to
punishments as many workers had made a great mistake.

많은 근로자들이 크나큰 잘못을 저질렀기 때문에 회사 대표는 처벌
과 관련된 위원회를 소집해야 했다.

The representatives of the two companies were supposed
to convene for the important discussions on the funds.

두 회사의 대표들은 회사 자금에 대한 중요한 토론을 위해 회합할 예
정이었다.

**

prompt

[prɑːmpt]

promptness **명** 신속
promptly **부** 신속하게, 지체 없이

유의어
immediate 즉각적인
punctual 신속한

형 즉각적인, 지체 없는 | 신속한

The representative had to make a prompt answer to
solve the serious financial problem of the company.

그 대표는 회사의 심각한 재정 문제를 해결하기 위한 즉각적인 대답
을 해야만 했다.

You have to know that many employees have been
forced to take prompt action to resolve the problem.

당신은 많은 직원들이 그 문제를 해결하기 위해 신속한 조치를 취하
도록 강요받아 왔다는 것을 알아야 한다.

텝스기출표현
take prompt action 신속한 조치를 취하다

***

efficient

[ɪˈfɪʃnt]

efficiency **명** 효율성, 능률
efficiently **부** 능률적으로, 유효하게

형 능률적인, 유능한, 효율적인

Lots of people are wondering if she is far more efficient
in group work compared to some lazy workers.

많은 사람들이 그녀가 몇몇 게으른 직원들과 비교해서 집단 업무에
있어 훨씬 더 유능한지 궁금해하고 있다.

텝스기출표현
become less efficient 능률이 떨어지다

062 □□□

★
perk
[pɜːrk]

명 (급료 이외의) 특전 동 목에 힘을 주다

It seems there are lots of special and valuable perks for the employees who have worked hard.

열심히 일해 온 직원들을 위한 특별하고 귀중한 특전들이 많은 것으로 보인다.

---

063 □□□

★★
debrief
[ˌdiːˈbriːf]

동 (수행한 임무에 대해) 보고를 듣다

The boss debriefed the employee when he was back in the office after coping with his tasks.

그 직원이 업무를 처리하고 나서 사무실로 돌아왔을 때 상사는 그에게서 보고를 들었다.

> ▶혼동하지 말자!
> debris 잔해, 쓰레기

---

064 □□□

★★
fatigue
[fəˈtiːg]

유의어
lethargy 무기력

명 피로, 피곤

Most of the employees must have wanted to relieve their fatigue at work by getting enough sleep.

직원들 중 대부분은 충분한 잠을 잠으로써 일에서의 피로를 풀고 싶어 했음에 틀림없다.

> 텝스기출표현
> relieve fatigue 피로를 풀다
> signs of fatigue 피로한 기색

---

065 □□□

★★
nuisance
[ˈnuːsns]

유의어
hassle 귀찮은 상황

명 성가신 일, 골칫거리, 귀찮은 존재

The worker decided to be excellent at group work as she didn't want to be a nuisance any more.

그 직원은 더 이상 골칫거리가 되고 싶지 않았기 때문에 집단 작업에서는 훌륭하게 해내리라고 결심했다.

---

066 □□□

★★
industrious
[ɪnˈdʌstriəs]

유의어
diligent 근면한, 성실한

형 근면한, 부지런한

It seems that there are few office workers polite and industrious in a soulless world.

삭막한 세상에서 예의 바르고 근면한 직장인들은 거의 없는 것으로 보인다.

> 텝스기출표현
> industrious in 사람's business 자신의 업무에 근면한

> ▶혼동하지 말자!
> industrial 산업의, 공업용의

turnover

[ˈtɜːrnoʊvər]

명 총 매출고 | (기업의 직원) 이직률

Because of the fall in turnover, many workers have been forced to get lower wages.

총 매출고의 하락 때문에, 많은 근로자들은 더 낮은 임금을 받아야 했다.

The executives concern that their work efficiency is in a bad situation because of the high turnover rate.

해당 경영진들은 높은 이직률 때문에 그들의 업무 효율성이 좋지 않은 상황에 빠져 있다고 우려한다.

텝스기출표현

a fall in turnover 총 매출고 하락
a high turnover of staff 높은 직원 이직률

---

shorthanded

[ˌʃɔːrtˈhændid]

형 일손이 모자라는

We have worked shorthanded since some workers at the factory were injured.

몇몇 공장 직원들이 부상당한 이후로 우리는 일손이 모자란 상태로 일해 왔다.

---

oversight

[ˈoʊvərsaɪt]

oversee **동** 감독하다

명 실수, 간과 | 관리, 감독

The problems that occurred from some workers' mistakes and oversights were difficult to be solved.

몇몇 근무자들의 실수와 간과로 발생했던 문제들은 해결되기 어려웠다.

There has been a huge change in the oversight procedure to improve such serious working conditions.

그러한 심각한 근무 환경을 개선하기 위해 감독 절차에 대한 큰 변화가 있어 왔다.

텝스기출표현

make an oversight 못 보다
by extraordinary oversight 대단한 실책으로

---

idle

[ˈaɪdl]

동 빈둥거리다, 게으르다 **형** 게으른, 나태한

Lots of lazy office workers need to know that they shouldn't idle their time away to become a prominent.

많은 게으른 직장인들은 훌륭하게 되기 위해서는 시간을 헛되이 보내면 안 된다는 것을 알 필요가 있다.

One of the new employees was so idle that he couldn't deal with the problem promptly.

신입 사원들 중 한 명은 너무 게을러서 그 문제를 즉각적으로 처리할 수 없었다.

071 ★★
clerical
[ˈklerɪkl]

휑 사무직의 | 성직자의

Due to the clerical mistake made by some recruits, the significant report had to be written all over again.

몇몇 신입 사원의 사무상의 실수 때문에, 그 중요한 보고서는 처음부터 다시 쓰여져야 했다.

072 ★★
monotonous
[məˈnɑːtənəs]

monotonously 🌸 단조롭게

유의어
dull 따분한, 흐릿한, 칙칙한

휑 단조로운, 지루한

Many modern office workers have wanted to escape from their monotonous and mundane daily routine and work.

많은 현대의 직장인들이 단조롭고 평범한 일상과 작업으로부터 벗어나길 원해 왔다.

텝스 기출 표현
lead a monotonous life 단조로운 생활을 하다

073 ★★
predecessor
[ˈpredəsesər]

휑 전임자, 선배

The new workers were trained by their predecessor to handle lots of business affairs without any big mistakes.

신입 사원들은 많은 회사 업무를 큰 실수 없이 처리할 수 있도록 선배로부터 교육을 받았다.

텝스 기출 표현
사람's immediate predecessor '사람'의 바로 전임자

074 ★★★
blunder
[ˈblʌndər]

유의어
bungle ~을 엉망으로 만들다, 실수

휑 (어리석은) 실수 🌸 실수하다

The manager needs to keep in mind that the most crucial thing is to learn a lesson from the blunder he committed.

그 매니저는 가장 중요한 점은 자신이 저지른 실수로부터 교훈을 얻는 것임을 명심할 필요가 있다.

The employee had blundered on some parts of the report before her colleague came to help finish the report.

그 직원은 자신의 동료가 보고서를 끝내는 것을 도와주러 오기 전에 보고서의 몇몇 부분에 실수를 저질렀다.

★★ subordinate

[səˈbɔːrdɪnət]

subordination 명 예속시킴

유의어
inferior 부하, 하급자

명 부하, 하급자 형 종속된 | 부차적인

The employee had to do as he was told since he was one of the loyal subordinates of the boss.

그 직원은 사장의 충직한 부하 직원들 중 한 명이었기 때문에 그는 시키는 대로 해야만 했다.

The company has tried to enforce some subordinate policies on the sales of the company.

그 회사는 회사 매출에 대한 부차적인 정책을 시행하기 위해 노력해 왔다.

텝스 기출 표현

a subordinate position 예속적 지위

★★ languish

[ˈlæŋgwɪʃ]

languishing 형 차츰 쇠약해지는

동 축 늘어지다, 노곤해지다 | 하락하다, 약화되다

The new employees may have languished on his job because of the oppressive heat.

신입 사원들은 후덥지근한 더위 때문에 축 늘어졌을지도 모른다.

The company's stock prices have started to gradually languish due to the huge slip the boss made.

사장이 저지른 큰 실수 때문에 회사의 주가가 점점 하락하기 시작했다.

★★★ amass

[əˈmæs]

유의어
accumulate (서서히) 모으다

동 모으다, 축적하다

Many of the employees have amassed some of their salaries for over five years to enjoy their leisure time.

많은 직원들이 그들의 여가 시간을 즐기기 위해 5년 넘게 자신의 월급의 일부를 모아 왔다.

★★ sedentary

[ˈsednteri]

형 주로 앉아서 하는

The report on office workers suggests that sedentary lifestyles can bring about the deterioration of health.

직장인들에 관한 보고서는 주로 앉아서 생활하는 방식이 건강 악화를 초래할 수 있다고 시사한다.

★★ accredited

[əˈkredɪtɪd]

accredit 동 승인하다, 인가하다

형 공인된, 품질을 인정받은

The accredited institutions approved by the certificate authorities play a vital role in supporting medical schools.

해당 인증 기관들에 의해 승인받은 공인된 기관들은 의대를 지원하는 데 중요한 역할을 한다.

080 □□□

★★★
entail
[ɪnˈteɪl]

entailment **명** 계사 한정, 세습 재산

동 수반하다

Competing with other organized companies without any advice does entail the sacrifice of many employees.

아무런 조언 없이 다른 조직적인 회사들과 경쟁하는 것은 많은 직원들의 희생을 수반한다.

> **텝스 기출 표현**
>
> entail a risk 위험을 수반하다
> entail a sacrifice 희생을 수반하다

---

081 □□□

★★★
seasoned
[ˈsiːznd]

유의어
experienced 경험 있는, 노련한

형 경험 많은, 노련한 | 양념을 한

She is working with a seasoned and skilled coworker who has accomplished much in his career.

그녀는 업무상 많은 것을 성취해 낸 경험 많고 숙련된 동료와 함께 일하고 있다.

---

082 □□□

★★★
swamped
[swɑːmpt]

swamp **명** 늪, 습지 **동** (일이) 쇄도하다

형 눈코 뜰 새 없이 바쁜 | 술 취한

Some managers may have been swamped with playing an important role in the management of staff.

몇몇 매니저들은 직원 관리에 있어서 중요한 역할을 하느라 정신없이 바빴을지도 모른다.

> **텝스 기출 표현**
>
> be swamped with work 일이 밀어닥쳐 정신 못 차리다

---

083 □□□

★★
stipend
[ˈstaɪpend]

명 봉급, (특히 성직자의) 급료

All the employees have made unnumbered efforts to prevent the company from reducing their stipend.

모든 직원들은 회사가 그들의 봉급을 삭감하는 것을 막기 위해 갖가지 노력을 해 왔다.

---

084 □□□

★
laborious
[ləˈbɔːriəs]

형 (많은 시간·노력을 요하는) 힘든

The team eventually made a splendid record after finishing lots of laborious affairs without any support.

아무런 지원 없이 많은 고된 일들을 끝내고 난 후에 그 팀은 결국 훌륭한 성과를 올렸다.

★★
subsume
[səbˈsuːm]

동 포함하다

Most employees didn't subsume some new concepts under the largest category during the project.

대부분의 직원들은 해당 프로젝트 진행 중에 몇몇 새로운 개념들을 가장 큰 범주에 포함시키지 않았다.

> **텝스기출표현**
>
> subsume under ~에 포함시키다

★
shirk
[ʃɜːrk]

유의어
evade (어떤 일 · 사람을) 피하다

동 (특히 게을러서 해야 할 일을) 회피하다

Shirking responsibility in group works must be considered as a disgraceful behavior.

그룹 활동에서 책임을 회피하는 것은 치사한 행동으로 여겨져야 한다.

> **텝스기출표현**
>
> shirk 사람's duties 직무를 태만히 하다

★★
sloppy
[ˈslɑːpi]

형 엉성한, 대충하는 | 헐렁한

Some workers should have been blamed for joining the vital project in a sloppy manner.

일부 직원들은 그 중요한 프로젝트에 대충하는 태도로 참여해서 비난을 받아 왔다.

> **텝스기출표현**
>
> a sloppy manner 단정치 못한 태도

★★
hoard
[hɔːrd]

명 (귀중품 등의) 비축물 **동** 비축하다

There is a rumor that some officials at the renowned company have hoarded most of their salary.

그 유명한 회사의 일부 간부들이 그들 월급의 대부분을 비축해 왔다는 소문이 있다.

> **텝스기출표현**
>
> a secret hoard 빼돌려 둔 돈
> hoard 사람's intention 의도를 숨기다

★
runaround
[ˈrʌnəˌraund]

명 핑계, 발뺌, 속임수 **동** 속다, 속이다

The boss dismissed some employees who had fallen down on the job and given other workers the runaround.

사장은 게으름 피우고 다른 직원들에게 핑계를 대 왔던 몇몇 직원들을 해고했다.

090
□□□

**
humdrum
[ˈhʌmdrʌm]

humdrumness 명 평범함, 단조로움

유의어
dull 따분한, 흐릿한
tedious 지루한, 싫증나는

형 단조로운, 따분한

The most humdrum aspects of various tasks many workers have to deal with should not be neglected.

많은 근로자들이 처리해야 하는 다양한 업무의 가장 지루한 측면들은 무시되어서는 안 된다.

091
□□□

***
adept
[əˈdept]

adeptly 분 능숙하게

유의어
versed 숙달한, 통달한

형 능숙한 명 숙련가, 달인, 전문가

The office worker has been recognized for being very adept at hustling up her work.

그 사무직 근로자는 자신의 일을 빨리 해치우는 데 매우 능숙한 것으로 인정받아 왔다.

텝스기출표현

be adept at ~에 능숙하다

▶혼동하지 말자!
adopt 입양하다, 채택하다
adapt 용도에 맞추다, 적응하다, 개작하다

092
□□□

*
perfunctory
[pərˈfʌŋktəri]

형 내키지 않는, 형식적인

The manager has been known for performing his task and work in a perfunctory and sordid way.

그 매니저는 자신의 업무와 일을 형식적이고 부정직한 방식으로 처리하는 것으로 알려져 있다.

093
□□□

**
adulation
[ˌædʒəˈleɪʃn]

adulate 동 아첨하다, 비위 맞추다
adulatory 형 아첨하는

유의어
flattery 아첨

명 과찬, 지나친 칭찬

Being jealous of the adulation the company has got, some rivals tend to copy the design of its product.

해당 회사가 받아 온 과찬을 시기해, 몇몇 경쟁사들은 그 회사 제품의 디자인을 모방하는 경향이 있다.

094
□□□

**
disingenuous
[ˌdɪsɪnˈdʒenjuəs]

형 솔직하지 못한

Some employees regret having charged the manager with being somewhat disingenuous.

몇몇 직원들은 그 매니저가 다소 솔직하지 못하다고 비난했던 것을 후회한다.

텝스기출표현

wholly disingenuous 전적으로 솔직하지 못한

095
□□□

severance

[ˈsevərəns]

sever 툉 자르다, 잘라내다, (관계를) 끊다

명 단절 ㅣ 고용 계약 해지, 해고

Some team members have felt a sense of severance from their team under much pressure.

몇몇 팀원들은 많은 압박감 속에서 그들의 팀으로부터 단절된 느낌을 받아 왔다.

If the workers had not switched their jobs frequently, they could have got the guaranteed severance pay.

그 근로자들이 직장을 자주 옮기지 않았더라면, 그들은 보장된 해고 수당을 받을 수 있었을 것이다.

096
□□□

delinquent

[dɪˈlɪŋkwənt]

delinquency 명 비행

형 직무 태만의 ㅣ 체납의 명 비행 청소년

Lots of employees delinquent and idle have a tendency to fail to fulfill their duties.

직무 태만하고 게으른 많은 직원들은 그들의 의무를 이행하지 못하는 경향이 있다.

▶혼동하지 말자!
delineate 기술하다, 설명하다

097
□□□

fledgling

[ˈfledʒlɪŋ]

명 신출내기, 초보자

Some managers of the company have encouraged the fledgling team to get a new project underway.

회사의 몇몇 매니저들은 신생팀이 새로운 계획을 추진하도록 격려해 왔다.

텝스기출표현
fledgling stage 미숙한 단계

098
□□□

enervate

[ˈenərveɪt]

enervation 명 기력 상실, 쇠약
enervated 형 무기력한

동 기력을 떨어뜨리다

Although several workers are in a bad situation that enervates their morale, they have to brace their energies.

여러 직원들은 그들의 사기를 저하시키는 좋지 않은 상황에 있음에도 불구하고 힘을 내야 한다.

텝스기출표현
enervate the creativity 창조성을 저하시키다

099
□□□

camaraderie

[ˌkɑːməˈrɑːdəri]

명 동지애

Although the results of the group work were disastrous, the camaraderie was splendid.

비록 집단 작업의 결과는 형편없었지만, 동지애는 훌륭했다.

***

appropriate
[əˈproʊprieɪt]

appropriation 📖 도용, 책정, 책정액

[유의어]
lift 훔치다
pocket 집어넣다, 가로채다
allocate 할당하다

🗨 (돈의 사용처를) 책정하다

The department has appropriated some of the budgets of the company to an unfair purpose.

그 부서는 회사의 일부 예산을 부당한 목적에 책정해 왔다.

문맥에 맞는 단어를 보기에서 골라 빈칸에 넣으세요.

PART 1

ⓐ renewal	ⓑ applications	ⓒ process	ⓓ bossy	ⓔ tackle
ⓕ idle	ⓖ telecommuting	ⓗ underpaid	ⓘ obtain	ⓙ overwork

1. The firm must _____ an approval by some institutions to expand its business next year.

2. Some major companies have tried to install their _____ program of production for many years.

3. In a state of the financial crisis, all the family members had to _____ the problem without any help.

4. The man who is worn out from _____ and heavy workload wants to get enough rest.

5. All the interviewers reviewed the _____ plenty of times in order to prevent some mistakes when recruiting staff.

6. The effort of the board of directors to support the workers _____ and ignored finally paid off.

7. Those who have _____ and lazy habits must be encouraged to attend some programs helpful to break the bad habits.

8. Several experts say that the capabilities of the staff and work efficiency were improved thanks to the _____.

9. His senior who is _____ has been accused of bothering some competent employees.

10. The company is supposed to establish a new _____ in the design of all the production systems.

answers

1 ⓘ 2 ⓐ 3 ⓔ 4 ⓙ 5 ⓑ 6 ⓗ 7 ⓕ 8 ⓖ 9 ⓓ 10 ⓒ

>> **Check-Up** Questions

문맥에 맞는 단어를 보기에서 골라 빈칸에 넣으세요.

PART 2

ⓐ fatigue	ⓑ appropriate	ⓒ morale	ⓓ convene	ⓔ swamped
ⓕ colleague	ⓖ severance	ⓗ subsume	ⓘ monotonous	ⓙ negligent

11. Everyone on the board of directors didn't hesitate to _____ some of the company's budgets to their private use.

12. No one cared about the manager who was _____ and remiss in finishing the report.

13. The guy who is working with my _____ used to run his own business.

14. The managers tried to _____ a committee on modifying some contents of the company's regulations.

15. It was impossible for all of the employees to recover their _____ and strengthen the business capability.

16. Some workers fainted with _____ need to get sufficient sleep.

17. The unbearably _____ and banal life made me more anxious about my future.

18. The managers forced the employees _____ with their work to undertake another important task.

19. Most employees couldn't _____ some important details under an inclusive category.

20. A worker was frustrated as the _____ pay he got was too little to start a new business.

answers

11 ⓑ 12 ⓘ 13 ⓕ 14 ⓓ 15 ⓒ 16 ⓐ 17 ⓘ 18 ⓔ 19 ⓗ 20 ⓖ

뉴텝스 어휘

UNIT
13

경제

경제

UNIT 13 »

001

***

loan
[loʊn]

명 대출, 대부금 동 빌려주다, 대출하다

The government must implement a great system applicable on loans for the growth of small businesses.

정부는 중소기업들의 육성을 위한 대출에 적용되는 좋은 제도를 시행해야 한다.

Considering her tough situation, he should never have loaned a large sum of his money to her.

그녀의 힘든 상황을 고려해 볼 때, 그는 그녀에게 많은 돈을 빌려주지 말았어야 했다.

텝스 기출 표현

bank loan 은행 융자

002

**

export
동 [ɪkˈspɔːrt]
명 [ˈekspɔːrt]

동 수출하다 명 수출, 수출품

The government's flexible management of the economy will help export several national brands to other nations.

경제에 대한 정부의 유연한 관리 감독은 몇몇 국내 브랜드를 다른 국가들에 수출하는 데 도움을 줄 것이다.

The government has imposed lots of laws related to export business to help promote international trade.

정부는 국제 무역을 진흥시키는 데 도움이 되기 위해 수출업과 관련된 많은 법들을 시행해 왔다.

003

**

import
동 [ɪmˈpɔːrt]
명 [ˈɪmpɔːrt]

동 수입하다 명 수입, 수입품

Lots of companies facing the crisis of domestic market have imported many kinds of foreign products.

국내 시장의 위기에 직면한 많은 회사들이 다양한 종류의 외국 제품을 수입해 오고 있다.

One of the great powers plans to completely eliminate import tariffs of foreign foods for various reasons.

강대국들 중 한 국가가 다양한 이유로 외국 식량에 대한 수입 관세를 완벽하게 철폐할 계획이다.

---

004 ☐☐☐

***
competition
[ˌkɑːmpəˈtɪʃn]

compete 图 경쟁하다
competitive 图 경쟁하는, 경쟁력 있는

명 경쟁, 대회

The top managers must establish an effective sales strategy to make the company win the competition.

해당 고위 간부들은 회사가 경쟁에서 이기기 위해 효과적인 판매 전략을 세워야 한다.

> **텝스 기출 표현**
>
> be in competition with ~와 경쟁 관계에 있다

---

005 ☐☐☐

*
agriculture
[ˈægrɪkʌltʃər]

agricultural 图 농업의

명 농업

After the Industrial Revolution, lots of regulations have been changed at a fast rate in relation to agriculture.

산업 혁명 이후에, 농업과 관련하여 많은 규정들이 빠른 속도로 바뀌어 왔다.

---

006 ☐☐☐

*
domestic
[dəˈmestɪk]

domestically 图 국내에서, 가정적으로

형 국내의 | 가정의

To stabilize the domestic economy, the government officials must focus on developing a superb economic system.

국내 경제를 안정시키기 위해, 정부 공무원들은 훌륭한 경제 시스템을 개발하는 데 초점을 맞추어야 한다.

---

007 ☐☐☐

***
flourish
[ˈflɜːrɪʃ]

> **유의어**

thrive 번영하다, 성공하다

명 번창, 융성 동 번창하다

The head of household was dead when the family business was in full flourish.

가족 사업이 매우 융성했을 때 집안의 가장이 죽었다.

Some businesses would not easily flourish without great workers who can handle matters properly.

몇몇 사업은 적절하게 문제를 처리할 수 있는 훌륭한 직원들 없이는 쉽게 번창할 수 없을 것이다.

> **텝스 기출 표현**
>
> be in full flourish 극히 융성하다
> cease to flourish (사업 등이) 내리막이 되다

★★

replace

[rɪˈpleɪs]

replacement 명 교체, 대체(물)

유의어
supplant 대신하다

동 대신하다, 대체하다 | (손해 등을) 만회하다

Many researchers predict that most of the manual workers will be completely replaced by robots in the near future.

많은 연구자들이 육체 노동자들 중 대부분이 가까운 미래에 로봇에 의해 완전히 대체될 것이라고 예상한다.

They will make an effort to replace their loss of intellectual property by hook or by crook.

그들은 수단과 방법을 가리지 않고 그들의 지적 재산 손실을 만회하려고 노력할 것이다.

★★

property

[ˈprɑːpərti]

명 부동산, 재산 | 특징

She had tried to acquire several rental properties and the effort finally came to fruition last year.

그녀는 여러 채의 임대 부동산을 획득하기 위해 노력해 왔는데, 그 노력이 결국 작년에 결실을 맺었다.

★★

currency

[ˈkɜːrənsi]

명 통화, 화폐

Lots of experts claim that a large reform of the currency of this country is under way.

많은 전문가들은 이 나라의 화폐 대개혁이 진행 중이라고 주장한다.

텝스기출표현
debase a currency 화폐 가치를 떨어뜨리다

★★

tariff

[ˈtærɪf]

유의어
levy 부과, 징세

명 관세

Many countries have abolished tariff walls because of the social pressure created by several reasons.

많은 국가들이 여러 이유들로 조성된 사회적 압력 때문에 관세 장벽을 철폐해 왔다.

★★

recession

[rɪˈseʃn]

유의어
depression 불경기

명 불황, 불경기

It is expected to be difficult to overcome the structural recession easily because of the feeble mind of citizens.

국민의 나약한 정신 때문에 구조적 불황을 쉽게 극복하기가 어려울 것으로 예상된다.

▶혼동하지 말자!
cessation 중단, 중지

deficit

deficit

[ˈdefɪsɪt]

deficient 형 부족한, 결함이 있는

유의어

shortfall 부족

명 적자, 부족(액)

The government accomplished trade surplus while simultaneously solving the trade deficit.

정부는 무역 수지 적자를 해소하는 동시에 무역 흑자를 달성했다.

텝스기출표현

trade deficit 무역 적자(↔ trade surplus 무역 흑자)

---

questionnaire

questionnaire

[ˌkwestʃəˈner]

명 설문지

Several economists requested many people to fill in the questionnaire helpful to economic development.

몇몇 경제학자들이 많은 사람들에게 경제 발전에 도움이 되는 설문지를 작성해 줄 것을 요청했다.

텝스기출표현

fill in a questionnaire 설문지를 작성하다

---

premium

premium

[ˈpriːmiəm]

명 보험료, (보험) 할증료 형 고급의

The severe side effects of the premiums raised by the company are not considered properly.

그 회사에 의해 증가된 보험 할증료의 심각한 부작용은 적절하게 고려되지 않고 있다.

All the customers can use the new services much more safely through the premium processing technique.

모든 고객들은 고급 처리 기법 덕분에 새로운 서비스들을 훨씬 더 안전하게 이용할 수 있다.

---

predict

predict

[prɪˈdɪkt]

prediction 명 예측, 예견

유의어

foretell 예언하다

동 예측하다

It is very important to predict the economic outlook in the country to contribute to economic growth.

경제 발전에 기여하기 위해 해당 국가의 경제 전망을 예측하는 것이 매우 중요하다.

**
gross
[groʊs]

유의어
total 전체의, 총계의
whole 전체의, 모든

명 총액 명 총체의 동 총수익을 올리다

A renowned economist says that the new product has to be rated in the gross at over seven million dollars.

한 유명한 경제학자는 해당 신제품이 총액 7백만 달러 이상으로 평가 되어야 한다고 말한다.

The company's directors did their best in order to make an increase in gross sales revenues.

그 회사 이사들은 총 영업 매출을 증가시키기 위해 최선을 다했다.

텝스 기출 표현
gross profit 매상 총이익, 총수익

---

*
insurance
[ɪnˈʃʊrəns]

명 보험, 보험금

Reforming the entire insurance system is needed to protect and not to abridge the rights of the people.

국민의 권리를 보호하고 약화시키지 않기 위해서 전반적인 보험 시 스템을 개혁하는 것이 필요하다.

***
affordable
[əˈfɔːrdəbl]

afford 통 ~할 여유가 되다, 제공하다

형 (가격이) 알맞은 I 줄 수 있는

Some trading companies are worthy of respect as they have provided their goods at an affordable price.

일부 무역 회사들은 그들의 제품을 알맞은 가격에 제공해 왔기 때문 에 존경받을 가치가 있다.

텝스 기출 표현
affordable prices 알맞은 가격

---

*
franchise
[ˈfræntʃaɪz]

명 판매권, 사업권 I 투표권

Several corporations have tried to get an exclusive franchise and acquire exclusive rights for years.

여러 기업들은 독점 판매권을 얻고 독점권을 따내기 위해 수년 동안 노력해 왔다.

텝스 기출 표현
get an exclusive franchise 독점 판매권을 얻다

▶혼동하지 말지!
frantic 정신없는, 제정신이 아닌

021

expenditure

[ɪkˈspendɪtʃər]

expend 통 (시간·돈 등을) 쏟다

유의어
expense 지출, 비용

명 (공공 기금의) 지출, 비용, 경비

Those who need money right away ought to pare down their reckless expenditure.

당장 돈이 필요한 사람들은 그들의 무모한 지출을 줄여야 한다.

텝스 기출 표현
restrict the expenditure 지출을 제한하다
lavish expenditure 낭비

022

fluctuate

[ˈflʌktʃueɪt]

fluctuation 명 변동, 오르내림

통 변동을 거듭하다

The stock prices have fluctuated with frequency depending on changes in the economic situation.

주식 가격은 경제 상황의 변화에 따라 빈번하게 변동해 왔다.

▶혼동하지 말자!
frustrate 좌절감을 주다, 불만스럽게 만들다, 방해하다

023

procure

[prəˈkjʊr]

procurement 명 조달, 입수

유의어
acquire (노력 등으로) 습득하다
obtain (노력 끝에) 얻다, 구하다

동 (어렵게) 구하다, 획득하다

Many modern people who want to procure happiness in life tend to be devoted to saving their money.

인생에서 행복을 얻기를 원하는 많은 현대인들은 돈을 저축하는 데 전념하는 경향이 있다.

024

dispense

[dɪˈspens]

유의어
distribute 분배하다, 배분하다
allocate 할당하다, 분배하다

통 나누어 주다, 제공하다 I (약을) 조제하다

The head of the large company with long-term vision decided to dispense some of the budgets to some small ones.

장기적인 안목을 가진 큰 회사의 총수는 몇몇 작은 회사들에게 예산의 일부를 나눠 주기로 결심했다.

025

facilitate

[fəˈsɪlɪteɪt]

facilitation 명 촉진

유의어
further 진행시키다, 조장하다
forward 전송하다, 회송하다

통 가능하게 하다, 촉진시키다

Some experts have gathered lots of economic information to facilitate their nation's economic development.

몇몇 전문가들은 그들 국가의 경제 성장을 촉진시키기 위한 많은 경제 정보를 수집해 왔다.

★
barter
[ˈbɑːrtər]

유의어
trade 무역, 거래하다
swap 교환, 바꾸다

명 물물 교환 통 물물 교환하다

The barter system executed by the nation would help the
public to easily trade with one another.

해당 국가에 의해 실행된 물물 교환 제도는 대중들이 서로 쉽게 거래
하는 데 도움이 될 것이다.

The local residents did not barter the domestic goods for
foreign-made products as they were patriotic.

그 지역 주민들은 애국적이었기 때문에 국산품을 외제품과 물물 교
환하지 않았다.

텝스기출표현
barter economy 교환 경제
in barter with ~와 교환으로

★★★
establish
[ɪˈstæblɪʃ]

establishment 명 설립, 기관
established 형 인정받는, 저명한

통 설립하다, 확립하다 | (사실을) 입증하다

The leader of the country needs to establish a new
economic system for the nation's economic vitality.

해당 국가의 지도자는 국가 경제의 활성화를 위한 새로운 경제 체제
를 확립할 필요가 있다.

The study on public and private investment has already
established the dual effect of investment.

공공과 민간 투자에 대한 연구는 투자의 이중 효과를 이미 입증했다.

★★
contribute
[kənˈtrɪbjuːt]

contribution 명 기부, 기여, 이바지

유의어
donate 기부하다, 증여하다
bestow 주다, 수여하다

통 기부하다, 기여하다

Some companies have contributed a huge sum of money
to charity for advancing the public interests.

몇몇 회사들은 공공의 이익을 도모하기 위해 자선 단체에 거액을 기
부해 왔다.

텝스기출표현
contribute money 돈을 기부하다

★★
executive
[ɪɡˈzekjətɪv]

execute 통 실행하다, 처형하다
execution 명 실행, 처형

유의어
director 지도자, 지휘자

명 (기업·조직의) 이사, 간부 형 경영의, 행정의

The goal of the executive meeting was to discuss the
company's role in building the nation's economic base.

간부 회의의 목적은 국가의 경제 기반을 구축하는 데 있어서의 회사
역할을 의논하는 것이었다.

텝스기출표현
chief executive officer 최고 경영자

030 ★

inherit
[ɪn'herɪt]

유의어
succeed 성공하다, 뒤를 잇다

동 상속받다, 물려받다

The only daughter who had kept her father's view of life inherited a valuable estate from him.

자신의 아버지의 인생관을 지켜 왔던 외동딸은 그로부터 많은 재산을 물려받았다.

▶혼동하지 말자!
inhibit 억제하다, 저해하다

031 ★★

constitute
['kɑːnstətuːt]

constitution **명** 구성, 헌법
constitutional **형** 헌법의, 조직상의

유의어
comprise 포함하다, 구성되다

동 ~을 구성하다

Some public institutions constituted a special committee to prudently discuss the nation's economic crisis.

몇몇 공공 기관들은 국가 경제 위기를 신중하게 논의하기 위해 특별 위원회를 구성했다.

텝스기출표현
constitute a committee 위원회를 구성하다

032 ★★

downturn
['daʊntɜːrn]

유의어
recession 경기 후퇴, 불경기

명 경기 하락, 침체

Lots of international companies and small businesses have suffered a severe downturn in the stock market.

많은 국제 기업들과 중소기업들은 주식 시장에 있어서 심각한 침체를 겪어 왔다.

텝스기출표현
suffer a downturn 침체를 겪다
a downturn in sales 매출 감소

033 ★

soar
[sɔːr]

반의어
plunge 뛰어들다, 추락하다

동 급등하다, 치솟다

The prices of lands that have soared would influence the way the government enforces a new real estate law.

급등해 온 땅값은 정부가 새로운 부동산법을 시행하는 방법에 영향을 미칠 것이다.

▶혼동하지 말자!
sore 아픈, 화가 난

034
☐☐☐

★
deposit
[dɪˈpɑːzɪt]

명 (처음에 내는) 착수금 ㅣ 예금

Many investors have paid the deposit to the builder before starting their businesses.

많은 투자자들은 자신들의 사업을 시작하기 전에 착수금을 건설업자에게 지불해 왔다.

All the customers are encouraged to put down a minimum deposit not to have several disadvantages.

모든 고객들은 여러 불이익을 당하지 않기 위해 최소 예금을 지불하도록 권장된다.

035
☐☐☐

★
barrier
[ˈbæriər]

명 장벽, 장애물

The leaders of the two countries will debate whether they must break down the trade barrier between them or not.

해당 두 국가의 지도자들은 그들 사이의 무역 장벽을 허물어야 할지 말아야 할지에 대해 논의할 것이다.

036
☐☐☐

★★★
fortune
[ˈfɔːrtʃuːn]

fortunate 형 운 좋은

유의어
wealth 부, 재산
property 재산, 자산

명 재산, 부 ㅣ 운

His father left a mint of fortune for his children and also made a big donation to the society.

그의 아버지는 자식들을 위해 어마어마한 재산을 남겼으며, 또한 거액을 사회에 기부했다.

텝스기출표현
cost a fortune 엄청나게 비싸다

037
☐☐☐

★
exceed
[ɪkˈsiːd]

excess 명 초과, 지나침
excessive 형 지나친, 과도한

유의어
surpass 능가하다, 뛰어나다
better 능가하다

통 (특정 수·양을) 넘다[초과하다]

Following the economic crisis, the family members have tightened their belts not to exceed their budget.

경제 위기 이후에, 그 가족 구성원들은 예산을 초과하지 않기 위해 허리띠를 졸라매 왔다.

038
☐☐☐

★
surplus
[ˈsɜːrpləs]

명 잉여금, 흑자

Some experts say that company's ultimate goal is to achieve a surplus in their budget in the near future.

일부 전문가들은 회사의 궁극적인 목표가 가까운 미래에 그들의 예산에 있어서 흑자를 달성하는 것이라고 말한다.

텝스기출표현
trade surplus 무역 수지 흑자
surplus value 잉여 가치

039

★

transaction

[træn'zækʃn]

transact 통 거래하다, 매매하다

유의어
deal 거래, 합의
negotiation 교섭, 협상

명 거래

The outstanding success in processing the transaction was attributed to cooperation made by plenty of workers.

거래를 처리하는 데 있어서의 두드러진 성공은 많은 근로자들에 의해 만들어진 협력 덕분이었다.

040

★★

bond

[bɑ:nd]

명 채권 | 유대 통 유대감을 형성하다

The bond market in the country is always unsteady and some specialists are needed to predict the market.

그 국가의 채권 시장은 항상 불안정해서 그 시장을 예측하기 위해서는 몇몇 전문가들이 필요하다.

It is imperative to strengthen economic bonds between companies and develop trade relations.

회사들 간의 경제적 유대를 강화시키고 무역 관계를 발전시키는 것이 매우 중요하다.

041

★★

affluent

['æfluənt]

affluence 명 부유, 풍부함

유의어
wealthy 부유한, 부자인

형 부유한

Those who were born poor have a tendency to want to become rich leading an affluent life.

가난한 집에 태어난 사람들은 부유한 삶을 영위하는 부자가 되길 원하는 경향이 있다.

텝스 기출 표현

lead an affluent life 풍요로운 삶을 살다
in affluent circumstances 유복하게

042

★★★

bankrupt

['bæŋkrʌpt]

bankruptcy 명 파산

유의어
insolvent 파산한

형 파산한 명 파산자 통 파산시키다

Even though he and his family went bankrupt, they didn't abandon the hope to run a family business.

그와 그의 가족이 파산했음에도 불구하고, 그들은 가족 사업을 운영하려는 희망을 버리지 않았다.

043 ☐☐☐

**
finance
['faɪnæns]

financial 혱 금융의, 재정의

유의어
fund 자금을 제공하다

혱 (사업 프로젝트 등의) 재원, 재정 용 자금을 대다

The board of directors held an abrupt meeting to discuss the reports on the finances yesterday.
어제 이사회는 재정에 관한 보고서 내용에 대해 토론하기 위해 긴급 회의를 열었다.

The company could not but finance the project not to be left behind in the current competitive society.
그 회사는 현재의 경쟁 사회에서 뒤처지지 않기 위해 그 프로젝트에 자금을 대지 않을 수 없었다.

텝스기출표현
put 사람's finances in order 재정을 조정하다

---

044 ☐☐☐

**
liability
[ˌlaɪəˈbɪləti]

liable 혱 법적 책임이 있는, ~하기 쉬운

혱 (개인·회사의) 책임

Considering several conditions of the insurance industry, getting liability insurance has some side effects.
보험 업계의 여러 상황들을 고려해 볼 때, 책임 보험에 가입하는 것 은 몇몇 부작용이 있다.

---

045 ☐☐☐

**
balance
['bæləns]

혱 잔고, 잔액

The assistant manager wanted to know how to calculate his average bank balance and manage his account.
그 부팀장은 자신의 평균 통장 잔고를 계산하고 계좌를 관리하는 방 법에 대해 알고 싶어 했다.

텝스기출표현
balance of trade 국가의 무역 수지

---

046 ☐☐☐

**
undertake
[ˌʌndərˈteɪk]

용 떠맡다 | 착수하다

A renowned international firm has undertaken the responsibility for the nation's economic problem.
한 유명한 국제 기업은 해당 국가의 경제 문제에 대한 책임을 맡아 왔다.

텝스기출표현
undertake to guide 지도의 임무를 맡다
be delighted to undertake 기꺼이 맡다

✷
shareholder
[ˈʃerhoʊldər]

몡 주주

The agenda on the ways to search economic trends in the country had to be approved by some shareholders.

국가의 경제 동향을 모색하는 방법들에 대한 안건은 몇몇 주주들에 의해 승인되어야 했다.

✷
compensate
[ˈkɑːmpenseɪt]

compensation **몡** 보상(금)

유의어
reimburse 변상하다

됭 보상하다, 보상금을 주다

Many corporations are not liable to compensate many investors for their losses in the volatile stock market.

투자자들이 불안정한 주식 시장에서 입은 손실에 대해 기업들은 법적인 보상 책임이 없다.

> **텝스기출표현**
> compensate 사람 for loss '사람'에게 손실을 배상하다

✷
outsource
[ˈaʊtsɔːrs]

됭 (작업·생산을) 외부에 위탁하다, 아웃소싱하다

Some trading companies which want to overcome their financial difficulties need to outsource most of their tasks.

경제난을 극복하길 원하는 일부 무역 회사들은 그들 업무의 대부분을 아웃소싱할 필요가 있다.

✷
cumulative
[ˈkjuːmjəleɪtɪv]

cumulate **됭** 쌓다, 축적하다

몡 누진적인, 점증적인

An air of indifference about the cumulative damage on export industries may cause harm to the entire society.

수출 산업에 있어서 누적되는 피해에 대한 무관심한 태도는 전체 사회에 심각한 해를 발생시킬지도 모른다.

✷✷
affiliated
[əˈfɪlieɪtɪd]

affiliate **됭** 제휴시키다 **몡** 자회사
affiliation **몡** 부속

몡 소속된, 연계된

The small businesses affiliated with a huge company are supposed to enter into a new contract.

한 거대 기업에 소속된 중소기업들은 새로운 계약을 체결하기로 예정되어 있다.

✷✷
marginal
[ˈmɑːrdʒɪnl]

marginally **읫** 미미하게, 아주 조금

몡 한계의 | (수익이) 거의 없는

As the marginal utility of money increases, the experts had to measure the entire value of money again.

화폐의 한계 효용이 증가함에 따라, 전문가들은 화폐의 전반적인 가치를 다시 측정해야 했다.

The government must make a strategic system to help those businesses with their marginal costs.

정부는 수익이 거의 나지 않는 사업들을 돕기 위한 전략적인 시스템을 만들어야 한다.

★★
niche
[nɪtʃ]

명 (시장의) 틈새

Lots of businessmen motivated by the fact that there are lots of niche markets will beat their brains out to succeed.

틈새시장이 많다는 사실에 자극을 받은 많은 사업가들은 성공하기 위해서 최선을 다 할 것이다.

> **텝스 기출 표현**
>
> niche industry 틈새 산업
>
> ▶혼동하지 말자!
> nicety 세부 사항, 아주 자세함

★★
vie
[vaɪ]

유의어
struggle 싸우다
contend 싸우다, 다투다

동 경쟁하다

The enterprise will vie with other enterprises to dominate the real estate market in the country.

해당 기업은 그 나라의 부동산 시장을 장악하기 위해 다른 기업들과 경쟁할 것이다.

★★
levy
['levi]

유의어
tax 세금
tariff 세금, 조세

명 (세금의) 추가 부담금 동 (세금 등을) 부과하다

Many experts say there has been a serious controversy about whether import levy must be imposed or not.

많은 전문가들은 수입 부담금이 부과되어야 하는지 아닌지에 대한 심각한 논란이 있어 왔다고 말한다.

The government had no choice but to levy more taxes in order to prevent a great economic loss to the country.

정부는 국가적인 큰 경제적 손실을 막기 위해 더 많은 세금을 부과할 수밖에 없었다.

★★
tally
['tæli]

동 합산하다 | ~와 일치하다 명 (누적된) 기록

The customer was so clever that he could tally up the charges on the bill with speed.

그 고객은 매우 영리해서 계산서에 청구된 금액을 빠르게 합산할 수 있었다.

★★
bid
[bɪd]

bidder 명 가격 제시자, 호가한 사람

명 입찰 동 값을 부르다 | 응찰하다

She was shocked when she found out that the bid price was far lower than she had expected.

그녀는 자신이 예상했던 것보다 입찰 가격이 훨씬 낮았다는 사실을 알고 충격을 받았다.

Several experts heard the rumor that many huge corporations were supposed to bid for the contract.

여러 전문가들은 많은 거대 기업들이 해당 계약에 응찰할 예정이었다는 소문을 들었다.

058 ★★

remit

[rɪˈmɪt]

remittance 명 송금

🔵 송금하다 | (부채·의무·처벌 등을) 면제해 주다

All the customers have to remit a specific sum of money to the insurance company every month.

모든 고객들은 보험 회사에 매달 일정 금액을 송금해야 한다.

For the people who are poor and destitute, it seems that the government has an obligation to remit their taxes.

가난하고 궁핍한 사람들을 위해 정부가 그들의 세금을 감면해 줄 의무가 있다고 본다.

059 ★★

monopolize

[məˈnɑːpəlaɪz]

monopoly 명 독점, 전매

🔵 독점하다

Some regulatory policies must be implemented on the situation that the company has monopolized the market.

해당 기업이 시장을 독점해 온 상황에 대한 몇몇 규제 정책들이 시행되어야 한다.

▶혼동하지 말자!
monotonous 단조로운

060 ★★

privatize

[ˈpraɪvətaɪz]

privatization 명 민영화

반의어
nationalize 국영화하다, 국유화하다

🔵 민영화하다

Considering the conservative national system, it seems there is no need to privatize state industries.

그 보수적인 국가 체제를 고려하면, 국유 산업들을 민영화할 필요가 없는 것으로 보인다.

061 ★★★

complimentary

[ˌkɑːmplɪˈmentri]

compliment 명 칭찬 🔵 칭찬하다

🔵 무료의 | 칭찬하는

It was the complimentary but splendid services that helped the multinational company achieve record sales.

그 다국적 기업이 기록적인 매출을 달성하는 데 도움을 줬던 것은 무료이지만 훌륭한 서비스였다.

▶혼동하지 말자!
complementary 상호 보완적인

062 ★★

quote

[kwoʊt]

quotation 명 견적, 시세, 인용(문)

🔵 가격을 제시하다 | 인용하다

The company must not quote the customers a high price for the new product as they are in financial hardship.

해당 고객들이 재정 곤란의 상황에 있기 때문에 회사는 그들에게 새로운 제품에 대해 높은 가격을 제시해서는 안 된다.

063
□□□

**
conglomerate
[kənˈglɑːmərət]

명 **거대 복합 기업, 대기업**

We must be ready to fight against several financial conglomerates that have monopolized the entire market.

우리는 전체 시장을 독식해 온 여러 금융 거대 복합 기업에 대항할 준비가 되어 있어야 한다.

064
□□□

**
frugal
[ˈfruːgl]

유의어
thrifty 절약하는, 검약하는

형 **절약하는**

The man who had wanted to be frugal of his money received advice from several experts for free by chance.

자신의 돈을 절약하길 원했던 남자는 우연한 기회에 여러 전문가들로부터 무료로 조언을 받았다.

065
□□□

***
lavish
[ˈlævɪʃ]

유의어
extravagant 낭비하는, 사치스러운

형 **풍성한, 호화로운**

Their lavish expenditure and impulse buying must be controlled by some systems regulating the styles.

그들의 호화로운 씀씀이와 충동구매는 그 스타일들을 규제하는 몇몇 시스템들에 의해 통제되어야 한다.

066
□□□

**
proprietor
[prəˈpraɪətər]

proprietary 형 소유주의

명 **(사업체 등의) 소유주**

A flexible economic policy which can defend the rights of sole proprietors has to be set up.

단독 소유자(자영업자)들의 권리를 지킬 수 있는 유연한 정책이 수립되어야 한다.

067
□□□

**
haggle
[ˈhægl]

유의어
bargain 협상하다, 흥정하다

동 **(가격을) 흥정하다**

It's critical for people not to show a servile behavior when they haggle over the price for some stuff.

물건에 대한 가격을 흥정할 때는 비굴한 행동을 보이지 않는 것이 중요하다.

> **텝스기출표현**
> haggle over the price 값을 흥정하다

068
□□□

***
indication
[ˌɪndɪˈkeɪʃn]

indicate 동 나타내다, 보여 주다
indicator 명 지표, 지시하는 사람

명 **징조, 조짐**

There is a small indication that the financial crisis of small and medium-sized enterprises is going to recover.

중소기업들의 재정 위기가 회복될 것이라는 약간의 조짐이 있다.

> **텝스기출표현**
> give an indication of ~의 조짐을 보이다

★★★
plummet
[ˈplʌmɪt]

유의어
plunge (가격 등이) 급락하다

🔵 곤두박질치다, 급락하다

Many stock investors are posing a question of whether their country's stock markets will plummet or not.

많은 주식 투자자들은 그들 국가의 주식 시장이 급락할 것인지 아닌지에 대해 의문을 제기하고 있다.

★★★
lucrative
[ˈluːkrətɪv]

유의어
profitable 이익이 되는, 벌이가 되는

🔵 수익성이 좋은

After graduation, the man has struggled to find a lucrative occupation and he finally got a profitable job last year.

졸업 이후, 그는 돈벌이가 되는 직업을 찾는데 고군분투해 왔으며 마침내 작년에 수익성이 좋은 직장에 취직했다.

★★★
curtail
[kɜːrˈteɪl]

유의어
diminish 줄이다, 감소하다

🔵 축소하다, 삭감하다

Though some people have been forced to curtail their expenditure, they still waste their money.

몇몇 사람들은 그들의 지출을 삭감하도록 강요받아 왔음에도 불구하고 여전히 돈을 낭비한다.

★★★
prodigal
[ˈprɑːdɪgl]

유의어
extravagant 낭비하는, 사치스러운

🔵 (돈 · 시간 · 에너지 등을) 낭비하는, 방탕한

The thrifty man has been very anxious about lots of wrong spending habits his prodigal children have.

그 검소한 남자는 자신의 방탕한 아이들이 가진 많은 그릇된 소비 습관에 대해 매우 걱정해왔다.

▶혼동하지 말자!
prodigious 엄청난, 굉장한

★★
depreciate
[dɪˈpriːʃieɪt]

depreciation 명 가치 하락, 가격의 하락

반의어
appreciate 진가를 알아보다

🔵 (가치가) 떨어지다, (가치를) 떨어뜨리다

Secondhand goods which are inferior to new products tend to depreciate in value quickly.

새 제품들보다 못한 중고 제품들은 가치가 빠르게 떨어지는 경향이 있다.

텝스기출표현
depreciate in ~이 하락하다

★★
defray
[dɪˈfreɪ]

defrayal 명 지불, 지출

🔵 (비용을) 부담하다, 지출하다

Some rich people tend to defray the cost of their living without hesitation compared to many poor people.

몇몇 부자들은 많은 가난한 사람들과 비교했을 때 자신들의 생활비를 주저하지 않고 기꺼이 지출하는 경향이 있다.

075 □□□

**
dismal
[ˈdɪzməl]

🔢 음울한, 울적하게 하는

Losing one's drive to work hard stems from a dismal outlook on the economic situation.

업무를 열심히 하려는 의욕을 상실하는 것은 경제 상황에 대한 어두운 전망에서 기인한다.

076 □□□

**
disparity
[dɪˈspærəti]

유의어
discrepancy 차이, 불일치

🔢 (불공평한) 차이, 격차

The income disparity between the haves and the have-nots can be eased by improving the economic system.

가진 자와 못 가진 자 사이의 수입 격차는 경제 제도를 개선함으로써 완화될 수 있다.

077 □□□

***
exorbitant
[ɪgˈzɔːrbɪtənt]

유의어
costly 많은 돈이 드는

🔢 (가격이) 과도한, 지나친

People with low incomes found it hard to earn a living due to the exorbitant price of gas.

소득이 적은 사람들은 터무니없는 기름값 때문에 생계를 유지하기 어렵다는 것을 느꼈다.

078 □□□

**
dwindle
[ˈdwɪndl]

dwindling 🔢 줄어드는

유의어
lessen 적게 하다, 줄이다

🔢 (점점) 줄어들다

The economic details discussed at the seminar will help the sales of many companies not to dwindle.

해당 세미나에서 논의된 경제적인 세부 사항들은 많은 회사들의 매출이 줄어들지 않도록 하는 데 도움을 줄 것이다.

텝스 기출 표현

dwindle down to ~로까지 줄어들다

079 □□□

***
accrue
[əˈkruː]

accrued 🔢 축적된

유의어
accumulate 모으다, 축적하다

🔢 누적되다, (금전 등을) 누적하다

If all the members did their best in the tasks, their profits would accrue as the financial rewards.

모든 구성원이 해당 업무에 있어서 최선을 다한다면, 경제적 보상으로써 그들의 수익이 누적될 것이다.

080 □□□

**
augment
[ɔːgˈment]

유의어
increase 늘리다, 증가시키다

🔢 늘리다, 증가시키다

The company has augmented the quality of the model motivated by a drive to make a huge profit.

그 회사는 큰 수익을 올리려는 욕구에 의해 동기를 부여받아 그 모델의 품질을 높여 왔다.

**
stagnation
[stægnéiʃən]

stagnate 통 침체되다, 부진해지다
stagnant 형 고여 있는, 침체된

명 **경기 침체**

Despite the efforts by some firms to revive the economy, the economic stagnation has lasted for many years.

경제를 되살리려는 일부 기업들의 노력에도 불구하고, 경기 침체는 수년 동안 지속되고 있다.

텝스 기출 표현

a period of economic stagnation 경기 침체기
fall into stagnation 침체 상태에 빠지다

---

*
chintzy
[ˈtʃíntsi]

형 **싸구려의, 볼품없는**

Many potential buyers are inclined to neglect the hidden economic value in products which look chintzy.

많은 잠재 고객들은 볼품없어 보이는 상품들에 숨어 있는 경제적 가치를 무시하는 경향이 있다.

***
appraise
[əˈpreɪz]

appraisal 명 평가

유의어
evaluate (가치·품질 등을) 평가하다

동 **(가격·업무 등을) 평가하다, 감정하다**

By no means does the expert appraise the value of the skyscraper for many personal reasons.

그 전문가는 여러 개인적인 이유로 그 고층 건물의 가치를 절대 감정하지 않는다.

▶혼동하지 말자!
apprise 알리다

---

*
sumptuous
[ˈsʌmptʃuəs]

유의어
lavish 아끼지 않는, 후한

형 **호화로운**

According to the latest study, leading a sumptuous life can make the whole culture of society worse.

최신 연구에 따르면, 호화스러운 삶을 영위하는 것은 사회 문화 전체를 더 안 좋게 만들 수 있다.

---

*
charlatan
[ˈʃɑːrlətən]

명 **(지식·기술이 있는 척하는) 사기꾼, 돌팔이**

The charlatan had to compensate his acquaintances for their economic losses.

해당 사기꾼은 자신의 지인들이 입은 경제적 손실을 보상해야 했다.

default ^{★★}

[dɪˈfɔːlt]

명 채무 불이행 동 (특히 채무를) 이행하지 않다

The person who has been in default for over three years has the ability to pay his taxes now.

3년 넘게 채무 불이행 상태에 있었던 그 사람은 지금은 세금을 지불할 능력이 있다.

The government must take several measures to protect the people who defaulted on their loans.

해당 정부는 융자금을 갚지 않은 사람들을 보호하기 위한 몇 가지 조치를 취해야 한다.

> **텝스 기출 표현**
>
> be in default 채무 불이행 상태에 있다
> default on 사람's taxes 세금을 미납하다

---

destitute ^{★★★}

[ˈdestɪtuːt]

유의어
needy 어려운, 궁핍한

형 극빈한, 궁핍한

Many wealthy people need to contribute some of their money for people in destitute circumstances.

많은 부유한 사람들은 궁핍한 상황에 빠져 있는 사람들을 위해 자신들의 돈의 일부를 기부할 필요가 있다.

> **텝스 기출 표현**
>
> be in destitute 곤궁에 빠져 있다

---

liquidate ^{★★★}

[ˈlɪkwɪdeɪt]

liquidation 명 청산, 정리

동 (부채를 갚기 위해 사업체를) 청산하다

Due to the severe financial crisis, the huge companies had no choice but to liquidate their huge assets.

극심한 재정 위기 때문에, 그 대기업들은 그들의 큰 자산을 매각할 수밖에 없었다.

---

retrench [★]

[rɪˈtrentʃ]

retrenchment 명 절감

유의어
tighten 긴축하다

동 (재정·비용을) 긴축하다, 줄이다

Most of the employees have been forced to retrench in finances since the share of the company collapsed.

해당 회사의 주식이 폭락한 이후로 대부분의 직원들은 재정을 긴축하도록 강요받아 왔다.

> ▶혼동하지 말자!
> entrench 확고하게 하다

★★★
splurge
[splɜːrdʒ]

유의어

squander 낭비하다, 허비하다
fritter (시간·돈 등을) 낭비하다

명 돈을 물 쓰듯 쓰기, 사치 통 돈을 물 쓰듯 쓰다

The biggest splurge the poor family made was to travel inside the small city.

그 가난한 가족이 부린 가장 큰 사치는 그 작은 도시 내에서 여행하는 것이었다.

Many young men are inclined to envy the people who can afford to splurge on luxury goods.

많은 청년들은 명품에 돈을 물 쓰듯 쓸 여유가 있는 사람들을 부러워하는 경향이 있다.

텝스 기출 표현
splurge on ~에 돈을 펑펑 쓰다

★★
scrimp
[skrɪmp]

통 절약하다, 내핍 생활을 하다

It seems that the woman has to scrimp now that she is financially embarrassed.

그 여자는 경제적으로 궁핍하기 때문에 절약해야 하는 것으로 보인다.

텝스 기출 표현
scrimp on ~을 아끼다[절약하다]

★★
cap
[kæp]

명 (액수의) 한도 통 (액수의) 한도를 정하다

We have wanted to know extra information about putting a cap on a mortgage.

우리는 담보 대출에 상한선을 두는 것에 대한 추가 정보를 알기를 원해 왔다.

The city government has capped the mortgage with private sectors.

그 시 정부는 민간 부문과 손을 잡고 담보 대출금에 대해 한도를 정해 왔다.

★★
acumen
[ˈækjəmən]

명 (일에 대한) 감각, (사업) 수완

Her business acumen was so great that she could earn decent profits.

그녀의 사업 수완은 매우 뛰어나서 그녀는 상당한 수익을 올릴 수 있었다.

★★
apportion
[əˈpɔːrʃn]

통 (몫을) 나누다, 배분하다, 할당하다

Lots of presidents are obligated to apportion the money among all the workers in a transparent manner.

많은 회사 사장들은 모든 근로자들에게 투명한 방법으로 돈을 배분해야 할 의무가 있다.

**
bourgeois
[ˌbʊrˈʒwɑː]

형 물질만능주의적인, 속물적인

The economist says that there have been lots of contradictions in the claims about bourgeois ideology.

그 경제학자는 물질만능주의적 사상에 대한 주장들에 많은 모순들이 있어 왔다고 말한다.

> **텝스 기출 표현**
>
> bourgeois ideology 자본주의 사상

**
antitrust
[ˌæntiˈtrʌst]

형 독점 금지의

Some renowned trading companies couldn't help paying large fines because they broke several antitrust laws.

일부 유명한 무역 회사들은 여러 독점 금지법을 어겼기에 많은 벌금을 낼 수밖에 없었다.

**
amalgamate
[əˈmælgəmeɪt]

amalgamation 명 합동, 합병

통 합병하다, 합치다

By the time we amalgamate these two companies into one, many of our customers will have left.

우리가 이 두 회사를 하나로 합병할 때 즈음엔, 우리의 고객들 중 대다수가 떠날 것이다.

**
profligate
[ˈprɑːflɪɡət]

형 낭비하는

Many wealthy people have a tendency to be insensitive to their profligate spending of their money.

많은 부자들은 그들의 돈에 대한 낭비적 소비에 대해 무신경한 경향이 있다.

**
ostentatious
[ˌɑːstenˈteɪʃəs]

형 대단히 비싼, 허세스러운

Many modern people must be aware that they need to change their ostentatious lifestyle for themselves.

많은 현대인들은 그들 자신을 위해 과시적인 생활 방식을 바꿀 필요가 있다는 것을 인식해야 한다.

**
gratuitous
[ɡrəˈtuːɪtəs]

형 불필요한, 쓸데없는

Most economic analysts cannot help debating the income-related economic issue gratuitous and mundane.

대부분의 경제 분석가들은 불필요하고 따분한 소득 관련 경제 문제에 대해 논의하지 않을 수 없었다.

문맥에 맞는 단어를 보기에서 골라 빈칸에 넣으세요.

PART 1

| ⓐ marginal | ⓑ remit | ⓒ questionnaire | ⓓ insurance | ⓔ liability |
| ⓕ inherit | ⓖ barrier | ⓗ competition | ⓘ dispense | ⓙ imported |

1. There are several voices of concern about the social _____ system which has been enforced by the government.

2. Many major small businesses that have _____ lots of foreign luxuries must abide by some national regulations related to import restrictions.

3. As the _____ between the two companies became worse, the chief executives at the enterprises couldn't help calling an emergency meeting.

4. The company implemented staff training to help some new employees grasp the concept of _____ cost pricing.

5. Some customers were unaware of how to fill in the _____.

6. Some foreign workers couldn't _____ the money to their families as they were unaware of how to transfer money abroad.

7. Some rich people have struggled to _____ their money to many disabled people for many years.

8. The child who has tried to _____ all the property from his parents is greedy.

9. Since the countries lowered the trade _____ to regain peace, they have focused on trade deals and negotiations between the two nations.

10. Several corporations which have held no _____ to make compensation for their customers have to be blamed for their faults.

>> Check-Up Questions

문맥에 맞는 단어를 보기에서 골라 빈칸에 넣으세요.

PART 2

ⓐ compensate	ⓑ haggle	ⓒ defray	ⓓ niche	ⓔ augment
ⓕ undertaken	ⓖ gratuitous	ⓗ bourgeois	ⓘ lavish	ⓙ bankrupt

11. The _____ laws enforced by the government were related to many insolvent enterprises in financial crisis.

12. Before targeting _____ markets, many individuals tend to plan some proper strategies.

13. Most managers say that the employee competent at handling business should have _____ the task.

14. The company had to _____ the employees for their damages in order to avoid criticism from the public.

15. Each person's _____ spending habit has affected the ways the government execute lots of policies related to the matter.

16. Many modern people have a tendency to know how to _____ over the price for some expensive items.

17. Many laborers who have tried to _____ the quality of the national economic system must be recognized for the contributions.

18. Many family members struggling in poverty have no choice but to be hesitant to _____ their living expenses.

19. Most of the modern humans act like a slave of _____ ideology and money.

20. The boss didn't answer the questions from some new employees as they were _____ and superfluous.

| answers
| 11 ⓙ 12 ⓓ 13 ⓕ 14 ⓐ 15 ⓘ 16 ⓑ 17 ⓔ 18 ⓒ 19 ⓗ 20 ⓖ

UNIT
14

뉴텝스 어휘

학교·교육

학교 · 교육

UNIT 14 ≫

---

001 ★★
alumni
[əˈlʌmnaɪ]

명 동창생들

We are going to vote for our leader of the organization in the alumni meeting on Saturday.

우리는 토요일 동창회 모임에서 회장을 뽑을 계획이다.

> **텝스 기출 표현**
> alumni banquet 동창회 만찬

---

002 ★★
on campus

유의어
intramurally 대학 내에서

교내에서, 대학에서

The president of the university had suggested adoption of the wireless communication on campus.

그 대학의 총장은 교내 무선 통신 도입을 제안한 바 있었다.

---

003 ★
pop quiz

쪽지 시험

I had a pop quiz in Computer Science yesterday and had to download uploaded answer from the lecturing server.

나는 어제 컴퓨터 공학 쪽지 시험을 보았고, 강의 서버에서 업로드된 답안지를 다운로드 받아야 했다.

---

004 ★★★
consult
[kənˈsʌlt]

consultation 명 상담
consultant 명 상담가

유의어
refer to ~를 참조하다
turn to ~에 의지하다

동 (전문가 · 전문 서적을 통해) 상담하다

Why don't you consult your law professor about the lawsuit with the company?

기업을 대상으로 하는 소송에 대해 법학과 교수님과 상담해 보는 게 어때요?

> **텝스 기출 표현**
> consult 사람's pillow 자면서 찬찬히 생각하다

---

005 ★★
cram
[kræm]

유의어
bone up 벼락치기 공부를 하다
mug up 벼락치기 공부를 하다

동 벼락치기 공부를 하다 | 쑤셔 넣다

She has been cramming for her history exams without sleeping.

그녀는 역사 시험을 위해 잠을 자지 않고 벼락치기 공부를 했다.

★★★
course
[kɔːrs]

유의어
lecture 강의

명 강의, 강좌

He took the course last semester but signed up for the same physics course this semester.

그는 지난 학기에도 수강했지만, 이번 학기에도 같은 물리학 강의를 수강 신청했다.

텝스기출표현
take a course (online) (온라인으로) 수강하다
drop the course 수강을 취소하다

★★★
withdraw
[wɪðˈdrɔː]

유의어
drop 떨어뜨리다
recant 취소하다

동 철회하다

Can I withdraw the course during the semester if I cannot stand his voice?

그의 목소리를 참을 수 없다면 저는 학기 중에도 수강을 취소할 수 있나요?

텝스기출표현
withdraw a suit 소송을 취하하다

★★
notice
[ˈnoʊtɪs]

noticeable 형 뚜렷한, 현저한

유의어
announcement 안내

명 공고 동 주목하다

The most recent renewal notice is shown on the board, attached with the syllabus.

강의 계획서가 첨부되어 있는 최신 공지가 게시판에 있다.

He turned up the volume of the speaker to make himself noticed.

그는 관심을 받으려고 스피커의 볼륨을 높였다.

텝스기출표현
on short notice 예고 없이, 촉박하게(= at short notice)
notice board 게시판

★
dean
[diːn]

유의어
provost 학장

명 학장

The dean permitted the library to extend its hours, persuaded by students protesting to study freely.

학장은 자유롭게 공부하기 위해 항의하는 학생들의 논리에 설득되어 도서관 운영 시간을 늘리는 것을 허락했다.

텝스기출표현
dean's list 우등생 명단

★★★
principal
[ˈprɪnsəpl]

유의어
chancellor 수상, 총장
chief 주된
staple 주요한

명 교장 형 주된, 중요한

I was blown away by the admission letter from the top-university, sent from the principal.
나는 교장으로부터 온 일류 대학의 합격 통지서를 보고 매우 놀랐다.

The principal figure serving as an investigator directed the research project.
조사관으로 일하는 중요한 인물이 연구 프로젝트를 이끌었다.

▶혼동하지 말자!
principle 원칙

★★★
admit
[ədˈmɪt]

admittance 명 입장
admitted 형 공인된

유의어
permit 허락하다

동 인정하다, 허가하다

He is too afraid to face the music and admit his fault.
그는 결과를 받아들이고 자신의 잘못을 인정하기를 두려워한다.

★★
ideal
[aɪˈdiːəl]

idealize 동 이상화하다

유의어
archetypal 전형적인
epitome 완벽한 전형

형 이상적인

Ideal for note-taking, this laptop provides a topnotch webcam as well, enhancing the sharpness of the text.
이 노트북은 노트 필기에 이상적인데, 최고로 좋은 웹캠도 있어서 글씨의 선명도를 높여 준다.

▶혼동하지 말자!
idle 게으른

★
extracurricular
[ˌekstrəkəˈrɪkjələr]

curriculum 명 교과 과정
curricular 형 교과 과정의

형 과외의

The virtue of being involved in extracurricular activities such as charity works should be instilled.
자선 활동 같은 교외 활동에 참여하는 것의 미덕은 주입되어야 한다.

텝스기출표현
extracurricular activity 과외 활동

014 ******

absence

['æbsəns]

absent 웹 결석한
absently 뤼 멍하니

유의어
recess 휴식, 부재

명 결석, 부재 | 결핍

Because he has been sick for a while, nobody questioned the other possibilities for his absence.

그는 꽤 오래 아팠기 때문에, 아무도 그의 결석에 대해 다른 이유를 생각하지 않았다.

---

015 ******

ace

[eɪs]

유의어
outstanding 뛰어난

웹 아주 좋은

Any student with effort can ace the test, way above one's expectation.

어떤 학생이든 노력한다면 자신의 기대 이상으로 시험을 훨씬 잘 칠 수 있다.

텝스기출표현
ace the test 시험을 잘 치다

---

016 *******

recommendation

[ˌrekəmen'deɪʃn]

recommend 튐 추천하다

명 추천

Could you be generous enough to write a letter of recommendation for me, when I apply for the college?

제가 대학에 지원할 때, 혹시 추천서를 써 주실 수 있나요?

텝스기출표현
letter of recommendation 추천서

---

017 ******

transcript

['trænskrɪpt]

transcribe 튐 기록하다, 옮겨 적다

유의어
report card 성적표

명 성적 증명서

I had two hard copies of my academic transcript, in which only one A appeared.

나는 성적표를 2부 갖고 있었는데, 성적표에 A는 오직 한 개뿐이었다.

---

018 ******

reportedly

[rɪ'pɔːrtɪdli]

report 명 보고(서)

뤼 전하는 바에 따르면

Reportedly, her attitude reignited her mom's anger and the row over how she did not strive for the scholarship.

소문에 따르면, 그녀의 태도는 엄마의 화를 다시 돋우고, 왜 장학금을 받으려고 노력하지 않았냐는 언쟁에도 다시 불을 붙였다고 한다.

019 □□□

certificate

[ˌsɜːrtɪfɪkət]

certificated 형 자격증이 있는
certify 통 증명하다

유의어
attestation 증명서

명 증명서

Take precautions in counting the days before the certificate expires, when applying for the university.

대학에 지원할 때는 증명서가 만료되기까지 며칠이 남았는지 주의 깊게 살펴야 한다.

텝스기출표현
issue a certificate 증명서를 발급하다

▶혼동하지 말자!
confiscate 몰수하다, 압수하다

---

020 □□□

diploma

[dɪˈploʊmə]

유의어
graduation certificate 졸업장

명 졸업장

When he accepted his diploma in medicine, his friends had him photographed beaming.

그가 의학 전공 졸업장을 받을 때, 친구들은 환하게 웃는 그의 사진 을 찍었다.

텝스기출표현
confer a diploma 수료증을 수여하다

---

021 □□□

acquire

[əˈkwaɪər]

acquirement 명 취득, 획득

유의어
obtain 얻다
secure 확보하다

동 습득하다, 배우다

He acquires everything so easily, from language or science to trivial information in daily lives.

그는 어학이나 과학에서부터 일상의 사소한 정보들까지 모든 것을 매우 쉽게 배운다.

---

022 □□□

approve

[əˈpruːv]

approved 형 입증된

유의어
grant a concession 허가하다

동 승인하다, 허가하다

If you do not approve the deletion of the previous record, your GPA record will stay in the system.

만일 당신이 지난 기록 삭제에 동의하지 않는다면, 당신의 성적 기록 은 시스템에 남게 됩니다.

텝스기출표현
heartily approve 진심으로 찬성하다

023
□□□

★★★
assign
[əˈsaɪn]

assignment 웹 과제, 임무

유의어
consign 맡기다
commission 의뢰하다

통 맡기다, 할당하다

The teacher assigned each student a different task, varying in due date and academic field.

선생님은 각각의 학생들에게 마감 기한이나 학문 분야가 모두 다른 과제를 주셨다.

024
□□□

★★★
transfer
[trænsˈfɜːr]

유의어
relocate 위치를 바꾸다

통 옮기다, 수송하다

I'm a transfer student from a different college but was able to serve as a student ambassador.

나는 다른 대학에서 온 편입생이지만 학생 대사로 활동할 수 있었다.

025
□□□

★
audit
[ˈɔːdɪt]

auditorial 웹 회계 감사의

유의어
keep tabs on ~을 감시하다

통 청강하다 | 회계를 감사하다 명 회계 감사

After he audited the lecture, he submitted a report that only showed the end results of the process.

그는 강의를 들은 후, 절차의 최종 결과만을 보여 주는 보고서를 제출했다.

026
□□□

★
impressionable
[ɪmˈpreʃənəbl]

impress 통 감명을 주다
impressive 웹 인상적인

유의어
sensitive 민감한

형 예민한, 민감한, 감수성이 풍부한

In light of the fact that teenagers are impressionable, it is no wonder they are petrified by recent accidents.

십 대들이 감수성이 예민하다는 사실을 고려하면, 그들이 최근 사고로 겁에 질려 있다는 사실은 놀랍지 않다.

텝스 기출 표현
at an impressionable age 감수성이 풍부한 나이대에

027
□□□

★
bulletin
[ˈbʊlətɪn]

명 공고

What do you think about posting political propaganda on the school bulletin board?

정치적인 선동물을 학교 게시판에 게재하는 것에 대해 어떻게 생각하세요?

텝스 기출 표현
bulletin board 게시판

**
intelligence
[ɪnˈtelɪdʒəns]

intellectual 형 지적인
intelligent 형 총명한

명 지능

A man of high intelligence, he decided to organize external educational institute.

매우 똑똑한 사람인 그는 외부 교육 기관을 만들기로 결정했다.

텝스기출표현

artificial intelligence 인공 지능

**
article
[ˈɑːrtɪkl]

articles 명 규약
articled 형 수습 직원으로 채용된

명 논문, 글, 기사

The professor was inspired by an article in a journal, which stated about the disclosure by commissioners.

위원들에 의해 밝혀진 사항에 대해 다루고 있는 저널의 기사에서 그 교수는 영감을 받았다.

유의어

dissertation 논문

**
admonish
[ədˈmɑːnɪʃ]

admonition 명 책망

유의어

lambaste 질책하다
reprimand 꾸짖다

동 꾸짖다, 책망하다

Parents admonish their children about having a balanced lifestyle, but they often fall flat in conveying the message.

부모들은 자녀들이 균형 잡힌 생활 습관을 갖도록 꾸짖지만, 그들의 메시지는 종종 전달되지 못한다.

텝스기출표현

admonish for ~에 대해 나무라다

**
adolescent
[ˌædəˈlesnt]

adolescence 명 청소년기

유의어

juvenile 청소년

명 청소년

A few years after I changed my major, I barely understood the textbook for the adolescent.

전공을 바꾸고 몇 년 뒤, 나는 청소년을 위한 교과서를 간신히 이해하기 시작했다.

**
instruction
[ɪnˈstrʌkʃn]

instruct 동 지시하다, 가르치다

명 지도 | 지시

Before the instruction begins, we should stand in line and wait for the supervision of the teachers.

지시 사항이 있을 때까지 우리는 줄을 서서 선생님들의 관리 감독을 기다려야 한다.

033 ★★★

prospect

[ˈprɑːspekt]

prospector 명 탐사자
prospective 형 장래의, 예비의

유의어
outlook 전망

명 예상 | 전망

A student with a prospect of attending the school can visit the campus and apply for the tour prior to admission.

예비 학생은 캠퍼스에 와서 입학 전 투어를 신청할 수 있다.

텝스기출표현
bright prospect 유망함

---

034 ★

partial

[ˈpɑːrʃl]

part 명 일부
particle 명 입자

유의어
faulty 결함 있는
fragmentary 단편적인

형 부분적인, 불완전한

It might have been only a partial solution to the problem, but still, it had a considerable effect on the test result.

문제에 대한 부분적인 해결책에 불과했을지 모르지만, 그것은 시험 결과에 큰 영향을 미쳤다.

텝스기출표현
make partial amendment 일부를 수정하다

---

035 ★

pathetic

[pəˈθetɪk]

pathetically 부 애절하게

유의어
wretched 가엾은
commiserable 불쌍한

형 형편없는, 한심한 | 불쌍한

The pathetic faction of the school provoked us to abandon the leader and consider the common good.

학교의 형편없는 파벌이 우리로 하여금 그 지도자를 버리고 공익을 고려하게끔 자극했다.

She looked pathetic after she failed the history test.

그녀는 역사 시험에 낙제한 뒤 불쌍해 보였다.

---

036 ★★

council

[ˈkaʊnsl]

councilor 명 고문관

명 의회, 자문 위원회

A charmless charity concert, devoid of humor, was held by the student council.

매력 없고 유머가 결여된 자선 콘서트가 학생 자치 위원회에 의해 열렸다.

▶혼동하지 말자!
counsel 조언, 상담

037 □□□

**
reference
[ˈrefrəns]

refer 통 언급하다
referral 명 소개, 위탁

명 참조 | 언급

The library contains many books to cross-reference, especially on the 3rd floor.
그 도서관은 상호 참조할 만한 많은 책들을 보유하고 있으며, 이는 특히 3층에 많다.

Reference was made to the event in the newspaper.
그 사건에 대한 언급이 신문에 있었다.

텝스 기출 표현
reference group 준거 집단

---

038 □□□

**
discipline
[ˈdɪsəplɪn]

유의어
eutaxy 질서, 규율

명 규율, 훈육

This training program is designed to teach students self-discipline and employment of logic.
이 훈련 프로그램은 학생들에게 자기 수양과 논리의 사용에 대해 가르치기 위해 만들어졌다.

---

039 □□□

***
acknowledge
[əkˈnɑːlɪdʒ]

acknowledgement 명 인정
acknowledged 형 인정된

유의어
concede 인정하다
bow to 받아들이다

통 인정하다

I had to acknowledge him as my superior mentor after he resolved the issue in an ongoing dispute in our study session.
그가 우리의 공부 모임 중 지속되던 분쟁에서 문제를 해결했을 때 나는 그를 나보다 우월한 멘토로 인정할 수밖에 없었다.

텝스 기출 표현
acknowledge 사람's fault 잘못을 인정하다

---

040 □□□

**
spoil
[spɔɪl]

유의어
blight 망치다

통 망치다 | (특별한 일로) 행복하게 하다

At our graduation banquet, you are to be spoiled for choice regarding our exquisite dining experience.
졸업 축하연에서 여러분은 저희의 훌륭한 요리에 다양한 선택권이 주어질 것입니다.

텝스 기출 표현
be spoiled for choice 고를 것이 넘쳐 나는

UNIT
14

01 02 03 04 05 06 07 08 09 10 11 12 13 15 16 17 18 19 20 21 22 23 24 25 26 27 28 29 30

041 ☐☐☐ ** statistics
[stə'tɪstɪks]

명 통계학 ǀ 통계 자료

You have to take statistics to write in the journal.

학술지에 논문을 내기 위해서 당신은 통계학을 들어야 한다.

According to official statistics collected by the education authorities, the epidemic killed over 100 students.

교육 당국에 의해 수집된 공식 통계 자료에 따르면, 그 전염병은 100명 이상의 학생의 목숨을 빼앗아갔다.

042 ☐☐☐ ** motivate
['moʊtɪveɪt]

통 동기를 부여하다

The trained mindset motivates you to be objective, think positive, say simple and act wisely.

이렇게 훈련받은 사고방식은 당신이 객관적이되 긍정적으로 사고하고, 명료하게 말하며 지혜롭게 행동하도록 동기를 부여한다.

043 ☐☐☐ ** subtract
[səb'trækt]

subtraction **명 공제, 차감**

유의어
deduct 공제하다

동 빼다, 공제하다

The result of the subtraction command '8 subtracted from 10' is 2.

뺄셈 연산 '10 빼기 8'의 결과는 2이다.

044 ☐☐☐ ** tedious
['tiːdɪəs]

tedium **명 권태**
tediously **부 지루하게**

유의어
insipid 지루한
monotonous 단조로운

형 지루한

Tedious and repetitive procedures seemed irrelevant to the lecture theme.

지루하고 반복되는 절차는 강의 주제와 관련이 없는 것 같았다.

045 ☐☐☐ *** degree
[dɪ'griː]

명 학위 ǀ 정도

After graduating from high school, Bath attended a college to receive her undergraduate degree.

고등학교를 졸업한 후, Bath는 학사 학위를 받기 위해 대학교에 들어갔다.

텝스기출표현

bachelor's degree 학사 학위
master's degree 석사 학위

UNIT
01
UNIT
02
UNIT
03
UNIT
04
UNIT
05
UNIT
06
UNIT
07
UNIT
08
UNIT
09
UNIT
10
UNIT
11
UNIT
12
UNIT
13
UNIT
14
UNIT
15
UNIT
16
UNIT
17
UNIT
18
UNIT
19
UNIT
20
UNIT
21
UNIT
22
UNIT
23
UNIT
24
UNIT
25
UNIT
26
UNIT
27
UNIT
28
UNIT
29
UNIT
30

046 □□□

versatile

[ˈvɜːrsətl]

🔢 다재다능한

He literally shines in front of the class, showing off his versatile teaching skills.

그는 학생들 앞에서 그의 다재다능한 강의 능력을 보여 줄 때 말 그대로 빛난다.

---

047 □□□

illuminate

[ɪˈluːmɪneɪt]

illumination 🔢 빛, 조명
illuminative 🔢 밝게 하는

유의어
enunciate (생각을 명확히) 밝히다

🔢 명확히 하다 | 비추다

According to picture-superiority effect, drawings are more efficient than formulas, to illuminate the subject.

사진 우월성 효과에 따르면, 주제를 밝히는 데에는 그림이 공식보다 더 효율적이다.

---

048 □□□

initiate

[ɪˈnɪʃieɪt]

initiative 🔢 계획, 주도권
initiatory 🔢 처음의

유의어
launch 시작하다
embark on ~에 승선하다[착수하다]

🔢 착수하다

To deal with deterioration of the organizational spirit, we are to initiate a campaign.

조직의 정신이 훼손되는 것에 대응하기 위하여 우리는 캠페인을 시작하려 합니다.

텝스기출표현
initiate task 작업을 개시하다

---

049 □□□

theorem

[ˈθiːərəm]

thesis 🔢 논문, 논지
theoretical 🔢 이론의

🔢 (특히 수학에서의) 정리

The teacher demonstrated many ways to prove the Pythagorean theorem.

선생님은 피타고라스의 정리를 증명할 수 있는 많은 방법들을 설명해 주셨다.

---

050 □□□

aptitude

[ˈæptɪtuːd]

apt 🔢 적절한

유의어
disposition 기질

🔢 적성, 소질

My mom consulted a teacher about my aptitude for biology and potential as a doctor.

우리 엄마는 나의 생물학 적성과 의사로서의 가능성에 대해 선생님과 상담했다.

텝스기출표현
aptitude test 적성 검사

▶혼동하지 말자!
altitude (해발) 고도

✶

prodigy

[ˈprɑːdədʒi]

prodigious 형 엄청난

유의어
whiz 천재

명 신동

A prodigy in the field of physics, Pleming smashed common sense about electrical conductivity.

물리학 분야의 천재인 Pleming은 전기 전도성에 대한 상식을 부수어 버렸다.

✶

endeavor

[ɪnˈdevər]

유의어
exertion 노력

명 노력

His research endeavor came to a halt when the experiment tools exploded after the fire.

그의 연구 노력은 실험 장비들이 화재 이후 폭발했을 때 중단되었다.

✶✶

discern

[dɪˈsɜːrn]

유의어
distinguish 분별하다

동 분별하다

The student was too young to discern right from wrong, enticed with the basic temptations.

그 학생은 기본적 욕망으로 유혹당한 상태에서 옳고 그름을 분별하기엔 너무 어렸다.

▶혼동하지 말자!
discrete 별개의

✶

expel

[ɪkˈspel]

유의어
eject 쫓아내다
fire out 해고하다, 내쫓다
pitch out 내던지다, 내쫓다

동 내쫓다

The school had to expel the students without parasite medication in the 80s.

그 학교는 80년대에 기생충 약을 먹지 않은 학생들을 내쫓아야 했다.

텝스기출표현
expel a student from school 학생을 퇴학시키다

✶✶✶

suspend

[səˈspend]

suspension 명 정직, 정학

유의어
adjourn 휴회하다
leave off 중단하다

동 정학시키다 | 중단하다

The school decided to suspend the student after he turned in fabricated test certificates.

그가 조작된 시험 성적을 제출했다는 사실을 알게 된 이후 학교는 그를 정학시키기로 결정했다.

056

**
bibliography
[ˌbɪbliˈɑːɡrəfi]

bibliographic 형 서지의

유의어
citations 참고 문헌

명 참고 문헌

Bibliography of the appendix covers various issues of official government records.

부록의 참고 문헌은 정부 공식 기록의 다양한 이슈들을 다루고 있다.

057

***
compel
[kəmˈpel]

compelling 형 ~하지 않을 수 없는

유의어
impose 부과하다
enforce 강요하다

동 강요하다

Certain obligations compelled her to restrain herself from studying.

특정 의무들은 그녀로 하여금 공부하는 것을 자제하게 만들었다.

텝스기출표현
compel 사람 to submission '사람'을 복종시키다

058

***
conceive
[kənˈsiːv]

conceivable 형 상상할 수 있는

유의어
depicture 묘사하다, 상상하다
imagine 상상하다

동 상상하다 | 임신하다

I cannot even conceive that our research project could collapse.

우리의 연구 프로젝트가 실패할 수 있다는 것은 상상조차 할 수 없다.

텝스기출표현
conceive a child 아기를 임신하다

059

*
savvy
[ˈsævi]

유의어
erudite 학식 있는, 박식한

형 많이 아는

He became a sharp, savvy executive assistant after receiving a master's degree in business.

그는 경영학 석사 학위를 받은 후 예리하고 숙달된 보좌관이 되었다.

060

**
institute
[ˈɪnstɪtuːt]

institution 명 기관

유의어
implement 도입하다

명 연구소 동 도입하다

The Institute of Education publishes an annual report about advanced training programs.

교원양성협회는 매년 심화된 훈련 프로그램에 대한 연례 보고서를 출간한다.

faculty

['fæklti]

facultative 형 선택적인, 특권을 주는

명 교수진 | 능력

The university treated children of politicians, faculty, and enterpriser with special consideration.

그 대학은 정치가, 교수진, 그리고 기업가의 아이들을 특별히 대우해 주었다.

텝스기출표현

faculty of advocates 변호사회
mental faculty 지능, 지성

★

adamant

['ædəmənt]

adamantly 부 단호하게

유의어

obdurate 확고한

형 확고한

When turning in her report in school, she stood adamant to any temptation such as plagiarism.

학교에서 과제를 제출할 때, 그녀는 표절과 같은 유혹에 단호하게 버텼다.

텝스기출표현

a will of adamant 강한 의지

★

delve

[delv]

유의어

rummage 뒤지다

동 탐구하다

We need to delve into the question of bipolarization.

우리는 양극화의 문제를 탐구해야 한다.

★★★

proficient

[prə'fiʃnt]

proficiency 명 숙달, 능숙

형 능숙한, 숙달된

He is making progress in learning several languages and became proficient in speaking one of them.

그는 다양한 언어를 배우는 것에 있어서 발전하고 있고, 그중 한 언어를 말하는 데에 능숙해졌다.

텝스기출표현

thoroughly proficient 완전히 통달한

**

competence

[ˈkɑːmpɪtəns]

compete 동 경쟁하다
competer 명 경쟁자
competent 형 경쟁력 있는

명 경쟁력

She stands out in terms of competence in calculating investments and assets in her economics class.

그녀는 경제학 시간에 투자와 자산을 계산하는 능력에 있어서 두각을 나타내고 있다.

텝스기출표현

exceed 사람's competence 월권 행위를 하다

▶혼동하지 말자!
confidence 신뢰, 자신감

---

*

whine

[waɪn]

whiny 형 불평하는, 투덜대는
whiner 명 투덜대는 사람

유의어
snivel 징징대다, 칭얼거리다

동 우는 소리를 하다

Students are whining about their future, eagerly awaiting their college acceptance letters.

학생들은 대학 합격 통지서를 간절히 기다리며, 그들의 미래에 대해 우는 소리를 하고 있다.

***

comprehensive

[ˌkɑːmprɪˈhensɪv]

comprehend 동 이해하다

형 포괄적인, 종합적인

He claims that the instructions in school should be comprehensive to minimize time and costs of confusion.

그는 학교 내의 지시 사항이 혼란으로 인한 시간과 비용을 최소화하기 위해 포괄적이어야 한다고 주장한다.

---

*

cumulative

[ˈkjuːmjəleɪtɪv]

cumulate 동 쌓아 올리다

유의어
accumulative 축적되는

형 누적되는

The cumulative number of test-failures of the student has gradually decreased.

학생의 누적된 시험 낙제 횟수가 점차적으로 줄어들었다.

텝스기출표현

cumulative records 생활 기록부

▶혼동하지 말자!
culminate 끝이 나다

prerequisite

[ˌpriːˈrekwəzɪt]

반의어

elective (course) 선택 과목

명 선수 과목 | 전제 조건

Prerequisite for this course would be physics and statistics.

이 과목의 선수 과목은 물리학과 통계학이 될 것이다.

To make multinational activists give in, ensuring the educational right should be a prerequisite.

다국적 운동가들이 동의하도록 하려면, 교육권 보장이 전제 조건이 되어야 한다.

✱

cultivate

[ˈkʌltɪveɪt]

cultivation **명** 경작

동 양성하다 | (식물·작물을) 재배하다

To cultivate your strength as a prospective global leader, you need to attend this specialized educational training.

장래의 세계 지도자로서의 강점을 양성하기 위해 당신은 이 전문 교육 훈련을 받아야 합니다.

텝스 기출 표현

cultivate the market 시장을 개척하다

✱

digress

[daɪˈgres]

digression **명** 여담, 탈선
digressive **형** 지엽적인

유의어

deviate 벗어나다

동 주제에서 벗어나다

To digress a little, the educational journal does not represent the opinion of the institute.

조금 벗어난 이야기를 하자면, 해당 교육 저널은 기관의 견해를 대변하지 않는다.

✱✱

exemplary

[ɪgˈzempləri]

exemplarity **명** 모범적임

유의어

model 모범이 되는

형 모범적인

Sweden is known for its exemplary education standards, stated in a survey study on international institutions.

국제 기관에 대한 조사 연구에 따르면, 스웨덴은 모범적인 교육 기준으로 유명하다.

✱✱

demonstrate

[ˈdemənstreɪt]

demonstration **명** 시위, 논증

유의어

substantiate 입증하다

동 입증하다 | 보여 주다 | 설명하다

Could you demonstrate how to operate this computer system in this university?

이 대학교에서 컴퓨터 시스템을 어떻게 작동시키는지 알려 주시겠습니까?

텝스 기출 표현

demonstrate a theory 학설을 증명하다

074
illiterate ★★
[ɪˈlɪtərət]

illiteracy 圐 문맹, 무식

반의어
literate 글을 읽고 쓸 줄 아는

圐 문맹의 圐 문맹자

Modern education turns out more illiterate adults than pre-modern education without mandatory right.

현대 교육은 의무 교육권이 없던 근대 이전의 교육보다 더 많은 성인 문맹을 낳고 있다.

075
syllabus ★★
[ˈsɪləbəs]

圐 강의 계획안

Detailed syllabus and brief content of nomenclature are to be handed out soon.

자세한 강의 계획안과 명명법에 대한 간략한 내용을 담은 자료를 곧 나눠 줄 것이다.

076
reckon ★
[ˈrekən]

유의어
numerate 계산하다

圐 (~라고) 생각하다 | 계산하다

The admissions board reckons that the school was not proactive in addressing the basic needs of juveniles.

입학처는 학교가 청소년들의 기본적 요구를 해결하는 데 있어서 적극적이지 않았다고 생각한다.

After I reckoned up the gains and losses, I made up my mind to apply for the university.

이익과 손실을 모두 계산한 후, 나는 대학에 지원하기로 결정했다.

077
arithmetic ★
[əˈrɪθmətɪk]

圐 산수, 연산

His remarkable improvement in arithmetic was a product of reading a wide selection of math periodicals.

그의 연산력이 부쩍 향상된 것은 방대한 수학 간행물을 읽은 성과였다.

078
retard ★
[rɪˈtɑːrd]

retardation 圐 지연, 방해

유의어
impede 방해하다
obstruct 막다

圐 늦추다, 지연시키다

At times, too much focus on studying retards personal growth.

때때로 공부에만 지나치게 관심을 두는 것은 개인적인 성장을 지연시킨다.

079
rudimentary ★★
[ˌruːdɪˈmentri]

rudiment 圐 기초

圐 기본적인

The principal established a rudimentary form of adopting new discipline.

교장 선생님은 새로운 규율 채택의 기본 구조를 만들었다.

> **텝스기출표현**
> rudimentary knowledge 기초 지식

✱
salient
[ˈseɪliənt]

saliently 🔵 두드러지게

유의어
prominent 저명한

🔵 현저한, 두드러진

The problem is especially salient for universities burdened with low test scores.

이 문제는 낮은 시험 점수로 부담을 갖고 있는 대학들에서 심각하게 대두되고 있다.

텝스기출표현

salient point 두드러진 특징

✱✱
unruly
[ʌnˈruːli]

반의어
docile 순종적인
pliable 순응적인, 유연한

🔵 다루기 힘든, 제멋대로 구는

To deal with unruly students, we've decided to remove them from classes as a way of punishment.

제멋대로 구는 학생들을 다루기 위해, 우리는 처벌 방식의 하나로 그들을 수업에서 내보내기로 했다.

텝스기출표현

unruly temper 거센 성격

✱✱
upbringing
[ˈʌpbrɪŋɪŋ]

유의어
nurture 양육
rearing 양육, 사육

🔵 훈육, 양육

Our childhood experiences are shaped by both cultural upbringing and personal influences.

우리의 유년 시절 경험은 문화적 훈육과 개인적 영향에 의해 형성된다.

✱✱
dawn on

유의어
come[get] across 이해되다

~에게 이해되기 시작하다

As a law school student, it dawned on me that a suspect is not entitled to Miranda warnings.

로스쿨 학생으로서 나는 용의자가 미란다 원칙의 보호를 받을 수 없음을 이해했다.

✱✱
flunk
[flʌŋk]

flunkee 🔵 퇴학생, 낙제생

유의어
blunk 실패하다

🔵 낙제하다

Trump flunked out of law school and barely got the grades for a business degree.

Trump는 로스쿨에서 퇴학당했고 경영 학위를 위한 점수를 간신히 받았다.

텝스기출표현

flunk in an exam 시험에 낙제하다

▶혼동하지 말자!
flunkey 아첨꾼

01
UNIT
02
UNIT
03
UNIT
04
UNIT
05
UNIT
06
UNIT
07
UNIT
08
UNIT
09
UNIT
10
UNIT
11
UNIT
12
UNIT
13
UNIT
14
UNIT
15
UNIT
16
UNIT
17
UNIT
18
UNIT
19
UNIT
20
UNIT
21
UNIT
22
UNIT
23
UNIT
24
UNIT
25
UNIT
26
UNIT
27
UNIT
28
UNIT
29
UNIT
30

085 ★★
grant
[grænt]

granted 쩝 ~이므로, ~를 감안하여

유의어
accredit 인가하다

⑧ 승인하다 | 인정하다

In case of the students could not find themselves, we enlisted explicit permissions to grant them.

학생이 직접 찾을 수 없을 경우를 대비해, 우리는 명시적 사용 권한 목록을 만들고 이를 허용했다.

---

086 ★★
hone
[hoʊn]

유의어
brush up 연마하다

⑧ 연마하다

You have to abandon your obsession with grades and hone other skills to be a scholar.

당신은 학자가 되기 위해 성적에 대한 집착을 버리고 다른 기술들을 연마해야 한다.

텝스기출표현
hone 사람's skill 기량을 연마하다, 실력을 기르다

---

087 ★★
hindsight
[ˈhaɪndsaɪt]

hind 쩝 뒤의

⑲ 뒤늦은 깨달음

In hindsight, it is not surprising to note that I got admitted into the top university.

지나고 보니, 내가 일류 대학에 입학했다는 것이 놀랍지 않다.

텝스기출표현
in hindsight 지나고 나서 보니

---

088 ★
pedantic
[pɪˈdæntɪk]

pedant 쩝 규칙만 찾는 사람

유의어
academic 학문의, 비실용적인

⑲ 현학적인

A pedantic formula in the lecture will surely dazzle and baffle students.

강의에서의 현학적 공식은 학생들을 현혹시키고 당황하게 할 것이 자명하다.

---

089 ★★
pertinacity
[ˌpɜːrtəˈnæsəti]

pertinacious 쩝 끈질긴

유의어
tenacity 끈기

⑲ 끈기

Indomitable resolution and dogged pertinacity led her to pursue her lifelong dream to be a professor.

불굴의 의지와 집요한 끈기가 그녀로 하여금 교수가 되려는 일생의 꿈을 계속 추구하도록 만들었다.

텝스기출표현
stern pertinacity 불굴의 의지

▶혼동하지 말자!
pertinency 적절, 적당

| 090 □□□ | ****** **prestigious** [preˈstɪdʒəs] prestige **명** 명망 **유의어** topnotch 일류의 | **형** 일류의, 명망 있는 As one of the most prestigious education seminars in the world, the event was first hosted in 1980. 세계에서 가장 권위 있는 교육 세미나 중 하나로서, 그 행사는 1980년에 처음 개최되었다. |

| 091 □□□ | ****** **primary** [ˈpraɪmeri] prime **형** 주된, 뛰어난 primarily **부** 주로 **유의어** staple 주요한 | **형** 주된, 주요한 The primary aim of this course is to hone your speaking skills with different materials. 이 수업의 주된 목표는 다양한 자료들로 당신의 말하기 실력을 연마하는 것입니다. |

| 092 □□□ | ******* **revise** [rɪˈvaɪz] revision **명** 수정 **유의어** amend 개정하다 alter 바꾸다 modify 수정하다 | **동** 수정하다 | 개정하다 The government should revise its policy since the regulation is encouraging harmful actions. 그 규제는 유해한 활동을 조장하기 때문에 정부가 방침을 수정해야 한다. **텝스기출표현** revise edition 판을 개정하다 |

| 093 □□□ | ****** **delinquency** [dɪˈlɪŋkwənsi] delinquent **형** 의무 불이행의, 비행의 **유의어** misdemeanor 비행 | **명** 비행, 범죄 The programs implemented to prevent juvenile delinquency in this region have been generally successful. 이 지역에서 청소년 비행을 예방하기 위해 진행된 프로그램들은 대체로 성공적이었다. **텝스기출표현** juvenile delinquency 청소년 비행 |

| 094 □□□ | ***** **elate** [iˈleit] elated **형** 우쭐한 | **동** 고무하다 After the news, students were elated at the prospect of not having to pass the test. 뉴스를 듣고 나서, 학생들은 그들이 시험을 통과하지 않아도 될지 모른다는 생각에 기뻐했다. |

| 095 □□□ | ***** **colloquium** [kəˈloʊkwiəm] colloquial **형** 구어의 | **명** 학회 The biology department convened a colloquium on DNA technology. 생물학과는 DNA 기술에 대한 학회를 소집했다. |

096 □□□

**
austere
[ɔːˈstɪr]

austerely 🔒 준엄하게, 검소하게

유의어
stringent 엄중한
rigorous 엄격한
stern 근엄한

🔒 근엄한

I found the professor a rather austere, distant and cold person, especially in her criticism.

나는 그 교수가 특히 비판에 다소 엄하고, 쌀쌀하며 냉정한 사람이라는 인상을 받았다.

---

097 □□□

**
plagiarize
[ˈpleɪdʒəraɪz]

plagiarism 🔒 표절

🔒 표절하다

The professor realized that this report was not only tardy in submission but also plagiarized.

교수는 이 보고서가 늦게 제출되었을 뿐만 아니라 표절이었다는 것을 깨달았다.

텝스기출표현
plagiarize a paper 논문을 표절하다

---

098 □□□

*
meritorious
[ˌmerɪˈtɔːriəs]

유의어
laudable 칭찬할 만한

🔒 칭찬할 만한

He got a medal for meritorious actions during his school years.

그는 학교에 다닐 때 칭찬할 만한 행동으로 상을 받았다.

---

099 □□□

*
peruse
[pəˈruːz]

perusal 🔒 정독, 통독

🔒 정독하다

Peruse the list of adaptive response templates to see if it matches your situation, when applying.

지원할 때 당신의 상황과 일치하는지 적응형 대응 템플릿 목록을 면밀히 살펴보세요.

---

100 □□□

*
dyslexia
[dɪsˈleksiə]

유의어
paralexia 독서 곤란, 착독증

🔒 난독증

Tom Cruise was diagnosed with dyslexia, which is characterized by trouble with reading.

Tom Cruise는 읽는 데 어려움을 겪는 것이 특징인 난독증을 진단받았다.

문맥에 맞는 단어를 보기에서 골라 빈칸에 넣으세요.

PART 1

ⓐ intelligence	ⓑ faculty	ⓒ absence	ⓓ ideal	ⓔ transfer
ⓕ instruct	ⓖ reference	ⓗ flunk	ⓘ alumni	ⓙ acquire

1. The ridiculously absurd rumor may _____ currency.

2. The island is an absolutely _____ place to spend a holiday.

3. The accident was caused by a driver's _____ of mind.

4. You can inquire about the information and _____ desk on that matter.

5. There are different forms of _____, including a capacity to get deep meaning from social interaction.

6. I'll _____ you to the maintenance man in charge of the defect.

7. Let's go to our _____ meeting tomorrow.

8. She has to submit the required report or she will _____.

9. The college is known for its excellent _____.

10. _____ patients that we do not take walk-ins.

>> **Check-Up** Questions

문맥에 맞는 단어를 보기에서 골라 빈칸에 넣으세요.

PART 2

ⓐ institute	ⓑ rudimentary	ⓒ cultivate	ⓓ prospect	ⓔ versatile
ⓕ digress	ⓖ delinquency	ⓗ pertinacity	ⓘ pedantic	ⓙ hindsight

11. We praise his _____ and courage for that matter.

12. The farmer worked day and night to _____ the wasteland.

13. The manager is going to _____ a little as always.

14. Peer pressure often causes juvenile _____.

15. Receiving only a _____ education, he was quite intelligent.

16. He is known for his _____ techniques in composing.

17. The _____ of economic boom is exciting economists.

18. At times, his writing is too _____ to understand.

19. In _____, I should have taken the French language course.

20. The _____ for international exchange is to accept applications for summer internships.

answers
11 ⓗ 12 ⓒ 13 ⓕ 14 ⓖ 15 ⓑ 16 ⓔ 17 ⓓ 18 ⓘ 19 ⓙ 20 ⓐ

UNIT
15

뉴텝스 어휘

사회

사회

UNIT 15 >>

001

★★★
donate
[ˈdoʊneɪt]

donation 명 기부, 기증
donor 명 기부자, 기증자

동 기부하다, 기증하다

The movie stars donated 100,000 dollars to help survivors of the 2010 Haiti earthquake.

그 영화배우들은 2010년 아이티 지진 생존자들을 돕기 위해서 10만 달러를 기부했다.

002

★★★
acceptance
[əkˈseptəns]

accept 동 받아들이다
accepted 형 일반적으로 인정된
acceptable 형 받아들일 수 있는

명 수락, 받아들임 | 동의 | 입학 허가

She couldn't visit Norway to make an acceptance speech for her prize until 2012.

그녀는 2012년이 되어서야 비로소 그녀의 상에 대한 수락 연설을 하기 위해 노르웨이에 방문할 수 있었다.

> **텝스 기출 표현**
> gain acceptance 용인되다

003

★★★
bond
[bɑːnd]

유의어
tie 유대, 관계, 묶다
cohesion 결합, 응집력

명 연대, 유대 | 채권 동 결합하다, 접착하다

Spending quality time together is a good way to develop a strong bond among family members.

함께 의미 있는 시간을 보내는 것은 가족 구성원들 사이에서 유대감을 쌓는 좋은 방법이다.

004

★★
multicultural
[ˌmʌltiˈkʌltʃərəl]

multiculturalism 명 다문화주의

형 다문화의

The political party is leading the movement to make policies regarding multicultural families.

그 정당은 다문화 가정과 관련된 정책을 만드는 움직임을 주도하고 있다.

005

★★★
adopt
[əˈdɑːpt]

adoption 명 채택, 입양
adoptive 형 입양으로 맺어진
adoptee 명 양자
adopter 명 입양인, (신기술) 사용자

동 (정책 등을) 채택하다 | (방식 · 자세를) 취하다 | 입양하다

The politician finally adopted the very practices he had criticized sharply.

그 정치인은 자신이 신랄하게 비판해 온 바로 그 관행들을 마침내 채택했다.

Angelina Jolie adopted her first child in 2002.

Angelina Jolie는 2002년에 그녀의 첫 아이를 입양했다.

> **▶혼동하지 말자!**
> adapt 맞추다, 조정하다, 적응하다

---

006 ★★★
burden
[ˈbɜːrdn]

burdensome 형 부담스러운, 힘든

유의어
onus 무거운 짐, 부담, 책임, 의무

명 부담, 짐 동 부담을 지우다 ㅣ 짐을 나르다

When you share your worry, your burden can be reduced.
당신의 걱정을 나누면 부담이 줄어들 수 있어요.

Many people are burdened with a heavy debt these days.
오늘날 많은 사람들이 큰 빚을 지고 있다.

---

007 ★★★
abuse
동 [əˈbjuːz]
명 [əˈbjuːs]

abusive 형 학대하는, 남용하는

동 학대하다 ㅣ 남용하다 명 학대 ㅣ 남용, 오용

Jewish people were severely abused in the Nazi concentration camp.
유대인들은 나치 포로 수용소에서 심하게 학대를 당했다.

텝스 기출 표현
domestic abuse 가정 폭력
substance abuse 약물 남용

---

008 ★★★
pose
[poʊz]

동 (문제 · 위협 · 위험 등을) 제기하다 명 포즈, 자세

Drinking too much can pose a health threat.
술을 너무 많이 마시는 것은 건강을 위협한다.

---

009 ★★★
associate
동 [əˈsoʊʃieɪt]
명 [əˈsoʊʃiət]

association 명 협회, 유대

동 어울리다 ㅣ 연관 짓다 명 동료

Associating with ill-mannered people will make others think that you belong in the same class.
무례한 사람들과 어울리는 것은 타인으로 하여금 당신이 같은 부류에 속한다고 생각하게 만든다.

Carol and her associates have been developing a technology to predict the potential paths of tornadoes.
Carol과 그녀의 동료들은 토네이도의 잠재적인 경로를 예측하는 기술을 개발해 오고 있다.

텝스 기출 표현
associate A with B A를 B와 연관시키다
be associated with ~와 관련되다, ~와 연관이 있다

---

010 ★★
invasion
[ɪnˈveɪʒn]

invade 동 침입하다, 난입하다

유의어
intrusion (개인 사생활 등에 대한) 침해
infringement 위반, 위배, 침해

명 침해, 방해

Opening a door without knocking is an invasion of privacy.
노크도 없이 문을 여는 것은 사생활 침해이다.

텝스 기출 표현
an invasion of privacy 사생활 침해

---

011 ** mutual
[ˈmjuːtʃuəl]

mutuality 명 상호 관계, 상관
mutualism 명 상리 공생

유의어
joint 공동의, 합동의
reciprocal 상호 간의

형 상호 (간)의 | 공동의, 공통의

Mutual trust is essential in friendship.
상호 간의 신뢰는 우정에 있어 필수적이다.

We share a mutual interest in music.
우리에게는 음악이라는 공통의 관심사가 있다.

---

012 * selected
[səˈlektɪd]

select 동 선발하다, 선정하다, 선택하다
selective 형 선택적인, 까다로운
selection 명 선발, 선정, 선택

형 선출된, 엄선된

Only a few people were selected as apprentices, so corruption was rife in the selection process.
오직 몇 사람만이 수습생으로 선정되었기 때문에, 선발 과정에서 부정부패가 만연했다.

---

013 *** biased
[ˈbaɪəst]

bias 명 편견 동 편견을 갖게 하다

반의어
unbiased 편견이 없는

형 편견을 가진, 편향된

Historical records are necessarily biased since they are written by winners of wars, not losers.
역사적인 기록은 전쟁의 패자가 아닌 승자가 쓰기 때문에 필연적으로 편향되어 있다.

---

014 *** estimate
[ˈestɪmət]

estimation 명 판단, 평가, 평가치
underestimate 동 과소평가하다, 너무 적게 추산하다

유의어
assess 평가하다, 사정하다
evaluate 평가하다, 감정하다

명 견적, 대략적 수치, 추정, 추산 동 추정하다, 추산하다, 가치를 평가하다

The contractor gave an estimate of the construction cost right after their first meeting.
하청업자는 첫 회의를 마친 직후에 공사비에 대한 견적을 냈다.

The police have estimated that more than 1,000 people will participate in the protest.
경찰은 천 명 이상의 사람들이 그 시위에 참석할 것으로 추정했다.

---

015 *** accompany
[əˈkʌmpəni]

accompaniment 명 반주, 반찬, 안주
accomplice 명 공범

동 동반하다, 동행하다

To obtain a new passport, applications accompanied by two passport-sized photos should be submitted.
새 여권을 발급받기 위해서는 여권 사진 크기의 사진 2매를 신청서와 함께 제출해야 한다.

UNIT
15

★★★

emerge

[iˈmɜːrdʒ]

emergence 명 출현, 발생
emergency 명 비상, 비상 사태
emergent 형 신생의, 긴급한

동 나오다, 모습을 드러내다 I 알려지다

Before the burning car exploded, a cloud of smoke emerged from the engine.

불타오르는 차가 폭발하기 전에, 연기 구름이 엔진에서 나왔다.

It emerged that the department store was going to declare bankruptcy.

그 백화점이 파산 선고를 할 예정이라는 것이 밝혀졌다.

> **텝스기출표현**
>
> emerge from A to B A에서 B로 부상하다
> emerging economies 개발 도상국(= developing countries)

★★

equivalent

[ɪˈkwɪvələnt]

equivalence 명 같음, 등가, 동량

형 (가치·의미·중요도 등이) 동등한, 맞먹는
명 등가물, 상당하는 것

The volume of water which overflowed when he entered the tub was equivalent to the volume of his body.

그가 욕조에 들어갔을 때 흘러넘친 물의 부피가 그의 몸의 부피와 동등했다.

Sometimes, there are some words which we cannot find a precise English equivalent for.

때때로 정확한 영어 동의어를 찾을 수 없는 단어들이 있다.

★★★

exclude

[ɪkˈskluːd]

exclusion 명 제외, 배제
exclusive 형 배타적인, 특권층의
exclusivity 명 고급스러움

반의어
include 포함하다

동 배제하다, 제외하다 I 거부하다

Make sure the names you want to exclude from the list are unchecked before pressing the "submit" button.

'제출' 버튼을 누르기 전에, 목록에서 제외하고 싶은 이름들이 선택되진 않았는지 확인하세요.

Those who don't dress in formal attire can be excluded from this club.

정장을 입지 않은 사람들은 이 클럽의 출입이 거부될 수 있다.

★★★

charity

[ˈtʃærəti]

charitable 형 자비로운, 관용적인

명 자선 단체 I 자선

People should take some time to determine which charities are good for donating money.

사람들은 어느 자선 단체에 돈을 기부하는 것이 좋을지 시간을 들여 신중히 결정해야 한다.

> **텝스기출표현**
>
> charity work 자선 활동
> raise money for charity 자선 모금을 하다

020

**

engagement

[ɪnˈɡeɪdʒmənt]

engage 동 (~으로) 고용하다, 약속하다, 약혼시키다
engaging 형 매력적인

반의어

disengagement 해방, 이탈

명 **(만나기로 한) 약속 | 약혼 | 교전**

I have a previous engagement.
나는 선약이 있다.

He did some extra work to buy the engagement ring.
그는 약혼 반지를 사기 위해서 추가 업무를 했다.

텝스 기출 표현

previous engagement 선약

021

***

drastic

[ˈdræstɪk]

drastically 부 급격하게

형 **급진적인**

The organization had to dismiss many employees to make drastic changes to its structure.
그 단체는 구조에 있어서 급진적인 변화를 만들기 위해서 많은 직원들을 해고해야만 했다.

022

***

rank

[ræŋk]

ranking 명 순위 형 뛰어난, 고급의

명 **지위, 계급** 동 **등급을 매기다 | 지위를 차지하다**

The colors of the jackets show their rank.
상의의 색상은 그들의 계급을 보여 준다.

Yuna Kim have ranked first several times.
김연아는 수차례 1위를 차지했다.

023

***

advocate

동 [ˈædvəkeɪt]
명 [ˈædvəkət]

advocacy 명 지지, 옹호

동 **지지하다** 명 **지지자, 옹호자**

In ancient civilizations, few advocated educating women.
고대 문명에서는, 여성을 교육하는 것을 옹호하는 사람은 많지 않았다.

Many advocates of egalitarianism claim that all the citizens need to get fair economic chances.
평등주의의 많은 지지자들은 모든 시민들이 공평한 경제적 기회를 얻을 필요가 있다고 주장한다.

024

***

minority

[maɪˈnɔːrəti]

minor 형 작은, 가벼운 명 미성년자

반의어

majority 다수, 주요한, 중대한

명 **소수 | 소수 집단**

Only a minority of people will be benefited from these taxes.
오직 소수의 사람만이 이러한 세금으로부터 혜택을 받을 것이다.

The terrorists targeted the minorities.
그 테러리스트들은 소수 집단을 타깃으로 삼았다.

★
transparent
[trænsˈpærənt]

transparency 명 투명도

유의어
obvious 분명한, 명백한, 확실한

반의어
opaque 불투명한, 불분명한

형 투명한 | 속이 뻔히 들여다보이는, 명백한

Some clients asked Booth to install transparent tubes.
어떤 고객은 Booth에게 투명한 관을 설치해 달라고 요청했다.

He was so transparent that I thought he was the last person to betray me.
그는 매우 진솔해서 나는 그가 결코 나를 배신할 사람이 아니라고 생각했다.

★★★
compulsory
[kəmˈpʌlsəri]

compel 동 강요하다
compulsion 명 강제

유의어
mandatory 의무적인

반의어
voluntary 자발적인

형 강제적인, 의무적인

Some people argue that schools should have compulsory sex education classes.
어떤 사람들은 학교에서 의무적인 성교육 수업을 실시해야만 한다고 주장한다.

텝스 기출 표현

compulsory military service 의무 군 복무, 징병
compulsory education 의무 교육

★★
outgoing
[ˈaʊtgoʊɪŋ]

outgo 명 출발, 외출

유의어
sociable 사교적인, 붙임성 있는
gregarious 사교적인

반의어
incoming 새로 당선된, 도착하는

형 외향적인, 사교적인 | (책임 있는 자리를) 떠나는[물러나는]

Outgoing people usually feel comfortable when they are with others.
외향적인 사람들은 보통 타인과 함께일 때 편안하게 느낀다.

The outgoing president has been the most popular political leader ever.
그 퇴임하는 대통령은 역대 가장 인기 있는 정치 지도자였다.

★★★
combine
[kəmˈbaɪn]

combination 명 조합, 결합

동 결합하다, 연합하다

It is difficult to combine a personal life with work successfully.
개인의 생활과 업무를 성공적으로 결합하는 것은 어렵다.

★★
nosy
[ˈnoʊzi]

nosiness 명 참견하기 좋아함

유의어
inquisitive 꼬치꼬치 캐묻는

형 참견하기 좋아하는, 꼬치꼬치 캐묻는

My sister is having difficulty dealing with nosy neighbors these days.
내 여동생은 요즈음 참견하기 좋아하는 이웃들을 대하는 데 어려움을 겪고 있다.

**

propriety
[prə'praɪəti]

proper 형 적절한

유의어
etiquette 예의, 에티켓

반의어
impropriety 부적절한[부도덕한] 행동

명 (행동의 도덕적·사회적) 적절성 | 예의(범절)

People should think about the propriety of their words and actions.
사람들은 언행의 적절성에 대하여 생각해야 한다.

These days, there is a tendency among young people not to observe the proprieties.
오늘날, 젊은 사람들 사이에서는 예의범절을 지키지 않는 경향이 있다.

***

diversity
[daɪ'vɜːrsəti]

diverse 형 다양한
diversify 통 다각화하다, 다양화하다
diversification 명 다양화, (사업의) 다각화

명 다양성

By traveling many countries, you can experience ethnic and cultural diversity.
많은 국가를 여행함으로써, 당신은 민족과 문화의 다양성을 경험할 수 있다.

텝스기출표현
cultural diversity 문화적 다양성

***

acquaintance
[ə'kweɪntəns]

acquaint 통 알리다, 숙지시키다
acquainted 형 정통한, 안면이 있는

명 면식, 친분

It is really pleased to make your acquaintance.
당신과 알게 되어 정말 기쁩니다.

텝스기출표현
be acquainted with ~을 알다, ~와 친분이 있다

UNIT **15**

***

integrate
['ɪntɪgreɪt]

integration 명 통합

유의어
incorporate 통합시키다, 합병하다

통 통합하다

When migrating to another country, people should do their best to integrate with the community.
다른 나라로 이주했을 때, 사람들은 그 지역 사회에 통합되기 위해 최선을 다해야 한다.

**

meddle
['medl]

meddling 형 간섭하는 명 간섭
meddlesome 형 간섭하기를 좋아하는

통 간섭하다, 참견하다, 끼어들다

I really hate him meddling in others' affairs.
나는 그가 남의 일에 간섭하는 것이 너무 싫다.

035 ★

divisive

[dɪˈvaɪsɪv]

division 명 분할, (조직의) 분과
divisiveness 명 분열

형 분열을 초래하는

The most divisive agenda at the moment is whether a graduate tax will be introduced or not.

지금 가장 분열을 초래한 안건은 졸업세의 도입 여부이다.

---

036 ★★★

intimate

형 [ˈɪntəmət]
통 [ˈɪntəmeɪt]

intimacy 명 친밀함
intimation 명 암시
intimately 부 친밀히, 직접적으로

형 친한, 친밀한 통 넌지시 알리다

Some people try to be on intimate terms with the rich.

어떤 사람들은 부자들과 친하게 지내려고 노력한다.

The official intimated confidential information to me.

그 관리는 나에게 기밀 정보를 넌지시 알려 주었다.

> **텝스기출표현**
>
> an intimate knowledge of ~에 대한 상세한 지식
> be on intimate terms with ~와 친하게 지내다
> intimate A to 사람 A를 '사람'에게 넌지시 알리다

---

037 ★★

estranged

[ɪˈstreɪndʒd]

estrange 통 멀어지게 하다
estrangement 명 별거, 소원함

형 (사이가) 멀어진, 소원해진

He was estranged from his son after yelling at him.

그는 아들에게 고함을 지른 후로 아들과 사이가 멀어졌다.

---

038 ★★

accustomed

[əˈkʌstəmd]

accustom 통 익히다, 익숙해지다

형 익숙한

Some students are not accustomed to following the rules.

어떤 학생들은 규칙을 따르는 데 익숙하지 않다.

> **텝스기출표현**
>
> be accustomed to -ing ~하는 데[~에] 익숙해지다
> (= be used to -ing)

---

039 ★★★

alienate

[ˈeɪliəneɪt]

alienation 명 소외
inalienable 형 양도할 수 없는, 뺏을 수 없는

> **유의어**
>
> estrange 멀어지게 하다

통 멀어지게 하다, 소원하게 하다

When the earthquake occurred, people were alienated from the government because of its sluggish response.

지진이 발생했을 때, 사람들은 정부의 늑장 대응 때문에 정부로부터 멀어졌다.

> **텝스기출표현**
>
> alienate A from B A와 B를 이간하다
> be alienated from ~로부터 멀어지다[소외되다], ~와 사이가 나쁘다

***
discriminate
[dɪˈskrɪmɪneɪt]

discrimination 명 차별, 안목
discriminatory 형 차별적인

반의어
indiscriminate 무분별한, 무차별적인

통 **차별하다 | 식별하다, 구별하다**

There are many companies which discriminate against the disabled in their hiring.
고용할 때 장애인들을 차별 대우하는 회사들이 많이 있다.

Even adults have trouble discriminating between right and wrong.
심지어 성인들조차도 옳고 그른 것을 구별하는 데 어려움을 겪는다.

텝스기출표현

discriminate A from B A를 B와 구분하다
discriminate in favor of ~을 우대하다
discriminate against ~을 냉대하다[차별 대우하다]

**
rapport
[ræˈpɔːr]

명 **(친밀한) 관계**

It is important for teachers to build a good rapport with their students.
선생님들이 그들의 학생들과 좋은 관계를 쌓는 것은 중요하다.

텝스기출표현

develop a rapport with ~와 (신뢰) 관계를 확립하다

UNIT
15

***
convention
[kənˈvenʃn]

conventional 형 전통적인, 종래의, 독창성이 없는

유의어
conference 회의, 학회, 협의

명 **관습 | 대회, 협의회 | 협약, 조약**

Dadaists overturned existing standards and social conventions by satirizing consumerism.
다다이스트는 소비 지상주의를 풍자함으로써 기존의 규범과 사회적 관습을 뒤엎었다.

In 1960, Democratic National Convention was held and nominated Senator John F. Kennedy for president.
1960년에 민주당 전당 대회가 열렸고, John F. Kennedy 상원 의원을 대선 후보로 지명했다.

***
inherit
[ɪnˈherɪt]

inheritance 명 상속, 유산
inheritable 형 유전되는

통 **상속받다, 물려받다**

Certain diseases seem to be genetically inherited.
특정 질병들은 유전적으로 물려받는 것처럼 보인다.

---

044 □□□

descent

[dɪ'sent]

descend 통 내려가다
descendant 명 자손, 후예

반의어
ascent 올라감, 상승, 향상

명 혈통, 출신 | 하강

Some scientists argue that all life forms have a common descent, which is from a single ancestor.

어떤 과학자들은 모든 생명체가 하나의 선조로부터 나온 공동의 혈통을 가지고 있다고 주장한다.

---

045 □□□

amicable

['æmɪkəbl]

amicably 부 우호적으로

형 우호적인, 유쾌한, 원만한

Everybody likes her because she is characteristically amicable.

그녀의 원만한 성격 때문에 모든 사람들이 그녀를 좋아한다.

텝스 기출 표현
an amicable relationship 우호적인 관계, 원만한 관계

▶혼동하지 말자!
amiable 상냥한, 쾌활한, 정감 있는

---

046 □□□

adhere

[əd'hɪr]

adherence 명 고수, 집착, 충성
adherent 명 지지자
adhesion 명 접착력

통 고수하다 | 들러붙다, 부착되다

Those with diabetes should adhere to a low-sugar diet.

당뇨병에 걸린 사람들은 저당류 식이 요법을 고수해야 한다.

텝스 기출 표현
adhere to ~을 고수하다[충실히 지키다]

---

047 □□□

gratifying

['grætɪfaɪŋ]

gratify 통 기쁘게 하다

유의어
pleasing 즐거운, 기분 좋은

형 흐뭇한, 기쁜

It is so gratifying to watch children growing up.

아이들이 자라는 것을 지켜보는 것은 매우 흐뭇하다.

---

048 □□□

definitive

[dɪ'fɪnətɪv]

definitively 부 결정적으로, 명확하게

유의어
conclusive 결정적인, 단호한, 종국의
ultimate 최후의, 최종의, 궁극의

형 최종적인, 확정적인

A single test cannot give a definitive diagnosis of all the diseases.

단일 검사로 모든 질병에 대한 확진을 내릴 수는 없다.

**

benevolent

[bəˈnevələnt]

benevolence 명 자비심, 박애

반의어

malevolent 악의 있는, 악의적인

형 자애로운

Benevolent contributions have been used to provide food and shelter for war orphans.

자선 기금은 전쟁고아들에게 음식과 쉼터를 제공하는 데 사용되어 왔다.

텝스 기출 표현

a benevolent attitude 자애로운 태도

***

conform

[kənˈfɔ:rm]

conformity 명 따름, 순응

동 따르다, 순응하다 | 일치하다

Students should conform to school rules.

학생들은 학교의 규칙을 따라야 한다.

텝스 기출 표현

conform to ~에 따르다, ~을 지키다

***

scarcity

[ˈskersəti]

scarce 형 부족한, 드문

유의어

deficiency 결핍, 부족

명 부족, 결핍

The evident characteristic of the colonial period in America is the scarcity of labor.

미국 식민지 시대의 분명한 특징은 노동력의 부족이다.

***

privilege

[ˈprɪvəlɪdʒ]

privileged 형 특권이 있는

유의어

favor 호의, 부탁, 편애하다

명 특혜, 특권 동 특혜를[특권을] 주다

In the Middle Ages, only the members of the aristocracy could enjoy their wealth and privilege.

중세 시대에는, 귀족 계층 사람들만이 부와 특권을 누릴 수 있었다.

The department needs to modify the education policies which privilege the children who have rich parents.

그 부서는 부유한 부모를 둔 아이들에게 특혜를 주는 교육 정책을 수정할 필요가 있다.

**

unwarranted

[ʌnˈwɔ:rəntɪd]

unwarrantable 형 정당성을 인정하기 어려운, 부당한

유의어

unjustified 정당하지 않은

형 부당한, 불필요한, 부적절한

There are many countries where women are receiving unfair and unwarranted treatment.

여성들이 불평등하고 부당한 대우를 받는 나라가 많이 있다.

---

054 ★★★
embrace
[ɪmˈbreɪs]

embracement 圐 수락

圐 기꺼이 받아들이다, 포용하다

Some religions don't embrace other ones.

이떤 종교는 다른 종교를 포용하지 않는다.

---

055 ★★★
innate
[ɪˈneɪt]

유의어
inborn 타고난, 선천적인
native 토박이의, 타고난

圐 타고난, 선천적인

She has an innate sense of humor, so all of her friends like her so much.

그녀는 타고난 유머 감각이 있어서, 그녀의 친구들 모두 그녀를 매우 좋아한다.

---

056 ★★
preoccupation
[priˌɑːkjuˈpeɪʃn]

preoccupied 圐 사로잡힌, 정신이 팔린

유의어
obsession 강박 상태, 집착

圐 (어떤 생각·걱정에) 사로잡힘, 집착

Preoccupation with the outcome made him skip his lunch.

그 결과에 사로잡혀 그는 점심 식사를 건너뛰었다.

---

057 ★★★
ethnic
[ˈeθnɪk]

ethnicity 圐 민족성
ethnocentrism 圐 자기 민족 중심주의, 자문화 중심주의

圐 민족의

There are many ethnic minorities in China.

중국에는 많은 소수 민족이 있다.

텝스기출표현
ethnic minority 소수 민족

---

058 ★★★
infrastructure
[ˈɪnfrəstrʌktʃər]

圐 사회[공공] 기반 시설

The nation has been given poor grades on its infrastructure.

그 나라는 사회 기반 시설에 있어 형편없는 등급을 받아 왔다.

---

059 ★★★
skyrocketing
[ˈskaɪˌrɑːkɪtɪŋ]

skyrocket 圐 (물가 등이) 급등하다

圐 급등하는, 치솟는

The cost of living in large cities is skyrocketing these days.

요즘 대도시에서의 생계비가 치솟고 있다.

---

060 ★★
reconcile
[ˈrekənsaɪl]

reconciliation 圐 화해, 조화

圐 (두 가지 이상의 생각·요구 등을) 조화시키다 | 화해시키다

They need to find a way to reconcile their different faiths.

그들은 서로 다른 믿음을 조화시킬 방법을 찾을 필요가 있다.

The Congress has tried to reconcile the two parties.

의회는 그 두 정당을 화해시키려고 노력해 왔다.

gregarious

[grɪˈgeriəs]

유의어
sociable 사교적인, 붙임성 있는

형 남과 어울리기 좋아하는, 사교적인

She is so gregarious that everybody loves her.
그녀는 매우 사교적이어서 모두가 그녀를 좋아한다.

텝스 기출 표현
a gregarious personality 사교적인 성격

---

demography

[dɪˈmɑːgrəfi]

demographic **형** 인구(통계)학의
demographics **명** 인구 통계

명 인구 변동[동태]

The demography of the world has been changed rapidly.
세계의 인구 동태는 빠르게 변화되어 왔다.

---

endow

[ɪnˈdaʊ]

endowment **명** 기증, 기부

유의어
donate 기부하다, 기증하다
entrust 맡기다

동 기부하다 | (재능·특징을) 부여하다

The businessman endowed the university with his whole fortune.
그 사업가는 대학에 그의 전 재산을 기부했다.

The government has endowed three private institutions to investigate the case of embezzlement.
정부는 세 민간 단체에 횡령 사건을 조사할 권한을 부여했다.

UNIT 15

---

congenial

[kənˈdʒiːniəl]

congenially **부** 알맞게

형 사람이 마음이 맞는[통하는]

The two politicians have nothing in common, but they are congenial friends.
그 두 정치인들은 어떠한 공통점도 없지만, 마음이 잘 맞는 친구이다.

---

disingenuous

[ˌdɪsɪnˈdʒenjuəs]

유의어
insincere 진실되지 못한

반의어
ingenuous 순진한, 사람을 잘 믿는

형 솔직하지 못한

Many people think that politicians are disingenuous.
많은 사람들이 정치인은 솔직하지 못하다고 생각한다.

---

bicker

[ˈbɪkər]

유의어
squabble (하찮은 일로) 옥신각신하다

동 (사소한 일로) 다투다

Bickering about small things can become major fights.
사소한 일에 대한 다툼이 큰 싸움이 될 수 있다.

★★
breach
[briːtʃ]

圆 (관계의) 단절 | 위반 **통** 위반하다

The teacher asked the two students to heal a breach.
선생님은 그 두 학생들에게 화해하라고 했다.

Delinquent youths usually breach restrictions on their behavior to gain respect from their friends.
비행 청소년들은 보통 친구들로부터 존경을 얻기 위해서 그들의 행동에 대한 규제를 위반한다.

★★
congregate
[ˈkɑːŋɡrɪɡeɪt]

congregation **명** 신도, 신자
congregational **형** 집회의, 집합의

통 모이다

More than 300,000 people congregated at Gwanghwamun Square to participate in the protest.
30만 명 이상의 사람들이 시위에 참여하기 위해서 광화문 광장에 모였다.

★★
breed
[briːd]

interbreed **통** 상호[이종] 교배하다

통 새끼를 낳다 | 사육하다, 재배하다

Selective breeding can ensure the homogeneity of produce.
선별 재배는 농산물의 균질성을 보장할 수 있다.

★★★
embed
[ɪmˈbed]

유의어
fix 고정시키다, 박다
root 뿌리를 내리다
implant 심다, 주입하다, 뿌리내리게 하다

통 끼워 넣다, 단단히 박다

The tall poppy syndrome is regarded as a part of the culture which is embedded in their psyche.
키 큰 양귀비 증후군은 그들의 정신 속에 단단히 박혀 있는 문화의 한 부분으로 간주된다.

★★
intrepidity
[ɪnˈtrepɪdəti]

intrepid **형** 용감무쌍한, 두려움을 모르는

명 대담, 용맹, 겁 없음

The police officer is well known for his intrepidity.
그 경찰관은 그의 용맹함으로 잘 알려져 있다.

★★
agitate
[ˈædʒɪteɪt]

agitation **명** 동요, 시위, 휘젓기
agitated **형** 흥분한, 동요한, 불안해하는

통 주장하다 | 동요시키다 | (액체를) 휘젓다

The organization agitates the need for social change.
그 단체는 사회 변화의 필요성을 주장한다.

The news agitated him so much that he couldn't concentrate on the project.
그는 그 소식을 듣고 크게 동요되어 프로젝트에 집중할 수가 없었다.

★

implacable
[ɪmˈplækəbl]

반의어
placable 달래기 쉬운, 온화한, 너그러운

형 확고한, 바꿀 수 없는, 완강히 반대하는

The couple has got married even though their parents are implacable enemies.

그들의 부모님들이 철천지원수임에도 불구하고 그 연인은 결혼했다.

> **텝스기출 표현**
> implacable enemies 화해할 수 없는 적, 철천지원수

★★

assimilate
[əˈsɪməleɪt]

assimilation **명** 동화, 흡수

동 동화하다 | 완전히 이해하다

Many immigrants have difficulty assimilating to the new culture.

많은 이민자들이 새로운 문화에 동화되는 데 어려움을 겪는다.

★

vestige
[ˈvestɪdʒ]

유의어
trace 자취, 발자국, 추적하다, 찾아내다

명 자취, 흔적

There still remain many vestiges of the Japanese colonial era in Korea.

한국에는 여전히 일본 식민 시대의 흔적이 많이 남아 있다.

★

usurp
[juːˈzɜːrp]

동 빼앗다, 침탈하다

The right of the minority is sometimes usurped by the majority.

소수 집단의 권리는 때때로 다수 집단에 의해 빼앗긴다.

★

decimate
[ˈdesɪmeɪt]

유의어
wipe out 완전히 파괴하다, 없애 버리다
destroy 파괴하다, 말살하다, 죽이다

동 (특정 지역을) 심하게 훼손하다 | (사람 · 동식물 등을) 대량으로 죽이다, 몰살시키다

The introduction of invasive species has decimated the ecosystem.

외래 유입종의 출현은 생태계를 심하게 훼손시켰다.

★★

segment
명 [ˈsegmənt]
동 [segˈment]

segmentation **명** 구분, 분할

유의어
section 잘라 낸 부분, 한쪽
division 구분, 부분

명 부분 **동** 분할하다

When I was little, a segment on a newspaper was allocated to program listings.

내가 어렸을 때는 신문의 한 부분이 TV 프로그램 편성표에 할애되었다.

The book is segmented by topic into 12 categories.

그 책은 주제에 따라 12개의 카테고리로 나뉘어져 있다.

**

imperil

[ɪmˈperəl]

peril 명 (심각한) 위험

유의어

endanger 위험에 빠뜨리다, 위태롭게 만들다

통 **위태롭게 하다, 위험에 빠뜨리다**

The agreement might imperil several countries.

그 협정을 몇몇 국가를 위험에 빠뜨릴지도 모른다.

**

pathetic

[pəˈθetɪk]

유의어

pitiful 측은한, 가련한, 한심한

형 **한심한 | 불쌍한**

The most pathetic part is that he doesn't even know that nobody believes his excuse.

가장 한심한 부분은 어느 누구도 그의 변명을 믿지 않는다는 것을 그가 모른다는 사실이다.

**

encroach

[ɪnˈkroʊtʃ]

encroachment 명 침략, 침해

유의어

intrude 방해하다, 침범하다

통 **(남의 시간·권리 생활 등을) 침해하다**

Our privacy is sometimes encroached by the government.

우리의 사생활은 때때로 정부에 의해 침해당한다.

---

*

vaunt

[vɔːnt]

유의어

boast 자랑하다

통 **자랑하다**

The Finance Minister held a press conference and vaunted the economic benefits as his own achievement.

재정부 장관은 기자 회견을 열고 그 경제적 이익을 자기 자신의 업적으로 자랑했다.

**

prejudice

[ˈpredʒudɪs]

유의어

bias 선입견, 편견, ~에게 편견을 품게 하다

preconception 선입견, 편견

partiality 편파, 편견

명 **편견** 통 **편견을 갖게 하다**

A judge must arrive at a verdict without prejudice to the accused.

판사는 피고에 대한 편견 없이 평결을 내려야 한다.

The comments from the prosecutor might have prejudiced the members of the jury against the company.

기소 검사의 발언은 배심원들에게 그 회사에 대한 편견을 갖게 했을지도 모른다.

**

rampant

[ˈræmpənt]

rampancy 명 만연

유의어

unchecked 억제되지 않은

형 **만연하는, 걷잡을 수 없는**

These days, cyberbullying is so rampant that it has become a serious social problem.

오늘날 사이버 폭력이 너무 만연하여 심각한 사회적 문제가 되었다.

---

085 □□□

**

pervade

[pərˈveɪd]

pervasive 웹 퍼지는, 스며드는

유의어

permeate 스며들다, 침투하다, 퍼지다

동 (구석구석) 스며들다, 배어 들다, 만연하다

Her feelings of guilt pervade the entire book.

그녀의 죄책감이 그 책 전체에 배어 들어 있다.

---

086 □□□

*

acclimate

[ˈæklə͵meɪt]

acclimatize 동 익히다, 순응시키다
acclimation 명 새 환경 순응
acclimatization 명 새 환경 순응

동 순응시키다, 적응시키다

After buying new shoes, it is necessary to acclimate your feet to them.

새 신발을 산 후에는 발을 신발에 적응시킬 필요가 있다.

텝스기출표현

acclimate A to B A를 B에 적응시키다

---

087 □□□

*

homage

[ˈhɑːmɪdʒ]

명 경의, 존경

The president paid homage to Vietnam veterans by bowing to them.

대통령은 베트남 참전 용사들에게 허리 숙여 인사하며 경의를 표했다.

---

088 □□□

**

snob

[snɑːb]

snobbish 웹 속물의
snobbery 명 속물근성

명 속물

After joining a big company, she has become a snob.

대기업에 입사한 후에, 그녀는 속물이 되었다.

---

089 □□□

**

ramification

[͵ræmɪfɪˈkeɪʃn]

유의어

complication (상황을 더 복잡하게 만드는) 문제, 합병증

명 파문, 영향

Before reporting major political scandals, journalists should consider all the social ramifications.

기자들은 주요한 정치적 스캔들을 보도하기 전에, 모든 사회적 파문을 고려해야 한다.

---

090 □□□

*

befitting

[bɪˈfɪtɪŋ]

유의어

proper 적절한, 제대로 된

형 적당한, 어울리는, 알맞은

Employees have the right to request the wage befitting their positions.

직원들은 자신의 지위에 맞는 임금을 요구할 권리가 있다.

**

segregation
[ˌsegrɪˈgeɪʃn]

segregate 통 분리하다, 차별하다

명 분리, 격리, 차별 | 인종 차별

Segregation based on gender should be abolished.
성별에 기반을 둔 차별은 폐지되어야 하다

President Lincoln did his best to get rid of segregation.
Lincoln 대통령은 인종 차별을 없애기 위해 최선을 다했다.

---

*

vivacious
[vaɪˈveɪʃəs]

형 (특히 여성이) 명랑한, 쾌활한

Her vivacious characteristic made the atmosphere upbeat.
그녀의 쾌활한 성격은 분위기를 긍정적으로 만들었다.

---

*

exasperation
[ɪɡˌzæspəˈreɪʃən]

exasperate 통 몹시 화나게 하다

명 격분, 분노

After he read the letter, he tore it in exasperation.
그는 편지를 읽은 후, 화가 나서 그것을 찢어 버렸다.

---

*

convivial
[kənˈvɪviəl]

유의어

sociable 사교적인, 붙임성 있는
gregarious 사교적인, 남과 어울리기
좋아하는
vivacious 명랑한, 쾌활한

형 (분위기·성격이) 명랑한, 유쾌한

I am in a convivial mood on weekends.
나는 주말마다 명랑한 기분이다.

텝스기출표현

a convivial atmosphere 유쾌한 분위기

---

*

aberrant
[æˈberənt]

유의어

deviant 벗어난, 일탈적인
divergent 일탈한

형 도리를 벗어난, 일탈적인

These days, many children show their parents aberrant behavior.
요즘 많은 어린이들이 부모에게 도리에서 벗어난 행동을 보인다.

---

*

corpulent
[ˈkɔːrpjələnt]

corpulence 명 비만, 비대

유의어

portly 약간 뚱뚱한

형 뚱뚱한, 비만한

Children in America seem more corpulent than those in other countries because of their unhealthy diet.
미국의 어린이들은 건강하지 못한 식습관 때문에 다른 국가의 아이들보다 더 비만한 것 같다.

---

*

reclusive
[rɪˈkluːsɪv]

recluse 명 은둔자 형 은둔한
reclusion 명 은둔, 사회적 소외
reclusiveness 명 은둔, 속세를 버림

형 은둔한, 속세를 떠나 사는

He decided to live a reclusive life in the mountain after diagnosed with advanced pancreatic cancer.
그는 췌장암 말기 선고를 받은 후 산속에서 속세를 떠난 삶을 살기로 결정했다.

★
unilateral
[ˌjuːnɪˈlætrəl]

unilaterally 🔄 일방적으로

유의어
one-sided 한쪽으로 치우친, 일방적인

📝 일방적인, 단독의

Unilateral actions and approaches can cause serious problems.

일방적인 조치와 접근은 심각한 문제를 야기할 수 있다.

★
throng
[θrɔːŋ]

유의어
crowd 사람들, 군중, 무리

📝 군중 🔄 (떼 지어) 모여들다[모여 있다]

A throng of people sang songs while waiting for the singer.

한 무리의 사람들이 그 가수를 기다리는 동안에 노래를 불렀다.

A lot of audience thronged the auditorium.

많은 청중이 그 강당에 모여 있었다.

텝스 기출 표현
a throng of people 한 무리의 사람들, 사람들의 떼
a throng of memories 여러 가지 추억들

★★
clout
[klaʊt]

유의어
influence 영향(력)

📝 영향력

His political clout was limited by members of the parliament.

그의 정치적 영향력은 국회 의원들에 의해 제한되었다.

문맥에 맞는 단어를 보기에서 골라 빈칸에 넣으세요.

PART 1

ⓐ rampant	ⓑ acclimate	ⓒ discriminated	ⓓ associate	ⓔ privileged
ⓕ advocated	ⓖ donate	ⓗ endowed	ⓘ drastic	ⓙ biased

1. Some people hesitate to _____ their blood because they do not trust hospitals.

2. The child is _____ with a talent for music.

3. Many people are _____ because they do not have enough information.

4. Many voters are asking the government to take a _____ measure.

5. I recommend you not to _____ with bad friends.

6. Corruption is _____ in political communities.

7. He didn't refuse to be _____ at first, but he decided not to because he didn't want to set a bad precedent.

8. He _____ racial discrimination publicly yesterday, so many people are organizing a boycott of his new album.

9. Some students are _____ against because of their learning disabilities.

10. Even some young people fail to _____ themselves to new scientific technologies.

문맥에 맞는 단어를 보기에서 골라 빈칸에 넣으세요.

PART 2

ⓐ mutual	ⓑ ramifications	ⓒ ethnic	ⓓ minority	ⓔ accustomed
ⓕ rapport	ⓖ compulsory	ⓗ adopt	ⓘ inherited	ⓙ accompanied

11. Some people have precious goods which are _____ from their parents.

12. The newly implemented policy will have serious social _____.

13. Many teachers usually do their best to develop a good _____ with their students.

14. In Korea, it is _____ for men to do their military service.

15. Many people in Korea have similar _____ backgrounds.

16. Many migrants have trouble getting _____ to a new culture.

17. They could become good friends since they share a _____ interest in dance.

18. There are many _____ groups in China.

19. The government has recommended that couples who are diagnosed with infertility _____ children.

20. Minors are not allowed to watch the movie even though they are _____ by adults.

answers

11 ⓘ 12 ⓑ 13 ⓕ 14 ⓖ 15 ⓒ 16 ⓔ 17 ⓐ 18 ⓓ 19 ⓗ 20 ⓙ

UNIT
16

뉴텝스 어휘

사고 · 재난

사고 · 재난 　　　　　　UNIT 16 ≫

001
□□□

★★★
destroy
[dɪˈstrɔɪ]

destruction 명 파괴
destructive 형 파괴적인

동 파괴하다

All of the documents were completely destroyed due to floods on two separate occasions.

두 차례에 걸친 홍수로 모든 서류가 완전히 훼손되었다.

002
□□□

★★
awful
[ˈɔːfl]

유의어
horrible 끔찍한, 형편없는, 지독한

형 끔찍한

The athlete was still recovering from an awful accident which had occurred during a practice session.

그 운동선수는 연습 도중에 일어났던 끔찍한 사고에서 아직도 회복 중에 있었다.

003
□□□

★★★
damage
[ˈdæmɪdʒ]

동 ~에 피해를 입히다 명 피해, 손해

The typhoon damaged crops worth millions of dollars, which led to a severe shortage of rice.

태풍으로 수백만 달러 상당의 농작물이 피해를 입었고, 이는 극심한 쌀 부족 사태로 이어졌다.

> **텝스기출표현**
> do damage 피해를 입히다, 손상시키다

004
□□□

★★
missing
[ˈmɪsɪŋ]

형 사라진, 실종된

The police are still trying to find people who had met the missing man before his disappearance.

경찰은 실종된 남성이 사라지기 전에 그를 만난 사람들을 찾으려고 여전히 노력 중이다.

005
□□□

★★★
affect
[əˈfekt]

동 영향을 미치다

The hurricane affected thousands of people, especially those whose houses were near the riverbank.

허리케인은 수천 명의 사람들, 특히 강둑 근처에 집이 있는 사람들에게 영향을 미쳤다.

006
□□□

★★★
disaster
[dɪˈzæstər]

disastrous 형 비참한, 파괴적인

명 재해, 재난 | 큰 실패

The earthquake monitoring system will help predict similar disasters in the future.

지진 감지 시스템은 향후 유사한 재난을 예측하는 데 도움이 될 것이다.

007

injured
[ˈɪndʒərd]

혤 부상한, 다친 **몡** (the ~) 부상자

Many volunteers took part in taking injured people to the nearest hospital.

많은 자원봉사자들이 부상자들을 가장 가까운 병원으로 데려가는 데 참여했다.

008

collapse
[kəˈlæps]

통 붕괴되다, 무너지다 **몡** 붕괴

The tower completely collapsed during an earthquake, and it took almost ten years to rebuild it.

그 탑은 지진 중에 완전히 무너졌으며, 이를 재건하는 데 거의 10년이 걸렸다.

009

shelter
[ˈʃeltər]

몡 대피처, 피신처 | 거주지 **통** 보호하다

The organization's main focus is on providing shelter for those who have lost their homes in natural disasters.

이 기구의 주된 목적은 자연재해로 집을 잃은 사람들을 위한 피난처를 제공하는 것이다.

Mothers were sheltering their babies from the cold wind.
어머니들이 찬 바람으로부터 자신의 아기를 보호하고 있었다.

010

wound
[wuːnd]

몡 상처, 부상

The doctor assured his patient that his wounds would heal quickly.

의사는 상처가 빨리 아물 것이라고 환자를 안심시켰다.

011

victim
[ˈvɪktɪm]

몡 피해자, 희생자

Everyone contributed to donating to help the victims of the tornado.

모두가 토네이도의 피해자들을 돕기 위해 기부하는 데 기여했다.

012

survive
[sərˈvaɪv]

통 살아남다

Only two out of the 300 passengers managed to survive from the plane crash last week.

300명의 승객 중 2명만이 지난주 비행기 사고에서 간신히 살아남았다.

013
□□□

***
regret
[rɪˈgret]

regrettably 🖫 유감스럽게도

🖫 후회하다 🖫 유감, 후회

The boy regretted making fun of his sister when he saw her on the hospital bed.

소년은 병원 침대에 누워 있는 누나를 보고 그녀를 놀린 것을 후회했다.

Even though Mary had expressed regret about the argument, her friend still did not want to speak to her.

Mary가 말다툼에 대해 사과했는데도, 그녀의 친구는 여전히 그녀와 말하고 싶어 하지 않았다.

014
□□□

*
misery
[ˈmɪzəri]

miserable 🖫 비참한

🖫 비참, 곤궁

Most of the gold hunters were forced to lead lives of misery when they couldn't find enough gold.

대부분의 금 사냥꾼들은 충분한 금을 찾지 못하자 비참한 삶을 영위할 수밖에 없었다.

015
□□□

**
unfortunate
[ʌnˈfɔːrtʃənət]

unfortunately 🖫 불행하게도, 유감스럽게도

반의어
fortunate 운 좋은

🖫 불운한, 불행한

The unfortunate accident could have been prevented if the crew had adhered to the safety regulations.

승무원들이 안전 수칙을 지켰더라면 불행한 사고는 막을 수 있었을 것이다.

016
□□□

*
ruin
[ˈruːɪn]

🖫 망치다, 못 쓰게 만들다 🖫 유적, 폐허

The fire ruined the evidence which would have played an important role in the investigation.

그 화재는 수사에 중요한 역할을 했을 증거를 망쳤다.

017
□□□

*
shatter
[ˈʃætər]

🖫 산산이 부수다

Surprised by the loud noise, he dropped and shattered the picture frame.

그 요란한 소리에 놀란 그는 액자를 떨어뜨려 산산조각 냈다.

018
□□□

***
prepared
[prɪˈperd]

🖫 준비가 된

The weather forecast said it would be sunny, so no one was prepared for the torrential rain.

일기 예보에서 날씨가 맑을 거라고 해서 아무도 폭우에 준비가 되어 있지 않았다.

08
UNIT
09
10
11
12
UNIT
13
14
UNIT
15
UNIT
16
UNIT
17
UNIT
18
19
20
21
UNIT
22
23
UNIT
24
25
26
27
UNIT
28
29
30

019 ★

fire drill

화재 대피 훈련

A fire drill will take place this afternoon, so all teachers and students are expected to remain calm.

오늘 오후 소방 훈련이 실시될 예정으로, 모든 교사와 학생들은 침착함을 유지해야 한다.

---

020 ★

shield

[ʃiːld]

통 보호하다, 감싸다

When the rescue team finally found the children, they were using leaves to shield themselves from the cold.

구조대가 마침내 아이들을 발견했을 때, 그들은 추위로부터 자신을 보호하기 위해 나뭇잎을 활용하고 있었다.

---

021 ★★

desperate

[ˈdespərət]

desperately 부 몹시, 필사적으로

형 절망적인 | 간절히 원하는

The woman felt a desperate sadness when she saw her husband's name on the victim list.

여자는 피해자 명단에서 남편의 이름을 보고 절망적인 슬픔을 느꼈다.

---

022 ★

shortage

[ˈʃɔːrtɪdʒ]

유의어
deficiency 부족
scarcity 부족
insufficiency 부족

명 부족

Many crops were destroyed due to the flood, which led to a shortage of food for the local residents.

홍수로 농작물이 많이 소실되었고, 이는 지역 주민들의 식량 부족으로 이어졌다.

---

023 ★

flooded

[ˈflʌdɪd]

flood 명 홍수

형 침수된

It was impossible to find any undamaged property within the flooded area.

침수 지역 내에서 훼손되지 않은 재산을 찾는 것은 불가능했다.

---

024 ★★

cope with

~에 대처하다

Children and the elderly had the most difficulty coping with the high temperatures.

어린이와 노인들이 높은 기온에 대처하는 데 가장 큰 어려움을 겪었다.

---

025 ★★

put out

유의어
douse (물을 끼얹어) 불을 끄다

불을 끄다

Firefighters were already at the scene, putting out what the media were calling the largest fire in decades.

소방관들이 이미 현장에 도착하여 언론이 수십 년 만에 가장 큰 화재라고 부르는 불을 끄고 있었다.

★
first aid

응급 치료

In this course, students learn to perform basic first aid techniques needed in risky situations.

이 과정에서 학생들은 위험한 상황에서 필요한 기본적인 응급 처치 기술을 배운다.

★★★
severe
[sɪˈvɪr]

severity 명 격렬, 엄격

형 심한 | 엄격한

The man was rushed to the hospital where he is currently in intensive care with a severe head injury.

그 남성은 심한 머리 부상으로 병원으로 급히 이송되어 현재 중환자실에 있다.

★★
strand
[strænd]

동 오도 가도 못하게 하다, 고립시키다

The heavy rainfall left drivers stranded and surrounded by water.

운전자들은 폭우로 오도 가도 못한 채 사방이 물로 둘러싸여 있었다.

★★
accidentally
[ˌæksəˈdentəli]

부 우연히, 뜻하지 않게

The power cut was caused when a workman accidentally cut through an underground cable.

작업자가 뜻하지 않게 지하 케이블을 절단하면서 정전이 발생했다.

★★
tumble
[ˈtʌmbl]

동 굴러 떨어지다

The landslide caused rocks to tumble down and roll onto the road.

산사태로 인해 바위들이 아래로 굴러떨어져서 도로로 굴러갔다.

★
defense
[dɪˈfens]

defend 동 방어하다, 옹호하다
defensive 형 방어적인

명 방어(물) | 변호, 옹호

For hikers who go on long trails, warm clothing is an important means of defense against harsh weather.

먼 길을 가는 등산객들에게 따뜻한 옷은 혹독한 날씨에 대비하는 중요한 방어 수단이다.

★★★
investigate
[ɪnˈvestɪɡeɪt]

investigation 명 조사, 수사

동 조사하다, 수사하다

The legal authorities are still investigating the scene to find evidence pointing to the culprit.

사법 당국은 범인을 밝힐 증거를 찾기 위해 여전히 현장을 조사하고 있다.

텝스기출표현

investigate a crime 범죄를 수사하다

***

devastating

[ˈdevəsteɪtɪŋ]

devastate 통 파괴하다
devastation 명 파괴, 황폐

형 (완전히) 파괴적인, 엄청난 손상을 가하는

Midsummer hurricanes can be particularly devastating to agriculture, destroying crops within minutes.

한여름의 허리케인은 몇 분만에 농작물을 파괴할 정도로, 특히 농업에 치명적이다.

**

beforehand

[bɪˈfɔːrhænd]

부 미리, 사전에

The campers had been warned beforehand about the storm and were able to prepare for it.

야영객들은 폭풍에 대해 사전에 경고를 받아서 이에 대비할 수 있었다.

---

*

hardship

[ˈhɑːrdʃɪp]

명 고난, 고생

Residents living in areas affected by the tornado have gone through much pain and hardship.

토네이도의 영향을 받은 지역에 사는 주민들은 많은 고통과 어려움을 겪었다.

**

identify

[aɪˈdentɪfaɪ]

identification 명 신원 확인

동 (~의 신원을) 확인하다, 식별하다 | 자신을 동일시하다

The explosion caused so much damage to the bodies that it was almost impossible to identify the victims.

이번 폭발로 시신들이 너무 많이 훼손돼 희생자들의 신원을 확인할 수 없을 정도였다.

**

abandon

[əˈbændən]

abandonment 명 포기, 유기

유의어
evacuate 떠나다

동 (집·사람 등을) 버리다 | (계획 등을) 포기하다

The locals were forced to abandon their houses and flee for safety.

그 지역 주민들은 어쩔 수 없이 집을 버리고 안전을 위해 도망쳐야 했다.

---

*

insurance

[ɪnˈʃʊrəns]

명 보험, 보험금

We need insurance to protect ourselves and our families, homes and property.

우리는 우리 자신과 가족, 집과 재산을 보호하기 위한 보험이 필요하다.

039 □□□

**
caution
[ˈkɔːʃn]

cautious 형 조심스러운
cautiously 부 조심스럽게

통 ~에게 경고하다, 주의를 주다 명 조심, 경계 I 경고

The flight crew cautioned that all passengers must stay within their seats with their seatbelts fastened.
승무원들은 모든 승객들이 안전벨트를 매고 좌석에 머무르도록 경고했다.

It is vital to exercise caution when swimming in the sea.
바다에서 수영할 때는 꼭 주의를 기울여야 한다.

The local government sounded a note of caution, warning drivers about the icy roads.
지방 정부는 운전자들에게 빙판길에 대한 경고를 발하였다.

> **텝스 기출 표현**
> caution against ~을 하지 말라고 경고하다

---

040 □□□

***
claim
[kleɪm]

통 (목숨을) 빼앗다 I (사실이라고) 주장하다 I 청구하다 명 (배상 등의) 청구, 신청 I 주장, 단언

There was another fire in the mountain region last week, this time claiming more than fifty lives.
지난주에 또 다른 산불이 있었는데, 이번에는 50명 이상의 생명을 앗아갔다.

The man was accused of faking a burglary to claim insurance money.
그 남자는 보험금을 청구하기 위해 절도 사건을 조작한 혐의를 받았다.

> **텝스 기출 표현**
> insurance claim 보험금 청구

---

041 □□□

***
fatal
[ˈfeɪtl]

유의어
deadly 치명적인
lethal 치명적인

형 치명적인, 죽음을 초래하는

The wound from the gunfire was fatal, and there was nothing that the doctor could do to save the man's life.
총격으로 인한 상처는 치명적이었고, 의사가 남자의 생명을 구하기 위해 할 수 있는 일은 아무것도 없었다.

---

042 □□□

**
fatality
[fəˈtæləti]

명 사망자 (수)

Many fatalities occurred as a result of mudslides in deforested areas.
벌목 지역에서 산사태로 많은 사망자가 발생했다.

043 □□□	****** **mortality rate**	사망률
		Lung cancer mortality rate for both men and women has seen a gradual decline since 1980.
		1980년 이후로 남녀 모두 폐암 사망률이 점차 감소하고 있다.

044 □□□	****** **casualty** [ˈkæʒuəlti]	명 사상자, 피해자
		The terrorists' attacks caused thousands of civilian casualties.
		테러리스트들의 공격으로 수천 명의 민간인 사상자가 발생했다.

045 □□□	***** **miraculously** [mɪˈrækjələsli] miracle 명 기적 miraculous 형 기적적인	부 기적적으로
		The children miraculously escaped from the car accident with only minor injuries.
		아이들은 경미한 부상만 입고 기적적으로 교통사고를 면했다.

046 □□□	******* **trigger** [ˈtrɪgər] 유의어 spur 자극하다 induce 유도하다, 유발하다	동 (사건 등을) 일으키다, 유발하다
		What triggered the gas explosion is not clear, and an investigation is taking place to find out the cause.
		무엇이 가스 폭발을 유발했는지 분명치 않아 원인 규명을 위한 조사가 이뤄지고 있다.

047 □□□	***** **blaze** [bleɪz]	명 화재 ㅣ 불길
		Twenty firefighters fought the blaze, but it still took them more than three hours to put out the fire completely.
		20명의 소방관이 화재와 싸웠지만, 그런데도 불을 완전히 끄는 데 3시간 이상이 걸렸다.

048 □□□	***** **extinguish** [ɪkˈstɪŋgwɪʃ]	동 불을 끄다
		An automatic sprinkler system eventually extinguished the blaze and prevented further damage.
		자동 스프링클러 시스템이 결국 불을 끄고 추가 피해를 막았다.

049 □□□	****** **natural disaster**	자연재해
		The number of people suffering from natural disasters has tripled in the last thirty years.
		자연재해로 고통받는 사람들의 수는 지난 30년 동안 3배가 되었다.

050 ☐☐☐

✷
catastrophe
[kəˈtæstrəfi]

유의어
disaster 재난
calamity 큰 재해

몡 대참사, 큰 재앙

Lack of appropriate policies will lead to further environmental catastrophes.

적절한 정책의 부족은 더 많은 환경 재앙으로 이어질 것이다.

---

051 ☐☐☐

✷✷
famine
[ˈfæmɪn]

유의어
starvation 굶주림

몡 기근, 굶주림

The whole nation suffered from famine as a result of civil war which lasted for more than a decade.

10년 이상 지속된 내전의 결과로 온 나라가 기근에 시달렸다.

Thousands of civilians died of famine during the long war.

오랜 전쟁 동안 수천 명의 민간인들이 굶주림으로 사망했다.

---

052 ☐☐☐

✷✷
plague
[pleɪg]

유의어
bother 괴롭히다

몡 전염병 됭 괴롭히다

Plague outbreaks killed nearly half of the country's entire population.

전염병 발생으로 그 나라 전체 인구의 거의 절반이 사망했다.

The patient has been plagued by heart problems for many years.

그 환자는 수년 동안 심장 질환으로 시달려 왔다.

> **텝스 기출 표현**
> be plagued by ~으로 괴로움을 겪다

---

053 ☐☐☐

✷✷✷
vulnerable
[ˈvʌlnərəbl]

vulnerability 몡 취약성

반의어
invulnerable 해칠 수 없는, 안전한

몡 취약한, 연약한

Children are especially vulnerable to disease and malnutrition and need urgent care and supplies.

아이들은 특히 질병과 영양실조에 취약하며 긴급한 보살핌과 보급품이 필요하다.

> **텝스 기출 표현**
> vulnerable to ~에 대해 취약한

---

054 ☐☐☐

✷✷
evacuate
[ɪˈvækjueɪt]

evacuation 몡 대피, 피난

됭 대피시키다, 피난시키다

Hundreds of people were evacuated from the subway station because of a fire.

화재로 인하여 수백 명의 사람들이 지하철역에서 대피했다.

055

**

endure

[ɪnˈdʊr]

endurance 명 참을성
enduring 형 오래가는

동 견디다, 참다

The stranded hikers had to endure the cold for two days before the rescue team could find them.

발이 묶인 등산객들은 구조대가 그들을 발견할 때까지 이틀 동안 추위를 견뎌야 했다.

056

*

nuisance

[ˈnuːsns]

유의어
hassle 귀찮은 일

명 귀찮은 일, 성가신 것, 골칫거리

Dogs are not allowed in some public places because they can be a nuisance.

개들은 성가실 수 있기 때문에 몇몇 공공장소에서는 출입이 허용되지 않는다.

057

***

incident

[ˈɪnsɪdənt]

incidental 형 우연히 일어나는, 부수적인, 부차적인

명 사건, 사고

Many people are still mourning over last year's tragic incident which took hundreds of lives.

많은 사람들이 수백 명의 목숨을 앗아간 작년의 비극적인 사건에 대해 여전히 애도하고 있다.

058

*

eventful

[ɪˈventfl]

형 다사다난한

Considering the many natural disasters that our country had to go through, this has been an eventful year.

우리나라가 겪어야 했던 많은 자연재해를 생각하면, 올해는 정말 다사다난한 해였다.

059

*

wreak havoc

엄청난 피해를 입히다, 파괴하다

Heavy rains and rising water are wreaking havoc across the country.

폭우와 불어나는 물이 전국적으로 엄청난 피해를 입히고 있다.

060

***

excessive

[ɪkˈsesɪv]

exceed 동 초과하다
excess 명 초과

형 과도한, 지나친

Excessive amounts of rain can cause crops to be ruined.

과도한 양의 비는 농작물을 망칠 수 있다.

061

***

neglect

[nɪˈglekt]

negligence 명 과실, 태만
negligent 형 부주의한

동 무시하다 | 소홀히 하다, 방치하다 | (무관심으로) 깜빡 잊다

One of the employees neglected to follow the safety regulations, which led to the disastrous accident.

직원 중 한 명이 안전 수칙을 지키지 않아서, 이것이 참담한 사고로 이어졌다.

The young mother was guilty of neglecting the child and was prosecuted.

그 젊은 어머니는 아이를 방치한 죄로 기소되었다.

062 ☐☐☐

★
drought
[draʊt]

명 가뭄

Tropical storms or hurricanes have a function of ending droughts.

열대성 폭풍이나 허리케인은 가뭄을 종식시키는 역할을 한다.

---

063 ☐☐☐

★★
hazard
[ˈhæzərd]

hazardous **형 위험한**

명 위험 (요소)

Improper use and poor maintenance of gas stoves often create fire hazards.

가스레인지의 부적절한 사용과 미흡한 유지 보수는 종종 화재 위험을 발생시킨다.

---

064 ☐☐☐

★
revive
[rɪˈvaɪv]

revival **명 소생, 회복**

동 소생시키다, 회복시키다

The child had lost consciousness, but the lifeguards were able to revive him after they brought him to shore.

아이는 의식을 잃었지만, 구조대원들이 아이를 뭍으로 데려온 뒤 의식을 회복시킬 수 있었다.

---

065 ☐☐☐

★★
emerge
[iˈmɜːrdʒ]

emergence **명 출현, 발생**

동 (어두운 곳 등에서) 나오다, 나타나다 ⏐ (사실 등이) 드러나다, 부상하다

Everyone cheered when the firefighter emerged from the burning building with the baby in his arms.

소방관이 아기를 안고 불타는 건물에서 나오자 모두들 환호성을 질렀다.

---

066 ☐☐☐

★★
confine
[kənˈfaɪn]

confinement **명 감금**
confined **형 갇힌, 좁은**

유의어
restrict 제한하다

동 가두다 ⏐ 제한하다 명 한계

Almost fifty people were confined in the building due to the earthquake.

지진으로 인하여 거의 50명의 사람들이 건물 안에 갇혀 있었다.

---

067 ☐☐☐

★★
coordinate
[koʊˈɔːrdɪnət]

coordination **명 협동, 조정**

유의어
collaborate 협력하다

동 협력하다, 조화를 이루다

Through this organization, experienced mountain rescue personnel coordinate with one another.

이 조직을 통해, 경험 많은 산악 구조 요원들이 서로 협력한다.

068 ☐☐☐

★

jeopardize

[ˈdʒepərdaɪz]

jeopardy 명 위험

동 위험에 빠뜨리다

Torrential rain likely to jeopardize road safety is forecasted, so drivers are advised to take care.

도로 안전을 위협할 수 있는 강한 비가 예보되어 있으므로, 운전자들은 조심하는 것이 좋다.

---

069 ☐☐☐

★

peril

[ˈperəl]

명 위험

Scuba divers are exposed to perils such as malfunctioning equipment and the attack of sea creatures.

스쿠버 다이버들은 오작동하는 장비나 바다 생물들의 공격과 같은 위험에 노출되어 있다.

---

070 ☐☐☐

★★★

inevitable

[ɪnˈevɪtəbl]

유의어

unavoidable 피하기 어려운, 불가피한

형 불가피한, 피할 수 없는

Financial difficulty was an inevitable outcome once an earthquake with an unprecedented magnitude hit the city.

전례 없는 규모의 지진이 도시를 강타한 뒤, 재정적 어려움은 피할 수 없는 결과였다.

---

071 ☐☐☐

★

rehabilitate

[ˌriːəˈbɪlɪteɪt]

rehabilitation 명 갱생

동 재활시키다, 회복시키다

Rehabilitating patients was more effective when they were given the hope of recovering soon.

환자들의 재활은 그들이 곧 회복할 수 있다는 희망을 갖게 되었을 때 더 효과적이었다.

---

072 ☐☐☐

★

heed

[hiːd]

동 주의하다, 조심하다

Too many campers fail to heed warnings and become victims of unfortunate accidents.

너무 많은 야영객들이 경고를 주의하지 않아 불행한 사고의 희생자가 된다.

---

073 ☐☐☐

★

mishap

[ˈmɪshæp]

명 사고, 불상사

To avoid any mishaps, it is important to check the weather forecast and prepare yourself for the worst.

불상사가 발생하지 않도록 기상 예보를 확인하고 최악의 상황에 대비하는 것이 중요하다.

*

omit
[əˈmɪt]

omission 몡 누락, 생략

동 빠뜨리다, 생략하다

Some students' names were accidentally omitted from the list of participants for the school excursion.

일부 학생들의 이름이 실수로 수학여행 참가자 명단에서 빠졌다.

▶혼동하지 말자!
emit (소리 · 빛 등을) 내다[내뿜다]

**

avert
[əˈvɜːrt]

유의어
avoid 피하다
stave off 피하다
eschew 피하다, 삼가다

동 방지하다, 피하다

Many experts say that the traffic accident could have been averted if the roads had been plowed earlier.

많은 전문가들은 도로가 더 일찍 제설되었더라면 교통사고를 방지할 수 있었을 것이라고 말한다.

---

*

smother
[ˈsmʌðər]

동 덮어서 끄다

One way to smother a small fire is to cover it with a heavy blanket.

작은 불을 끄기 위한 한 가지 방법은 무거운 담요로 불을 덮는 것이다.

---

*

reckless
[ˈrekləs]

형 무모한, 부주의한

Witnesses say that the accident was caused by reckless driving.

목격자들은 그 사고가 무모한 운전 때문에 일어났다고 말한다.

---

*

wreck
[rek]

wreckage 몡 난파, 잔해

명 (파손된 자동차 · 비행기 등의) 잔해 동 파괴하다

When the man regained his consciousness, he found that his vehicle was no more than a burning wreck.

남자가 의식을 되찾았을 때, 그는 그의 차가 불타는 잔해밖에 남지 않았다는 것을 알게 되었다.

Three cars were completely wrecked in the accident, but fortunately, there were no casualties.

이 사고로 승용차 세 대가 완전히 파괴되었지만, 다행히 인명 피해는 없었다.

***

impending
[ɪmˈpendɪŋ]

imminent 형 임박한

형 임박한

All local residents should be thoroughly ready for the impending storm.

모든 지역 주민들은 곧 닥칠 폭풍우에 철저히 대비해야 한다.

erupt

[ɪ'rʌpt]

(화산이) 분출하다, 터지다

After remaining dormant for almost a century, the volcano suddenly became active again and erupted last year.

이 화산은 거의 한 세기 동안 휴면 상태를 유지한 후, 갑자기 다시 활동하기 시작했고 작년에 폭발했다.

★★
explode

[ɪk'sploʊd]

터지다, 폭발하다

It was a miracle that no one was hurt when the gas pipe downtown exploded.

시내의 가스관이 폭발했을 때 아무도 다치지 않은 것은 기적이었다.

★★
precaution

[prɪ'kɔ:ʃn]

예방책

Homeowners should take safety precautions in order to reduce the danger of electrical fires.

주택 소유자들은 전기 화재의 위험을 줄이기 위해 안전 예방 조치를 취해야 한다.

★
refuge

['refju:dʒ]

피난처

No one was hurt in the hurricane, thanks to the fact that it did not take long for them to find refuge.

피난처를 찾는 데 얼마 안 걸린 덕분에, 아무도 허리케인 때문에 다치지 않았다.

★
advisory

[əd'vaɪzəri]

주의, 경보 자문의

The National Weather Service is posting warnings and advisories regarding the upcoming storm.

국립 기상청은 다가오는 폭풍에 대해 경고와 주의 사항을 게시하고 있다.

★★★
alleviate

[ə'li:vieɪt]

alleviation 완화, 경감

유의어
mitigate 완화하다

(고통 등을) 완화하다, 경감하다

Painkillers were given to alleviate the patient's pain.

환자의 통증을 완화하기 위하여 진통제가 투여되었다.

텝스기출표현
alleviate pain 고통을 완화하다

★
mar

[mɑ:r]

유의어
impair 손상시키다
ruin 망치다

망치다, 손상시키다

Our perfect vacation was marred by the unexpected rainy weather.

우리의 완벽한 휴가는 예상치 못한 비 때문에 망쳐졌다.

★
scald
[skɔ:ld]

동 (뜨거운 물·증기에) 데다 | 끓는 물에 소독하다
명 화상

Be careful not to scald yourself by getting too close to the steam from a kettle.

주전자에서 나오는 증기에 너무 가까이 다가가서 데지 않도록 조심하세요.

▶혼동하지 말자!
scold 꾸짖다

★★
afflict
[əˈflɪkt]

유의어
inflict (괴로움 등을) 가하다

동 괴롭히다

Many war veterans are afflicted with posttraumatic stress disorder.

많은 참전 용사들이 외상 후 스트레스 장애를 앓고 있다.

텝스 기출 표현
be afflicted with ~에 시달리다, ~을 앓다

★★
contingency plan

긴급 사태 대책

The government is coming up with contingency plans to minimize damage from possible earthquakes.

정부는 발생할 수 있는 지진 피해를 최소화하기 위해 비상 대책을 마련하고 있다.

★
dire
[ˈdaɪər]

형 매우 심각한

Some countries are suffering from dire food shortages.

일부 국가들은 극심한 식량 부족에 시달리고 있다.

★
inadvertently
[ˌɪnədˈvɜːrtəntli]

부 무심코

Many forest fires are started by smokers who inadvertently throw their lit cigarettes into vegetation.

많은 산불이 불붙은 담배를 무심코 초목에 던진 흡연자들에 의해 시작된다.

★★
irreparable
[ɪˈrepərəbl]

유의어
irrevocable 돌이킬 수 없는

반의어
reparable 수선할 수 있는, 보상할 수 있는

형 회복할 수 없는, 돌이킬 수 없는

Last year's hurricane caused irreparable harm to some farms in the region.

작년 허리케인은 그 지역의 일부 농가에 돌이킬 수 없는 피해를 입혔다.

---

093 □□□

predicament
[prɪˈdɪkəmənt]

유의어
adversity 역경
quandary 곤경

명 곤경, 궁지

The traveler lost his wallet and had to call a friend for help to get out of his predicament.

여행자는 지갑을 잃어버렸고, 곤경에서 벗어나기 위해 친구에게 도움을 청해야 했다.

---

094 □□□

premonition
[ˌpriːməˈnɪʃn]

유의어
foreboding 불길한 예감

명 예감, 불길한 징조

I had a premonition that a fight would break out between the two rival teams.

두 경쟁 팀 사이에 싸움이 벌어질 것 같은 불길한 예감이 들었다.

---

095 □□□

sporadic
[spəˈrædɪk]

형 산발적인

The showers were sporadic, so we had plenty of time to enjoy the beach.

소나기가 산발적으로 내려서 해변을 즐길 시간은 충분했다.

---

096 □□□

incessant
[ɪnˈsesnt]

형 끊임없는

Most stores were forced to shut down by the incessant torrent.

대부분의 가게들은 쉴 새 없이 쏟아지는 폭우에 어쩔 수 없이 문을 닫아야 했다.

---

097 □□□

ominous
[ˈɑːmɪnəs]

omen **명** 징조, 조짐

형 불길한

Despite our wishes for sunny weather, ominous thunder clouds could be seen in the distance.

화창한 날씨를 바라는 우리의 바람에도 불구하고, 멀리서 불길한 천둥 구름을 볼 수 있었다.

---

098 □□□

repercussion
[ˌriːpərˈkʌʃn]

명 영향, 파장

The earthquake had serious repercussions on the district's economy.

그 지진은 지역의 경제에 심각한 영향을 미쳤다.

---

099 □□□

ravage
[ˈrævɪdʒ]

동 황폐하게 만들다

Trees will be planted in the areas which were ravaged by fires and logging.

화재와 벌목으로 황폐화된 지역에 나무가 심어질 것이다.

★
precipitate
[prɪˈsɪpɪteɪt]

동 (나쁜 일을) 촉진하다, 재촉하다

The tension between the two countries eventually
precipitated the war.

두 나라 사이의 긴장은 결국 전쟁을 촉발시켰다.

UNIT
01
UNIT
02
UNIT
03
UNIT
04
UNIT
05
UNIT
06
UNIT
07
UNIT
08
UNIT
09
UNIT
10
UNIT
11
UNIT
12
UNIT
13
UNIT
14
UNIT
15
UNIT
16
UNIT
17
UNIT
18
UNIT
19
UNIT
20
UNIT
21
UNIT
22
UNIT
23
UNIT
24
UNIT
25
UNIT
26
UNIT
27
UNIT
28
UNIT
29
UNIT
30

>> Check-Up Questions

문맥에 맞는 단어를 보기에서 골라 빈칸에 넣으세요.

PART 1

> ⓐ repercussions ⓑ alleviate ⓒ impending ⓓ precautions ⓔ afflicted
>
> ⓕ predicament ⓖ marred ⓗ inevitable ⓘ casualties ⓙ reckless

1. Worldwide cooperation is required among countries _____ with environmental problems.

2. Scenes of violence between the spectators _____ the end of the football game.

3. The government proposed measures to _____ problems caused by the lack of rain.

4. Treating seriously injured _____ in extreme cold weather conditions is very difficult.

5. The eruption of the volcano had dramatic _____ on the local residents' lives.

6. With market shares declining, the company is currently in a financial _____.

7. Many injuries can be prevented if proper safety _____ are taken.

8. News reports of the _____ thunderstorm did not stop the teenagers from planning their camping trip.

9. _____ use of weaponry could result in innocent people getting killed.

10. Many natural disasters are deeply related with human activities and thus are not _____.

문맥에 맞는 단어를 보기에서 골라 빈칸에 넣으세요.

PART 2 ▶

ⓐ mishaps	ⓑ avert	ⓒ ominous	ⓓ jeopardize	ⓔ incessant
ⓕ blaze	ⓖ peril	ⓗ irreparable	ⓘ extinguished	ⓙ drought

11. Through sophisticated forecasting technology, many people could _____ death by evacuating to safe areas.

12. Negligence of safety rules in construction areas can _____ lives.

13. Thanks to some brave citizens, the fire was _____ before it caused too much damage.

14. Driving under influence can put people's lives in _____.

15. There was less than normal rainfall in the southern region this year, and it is facing severe _____ in the coming months.

16. After many _____, the climbers finally reached the summit of the mountain.

17. More than twenty firefighters were at the scene last night, battling the forest _____ that was started by two teenagers.

18. Although there is no forecast for rain, the sky is a(n) _____ shade of gray.

19. None of the hikers was prepared enough for the _____ rain that kept pouring for days.

20. The tornado incurred _____ harm to the whole city, and it took almost a decade for the city to fully recover the losses.

answers
11 ⓑ 12 ⓓ 13 ⓘ 14 ⓖ 15 ⓙ 16 ⓐ 17 ⓕ 18 ⓒ 19 ⓔ 20 ⓗ

UNIT
17

뉴텝스 어휘

역사

역사

001
□□□

★★★
ancient
[ˈeɪnʃənt]

반의어
modern 현대의

🔵 고대의, 먼 옛날의

The style of ancient Rome architecture owed a great debt to Greek influence.

고대 로마의 건축 양식은 상당 부분 그리스의 영향 덕분이었다.

002
□□□

★★
ancestor
[ˈænsestər]

ancestry 🔵 가계 혈통
ancestral 🔵 조상의

🔵 선조, 조상

The Maasai are a herding people, maintaining the traditions of their ancestors.

마사이족은 목축민으로 그들 조상의 전통을 유지해 간다.

003
□□□

★★
onset
[ˈɑːnset]

유의어
beginning 처음, 최초
inception 시초, 발단

🔵 시작

The onset of the global recession had a decisive impact on the government's finance in the 1990s.

세계적인 경제 불황의 시작이 1990년대에 정부의 재정에 결정적인 영향을 주었다.

004
□□□

★★★
territory
[ˈterətɔːri]

territorial 🔵 영토의

🔵 지역, 영토

The territory was confiscated to make way for agricultural areas.

그 영토는 농경지 자리를 마련하기 위해 몰수되었다.

005
□□□

★★★
found
[faʊnd]

foundation 🔵 설립

🔵 설립하다, 세우다

The Widener Library at Harvard, housing some 3.5 million books in its stacks, was founded in 1915.

350만여 책을 소장하고 있는 하버드대에 있는 Widener 도서관은 1915년에 설립되었다.

텝스 기출 표현
found a colony 식민지를 건설하다

006
□□□

★★
oppress
[əˈpres]

oppressive 🔵 억압하는

유의어
suppress 억압하다

🔵 억압하다

Many landlords, who became well-off by the economic conditions, used force to oppress peasants who didn't have much power.

경제 상황에 의해 부자가 된 많은 지주들은 힘이 없었던 소작농을 억압하기 위해 무력을 사용했다.

---

007 □□□	★★★ **demise** [dɪˈmaɪz]	명 종말, 멸종 There are enormous factors thought to have contributed to the demise of the dinosaurs. 공룡의 멸종에 기여한 것으로 여겨지는 엄청나게 많은 요인들이 있다.
008 □□□	★★★ **reveal** [rɪˈviːl] 유의어 disclose 드러내다, 발표하다	통 밝히다 The recent study reveals that the economy is strongly dependent on cultural diversity. 최근 연구는 경제가 문화의 다양성에 깊이 의존하고 있다는 것을 밝히고 있다.
009 □□□	★ **hieroglyph** [ˈhaɪərəɡlɪf]	명 상형문자 It was difficult for archeologists to decode the ancient Egyptian hieroglyph found on the tomb. 무덤에서 발견된 고대 이집트 상형문자를 고고학자들이 해독하기가 어려웠다.
010 □□□	★★★ **status** [ˈstætəs] 유의어 position 처지, 지위	명 지위, 신분 ㅣ 상황 The middle class overtook the nobility in status during the Industrial Revolution. 산업혁명 때 중산층의 지위가 귀족을 앞질렀다.
011 □□□	★ **medieval** [ˌmediˈiːvl]	형 중세의 Many historians regard the medieval age as a static time for science. 많은 역사학자들은 중세 시대를 과학의 정체기로 여긴다.
012 □□□	★ **royalty** [ˈrɔɪəlti]	명 왕족 ㅣ 저작권 사용료 Stonehenge was considered to be the place where the royalty was buried. 스톤헨지는 왕족이 묻혔던 곳이라고 여겨졌다. It is surprising that a royalty of eight percent on his book is donated to the charity. 그의 저서의 8퍼센트의 저작권료가 자선 단체에 기부된다는 사실은 놀랍다.
013 □□□	★★ **slavery** [ˈsleɪvəri] slave 명 노예	명 노예 제도 The abolishment of slavery in the US did not have a positive effect on the lives of former slaves for a while. 미국 노예 제도의 폐지는 한동안 과거의 노예들의 삶에 긍정적인 효과를 주지 못했다.

014 □□□
conquer
[ˈkɑːŋkər]

conquest 몡 정복

圄 정복하다
King Harold was conquered by William at the Battle of Hastings.

Harold 왕이 헤이스팅스 전투에서 William에 의해 정복되었다.

---

015 □□□
liberate
[ˈlɪbəreɪt]

liberty 몡 자유

圄 자유롭게 하다, 해방하다
It took decades for the amended law to improve working conditions after it liberated slaves.

개정된 법이 노예들을 해방시킨 후, 노동 환경을 향상시키는 데 수십 년이 걸렸다.

---

016 □□□
era
[ˈɪrə]

유의어
period 기간, 시기

몡 시대, 연대
The 19th century was the era in which London saw the considerable economic and geographical growth.

19세기는 런던이 상당한 경제적, 지리적 성장을 보였던 시대였다.

> **텝스기출표현**
> the post-war era 전후 시대

---

017 □□□
prosper
[ˈprɑːspər]

prosperity 몡 번영, 번창

유의어
flourish 번창하다

圄 번영하다, 번창하다
The country prospered with much agricultural production after the Norman conquest of England in 1066.

그 나라는 1066년 노르만족이 영국을 정복한 후 많은 농산물 생산과 함께 번성했다.

---

018 □□□
contemporary
[kənˈtempəreri]

휑 현대의 | 동시대의
Contemporary historians often have no one but Herodotus to rely on sources on ancient history.

현대의 역사가들은 보통 고대 역사에 관한 자료에 있어서 Herodotus를 제외하면 의지할 사람이 없다.

---

019 □□□
civil war

내전
When the American Civil War broke out in 1861, Commander Stonewall Eliot gained a reputation as a gifted tactician.

1861년에 미국 남북 전쟁이 발발했을 때, 지휘관인 Stonewall Eliot은 재능 있는 전략가로서 명성을 얻었다.

**
civilization
[ˌsɪvələˈzeɪʃn]

civil 형 시민의
civilized 형 문명화된

명 문명

The arrival of the Spanish was considered the demise of Mayan civilization

스페인 사람들의 도착은 마야 문명의 멸망이라고 여겨졌다.

021

***
excavate
[ˈekskəveɪt]

excavation 명 발굴

유의어
unearth 발굴하다

동 발굴하다

Scientists in England have excavated fossils of what might be the oldest creature ever discovered.

영국의 과학자들은 지금껏 발견된 가장 오래된 생물체일 수 있는 것의 화석을 발굴했다.

022

***
breakthrough
[ˈbreɪkθruː]

명 돌파구

Dr. William's research made a significant breakthrough in cancer treatment.

William 박사의 연구는 암 치료법에 있어 중요한 돌파구를 만들었다.

023

**
prominence
[ˈprɑːmɪnəns]

prominent 형 중요한

명 중요성 | 명성

The scientific prominence of cognitive science occurred relatively recently.

인지과학의 과학적 중요성이 비교적 최근에 대두되었다.

024

**
satire
[ˈsætaɪər]

명 풍자

Thomas's novel was regarded as the scathing satire of the corrupt politic in his days.

Thomas의 소설은 그가 살았던 시대의 부패한 정치에 대한 신랄한 풍자로 여겨졌다.

025

***
date back to

유의어
trace back to ~까지 거슬러 올라가다

(시기 따위가) ~까지 거슬러 올라가다

Mayan written history dates roughly back to the beginning of the Bronze Age.

마야의 기록된 역사는 대략 초기 청동기 시대로 거슬러 올라간다.

026

***
archaeologist
[ˌɑːrkiˈɑːlədʒɪst]

archaeology 명 고고학

명 고고학자

The archaeologists delved into the ancient wonders through artifacts.

고고학자들은 유물들을 통해 고대의 불가사의를 철저히 조사했다.

027 ☐☐☐

**
legendary
[ˈledʒəndəri]

형 전설적인, 유명한

Chiri Sherpa was a legendary scientist, and his achievements are still admired today.

Chiri Sherpa는 전설적인 과학자로, 그의 업적은 오늘날까지도 칭송 받는다.

> **텝스 기출 표현**
> a legendary figure 전설적인 인물

---

028 ☐☐☐

*
prehistoric
[ˌpriːhɪˈstɔːrɪk]

prehistory **명** 선사 시대

형 선사 시대의

Containing the earliest signs of human life in India, the Rock Shelters of Bhimbetka feature detailed depictions of prehistoric life.

인도의 초기 인류 생활의 흔적을 담고 있는 빔베트카의 바위 은신처 는 선사 시대의 삶에 대한 상세한 묘사를 담고 있다.

---

029 ☐☐☐

**
anthropology
[ˌænθrəˈpɑːlədʒi]

anthropologist **명** 인류학자
anthropological **형** 인류학의

명 인류학

Fraz Boaz believed that anthropology needed to be pursued by personal rather than a detached method for studying human subject.

Fraz Boaz는 인류학이 인간이라는 주제를 연구하기 위해 분리된 방 법보다는 개인적인 방법을 추구해야 할 필요가 있다고 여겼다.

---

030 ☐☐☐

*
bury
[ˈberi]

burial **명** 매장

동 매장하다, 묻다

Kuhn's body was secretly buried in Italy for more than a decade to hide.

Kuhn의 시신은 10여년 이상 이탈리아에 은밀히 매장되어 숨겨져 있 었다.

---

031 ☐☐☐

***
advent
[ˈædvent]

명 출현

The advent of the printing press is undoubtedly a significant moment in the history of civilization.

인쇄기의 출현은 의심할 여지 없이 문명사에 중요한 순간이다.

---

032 ☐☐☐

**
irreversible
[ˌɪrɪˈvɜːrsəbl]

반의어
reversible 되돌릴 수 있는

형 돌이킬 수 없는, 회복 불가능한

The territorial expansion caused irreversible damage during the reign of Queen Victoria in England.

영토 확장은 영국의 Victoria 여왕 통치 동안 돌이킬 수 없는 피해를 입혔다.

01 UNIT
02 UNIT
03 UNIT
04 UNIT
05 UNIT
06 UNIT
07 UNIT
08 UNIT
09 UNIT
10
11
12
13
14
15
16
17
18
19
20
21
22
23
24
25
26
27
28
29
30

033 ★★

abolish
[əˈbɑːlɪʃ]

반의어
establish 개설하다

동 폐지하다

Although the slave trade was abolished, the slaves remained too poor to live a new life.

노예 무역은 폐지되었지만, 노예들은 너무 가난해서 새로운 삶을 살지 못했다.

---

034 ★★

industrial revolution

산업 혁명

Industrial revolution spurred a profound impact on the economy in Europe.

산업 혁명은 유럽의 경제에 큰 영향을 끼쳤다.

---

035 ★★★

break out
outbreak 명 발발

(전쟁·폭동 등이) 일어나다

Wars are likely to break out when dominant countries don't gain enough strength.

우세한 국가들이 충분한 힘을 갖지 못하면 전쟁이 일어날 가능성이 크다.

---

036 ★★★

colonial
[kəˈloʊniəl]

colony 명 식민지
colonist 명 식민지 주민
colonize 동 식민지로 개척하다

형 식민지의

Korea was deeply in debt after independence from the Japanese colonial rule.

한국은 일본의 식민지 통치에서 벗어난 후 심각한 부채 상태에 놓였다.

---

037 ★★

invade
[ɪnˈveɪd]

invasion 명 침입
invader 명 침략자

동 침략하다

The Roman legions invaded Britain in 206 B.C. and colonized it for approximately 400 years.

로마 군단이 기원전 206년에 영국을 침략하여 약 400년 동안 식민지화했다.

---

038 ★★

legacy
[ˈleɡəsi]

명 유산

The government made efforts to restore the significant legacy in Wales after the war.

정부는 전쟁 후 웨일스에서 중요한 유산을 복구하는 데 노력했다.

---

039 ★★★

compile
[kəmˈpaɪl]

동 (많은 자료를 모아 책을) 편찬하다[편집하다], (자료를) 수집하다

She compiled lots of references about historical events to write a report.

그녀는 보고서 작성을 위해 많은 역사적인 사건 자료들을 수집해 엮었다.

040 ☐☐☐

★★★
conform to

유의어

adhere to ~에 따르다

~에 따르다

The old City Hall was renovated to conform to the modern safety code.

옛 시청은 현대 안전 규정을 준수하기 위해 리모델링되었다.

---

041 ☐☐☐

★★
seize
[siːz]

동 붙잡다 | (관심·이목 등을) 사로잡다

Cognitive science started to seize the limelight of psychology only recently and influenced such diverse fields as philosophy and neurology.

인지 과학은 최근에서야 심리학의 이목을 사로잡으며 철학이나 신경학과 같은 다양한 분야에 영향을 주었다.

> **텝스기출 표현**
> seize the attention 관심을 사로잡다

---

042 ☐☐☐

★★★
reminiscent
[ˌremɪˈnɪsnt]

형 생각나게 하는

It is a modern church that is reminiscent of the Renaissance style.

그것은 르네상스 양식을 떠올리게 하는 현대 교회다.

---

043 ☐☐☐

★★★
decipher
[dɪˈsaɪfər]

decipherable 형 해독할 수 있는

동 해독하다

Since his notebooks were deciphered in the 19th century, Leonardo da Vince has been regarded as an innovative inventor.

그의 공책이 19세기에 해독된 이래로 Leonardo da Vince는 혁신적인 발명가로 여겨져 왔다.

---

044 ☐☐☐

★★★
extinct
[ɪkˈstɪŋkt]

extinction 명 소멸, 멸종
extinctive 형 소멸적인

형 멸종한

The transformation of grasslands into soybean fields in South Africa made sandpipers extinct.

남아프리카의 초원이 콩밭으로 변모하면서 도요새들은 멸종했다.

---

045 ☐☐☐

★★
ruins
[ˈruːns]

명 유적

Ruins found in the ancient site offer little of archaeological worth.

고대 유적지에서 발견된 유적은 고고학적인 가치가 거의 없다.

---

046 ☐☐☐

★★
monument
[ˈmɑːnjumənt]

명 기념비, 기념관

Eva Peron, a political figure in Argentina, ordered the troop to build a monument in her honor.

아르헨티나의 정치적 인물인 Eva Peron은 자신을 기리기 위해 기념비를 세우라고 군에 지시했다.

**
tribe
[traɪb]

몡 부족, 종족

East Slavic tribe known as Cossack preserved the tradition in various ways.

코삭으로 알려진 동슬라브 부족은 다양한 방법으로 전통을 보존했다.

***
evolutionary
[ˌiːvəˈluːʃəneri]

혱 진화된

Many animal species underwent evolutionary changes as they made their way to the newly fertile areas.

많은 동물 종들이 새롭게 비옥한 지역으로 이동하면서 진화적인 변화를 겪었다.

**
substantiate
[səbˈstænʃieɪt]

됭 입증하다

The health benefits of meditation were not substantiated by the studies conducted between 2000 and 2005.

2000년부터 2005년 사이 실시된 연구에 따르면 명상의 건강상의 이점들은 입증되지 못했다.

**
savage
[ˈsævɪdʒ]

유의어
cruel 잔인한
brutal 잔인한, 야만적인

혱 잔인한, 야만적인

Published in 1991, the book *Savage Inequalities* forced educators in the United States to reexamine the education system.

1991년에 출판된 〈잔인한 불평등〉이라는 책으로 미국의 교육자들은 교육 제도를 재검토하게 되었다.

**
forerunner
[ˈfɔːrʌnər]

유의어
precursor 선도자

몡 선구자 | 전조

Joseph became recognized as the forerunner of symphony after spending thirty years writing music for the court of Austria.

Joseph은 오스트리아 궁정 음악을 작곡하면서 30년을 보낸 후, 교향곡의 선구자로 인정받게 되었다.

***
riot
[ˈraɪət]

몡 폭동

As soon as the riot broke out, people started to throw stones, and damage buildings and vehicles.

폭동이 일어나자마자, 사람들은 돈을 던지고 건물들과 자동차들을 파손시키기 시작했다.

**
plunder
[ˈplʌndər]

유의어
rob 훔치다
loot 약탈하다
strip 빼앗다

됭 약탈하다

A number of medieval soldiers accumulated their wealth by plundering cities that they conquered.

많은 중세 군인들은 그들이 정복했던 도시를 약탈함으로써 부를 축적했다.

★
mint
[mɪnt]

🔵 **(화폐를) 주조하다**

The British Parliament had the power not only to make law but also to mint money.

영국 의회는 법을 제정할 권한뿐만 아니라, 화폐를 주조할 권한도 가지고 있었다.

★★
milestone
[ˈmaɪlstoʊn]

🔵 **획기적인 사건[단계] | 이정표**

Reaching Mars for the first time was the milestone in history.

최초로 화성에 도달한 것은 역사적으로 획기적인 사건이었다.

> **텝스기출표현**
>
> a historic milestone 역사적으로 중요한 사건
> reach a milestone 중대 시점에 이르다

★
unearth
[ʌnˈɜːrθ]

유의어
excavate 발굴하다

🔵 **발굴하다**

Fossil hunters have unearthed the bones of an elephant believed to be 500,000 years old.

화석을 찾는 사람들이 50만 년 된 것으로 보이는 코끼리 뼈를 발굴했다.

★★
treaty
[ˈtriːti]

🔵 **조약 | 계약**

Treaty of the Versailles spurred another war by forcing Germany to pay large reparations.

베르사유 조약은 독일에 거액의 배상금을 지불하도록 강요함으로써 또 다른 전쟁을 촉발시켰다.

★
anecdote
[ˈænɪkdoʊt]

anecdotic 🔵 일화적인

🔵 **일화 | 비사**

The anecdote written in the paper is unreliable since it is based on personal experiences.

신문에 쓰여진 일화는 개인의 경험을 기반으로 하고 있어서 신뢰할 수 없다.

★★★
exploit
[ɪkˈsplɔɪt]

exploitation 🔵 착취

🔵 **(노동력을) 착취하다**

Most of the upper class exploited their peasant under the system of feudalism.

봉건 제도 하에 대부분의 상류층은 농민들의 노동력을 착취했다.

> **텝스기출표현**
>
> exploit a colony 식민지를 착취하다

060 □□□

★★★
imperialism
[ɪmˈpɪriəlɪzəm]

imperialist 명 제국주의자
imperialistic 형 제국주의의

명 제국주의, 영토 확장주의

The increase in wealth throughout Europe underpinned imperialism and industrialism

유럽의 부의 증가는 제국주의와 산업주의를 뒷받침해 주었다.

---

061 □□□

★
emancipation
[iˌmænsəˈpeɪʃən]

emancipate 동 해방시키다

명 (노예 · 여성 등의) 해방

The emancipation didn't have the freed slaves alter their lives immediately.

노예 해방은 해방된 노예들로 하여금 그들의 삶을 즉시 바꾸게 하지는 못했다.

---

062 □□□

★★
enlighten
[ɪnˈlaɪtn]

enlightenment 명 계몽

동 계몽하다, 깨우치다

Historians refute that Japan enlightened the Korean people through its education system.

역사학자들은 일본이 교육 제도를 통해 한국 민족들을 계몽시켰다는 사실을 반박한다.

---

063 □□□

★★★
brutal
[ˈbruːtl]

brutality 명 잔인성, 잔혹 행위

형 야만적인

The government was condemned due to the brutal suppression of protest.

정부는 시위에 대한 잔인한 진압 때문에 비난받았다.

---

064 □□□

★★
pioneering
[ˌpaɪəˈnɪrɪŋ]

pioneer 명 개척자

형 선구적인

Pioneering scientists in the 16th century used a variety of instruments including goldsmith's balance and tools.

16세기의 선구적인 과학자들은 금세공의 저울과 연장들을 비롯한 다양한 도구를 사용했다.

---

065 □□□

★★★
retaliate
[rɪˈtælieɪt]

retaliation 명 보복
retaliatory 형 앙갚음의

동 보복하다

Colombia's canal built in early 2011 caused the US to retaliate them by banning coal exports.

2011년 초에 건설된 콜롬비아의 운하로 인해 미국은 석탄 수출을 금지하는 방식으로 그들에게 보복하였다.

---

066 □□□

★★
regime
[reɪˈʒiːm]

명 정권

The people have been kept down by a brutal regime during the colonial period.

그 민족들은 식민지 시대 동안 잔인한 정권에 의해 억압받아 왔다.

067
☐☐☐

★
inaugural
[ɪˈnɔːɡjərəl]

유의어
first 처음의
initial 처음의

형 최초의

The inaugural World Polo Championship was held in British in 1987.

최초의 세계 폴로 챔피언십은 1987년에 영국에서 열렸다.

068
☐☐☐

★
rebel
[ˈrebl]

rebellion **명** 반란, 반대

명 반군 **동** 저항하다

The two rebel groups were forced to form a unified fighting force against the government.

그 두 반란 단체는 정부에 대항하여 연합 전투력을 구성할 수밖에 없었다.

> **텝스 기출표현**
>
> armed rebels 무장 반군들
> rebel against the government 정부에 저항하다

069
☐☐☐

★
reclaim
[rɪˈkleɪm]

reclamation **명** 개간, 간척

동 간척하다, 개간하다

The project supposed to reclaim the land was rejected due to the lack of funding.

육지를 개간하기로 되어 있던 프로젝트가 자금 부족으로 거절되었다.

070
☐☐☐

★★
reign
[reɪn]

유의어
rule 지배

명 치세, 통치 기간

The views against the divine right of kings led to tremendous strife during James's reign in England.

영국의 James 통치 기간 중 왕에 대한 신적인 권력에 반대하는 견해가 엄청난 갈등을 불러일으켰다.

> **텝스 기출표현**
>
> the reign of the king 왕의 통치 기간

071
☐☐☐

★★★
unprecedented
[ʌnˈpresɪdentɪd]

precedent **명** 전례

형 전례 없는

The volume of goods traded internationally has increased, leading to unprecedented access to goods from around the world.

국제 무역의 양이 증가되면서 전 세계 물품들의 전례 없는 접근이 이루어졌다.

072
☐☐☐

★★
primitive
[ˈprɪmətɪv]

primitiveness **명** 원시

형 원시의

The main camel species were first seen in a primitive form in North America.

주요 낙타의 종들은 북미에서 원시의 형태로 처음 발견되었다.

UNIT
17

073 □□□	★★★ **descendent** [dɪˈsendənt] descend 됨 내려오다	뗑 후손 While doing research for the sinking of the USS, the author interviewed descendants of the survivors. 미국 해군 전함의 침몰에 대한 연구를 하면서 작가는 생존자들의 후손들을 인터뷰했다.
074 □□□	★★ **genocide** [ˈdʒenəsaɪd]	뗑 집단 학살 The dictator who committed mass genocide did not admit the blame for it. 집단 학살을 저질렀던 독재자는 그것에 대한 책임을 인정하지 않았다.
075 □□□	★★ **insurgency** [ɪnˈsɜːrdʒənsi] insurgent 뗑 반란군	뗑 반란, 내란 The public started to question President Juan Santo's strategy to deter the revolutionary insurgency. 국민들은 혁명적 반란을 저지할 대통령 Juan Santo의 전략에 대해 의문을 가지기 시작했다.
076 □□□	★ **patriarchy** [ˈpeɪtriɑːrki]	뗑 가부장제 According to recent research, the rate of violent crime was much higher in patriarchy in which men were dominant. 최근 연구에 따르면, 남자들이 우세한 가부장제에서 폭력 범죄 비율이 훨씬 높았다.
077 □□□	★★ **posthumous** [ˈpɑːstʃəməs] posthumously 閉 죽은 후에	뗑 사후의 Considering the impact of her diary on the world, it is a shame that Anne Frank only achieved posthumous fame. 그녀의 일기가 세상에 미쳤던 영향을 고려하면, Anne Frank가 사후의 명성을 얻었다는 것은 유감스러운 일이다.
078 □□□	★ **hierarchy** [ˈhaɪərɑːrki] hierarchical 뗑 계급에 따른	뗑 계급제, 서열 Prior to British colonial rule, substantial differences in the social hierarchy did not actually exist in India. 영국의 식민지 통치 이전에, 인도에선 사회 계급의 실질적인 차이는 실제로 존재하지 않았다. 텝스 기출 표현 ▶ a social hierarchy 사회 계급
079 □□□	★ **monarchy** [ˈmɑːnərki] monarch 뗑 군주 monarchical 뗑 군주제의	뗑 군주제 The 16th century political leader Oliver Scott was key in tearing down the monarchy at the time of Civil War. 16세기 정치 지도자인 Oliver Scott은 내전기에 군주제를 해체하는 데 핵심이었다.

080 ☐☐☐

★★★
usurp
[juːˈzɜːrp]

usurpative 혱 강탈의

동 (왕위 · 권력을) 빼앗다

His kingdom was usurped and destroyed by his enemies.

적에 의해 그의 왕권은 빼앗기고 파괴되었다.

---

081 ☐☐☐

★★
inscribe
[ɪnˈskraɪb]

inscription 명 새겨진 글
inscriptive 혱 제명의

동 새기다

The stone tablet inscribed on a mysterious pattern was discovered by an archaeologist.

불가사의한 패턴이 새겨진 돌 비석이 고고학자에 의해 발견되었다.

---

082 ☐☐☐

★★★
authenticity
[ˌɔːθenˈtɪsəti]

authentic 혱 진짜의

명 진짜임, 진위

Some historians are skeptical about the authenticity of the ruins found on the Hanging Garden.

일부 역사학자들은 공중 정원에서 발견된 유물의 진위에 대해 회의적이다.

---

083 ☐☐☐

★★
encroach
[ɪnˈkroʊtʃ]

encroachment 명 침해

동 침해하다

Encroaching on human rights cannot be justified under any circumstances.

인권을 침해하는 것은 어떠한 경우에도 정당화될 수 없다.

> **텝스 기출 표현**
>
> encroach on (a 사람's) territory ~의 영역을 침범하다

---

084 ☐☐☐

★★★
distort
[dɪˈstɔːrt]

distortion 명 왜곡
distortive 혱 왜곡하는

동 (생각 · 사실을) 왜곡하다

The Japanese army distorted the way they invaded other countries.

일본 군대는 그들이 다른 나라들을 침략했던 방식을 왜곡했다.

---

085 ☐☐☐

★★
perpetuate
[pərˈpetʃueɪt]

perpetuation 명 영속

동 영속시키다

The implemented program was perpetuating the image that did not reflect the reality.

시행되었던 프로그램은 현실을 반영하지 않은 이미지를 영속시키고 있었다.

---

086 ☐☐☐

★
subdue
[səbˈduː]

subdual 명 정복
subduable 혱 정복할 수 있는

동 진압하다, 정복하다

The government did not strengthen the power enough to subdue the insurgency.

정부는 반란을 진압할 만큼 힘을 충분히 키우지 못했다.

087 ★★
□□□

accede
[əkˈsiːd]

유의어
ascend 오르다

통 (왕위에) 오르다

King George acceded to the throne at an early age and reigned over Portugal for 50 years.

George 왕은 어린 나이에 왕좌에 올라 50년간 포르투갈을 통치했다.

템스기출표현
accede to the throne 왕위에 오르다

---

088 ★
□□□

empiricism
[ɪmˈpɪrɪsɪzəm]

empiricist 명 경험주의자

명 경험주의

The idea introduced in British during the Middle Age was based on the concept of empiricism.

중세 시대 때 영국에 도입된 사상은 경험주의 개념에 기초했다.

---

089 ★★★
□□□

relic
[ˈrelɪk]

명 유물, 유적

The relics of the Mimbres' civilization were illegally dug up and stolen.

밈브레스족 문명의 유물들이 불법적으로 발굴되고 도난당했다.

---

090 ★★★
□□□

speculate
[ˈspekjuleɪt]

통 추측하다

Scientists speculate that the glaciers of Europe gradually receded as the oceans played a huge role in climate regulation.

과학자들은 대양이 기후 조절에 거대한 영향을 끼쳤기 때문에 유럽의 빙하가 점차적으로 사라졌다고 추측한다.

---

091 ★
□□□

feudalism
[ˈfjuːdəlɪzəm]

feudalist 명 봉건주의자
feudalistic 형 봉건제도의

명 봉건 제도

Feudalism was widespread throughout much of Europe in the Middle Ages.

봉건 제도는 중세 시대에 대부분의 유럽 지역에 널리 퍼져 있었다.

---

092 ★
□□□

realm
[relm]

명 영역

Numerous factors caused the British armed forces to lose their dominance in the realm of defense.

많은 요인들이 영국 군대가 방위 영역에서 우위를 잃게 만들었다.

---

093 ★★
□□□

restore
[rɪˈstɔːr]

restoration 명 복원, 복구
restorative 형 복원하는

통 복구하다

Two days after a massive storm left many people stranded and without power, power was finally restored.

거대한 폭풍으로 인해 많은 이들이 고립되었고 정전이 된 지 이틀 만에, 마침내 전력이 복구되었다.

nobility
[noʊˈbɪləti]

noble 형 귀족의, 고귀한

명 귀족

Most nobility created the confederation as they feared their power would be eliminated during the 1600s.

1600년대에 대부분의 귀족들은 그들의 힘이 없어질까 두려워 연맹을 만들었다.

---

mummify
[ˈmʌmɪfaɪ]

동 미라로 만들다

The Egyptians mummified the pharaoh's body, believing that he would live forever.

이집트인들은 파라오의 시체를 미라로 만들고, 그가 영원히 살 것이라고 믿었다.

---

antecedent
[ˌæntɪˈsiːdnt]

형 앞서는, 선행하는, 이전의 명 선행 사건

Genocide committed by the insurgents was an antecedent event to the Vietnam War.

저항 세력들에 의한 대학살은 베트남 전쟁 이전의 일이었다.

---

imperial
[ɪmˈpɪriəl]

empire 명 제국

형 제국의 | 황제의

Many Britons were mostly uncertain to the imperial expansion during the height of the British Empire.

대영 제국의 절정기에 많은 영국인들은 제국의 영토 확장에 확신이 없었다.

---

chronicle
[ˈkrɑːnɪkl]

chronologically 부 연대순으로

유의어
chronology 연대순, 연대표

명 연대기

As the chronicle of Napoleonic times can be confusing, you are encouraged to study the textbook in advance.

나폴레옹 시대의 연대기는 혼동될 수 있으니, 미리 교과서를 읽고 오기를 권장합니다.

---

originate
[əˈrɪdʒɪneɪt]

origin 명 유래
originator 명 창시자
originative 형 독창적인

동 시작되다, 비롯하다, 유래되다

Neckwear worn primarily for decoration is believed to have originated in Croatia.

주로 장식용으로 착용했던 목에 두르는 물건들은 크로아티아에서 유래된 것으로 여겨진다.

---

allegedly
[əˈledʒɪdli]

allege 동 주장하다
allegation 명 주장

부 전해진 바에 따르면

The ancient Greeks allegedly used snail slime as a treat for skin conditions.

고대 그리스인들은 전해진 바에 따르면 피부 질환의 치료제로 달팽이 점액을 사용했다고 한다.

UNIT
17

문맥에 맞는 단어를 보기에서 골라 빈칸에 넣으세요.

PART 1

ⓐ decipher	ⓑ ascend	ⓒ inscribed	ⓓ originated	ⓔ reclaimed
ⓕ reminiscent	ⓖ seize	ⓗ broke out	ⓘ excavated	ⓙ reign

1. The king wanted to _____ power by force of arms.

2. This building is _____ of Roman architecture.

3. Historians used the computer to _____ the message of the stone tablet.

4. Many countries flourished under the _____ of Queen Victoria.

5. The impressionist style is _____ in France.

6. Mysterious patterns were _____ on the ancient ruins.

7. The king's son couldn't _____ to the throne due to the opposition.

8. The mummified remains were _____ from the burial site.

9. Half of the country was built on land _____ from the sea.

10. The strife _____ between the two countries as they wanted to occupy the fertile land.

answers
1 ⓖ 2 ⓕ 3 ⓐ 4 ⓙ 5 ⓓ 6 ⓒ 7 ⓑ 8 ⓘ 9 ⓔ 10 ⓗ

>> Check-Up Questions

문맥에 맞는 단어를 보기에서 골라 빈칸에 넣으세요.

PART 2

| ⓐ speculate | ⓑ ruins | ⓒ plundered | ⓓ nobility | ⓔ genocide |
| ⓕ hierarchy | ⓖ milestone | ⓗ posthumous | ⓘ encroached | ⓙ abolished |

11. A decade after the _____ in Rwanda, UN started to investigate the responsibility for the deliberate murder.

12. Slavery which had lasted 400 years was _____ in the early 19th century.

13. The advent of printing press is the _____ in human history.

14. Many treasures were _____ by outsiders during the war.

15. The middle class overtook the _____ in influence during the Industrial Revolution.

16. As soon as British colonists _____ into the country, they slowly began to restrict the power.

17. It took decades for archaeologists to excavate important ancient _____.

18. No one expected that the _____ publication of his work would draw a lot of interest.

19. Some historians _____ that the recently discovered relic dates back to 400 B.C.

20. There was no rigid _____, so they allowed a fair degree of social mobility.

answers
11 ⓔ 12 ⓙ 13 ⓖ 14 ⓒ 15 ⓓ 16 ⓘ 17 ⓑ 18 ⓗ 19 ⓐ 20 ⓕ

UNIT
18

뉴텝스 어휘

문학

문학

UNIT 18 »

001
□□□

***

novel

[ˈnɑːvl]

명 소설 **형** 새로운

Unlike most girls of her age who love romance novels, she is engrossed in detective novels.

로맨스 소설을 좋아하는 또래의 소녀들과는 다르게, 그녀는 탐정 소설에 푹 빠져 있다.

Thanks to its small size, the novel laptop can be carried easier.

작은 크기 덕분에, 이 새로운 노트북은 더 쉽게 휴대될 수 있다.

002
□□□

***

critic

[ˈkrɪtɪk]

critical **형** 비판적인, 중요한

유의어
reviewer 검토자, 평론가

명 비평가, 평론가

Despite the enthusiastic reviews from readers, critics reacted cynically to the book.

독자들의 열광적인 반응에도 불구하고, 비평가들은 그 책에 대해 냉소적인 반응을 보였다.

003
□□□

**

author

[ˈɔːθər]

유의어
writer 작가
novelist 소설가

명 (소설·시·극 등의) 작가, 저자

J.K. Rowling, who wrote the *Harry Potter* series, is one of the most popular authors in the world.

〈해리포터〉 시리즈를 쓴 J.K. Rowling은 세계에서 가장 인기 있는 작가 중 한 명이다.

004
□□□

**

copy

[ˈkɑːpi]

명 (책 등의) 부, 권 | 사본, 복사본, 복제품

The book is so popular that it has been sold over ten million copies around the world.

이 책은 전 세계적으로 천만 부 이상 팔릴 정도로 인기가 높다.

This painting was a copy, but it seems so real that any experts couldn't distinguish it from the original.

이 그림은 복제품인데, 너무 진짜처럼 보여서 어느 전문가도 그것을 진품과 구별하지 못했다.

005
□□□

**

poetic

[poʊˈetɪk]

poet **명** 시인
poem **명** 시

형 시적인, 시의

As soon as he saw the falling petals, his poetic inspiration was aroused suddenly.

그는 떨어지는 꽃잎을 보자마자 시적 영감이 갑자기 떠올랐다.

텝스기출표현
poetic imagination 시적 상상력
poetic ambition 시적 야망

**
publish
[ˈpʌblɪʃ]

publisher 명 출판업자, 출판사

동 출판하다, 출간하다 | 발표하다, 공포하다

Published in 1887, the book is still loved by many readers.
그 책은 1887년에 출판됐지만, 여전히 많은 독자들에게 사랑받고 있다.

The government published new rules on public parking.
정부는 공공 주차장에 대한 새로운 규정을 발표했다.

**
imaginary
[ɪˈmædʒɪneri]

imagine 동 상상하다
imagination 명 상상력, 상상

유의어
fictional 허구의

형 상상의, 가상의

By creating imaginary characters, the writer tried to
reveal his view on the new government indirectly.
가상의 등장인물을 만들어 냄으로써, 그 작가는 새로운 정부에 대한
그의 견해를 간접적으로 드러내고자 했다.

**
literature
[ˈlɪtərətʃər]

literary 형 문학의, 문학적인

명 문학, 문예 | 문헌

Reading literature increases your competence to
understand the period when it was written.
문학을 읽는 것은 그것이 쓰여진 시대를 이해하는 능력을 향상시킨다.

There is little literature on the subject, which makes it
difficult to do research.
그 주제에 대한 문헌이 거의 없어서 연구하기가 어렵다.

**
revision
[rɪˈvɪʒn]

revise 동 수정하다

명 수정, 정정

Your essay is so incoherent that I think it needs a complete
revision.
내 생각에 네 에세이는 일관성이 너무 없어서 전체적인 수정이 필요
한 것 같다.

텝스기출표현
make a revision 수정하다

---

*
verse
[vɜːrs]

명 시, 운문 | (노래의) 절

I believe that verse is the genre that represents aesthetic
elements of language well.
나는 시가 언어의 미적인 요소를 잘 나타내는 장르라고 생각한다.

Although I have heard the song so many times, I only
memorized the first verse of it.
나는 그 노래를 정말 많이 들었는데도, 그 노래의 1절밖에 외우지 못
했다.

011 **
fiction
[ˈfɪkʃn]

fictional 형 허구적인, 소설의

반의어
non-fiction 논픽션, 실화

명 소설 | 허구

Harry Potter is perhaps the most influential fiction written by a contemporary author.

〈해리 포터〉는 아마도 현대 작가가 쓴 가장 영향력 있는 소설일 것이다.

Although a novel reflects the period when it is written, it is nothing but a fiction.

비록 소설이 그것이 쓰여진 시대를 반영하긴 하지만, 그것은 허구에 지나지 않는다.

---

012 **
manuscript
[ˈmænjuskrɪpt]

명 원고

The publisher promised to publish the manuscript if the author modified it a little.

만약 작가가 원고를 조금만 수정한다면 출판사는 그의 원고를 출판하겠다고 약속했다.

---

013 **
plot
[plɑːt]

유의어
story line 줄거리, 구상

명 줄거리

The well-organized plot of the book makes readers engross in reading.

그 책의 잘 짜인 줄거리는 독자들을 독서에 몰입하게 한다.

---

014 *
villain
[ˈvɪlən]

명 악당

The main theme of most classic novels is that a hero saves the world by defeating villains.

대부분의 고전 소설의 주제는 영웅이 악당을 물리침으로써 세상을 구한다는 것이다.

---

015 **
narrative
[ˈnærətɪv]

narrate 통 이야기하다
narration 명 내레이션

명 이야기, 묘사 형 이야기체의, 서사의

The narrative of his hometown reminded me of my childhood.

그의 고향에 대한 이야기는 내 어린 시절을 떠오르게 했다.

His narrative talent is so good that I feel as if I were in his novel.

그의 서술적 재능이 매우 뛰어나서 나는 마치 내가 그의 소설 속에 있는 것처럼 느껴진다.

---

016 ***
perspective
[pərˈspektɪv]

유의어
viewpoint 관점, 시각
standpoint 견지, 관점
point of view 관점

명 관점, 시각, 견해 | 전망

Authors tend to project their worldviews and perspective into their works.

작가들은 그들의 작품에 세계관과 관점을 투영하는 경향이 있다.

The experts presented a gloomy perspective on next year's economy.

전문가들은 내년의 경제 상황에 대한 우울한 전망을 내놓았다.

017 ★★★

adaptation

[ˌædæpˈteɪʃn]

adapt 통 적응하다, 각색하다
adaptable 형 적응할 수 있는

명 각색 | 적응

Many adaptations exist on Shakespeare's works but nothing surpasses the original.

Shakespeare의 작품에 대한 많은 각색 작품이 있지만 원작을 능가하는 것은 아무것도 없다.

Most plants and animals have been developed for adaptation to the changing surroundings.

대부분의 동식물들은 변화하는 주변 환경에 적응하기 위해 발달해왔다.

018 ★★

originality

[əˌrɪdʒəˈnæləti]

originate 통 비롯하다, 발명하다
original 형 원래의, 독창적인

명 독창성

The book was criticized for not having something unique, in other words, lacking originality.

그 책은 독특한 것, 즉 독창성이 결여되어 있다는 비판을 받았다.

019 ★★

theme

[θiːm]

명 주제, 테마

Samurai culture of Japan is a theme that frequently appears in Japanese literature.

일본의 사무라이 문화는 일본 문학에서 자주 등장하는 주제이다.

020 ★

hit the shelf

(서점에) 나오다, 출시되다

The author did not expect such huge popularity, but the book sold out as soon as it hit the shelves.

작가는 그렇게 엄청난 인기를 예상치 못했지만, 그 책은 서점에 나오자마자 매진됐다.

021 ★★

tragedy

[ˈtrædʒədi]

tragic 형 비극적인, 비극의

반의어
comedy 희극

명 비극 작품 | 비극적인 사건

Romeo and Juliet is a famous tragedy dealing with an unattainable love.

〈로미오와 줄리엣〉은 이루어질 수 없는 사랑을 다루고 있는 유명한 비극 작품이다.

022 ★★

genre

[ˈʒɑːnrə]

명 장르

Truman Capote's is thought to have pioneered a new genre through his work, *In Cold Blood*.

Truman Capote는 그의 작품 〈인 콜드 블러드〉를 통해 새로운 장르를 개척했다고 여겨진다.

023 ★★★
interpret
[ɪnˈtɜːrprɪt]

interpretation 뗑 해석, 이해
interpreter 뗑 통역관

🔵 (의미를) 해석하다, 이해하다 | 통역하다

With a lot of different perspectives existing, one literary work can be interpreted in various ways.
많은 다른 견해들이 있기 때문에, 하나의 문학 작품은 다양한 방식으로 해석될 수 있다.

He interpreted what the president said to the audience.
그는 대통령이 한 말을 청중들에게 통역했다.

024 ★★
subscribe
[səbˈskraɪb]

🔵 (신문·잡지 등을) 구독하다

I've subscribed to the newspaper for the past few years, but I quit it because the subscription fee has risen.
나는 지난 몇 년간 신문을 구독해 왔는데, 구독료가 오르면서 구독을 중단했다.

025 ★
fable
[ˈfeɪbl]

🟢 우화, 이야기

Most fables try to send some educational messages to children through stories of animals.
대부분의 우화는 동물들의 이야기를 통해 아이들에게 교훈적인 메시지를 전달하고자 한다.

026 ★★★
release
[rɪˈliːs]

🔵 (책·영화·음반 등을) 발매하다, 발표하다 | 풀어 주다, 석방하다

All of the novels released last year are now available at discounted prices.
작년에 발표된 소설들은 모두 할인된 가격에 구입할 수 있다.

After receiving ransom, the kidnapper released the hostage.
몸값을 받은 후에, 유괴범은 인질을 풀어 줬다.

027 ★★
draft
[dræft]

🟢 초안, 원고 🔵 초안을 작성하다

The early drafts of Shakespeare are believed to be worth thousands of dollars.
Shakespeare의 초기 원고는 수천 달러의 가치가 있다고 여겨진다.

What our law firm mainly does is drafting your contracts or wills.
우리 법률 회사가 주로 하는 일은 당신의 계약서나 유언장의 초안을 작성하는 것이다.

**
compose
[kəmˈpoʊz]

동 (음악을) 작곡하다, (글을) 쓰다 | 구성하다, 이루다

He spent his late years composing essays that reminisce about his youth.

그는 그의 젊음을 회고하는 수필을 쓰면서 말년을 보냈다.

The society was composed of people from every walk of life, ranging from servants to aristocracies.

그 사회는 하인들부터 귀족들에 이르기까지 모든 계층의 사람들로 구성되어 있었다.

---

*
wordy
[ˈwɜːrdi]

유의어
lengthy 너무 긴, 장황한

형 장황한

His wordy explanation of the theory made me more confused.

그 이론에 대한 그의 장황한 설명은 나를 더 혼란스럽게 만들었다.

***
fluency
[ˈfluːənsi]

명 (언어의) 유창성

To acquire fluency and accuracy is important when it comes to learning a language.

언어를 배우는 데 있어서 유창성과 정확성을 습득하는 것은 중요하다.

**
conflict
명 [ˈkɑːnflɪkt]
동 [kənˈflɪkt]

명 갈등, 상충 동 상충하다, 충돌하다

Conflict is an essential factor in the literary works in that it makes the works more dramatic.

작품을 더 극적으로 만든다는 점에서 갈등은 문학 작품에서 필수적인 요소이다.

Due to their different cultural backgrounds, they often conflict with each other.

그들의 다른 문화적 배경 때문에, 그들은 종종 서로 충돌한다.

텝스기출표현
resolve conflict 갈등을 해소하다

***
portray
[pɔːrˈtreɪ]

portrait 명 초상화, 묘사

유의어
depict 그리다, 묘사하다
represent 대표하다, 나타내다

동 (그림·글·연기 등으로) 묘사하다, 그리다, 나타내다

In his novel, he portrays romance between a young servant of the Victorian Era and a queen.

그의 소설에서 그는 빅토리아 시대의 젊은 하인과 여왕 사이의 로맨스에 대해 묘사하고 있다.

033 ***

rhyme

[raɪm]

명 운, 각운

What makes poetry interesting is rhyme and rhythm.

시를 흥미롭게 만드는 것은 각운과 운율이다.

---

034 ****

coherent

[koʊˈhɪrənt]

coherence **명** 일관성

coherently **부** 시종일관하여

반의어

incoherent 일관성이 없는, 비논리적인

형 일관성 있는, 논리적인

His writing shows a coherent attitude to a matter.

그의 글은 한 가지 문제에 대한 일관성 있는 태도를 보여 주고 있다.

---

035 *

cohesive

[koʊˈhiːsɪv]

cohesion **명** 응집성

형 (글 등이) 잘 짜여져 있는, 응집력 있는

His work is very cohesive in that the plot of the novel unfolds very logically and smoothly.

그의 작품은 소설의 줄거리가 매우 논리적이고 매끄럽게 전개된다는 점에서 상당히 응집력이 있다.

---

036 ****

dialogue

[ˈdaɪəlɔːg]

명 (소설·연극의) 대화, 대화체

The ancient Greek philosophers like Plato tried to reveal their theories and ideas by writing dialogue.

Plato와 같은 고대 그리스 철학자들은 그들의 이론과 사상을 대화체를 사용해 드러내고자 했다.

---

037 *

titan

[ˈtaɪtn]

명 거인, 거장

Considering his many famous works, there's no doubt that Leo Tolstoy is a titan in Russian literature.

그의 많은 유명한 작품을 고려해 봤을 때, Leo Tolstoy가 러시아 문학의 거장이라는 것은 의심할 여지가 없다.

---

038 ****

unfold

[ʌnˈfoʊld]

동 펴다, 펼치다

As I was so curious about what story would unfold next, I couldn't take my eyes off the book.

다음에 어떤 이야기가 펼쳐질지 너무 궁금해서 나는 책에서 눈을 뗄 수가 없었다.

---

039 *****

inspiration

[ˌɪnspəˈreɪʃn]

inspire **동** 고무하다, 영감을 주다

inspirational **형** 영감을 주는

명 영감 | 영감을 주는 사람[물건]

Once he got inspiration, he began to write novels.

영감을 받자마자, 그는 소설을 쓰기 시작했다.

His lover was an inspiration to his new book.

그의 애인이 그의 새로운 책에 영감을 준 사람이었다.

040 □□□	★★ **stand for**	상징하다 | 지지하다, 옹호하다 I failed to understand why doves stand for peace. 나는 왜 비둘기들이 평화를 상징하는지 이해할 수 없다 The scholars stand for the idea that studying literature cultivate youths' strong moral character. 학자들은 문학을 공부하는 것이 젊은이들의 도덕성을 길러 준다는 의견을 옹호한다.
041 □□□	★★★ **depict** [dɪˈpɪkt] depiction 명 묘사, 서술	통 그리다, 묘사하다 Known as a pioneer of Romanticism, William Wordsworth depicted nature in a lyrical way. 낭만주의의 선구자로 알려진 William Wordsworth는 자연을 서정적인 방식으로 묘사했다.
042 □□□	★★ **embody** [ɪmˈbɑːdi] embodiment 명 전형, 화신	통 구체화하다, 구현하다 | 포함하다, 수록하다 Many works from the Middle Ages were created to embody religious beliefs and convey spiritual messages. 중세 시대의 많은 작품들은 종교적 믿음을 구체화하고 신의 메시지를 전달하기 위해 만들어졌다. The book embodies the history of literature chronically. 이 책은 문학의 역사를 연대순으로 수록하고 있다.
043 □□□	★★ **bilingual** [ˌbaɪˈlɪŋgwəl] bilingualism 명 2개 국어 사용	형 2개 국어를 할 줄 아는[사용하는] Most Canadians are bilingual as both English and French are usually used in their everyday lives. 대부분의 캐나다인들은 영어와 프랑스어 모두 일상에서 자주 사용되기 때문에 2개 국어를 할 수 있다. **텝스기출표현** bilingual education 2개 언어 병용 교육
044 □□□	★★ **cynical** [ˈsɪnɪkl]	형 냉소적인 Despite its cynical reviews from critics, the book became a bestseller at a heat. 비평가들의 냉소적인 반응에도 불구하고, 그 책은 단번에 베스트셀러가 되었다.
045 □□□	★★★ **insight** [ˈɪnsaɪt]	명 통찰력 Through his vivid description of the war, the author shows keen insight into human's aggressive nature. 전쟁에 대한 생생한 묘사를 통해, 작가는 인간의 공격적인 본성에 대한 예리한 통찰력을 보여 준다.

hardcover

[ˈhɑːrdˌkʌvər]

반의어
paperback 문고판, 종이 표지 책

명 양장본의, 딱딱한 표지로 제본된 **명** 양장본, 딱딱한 표지로 된 책

As a huge fan of the author, Jenny has collected not only hardcover but also paperback editions of all of his books.
그 작가의 열렬한 팬으로서, Jenny는 그의 모든 책을 양장본판뿐만 아니라 문고판도 수집해 왔다.

As hardcovers are more expensive and heavier, I prefer to buy paperbacks.
양장본이 더 비싸고 무겁기 때문에 나는 종이 표지로 된 책을 사는 걸 선호한다.

** translate

[trænsˈleɪt]

translation **명** 번역, 변형, 해석

동 번역하다, 통역하다 | 해석하다, 이해하다

His work was translated into various languages and sold all around the world.
그의 작품은 다양한 언어로 번역되어 전 세계에 팔렸다.

I translated his nodding as an acceptance.
나는 그의 끄덕거림을 수락의 뜻으로 해석했다.

> **텝스기출표현**
> translate A into B A를 B로 번역하다[바꾸다]

** prolific

[prəˈlɪfɪk]

형 다작하는, 다작의 | 다산하는, 다산의

Critics often look down on prolific writers because they believe their works were created without any deliberation.
비평가들은 종종 다작하는 작가들을 무시하는데, 그들의 작품이 깊은 생각 없이 만들어졌을 거라 여기기 때문이다.

Rabbits are very prolific animals that breed from five to eight offspring at a time.
토끼는 한 번에 다섯 마리에서 여덟 마리의 새끼를 낳는 매우 번식력이 강한 동물이다.

---

* prose

[proʊz]

반의어
verse 운문(체)

명 산문(체)

From diaries and letters in our daily lives to professional novels, the prose is the most basic form in literature.
우리의 일상생활에서의 일기, 편지부터 전문적인 소설에 이르기까지, 산문은 문학에서 가장 기본적인 형태이다.

050 □□□

literate
['lɪtərət]

반의어
illiterate 글을 (읽거나 쓸 줄) 모르는, 문맹의

명 글을 읽고 쓸 줄 아는 | (특정 분야에 대해) 박식한, 지식이 있는 **명** 글을 읽고 쓸 줄 아는 사람

Since Hangul is easy to read and write, the majority of Koreans are literate.

한글은 읽고 쓰기가 쉽기 때문에, 대다수의 한국인들은 글을 읽고 쓸 줄 안다.

In the past, not many women were literates since they had little chance to get a proper education.

과거에는 적절한 교육을 받을 기회가 거의 없었기 때문에 많은 여성들이 글을 읽고 쓸 수 없었다.

---

051 □□□

novella
[nəˈvelə]

명 중편 소설

The Old Man and The Sea is a well-known novella written by Hemingway.

〈노인과 바다〉는 헤밍웨이에 의해 쓰여진 유명한 중편 소설이다.

---

052 □□□

posthumously
[ˈpɑːstʃəməsli]

부 사후에, 사후에 출판되어

Northanger Abbey by Jane Austen was published posthumously although it was completed far before her death.

Jane Austen의 〈노생거 사원〉은 그녀가 죽기 훨씬 전에 완성됐지만 사후에 출판되었다.

---

053 □□□

anthology
[ænˈθɑːlədʒi]

명 문집, 작품집

A 10-volume anthology, containing more than 3,000 poems from the Romantic period, was compiled by scholars.

낭만주의 시대의 3천여 편 이상의 시가 수록된 10권 분량의 작품집이 학자들에 의해 편찬되었다.

---

054 □□□

coin
[kɔɪn]

coinage **명** 신조어

동 새로운 낱말을 만들다 **명** 동전, 주화

As language is fluid and changeable, many new words are coined and disappeared.

언어는 유동적이고 변하기 쉽기 때문에, 많은 새로운 단어들이 만들어지고 사라진다.

Whenever I travel abroad, I collect coins of the countries.

나는 해외여행을 할 때마다, 그 나라의 동전들을 수집한다.

---

055 □□□

dialect
[ˈdaɪəlekt]

명 방언, 사투리

Writers use dialect intentionally in order to give their works a sense of realism.

작가들은 그들의 작품에 현실성을 부여하기 위해 의도적으로 방언을 사용한다.

056 ★★
satire
[ˈsætaɪər]

satirical 휑 풍자적인, 비꼬는

휑 풍자

The author craftily employs satire to criticize the foolishness of the president.

그 작가는 대통령의 어리석음을 비판하기 위해 교묘하게 풍자를 이용하고 있다.

---

057 ★★
epic
[ˈepɪk]

휑 서사시, 장편시

Iliad and *Odyssey* were representative Greek epics that depicted the Trojan War.

〈일리아드〉와 〈오디세이〉는 트로이 전쟁을 묘사하고 있는 그리스의 대표적인 서사시였다.

---

058 ★★
legible
[ˈledʒəbl]

휑 읽을 수 있는, 알아볼 수 있는

The ancient manuscript was so old and damaged that the letters were hardly legible.

이 고대 원고는 너무 오래되고 손상돼서 글씨를 거의 알아볼 수가 없었다.

---

059 ★★
articulate
휑 [ɑːrˈtɪkjələt]
통 [ɑːrˈtɪkjuleɪt]

articulation 휑 (말로 하는) 표현
articulately 튀 또렷이

휑 또렷한, 분명한 통 또렷하게 말하다, 분명하게 표현하다

Her articulate pronunciation makes people pay attention to her speech.

그녀의 또렷한 발음은 사람들로 하여금 그녀의 말에 주의를 기울이게 한다.

You must articulate your opinion when you make a speech.

연설을 할 때는 너의 의견을 분명하게 표현해야 한다.

---

060 ★★
rhetoric
[ˈretərɪk]

휑 미사여구 | 웅변술

I have no doubt that this book will not be popular given its nonsense rhetoric.

이 책의 말도 안 되는 미사여구로 판단해 봤을 때 이 책이 인기가 없을 거라는 건 너무 당연하다.

In ancient Greece, rhetoric was highly emphasized for students to cultivate their academic abilities.

고대 그리스에서 학생들의 학습 능력을 함양하기 위해 수사학은 매우 강조되었다.

---

061 ★★
compile
[kəmˈpaɪl]

compilation 휑 편집, 편찬

통 (자료 등을 모아서) 편집하다, 엮다, 편찬하다

The government plans to compile a new history textbook, revising some wrong historical facts.

정부는 일부 잘못된 역사적 사실을 수정하면서 새로운 역사 교과서를 편찬할 계획이다.

062 ✷✷

preface
[ˈprefəs]

명 서문, 머리말

In the preface, the author says why and how he wrote this novel.

서문에서 작가는 이 소설을 쓴 이유와 방법에 대해 말하고 있다.

---

063 ✷

abbreviate
[əˈbriːvieɪt]

abbreviation **명** 축약형, 축약

동 (단어·글 등의 길이를) 줄여 쓰다

Many teenagers nowadays tend to abbreviate words to send text messages easier and faster.

오늘날 많은 십 대들은 문자 메시지를 더 쉽고 빠르게 보내기 위해서 단어들을 축약하는 경향이 있다.

---

064 ✷

prosaic
[prəˈzeɪɪk]

형 평범한, 상상력 없는, 단조로운

It is a prosaic ending that good people are blessed and bad people are punished.

착한 사람은 복을 받고 나쁜 사람은 벌을 받는다는 것은 너무 뻔한 결말이다.

---

065 ✷

patron
[ˈpeɪtrən]

patronize **동** 후원하다
patronage **명** 후원

명 후원자

In the early modern period, most British writers relied on support from wealthy patrons.

초기 근대 시대 때 대부분의 영국 작가들은 부유한 후원자들의 지지에 의존했다.

---

066 ✷✷

uplifting
[ˌʌpˈlɪftɪŋ]

형 희망을 주는

By illustrating the hero's overcoming his difficulties, the book delivers uplifting messages to youths.

주인공이 어려움을 극복하는 과정을 묘사함으로써, 이 책은 젊은이들에게 희망적인 메시지를 전달하고 있다.

---

067 ✷

metaphor
[ˈmetəfər]

명 은유, 비유

In his poetry, spring is a metaphor for hope.

그의 시에서 봄은 희망에 대한 은유이다.

---

068 ✷✷

misnomer
[ˌmɪsˈnoʊmər]

명 잘못된 명칭, 부적절한 명칭

The name 'Grand Park' itself is a complete misnomer, considering its small size.

Grand Park의 작은 규모를 고려해 봤을 때, 그것의 명칭 자체가 완전히 잘못됐다.

---

069 ✷

anonymous
[əˈnɑːnɪməs]

형 익명의, (글 등이) 익명으로 된

Most folktales passed down from generation to generation orally, so the author is anonymous.

대부분의 민간설화는 구두로 전해 내려오기 때문에 작가는 알 수가 없다.

**

cliché

[kliːˈʃeɪ]

📄 상투적인 문구, 진부한 표현

Even without any clichés, every word in this poem is exquisite and beautiful.

어떠한 상투적 문구도 없이 이 시의 모든 단어들이 절묘하고 아름답다.

---

*

abridge

[əˈbrɪdʒ]

📄 (책·희곡 등을) 요약하다, 줄이다

The novel was abridged for teenagers to understand it easier.

그 소설은 청소년들이 더 쉽게 이해할 수 있도록 요약됐다.

***

protagonist

[prəˈtægənɪst]

📄 주인공 | 주창자

While reading stories of the protagonist's overcoming adversities, readers feel pleasure and satisfaction.

주인공이 역경을 극복하는 이야기를 읽으면서 독자들은 즐거움과 만족감을 느낀다.

---

*

scribble

[ˈskrɪbl]

📄 갈겨쓰다, 휘갈기다

The author scribbled his idea on paper before writing.

작가는 글을 쓰기 전에 그의 생각을 종이 위에 휘갈겨 썼다.

**

plausible

[ˈplɔːzəbl]

반의어
implausible 믿기 어려운, 타당해 보이지 않는

📄 그럴듯한, 타당한 것 같은

No matter how plausible the story is, it is nothing but a fiction created by the author.

이 이야기가 아무리 그럴듯해 보여도, 그것은 작가에 의해 만들어진 허구일 뿐이다.

> **텝스 기출 표현**
>
> plausible theory 그럴듯해 보이는 이론
> plausible idea 그럴듯해 보이는 생각

**

eloquent

[ˈeləkwənt]

📄 웅변을 잘하는, 유창한, 호소력 있는

Many people were touched by Martin Luther King's eloquent speech on racism.

많은 사람들이 인종 차별에 대한 Martin Luther King의 호소력 있는 연설에 감명받았다.

> **텝스 기출 표현**
>
> eloquent speech 유창한 연설

**

recount
[rɪˈkaʊnt]

☑ 이야기하다, (겪은 일에 대해) 말하다

In his book, he recounted his experiences that he had had in the war.

그의 책에서 그는 전쟁 중 자신이 경험했던 일들을 이야기하고 있다.

---

*

thesaurus
[θɪˈsɔːrəs]

☑ 유의어 사전

Try not to write the same words repeatedly in one sentence by using thesaurus actively.

유의어 사전을 적극적으로 활용해서 같은 단어가 한 문장에 반복적으로 쓰이지 않게 하세요.

---

*

anecdote
[ˈænɪkdoʊt]

☑ 일화, 개인적 견해

The book, which tells her humorous anecdote, was a huge hit by giving many readers laughter and gaiety.

그녀의 웃긴 일화를 이야기하고 있는 그 책은 많은 독자들에게 웃음과 즐거움을 선사하면서 큰 성공을 거두었다.

▶혼동하지 말자!
antidote 해독제

---

*

idyllic
[aɪˈdɪlɪk]

유의어
pastoral 전원의, 목가적인, 목회자의

☑ 전원의, 목가적인

In the 18th century, the main theme that British poets dealt with was the peaceful idyllic life in the countryside.

18세기에 영국 시인들이 다뤘던 주제는 시골에서의 평화로운 전원 생활이었다.

**

archetype
[ˈɑːkitaɪp]

☑ 전형

In literature, many writers employ archetypes, such as heroes and sages, to express moral lessons.

문학에서 많은 작가들은 도덕적 교훈을 나타내기 위해 영웅이나 현자와 같은 전형들을 사용한다.

**

allude
[əˈlud]

allusive ☑ 암시적인

☑ 암시하다, 넌지시 말하다

The gloomy weather alludes to the affliction that the protagonist will suffer.

음울한 날씨가 주인공이 겪을 고난을 암시하고 있다.

---

*

memoir
[ˈmemwɑːr]

☑ 회고록, 전기

The former president's memoir was sold more than a million copies.

전 대통령의 회고록은 백만 부 이상 팔렸다.

083 □□□

*
quirky
[ˈkwɜːrki]

quirk 명 별난 점, 기이한 일

형 기이한, 별난, 괴짜의 | 변덕스러운

Criticized for being quirky when his book was first published, but it is regarded as unique nowadays.

그의 책이 처음 출판되었을 때 별나다는 비난을 받았으나, 오늘날에는 개성 있다고 여겨진다.

The main character in his book is quirky and selfish.

그의 책 속 주인공은 변덕스럽고 이기적이다.

---

084 □□□

*
jargon
[ˈdʒɑːrgən]

명 특수 용어, 전문 용어

The book is popular because it explains physics easily without using difficult jargon.

이 책은 어려운 전문 용어의 사용 없이 물리학을 쉽게 설명하기 때문에 인기가 있다.

---

085 □□□

**
obfuscate
[ˈɑːbfʌskeɪt]

동 애매하게 하다, 흐리게 하다

Too wordy sentences and confused words may obfuscate the main idea.

지나치게 장황한 문장과 어려운 단어들은 주제를 흐릴 수 있다.

---

086 □□□

*
connotation
[ˌkɑːnəˈteɪʃn]

명 함축, 함축적 의미

In his novel, a pig has negative connotations of greedy and wicked people.

그의 소설에서 돼지는 욕심 많고 사악한 사람들에 대한 부정적인 의미를 함축하고 있다.

---

087 □□□

*
scathing
[ˈskeɪðɪŋ]

유의어
keen 예리한, 날카로운
trenchant 정곡을 찌르는, 날카로운, 예리한

형 신랄한, 통렬한

The critics expressed a scathing opinion on his new novel.

비평가들은 그의 신작 소설에 대해 통렬한 의견을 나타냈다.

---

088 □□□

**
ruminate
[ˈruːmɪneɪt]

유의어
ponder 심사숙고하다

동 심사숙고하다, 깊이 생각하다

Having ruminated on the theory for years, the philosopher started to write about his thought.

수년간 그 이론에 대해 숙고한 후에, 철학자는 자신의 생각을 쓰기 시작했다.

텝스 기출 표현
ruminate on ~에 대해 심사숙고하다(= ruminate over)

089 □□□

☆

fathom

[ˈfæðəm]

유의어

understand 이해하다

동 (의미 등을) 헤아리다, 통찰하다

The poem was so abstract that I couldn't fathom what the poet wanted to express

그 시는 너무 추상적이어서 시인이 표현하고 싶은 것이 무엇인지 헤아릴 수 없었다.

---

090 □□□

☆☆

colloquial

[kəˈloʊkwiəl]

형 구어의, 일상 회화의

By using colloquial expressions in real life, the author tried to give realism to his works.

실제 생활에서 사용되는 구어적 표현을 사용함으로써, 작가는 자신의 작품에 사실성을 부여하려고 했다.

---

091 □□□

☆

vicarious

[vaɪˈkeriəs]

형 (느낌·경험 따위가) 간접적인, 대리의

People tend to get vicarious satisfaction through the success of character in novels.

사람들은 소설 속 등장인물의 성공을 통해 대리 만족을 느끼는 경향이 있다.

텝스 기출 표현

vicarious satisfaction 대리 만족

---

092 □□□

☆☆

succinct

[səkˈsɪŋkt]

succinctly **부** 간결하게, 간단명료하게

형 간결한, 간단명료한

She described the corruption of the government with easy and succinct sentences.

그녀는 쉽고 간결한 문장으로 정부의 부패를 서술했다.

---

093 □□□

☆

choppy

[ˈtʃɑːpi]

형 (문체가) 고르지 못한, 일관되지 않은

Considering his choppy literary style, I can't understand why his book is so popular.

그의 일관성 없는 문체를 고려해 볼 때, 그의 책이 왜 인기가 있는지 이해가 되지 않는다.

---

094 □□□

☆☆

pseudonym

[ˈsuːdənɪm]

형 가명, 필명

J.K. Rowling used a pseudonym, hoping that her new novel would be judged by itself, not by her popularity.

J.K. Rowling은 그녀의 새 소설이 그녀의 인기에 의해서가 아니라 소설 그 자체로 평가되기를 바라면서 필명을 썼다.

---

095 □□□

☆

cut to the chase

바로 본론으로 들어가다

Without any lengthy explanation of characters, her novel cuts to the chase.

등장인물에 대한 장황한 설명 없이, 그녀의 소설은 바로 본론으로 들어간다.

096 ☐☐☐

✱

soliloquy

[səˈlɪləkwi]

유의어
monologue 독백

명 독백

The protagonist's real inner feelings are revealed throughout his soliloquy.

주인공의 진정한 내적 감정이 그의 독백을 통해 드러난다.

---

097 ☐☐☐

✱✱✱

decipher

[dɪˈsaɪfər]

decipherment **명** 판독, 해독

동 판독하다, 해독하다

The hieroglyphics, which had long been mysteries, have been deciphered.

오랫동안 의문에 싸여 있던 상형문자가 마침내 해독됐다.

> **텝스기출표현**
> decipher coded massages 암호를 해독하다

---

098 ☐☐☐

✱✱

antagonist

[ænˈtæɡənɪst]

antagonistic **명** 적대적인

유의어
opponent 적대자

명 적대자

By putting the protagonist in a difficult situation, the antagonist makes the play even more dramatic.

주인공을 어려운 상황에 처하게 함으로써, 적대자는 극을 더욱 극적으로 만든다.

---

099 ☐☐☐

✱

hackneyed

[ˈhæknɪd]

형 진부한

A hackneyed storyline and familiar characters make readers avoid reading the book.

진부한 줄거리와 친숙한 등장인물들은 독자들이 그 책을 읽는 것을 꺼리게 만들었다.

---

100 ☐☐☐

✱

effusive

[ɪˈfjuːsɪv]

형 (감정이) 넘쳐흐르는, 과장된

Critics made effusive comments on her new novel, pointing out it revealed her political ambition.

비평가들은 그녀의 새 소설이 그녀의 정치적 야망을 드러내고 있는 것을 지적하면서, 소설에 대한 과장된 논평을 했다.

문맥에 맞는 단어를 보기에서 골라 빈칸에 넣으세요.

PART 1

ⓐ interpret	ⓑ plausible	ⓒ compiled	ⓓ coherent	ⓔ novella
ⓕ perspective	ⓖ preface	ⓗ revisions	ⓘ compose	ⓙ coined

1. The critics criticized her works reveal too biased _____ on racism.

2. Sometimes it is hard to understand newly _____ words.

3. It is such a beautifully written _____ that I read it over and over again.

4. Once the writer starts to _____, he barely eats or sleeps.

5. The man _____ stories that share the knowledge and wisdom of old people into a book.

6. If you want to write a logical essay, it must be _____ from beginning to end.

7. So obscure was the poem that I couldn't _____ the hidden meaning in it.

8. The more _____ you make on your writing, the better results you can get.

9. A _____ generally covers the main theme and idea of the book.

10. Although novels are fiction, they look _____ as they mostly reflect reality.

UNIT 01
UNIT 02
UNIT 03
UNIT 04
UNIT 05
UNIT 06
UNIT 07
UNIT 08
UNIT 09
UNIT 10
UNIT 11
UNIT 12
UNIT 13
UNIT 14
UNIT 15
UNIT 16
UNIT 17
UNIT 18
UNIT 19
UNIT 20
UNIT 21
UNIT 22
UNIT 23
UNIT 24
UNIT 25
UNIT 26
UNIT 27
UNIT 28
UNIT 29
UNIT 30

>> Check-Up Questions

문맥에 맞는 단어를 보기에서 골라 빈칸에 넣으세요.

PART 2

ⓐ pseudonyms	ⓑ cliché	ⓒ connotation	ⓓ colloquial	ⓔ succinct
ⓕ abbreviate	ⓖ protagonist	ⓗ decipher	ⓘ prolific	ⓙ uplifting

11. He is a _____ author who has written almost 500 poems.

12. In the past, many woman writers used _____, concealing their real names.

13. In his poem, a red rose has a _____ of passionate love.

14. The main _____ in his novel is a brave young hero who eventually saves the world from the evil.

15. If you write too much _____ in your essay, you won't get a good mark on it.

16. The author tried to depict characters in his novel vividly by using many _____ expressions.

17. Many people _____ the phrase 'As Soon As Possible' as 'ASAP' for their convenience.

18. He tried to _____ the words inscribed on the old vase but failed.

19. The novel tries to give a lesson using _____ and specific sentences.

20. Published in 1908, *Anne of Green Gables* has been loved by many readers with its _____ stories.

answers
11 ⓘ 12 ⓐ 13 ⓒ 14 ⓖ 15 ⓑ 16 ⓓ 17 ⓕ 18 ⓗ 19 ⓔ 20 ⓙ

뉴텝스 어휘

UNIT
19

예술

예술

UNIT 19 ≫

001
☐☐☐

**
contemporary
[kənˈtempəreri]

형 동시대의 | 현대의 **명** 동년배, 같은 시대 사람
There are similarities shared in contemporary literature.
동시대 문학에는 공유된 유사점들이 있다.

He was a contemporary with Shakespeare.
그는 셰익스피어와 동시대 사람이었다.

002
☐☐☐

*
carve
[kɑːrv]

유의어
incise 새기다
engrave 새기다

동 조각하다, 새기다
The tree trunk was carved with the mythical figures.
나무 기둥에는 신화적 인물들이 새겨져 있다.

003
☐☐☐

**
accomplish
[əˈkɑːmplɪʃ]

accomplished **형** 성취된, 완성의, 노련한

동 완수하다, 해내다
The artist accomplished many artworks in a short time.
예술가는 단기간에 많은 예술 작품을 만들어 냈다.

004
☐☐☐

*
notorious
[noʊˈtɔːriəs]

유의어
infamous 악명 높은

형 악명 높은
The artist is a notorious double-faced person.
예술가는 악명 높은 이중인격자이다.

005
☐☐☐

*
sculpt
[skʌlpt]

sculpture **명** 조각상, 조각품, 조소

유의어
carve 조각하다

동 새기다, 조각하다
The exhibit shows a variety of animals sculpted onto a tree trunk.
전시회는 나무 몸통에 새겨진 다양한 동물들을 보여 준다.

006
☐☐☐

**
impression
[ɪmˈpreʃn]

impress **동** 깊은 인상을 주다, 감명을 주다
impressive **형** 인상적인, 인상 깊은

명 인상, 느낌 | 감명
Can you give me your impression after you appreciate the exhibition?
전시회를 감상하고 난 뒤의 느낌을 말씀해 주시겠어요?

007
★★★
represent
[ˌreprɪˈzent]

representation 명 표현, 묘사, 대표(단)
representative 명 대표, 대리인
형 대표하는

동 대표하다 | 나타내다, 표현하다

These paintings represent the best works of European art from the 19th century.
이 그림들은 19세기 유럽 미술의 최고 작품들을 대표한다.

This biography represents a chronicle of his life.
이 전기는 그의 일대기를 보여 준다.

008
★★★
refer to

유의어
remark 말하다, 언급하다
mention 말하다, 언급하다

~을 말하다[언급하다, 나타내다], ~라고 지칭하다

Bach is referred to as a virtuoso of music.
Bach는 음악의 아버지라고 일컬어진다.

009
★
exceptional
[ɪkˈsepʃənl]

유의어
outstanding 뛰어난
remarkable 놀랄 만한, 주목할 만한

형 뛰어난, 특출난

The lead actor's acting was exceptional.
주연 배우의 연기는 훌륭했다.

010
★
apt
[æpt]

유의어
proper 적절한
appropriate 적절한
apposite 아주 적절한

형 적절한, 적당한 | 잘하는, 재주 있는

Her bold strokes to the painting was absolutely apt.
그 그림에 그녀의 대담한 붓칠은 매우 적절했다.

He is apt at inventing new things.
그는 새로운 것을 발명하는 데 재주가 있다.

011
★★
depict
[dɪˈpɪkt]

유의어
render 묘사하다, 표현하다
hail 묘사하다, 일컫다

동 그리다, 묘사하다, 표현하다

Most of her novels' protagonists are depicted as heroes who are omnipotent.
그녀의 소설 속 대부분의 주인공들은 전지전능한 영웅으로 묘사되어 있다.

012
★
lifelike
[ˈlaɪflaɪk]

유의어
realistic 현실적인

형 실물과 같은, 실제와 같은

The painting depicts lifelike animals.
그림은 동물들을 실물과 똑같이 표현하고 있다.

013

★★★
perspective
[pər'spektɪv]

유의어

opinion 의견
view 관점
comment 논평, 언급

명 관점 | 전망 | 원근법

Their contrasting perspectives over the work led to a stifle between them.

그 작품에 관한 상반된 의견은 그들 사이의 분쟁을 초래했다.

The perspective of the newly sanitized version of the movie seems bright.

영화에서 불쾌한 부분을 걷어낸 개정판의 관점은 밝아 보인다.

014

★★
fashion
['fæʃn]

유의어

make 만들다, 제조하다
coin 주조하다
mint 주조하다, 만들어 내다

동 만들다, 주조하다 명 유행, 패션, ~풍[류]

The new term was fashioned by the art historians.

그 신조어는 예술 역사학자들에 의해 만들어졌다.

The most popular song of the band is out of fashion.

그 밴드의 가장 인기 있는 노래는 유행이 지났다.

015

★★
adroit
[ə'drɔɪt]

유의어

seasoned 경험 많은, 노련한, 능숙한
skilled 숙련된, 노련한

형 노련한, 능숙한

She became adroit at drawing portraits.

그녀는 초상화를 그리는 데 능숙해졌다.

016

★★
embrace
[ɪm'breɪs]

embracement 명 포옹, 수락, 용인

유의어

accept 받아들이다

동 껴안다, 포옹하다 | 수용하다, 받아들이다

He painted a couple embracing each other warmly.

그는 서로를 따뜻이 껴안고 있는 한 커플을 그렸다.

They refused to embrace the culture at first.

처음에 그들은 그 문화를 받아들이기를 거부했다.

017

★★★
accompany
[ə'kʌmpəni]

accompaniment 명 반주, 반찬, 부속물

동 동반하다 | 반주하다

Children under the age of 6 can enter the art fair if accompanied by an adult.

6세 이하의 어린이들은 어른과 함께 동반할 경우 아트 페어에 입장 가능하다.

She started accompanying the song on the piano.

그녀는 피아노로 노래의 반주를 하기 시작했다.

▶혼동하지 말자!
accommodate 공간을 제공하다, 수용하다

★
preference
[ˈprefrəns]

명 선호, 선호도

She has a preference for classical music.

그녀는 고전 음악을 선호한다.

★
patron
[ˈpeɪtrən]

유의어
customer 고객, 손님
client 의뢰인, 고객

명 후원자 | 고객, 단골손님

She's one of many patrons who contribute money to the art museum.

그녀는 미술관에 기부하는 많은 후원자들 중 한 명이다.

She is a patron of our art fairs who is frequented.

그녀는 우리 아트 페어를 자주 방문하는 단골손님이다.

★★
display
[dɪˈspleɪ]

유의어
exhibit 전시하다
showcase 전시하다, 진열하다

동 전시하다, 보여 주다

The exhibition displays the works from the Renaissance onward.

전시회는 르네상스 이후의 작품들을 보여 준다.

텝스 기출 표현
on display 전시 중인(= on show)

★★★
applaud
[əˈplɔːd]

동 박수 갈채를 보내다

Her latest artwork was applauded by the critics.

비평가들은 그녀의 최신 예술품에 박수 갈채를 보냈다.

★
intermission
[ˌɪntərˈmɪʃn]

intermit **동** 중단하다

유의어
suspension 보류, 유예

명 (연극·영화 등의) 휴식 시간 | 중지

The lights were dimmed to signify that the play would start soon after the intermission.

휴식 시간 이후, 연극이 곧 시작된다는 것을 알리기 위해 조명이 점차 흐려졌다.

★
acting
[ˈæktɪŋ]

act **동** 행동하다, 연기하다
action **명** 행동

명 연기

His acting in the new version of the movie was horrid.

영화의 새 버전에서의 그의 연기는 끔찍했다.

024 ☐☐☐

✱
performance
[pərˈfɔːrməns]

perform 통 수행하다, 공연하다, 연기하다, 연주하다
performer 명 연주자

명 공연, 연기, 상연 I 실적, 성과

The performance was a great success.
그 공연은 성공적이었다.

The quarterly reports showed how the performance of the team has improved for the past three months.
분기별 보고서는 지난 3개월간 그 팀의 성과가 얼마나 향상되었는지를 보여 주었다.

---

025 ☐☐☐

✱✱
adorn
[əˈdɔːrn]

유의어
embellish 장식하다, 꾸미다
spruce up 단장하다

통 꾸미다, 장식하다

The wall is adorned with oil paintings.
벽은 유화로 꾸며져 있다.

---

026 ☐☐☐

✱
volume
[ˈvɑːljuːm]

유의어
amount 양, 액수
mass 양, 덩어리
bulk 크기, 양, 부피

명 양, 생산량 I 책 I 크기, 부피

What is the volume of the last week's production for this album?
지난주 이 앨범의 생산량은 얼마나 될까요?

I'd carry a pocket-sized volume of a novel when traveling.
나는 여행할 때 포켓 사이즈의 소설책 한 권을 가지고 다닌다.

---

027 ☐☐☐

✱
lavish
[ˈlævɪʃ]

유의어
luxurious 호화로운
extravagant 사치스러운

형 호화로운

He staged the most lavish productions among his works.
그는 그의 작품들 중에서 가장 성대한 작품들만을 무대에 올렸다.

---

028 ☐☐☐

✱✱
compose
[kəmˈpoʊz]

composition 명 구성 요소, 구성
composer 명 작곡가
composure 명 침착, 평정, 침착성

통 구성하다 I 작곡하다

The melody alone suffices to compose the song.
선율 그 자체만으로도 곡이 구성되기에 충분하다.

In his later years, he composed most of his works.
그는 말년에 대부분의 곡들을 작곡했다.

---

029 ☐☐☐

✱✱
comprise
[kəmˈpraɪz]

유의어
compose 구성하다
consist of 구성하다

통 구성하다, 구성되다

The ritual ceremony of the tribe comprises the communal dance.
그 부족의 제례 의식은 군무를 포함하고 있다.

030 ★★★

realize

[ˈriːəlaɪz]

realization 명 깨달음, 인식, 자각
reality 명 현실
realism 명 사실주의, 현실주의

동 깨닫다, 알아차리다 | 실현하다

Few people realize how capable they are.
그들이 얼마나 유능한지 깨닫는 사람들은 거의 없다.

To realize your dream, you must follow the guideline that I've set for you.
너의 꿈을 실현시키기 위해선, 너는 내가 정한 가이드라인을 따라야만 한다.

---

031 ★★★

capture

[ˈkæptʃər]

capturer 명 체포하는 사람

유의어
seize 붙잡다, 장악하다, 점령하다
catch 잡다, 붙잡다

동 붙잡다, 체포하다 | 포착하다, 포획하다 | 함락시키다 명 포로

Her photo exhibition lays bare that many African slaves were captured.
그녀의 사진 전시회는 많은 흑인 노예들이 포로로 잡혀 간 사실을 적나라하게 보여 준다.

He revisited his hometown to capture the atmosphere in his childhood.
그는 어린 시절의 분위기를 느끼기 위해 고향을 다시 방문했다.

---

032 ★

craft

[kræft]

craftman 명 기능공
craftsman 명 공예가
craftsmanship 명 손재주, 솜씨
crafts 명 공예
craftwork 명 공예품

명 (수)공예 | 기술, 솜씨 | 술책 동 공예품을 만들다

We specialize in making traditional crafts such as lantern-making.
우리는 전등 만들기와 같은 전통 수공예품 만드는 것을 전문으로 한다.

The artist's craft to make the painting remarkable has been successful.
그림을 돋보이도록 만들려는 화가의 기교는 성공적이었다.

---

033 ★★★

devote

[dɪˈvoʊt]

유의어
dedicate 바치다, 전념하다, 헌신하다
commit 저지르다, 전념하다, 헌신하다

동 헌신하다, 바치다

The artist devoted his whole life to producing masterpieces.
그 예술가는 일생을 걸작을 만드는 데 바쳤다.

텝스 기출 표현
devote oneself to -ing ~하는 데 헌신하다
(= dedicate oneself to -ing, commit oneself to -ing)

**
contrast
[kənˈtræst]
[ˈkɑːntræst]

유의어
compare 비교하다

통 대조하다, 대비를 이루다 명 대조, 대비

Her artistic style starkly contrasts with her rival's.
그녀의 예술 양식은 라이벌의 것과는 엄연히 다르다.

Considering that the development is fast-paced, the recent novel was a stark contrast to her previous writing style.
전개가 빠르게 흘러간다는 점을 고려했을 때, 신작 소설은 그녀의 이전 문체와는 완벽히 대조되는 것이었다.

텝스기출표현
in contrast to ~에 반해, ~에 반대되는

***
authentic
[ɔːˈθentɪk]

반의어
synthetic 합성의, 인조의

형 진짜의, 진품의

I'd hope this painting would be authentic, but I found out it was a knock-off.
나는 이 그림이 진품이길 바랐지만, 결국 위조품이란 걸 알게 됐다.

---

*
aesthetic
[esˈθetɪk]

aesthetics 명 미학(단수 취급)

형 심미적인, 미의, 미학의

Folk art is pragmatic rather than purely aesthetic.
민속 예술은 심미적이라기보다는 실용적이다.

***
original
[əˈrɪdʒənl]

originate 통 ~에서 비롯되다[유래하다]
origin 명 기원, 출처, 태생

형 원래의, 본래의 | 독창적인

The original version of the play is much better in every aspect.
그 연극의 원본이 여러 면에서 훨씬 낫다.

We'll be hiring applicants whose views are original.
우리는 독창적인 관점을 가진 지원자들을 채용할 것이다.

---

*
artifact
[ˈɑːrtəfækt]

유의어
relic 유물, 유적
antiquity 유물, 고대

명 유물 | 공예품, 가공품, 인공물

During excavation, some artifacts were found, which made archaeologists startled.
발굴하는 동안, 고고학자들을 놀라게 할 만한 유물들이 발견되었다.

If exposed to exterior stimulation consistently, some artifacts could be damaged on some level.
몇몇 인공물들은 외부 자극에 계속 노출되면 어느 정도는 손상될 수 있다.

**

a series of

유의어

a succession of 일련의
a chain of 일련의

일련의

His novella was based on a series of real-life events.

그의 준편 소설은 일련의 실제 사건을 기반으로 하였다.

---

*

antique

[æn'tiːk]

antiquity 명 유물, 고대

형 골동품의, 골동품인 명 골동품

How long have you had that antique chair?

저 골동품 의자는 얼마나 오래 가지고 있었던 건가요?

The shop began dealing with antiques, making it big in the business.

가게는 골동품을 취급하기 시작하면서, 사업에서 큰 성공을 거두기 시작했다.

---

*

architecture

['ɑːrkɪtektʃər]

architect 명 건축가, 설계자
architectural 형 건축학의

명 건축 양식 | 구조, 구성 | 건축

I've felt magnificence from the architecture of the Renaissance.

나는 르네상스의 건축 양식을 보고 웅장함을 느꼈다.

First, you should learn the architecture of a play.

우선, 너는 연극의 구성부터 배워야 한다.

**

floor

[flɔːr]

유의어

story (건물의) 층

명 바닥 | 의원석, 참가자 석, 청중 | (건물의) 층

Please note that this building's floor will be painted in no time.

이 건물의 바닥은 곧 다시 칠해질 예정이니 주의하세요.

From now on, I'd like to take questions from the floor.

지금부터, 청중들로부터 질문을 받도록 하겠습니다.

***

consider

[kən'sɪdər]

유의어

contemplate 고려하다
mull over ~에 대해 고려하다[숙고하다]
deliberate 숙고하다

동 고려하다, 숙고하다 | 간주하다

Would you consider going to the art fair with me next Saturday?

다음 주 토요일에 저랑 아트 페어에 가는 것 고려해 보시겠어요?

He considers himself as a wine connoisseur.

그는 스스로를 와인 전문가로 여긴다.

044
□□□

★
dye
[daɪ]

dyeing 명 염색(법)
dyes 명 염료
dyer 명 염색업자
dyed 형 물들인, 염색된

동 염색하다 명 염료, 염색제, 염색약

The most natural way to dye your cloth is to put the cloth in the hot water in which dyes are added.

천을 염색하는 가장 자연적인 방법은 염료가 첨가되어 있는 뜨거운 물에 천을 담그는 것이다.

You'll need synthetic dyes to make its color bright.

당신이 그것의 색상을 밝게 하기 위해선 인공 염료가 필요할 겁니다.

045
□□□

★
elaborate
[ɪˈlæbəreɪt]

형 공들인, 정교한

The elaborate play was a success.

정교하게 만들어진 그 공연은 성공적이었다.

046
□□□

★
complicated
[ˈkɑːmplɪkeɪtɪd]

유의어
complex 복잡한
intricate 복잡한

형 복잡한

This algebra problem seems complicated to solve.

이 대수학 문제는 풀기 복잡해 보인다.

047
□□□

★★
house
동 [haʊz]
명 [haʊs]

유의어
home 가정, 주택

동 수용하다, 보관하다 명 가정, 가구, 세대 ㅣ 청중

The city museum houses many renowned paintings from around the world.

시 박물관은 전 세계의 유명한 그림들을 소장하고 있다.

The painter was born and brought up in a small house in a village.

그 화가는 한 마을의 작은 집에서 태어나고 자랐다.

048
□□□

★
conservation
[ˌkɑːnsərˈveɪʃn]

conserve 동 보존하다, 아끼다
conservative 형 보수적인, 보수당의

명 보존, 유지, 보호, 관리

We would do anything for the sake of art conservation.

우리는 예술 보존을 위해서는 어떤 일이든지 할 것이다.

049
□□□

★★
preserve
[prɪˈzɜːrv]

preservation 명 보존
preservative 명 방부제

동 보존하다, 지키다

Tourists should follow the guide to preserve the historic site.

관광객들은 유적지를 보존하기 위해 안내를 잘 따라야 한다.

050 ✦
masterpiece
[ˈmæstərpiːs]

유의어

magnum opus 대표작, 걸작

🅝 걸작, 명작

From now on, you will learn how to appreciate masterpieces.

지금부터 당신은 걸작을 감상하는 방법을 배우게 될 거예요.

---

051 ✦
ordinary
[ˈɔːrdneri]

유의어

common 흔한, 보통의, 평범한
commonplace 흔한, 보통의, 평범한

🅐 보통의, 평범한, 흔한

The critics lauded her novel about ordinary people.

비평가들은 보통 사람들에 관해서 쓴 그녀의 소설을 칭찬했다.

---

052 ✦
pottery
[ˈpɑːtəri]

유의어

porcelain 자기

🅝 도자기, 도기, 도기 제조

Are you going to attend the pottery class?

당신은 도예 수업에 참석할 건가요?

---

053 ✦
sensation
[senˈseɪʃn]

sensational 🅐 선풍적인, 돌풍을 일으키는
sensationalism 🅝 선정주의

🅝 느낌, 감각, 기분 | 센세이션, 돌풍

Her new artistic style brought about a sensation the following day.

그녀의 새로운 예술적 기교는 다음 날 센세이션을 일으켰다.

---

054 ✦✦✦
reflect
[rɪˈflekt]

reflection 🅝 반사, 반영, 숙고, 성찰, 반영
reflectance 🅝 반사율
reflective 🅐 반사하는, 반영하는, 사색적인

🅥 반영하다 | 숙고하다, 반성하다 | 반사하다

Class participation was also reflected in the score of the lecture.

수업 참여도 또한 점수에 반영되었다.

I need time to reflect since I'm weighing my options.

나는 선택 사항을 따져 보고 있어서 생각할 시간이 필요하다.

---

055 ✦
tasteful
[ˈteɪstfl]

유의어

elegant 우아한
graceful 우아한, 품위를 지키는

🅐 고상한, 우아한

My grandmother leads a tasteful hobby.

우리 할머니는 고상한 취미를 가지고 계시다.

056 ☐☐☐

✱
vivid
[ˈvɪvɪd]

유의어

vibrant 선명한, 강렬한

형 생생한, 선명한, 강렬한

Definitely, these pictures give you vivid colors.
명백히, 이 그림들은 당신에게 선명한 색채를 보여 준다.

---

057 ☐☐☐

✱
limelight
[ˈlaɪmlaɪt]

유의어

spotlight 세간의 관심, 주목, 집중,
~을 비추다, 돋보이게 하다

명 이목, 집중, 각광

Due to his reserved nature, he doesn't like to be in the
limelight.
내성적인 성격 때문에, 그는 사람들의 주목을 받는 것을 좋아하지 않
는다.

> **텝스기출표현**
> hog the limelight 인기를 독차지하다

---

058 ☐☐☐

✱✱
considerable
[kənˈsɪdərəbl]

유의어

substantial 상당한
significant 중요한

형 상당한, 많은

There were considerable differences between the two
painters in the way that colors are used.
색조를 사용하는 방법에 있어 두 화가 사이에 상당한 차이가 있었다.

---

059 ☐☐☐

✱
considerate
[kənˈsɪdərət]

반의어

inconsiderate 사려 깊지 못한

형 사려 깊은, (남을) 배려하는

When looking around a museum, people should be
considerate of each other.
박물관 관람 시, 사람들은 다른 사람들을 배려해야 한다.

---

060 ☐☐☐

✱✱✱
deem
[diːm]

유의어

consider (~로) 여기다, 생각하다
regard ~로 여기다

동 여기다, 간주하다

She is deemed an exponent of the Classical Era.
그녀는 고전주의 시대를 주창한 사람으로 여겨진다.

> **텝스기출표현**
> deem A B A를 B로 간주하다[여기다]
> (= consider A B, regard A as B, conceive of A as B,
> think of A as B, see A as B, view A as B)

---

061 ☐☐☐

✱
engrave
[ɪnˈgreɪv]

유의어

carve 조각하다, 새기다
inscribe 쓰다, 새기다

동 새기다

Mythical figures were engraved in stones.
돌에는 신화적 인물들이 새겨져 있었다.

✶
eccentric
[ɪkˈsentrɪk]

유의어
bizarre 기이한, 특이한

형 **기이한, 괴짜의, 별난**

He is best known for having flair for painting, but he is also famous for having eccentric temper.

그는 그림에 천부적 소질을 가지고 있는 것으로 가장 잘 알려져 있지만, 또한 괴팍한 성격으로도 유명하다.

✶
hue
[hjuː]

유의어
color 색, 색깔
shade 색조

형 **색, 색조, 색깔**

The hues of her works are vibrant.

그녀의 작품의 색채는 강렬하다.

✶
inept
[ɪˈnept]

유의어
sloppy 엉성한, 허당의

형 **서툰, 솜씨 없는**

He seems inept and inexperienced in pottery.

그는 도기 제작에 서툴고 경험이 없어 보인다.

✶✶
undeserved
[ˌʌndɪˈzɜːrvd]

반의어
deserved 응당의, 받을 만한
due 응당의, 응분의, 응당의 것

형 **부당한, 과분한, 받을 만하지 않은**

She claims that the unfavorable reception of her work by the critics is underserved.

그녀는 그녀의 작품에 대한 비평가들의 호의적이지 않은 평가가 부당하다고 주장한다.

✶
mundane
[mʌnˈdeɪn]

유의어
dull 지루한, 따분한, 재미없는
tedious 지루한

형 **재미없는**

Her work was panned for its mundane style by critics.

그녀의 작품은 진부한 스타일로 비평가들로부터 혹평을 받았다.

✶
undisputed
[ˌʌndɪˈspjuːtɪd]

undisputedly 부 이의 없이, 명백히

유의어
unassailable 논쟁의 여지가 없는

형 **이론의 여지가 없는**

It is undisputed that the work is a masterpiece.

그 작품이 걸작이라는 사실은 논란의 여지가 없다.

✶✶
valued
[ˈvæljuːd]

value 명 가치 통 가치있게 여기다, 소중히 여기다

형 **귀중한, 소중한, 평가된**

The replica was valued at nothing.

그 모조품은 아무 가치가 없는 것으로 평가되었다.

---

merit

[ˈmerɪt]

유의어

strength 강점, 장점
advantage 유리한 점, 장점
virtue 장점, 덕목

명 가치, 장점 통 ~를 받을 만하다

Handicrafts seem to have profound merit.

수공예품은 심오한 가치를 가지고 있는 것 같다.

She merits the reward.

그녀는 그 상을 받을 만한 자격이 있다.

---

usher

[ˈʌʃər]

통 ~을 안내하다 명 좌석 안내원

The technical style ushered in a new movement in music history.

그 기법은 음악사에 있어서 새로운 시대를 열었다.

템스기출표현

usher in ~의 도래를 알리다, 안내하다
usher into ~ 안으로 안내하다
usher out ~을 안내하다

---

feat

[fiːt]

유의어

great achievement 위업
great work 대업

명 위업 | 재주, 묘기

Despite his great feat in modern art, he got little recognition.

현대 예술에서의 상당한 위업이 있음에도 불구하고, 그는 거의 인정받지 못했다.

---

inscrutable

[ɪnˈskruːtəbl]

유의어

over one's head 이해하기 어려운

형 이해하기 어려운

His art was inscrutable for that specific era because it was ahead of its time.

그의 예술은 시대를 앞서 갔기 때문에 그 특정 시대에서는 이해하기 어려운 것이었다.

---

predilection

[ˌpredlˈekʃn]

유의어

penchant 애호

명 애호, 매우 좋아함

My son has a predilection for landscape paintings rather than figure drawings.

우리 아들은 인물화보다 풍경화를 더 좋아한다.

---

purport

[pɜːrˈpɔːrt]

유의어

claim 주장하다
maintain 주장하다

통 주장하다 명 목적, 요지

The man kept purporting that he is the connoisseur of wine.

그는 계속해서 와인 전문가라고 자처했다.

The main purport of his lecture was elusive.

그의 강연의 주된 요지는 이해하기 어려웠다.

075 □□□	★★★ **accolade** [ˈækəleɪd] 유의어 adulation 과찬	뗑 칭찬, 찬사 The writer was granted accolades for his individual style by critics. 작가는 그만의 독특한 문체로 비평가들에게 찬사를 받았다.
076 □□□	★ **esoteric** [ˌesəˈterɪk]	뗑 난해한, 심오한 What an esoteric poem! 이 얼마나 난해한 시인가!
077 □□□	★ **impromptu** [ɪmˈprɑːmptuː] 유의어 off the cuff 즉흥적으로 extemporaneous 즉석의, 즉흥적인, 준비 없이	뗑 즉흥적인, 즉석의 The band played an impromptu performance. 밴드는 즉흥 연주를 했다.
078 □□□	★ **dupe** [duːp] 유의어 bilk 속이다	뙇 사기치다 I didn't even know this painting was a fake, which means I didn't mean to dupe him. 내가 이 그림이 가짜인 줄 정말 몰랐다는 것은, 내가 그를 속일 의도가 없었다는 뜻이다.
079 □□□	★ **take 사람 for a ride**	'사람'을 속이다 Even my appraiser was almost taken for a ride a bit. 심지어 내 감정사도 거의 속아 넘어갈 뻔했다.
080 □□□	★ **steal the show**	인기를 독차지하다 Emma is jealous of her rival for stealing the show. Emma는 그녀의 경쟁자가 인기를 독차지하는 것에 대해 시기한다.
081 □□□	★ **knock-off** [nɑːkˈɔːf] 유의어 imitation 모조품, 모방 replica 복제품, 모형	뗑 모조품, 가짜 I kind of figure out it would be a knock-off. 나는 왠지 그것이 가짜일 것 같다.

★★★
gloss over

유의어
marginalize 하찮은 존재로 만들다
slight 무시하다
ignore 무시하다

얼버무리다, 무시하다

Many questions about this sculpture were glossed over due to lack of time.

시간 부족으로 인해, 조각상에 관한 많은 질문들은 얼버무려졌다.

★★★
marginalize
[ˈmɑːrdʒɪnəlaɪz]

유의어
belittle 하찮게 만들다

통 하찮게 여기다, 하찮은 존재로 만들다

Your article marginalized her potential as a painter.

당신의 기사는 화가로서 그녀가 가진 잠재성을 무시했어요.

★
tome
[toʊm]

명 두꺼운 책

That tome is about how awe-inspiring the architecture was during the 16th century.

그 두꺼운 책은 16세기의 건축이 얼마나 웅장했는지를 보여 준다.

★★
belittle
[bɪˈlɪtl]

유의어
disparage 폄하하다

통 하찮게 만들다, 경시하다

Given that the painter was infamous for her haughty attitude, it's safe to say that she tends to belittle others.

그 화가가 거만한 태도로 악명 높다는 점을 고려하면, 그녀가 사람들을 무시하는 경향이 있다고 봐도 무방하다.

★★★
lead
[liːd]

통 (어떤 결과에) 이르다 | 안내하다, 이끌다 | (~한 삶을) 보내다, 지내다 명 우세, 선두 | 실마리, 단서 | 주연 배우, 주역

The feud between them led to another conflict.

그들 사이에 일어난 불화는 또 다른 분쟁으로 이어졌다.

His lead in the election was evident in the poll.

이번 선거에서 그의 우세가 분명하다는 것이 여론 조사에서 여실히 보여졌다.

텝스 기출 표현
lead an easy life 평탄한 삶을 살다
lead a sedentary lifestyle 정적인 삶을 보내다
lead to ~의 원인이 되다, ~ 결과로 이어지다

087 □□□	✱ **run-of-the-mill** [ˌrʌnəvðəˈmɪl] **유의어** ordinary 보통의, 평범한, 일상적인 normal 보통의, 평범한	형 지극히 평범한 The dancer was not a run-of-the-mill type of man. 그 댄서는 평범한 사람이 아니었다.
088 □□□	✱ **apprentice** [əˈprentɪs]	명 도제, 수습생, 새내기 What made you go apprentice in calligraphy? 왜 서예 견습생이 되려고 한 거예요?
089 □□□	✱ **flair** [fler] **유의어** talent 재능, 재주	명 재주, 솜씨, 재능 I wish I could be the one who has a flair for drawing. 내가 그림에 천부적 재능이 있다면 좋을 텐데.
090 □□□	✱ **under the baton of**	~의 지휘 아래 Under the baton of a new conductor, the performance finally got rave reviews. 새로운 지휘자의 지휘 아래, 공연은 마침내 극찬을 받았다.
091 □□□	✱✱ **see fit to**	~하기로 결정하다, ~하는 것이 적절하다고 생각하다 They've seen fit to adapt her novel for a soap opera. 그들은 그녀의 소설을 드라마로 각색하기로 결정했다.
092 □□□	✱ **have a knack for**	~에 재능이 있는 I see you have a knack for acting. 당신은 확실히 연기에 재주가 있네요.
093 □□□	✱ **pull the plug**	지원을 끊다 It'll be difficult to revive liberal arts if the government pulls the plug. 정부의 지원이 끊긴다면, 순수 교양 과목의 부활을 기대하긴 어려울 것이다.

094 □□□

⋆⋆

unassailable

[ˌʌnəˈseɪləbl]

유의어
undisputed 논쟁의 여지가 없는

반의어
polemical 격론의, 격론을 벌이는

형 논쟁의 여지가 없는, 난공불락의, 완벽한

When this 100-story building was first established in the city, people called it unassailable.

그 도시에 100층짜리 건물이 처음 세워졌을 때, 사람들은 그것을 '난공불락'이라고 불렀다.

---

095 □□□

⋆⋆⋆

hold A in high regard

유의어
hold A in high esteem A를 매우 존경하다

A를 높이 존경하다

Picasso's works are held in high regard to this day.

Picasso의 작품은 지금까지도 높이 존경받는다.

텝스 기출 표현

be held in high regard ~는 깊이 존경받는다
(= be held in high esteem)

---

096 □□□

⋆

prelude

[ˈpreljuːd]

명 서곡, 전주곡

It's too early to tell since it's just a prelude.

그것은 서곡일 뿐이기 때문에 아직 판단하기엔 이르다.

문맥에 맞는 단어를 보기에서 골라 빈칸에 넣으세요.

PART 1

ⓐ fashioned	ⓑ carve	ⓒ accompany	ⓓ accomplish	ⓔ applauded
ⓕ impression	ⓖ represents	ⓗ is referred	ⓘ exceptional	ⓙ preference

1. Sculptors use many tools to _____ statues involving chisels.

2. You also need to care for your health to _____ your goals.

3. What's your _____ after this musical performance?

4. This painting _____ the essence of female beauty.

5. Paris _____ to as the city of art.

6. His talent for art is _____.

7. She _____ a pottery vase and gave it to her mom as a present.

8. Parents should _____ their children to school every day.

9. My aunt has a _____ for Gothic Architecture, so her house is refurbished much like it.

10. I _____ her for pursuing her dream at her age.

>> **Check-Up** Questions

문맥에 맞는 단어를 보기에서 골라 빈칸에 넣으세요.

PART 2

ⓐ preserved	ⓑ marginalized	ⓒ led	ⓓ belittled	ⓔ acting
ⓕ adorned	ⓖ undisputed	ⓗ dye	ⓘ authentic	ⓙ original

11. The lead actor's _____ in the movie was horrible.

12. This woman's hair is _____ with fine beaded jewelry.

13. This painting is _____ since it was appraised by a connoisseur.

14. Her latest novel is very _____.

15. Since summer is coming, I want to _____ my hair light.

16. The Louvre Museum is well _____ for a very long time.

17. He's received an _____ place in the history of film.

18. Her great contribution to the team was _____.

19. I don't want the issue which the magazine dealt with _____.

20. Unlike the characters who are mostly active in her books, the writer actually _____ a sedentary lifestyle.

뉴텝스 어휘

UNIT
20

법 · 범죄

법 · 범죄

UNIT 20 》》

001

★★★

legal
[ˈliːgl]

legalize 통 합법화하다

반의어
illegal 불법적인

형 합법적인 | 법과 관련된

The man kept pleading innocent, saying what he had done was totally legal.

그 남자는 자신의 행동이 완전히 합법적인 것이었다고 말하며, 계속해서 자신의 무죄를 주장했다.

Should you need any legal advice, feel free to contact our lawyer.

혹시라도 법적 조언이 필요하다면, 언제든 우리 변호사에게 연락하세요.

텝스 기출 표현
take a legal action 법적 조치를 취하다

002

★★★

judge
[dʒʌdʒ]

judgment 명 판단, 판결

명 판사, 재판관 통 판단하다, 재판하다

The judge must make a fair decision based on the law.

판사는 반드시 법에 근거한 공정한 판결을 내려야 한다.

Judging from what they said, they must not have committed the crime.

그들이 말한 내용으로 미루어 볼 때, 그들이 범죄를 저질렀을 리 없다.

텝스 기출 표현
judging from ~으로 판단하건대[미루어 보아]

003

★★★

crime
[kraɪm]

criminate 통 고발하다, ~의 유죄를 증명하다
criminal 형 범죄의 명 범인, 범죄자

명 범죄, 범행

With the highest crime rate of all time, many people are worried about their safety, even in the daytime.

사상 최고의 범죄율로, 많은 사람들이 낮 시간에도 그들의 안전에 대해 걱정하고 있다.

004

★★

attorney
[əˈtɜːrni]

유의어
lawyer 변호사

명 변호사, (법정) 대리인

If you create your will with the help of an attorney, your estate can be distributed well after your death.

변호사의 도움을 받아 유언을 작성한다면, 사후에 재산이 잘 분배될 수 있다.

★★★
case
[keɪs]

유의어

example 본보기, 사례

명 소송, 사건 | 경우, 사례

The case is still unresolved despite the intensive police investigation.

경찰의 강도 높은 수사에도 불구하고 그 사건은 여전히 해결되지 않고 있다.

In case of fire, take stairs rather than use elevators for your safety.

불이 날 경우, 안전을 위해 엘리베이터를 사용하기보다는 계단을 이용하세요.

텝스 기출 표현

win a case 승소하다(↔ lose a case 패소하다)
throw out a case 소송을 기각하다

★★
constitution
[ˌkɑːnstəˈtuːʃn]

constitute 통 ~을 구성하다
constitutional 형 헌법의, 입헌의

명 헌법 | 구성, 구조

As the constitution is the supreme law of the land, any laws opposed to it are considered unlawful.

헌법은 한 나라의 최고법이기 때문에, 그것에 반하는 어떤 법률도 불법으로 간주된다.

★★★
accuse
[əˈkjuːz]

accusation 명 혐의, 비난, 고발

동 고발하다, 혐의를 제기하다, 비난하다

The man who was accused of smuggling drugs has been summoned to question.

마약 밀수로 고발당한 남자는 심문을 위해 소환되었다.

★★★
commit
[kəˈmɪt]

commitment 명 약속, 전념, 헌신

동 (범죄 등을) 저지르다, ~을 행하다 | 전념하다, 헌신하다

Considering his behaviors, he is the last man who commits a crime.

그의 행실을 생각해 보면, 그는 절대로 범죄를 저지를 사람이 아니다.

He committed his life finding the murderer of his wife, only to fail.

그는 그의 아내를 살해한 사람을 찾는 데 평생을 바쳤지만, 결국 실패했다.

텝스 기출 표현

commit a crime 범죄를 저지르다
commit suicide 자살하다

009
□□□

★★★
file
[faɪl]

[동] (소송 등을) 제기하다 [명] 파일, 서류

His attorney filed an appeal to oppose foreclosure notice.

그의 변호사는 압류 통지에 반대하며 항소를 제기했다.

With a stack of files on my desk, I couldn't find the paper that I had to read.

책상 위에 파일들이 쌓여 있어서, 읽어야 할 서류를 찾을 수가 없었다.

> **텝스기출표현**
> file a lawsuit 소송을 제기하다

010
□□□

★★
apprehend
[ˌæprɪˈhend]

apprehension [명] 체포, 우려, 불안
apprehensive [형] 이해가 빠른, 명석한, 염려하는, 우려하는

유의어
arrest 체포하다

[동] 체포하다 | 의미를 파악하다, 이해하다

The policeman apprehended the armed bank robbers on his bare hands.

그 경찰은 무장한 은행 강도들을 맨손으로 체포했다.

His explanation was so obscure that I couldn't apprehend what he had said.

그의 설명은 너무 모호해서 무슨 말을 하는지 이해할 수가 없었다.

011
□□□

★★★
victim
[ˈvɪktɪm]

반의어
assailant 가해자
attacker 가해자

[명] 피해자, 희생자

The victim surrendered his cash and credit cards to the masked robber.

피해자는 그의 현금과 신용 카드를 복면 강도에게 내주었다.

012
□□□

★★
innocent
[ˈɪnəsnt]

[형] 무죄의

It is an international legal right that all people must be considered innocent until their guiltiness is proven.

유죄가 입증될 때까지 모든 사람이 무죄로 간주돼야 한다는 것은 국제법적 권리다.

013
□□□

★★★
sentence
[ˈsentəns]

[명] 형벌, (형의) 선고 [동] 선고를 내리다

The man, accused of stealing bread due to his hunger, would receive a light sentence.

배고파서 빵을 훔친 혐의로 기소된 그 남자는 가벼운 형량을 받게 될 것이다.

> **텝스기출표현**
> serve 사람's sentence 복역하다, 징역을 살다

***
court
[kɔːrt]

명 법정, 법원 동 환심을 사려하다, ~을 얻으려 하다

Only after everyone from lawyers to the defendant attended the court, did the trial begin.

변호사부터 피고인까지 모두 법정에 출석한 뒤에야 재판이 시작됐다.

텝스 기출 표현
supreme court 대법원

***
evidence
['evɪdəns]

명 증거 동 증언하다, 증거가 되다

There being obvious evidence supporting his guilt, a lot of questions remain on his release.

그의 유죄를 입증하는 명백한 증거가 있기 때문에, 그의 석방에 대한 많은 의문이 남아 있다.

The footage captured by the surveillance camera evidenced that he committed the crime.

감시 카메라에 포착된 화면은 그가 그 범죄를 저질렀다는 증거가 됐다.

텝스 기출 표현
insufficient evidence 불충분한 증거
lack of evidence 증거 부족

***
punish
['pʌnɪʃ]

punishment 명 처벌

동 처벌하다, 벌하다

The driver who uses a cell phone while driving must be punished.

운전 중에 휴대 전화를 사용하는 운전자는 처벌받아야 한다.

---

*
assassinate
[ə'sæsəneɪt]

assassination 명 암살

동 암살하다

Afraid of being assassinated, the president was accompanied by his bodyguards everywhere.

암살당할 것이 두려워 대통령은 어디든 그의 경호원들과 동행했다.

***
investigate
[ɪn'vestɪgeɪt]

investigation 명 조사, 수사

동 수사하다, 살피다, 조사하다

The police found new evidence while they were investigating the crime scene.

경찰은 범죄 현장을 조사하던 중에 새로운 증거를 발견했다.

019 ★★

witness
['wɪtnəs]

명 목격자

The witnesses to the case must be protected thoroughly because they can be retaliated by the criminals.

사건의 목격자들은 범죄자들에 의해 보복당할 수도 있기 때문에 철저하게 보호돼야 한다.

---

020 ★★★

execute
['eksɪkjuːt]

execution 명 처형, 사형, 실행
executer 명 실행하는 사람
executive 명 간부, 이사 형 경영의, 운영의

동 처형하다 | 실행하다

The royal family, who had enjoyed a luxurious life, were executed at the guillotine during the French Revolution.

사치스러운 생활을 즐기던 왕족들은 프랑스 혁명 기간 동안 단두대에서 처형당했다.

Because of a budget deficit, the company reluctantly executed the plans to lay off hundreds of employees.

예산 적자 때문에 그 회사는 어쩔 없이 수백 명의 직원을 해고하는 계획을 실행했다.

---

021 ★★★

contract
명 ['kɑːntrækt]
동 [kən'trækt]

명 계약 동 계약하다

As my contract will end at the end of the month, I am looking for another job.

내 계약이 이달 말에 끝나기 때문에, 나는 다른 일을 찾고 있다.

텝스 기출 표현

sign a contract 계약하다
fullfill a contract 계약을 이행하다

---

022 ★★

deliberation
[dɪˌlɪbə'reɪʃn]

deliberate 형 고의의, 신중한

명 숙고 | 신중함

Even after long deliberation, the juries couldn't make clear decisions.

오랜 시간의 숙고 이후에도, 배심원들은 명확한 결정을 내리지 못했다.

---

023 ★★★

incident
['ɪnsɪdənt]

명 일어난 일, 사건

The police kept questioning the suspect until he answered where he was at the time of the incident.

경찰은 사건 당시 그가 어디에 있었는지 대답할 때까지 용의자를 계속 신문했다.

★★★
violate
[ˈvaɪəleɪt]

violation 명 위반

동 **(법·규칙 등을) 위반하다, 어기다 | 침해하다**

His action was neither moral nor ethical, but didn't violate any laws.

그의 행동은 도덕적이지도 윤리적이지도 않았지만, 어떠한 법도 위반하지 않았다.

Even if he is an illegal immigrant, investigating him without any reasons violates the human rights.

그가 불법이민자라 할지라도, 별 이유 없이 그를 조사하는 것은 인권을 침해하는 것이다.

> **텝스기출표현**
> violate regulation 규칙을 위반하다

★★★
jury
[ˈdʒʊri]

명 **배심원**

Based on what was said in the court, the juries reached a verdict that acquits him.

법정에서 말한 것을 근거로, 배심원들은 그를 무죄로 판결했다.

★★
abolish
[əˈbɑːlɪʃ]

동 **폐지하다**

Many years have passed since the law of abortion abolished, there is still considerable controversy.

낙태법이 폐지된 지 여러 해가 지났지만, 여전히 상당한 논란이 있다.

★★★
abuse
명 [əˈbjuːs]
동 [əˈbjuːz]

abuser 명 남용자, 학대하는 사람
abusive 형 모욕적인, 학대하는

명 **학대 | 남용** 동 **학대하다, 남용하다**

Sexual abuse in the sports community is so prevalent that the government is looking for the way to eradicate it.

체육계의 성적 학대가 너무 만연해서 정부는 이를 근절할 방안을 모색하고 있다.

The abuse of antibiotics has weakened people's immune system.

항생제의 남용은 사람들의 면역 체계를 약화시켰다.

> **텝스기출표현**
> drug abuse 약물 남용
> domestic abuse 가정 폭력
> verbal abuse 욕설, 폭언

028 ☐☐☐

★★★
impose
[ɪmˈpoʊz]

유의어
levy 추가금, (세금을) 부과하다, 징수
하다

동 부과하다 | 도입하다, 시행하다

Transportation authority announced it would impose more penalties on those who violate traffic laws.

교통 당국은 교통 법규를 어긴 사람들에게 더 많은 벌금을 부과하겠다고 발표했다.

The government's attempts on imposing new welfare system have been in trouble due to a budget deficit.

새로운 복지 제도를 도입하고자 하는 정부의 노력은 예산 부족으로 난항을 겪고 있다.

> **텝스 기출 표현**
> impose A on 사람 '사람'에게 A를 부과하다[시행하다]

029 ☐☐☐

★
flee
[fliː]

동 달아나다, 도망가다

The murderer stole 200 dollars from the victim's wallet before fleeing.

그 살인범은 도망가기 전 피해자의 지갑에서 200달러를 훔쳤다.

030 ☐☐☐

★★
pirate
[ˈpaɪrət]

piracy **명** 저작권 침해

동 저작권을 침해하다, 불법 복제하다 **명** 저작권 침해자

With permission from the creator, the material can be used without pirating copyright.

제작자의 허가가 있기 때문에, 이 자료는 저작권을 위배하지 않고 사용될 수 있다.

Many pirates on the web made the laws related to intellectual property become more strict.

웹상의 많은 저작권 침해들은 지적 재산과 관련된 법을 더욱 엄격하게 만들었다.

031 ☐☐☐

★
free
[friː]

유의어
release 석방하다, 풀어 주다, 발표하다

동 석방하다, 풀어 주다

It sparked the public uproar that the man who had committed a serious crime would be freed in three years.

중범죄를 저지른 남자가 3년 후에 석방된다는 소식은 격렬한 비난 여론을 일으켰다.

032 ☐☐☐

★★
sue
[suː]

동 고소하다

She decided to sue her boss, accusing him of failing to guarantee workers' legal rights.

그녀는 사장이 직원들의 법적 권리를 보장하지 못했다고 비난하며 그를 고소하기로 결정했다.

✦
empower
[ɪmˈpaʊər]

⬛ 권한을 부여하다

City officials are empowered to penalize those who violate the parking rules.

시 공무원들은 주차 규칙을 위반한 사람들을 처벌할 권한을 갖고 있다.

✦
fugitive
[ˈfjuːdʒətɪv]

⬛ 도망자, 탈주자 ⬛ 도주하는, 도피하는

Police are in search of fugitives who escaped from the prison last night.

경찰은 어젯밤 감옥에서 탈출한 탈주범들을 수색 중이다.

Tom, who had left the army base without permission, was considered as a fugitive soldier.

군 부대를 허가 없이 벗어난 Tom은 탈영병으로 간주됐다.

✦✦✦
legitimize
[lɪˈdʒɪtəmaɪz]

legitimate ⬛ 합법적인, 정당한

⬛ 정당화하다, 합법화하다

In the past, white men imposed absurd rules on black men to legitimize their racism.

과거에 백인들은 그들의 인종 차별을 정당화하기 위해 흑인들에게 터무니없는 규칙을 부과했었다.

✦✦
convict
[kənˈvɪkt]

⬛ 유죄를 선고하다 ⬛ 죄인, 죄수

As there was no concrete evidence, the judge couldn't convict the accused man.

확실한 증거가 없어서, 판사는 기소당한 남자에게 유죄를 선고할 수가 없었다.

Having killed eight people, the convict seemed unrepentant.

여덟 명의 사람을 죽였음에도 불구하고, 그 죄수는 뉘우치지 않는 것처럼 보였다.

✦✦✦
guilty
[ˈɡɪlti]

반의어
innocent 무죄의, 순진한

⬛ 유죄의 | 죄책감이 드는

The lawyer insisted that he was not guilty, presenting judges with a perfect alibi.

변호사는 판사에게 완벽한 알리바이를 제시하면서, 그가 유죄가 아니라고 주장했다.

I feel guilty about getting a second job without any permission from my boss.

나는 상사에게 어떠한 허락도 받지 않고 부업을 한 것에 대해 죄책감을 느낀다.

텐스기출표현
find 사람 guilty '사람'에게 유죄 판결을 내리다

UNIT
01
UNIT
02
UNIT
03
UNIT
04
UNIT
05
UNIT
06
UNIT
07
UNIT
08
UNIT
09
UNIT
10
UNIT
11
UNIT
12
UNIT
13
UNIT
14
UNIT
15
UNIT
16
UNIT
17
UNIT
18
UNIT
19
UNIT
20
UNIT
21
UNIT
22
UNIT
23
UNIT
24
UNIT
25
UNIT
26
UNIT
27
UNIT
28
UNIT
29
UNIT
30

038 □□□

**
bribery
['braɪbəri]

명 뇌물 수수

The former president was sentenced to 20 years in prison for bribery and abuses of power.

전 대통령은 뇌물 수수와 권력 남용으로 징역 20년을 선고받았다.

---

039 □□□

*
hostage
['hɑːstɪdʒ]

명 인질

After receiving 50,000 dollars of ransom, the kidnapper agreed to release hostages.

5만 달러의 몸값을 받은 후에, 유괴범은 인질들을 풀어 주겠다고 동의했다.

---

040 □□□

**
testify
['testɪfaɪ]

testimony 명 증거, 증언

동 증언하다, 진술하다

The man testified that he hit the victim on the head with a hammer several times.

그 남자는 피해자의 머리를 망치로 몇 번 내리쳤다고 진술했다.

---

041 □□□

***
fabricate
['fæbrɪkeɪt]

fabrication 명 위조, 날조

유의어
falsify 위조하다, 조작하다
forge 위조하다, 구축하다

동 위조하다, 날조하다

Not qualified enough for the job, Kevin fabricated his work histories.

Kevin은 그 일자리에 대한 충분한 자격을 갖추지 못해 자신의 이력을 위조했다.

---

042 □□□

**
probe
[proʊb]

동 조사하다, 캐묻다

The police officers probed into the reason why he was standing outside the victim's house at 3 A.M.

경찰관들은 그가 새벽 3시에 피해자의 집 밖에 서 있었던 이유를 면밀히 조사했다.

---

043 □□□

**
evade
[ɪ'veɪd]

동 (사람·의무·질문 등을) 교묘히 피하다, 회피하다

He tried to evade taxes by not accurately reporting his annual income.

그는 연간 소득을 제대로 신고하지 않음으로써 세금을 회피하려 했다.

텝스 기출 표현
evade a dispute 논쟁을 피하다

---

044 ✱
litigation
[ˌlɪtɪˈɡeɪʃn]

명 소송, 고소

Although the litigation was pending, the company was operated as if nothing had happened.

소송이 계류 중이었지만, 그 회사는 마치 아무 일도 없었던 것처럼 운영되었다.

---

045 ✱✱
brutal
[ˈbruːtl]

형 잔혹한, 악랄한 | 혹독한

His brutal abuse toward children provoked public outrage.

어린아이에 대한 그의 잔혹한 학대는 대중의 분노를 불러일으켰다.

A long brutal winter made people's existence miserable.

길고 혹독한 겨울은 사람들의 삶을 비참하게 만들었다.

---

046 ✱
culprit
[ˈkʌlprɪt]

유의어
criminal 범인, 범죄자, 범죄의
offender 범죄자

명 범인, 범죄자

People were shocked when the main culprit behind the drug traffic was turned out to be a famous celebrity.

사람들은 마약 밀매의 주범이 유명한 연예인이었다는 것이 밝혀지자 충격을 받았다.

---

047 ✱✱✱
crack down on

엄히 단속하다, 단호한 조치를 취하다

Those who commit sexual violence will be cracked down on more severely than ever.

성폭력 범죄를 저지른 사람들은 그 어느 때보다 엄중하게 단속될 것이다.

---

048 ✱✱
imprison
[ɪmˈprɪzn]

imprisonment **명** 투옥, 감금

동 투옥하다, 감금하다

The entrepreneur was imprisoned for bribing the president.

그 기업가는 대통령에게 뇌물을 주어서 투옥당했다.

---

049 ✱✱✱
suspect
동 [səˈspekt]
명 **형** [ˈsʌspekt]

동 의심하다, 수상쩍어 하다 **명** 용의자 **형** 의심스러운

The woman has been suspected of putting some poison into her friend's coffee.

그 여자는 친구의 커피에 독을 넣었다고 의심받고 있다.

Police are in search of the suspect who fled from the crime scene after the robbery.

경찰은 강도 사건 후 범죄 현장에서 도망간 용의자를 찾고 있는 중이다.

---

050 ☐☐☐

**
across the counter

합법적으로, 정당하게

You can buy those drugs across the counter.

너는 그 약들을 합법적으로 살 수 있다.

---

051 ☐☐☐

***
outlaw
[ˈaʊtlɔː]

유의어
ban 금지하다

동 불법화하다, 금하다 **명** 무법자

The government outlawed possessing a gun without permission.

정부는 허가 없이 총을 소유하고 있는 것을 불법화했다.

---

052 ☐☐☐

*
judiciary
[dʒuˈdɪʃieri]

명 사법부

The judiciary must be independent, and not be interfered by any other organizations.

사법부는 독립적이어야 하며, 다른 조직의 간섭을 받아서는 안 된다.

---

053 ☐☐☐

*
defendant
[dɪˈfendənt]

defend **동** 방어하다

반의어
plaintiff 원고

명 피고

The defendant's crime does not seem accidental, given that he prepared the place to flee in advance.

피고가 도망갈 곳까지 사전에 준비해 놓았다는 사실로 보아, 범죄는 우발적인 것 같지 않다.

---

054 ☐☐☐

**
instigate
[ˈɪnstɪɡeɪt]

동 (사건을) 유발하다, 부추기다

Although the woman didn't commit the murder, she was accused of instigating the killing.

비록 그 여자는 살인을 저지르지 않았지만, 살인을 부추긴 혐의로 기소되었다.

---

055 ☐☐☐

*
plea
[pliː]

유의어
entreaty 간청, 애원
appeal 호소, 간청

명 애원, 간청

Many people keep making a plea for banning public smoking.

많은 사람들이 공공장소에서 흡연을 금지하자고 계속해서 청원하고 있다.

---

056 ☐☐☐

**
fraud
[frɔːd]

defraud **동** 속이다, 사기 치다

유의어
deception 속임, 기만, 사기
scam 신용 사기

명 사기(죄), 사기 행위

Though accused of committing fraud, Tony was freed without any charges.

사기 혐의로 고소당했지만, Tony는 무혐의로 풀려났다.

텝스기출표현
commit fraud 사기를 치다
fraud charge 사기 혐의

---

057 □□□	**amend** [əˈmend] **	**⑤ 고치다, 개정하다** Shocked by the crimes committed by adolescents it was mandated that the Juvenile Act be amended. 청소년들에 의한 범죄에 충격을 받아 소년법 개정안이 요구되었다.
058 □□□	**provision** [prəˈvɪʒn] **	**⑲ 조항** The outdated provisions were amended with the unanimous approval. 시대에 뒤떨어진 조항들은 만장일치로 개정되었다.
059 □□□	**get away with** **	**(잘못을 하고도) 벌을 받지 않고 넘어가다, 가벼운 벌로 때우다** It sparked the public indignation that the former president got away with although he embezzled a lot of tax. 전 대통령이 많은 세금을 횡령했음에도 불구하고 가벼운 벌로 그친 것이 대중들의 분노를 촉발시켰다.
060 □□□	**hearing** [ˈhɪrɪŋ] *	**⑲ 청문회, 심문** The company is holding a disciplinary hearing on Alex, who was accused of sexual harassment. 회사는 성추행으로 고소당한 Alex에 대한 징계 청문회를 열 예정이다.
061 □□□	**prosecute** [ˈprɑːsɪkjuːt] prosecution ⑲ 기소, 고발 ***	**⑤ 기소하다, 고발하다** The company was prosecuted for using other company's design without any permission. 그 회사는 다른 회사의 디자인을 허가 없이 사용해서 기소당했다.
062 □□□	**condemn** [kənˈdem] **	**⑤ 유죄 판결을 내리다, 선고하다 ｜ 몰수하다 ｜ 비난하다, 규탄하다** The man was condemned to imprisonment for two years because of robbery. 그 남자는 강도죄로 2년 징역형을 선고받았다. All of his assets are going to be condemned if he defaults his loan. 만약 그가 채무를 갚지 못한다면 그의 모든 재산은 몰수될 것이다.

063 ★★
breach
[briːtʃ]

유의어
violate 위반하다, 어기다

동 위반하다 **명** 위반

The passengers who are not wearing seatbelts should be fined as they breach the traffic law.

안전벨트를 하지 않은 승객은 교통 법규를 위반한 것이므로 벌금을 물어야 한다.

It is clearly a breach of contract that companies dismiss their employees without any notice.

기업이 아무런 통보 없이 직원을 해고하는 것은 명백히 계약 위반이다.

064 ★★
smuggle
[ˈsmʌgl]

동 밀수하다, 밀반입하다

The man was given a heavy sentence for smuggling ancient relics and selling them with high prices.

남자는 고대 유물을 밀반입해 높은 가격에 팔았다는 이유로 중형을 선고받았다.

065 ★
custody
[ˈkʌstədi]

명 양육권 | 감금, 구류

After the divorce of a celebrity couple, it was quite an issue that who might have the custody of their child.

유명인 커플의 이혼 후에, 누가 아이의 양육권을 가질지에 대한 것이 화제였다.

The police proved she was guilty and put her into custody.

경찰은 그녀가 유죄임을 입증했고, 그녀를 구속했다.

066 ★★
petition
[pəˈtɪʃn]

명 탄원서

His lawyer filed a petition, arguing his sentences were too excessive.

그의 변호사는 그의 형량이 너무 무겁다고 주장하며 탄원서를 제출했다.

067 ★★★
refrain
[rɪˈfreɪn]

동 삼가다

Refrain from using your cell phone while you're driving, or you'll be punished.

운전 중 휴대 전화 사용을 삼가지 않는다면 처벌받게 될 것이다.

탭스기출표현
refrain from ~를 삼가다

★★★
ratify
[ˈrætɪfaɪ]

ratification 명 비준, 인정, 승인

유의어
approve 승인하다, 인정하다
confirm 확인하다, 확정하다

동 비준하다, 승인하다, 인정하다

If the law is ratified, it will give more power to the ruling party.

만약 그 법이 비준될 경우, 여당에게 더 많은 권한을 주게 될 것이다.

★★
assailant
[əˈseɪlənt]

유의어
attacker 공격을 한 사람, 폭행범

명 가해자, 폭행범

The victim testified that she couldn't report the assailant because she was being threatened by him.

피해자는 가해자로부터 협박을 받고 있었기 때문에 그를 신고할 수 없었다고 증언했다.

★★★
penalize
[ˈpiːnəlaɪz]

동 벌주다 | 불리하게 하다

The police authority has announced that a person drinking in public will be penalized.

경찰당국은 공공장소에 음주하는 사람은 처벌받게 될 것이라고 발표했다.

★★
summon
[ˈsʌmən]

동 법원에 출두시키다, 소환하다

After thoroughly analyzing the obtained evidence, the police authority summoned him for an investigation.

획득된 증거를 철저히 분석한 이후에, 경찰 당국은 조사를 위해 그를 소환했다.

★★★
nullify
[ˈnʌlɪfaɪ]

유의어
annul 법적으로 취소하다, 무효하게 하다

동 무효화하다

There is a fierce dispute between the judges about whether to nullify the laws or not.

법률 무효화 여부를 놓고 재판관들 사이에 치열한 논쟁이 벌어지고 있다.

★
felony
[ˈfeləni]

felon 명 흉악범

명 (살인·강도·방화 등과 같은) 중죄, 흉악 범죄

Hardly anyone claims that murder is not a felony.

살인이 중죄가 아니라고 주장하는 사람은 없다.

> 텝스 기출 표현
>
> commit a felony 중죄를 저지르다

074
★
parole
[pəˈroʊl]

몡 가석방 **동** 가석방하다

Selected as a model prisoner, Jane was released on parole.
Jane은 모범수로 선정되었기 때문에, 가석방으로 풀려났다.

No sooner had he been paroled than he committed another crime.
그는 가석방되자마자 또 다른 범죄를 저질렀다.

075
★★★
verdict
[ˈvɜːrdɪkt]

몡 (배심원단의) 평결, (생각 끝에 내린) 결정

After the long hours of deliberations, the juries finally reached a verdict.
오랜 시간의 숙고 후에, 배심원들은 마침내 판결을 내렸다.

> **텝스기출표현**
> reach a verdict 판결을 내리다
> guilty verdict 유죄 판결

076
★★★
legislate
[ˈledʒɪsleɪt]

legislation **몡** 입법, 법률 제정
legislator **몡** 입법자, 국회 의원

동 법률을 제정하다

As childhood obesity increased, the government legislated for a ban on snack-selling vending machines in schools.
아동 비만이 증가함에 따라, 정부는 학교 내 스낵 판매 자판기를 금지하는 법을 만들었다.

077
★★★
comply
[kəmˈplaɪ]

compliance **몡** 준수, 따름

> **유의어**
> abide by 준수하다

동 (법·명령을) 준수하다

You should comply with the company's new dress code since it is applied across the board.
새로운 복장 규정은 회사 전반에 걸쳐 적용되기 때문에 그것을 준수해야 한다.

> **텝스기출표현**
> comply with the law/rule 법/규칙을 준수하다

078
★★
forensic
[fəˈrensɪk]

혱 법의학적인, 범죄 과학 수사의

The National Police Agency said it would strengthen its investigation with forensic experts as well as high-tech equipment.
경찰청은 최첨단 장비와 더불어 범죄 과학 수사 전문가들과 함께 조사를 더욱 더 강화하겠다고 말했다.

079	**acquit** [əˈkwɪt]	**⑤ 무죄를 선고하다**
		The judge acquitted him of murder due to the lack of evidence.
	반의어	재판관은 증거 부족으로 그의 살인에 대해 무죄를 선고했다.
	convict 유죄 판결을 내리다	

080	★★★ **adjourn** [əˈdʒɜːrn]	**⑤ 휴회하다, (재판 등을) 연기하다**
		The judge decided to adjourn the trial due to ill health of the defendant.
	adjournment ⑲ 휴회, 연기	그 판사는 피고의 건강 악화 때문에 재판을 연기하기로 결정했다.

081	★★ **embezzle** [ɪmˈbezl]	**⑤ 횡령하다**
		With Tom embezzling public funds, he was expelled from the organization.
	embezzlement ⑲ 횡령	Tom은 공금을 횡령하여 그 조직에서 쫓겨났다.

082	★★ **abduct** [æbˈdʌkt]	**⑤ 유괴하다**
		The man abducted a child who was returning home from school.
	유의어	그 남자는 학교에서 집으로 돌아가는 아이를 유괴했다.
	kidnap 납치하다, 유괴하다	

083	★★ **circumvent** [ˌsɜːrkəmˈvent]	**⑤ (어려움·법 등을 교묘히) 피하다, 면하다**
		Large corporations sometimes employ lawyers as advisers to circumvent the law.
		대기업들은 법을 교묘히 피하기 위해 종종 변호사를 고문으로 고용한다.

084	★★★ **lenient** [ˈliːniənt]	**⑧ (처벌·규칙 적용 등이) 너그러운, 관대한**
		Considering the vicious crimes committed by juvenile offenders, the lenient punishment for them should be ended.
	lenience ⑲ 관대, 온화	청소년 범죄자들에 의해 저질러지는 악랄한 범죄들을 고려하면, 그들에 대한 관대한 처벌은 끝나야만 한다.
	leniently ⑭ 관대하게	

085	★★ **vindicate** [ˈvɪndɪkeɪt]	**⑤ ~의 정당성을 입증하다**
		Racism was an absurd tactic that vindicated the predominance of the white community.
		인종 차별주의는 백인 공동체의 우세함을 정당화하는 터무니없는 책략이었다.

086 □□□

**
stipulate
[ˈstɪpjuleɪt]

동 명기하다, 규정하다

All constitutional rights are explicitly stipulated in nation constitution.

모든 헌법상의 권리는 국가 헌법에 분명하게 명시되어 있다.

---

087 □□□

*
arson
[ˈɑːrsn]

명 방화

The arson committed by an unidentified man caused more than 20 casualties.

정체불명의 남성이 벌인 방화 사건으로 인해 20명 이상의 사상자가 발생했다.

---

088 □□□

**
rescind
[rɪˈsɪnd]

동 (법률·제도 등을) 폐지하다, 무효화하다

The government rescinded its plan to raise taxes.

정부는 세금을 올리겠다는 계획을 무효화했다.

---

089 □□□

***
illicit
[ɪˈlɪsɪt]

illicitly **부** 위법으로, 불법으로

유의어
illegal 불법의

형 불법의 ㅣ 사회 통념에 어긋나는

The popular singer was accused of administering illicit drugs.

그 인기 가수는 불법 약물을 투약하여 고발당했다.

---

090 □□□

**
accomplice
[əˈkɑːmplɪs]

명 공범

The police believe that there must have been another accomplice due to the scale of his crime.

경찰은 그의 범죄의 규모로 보아 다른 공범이 있었음에 틀림없다고 믿고 있다.

---

091 □□□

**
allegation
[ˌæləˈgeɪʃn]

명 혐의

He denied the allegation, saying he had never heard of the incident.

그는 그 사건에 대해 전혀 들어 본 적 없이 없다며 혐의를 부인했다.

---

092 □□□

**
duress
[duˈres]

명 감금, 억압받는 상황

Under duress, the man had no choice but to sign the contract.

억압받는 상황에서 그는 계약서에 사인할 수밖에 없었다.

093 ★★★
infringe
[ɪnˈfrɪndʒ]

infringement 圓 위반, 위배
infringer 圓 위반자, 침해자

圖 (법적 권리를) 침해하다, 위반하다

New legislation outlawed paparazzi as it infringes on celebrities' privacy too much.

새로운 법안은 파파라치가 연예인들의 사생활을 지나치게 침해한다는 이유로 그것을 불법화했다.

텝스기출표현 ▶

infringe a copyright 저작권을 침해하다
infringe patent rights 특허권을 침해하다

---

094 ★
heinous
[ˈheɪnəs]

圖 악랄한, 극악무도한

Never have I seen such a heinous crime.

저렇게 악랄한 범죄는 본 적이 없다.

---

095 ★
espionage
[ˈespiənɑːʒ]

圓 간첩 행위, 스파이 행위

The man conducted espionage insisted that what he did was a patriotic behavior.

간첩 행위를 한 사람은 자기가 그렇게 한 것이 애국적인 행동이라고 주장했다.

---

096 ★★
atrocity
[əˈtrɑːsəti]

圓 잔학한 행위, 만행

Hitler's Holocaust is considered one of the most brutal atrocities in history.

Hitler의 유대인 학살은 역사상 가장 잔인한 만행 중 하나로 여겨진다.

---

097 ★★
foreclosure
[fɔːrˈkloʊʒər]

圓 압류, (빌려 간 돈에 대한) 담보권 행사

Andrew failing to fulfill his monetary obligation, the foreclosure proceedings against his property were initiated.

Andrew는 지불 의무를 이행하지 못했기 때문에, 그의 재산에 대한 압류 절차가 시작되었다.

---

098 ★★
sordid
[ˈsɔːrdɪd]

圖 비도덕적인, 추악한, 지저분한

The sordid behavior of Japan during the colonial era is still condemned even after many years have passed.

수많은 세월이 흘렀음에도 식민 시대 때 일본의 추악한 행위는 여전히 비난받고 있다.

---

099 ★★
trafficking
[ˈtræfɪkɪŋ]

圓 밀거래, 불법 거래

Many of our native animals are endangered because of trafficking and poaching.

많은 토종 동물들이 밀렵과 불법 거래 때문에 멸종 위기에 처해 있다.

✱
exonerate
[ɪgˈzɑːnəreɪt]

ⓥ 무죄임을 입증하다, 무죄라고 밝혀지다

Having been in prison on a false charge for 30 years, he was finally exonerated from all charges.

억울하게 30년간 감옥살이를 한 후에, 그가 모든 혐의에 대해 무죄임이 밝혀졌다.

문맥에 맞는 단어를 보기에서 골라 빈칸에 넣으세요.

PART 1

ⓐ crack down on	ⓑ assailant	ⓒ victim	ⓓ sentenced	ⓔ legislate
ⓕ summoned	ⓖ released	ⓗ hostage	ⓘ committed	ⓙ convicted

1. The police have _____ the suspect for further investigation.

2. The police authority is trying to _____ the people who take illegal drugs.

3. The _____ of the violence testified that he hit his friend for fun.

4. The _____ who was hit by the hammer had to undergo surgery for fractures in his skull.

5. The government plans to _____ a new law against online sites that distribute violent information to minors.

6. If _____, Jane might face at least five years in prison with a million dollars in fines.

7. Louis had been _____ from prison after serving 10 years for robbery.

8. A five-year-old girl was taken _____ yesterday and is being held for 5 million dollars of ransom.

9. The court found Sam guilty of murder and _____ him to life in prison.

10. The man impulsively _____ murder, thinking the victim was laughing at him.

>> **Check-Up** Questions

문맥에 맞는 단어를 보기에서 골라 빈칸에 넣으세요.

PART 2 ▶

ⓐ atrocities	ⓑ abolish	ⓒ lenient	ⓓ illicit	ⓔ violated
ⓕ allegation	ⓖ verdict	ⓗ heinous	ⓘ trafficking	ⓙ acquitted

11. The police keep probing the bribery _____ against the president.

12. Some people support to _____ the death penalty, believing it violates the right to life.

13. Too many _____ crimes are being committed by adolescents.

14. People who take _____ drugs crave them all the time and become addicted at the end.

15. The man was _____ due to a lack of evidence.

16. The case came to the light when one of the victims disclosed his _____ to the local media.

17. The suspect waited nervously before a _____ was reached.

18. A government official who repeatedly _____ the traffic laws was deprived of his position.

19. The court passed a _____ sentence on the defendant as he had no former criminal record.

20. The _____ of illegal drugs and weapons should be strictly controlled.

answers
11 ⓕ 12 ⓑ 13 ⓗ 14 ⓓ 15 ⓙ 16 ⓐ 17 ⓖ 18 ⓔ 19 ⓒ 20 ⓘ

뉴텝스 어휘

UNIT
21

환경

환경

---

001 □□□

★★★
agriculture
[ˈægrɪkʌltʃər]

명 농업, 농경

We should regard the move towards mechanized agriculture as positive.

우리는 기계화 농업으로 전환하는 것을 긍정적으로 여겨야 한다.

---

002 □□□

★★★
predator
[ˈpredətər]

명 포식자

Upon seeing a predator, some animals make a loud sound so that others can escape.

포식자를 보자마자, 어떤 동물들은 다른 동물들이 도망갈 수 있도록 큰 소리를 낸다.

---

003 □□□

★★
encroach
[ɪnˈkroʊtʃ]

동 침해하다

Planting trees will prevent sand from encroaching into the land that has yet to degrade.

나무들을 심는 것은 아직 퇴화되지 않은 땅으로 모래가 침범하는 것을 방지할 것이다.

---

004 □□□

★★★
cause
[kɔːz]

 유의어
bring about 야기하다

동 야기하다 **명** 원인 | 대의, 목적

The illegal discharging of waste water caused the river to be polluted.

그 불법 폐수 방출은 강을 오염시켰다.

Changes to Earth's orbit can be a cause of an overall decrease in Earth's temperature.

지구의 궤도 변화가 전반적인 지구 온도 하락의 원인이 될 수 있다.

---

005 □□□

★★
conducive
[kənˈduːsɪv]

형 ~에 도움이 되는

The conservation movement is conducive to natural habitat growth.

자연 보호 운동은 자연 서식지 성장에 도움이 된다.

---

006 □□□

★★★
decline
[dɪˈklaɪn]

동 하락하다 | 거절하다

The number of wild animals in the world has declined recently.

최근에 전 세계 야생 동물의 수가 줄어들었다.

The government declined to explain the cause of the radiation leaks.

정부는 방사능 유출 원인을 설명하는 것을 거절했다.

---

007 ☐☐☐	* **game reserve**	야생 조수 보호 구역, 금렵 구역 The land was converted into a game reserve. 그 땅은 야생 조수 보호 구역으로 전환되었다.

008 ☐☐☐	** **sustainable development**	지속가능한 발전 Sustainable development leads to eco-friendly growth. 지속가능한 발전은 환경친화적 성장을 이끈다.

009 ☐☐☐	*** **habitat** [ˈhæbɪtæt]	🅼 서식지 Their winter habitat was disrupted by construction and urban development. 그들의 겨울 서식지가 공사와 도시 개발에 의해 파괴되었다.

010 ☐☐☐	*** **global warming**	지구 온난화 The government should take an action on global warming. 정부는 지구 온난화에 대한 조치를 취해야만 한다.

011 ☐☐☐	*** **harmful** [ˈhɑːrmfl] 유의어 harmless 무해한, 악의 없는	🅼 해로운 Acid rain is harmful to all nature, particularly to aquatic life. 산성비는 만물에, 특히 수중 생물에게 해롭다.

012 ☐☐☐	*** **imperil** [ɪmˈperəl]	🅳 위험에 빠뜨리다 Habitat loss has imperiled the wild animals. 서식지 손실이 야생 동물들을 위험에 빠뜨리고 있다.

013 ☐☐☐	* **parch** [pɑːrtʃ]	🅳 바싹 마르다, 건조해지다 The long drought left the fields parched. 오랜 가뭄은 들판을 바싹 마르게 만들었다.

014 ☐☐☐	*** **transformation** [ˌtrænsfərˈmeɪʃn]	🅼 변화 The transformation of grasslands into the village caused the birds to lose their breeding grounds. 초원이 마을로 변하면서 새들은 번식지를 잃게 됐다.

015 ☐☐☐	** **ravage** [ˈrævɪdʒ]	🅳 황폐하게 만들다 The natural environment is being ravaged by oil development. 자연환경이 석유 개발에 의해 황폐해지고 있다.

UNIT
01
UNIT
02
UNIT
03
UNIT
04
UNIT
05
UNIT
06
UNIT
07
UNIT
08
UNIT
09
UNIT
10
UNIT
11
UNIT
12
UNIT
13
UNIT
14
UNIT
15
UNIT
16
UNIT
17
UNIT
18
UNIT
19
UNIT
20
UNIT
21
UNIT
22
UNIT
23
UNIT
24
UNIT
25
UNIT
26
UNIT
27
UNIT
28
UNIT
29
UNIT
30

016 □□□

***
natural resources

천연자원

Natural resources as oil can be a blessing to countries with the necessary infrastructure to deal with them.

석유 같은 천연자원은 그것을 처리할 사회 기반 시설이 있는 나라에게는 축복일 수 있다.

017 □□□

**
possibility
[ˌpɑːsəˈbɪləti]

명 가능성, 가망

Officials evacuated people as a precaution because of the possibility of a hurricane.

공무원들은 허리케인의 가능성 때문에 예방 조치로 사람들을 대피시켰다.

018 □□□

**
rain forest

열대 우림

We should solve the problems associated with rain forest conservation.

우리는 열대 우림 보호와 관련된 문제들을 해결해야만 한다.

019 □□□

***
reduce
[rɪˈduːs]

동 줄이다, 감소시키다

The natural way can reduce algae and increase oxygen levels in aquatic environments.

자연적인 방법으로 수생 환경의 조류를 감소시키고 산소 수치를 증가시킬 수 있다.

020 □□□

***
threaten
[ˈθretn]

동 위협하다

The ecosystems are being threatened by human activities.

생태계는 인간의 활동에 의해 위협받고 있다.

021 □□□

***
unique
[juˈniːk]

형 독특한 | 유일한

The rain forest has been protected as the birds' unique habitat.

그 열대 우림은 그 새들의 독특한 서식지로서 보호되고 있다.

022 □□□

***
persist
[pərˈsɪst]

동 지속하다

Several nature conservation movements persist to this day.

여러 자연 보호 운동들이 오늘날까지 지속되고 있다.

023 □□□

**
disruptive
[dɪsˈrʌptɪv]

형 파괴적인

It is necessary to make a system to mitigate disruptive effects from natural disasters.

자연재해로부터의 파괴적인 영향을 경감시키기 위한 체계를 만들 필요가 있다.

| 024 □□□ | *** **alternative energy** | 대체 에너지 Alternative energy use is increasing all over the world as a necessity. 대체 에너지 사용이 필연적으로 전 세계적으로 증가하고 있다. |

| 025 □□□ | * **arid** [ˈærɪd] 유의어 dry 건조한 | 형 (땅 등이) 건조한, 메마른 Some animals have their own abilities to survive in the arid climate. 어떤 동물들은 건조한 기후에서 생존하기 위한 그들만의 고유한 능력을 가지고 있다. |

| 026 □□□ | *** **corrode** [kəˈroʊd] | 동 부식하다, 썩다 Buildings and roads corroded by acid rain are required to be reconstructed. 산성비에 의해 부식된 건물들과 도로들은 재건축되어야만 한다. |

| 027 □□□ | *** **deforestation** [diːˌfɔːrɪˈsteɪʃn] | 명 산림 파괴 Tropical countries should prevent deforestation by law. 열대 국가들은 삼림 파괴를 법으로 막아야 한다. |

| 028 □□□ | *** **erode** [ɪˈroʊd] | 동 침식하다, 침식되다 The soils are easily eroded by water and wind. 토양들은 물과 바람에 의해 쉽게 침식된다. |

| 029 □□□ | *** **exhaustible** [ɪgˈzɔːstəbl] | 형 고갈될 수 있는 People should be aware that the earth's natural resources can be exhaustible. 사람들은 지구의 천연자원이 고갈될 수 있다는 것을 알아야만 한다. |

| 030 □□□ | *** **extinction** [ɪkˈstɪŋkʃn] | 명 멸종 The foreign species introduction can cause the extinction of indigenous species. 외래종의 도입은 토착종의 멸종을 야기시킬 수 있다. |

| 031 □□□ | *** **evacuate** [ɪˈvækjueɪt] | 동 철수하다, 대피하다 Residents were asked to evacuate from the island immediately before the typhoon. 주민들은 태풍 전에 그 섬을 즉시 떠날 것을 요청받았다. |

032
☆☆☆
evaporation
[ɪˌvæpəˈreɪʃən]

명 증발

The higher the temperature is, the faster evaporation occurs.

기온이 높아지면 높아질수록 증발이 더 빠르게 일어난다.

033
☆☆
wastewater
[ˈweɪstwɔːtər]

명 하수, 폐수

The wastewater industry should be developed to stop discharging of wastewater.

폐수 산업은 폐수 방류를 막기 위해 개발되어야 한다.

034
☆☆☆
exploitation
[ˌeksplɔɪˈteɪʃn]

명 개발, 착취

The illegal exploitation of natural resources should be prohibited.

천연자원의 불법적인 개발은 금지되어야만 한다.

035
☆
raze
[reɪz]

통 (건물·도시 등을) 파괴하다

It will take a long time to recover the forest which was razed by wildfire.

들불로 파괴된 숲을 회복하는 데 오랜 시간이 걸릴 것이다.

> **텝스 기출 표현**
> raze A to the ground A를 철저히 파괴하다

036
☆☆☆
harsh
[hɑːrʃ]

harshness **명** 가혹, 냉혹
harshly **부** 심하게

형 혹독한

Certain wild animals survive in a harsh environment.

특정 야생 동물들은 혹독한 환경에서 생존한다.

> **텝스 기출 표현**
> a harsh environment 혹독한 환경

037
☆☆☆
fertile
[ˈfɜːrtl]

형 비옥한

Fertile soils can increase crop yields.

비옥한 토양은 작물 수확량을 증가시킬 수 있다.

038
☆☆☆
conserve
[kənˈsɜːrv]

conservation **명** 보존, (에너지) 절약
conservative **형** 보수적인

유의어
preserve 보존하다

통 아끼다, 절약하다 | 보존하다, 보호하다

We should conserve the natural resources because they can be depleted.

천연자원이 고갈될 수 있기 때문에 우리는 그것들을 아껴 써야 한다.

Many people make efforts to conserve wildlife in the area.

많은 사람들이 지역 야생 동물을 보호하려는 노력을 한다.

★★★
bleak
[bli:k]

형 황량한, 적막한 | 한랭한

The hillside looks bleak.
그 언덕은 황량해 보인다.

The city is well known for the bleak winds of winter.
그 도시는 겨울의 한랭한 바람으로 유명하다.

★★★
endangered
[ɪnˈdeɪndʒərd]

endanger **통** 위험에 빠뜨리다

형 멸종 위기에 처한

Systems to conserve endangered species urgently need to be introduced.
멸종 위기에 처한 종들을 보호하는 시스템이 시급하게 도입될 필요가 있다.

★★
carbon dioxide

이산화탄소

When concentrations of carbon dioxide in the atmosphere change, it can cause the temperature of the Earth to decrease.
대기 중에 이산화탄소의 농도가 변할 때, 그것은 지구의 온도를 감소시킬 수 있다.

★
interplay
[ˈɪntərpleɪ]

명 상호 작용

Past Ice Ages resulted from the interplay of various phenomena.
과거 빙하 시대는 다양한 현상들의 상호 작용의 결과였다.

★
pesticide
[ˈpestɪsaɪd]

유의어
insecticide 살충제

명 살충제

Heavy use of pesticides brings about habitat loss.
과도한 살충제 사용은 서식지 손실을 초래한다.

텝스기출표현
the use of pesticides 살충제 사용
spray crops with pesticide 곡식에 살충제를 뿌리다

★★★
pollution
[pəˈluːʃn]

pollute **통** 오염시키다

명 오염

All countries should take action to solve serious air pollution problems.
모든 나라들은 심각한 공기 오염을 해결하기 위한 조치를 취해야만 한다.

텝스기출표현
noise pollution 소음 공해
marine pollution 해양 오염

045 □□□	★★★ **logging** [ˈlɔːɡɪŋ]	명 벌목 The mountain is protected from logging by the city government. 그 산은 시 정부에 의해 벌목으로부터 보호된다.
046 □□□	★★ **current** [ˈkɜːrənt]	명 해류, 기류 Researchers easily spot currents on the ocean. 연구가들은 쉽게 해수면의 해류를 포착한다.
047 □□□	★★★ **irrigation** [ˌɪrəˈɡeɪʃən]	명 관개, 물을 끌어들임 Adequate irrigation systems are necessary to help many farmers to withstand prolonged droughts. 적절한 관개 수로 시스템은 많은 농부들이 장기간의 가뭄을 견딜 수 있게 도와주는 데 필수적이다.
048 □□□	★★★ **generate** [ˈdʒenəreɪt]	동 생성하다, 발생시키다 Excessive use of energy generates greenhouse gas emissions. 과도한 에너지 사용은 온실 가스 배출을 발생시킨다.
049 □□□	★★★ **diminish** [dɪˈmɪnɪʃ]	동 감소시키다 Overfishing can diminish certain species in the ocean. 어류 남획은 해양의 특정 종들을 감소시킬 수 있다.
050 □□□	★★★ **absorb** [əbˈsɔːrb]	동 흡수하다 The ocean is able to absorb more heat than the land. 바다는 육지보다 더 많은 열을 흡수할 수 있다.
051 □□□	★★★ **harness** [ˈhɑːrnɪs]	동 (에너지를) 이용하다 There are various efficient ways to harness the sun's abundant energy. 태양의 풍부한 에너지를 사용하는 다양한 효율적인 방법들이 있다.
052 □□□	★★ **environmentally conscious**	환경 보호를 의식하는 The company brings an environmentally conscious attitude to its business. 그 회사는 경영에 환경 보호를 의식하는 태도를 접목하고 있다.
053 □□□	★★★ **ecologically friendly**	생태 친화적인 More ecologically friendly companies will be established. 생태 친화적인 회사들이 더 많이 설립될 것이다.

UNIT 01
UNIT 02
UNIT 03
UNIT 04
UNIT 05
UNIT 06
UNIT 07
UNIT 08
UNIT 09
UNIT 10
UNIT 11
UNIT 12
UNIT 13
UNIT 14
UNIT 15
UNIT 16
UNIT 17
UNIT 18
UNIT 19
UNIT 20
UNIT 21
UNIT 22
UNIT 23
UNIT 24
UNIT 25
UNIT 26
UNIT 27
UNIT 28
UNIT 29
UNIT 30

★★★
deplete
[dɪˈpliːt]

유의어

exhaust 고갈시키다
use up 다 써버리다

동 고갈시키다

Farmers rotate crops that deplete and build soil nutrients.

농부들은 토양의 양분을 고갈시키는 작물과 개량시키는 작물을 윤작한다.

★★
sanctuary
[ˈsæŋktʃueri]

명 보호 구역

An elephant sanctuary was established in the park.

코끼리 보호 구역이 공원 안에 만들어졌다.

★★★
fossil fuel

화석 연료

Many people are aware of conserving fossil fuels.

많은 사람들이 화석 연료 보존에 대해 인식하고 있다.

★
garbage dump

쓰레기 처리장

Most of the litter we throw away turns the public parks into garbage dumps.

우리가 버리는 대부분의 쓰레기들이 공원들을 쓰레기장으로 만든다.

★★★
glacier
[ˈgleɪʃər]

명 빙하

The global warming caused the melting of the glacier.

지구 온난화가 빙하를 녹게 했다.

★★★
recycle
[ˌriːˈsaɪkl]

유의어

reprocess 재처리하다

동 재활용하다

The best way to protect the earth's environment is recycling every day.

지구의 환경을 보호하는 최고의 방법은 매일 재활용하는 것이다.

★★★
emission
[iˈmɪʃn]

명 배출

Measures to reduce emissions from new power plants were established.

새로운 발전소에서 배출을 줄일 조치들이 마련되었다.

★★
decompose
[ˌdiːkəmˈpoʊz]

decomposition 명 분해

동 분해하다

The plastic bag is not decomposed in soil.

비닐봉지는 흙 속에서 분해되지 않는다.

062

influence
['ɪnfluəns]

동 영향을 주다 **명** 영향, 영향력

Weather patterns influence the ecosystems.
기상 패턴은 생태계에 영향을 끼친다.

> **텝스 기출 표현**
>
> reciprocal influence 상호 영향

063

undermine
[ˌʌn dərˈmaɪn]

동 기반을 약화시키다

Economic growth can be undermined without the protection of the environment.
경제 성장은 환경 보호 없이는 기반이 약화될 수 있다.

064

adapt
[əˈdæpt]

동 적응하다

Various plants and animals have adapted to the harsh environment.
다양한 동식물들이, 거친 환경에 적응해 왔다.

065

landfill site

쓰레기 매립지

The city government is planning to transform the landfill site into an ecological park this year.
시 정부는 올해 쓰레기 매립지를 생태 공원으로 변형할 계획이다.

066

circumstance
['sɜːrkəmstæns]

명 상황, 환경

We should protect nature under any circumstances.
우리는 어떠한 상황에서도 자연을 보호해야만 한다.

> **텝스 기출 표현**
>
> under the given circumstance 주어진 상황에서

067

deteriorate
[dɪˈtɪriəreɪt]

deterioration **명** 악화

동 악화되다

The four-river refurbishment project deteriorated the ecosystem around the rivers.
4대강 정비 사업은 강 주변 생태계를 악화시켰다.

068

disposable
[dɪˈspoʊzəbl]

disposal **명** 처분

형 1회용의, 사용 후 버릴 수 있는

Using disposable paper cups is restricted in the café.
일회용 컵 사용이 카페에서 금지된다.

069 □□□	★★★ **ozone layer**	오존층 The ozone layer absorbs much of ultraviolet rays, keeping organisms on Earth out of harm's way 오존층은 많은 양의 자외선을 흡수해, 지구상의 생물들이 해를 입지 않게 해 준다.
070 □□□	★★★ **harvest** [ˈhɑːrvɪst]	통 수확하다 People prefer fruit and vegetables harvested from farms free of pesticides and chemicals. 사람들은 살충제와 화학 약품을 쓰지 않는 농장에서 수확된 과일과 야채를 선호한다.
071 □□□	★★★ **poaching** [poʊtʃɪŋ]	명 밀렵 Requiring hunters to qualify for and carry a government-issued license while hunting can stop poaching. 사냥꾼들로 하여금 정부가 발행한 허가증을 취득하고 사냥 중에 소지하도록 요구하는 것으로 밀렵을 막을 수 있다.
072 □□□	★★★ **pose a threat**	위협하다 Oil spills pose a threat to the marine ecosystem. 기름 유출은 해양 생태계를 위협한다.
073 □□□	★★★ **substitute** [ˈsʌbstɪtuːt]	통 대신하다, 대용하다 We can substitute a mug for a paper cup to conserve our environment. 우리는 환경을 보호하기 위해 종이컵 대신 머그잔을 쓸 수 있다.
074 □□□	★★★ **mining** [ˈmaɪnɪŋ]	명 채굴 Mining is causing environmental damage. 채굴은 환경적인 피해를 유발하고 있다.
075 □□□	★ **radioactive waste**	방사성 폐기물 Effective systems to dispose of radioactive waste should be implemented. 방사선 폐기물을 처리할 효과적인 시스템이 시행돼야만 한다.
076 □□□	★★★ **replenish** [rɪˈplenɪʃ]	통 보충하다, 다시 채우다 Water, which is a renewable resource, can be hard to be replenished at some time because it is being depleted so quickly. 재생 가능한 자원인 물은 너무 빠르게 고갈되고 있어서 언젠가 보충되기 어려워질 수도 있다.

UNIT
01
UNIT
02
03
UNIT
04
UNIT
05
06
UNIT
07
08
UNIT
09
10
11
12
UNIT
13
14
UNIT
15
UNIT
16
UNIT
17
UNIT
18
UNIT
19
20
UNIT
21
22
UNIT
23
UNIT
24
25
UNIT
26
27
UNIT
28
29
30

077 ***

reservoir

[ˈrezərvwɑːr]

명 저수지 | 저장

The more reservoirs are built, the more sufficient water will be supplied to residents.

더 많은 저수지가 생기면 생길수록, 더 충분한 물이 주민들에게 공급될 것이다.

078 **

render

[ˈrendər]

동 ~한 상태가 되게 하다

Modifications for clean energy source could take a long time and might cost a fortune, rendering them impossible.

청정 에너지원으로의 변경은 시간이 오래 걸리고 비용도 많이 들어 실행 불가능할 것이다.

079 ***

flux

[flʌks]

명 변동

Our environment is in an incessant state of flux.

우리의 환경은 끊임없이 변화하는 상태에 있다.

080 ***

existence

[ɪgˈzɪstəns]

명 존재

Rapid environmental changes can imperil existence of a species.

급격한 환경 변화는 종의 존재를 위태롭게 할 수 있다.

081 ***

invariably

[ɪnˈveriəbli]

부 예외 없이, 반드시

All results of human activities are invariably impacting the climate system.

인간 활동의 모든 결과는 예외 없이 기후 시스템에 영향을 주고 있다.

082 ***

impede

[ɪmˈpiːd]

동 지연시키다, 방해하다

People's interest in the environment can impede the spread of pollution.

사람들의 환경에 대한 관심이 오염의 확산을 지연시킬 수 있다.

083 ***

sulfur dioxide

아황산가스

Sulfur dioxide is the main factor in the formation of acid rain.

아황산가스는 산성비 형성에 있어 주된 요인이다.

084 *

converge

[kənˈvɜːrdʒ]

동 모여들다

All the rivers converge on the sea.

모든 강들은 바다로 모인다.

085 □□□	★★ **take a toll**	**피해를 주다**	The most powerful tsunami took a toll on the village last year. 가장 강력한 쓰나미가 작년에 마을에 피해를 입혔다.
086 □□□	★★★ **thrive** [θraɪv]	**⑧ 잘 자라다 | 번성하다**	Plants can thrive when they get plenty of sunshine, water and rich soil. 식물들은 충분한 햇빛, 물 그리고 비옥한 토양을 얻을 때 잘 자란다.
087 □□□	★★★ **temperature** [ˈtemprətʃʊr]	**⑲ 기온**	Concentrations of greenhouse gases in the atmosphere lead to the rise of temperature on the Earth. 대기 중 온실 기체 응축이 지구의 온도 상승을 초래한다.
088 □□□	★★★ **release** [rɪˈliːs]	**⑧ 방출하다**	The factories must not release any harmful substances illegally. 공장들은 불법으로 어떠한 유해 물질도 방출해서는 안 된다.
089 □□□	★★★ **impact** [ɪmˈpækt]	**⑧ ~에 영향을 주다**	The city's rapid development can have a profound impact on the environment. 도시의 급속한 개발은 환경에 엄청난 영향을 끼칠 수 있다.
090 □□□	★★★ **face** [feɪs]	**⑧ 직면하다**	The city faced serious problems with air, land, and water pollution. 그 도시는 대기 오염, 토양 오염과 수질 오염의 심각한 문제에 직면했다.
091 □□□	★ **water treatment system**	**수질 처리 시스템**	More and more houses will be equipped with water treatment systems to reuse wastewater. 점점 더 많은 집들이 폐수를 재사용할 수 있는 수질 처리 시스템을 갖추게 될 것이다.
092 □□□	★★★ **whaling** [ˈweɪlɪŋ]	**⑲ 고래잡이**	Commercial whaling can put whales at risk of extinction. 상업적인 고래잡이는 고래들을 멸종 위기에 처하게 할 수 있다.

093 ☐☐☐

***
ongoing
[ˈɑːngoʊɪŋ]

☑ 지속되는

Effective environmental protection methods appear to be ongoing.

효과적인 자연 보호 방법이 지속되고 있는 것으로 보인다.

---

094 ☐☐☐

**
phase in

단계적으로 도입하다

We should phase in new measures to reduce the annual greenhouse gas emissions.

우리는 연간 온실가스 배출량을 줄이기 위한 새로운 대책을 단계적으로 도입해야만 한다.

---

095 ☐☐☐

***
urge
[ɜːrdʒ]

☑ 촉구하다

The nature conservation movement urged the public to recycle.

그 자연 보호 운동은 대중들에게 재활용할 것을 촉구했다.

---

096 ☐☐☐

**
terrestrial
[təˈrestriəl]

☑ 육지의

Spraying illegal pesticides is deadly to marine and terrestrial animals.

불법적인 농약을 살포하는 것은 해양과 육지 동물들에게 치명적이다.

---

097 ☐☐☐

***
substantially
[səbˈstænʃəli]

☑ 실질적으로 l 상당히, 많이

The major polluters of the world should substantially cut their greenhouse gas emissions.

주요 오염국들은 온실가스 배출을 실질적으로 감축해야만 한다.

---

098 ☐☐☐

***
precipitation
[prɪˌsɪpɪˈteɪʃn]

☑ 강수량

Precipitation is important to sustain vegetation, animal life and human habitation.

강수량은 식물, 동물, 인간의 거주를 유지하는 데 중요하다.

---

099 ☐☐☐

**
equilibrium
[ˌiːkwɪˈlɪbriəm]

☑ 균형, 평형

Alien species must be completely eradicated to preserve a region's natural equilibrium.

외래종은 지역 자연계의 평형을 유지하기 위해 완전히 박멸되어야만 한다.

---

100 ☐☐☐

***
mitigate
[ˈmɪtɪgeɪt]

☑ 경감시키다

Air pollution was mitigated by environment laws.

공기 오염이 환경 법안들로 인해 경감되었다.

문맥에 맞는 단어를 보기에서 골라 빈칸에 넣으세요.

PART 1

ⓐ deteriorate	ⓑ deplete	ⓒ conserving	ⓓ harnessing	ⓔ conducive
ⓕ imperiled	ⓖ threatens	ⓗ emissions	ⓘ rainforest	ⓙ irrigation

1. Excessive vehicle _____ can result in global warming.

2. If conservation is not given priority, environment will _____ rapidly.

3. Some chemicals _____ the ozone layer.

4. _____ the natural resources is necessary because they can be exhausted.

5. Scientists have long been researching on _____ the sun's abundant energy.

6. The fertile place is _____ to farming.

7. The indiscriminate development _____ the environment.

8. Deforestation _____ survival of the wild animals.

9. _____ will be improved to supply sufficient water.

10. The _____ is a very comfortable place for plants which need abundant rainfall.

answers

1 ⓗ 2 ⓐ 3 ⓑ 4 ⓒ 5 ⓓ 6 ⓔ 7 ⓕ 8 ⓖ 9 ⓙ 10 ⓘ

▶▶ **Check-Up** Questions

문맥에 맞는 단어를 보기에서 골라 빈칸에 넣으세요.

PART 2 ▶

ⓐ substituting ⓑ habitats   ⓒ poaching   ⓓ exploitation   ⓔ decompose
ⓕ released   ⓖ took a toll   ⓗ mitigated   ⓘ sanctuary   ⓙ evacuated

11. The hurricane _____ on the city last month.

12. Harmful substances were illegally _____ from the factory.

13. _____ a mug for a paper cup is a good way to conserve our environment.

14. We should limit the use of plastic bags which don't _____ in the soil.

15. Many wild animals were endangered by _____.

16. Pakistan is well known for having the largest bird _____ in Asia.

17. The illegal _____ of natural resources is a serious issue worldwide.

18. People were _____ from the building to escape the fire.

19. Using public transportation can _____ air pollution.

20. We should protect the _____ of endangered animals.

answers
11 ⓖ 12 ⓕ 13 ⓐ 14 ⓔ 15 ⓒ 16 ⓘ 17 ⓓ 18 ⓙ 19 ⓗ 20 ⓑ

UNIT
22

날씨

날씨

001
☐☐☐

**
forecast
[ˈfɔːrkæst]

유의어
predict 예측하다, 예견하다

🔵 예측하다, 예보하다 🔵 예측, 예보

I didn't forecast any rain.
나는 비가 올 거라고 예측하지 않았다.

I guess the weather forecast is no longer reliable today.
오늘날의 일기 예보는 더 이상 믿을 만하지 못한 것 같다.

002
☐☐☐

*
windy
[ˈwɪndi]

반의어
windless 바람이 불지 않는

🔵 바람이 많이 부는

You'd better bundle up since it's windy outside.
밖에 바람이 많이 부니까 옷을 따뜻하게 껴입는 게 좋을 거예요.

003
☐☐☐

*
chilly
[ˈtʃɪli]

유의어
frigid 몹시 추운

🔵 추운, 쌀쌀한

Who opened the window on a chilly day like this?
이렇게 추운 날 누가 창문을 열었어요?

004
☐☐☐

**
arid
[ˈærɪd]

유의어
dry 마른, 건조한

🔵 매우 건조한, 무미건조한

The arid climate of deserts makes living things impossible to survive.
사막의 건조한 기후는 생물이 생존하기 어렵게 만든다.

005
☐☐☐

**
moist
[mɔɪst]

🔵 촉촉한

You should keep your skin moist to keep it young.
젊음을 유지하려면 피부를 촉촉하게 해야 한다.

006
☐☐☐

**
advisable
[ədˈvaɪzəbl]

🔵 바람직한

It's advisable to bundle up on a chilly day like this.
이렇게 추운 날에는 옷을 따뜻하게 껴입는 게 좋다.

007
☐☐☐

*
humid
[ˈhjuːmɪd]

유의어
damp 축축한, 눅눅한

🔵 습한

Humid weather makes me sweat a lot.
습한 날씨 때문에 땀이 많이 난다.

---

008 ✷

thermal
[ˈθɜːrml]

형 열의, 보온성의

These containers are very thermal.
이 용기들은 보온성이 좋다.

---

009 ✷

thermometer
[θərˈmɑːmɪtər]

명 온도계, 체온계

Make sure to check the thermometer and hygrometer on a hot summer day.
무더운 여름날에는 온도계와 습도계를 꼭 확인하세요.

---

010 ✷✷✷

moderate
[ˈmɑːdərət]

유의어
modest 적당한, 겸손한

형 보통의, 중간의 | 온화한, 적당한

The weather is so moderate that I feel like going on a picnic.
날씨가 너무 좋아서 소풍이 가고 싶다.

---

011 ✷

murky
[ˈmɜːrki]

유의어
misty 안개가 낀, 자욱한
hazy 흐릿한

형 (날씨가) 흐린, 어두운, 음산한, 안개가 짙은

The weather has been so murky since last weekend.
날씨가 지난 주말부터 매우 흐리다.

---

012 ✷✷

drizzle
[ˈdrɪzl]

동 보슬비가 내리다 명 이슬비, 보슬비, 가랑비

Since it started to drizzle this morning, I'm worried that the game might be called off.
아침에 보슬비가 내리기 시작해서, 경기가 취소될까 봐 걱정이다.

Heavy rains turned into a light drizzle.
폭우가 보슬비로 변했다.

---

013 ✷✷✷

get used to -ing

유의어
be used to -ing ~에 익숙해지다
be[get] accustomed to -ing ~하는
데 익숙하다

~에 익숙해지다

The workers still don't get used to working in harsh weather.
노동자들은 혹독한 날씨에 일하는 것이 여전히 익숙하지 않다.

▶혼동하지 말자!
be used to V ~하는 데 사용되다
used to V ~하곤 했다

01
UNIT
02
UNIT
03
UNIT
04
UNIT
05
UNIT
06
UNIT
07
UNIT
08
UNIT
09
UNIT
10
UNIT
11
UNIT
12
UNIT
13
UNIT
14
UNIT
15
UNIT
16
UNIT
17
UNIT
18
UNIT
19
UNIT
20
UNIT
21

014 □□□

**
let up
유의어
clear up (날씨가) 개다, 사라지다

(날씨가) 개다 | (강도가) 약해지다, 누그러지다
It seems that the torrential rain won't let up tonight.
폭우는 오늘 밤에 그칠 것 같지 않다.

---

015 □□□

**
imminent
[ˈɪmɪnənt]
유의어
forthcoming 다가오는, 곧 있을

🔵형 임박한
Since the wind was about to pick up, I could presume the tempest would be imminent.
바람이 거세지고 있었기 때문에, 나는 곧 폭풍이 몰아칠 것을 예상할 수 있었다.

---

016 □□□

**
grim
[grɪm]
유의어
severe 극심한, 가혹한
stern 엄중한, 근엄한
gloomy 음울한

🔵형 암울한 | 엄숙한, 단호한
Saying her future is grim was totally out of line.
그녀의 미래가 암울하다고 말한 건 정말 선을 넘었어요.

I hope the weather is not going to be grim for our wedding day.
우리 결혼식 날에는 날씨가 음침하지 않았으면 좋겠네요.

▶혼동하지 말자!
glim 등불, 초

---

017 □□□

***
measure
[ˈmeʒər]
measurement 🔵명 측정, 측량
유의어
gauge 측정하다, 판단하다, 알아내다, 기준

🔵동 (치수·양 등을) 측정하다, 재다 🔵명 측정, 계량, 척도
A thermometer is a device to measure the temperature.
온도계는 온도를 측정하는 기구이다.

---

018 □□□

*
hailstone
[ˈheɪlstoʊn]

🔵명 우박
I can't believe it was raining with hailstones at the end of March.
3월 말에 우박과 함께 내리는 비라니 믿기지 않아요.

---

019 □□□

*
bizarre
[bɪˈzɑːr]
유의어
odd 이상한, 특이한
peculiar 이상한, 기이한, 독특한

🔵형 기이한, 특이한
The sudden change of weather was so bizarre that it was hard for me to pick an outfit.
갑작스런 기이한 날씨의 변화로 나는 옷 고르기가 힘들었다.

UNIT
22
UNIT
23
UNIT
24
UNIT
25
UNIT
26
UNIT
27
UNIT
28
UNIT
29
UNIT
30

020
☐☐☐

★★★
likely
[ˈlaɪkli]

유의어

maybe 아마도, 어쩌면, 혹시
probably 아마(도)

형 ~할 것 같은, ~할 가능성이 있는 **부** 아마도

The harsh weather is highly likely to clear up soon.
흑독한 날씨는 곧 갤 가능성이 높다.

She will most likely get lost.
그녀는 아마 길을 잃을지도 모른다.

021
☐☐☐

★
torrential rain

유의어

heavy rain 폭우
downpour 폭우

폭우

The torrential rain caused the meeting to be delayed.
폭우로 인해 회의가 지연되었다.

022
☐☐☐

★
pouring
[ˈpɔːrɪŋ]

형 퍼붓는 듯한, 쏟아져 나오는

The rain was literally pouring down.
비가 완전 퍼붓고 있었다.

023
☐☐☐

★
shower
[ˈʃaʊər]

형 소나기

There will be a few scattered showers in Busan.
부산에 산발적인 소나기가 내릴 예정이다.

024
☐☐☐

★
gray
[greɪ]

유의어

dull 흐린, 희미한
dim 희미한

형 흐린, 어둑한, 음산한, 회색(빛)의

It's gray and inclement outside.
밖의 날씨가 흐리고 궂다.

025
☐☐☐

★★
dull
[dʌl]

유의어

gray 흐린, 어둑한, 음산한
dim 희미한

형 흐린, 희미한

I don't like to go out on a dull day.
나는 날씨가 흐린 날에는 밖에 나가고 싶지 않다.

026
☐☐☐

★
nasty
[ˈnæsti]

유의어

inclement (날씨가) 궂은
overcast 날씨가 흐린

형 (날씨가) 궂은

A rainbow rose against the nasty sky.
흐린 하늘에 무지개가 나타났다.

01
UNIT 02
UNIT 03
UNIT 04
UNIT 05
UNIT 06
UNIT 07
UNIT 08
UNIT 09
10
UNIT 11
UNIT 12
UNIT 13
UNIT 14
UNIT 15
16
UNIT 17
UNIT 18
UNIT 19
UNIT 20
UNIT 21
UNIT 22
UNIT 23
UNIT 24
UNIT 25
UNIT 26
UNIT 27
UNIT 28
UNIT 29
UNIT 30

027 ☐☐☐

✳
gloomy
[ˈgluːmi]

🅗 어둑어둑한, 음울한

I guess I'm readily affected by the weather changes since I feel down when the weather is gloomy.

나는 날씨가 우중충하면 울적해지기 때문에 기후 변화에 영향을 쉽게 잘 받는 것 같다.

---

028 ☐☐☐

✳
powdery snow

싸락눈

With powdery snow falling, the temperature started to drop.

싸락눈이 내리면서 기온이 떨어지기 시작했다.

---

029 ☐☐☐

✳
the first snow of the season

첫눈

The kids are expecting the first snow of the season.

아이들은 첫눈을 기다리고 있다.

---

030 ☐☐☐

✳
big snowflakes

함박눈

Big snowflakes are falling down outside.

밖에 함박눈이 내리고 있다.

---

031 ☐☐☐

✳
stormy
[ˈstɔːrmi]

유의어
nasty (날씨가) 궂은
threatening (날씨가) 험악한, 거친, 비가 올 듯한

🅗 (날씨가) 험악한, 폭풍우가 몰아치는

The dark clouds were a sign of upcoming stormy weather.

먹구름은 다가올 폭풍우 치는 날씨의 전조였다.

---

032 ☐☐☐

✳
foul
[faʊl]

유의어
nasty (날씨가) 궂은

🅗 (날씨가) 궂은, 험악한, 사나운

The foul weather makes me feel gloomy.

궂은 날씨 때문에 기분이 우울하다.

---

033 ☐☐☐

✳✳
sultry
[ˈsʌltri]

유의어
muggy 무더운, 후덥지근한

🅗 무더운, 후덥지근한

It is more sultry than warm.

날씨가 따뜻하기보단 후덥지근하다.

★
icy
[ˈaɪsi]

유의어

freezing 결빙의, 몹시 추운

형 얼음으로 뒤덮인 | 차가운

The road is icy due to the heavy snowfall.
폭설로 인해 도로가 얼었다.

★★
frigid
[ˈfrɪdʒɪd]

유의어

freezing 결빙의, 몹시 추운

형 살을 에는 듯한, 몹시 추운

We're better off staying at home on such frigid weather.
이렇게 몹시 추운 날엔 집에 있는 게 좋겠어요.

★
hazy
[ˈheɪzi]

유의어

misty 안개가 낀
foggy 안개가 낀

형 안개 낀 | (기억 등이) 흐릿한, 애매모호한

It is so hazy that I can barely see anything.
안개가 자욱해서 아무것도 보이지 않는다.

★
frosty
[ˈfrɔːsti]

유의어

freezing 결빙의, 몹시 추운
frigid 살을 에는 듯한, 몹시 추운

형 서리 내린, 몹시 추운

The car was so frosty that I had to heat it up every morning.
차에 서리가 너무 많이 껴서, 매일 아침 나는 차를 따뜻하게 해 놔야만 했다.

★★★
refreshing
[rɪˈfreʃɪŋ]

유의어

cool 시원한, 서늘한

형 시원한, 상쾌한

My most favorite thing is when I'm lying down on a beach with a refreshing breeze.
상쾌한 바람을 맞으며 해변에 누워 있는 것이 내가 가장 좋아하는 일이다.

★
mild
[maɪld]

형 온화한

The climate of the city is always mild.
그 도시의 기후는 언제나 온화하다.

★★
last
[læst]

유의어

persist 계속되다, 지속되다
continue 계속되다

동 계속되다, 지속되다

This nasty weather won't last long.
이 궂은 날씨가 오래가진 않을 것이다.

★★★
approach
[əˈproʊtʃ]

유의어
loom 어렴풋이[흐릿하게] 보이다,
다가오다

동 다가오다, 다가가다, 접근하다

With dark skies approaching, let's take a rain check on sailing.

하늘이 어두컴컴해지고 있으니, 요트는 다음에 탑시다.

★★
loom
[luːm]

유의어
approach 다가오다, 다가가다

동 어렴풋이 보이다 | 다가오다

With clear weather looming, we should go out and do something!

날씨가 화창하니, 우리 나가서 뭐라도 좀 해요!

★★
rare
[rer]

유의어
scarce 부족한, 드문
unusual 드문, 흔치 않은

형 드문, 희귀한, 진귀한

It's rare for these people in this region to see the sunny weather.

이 지역 사람들에게 화창한 날씨를 보는 건 드문 일이다.

★★★
regarding
[rɪˈɡɑːrdɪŋ]

유의어
concerning ~에 관하여
in[with] regard to ~에 관하여
with respect to ~에 관하여

전 ~에 관하여

Regarding analyzing the data from the weather satellite, the most honors go to meteorologists.

기상 위성이 보내오는 데이터를 분석하는 데 있어서, 기상학자들의 공이 가장 크다.

★
damp
[dæmp]

dampen 동 물에 적시다, 약화시키다

형 축축한, 눅눅한

It was unpleasant to unwillingly spend a week in these damp conditions.

이런 축축한 환경에서 어쩔 수 없이 일주일을 보내야 하는 것이 불쾌했다.

★
maritime
[ˈmærɪtaɪm]

형 바다의, 해양의

Maritime winds are going to pick up.

바닷바람은 더 강해질 예정이다.

★
sleet
[sliːt]

동 진눈깨비가 오다 명 진눈깨비

It was sleeting this morning.

오늘 아침에 진눈깨비가 내리고 있었다.

048 □□□

* **a biting cold**

유의어

a born chiller 살을 에는 듯한 추위

살을 에는 듯한 추위

Because of a biting cold, the schools were closed down for the day.

살을 에는 듯한 추위로 인해, 학교는 당일 휴교했다.

---

049 □□□

* **tropical**

[ˈtrɑːpɪkl]

형 열대의, 열대 지방의

This country has a tropical climate.

이 나라는 열대성 기후이다.

---

050 □□□

*** **evacuate**

[ɪˈvækjueɪt]

evacuation 명 피난, 대피

유의어

take shelter from ~으로부터 피하다

동 대피시키다, 떠나다

The residents were told to evacuate to keep safe from the mountain fire.

주민들은 산불을 피해 대피하라는 지시를 받았다.

---

051 □□□

* **high pressure**

반의어

low pressure 저기압

고기압

High pressure might reduce some of the fine dust particles which are a big problem in Korea.

고기압이 한국의 큰 문제인 미세 먼지 입자를 조금은 감소시켜 줄지도 모른다.

---

052 □□□

*** **seismic**

[ˈsaɪzmɪk]

형 지진의

Some research is being carried out on seismic waves.

지진파에 관한 몇몇 연구가 시행되고 있다.

텝스기출표현

seismic area 지진대
seismic center 진원

---

053 □□□

** **turbulence**

[ˈtɜːrbjələns]

명 난기류, 난류

A sudden change of weather caused flight turbulence.

갑작스런 기후 변화가 비행 중의 난기류를 야기시켰다.

---

054 □□□

** **foliage**

[ˈfoʊliɪdʒ]

명 나뭇잎

The fall foliage is at its peak in the middle of October.

단풍은 10월 중순 즈음에 절정을 이룬다.

---

055 □□□

*** **prevailing**

[prɪˈveɪlɪŋ]

유의어

dominant 우세한, 지배적인

형 우세한, 지배적인

The prevailing wind at this time comes from the South.

이 시기에 많이 부는 바람은 남풍이다.

056
□□□

★★
gale
[geɪl]

유의어

gulf 돌풍

명 강풍, 돌풍

The fleet managed to navigate the seas despite the severe gale.

함대는 거센 강풍에도 불구하고 바다를 항해하며 나아갔다.

057
□□□

★★★
worsen
[ˈwɜːrsn]

유의어

aggravate 악화시키다
deteriorate 악화되다, 더 나빠지다

통 악화시키다, 악화되다

The weather is expected to worsen over the next few days.

향후 며칠간 날씨가 더 악화될 것으로 예상된다.

058
□□□

★★★
deepen
[ˈdiːpən]

유의어

inflame 악화시키다
exacerbate 악화시키다

통 악화시키다, 악화되다

The consistent chilly weather might deepen her cold.

지속적인 쌀쌀한 날씨는 그녀의 감기를 악화시킬지도 모른다.

059
□□□

★★★
inflame
[ɪnˈfleɪm]

유의어

aggravate 악화시키다
deteriorate 악화되다, 더 나빠지다
exacerbate 악화시키다

통 격앙시키다, 흥분시키다 | 악화시키다

People in the village were inflamed by the government's irresponsible remarks.

마을 사람들은 정부의 무책임한 발언에 격앙되었다

The continuous arid climate inflamed a forest fire.

지속적인 건조한 기후는 산불을 악화시켰다.

060
□□□

★★
under the weather

유의어

come down with (병에) 걸리다
(as) sick as a dog[cat/horse] 몸이
극도로 안 좋은

몸이 안 좋은

I guess he is feeling under the weather since he looks all pale.

그의 얼굴이 창백한 걸 보니 아무래도 그는 몸이 안 좋은 것 같다.

061
□□□

★★
down in the dumps

유의어

depressed 우울한
gloomy 음울한, 우울한

우울한

I've been down in the dumps for the past few days due to the gloomy weather.

나는 요 며칠간 우중충한 날씨 때문에 우울했었다.

✶ bane
[beɪn]

유의어
hassle 귀찮은 일[것/상황], 번거로운
일[것/상황]

명 골칫거리

I've been a bane to my parents since I was little.
나는 어릴 적부터 부모님에게 골칫거리였다.

✶✶ indolent
[ˈɪndələnt]

유의어
lazy 게으른, 나태한
idle 게으른, 나태한

형 게으른

It was a common belief that people living in tropical climates is indolent and idle.
열대 기후 지역에 사는 사람들이 게으르고 나태하다라는 것이 일반적인 믿음이었다.

✶✶ disperse
[dɪˈspɜːrs]

유의어
disseminate 퍼뜨리다, 전파하다
diffuse 분산시키다

동 흩어지게 하다, 분산시키다, 퍼뜨리다

The sleet started to disperse everywhere.
진눈깨비가 사방으로 흩어지기 시작했다.

✶✶ foreshadow
[fɔːrˈʃædoʊ]

동 ~의 전조가 되다, 조짐을 보이다

Ensuing light rains foreshadows the upcoming heavy rains.
연이은 보슬비는 폭우가 다가올 것임을 암시한다.

✶ cataclysm
[ˈkætəklɪzəm]

유의어
apocalypse 대재앙, 파멸

명 대재앙, 대변동

Only a few people survived the cataclysm.
오직 소수의 사람들만이 대재앙에서 살아남았다.

✶ avalanche
[ˈævəlæntʃ]

명 눈사태, 산사태

A lot of people were stranded in isolated areas due to the avalanche.
눈사태로 인해 많은 사람들이 고립된 지역에 발이 묶였다.

✶✶✶ subside
[səbˈsaɪd]

유의어
placate 달래다
pacify 달래다, 진정시키다

동 가라앉다, 진정되다

The people on the eastern seaboard waited for the waves to subside.
동해안 지방 사람들은 파도가 가라앉길 기다렸다.

069 □□□

★★★
fluctuate
[ˈflʌktʃueɪt]

동 변동을 거듭하다

If you get sick, your body temperature can fluctuate.

몸이 아프면, 체온이 오르락내리락할 수 있다.

---

070 □□□

★★
inundate
[ˈɪnʌndeɪt]

유의어
flood 물에 잠기다[잠기게 하다], 침수
시키다

동 범람시키다, 침수시키다

The flood inundated large parts of the town.

홍수는 마을의 많은 곳을 침수시켰다.

---

071 □□□

★★
luck out

유의어
have luck 운이 따르다

운이 따르다

We lucked out since we could get out of work early on a hot summer day like this.

이렇게 무더운 여름날 일찍 퇴근하다니 우리는 운이 좋았다.

---

072 □□□

★★
scorching
[ˈskɔːrtʃɪŋ]

유의어
baking 타는 듯이 더운
sultry 무더운, 후덥지근한

형 (찌는 듯이) 몹시 더운

I can't stand the scorching weather!

이 찌는 듯한 더위를 못 참겠어요!

---

073 □□□

★
defrost
[ˌdiːˈfrɔːst]

반의어
frost 성에가 끼다, 서리로 덮다, 서리,
성에

동 해동하다, 성에를[얼음을] 제거하다

Microwaves are one way to defrost food in a snap.

전자레인지는 음식을 빠르게 해동할 수 있는 한 가지 방법이다.

---

074 □□□

★★★
drain
[dreɪn]

drainage 명 배수, 배수 시설

동 배수하다, 물이 빠지다 명 배수관, 배수(구)

Due to the severe flood, the drainage pipe doesn't drain well.

엄청난 홍수로 인해, 배수관에서 물이 잘 빠지지 않는다.

---

075 □□□

★★★
resume
[rɪˈzuːm]

동 재개하다

The moderate and mild weather will make the road construction resume next Monday.

온화하고 따뜻한 날씨는 다음 주에 있을 도로 공사를 재개하도록 도와줄 것이다.

★★★

no sooner A than B

유의어

hardly[scarcely] A when[before] B
A하자마자 B하다

A 하자마자 B하다

No sooner had the heavy rain stopped than the gale started to approach.

폭우가 그치자마자 강풍이 불기 시작했다.

★★

dredge

[dredʒ]

동 (강·호수 바닥을) 파헤치다 | 건져 올리다

We should dredge the lake and get rid of the pollutants.

우리는 호수 밑바닥을 파헤쳐서 오염 물질들을 제거해야 한다.

★★

variable

[ˈveriəbl]

유의어

fluctuating 변동하는

반의어

invariable 변함없는

형 변동이 심한, 가변적인

They failed to account for the direction of the wind since it was variable.

바람의 변화가 가변적이어서, 그들은 바람의 방향을 예측하지 못했다.

★★

recant

[rɪˈkænt]

유의어

cancel 취소하다
call off 취소하다

동 취소하다, 철회하다

The mayor recanted the decision to introduce the new weather warning system due to the opposition by citizens.

시장은 시민들의 반발로 인해 새로운 날씨 경보 시스템을 도입하려는 결정을 철회했다.

★★

drench

[drentʃ]

drenched 형 흠뻑 젖은

유의어

soak 흠뻑 적시다

동 흠뻑 적시다

She went home drenched due to unexpected rain.

예상치 못한 비로 그녀는 흠뻑 젖어서 집에 갔다.

★

rain cats and dogs

유의어

pour (비가) 억수로 내리다, 마구 쏟아지다

비가 억수로 내리다

It's raining cats and dogs.

비가 억수로 내리고 있다.

★
sweltering

[ˈsweltəriŋ]

유의어

scorching (찌는 듯이) 몹시 더운
sultry 무더운, 후덥지근한

형 무더운 | 더위 먹은, 더위에 지친

The sweltering heat continues for three consecutive days.
찌는 듯한 찜통더위가 3일 내내 계속되고 있다.

★★
fortuitous

[fɔːrˈtuːtəs]

유의어

fortunate 운이 좋은, 행운의
lucky 운이 좋은, 행운의

형 행운의, 우연한

It was fortuitous to find a place to avoid the rain last night.
어젯밤 비를 피할 수 있는 곳을 찾은 것은 행운이었다.

▶혼동하지 말자!
fastidious 까다로운
facetious 경박한, 장난치는, 우스운

★★★
exasperate

[ɪgˈzæspəreɪt]

유의어

vex 성가시게 하다, 짜증나게 하다
infuriate 격분시키다

동 몹시 화나게 하다, 짜증나게 하다, 격분시키다

His words exasperated me even though he didn't mean to.
그의 발언은 그가 의도하지 않았더라도, 나를 화나게 만들었다.

★
torpid

[ˈtɔːrpɪd]

유의어

lethargic 무기력한

형 무기력한, 활기 없는

Because of the scorching weather, she looked torpid.
무더운 날씨 때문에 그녀는 무기력해 보였다.

★
lull

[lʌl]

유의어

relieve 완화하다
appease 달래다
assuage 달래다, 누그러뜨리다

명 소강 상태, 잠잠한 시기 **동** 달래다, 누그러뜨리다, 잠잠해지다

There was a lull in the storm.
폭풍이 잠시 멈추었다.

The baby was lulled to fall asleep by her mother's lullaby.
아기는 엄마의 자장가를 듣고 잠들었다.

★★★
come down with

유의어

contract (병에) 걸리다

(병에) 걸리다

I think I'm coming down with a cold because of the continuous temperature below zero.
나는 연이은 영하의 날씨 때문에 감기에 걸린 것 같다.

01 UNIT
02 UNIT
03 UNIT
04 UNIT
05 UNIT
06 UNIT
07 UNIT
08 UNIT
09 UNIT
10 UNIT
11 UNIT
12 UNIT
13 UNIT
14 UNIT
15 UNIT
16 UNIT
17 UNIT
18 UNIT
19 UNIT
20 UNIT
21 UNIT
22
23 UNIT
24 UNIT
25 UNIT
26 UNIT
27 UNIT
28 UNIT
29 UNIT
30

**
be analogous to

유의어
be similar to ~와 비슷하다[유사하다]
be tantamount to ~에 버금가다

~와 비슷하다[유사하다]

A dolphin's brain is said to be analogous to that of the human.

돌고래의 뇌는 인간의 뇌와 유사하다고 한다.

---

*
atrocious
[əˈtroʊʃəs]

atrocity 명 잔혹 행위

유의어
terrible 끔찍한, 형편없는
awful 끔찍한, 지독한
lousy 형편없는, 엉망인

형 끔찍한, 형편없는

I should've canceled the trip since the weather was atrocious with all the rain, wind, and hailstones.

날씨가 비, 바람, 우박까지 너무 끔찍했기 때문에 나는 여행을 취소했어야만 했다.

▶혼동하지 말자!
auspicious 상서로운

---

*
dissipate
[ˈdɪsɪpeɪt]

동 흩어지게 하다, 소멸하다, 소멸되다, 소멸시키다

Extensive fog will dissipate by noon tomorrow.

짙은 안개는 내일 정오면 사라질 것이다.

**
overcast
[ˌoʊvərˈkæst]

유의어
gray 흐린, 어둑한
murky 날씨가 흐린, 탁한

형 날씨가 흐린, 구름이 뒤덮인

The skies started to be overcast with clouds.

하늘은 구름으로 뒤덮여 흐려지기 시작했다.

**
inclement
[ɪnˈklemənt]

유의어
nasty (날씨가) 궂은, 험악한

반의어
clement 온화한, 관대한

형 날씨가 궂은, 날씨가 좋지 않은

No other aircraft can take off in inclement weather.

악천후에는 어떠한 비행기도 뜰 수 없다.

---

*
oppressive
[əˈpresɪv]

유의어
muggy 무더운, 후덥지근한
close 후덥지근한, 텁텁한

형 후덥지근한, 무더운

The oppressive heat could've worn me out.

그 후덥지근한 열기는 나를 정말 지치게 한다.

094
□□□

★
unsettled
[ʌnˈsetld]

유의어
changeable 변덕이 심한
broken 기복이 있는

형 변덕스러운

Though there was the unsettled weather, we had a pretty good weekend.
변덕스러운 날씨에도 불구하고, 우리는 꽤 좋은 주말을 보냈다.

095
□□□

★
be up to here with

유의어
be sick of ~에 넌더리 나다
be fed up with ~에 진저리가 나다

신물이 나다

I'm up to here with the ensuing fine dust.
계속되는 미세 먼지가 정말 지긋지긋하다.

096
□□□

★
bedraggled
[bɪˈdrægld]

형 (비·흙탕물에) 젖은

Bedraggled dogs were scavenging.
비에 흠뻑 젖은 강아지들이 쓰레기 더미를 뒤지고 있었다.

097
□□□

★
disheveled
[dɪˈʃevəld]

형 (옷차림이) 단정치 못한, (머리가) 헝클어진

I'm somewhat disheveled after the rain.
비가 와서 머리가 조금 헝클어졌다.

098
□□□

★★
in accordance with

유의어
according to ~에 따라서
in compliance with ~에 따라[응하여]

~에 따라서

In accordance with the weather warning system, pre-measures were taken to stop people from getting stranded in the mountains.
기상 경보 시스템에 따라, 사람들이 산에 고립되는 것을 막을 수 있는 예방책들이 취해졌다.

099
□□□

★★★
subdue
[səbˈduː]

유의어
quell 진압하다, 가라앉히다, 누그러뜨리다
put down 진압하다

동 진압하다, 가라앉히다

The fire was subdued by the tireless efforts of firefighters.
소방관들의 지칠 줄 모르는 노력으로 화재가 진압되었다.

100
□□□

★
unfurl
[ˌʌnˈfɜːrl]

유의어
unroll 펼치다, 펴다
unfold 펼치다, 펴다

동 펼치다, 펴다

Unfurl umbrellas now! It's raining so hard.
이제 우산을 펼치세요! 비가 너무 많이 와요.

문맥에 맞는 단어를 보기에서 골라 빈칸에 넣으세요.

PART 1

ⓐ under the weather	ⓑ worsen	ⓒ advisable	ⓓ fluctuates	ⓔ mild
ⓕ lucked out	ⓖ arid	ⓗ let up	ⓘ nasty	ⓙ forecast

1. The weather _____ is unreliable these days.

2. Some plants can grow well even in _____ climates.

3. It's _____ to get some rest when you get sick.

4. I hope this rain will _____ soon.

5. The volume of precipitation _____ every year.

6. We _____ because we had a pretty warm winter this year.

7. The floods will _____ over time.

8. I guess we had a pretty _____ winter this year.

9. I felt _____ so that I wanted to throw up.

10. Our plan to go sailing was postponed due to the _____ weather.

>> Check-Up Questions

문맥에 맞는 단어를 보기에서 골라 빈칸에 넣으세요.

ⓐ drenched	ⓑ scorching	ⓒ no sooner	ⓓ lull	ⓔ coming down with
ⓕ approach	ⓖ variable	ⓗ subsided	ⓘ hazy	ⓙ up to here with

11. Due to the fine dust, the sky is _____.

12. I can't put up with this _____ weather!

13. Since the wind was expected to pick up, so we had to wait till it _____.

14. There are many ways to _____ this problem.

15. _____ had the festival started than the rain was pouring down.

16. The weather has been so _____ that I don't know what to wear.

17. I got _____ because of the heavy rain.

18. The _____ in the wind helped keep the fire under control.

19. I guess I'm _____ a fever.

20. I'm _____ this continuous rain.

answers

11 ⓘ 12 ⓑ 13 ⓗ 14 ⓕ 15 ⓒ 16 ⓖ 17 ⓐ 18 ⓓ 19 ⓔ 20 ⓙ

뉴텝스 어휘

UNIT
23

철학

철학

001
☐☐☐

★
conception
[kənˈsepʃn]

명 생각, 개념

The conception of considering Friedrich Nietzsche and his philosophy sympathetic to the Nazi movement is thoroughly inaccurate.

Friedrich Nietzsche와 그의 사상이 나치 운동과 일맥상통한다는 생각은 완전히 잘못된 것이다.

텝스 기출 표현

an imperative conception 강박 관념

002
☐☐☐

★★★
philosopher
[fəˈlɑːsəfər]

philosophy **명** 철학

명 철학자

The philosopher attacked the notions of education and culture that were prevalent in his day.

그 철학자는 당대에 만연된 교육과 문화의 개념을 공격했다.

003
☐☐☐

★★★
explicate
[ˈeksplɪkeɪt]

유의어
explain 설명하다

동 설명하다

He used various examples to explicate his own philosophical views.

그는 그만의 철학적인 관점을 설명하기 위해 다양한 예를 사용했다.

004
☐☐☐

★★★
acceptable
[əkˈseptəbl]

accept **동** 받아들이다, 수용하다
acceptance **명** 받아들임, 수락

형 받아들일 만한, 허용할 수 있는

People do not consider Swiss philosopher Jean Jacques Rousseau's ideas that gender equality is stupid acceptable today.

사람들은 스위스 철학자 Jean Jacques Rousseau의 '양성평등은 어리석다'라는 생각이 오늘날 받아들여질 거라고 생각하지 않는다.

005
☐☐☐

★★
concrete
[ˈkɑːŋkriːt]

반의어
abstract 추상적인

형 구체적인, 현실의, 사실에 근거한

Philosophers should give concrete examples to express their opinions.

철학자들은 그들의 견해를 밝히기 위해 구체적인 예들을 들어야만 한다.

텝스 기출 표현

give a concrete example 구체적인 예를 들다

---

006 ★★★

contain
[kənˈteɪn]

유의어
restrain 참다

동 함유하다, 포함하다 | 억누르다, 참다

The book contains views of The German philosopher Arthur Schopenhauer.

그 책은 독일 철학자 Arthur Schopenhauer의 견해를 담고 있다.

According to his philosophy, it is hard for people to contain their anger.

그의 철학에 따르면, 사람들은 그들의 화를 참기가 어렵다고 한다.

텝스 기출 표현

contain one's anger 화를 참다
contain oneself 자제하다

---

007 ★★★

ignore
[ɪgˈnɔːr]

ignorance **명** 무지, 무시

유의어
disregard 못 본 척하다

동 무시하다 | 못 본 척하다

The philosophy ignores the benefits of self-reflect.

그 철학은 자아 성찰의 장점들을 무시한다.

---

008 ★★

instill
[inˈstɪl]

동 (생각을) 서서히 심어 주다

The moral philosophy of Immanuel Kant instilled necessity conforming to belief in a higher being in people.

Immanuel Kant의 도덕적 철학은 사람들에게 더 높은 존재에 대한 믿음에 순응할 필요성을 심어 주었다.

텝스 기출 표현

instill into ~에게 심어 주다

---

009 ★

autonomously
[ɔːˈtɑːnəməsli]

autonomous **형** 자주적인

부 자주적으로

The moral agents can behave autonomously by imposing duties on themselves.

도덕적 행위자는 그들 자신에게 임무를 부과하면서 자주적으로 행동할 수 있다.

---

010 ★★★

founder
[ˈfaʊndər]

유의어
initiator 창시자

명 창립자

The founder of the modern philosophy was Descartes.

현대 철학의 창시자는 Descartes였다.

011 ★★★
comprehend
[ˌkɑːmprɪˈhend]

comprehension 몡 이해력
comprehensive 혱 포괄적인

동 이해하다

He believed that people cannot comprehend what is truly right or wrong so they should have faith in a higher power.

그는 사람들은 무엇이 진정으로 옳고 그른지를 이해할 수 없으므로 더 높은 존재에 대한 믿음을 가져야 한다고 생각했다.

---

012 ★★★
complicated
[ˈkɑːmplɪkeɪtɪd]

유의어
perplexing 복잡한

혱 복잡한

They raised very complicated philosophical issues by asking very simple questions.

그들은 매우 단순한 질문들을 하면서 아주 복잡한 철학의 쟁점을 제기했다.

---

013 ★★★
prompt
[prɑːmpt]

유의어
provoke 촉발하다

동 촉발하다 혱 즉각적인

His book prompted people to think over the nature of philosophy.

그의 책은 사람들에게 철학의 본질을 깊이 생각하도록 촉구했다.

---

014 ★★★
critical thinking

비판적 사고

Developing critical thinking skills is much more important than teaching students a lot of dead facts.

비판적 사고를 키우는 것은 학생들에게 케케묵은 사실들을 가르치는 것보다 훨씬 더 중요하다.

---

015 ★★
inductive
[ɪnˈdʌktɪv]

혱 귀납적인

John Dewey suggested inductive reasoning instead of memorization.

John Dewey는 암기 대신 귀납적 추론을 제시했다.

텝스기출표현
inductive reasoning 귀납적 추론

---

016 ★★
dogmatic
[dɔːgˈmætɪk]

혱 독단적인

According to the philosophy, teachers should avoid students dogmatic approach.

그 철학에 따르면, 선생님들은 학생들을 독단적으로 대하지 않아야 한다.

---

017 ★★
perpetually
[pərˈpetʃuəli]

perpetuate 동 영구화하다
perpetual 혱 끊임없이 계속되는

부 끊임없이

Questions of humankind are perpetually raised in philosophy.

인류에 관한 질문들이 철학에서 끊임없이 제기되고 있다.

018 ☐☐☐	★★★ **inherent** [ɪnˈhɪrənt]	📘 내재하는
		He claimed that it is hard to resolve the inherent conflict.
		그는 내적 갈등을 해결하기란 어렵다는 것을 주장했다.

019 ☐☐☐	★★★ **desire** [dɪˈzaɪər]	📙 욕망
		According to Schopenhauer, people follow a powerful desire even though it suffers them endlessly.
		Schopenhauer에 따르면, 사람들은 그로 인해 끊임없는 고통을 받는다 할지라도 강력한 욕망을 좇게 된다고 한다.

020 ☐☐☐	★★★ **engross** [ɪnˈɡroʊs]	📗 몰두하게 하다
		He argued that our desire is ceased when we are engrossed in contemplation.
		그는 우리가 명상에 잠겨 있을 때 우리의 욕망이 멈춰진다고 주장했다.

021 ☐☐☐	★★★ **pervasive** [pərˈveɪsɪv] 〈유의어〉 widespread 널리 퍼진	📘 만연하는
		After people studied his philosophy, they were aware of the pervasive suffering around society.
		사람들은 그의 철학을 공부한 후, 사회 주변에 만연된 고통을 인지하게 되었다.

022 ☐☐☐	★ **enlightenment** [ɪnˈlaɪtnmənt]	📙 계몽
		Enlightenment is not following the beliefs of church or state but the ability to think independently.
		계몽은 교회나 국가의 믿음을 따르는 것이 아니라 독립적으로 생각하는 능력이다.

023 ☐☐☐	★★★ **maturity** [məˈtʃʊrəti]	📙 성숙
		Participation in public debate helps us come to intellectual maturity.
		공청회 참여는 우리가 지적으로 성숙해지는 데 도움이 된다.

024 ☐☐☐	★★★ **tolerate** [ˈtɑːləreɪt]	📗 수용하다 ㅣ 참다
		He asserts that a society should tolerate expressing different viewpoints freely.
		그는 사회는 다른 관점을 자유롭게 표현하는 것을 허용해야만 한다고 주장한다.

025 ☐☐☐	★★ **be keen to**	~을 간절히 열망하다
		Philosophers were keen to promote intellectual debate.
		철학자들은 지적 토론을 추진하기를 간절히 열망했다.

026
□□□

★
destabilize
[ˌdiːˈsteɪbəlaɪz]

destabilization 명 불안성

图 불안정하게 만들다

His own philosophical ideas destabilized the country.

그의 철학적 사상은 나라를 불안정하게 만들었다.

027
□□□

★★
dialogue
[ˈdaɪəlɔːg]

명 대화

Plato, who is the ancient Greek philosopher, depicted his teacher, Socrates by writing down dialogues.

고대 그리스 철학자인 Plato는 문답을 기록하는 방식으로 자신의 스승인 Socrates를 묘사했다.

028
□□□

★★
expound
[ɪkˈspaʊnd]

图 자세히 설명되다

He expounded his views on philosophy.

그는 철학에 관한 그의 견해를 상세히 설명하였다.

029
□□□

★★★
confine
[kənˈfaɪn]

图 국한시키다

He did not confine himself to 19th-century thought.

그는 19세기의 사상에 국한되지 않았다.

> **텝스기출표현**
> confine oneself to ~에 틀어박히다, ~에 국한하다

030
□□□

★★
derive
[dɪˈraɪv]

图 파생시키다

We can derive metaphysical views from his philosophy.

우리는 그의 철학에서 형이상학적 견해를 도출시킬 수 있다.

031
□□□

★★
manifest
[ˈmænɪfest]

图 표명하다

These dialogues were used to manifest his philosophical views.

이러한 대화들은 그의 철학적 견해를 표명하기 위해 사용되었다.

032
□□□

★★★
dwell on

~을 숙고하다

Philosophers dwell on the meaning of the past.

철학자들은 과거의 의미를 숙고한다.

033
□□□

★★★
fundamental
[ˌfʌndəˈmentl]

fundamentalism 명 근본주의
fundamentally 부 근본적으로

图 근본적인

He claimed that compassion is a fundamental principle of all morality.

그는 모든 도덕의 근본적인 신념은 동정심이라고 주장했다.

034 □□□	★★★ **rational** [ˈræʃnəl] rationalism 명 합리주의 반의어 irrational 불합리한	형 이성적인, 합리적인 He was admired because he clearly explained of rational thought. 그는 이성적인 사고에 관해 명확하게 설명했기 때문에 존경받았다.
035 □□□	★★★ **regard** [rɪˈgɑːrd] regarding 전 ~에 관해서 반의어 disregard 무시하다	동 간주하다 Aristotle is regarded as one of the greatest ancient thinkers in philosophy. Aristotle은 철학에서 가장 훌륭한 고대 사상가들 중 한 명으로 간주된다. 텝스기출표현 regard A as B A를 B로 간주하다 with regard to ~에 관해서는
036 □□□	★★★ **relatively** [ˈrelətɪvli]	부 상대적으로 A relatively new discipline of philosophy has succeeded mythology and religion. 상대적으로 새로운 철학의 규율이 신화와 종교의 뒤를 이었다.
037 □□□	★★ **immortal** [ɪˈmɔːrtl]	형 죽지 않는 Plato asserted that the soul is immortal. Plato는 영혼은 영원히 죽지 않는다고 주장했다.
038 □□□	★★★ **superstition** [ˌsuːpərˈstɪʃn]	명 미신 A reservoir of knowledge is the best solution for superstition. 지식의 축적이 미신에 대한 가장 좋은 해결책이다.
039 □□□	★ **inconsistency** [ˌɪnkənˈsɪstənsi]	명 불일치 There is a logical inconsistency in his philosophy. 그의 철학에는 논리적 불일치가 있다.
040 □□□	★★★ **significant** [sɪgˈnɪfɪkənt]	형 중요한 He suggested significant principles of philosophy in his book. 그는 책에 철학의 중요한 원칙들을 제시했다.

★★★
sophisticated
[səˈfɪstɪkeɪtɪd]

형 복잡한

People who lack in knowledge think that sophisticated philosophical theories are difficult.

지식이 부족한 사람들은 복잡한 철학적 이론들이 어렵다고 생각한다.

★★★
superficial
[ˌsuːpərˈfɪʃl]

superficiality **명** 피상

형 피상적인, 표면적인

We should not have a superficial knowledge of philosophical thought.

우리는 철학 사상에 대해 피상적으로만 알아서는 안 된다.

★
transient
[ˈtrænʃnt]

형 덧없는

No one could distinctly explain the transient nature of human life.

아무도 인생의 덧없는 본질을 명확히 설명할 수 없다.

★★★
uphold
[ʌpˈhoʊld]

동 지지하다

He upheld the belief that people try to avoid pain and pursue pleasure.

그는 사람들은 고통을 피하려고 하고 기쁨을 추구한다는 생각을 지지했다.

★★★
assumption
[əˈsʌmpʃn]

명 가정, 추정

Nietzsche rejected all the assumptions that dominated western philosophy in his time.

Nietzsche는 그 당시 서양 철학을 지배하고 있던 모든 가정들을 거부했다.

★
entity
[ˈentəti]

명 본질, 실체

According to him, the reality is regarded as a stable entity that exists outside of human consciousness.

그에 따르면, 현실은 인간 의식 밖에 존재하는 안정적인 실체로 간주된다.

★★★
reason
[ˈriːzn]

명 이성

We should see the reality through reason and scientific observation.

우리는 이성과 과학적 관찰을 통해 현실을 봐야 한다.

★★
universality
[ˌjuːnəvɜːrˈsæləti]

universal **형** 일반적인, 보편적인

명 보편성

Nietzsche confronted the notion of universality.

Nietzsche는 보편성의 개념에 맞섰다.

049 □□□	★★★ **abstract** [ˈæbstrækt]	혱 추상적인 Most people think philosophy is too abstract. 대부분의 사람들은 철학이 너무 추상적이라고 생각한다.
050 □□□	★ **verifiable** [ˈverəˌfaɪəbl]	혱 입증할 수 있는 Some philosophers consider knowledge not to be verifiable. 몇몇 철학자들은 지식을 입증할 수 없다고 여긴다.
051 □□□	★★★ **doubt** [daʊt]	혱 의심 He thinks knowledge can be known with the presence of doubts. 그는 의심이 함께 있어야 지식은 알려질 수 있다고 생각한다.
052 □□□	★★★ **essential** [ɪˈsenʃl]	혱 중요한 The truth is essential to a person who longs knowledge. 진리는 지식을 갈망하는 사람에게 중요하다.
053 □□□	★★ **rationale** [ˌræʃəˈnæl]	혱 이론적 근거 The hypothesis relies on the rationale. 그 가설은 이론적 근거에 의존한다.
054 □□□	★★★ **espouse** [ɪˈspaʊz]	동 지지하다 Some people espoused existentialism. 몇몇 사람들은 실존주의를 지지했다.
055 □□□	★★★ **precede** [prɪˈsiːd]	동 우선하다 He believed that human existence precedes the individual essence. 그는 인간의 존재가 개인적 본질보다 앞선다고 믿었다.
056 □□□	★ **devoid** [dɪˈvɔɪd]	혱 ~이 없는 Some believed that traditional value standards were completely devoid of meaning. 몇몇 사람들은 전통적 가치 기준들은 전혀 의미 없는 것이라고 믿었다.
057 □□□	★★ **despise** [dɪˈspaɪz]	동 경멸하다 You should not despise and hate yourself. 당신은 당신 자신을 경멸하거나 증오해서는 안 된다.

058 □□□

implant ★★
[ɪmˈplænt]

동 (남의 마음에 생각·태도 등을) 심다

His philosophy implanted virtue in our mind.
그의 철학은 선을 우리 마음에 심었다.

---

059 □□□

necessity ★★★
[nəˈsesəti]

명 필연성

Kant said that scientific laws require necessity and universality.
Kant는 과학 법칙은 필연성과 보편성을 요구한다고 말했다.

---

060 □□□

creation ★★★
[kriˈeɪʃn]

명 창조

He claimed that humankind occupies a special place in creation.
그는 인류는 창조에 있어서 중요한 부분을 차지한다고 주장했다.

---

061 □□□

precisely ★★★
[prɪˈsaɪsli]

부 정확히

It is impossible to talk precisely about things that humans consider highly significant such as truth or beauty.
진실 혹은 아름다움 같은 인간이 매우 중요하게 여기는 것들에 대해 정확히 말하는 것을 불가능하다.

---

062 □□□

intellectual ★★★
[ˌɪntəˈlektʃuəl]

형 지적인

Within this intellectual environment, he conducted the study of philosophy.
이러한 지적 환경에서 그는 철학을 연구했다.

---

063 □□□

rationalism ★
[ˈræʃnəlɪzəm]

명 합리주의

His philosophy supported rationalism that is based on reason and logic.
그의 철학은 이성과 이론에 근거한 이성주의를 지지했다.

---

064 □□□

hold sway over ★★

~을 지배하다

His philosophy held sway over all his followers thought.
그의 철학은 그의 추종자들이 생각하는 모든 것을 지배했다.

---

065 □□□

pros and cons ★★★

장단점

The professor weighed the pros and cons of the philosopher's ideas.
그 교수는 그 철학자의 사상의 장단점을 비교 검토했다.

---

066 □□□

entail ★★★
[ɪnˈteɪl]

동 수반하다

The philosopher claimed that freedom entails responsibility.
그 철학자는 자유는 책임을 수반한다고 주장했다.

유의어
involve 수반하다

★★★

consistent

[kənˈsɪstənt]

형 (언행·사상 등이) 일관성 있는

Many people respect the philosopher who is consistent in his action,

많은 사람들은 행동이 일관되는 그 철학자를 존경한다.

> **텝스기출표현**
>
> be consistent with ~와 조화를 이루다

★★★

constitute

[ˈkɑ:nstətu:t]

유의어
set up 구성하다
compose 구성하다

동 구성하다, 이루다

His various experiences constituted his profound philosophical theories.

그의 다양한 경험들이 그의 심오한 철학적 이론을 이루었다.

★★★

ground

[graʊnd]

명 (연구 등의) 분야, 영역

His ideas which lack depth continued to break new scientific and philosophical ground.

깊이가 부족한 그의 사상들은 계속해서 새로운 과학적, 철학적 분야를 개척하기 시작했다.

★★★

adhere

[ədˈhɪr]

동 고수하다

Although the philosopher countered quite a lot of opposition, he adhered to his theory.

그 철학자는 많은 반대에 부딪혔지만, 그는 그의 이론을 고수했다.

> **텝스기출표현**
>
> adhere to A A를 고수하다

★

dualism

[ˈdu:əlɪzəm]

명 이원론

According to dualism, they believe that mind is separate from body.

이원론에 따라, 그들은 신체와 정신이 분리되어 있다는 것을 믿는다.

★★

ideological

[ˌaɪdiˈɑ:lədʒi]

ideology **명** 이데올로기, 이념

형 사상적인, 이념적인

Some philosophers have similar ideological tendencies.

몇몇 철학자들은 비슷한 이념 성향을 가지고 있다.

★★★

morality

[məˈræləti]

명 도덕성

The philosopher's life wasn't inconsistent with his morality.

그 철학자의 삶은 그의 도덕성과 상반되지 않았다.

***
empirical
[ɪmˈpɪrɪkl]

반의어
theoretical 이론적인

형 경험에 의한, 실증적인

He used empirical evidence to support his philosophical view.

그는 그의 철학적 견해를 지지하기 위해 경험적 증거를 사용했다.

---

*
imbue
[ɪmˈbjuː]

유의어
infuse (사상·신념·기운 등을) 불어넣다

동 (강한 감정·의견·가치를) 가득 채우다

The scholar was imbued with Plato's philosophy.

그 학자는 Plato의 철학으로 고취되었다.

> **텝스 기출 표현**
> be imbued with ~로 고취되다[물들다]

***
rehabilitate
[ˌriːəˈbɪlɪteɪt]

동 명예를[평판을] 회복시키다

The philosopher claimed that we should rehabilitate themselves.

그 철학자는 우리 자신들 스스로 신용을 회복해야만 한다고 주장했다.

**
staunch
[stɔːntʃ]

형 확고한

He was a staunch supporter of Socrates' philosophy.

그는 Socrates의 철학의 확고한 지지자였다.

***
distinction
[dɪˈstɪŋkʃn]

형 뛰어남

He achieved distinction in the area of philosophy.

그는 철학 분야에서 뛰어났다.

**
veracious
[vəˈreɪʃəs]

형 정직한

The veracious philosopher tried to recognize how people should behave.

그 정직한 철학가는 사람들이 어떻게 행동해야 하는지에 대해 알려고 노력했다.

**
archetypal
[ˌɑːrkiˈtaɪpl]

형 전형적인

His dissertation is on an archetypal form of Eastern philosophy.

그의 논문은 동양 철학의 전형적인 형태에 관한 것이다.

문맥에 맞는 단어를 보기에서 골라 빈칸에 넣으세요.

PART 1

ⓐ concrete ⓑ significant ⓒ sophisticated ⓓ inconsistencies ⓔ prompted
ⓕ ignore ⓖ explicate ⓗ comprehend ⓘ autonomously ⓙ inductive

1. His philosophy has a few logical _____.

2. People have trouble understanding _____ principles of philosophy in his book.

3. Intelligent people can easily understand _____ philosophical theories.

4. She made efforts to _____ Plato's philosophical views in the lecture.

5. _____ examples of his theory helped people to have a good grasp.

6. We should not _____ his own philosophy of life.

7. We should behave _____ when we are in trouble.

8. It is important to _____ what is truly right or wrong.

9. The philosophy _____ us to think over the nature of men.

10. Conclusions of evolutionary theory is a kind of the result of _____ reasoning.

answers

1 ⓓ 2 ⓑ 3 ⓒ 4 ⓖ 5 ⓐ 6 ⓕ 7 ⓘ 8 ⓗ 9 ⓔ 10 ⓙ

>> **Check-Up** Questions

문맥에 맞는 단어를 보기에서 골라 빈칸에 넣으세요.

PART 2

ⓐ engrossed	ⓑ uphold	ⓒ assumptions	ⓓ abstract	ⓔ precedes
ⓕ superficial	ⓖ relatively	ⓗ perpetually	ⓘ doubt	ⓙ rationale

11. He _____ raised questions of human existence.

12. I enjoy being _____ in contemplation.

13. A _____ knowledge of philosophical thought makes us confused.

14. We should _____ human rights.

15. No one supported all the _____ that the philosopher made.

16. There is a good way to understand philosophy even though it is too _____.

17. _____ is the key of knowledge.

18. The _____ is based on productivity.

19. Human existence _____ any other things.

20. A _____ new discipline of philosophy got recognition.

UNIT
24

심리

심리

001

★★★

annoying

[əˈnɔɪɪŋ]

annoy 통 짜증 나게 하다
annoyed 형 짜증이 나 있는

유의어
irritating 짜증 나는, 화나는, 자극하는

형 **짜증스러운**

The sound which the machine makes is so annoying that employees cannot concentrate on their work.

직원들은 그 기계가 내는 소리가 너무 짜증스러워서 일에 집중할 수 없다.

002

★★★

depressed

[dɪˈprest]

depress 통 우울하게 하다, 침체시키다
depression 명 우울, 우울증, 불경기

형 **우울한, 암울한 | 침체된**

I sometimes feel depressed when it gets cold.

나는 날씨가 추워지면 때때로 우울해진다.

Many workers were laid off and many factories shut down because of the depressed economy.

침체된 경기 때문에 많은 근로자들이 해고되고, 대다수의 공장들이 문을 닫았다.

003

★★★

jealous

[ˈdʒeləs]

jealousy 명 질투, 시샘

형 **질투하는**

Other people were jealous of her success, so they spread groundless rumors.

다른 사람들은 그녀의 성공에 질투가 나서, 유언비어를 퍼뜨렸다.

▶혼동하지 말자!
zealous 열정적인

004

★★★

sensitive

[ˈsensətɪv]

sensitivity 명 감수성, 민감

반의어
insensitive 무신경한, 둔감한

형 **감수성이 강한, 세심한 | 민감한, 예민한**

Almost every person likes her because she is a sensitive person.

그녀는 세심한 사람이라 거의 모든 사람들이 그녀를 좋아한다.

She becomes very sensitive when she is criticized.

그녀는 비판을 받을 때 매우 예민해진다.

005

★★★

panic

[ˈpænɪk]

panicky 형 공황 상태에 빠진

명 **극심한 공포, 공황**

The news that an asteroid was approaching Earth created a global panic.

소행성 하나가 지구에 접근하고 있다는 소식은 전 세계에 극심한 공포를 불러왔다.

---

006 ***

appreciate

[əˈpriːʃieɪt]

appreciation 몡 감사, 감상, 이해, 가치 상승

[반의어]

depreciate 평가 절하하다, 가치가 떨어지다

동 진가를 알아보다, 높이 평가하다 | 감상하다 | ~을 고맙게 여기다

The consumers seemed to appreciate the state-of-the-art technology.

소비자들은 그 최신 과학 기술을 높이 평가하는 것 같았다.

The guide can help you appreciate each artwork better.

가이드는 당신이 각각의 예술 작품을 더 잘 이해할 수 있게 도와줄 것이다.

007 ***

upset

혱 [ˌʌpˈset]
동 [ʌpˈset]

혱 속상한, 기분이 상한 동 속상하게 하다, 망치다

His parents are still upset with him.

그의 부모님들은 여전히 그에게 화가 나 있다.

Some people tell a lie not to upset others.

어떤 사람들은 타인을 속상하게 만들지 않으려고 거짓말을 한다.

008 **

furious

[ˈfjʊriəs]

fury 몡 격노, 분노

혱 몹시 화가 난 | 맹렬한

I was furious with myself for losing the opportunity.

나는 그 기회를 놓친 것에 대하여 나 자신에게 몹시 화가 났다.

There was a furious storm, so all the hikers were shut in the cabin.

맹렬한 폭풍이 와서, 모든 등산객들은 오두막에 갇혀 있었다.

009 ***

irritable

[ˈɪrɪtəbl]

혱 짜증을 잘 내는

He became irritable after quitting smoking, so all of his employees tried to avoid him.

그는 금연을 한 후 짜증을 잘 내게 되어서, 그의 직원들 모두 그를 피하려고 했다.

010 ***

counsel

[ˈkaʊnsl]

counseling 몡 상담, 카운슬링
counselor 몡 상담 전문가, 카운슬러

동 상담을 하다, 충고하다, 조언하다 몡 상담, 조언

After assessing your financial situation, we will counsel you on practical solutions.

당신의 재정 상황을 평가한 후, 우리는 당신과 실질적인 해결책에 대해 상담할 것입니다.

011 ***

relieved

[rɪˈliːvd]

relieve 동 완화하다, 안심하게 하다
relief 몡 완화, 안심

혱 안도한, 안심한

After being contacted by the police, they felt relieved to know that their child was safe.

경찰로부터 연락을 받은 후에, 그들은 그들의 아이가 안전하다는 것을 알고 안도하였다.

01
UNIT
02
UNIT
03
UNIT
04
UNIT
05
UNIT
06
UNIT
07
UNIT
08
UNIT
09
UNIT
10
UNIT
11

012
□□□

★★★
confidence
[ˈkɑːnfɪdəns]

confide 통 신뢰하다, 믿고 털어놓다
confident 형 자신감 있는, 확신하는

명 **자신감, 신뢰**

All the players used to have confidence in their coach.
모든 선수들이 그들의 코치를 신뢰하곤 했었다.

> **텝스기출표현**
>
> have full confidence in ~를 전적으로 신뢰하다

013
□□□

★★
monotonous
[məˈnɑːtənəs]

monotony 명 단조로움

유의어
dull 따분한, 재미없는
repetitious 자꾸 반복되는

명 **단조로운, 변함없는**

The professor always speaks in a monotonous tone, so her classes are so tedious.
그 교수님은 항상 단조로운 어조로 말해서, 수업이 매우 지루하다.

014
□□□

★★★
anxiety
[æŋˈzaɪəti]

명 **불안(감), 걱정 | 열망**

Anxiety makes it difficult for people to make choices.
불안감은 사람들이 선택하는 것을 어렵게 만든다.

Many a young person has anxieties for being rich but only a selected few can be.
많은 젊은이들이 부유해지려는 열망을 가지고 있지만, 선택받은 극소수만이 부유해질 수 있다.

> **텝스기출표현**
>
> anxiety disorder 불안 장애

015
□□□

★★★
psychological
[ˌsaɪkəˈlɑːdʒɪkl]

psychology 명 심리, 심리학
psychologist 명 심리학자

명 **심리적인, 정신적인**

When children play computer games excessively, they will face serious psychological hazards.
아이들이 컴퓨터 게임을 과도하게 하면, 심각한 심리적 위험에 직면하게 될 것이다.

016
□□□

★★
insomnia
[ɪnˈsɑːmniə]

insomniac 명 불면증 환자 형 불면증의

유의어
sleeplessness 불면(증)

명 **불면(증)**

The types of insomnia can be distinguished by how long it lasts.
불면증의 종류는 얼마나 오랫동안 지속되는지에 따라 구분될 수 있다.

12
UNIT
13
UNIT
14
UNIT
15
UNIT
16
UNIT
17
UNIT
18
UNIT
19
UNIT
20
UNIT
21
UNIT
22
UNIT
23
UNIT
24
UNIT
25
UNIT
26
UNIT
27
UNIT
28
UNIT
29
UNIT
30

017 □□□

***
sympathize
[ˈsɪmpəθaɪz]

sympathy 명 공감, 동정
sympathetic 형 동정적인

동 **동감하다, 동정하다**

Good teachers try to sympathize with their students over their various problems.

좋은 선생님들은 학생들의 다양한 문제에 대해 그들과 공감하려고 노력한다.

---

018 □□□

***
compliment
[ˈkɑːmplɪmənt]

complimentary 형 칭찬하는, 무료의

명 **칭찬, 찬사** 동 **칭찬하다**

The professor paid him a compliment on getting the perfect score.

교수님은 그가 만점을 받은 것에 대하여 칭찬하셨다.

> **텝스기출 표현**
> compliment 사람 '사람'을 칭찬하다
>
> ▶혼동하지 말자!
> complement 보완물, 보충하다

---

019 □□□

*
detached
[dɪˈtætʃt]

detach 동 분리하다
detachment 명 거리를 둠, 객관성

유의어
indifferent 무관심한

형 **거리를 두는, 무심한**

He has tried to be detached from his friends since one of his friends betrayed him.

친구들 중 한 명이 그를 배신한 후로 그는 친구들과 거리를 두려고 했다.

---

020 □□□

***
fascinating
[ˈfæsɪneɪtɪŋ]

fascinate 동 마음을 사로잡다, 매혹하다

유의어
engaging 호감이 가는, 매력적인

형 **매력적인**

In Spain, there are a lot of fascinating tourist attractions to visit.

스페인에는 방문할 만한 매력적인 관광 명소가 많이 있다.

---

021 □□□

***
empathize
[ˈempəθaɪz]

empathy 명 공감, 감정 이입
empathetic 형 공감할 수 있는

동 **공감하다, 감정 이입을 하다**

When your friends have difficulty in something, you should listen to and empathize with them.

친구가 어떤 어려움을 겪고 있을 때는 그들 말에 귀 기울이고 공감해 줘야 한다.

> ▶혼동하지 말자!
> sympathize 동정하다, 측은히 여기다
> emphasize 강조하다

01
UNIT
02
UNIT
03
UNIT
04
05
UNIT
06
UNIT
07
UNIT
08
09
UNIT
10
UNIT
11
UNIT
12
UNIT
13
UNIT
14
UNIT
15
UNIT
16
UNIT
17
UNIT
18
UNIT
19
UNIT
20
UNIT
21
UNIT
22
UNIT
23
UNIT
24
25
UNIT
26
UNIT
27
UNIT
28
UNIT
29
UNIT
30

022 ☐☐☐

★★★
obsess
[əbˈses]

obsession 몡 강박 상태, 집착
obsessive 휑 사로잡혀 있는, 강박적
인, 과도한
obsessively 튀 강박적으로

툉 ~에 집착하게 하다, 강박감을 갖다

Many adolescents have been obsessed with computers and computer addiction has been a serious social problem.

많은 청소년들이 컴퓨터에 집착하면서 컴퓨터 중독이 심각한 사회 문제가 되었다.

템스 기출 표현

be obsessed with ~에 사로잡히다[집착하다]

---

023 ☐☐☐

★
trauma
[ˈtraʊmə]

traumatic 휑 매우 충격적인

몡 정신적 외상, 충격

Because of the trauma, he gets nervous when he speaks in front of many people.

그 충격 때문에, 그는 많은 사람들 앞에서 발표할 때 불안해한다.

---

024 ☐☐☐

★★★
awesome
[ˈɔːsəm]

휑 굉장한, 훌륭한

Everybody in the show found her voice awesome.

그 쇼에 있던 모든 사람들은 그녀의 목소리가 훌륭하다는 것을 알게 되었다.

---

025 ☐☐☐

★★
overjoyed
[ˌoʊvərˈdʒɔɪd]

유의어
delighted 아주 기뻐하는, 아주 즐거워
하는

휑 매우 기뻐하는

He was overjoyed at the notice that he had passed the bar exam.

그는 자신이 사법 고시에 합격했다는 소식을 듣고 매우 기뻐했다.

---

026 ☐☐☐

★★★
frightened
[ˈfraɪtnd]

frighten 툉 겁먹게 만들다
fright 몡 공포, 경악
frightening 휑 무서운

휑 겁먹은, 무서워하는

The cat took to the woods after being frightened.

그 고양이는 겁먹고서 숲속으로 달아났다.

---

027 ☐☐☐

★★★
temper
[ˈtempər]

temperament 몡 기질, 성질
temperamental 휑 신경질적인, 괴팍한

몡 기질, 성질, 성미, 화

Kate thinks that Jack needs to try counseling since he frequently loses his temper.

Jack이 자주 화를 내기 때문에 Kate는 그가 한번 상담을 받아 볼 필요가 있다고 생각한다.

템스 기출 표현

lose 사람's temper 화를 내다, 흥분하다
(↔ keep 사람's temper 화를 참다)

★★★
pessimistic
[ˌpesɪˈmɪstɪk]

pessimism 뗑 비관주의, 비관론
pessimist 뗑 비관주의자

반의어
optimistic 낙관적인

뗑 비관적인, 비관주의적인
He tends to have a pessimistic view of life.
그는 삶을 바라보는 관점이 비관적인 경향이 있다.

★★★
tension
[ˈtenʃn]

tense 뗑 긴장한

뗑 긴장, 갈등 | 불안
The tension between the two candidates has been intensifying.
그 두 후보자들 사이의 긴장이 심화되어 왔다.

★★
composure
[kəmˈpoʊʒər]

composed 뗑 침착한

뗑 (마음의) 침착
The participants tried to keep their composure.
참가자들은 마음의 평정을 유지하려고 노력했다.

★★
phobia
[ˈfoʊbiə]

phobic 뗑 공포증의 뗑 공포증이 있는 사람

뗑 공포증, 혐오증
The man has a phobia of water because he was almost drowned when he was little.
그 남자는 어렸을 때 거의 익사할 뻔했기 때문에 물에 대한 공포증이 있다.

★★★
hostile
[ˈhɑːstl]

hostility 뗑 적대감

유의어
inhospitable 불친절한

뗑 적대적인
The government has been getting a hostile reception from the public.
정부는 대중으로부터 적대적인 반응을 받아 오고 있다.

텝스 기출 표현
be hostile to ~에 적대적이다

★★★
vulnerable
[ˈvʌlnərəbl]

vulnerability 뗑 취약성

뗑 (신체적·정서적으로) 취약한, 연약한, 상처 받기 쉬운
In modern times, many people are vulnerable to stress because they follow success.
현대에는, 많은 사람들이 성공을 좇기 때문에 스트레스에 취약하다.

텝스 기출 표현
be vulnerable to ~에 영향을 받기 쉽다, 민감하다

★★★

stubborn

[ˈstʌbərn]

stubbornness 명 완고, 완강

유의어
obstinate 고집 센, 완강한

형 완고한, 고집 센 | 잘 사라지지 않는

Philip is well known for being stubborn.

Philip은 고집이 세기로 유명하다.

Patients with a stubborn cough can relieve their symptoms with this pill.

고질적인 기침을 하는 환자들은 이 알약으로 증세를 완화할 수 있다.

텝스기출표현
as stubborn as a mule 황소처럼 고집이 센, 황소고집인

★★

moody

[ˈmuːdi]

mood 명 기분, 분위기

형 기분 변화가 심한 | 기분이 안 좋은, 침울한

My boss is really difficult to please because he is so moody.

나의 상사는 기분 변화가 심하기 때문에, 기분을 맞추기가 정말 힘들다.

These days, many people become moody from time to time.

요즈음, 많은 사람들이 때때로 침울해진다.

★★

nostalgia

[nəˈstældʒə]

nostalgic 형 옛날을 그리워하는, 향수에 빠진

명 옛날을 그리워함, 향수

They felt nostalgia for their childhood when they heard the song.

그들은 그 노래를 들었을 때, 어린 시절에 대한 향수를 느꼈다.

★★★

intimidate

[ɪnˈtɪmɪdeɪt]

intimidation 명 위협, 협박

동 위협하다, 협박하다

The criminal intimidated the police officer with a knife.

그 범죄자는 칼을 가지고 경찰관을 위협했다.

▶혼동하지 말자!
intimate 친밀한, 암시하다

★★★

hospitable

[hɑːˈspɪtəbl]

hospitality 명 환대, 접대

유의어
amiable 쾌활한, 정감 있는

반의어
inhospitable 불친절한, 사람이 살기 힘든

형 환대하는, 친절한 | 쾌적한, 알맞은

Koreans welcome visitors in a warm and hospitable manner.

한국인들은 따뜻하고 친절한 방식으로 방문객들을 환영한다.

The climate on Mars is not that hospitable for any life to adapt.

화성의 기후는 생명체가 적응하기에는 그리 알맞지 않다.

039 □□□

**
paranoid
[ˈpærənɔɪd]

paranoia 명 피해망상, 편집증
paranoiac 형 편집증의 명 편집증 환자

형 **피해망상적인, 편집증의**

Susan was left alone because of her paranoid behavior.
Susan은 그녀의 편집증과 깊은 행동 때문에 홀로 남겨졌다.

---

040 □□□

***
subside
[səbˈsaɪd]

동 **가라앉다, 진정되다**

He waited for his coach's anger to subside.
그는 코치의 화가 가라앉기를 기다렸다.

> **텝스기출표현**
> subside into a chair 의자에 주저앉았다
>
> ▶혼동하지 말자!
> subsist 근근이 살아가다, 유효하다
> subsidy 보조금

---

041 □□□

***
yearn
[jɜːrn]

yearning 명 갈망

동 **갈망하다, 동경하다**

My grandfather yearned to visit his hometown before he passed away.
할아버지는 돌아가시기 전에 고향에 가 보기를 갈망하셨다.

---

042 □□□

**
arrogant
[ˈærəgənt]

arrogate 동 부당하게 요구하다
arrogance 명 오만, 거만함

형 **오만한**

They were so arrogant that many people resented their attitudes.
그들은 너무 오만해서 많은 사람들이 그들의 행동에 분개했다.

---

043 □□□

***
affectionate
[əˈfekʃənət]

affect 동 영향을 미치다
affection 명 애정, 호의

형 **다정한, 애정 어린**

These days, some affectionate displays are being banned in schools.
오늘날 학교에서는 몇몇 애정 어린 표현이 금지되고 있다.

---

044 □□□

**
coarse
[kɔːrs]

유의어
vulgar 저속한, 천박한, 상스러운

형 **거친, 천박한, 상스러운, 무례한**

Many teenagers use coarse language in their everyday conversation.
많은 십 대들이 일상 대화에서 거친 말을 쓴다.

UNIT
01
UNIT
02
03
04
UNIT
05
UNIT
06
07
UNIT
08
09
10
11
12
13
14
UNIT
15
UNIT
16
17
18
19
20
21
22
23
UNIT
24
UNIT
25
26
UNIT
27
28
29
30

045
□□□

**
morbid
[ˈmɔːrbɪd]

morbidity 명 병적 상태, (어떤 병의) 사망률

형 **병적인, 소름 끼치는**

Gothic writing has so many morbid elements that some people hesitate to read it.

고딕풍의 글에는 소름 끼치는 요소들이 너무 많아서 어떤 사람들은 그것을 읽기를 꺼린다.

046
□□□

***
soothe
[suːð]

soothing 형 달래는, 진정하는

유의어
calm 진정시키다
relieve 안도하게 하다, 완화하다

동 **달래다, 진정시키다**

The song always soothes my anxiety away, so I listen to it whenever I feel nervous.

그 노래는 항상 내 불안감을 달래 줘서, 나는 긴장될 때마다 그 노래를 듣는다.

047
□□□

***
indulge
[ɪnˈdʌldʒ]

indulgent 형 관대한, 멋대로 하게 하는
indulgence 명 탐닉, 빠짐

동 **탐닉하다, 빠지다**

Around 2 percent of the population indulge in gambling to be compulsive gamblers.

인구 중 약 2퍼센트가 도박에 빠져 강박적인 도박꾼이 된다.

048
□□□

**
pretentious
[prɪˈtenʃəs]

pretend 동 ~인 체하다
pretense 명 가식, 허위

반의어
unpretentious 잘난 체하지 않는, 가식 없는

형 **허세 부리는, 가식적인**

Some people have preference for a pretentious atmosphere.

어떤 사람들은 가식적인 분위기를 선호한다.

▶혼동하지 말자!
contentious 논쟁의 소지가 있는

049
□□□

**
gratify
[ˈɡrætɪfaɪ]

gratification 명 만족감, 희열
gratifying 형 흐뭇한, 기쁜
gratified 형 만족해하는

동 **만족시키다, 기쁘게 하다**

The professor asked his students to explain the theory, but no answer gratified him.

교수님은 학생들에게 그 이론을 설명해 보라고 했지만, 어떠한 답변도 그를 만족시키지 못했다.

050
□□□

**
contrite
[ˈkɑːntraɪt]

형 **후회하는, 깊이 뉘우치는**

The criminal was contrite after being convicted, but it was too late.

그 범죄자는 유죄 판결을 받은 후에 깊이 뉘우쳤지만, 이미 너무 늦었다.

051
□□□

**
engender
[ɪnˈdʒendər]

engendering 형 야기하는

동 **(감정·상황을) 낳다, 불러일으키다**

Those kinds of secrets sometimes engender a feeling that there is no one to trust.

그러한 비밀들은 때때로 믿을 만한 사람이 없다는 감정을 불러일으킨다.

**

penchant

[ˈpentʃənt]

유의어
fondness 좋아함, 기호, 취미

명 애호, 경향

The king had a penchant for killing his rivals, so many innocent people were killed by his sword.

그 왕은 그의 경쟁자들을 죽이기를 좋아해서, 많은 무고한 사람들이 그의 칼에 죽임을 당했다.

템스기출 표현
have a penchant for ~을 매우 좋아하다

**

melancholy

[ˈmelənkɑːli]

melancholic **형** 우울한

명 우울, 침울 **형** 우울한

In *the Black Paintings*, we can see Goya's feelings of melancholy.

〈검은 회화〉에서 우리는 Goya의 우울함을 볼 수 있다.

**

uneasy

[ʌnˈiːzi]

unease **명** 불안(감), 우려
uneasily **부** 불안 속에, 걱정하여

유의어
anxious 불안해하는, 염려하는

형 불안한, 우려되는

She felt uneasy about her children having part-time jobs.

그녀는 그녀의 아이들이 아르바이트를 하는 것에 대해 불안해했다.

**

tenacious

[təˈneɪʃəs]

형 끈질긴, 집요한, 완강한, 고집스런

My brother never gives up since he is so tenacious.

내 남동생은 매우 집요해서 결코 포기하지 않는다.

**

hypnosis

[hɪpˈnoʊsɪs]

hypnotize **동** 최면을 걸다
hypnotism **명** 최면, 최면술
hypnotic **형** 최면술의

명 최면 (상태), 최면술

The psychic suggested that the detective use hypnosis to solve the murder case.

심령술사는 그 살인 사건을 해결하기 위해서는 형사가 최면술을 사용해야 한다고 제안했다.

**

perplex

[pərˈpleks]

perplexed **형** 당황스러운

유의어
puzzle 어리둥절하게 만들다

동 당황시키다

The rail system in Seoul perplexes many people who visit Seoul for the first time.

서울의 철도 시스템은 서울을 처음 방문하는 많은 사람들을 당황하게 한다.

---

058 □□□

**
laudatory
[ˈlɔːdətɔːri]

laudable 혱 칭찬할 만한, 기릴 만한

혱 칭찬하는, 감탄하는

His book has received a very laudatory review and has become a bestseller since an article about it appeared in *The Guardian*.

〈가디언〉지에 그의 책에 대한 기사가 실린 후로, 그 책은 극찬을 받아 왔고 베스트셀러가 되었다.

---

059 □□□

**
frantic
[ˈfræntɪk]

유의어
hectic 정신없이 바쁜, 빡빡한

혱 제정신이 아닌, 정신없이 바쁜, 빡빡한

I was frantic when I heard the news that two of my best friends were brain-dead after a car accident.

나는 나의 가장 친한 친구들 중 두 명이 차 사고로 인해 뇌사 상태라는 소식을 듣고 제정신이 아니었다.

---

060 □□□

***
contemplate
[ˈkɑːntəmpleɪt]

유의어
consider 고려하다, 숙고하다

통 고찰하다, 숙고하다

Young people should contemplate their work with a new perspective.

젊은 사람들은 그들의 일을 새로운 견해를 가지고 고찰해야만 한다.

---

061 □□□

**
dejected
[dɪˈdʒektɪd]

유의어
despondent 낙담한, 실의에 빠진

혱 실의에 빠진, 낙담한

She was very dejected after finding out that her husband is having an affair with another woman.

그녀는 남편이 또 다른 여자와 불륜을 맺고 있다는 것을 알고는 실의에 빠졌다.

---

062 □□□

**
grim
[grɪm]

grimly 튀 진지하게, 엄하게

혱 엄숙한, 단호한, 우울한

The economic recession engendered the grim mood, so many companies tried to make the atmosphere upbeat.

그 경제 불황은 우울한 분위기를 낳아서, 많은 회사들은 분위기를 긍정적으로 바꾸기 위하여 노력하였다.

---

063 □□□

**
tentative
[ˈtentətɪv]

혱 잠정적인, 시험적인, 임시의 | 머뭇거리는, 주저하는, 자신 없는

The tentative agreement has been drawn by several representatives.

그 잠정적인 합의는 몇몇 대리인에 의해 이끌어졌다.

---

064 □□□

**
capricious
[kəˈprɪʃəs]

유의어
unpredictable 예측할 수 없는, 종잡을 수 없는
changeable 변덕이 심한, 바뀔 수도 있는

혱 변덕스러운

He was such a capricious dictator that many followers left him.

그는 정말로 변덕스러운 독재자여서 많은 추종자들이 그를 떠났다.

---

065 ★★
aloof
[əˈluːf]

aloofness 뗑 무관심

유의어
distant 거리를 두는, 다정하지 않은
remote 쌀쌀맞은

뗑 무관심한, 냉담한

The criminal was not only strange but also aloof.
그 범죄자는 이상할 뿐만 아니라 냉담했다.

텝스 기출 표현
keep (yourself) aloof 거리를 두다, 냉담하다
  (= hold (yourself) aloof)
keep aloof from ~에 대해 냉담하다
  (= remain aloof from, stand aloof from)

---

066 ★★
repulsive
[rɪˈpʌlsɪv]

repulsion 뗑 역겨움

유의어
disgusting 역겨운, 구역질 나는, 혐오
스러운

뗑 역겨운, 혐오스러운

The repulsive sculpture was destroyed by mobs.
그 혐오스러운 조각상은 폭도들에 의해 파괴되었다.

---

067 ★★
begrudge
[bɪˈgrʌdʒ]

통 시기하다, 시샘하다

He begrudged his brother winning the lottery.
그는 그의 형이 복권에 당첨된 것에 대해 시샘했다.

---

068 ★★
vigilant
[ˈvɪdʒɪlənt]

vigilance 뗑 경계, 불침번

유의어
alert (문제·위험 등을) 경계하는
watchful (위험·사고 등이 생기지 않도
록) 지켜보는[신경 쓰는]

뗑 경계하는, 방심하지 않는, 바짝 경계하는

Police officers should try to remain vigilant.
경찰관들은 경계를 유지해야만 한다.

---

069 ★★
volatile
[ˈvɑːltl]

volatility 뗑 불안정, 휘발성

뗑 변덕스러운 | 휘발성의

The stock market is really volatile nowadays.
요즈음 주식 시장이 정말로 변덕스럽다.

Methane is highly volatile, so special caution is needed
during its handling and storage.
메테인은 휘발성이 강해서, 취급 및 보관 시에 각별한 주의가 요구된다.

---

070 ★★
hilarious
[hɪˈleriəs]

hilariously 뿐 아주 재미있게, 유쾌하게

뗑 아주 우스운, 재미있는

His jokes were so hilarious that everybody enjoyed them.
그의 농담은 너무나도 웃겨서 모든 사람들이 즐거워했다.

✶✶
vehement
[ˈviːəmənt]

vehemence 몡 격렬함, 맹렬함, 열정
vehemently 𝗕 격렬하게, 열심히

유의어
forceful 강력한, 확실한, 단호한

몡 격렬한, 맹렬한

The victims' families lodged a vehement protest against the reduction of the criminal's sentence to one year.

그 피해자 가족들은 범죄자의 형량이 1년으로 줄어든 것에 대하여 격렬하게 항의했다.

✶✶
animosity
[ˌænɪˈmɑːsəti]

유의어
hostility 적의, 적대감, 적개심

몡 반감, 적대감

They competed for the job but did not have any personal animosity towards each other.

그들은 그 일을 두고 경쟁했지만 서로에 대한 그 어떠한 개인적 반감은 없었다.

✶
elated
[iˈleɪtɪd]

elation 몡 크게 기뻐함, 의기양양
elating 몡 고무되는, 기운을 북돋는

몡 마냥 행복해하는, 신이 난

He was elated at his son becoming a doctor.

그는 아들이 의사가 된 것에 대해서 마냥 행복해했다.

✶✶
confounded
[kənˈfaʊndɪd]

confound 통 어리둥절하게 만들다, 당혹하게 만들다

몡 어리벙벙한, 멍한

He was totally confounded because he could not understand the poem.

그는 그 시를 이해할 수가 없어서 완전히 어리둥절했다.

✶✶
grudge
[grʌdʒ]

몡 원한, 유감

You had better not hold grudges against others since it can dampen your spirit.

당신의 정신을 약화시키기 때문에, 타인에 대해 원한을 품지 않는 편이 낫다.

템스 기출 표현
hold a grudge 원한을 품다

✶
jubilation
[ˌdʒuːbɪˈleɪʃn]

jubilant 몡 승리감에 넘친, 환희에 넘치는

몡 승리감, 의기양양함

People expressed jubilation when the soccer player scored the first goal.

사람들은 그 축구 선수가 첫 골을 넣었을 때 환호했다.

★
mawkish
[ˈmɔːkɪʃ]

유의어
sentimental 정서적인, 감정적인

형 감상적인

The critics claimed that the movie was too mawkish.
비평가들은 그 영화가 너무 감상적이라고 주장했다.

★
ruffle
[ˈrʌfl]

ruffled **형** (마음이) 산란해진, 주름 잡힌

통 (사람의 마음을) 산란하게 만들다[흐트러뜨리다] | (반반한 표면을) 헝클다

What he said ruffled me and I couldn't say anything.
그가 한 말에 나는 당황해서 아무 말도 할 수가 없었다.

★★
antipathy
[ænˈtɪpəθi]

유의어
hostility 적의, 적대감, 적개심

명 반감, 혐오

Some people have an antipathy to people who have a different point of view.
어떤 사람들은 다른 견해를 가진 사람들에게 반감을 가진다.

★
frivolous
[ˈfrɪvələs]

frivolity **명** 바보 같은 짓, 까부는 짓

형 경솔한, 바보 같은, 까부는

He wants to be a judge, but everyone he knows says that he cannot be one because he is too frivolous.
그는 판사가 되고 싶어 하지만, 그를 아는 모든 이들은 그가 너무 경솔해서 판사가 될 수 없다고 말한다.

★★
console
[kənˈsoʊl]

consolation **명** 위로, 위안
consolable **형** 위안이 되는

통 위로하다, 위문하다, 위안을 주다

When she lost her husband, many people tried to console her, but nothing seemed to be helpful.
그녀가 남편을 여의었을 때, 많은 사람들이 그녀를 위로하려고 했지만, 그 어떤 것도 도움이 되는 것 같지 않았다.

★
vacillate
[ˈvæsəleɪt]

vacillation **명** 동요, 망설임
vacillating **형** 동요하는, 망설이는

유의어
waver (불안정하게) 흔들리다, 망설이다

통 머뭇거리다 | 오락가락하다, 동요하다

He vacillated on selling his stocks a lot.
그는 그의 주식을 파는 데 있어 많이 머뭇거렸다.

His boss asked him to abandon his tendency to vacillate.
그의 상사는 그에게 우유부단함을 버리라고 했다.

★
lethargic
[ləˈθɑːrdʒɪk]

lethargy **명** 무기력

형 무기력한

In spring, many people feel lethargic and keep becoming drowsy.
봄에는 많은 사람들이 무기력해하고 계속 졸려 한다.

01
UNIT
02
UNIT
03
04
05
UNIT
06
07
UNIT
08
UNIT
09
10
UNIT
11
12
13
14
UNIT
15
16
17
18
19
20
21
22
23
UNIT
24
25
UNIT
26
27
28
29
UNIT
30

084 □□□

*
complacent
[kəmˈpleɪsnt]

complacency 명 안주

형 자기 만족적인, 현실에 안주하는

We should not be complacent, although we managed to avoid the crisis.

우리가 그 위기를 가까스로 피했지만 현실에 안주해서는 안 된다.

▶혼동하지 말자!
complaisant 남의 말을 잘 듣는

---

085 □□□

*
ulterior
[ʌlˈtɪriər]

형 이면의, 숨은, 마음속의

Some animal activists sometimes have ulterior motives.

어떤 동물 보호 운동가들은 가끔 다른 의도를 가지기도 한다.

---

086 □□□

**
thwart
[θwɔːrt]

유의어
frustrate 방해하다, 좌절시키다

동 (계획 등을) 좌절시키다

Many women want to get promotion but are thwarted by the "glass ceiling".

많은 여성들이 승진하기를 원하지만 '유리 천장'에 의해 좌절된다.

텝스기출표현
thwart 사람's plan '사람'의 계획을 좌절시키다

---

087 □□□

**
assuage
[əˈsweɪdʒ]

assuagement 명 완화, 진정
assuasive 형 진정시키는

동 진정시키다, 완화하다, 달래다

Some snacks will help you to assuage your hunger.

약간의 간식이 배고픔을 달래 줄 것이다.

텝스기출표현
assuage anger 화를 누그러뜨리다

---

088 □□□

*
tantrum
[ˈtæntrəm]

명 투정, 떼, 짜증

He usually throws a tantrum when he is hungry.

그는 배가 고플 때 주로 성질을 부린다.

텝스기출표현
throw a tantrum 성질을 부리다(= have a tantrum)

---

089 □□□

*
fret
[fret]

동 초조해하다, 애타다

People with self-confidence hardly fret about small problems.

자신감 있는 사람들은 사소한 일에 별로 초조해하지 않는다.

exuberant

[ɪɡˈzuːbərənt]

exuberance 명 활력, 풍부

형 활기가 넘치는, 원기 왕성한

The performance was so exuberant that every audience liked it a lot.

그 공연은 매우 활기가 넘쳐서 모든 관객들이 많이 좋아했다.

텝스 기출 표현
exuberant imagination 풍부한 상상력

---

distraught

[dɪˈstrɔːt]

distract 동 산만하게 하다
distrait 형 멍한, 넋이 나간

형 완전히 제정신이 아닌

He was completely distraught at the death of his wife.

그는 아내의 죽음에 완전히 제정신이 아니었다.

---

solace

[ˈsɑːləs]

유의어
comfort 위로, 위안

명 위안, 위로

After his wife died, he always drinks alcohol to find solace.

아내가 죽은 후, 그는 위안을 찾기 위해서 항상 술을 마신다.

텝스 기출 표현
find solace in ~에서 위안을 찾다

---

audacious

[ɔːˈdeɪʃəs]

audacity 명 대담함

유의어
daring 대담한

형 대담한

The politician made an audacious plan to be elected as an assemblyman.

그 정치인은 국회 의원으로 당선되기 위해서 대담한 계획을 세웠다.

---

incensed

[ɪnˈsenst]

형 몹시 화난, 격분한

The public were very incensed at the National Assembly's decision, so they organized demonstrations.

대중들은 국회의 결정에 매우 격분하여, 시위를 조직하였다.

---

remorse

[rɪˈmɔːrs]

remorseful 형 후회하는, 양심의 가책을 받는

명 후회, 양심의 가책, 회한

The criminal didn't show any sign of remorse for killing two girls.

그 범죄자는 두 여자아이를 죽인 데 대한 일말의 뉘우침도 보이지 않았다.

UNIT
01
UNIT
02
UNIT
03
04
UNIT
05
06
UNIT
07
08
09
UNIT
10
UNIT
11
UNIT
12
UNIT
13
14
UNIT
15
UNIT
16
17
18
UNIT
19
20
21
UNIT
22
23
UNIT
24
UNIT
25
26
27
28
29
UNIT
30

096

jittery

[ˈdʒɪtəri]

jitter 통 안달하다, 안절부절못하다

형 초조해하는, 조마조마한

While waiting for the result of the interview, he was very jittery.

면접 결과를 기다리는 동안, 그는 매우 초조해했다.

097

eulogize

[ˈjuːlədʒaɪz]

통 칭송하다

Shakespeare is one of the most eulogized authors in history.

Shakespeare는 역사상 가장 칭송받는 작가 중 한 명이다.

098

unabashed

[ˌʌnəˈbæʃt]

반의어
abashed 창피한, 겸연쩍은

형 부끄러운 줄 모르는, 뻔뻔한

The singer seemed unabashed even though his lie was detected.

그 가수는 그의 거짓말이 드러났는데도 부끄러운 줄 모르는 것처럼 보였다.

099

qualm

[kwɑːm]

유의어
misgiving 의혹, 불안감

명 거리낌, 꺼림칙함

The teenager sold the jewels he had stolen, having no qualms.

그 십 대는 양심의 가책을 느끼지 않은 채로 그가 훔쳤던 보석들을 팔았다.

> **텝스 기출 표현**
> have no qualms 양심의 가책을 느끼지 않다

100

wayward

[ˈweɪwərd]

유의어
headstrong 고집불통의

형 다루기 힘든, 다스리기 힘든

The wayward boy was sent to a behavior modification program.

그 다루기 힘든 소년은 행동 교정 프로그램에 보내졌다.

>> Check-Up Questions

문맥에 맞는 단어를 보기에서 골라 빈칸에 넣으세요.

PART 1

ⓐ elated	ⓑ begrudge	ⓒ pessimistic	ⓓ vulnerable	ⓔ monotonous
ⓕ thwart	ⓖ complacent	ⓗ hilarious	ⓘ morbid	ⓙ insomnia

1. _____ people spend a lot of time worrying about what has not yet happened.

2. Sam suffers from _____, so he is always tired.

3. Successful businessmen never become _____ about their success.

4. The arsonist has a _____ fascination with fire.

5. Modern people are _____ to stress and suffer from stress-related symptoms.

6. If you want to make a good presentation, you should change your _____ voice.

7. She looked so _____ after hearing the news that her son passed the bar exam.

8. I _____ my brother his large salary.

9. I want to recommend you a soap opera which is really _____.

10. He did his best not to _____ his plan.

문맥에 맞는 단어를 보기에서 골라 빈칸에 넣으세요.

PART 2

ⓐ console	ⓑ solace	ⓒ repulsive	ⓓ temper	ⓔ remorse
ⓕ tenacious	ⓖ mawkish	ⓗ moody	ⓘ distraught	ⓙ detached

11. _____ people change their emotions often and a lot.

12. Some workers are trying to be _____ from their coworkers.

13. The criminal showed no sign of _____ for killing several people.

14. I decided to go to church to seek _____.

15. The customer lost her _____ with the clerk's terrible service.

16. She is so _____ that she never misses her target.

17. The _____ scene ruined the movie.

18. The _____ poem made many readers weep.

19. You don't need to _____ me. I am fine.

20. Let's talk about it later. I need some time to think about it because I am _____ now.

answers
11 ⓗ 12 ⓙ 13 ⓔ 14 ⓑ 15 ⓓ 16 ⓕ 17 ⓒ 18 ⓖ 19 ⓐ 20 ⓘ

UNIT

25

뉴텝스 어휘

종교

종교

UNIT 25 >>

001
□□□

★★★
doctrine
[ˈdɑːktrɪn]

명 교리

The distinct interpretation of the doctrine of Catholicism eventually separated them.

가톨릭의 교리에 대한 상반된 해석이 그들을 결국 갈라서게 했다.

002
□□□

★★
adhere
[ədˈhɪr]

adherer 명 집착하는 사람
adherent 명 지지자

동 (주의 · 신념을) 고수하다, 따르다

That Doly adhered to the church of his parents is surprising, given the nature of his novel's protagonist.

Doly가 그의 부모의 종교를 고수했다는 것은 그의 소설 주인공의 성격을 고려하면 놀랄 일이다.

> **텝스 기출 표현**
> adhere to ~을 고수하다[따르다]

003
□□□

★★★
exclusively
[ɪkˈskluːsɪvli]

exclusive 형 배타적인

부 오로지, 배타적으로

The religious leader practiced the ceremonies held exclusively for members.

그 종교 지도자는 오로지 일원들만을 위한 의식을 진행했다.

004
□□□

★
spiritual
[ˈspɪrɪtʃuəl]

spirituality 명 영성
spiritualism 명 심령론

형 정신적인, 종교적인

Pope Julius III, the spiritual leader of Catholics, outlawed the secular intervention in the papal decision.

가톨릭교도들의 영적 지도자인 교황 Julius 3세는 교황의 결정에 대한 세속적 개입을 금지시켰다.

005
□□□

★
atheist
[ˈeɪθiɪst]

atheistic 형 무신론의

명 무신론자

Most atheists are critical of the teachings of the religion and deny the existence of a supreme being.

대부분의 무신론자들은 종교의 가르침을 비판하고 신의 존재를 부정한다.

006
□□□

★
missionary
[ˈmɪʃəneri]

명 선교사

He followed suit and became a missionary and started to preach people in Belgium.

그는 선대를 따라 선교사가 되었고 벨기에에서 사람들에게 설교를 하기 시작했다.

007

preach ★★
[priːtʃ]

동 설교하다

He preached that a misunderstanding of other faiths causes a conflict among people.

그는 다른 종교에 대한 오해가 사람들 간의 갈등을 낳는다고 설교했다.

008

conviction ★★★
[kənˈvɪkʃn]

유의어
belief 신념, 믿음

명 신념 | 확신

Their deep religious convictions contributed to making them fearless.

그들의 깊은 종교적 신념이 그들을 두려움 없게 만드는 데 기여했다.

The speaker's conviction about his topic was inspiring to the audience.

강연자의 주제에 대한 확신은 청중들에게 감흥을 주었다.

009

pilgrim ★
[ˈpɪlgrɪm]

pilgrimage 명 성지 순례

명 순례자

The enormous religious architectures in the city drew pilgrims from far-flung regions.

그 도시에 있는 거대한 종교 건축물들은 멀리 떨어진 지역의 순례자들을 끌어모았다.

010

clergy ★★
[ˈklɜːrdʒi]

clergyperson 명 성직자

명 성직자

The clergy were forced to change their family names to something more related to their religion.

성직자들은 그들의 성을 좀 더 종교와 관련된 것으로 바꾸도록 강요받았다.

011

convert ★
[kənˈvɜːrt]

convertible 형 전환 가능한

동 개종하다

John Milton was disinherited by his father for converting Christianism to Protestantism.

John Milton은 기독교에서 신교도로 개종해서 아버지로부터 상속을 받지 못했다.

012

commemoration ★★
[kəˌmeməˈreɪʃn]

commemorate 동 기념하다
commemorative 형 기념하는

명 기념

Christians hold various festivals in commemoration of the birth of Jesus.

기독교인들은 예수의 탄생을 기념하여 다양한 축제를 연다.

013

principle ★★
[ˈprɪnsəpl]

명 원리, 원칙

The religious groups firmly rejected evolution because it undermined the principle of the religion.

종교 단체들은 진화가 종교의 원리를 훼손시키기 때문에 단호히 거부했다.

UNIT
01
UNIT
02
UNIT
03
UNIT
04
UNIT
05
UNIT
06
UNIT
07
UNIT
08
UNIT
09
UNIT
10
UNIT
11
UNIT
12
UNIT
13
UNIT
14
UNIT
15
UNIT
16
UNIT
17

014
□□□

**
temple
[ˈtempl]

유의어
shrine 성지

명 신전, 사원

With a temple on top, the pyramid is believed to have been built for the worship of gods.

맨 꼭대기에 신전을 올린 피라미드는 신들을 숭배하기 위한 목적으로 지어진 것으로 여겨진다.

015
□□□

***
worship
[ˈwɜːrʃɪp]

명 예배, 숭배

The religions of the nomadic people combined a belief in a supreme being with the worship of their ancestors.

그 유목민들의 종교들은 조상 숭배와 우월한 존재에 대한 믿음이 결합되어 있었다.

016
□□□

***
faithful
[ˈfeɪθfl]

유의어
loyal 충실한

형 충실한, 성실한

William was faithful to his church and devoted to supporting it.

William은 그의 교회에 충실했고 돕는 일에 헌신적이었다.

017
□□□

*
eternity
[ɪˈtɜːrnəti]

eternal 형 영원한

명 영원

The Risen Christ, a drawing by Michelangelo, is reflective of his deepening religious conviction, and desire for eternity.

Michelangelo의 그림, 〈예수의 부활〉은 그의 깊은 종교적 신념과 영원을 위한 바람을 반영하고 있다.

018
□□□

*
cardinal
[ˈkɑːrdɪnl]

명 추기경

Authorities confined the cardinals until the new pope was elected during the election process.

선거 과정에서 새로운 교황이 선출될 때까지 당국은 추기경들을 감금했다.

019
□□□

***
segregate
[ˈsegrɪɡeɪt]

segregation 명 분리, 차별

동 격리시키다

The women were segregated from the male workers in the workplace according to the Muslim doctrine.

무슬림 교리에 따라 직장에서 여성들은 남성 근로자들로부터 격리되었다.

020
□□□

***
predominant
[prɪˈdɑːmɪnənt]

predominance 명 우세

형 두드러진, 널리 퍼진

The predominant belief system in South Africa was Islam, had a profound impact on the nomadic people of the Sahara Desert.

남아프리카에 널리 퍼진 종교는 이슬람인데, 이 종교는 사하라 사막 유목 민족들에게 엄청난 영향을 주었다.

UNIT
18
UNIT
19
UNIT
20
UNIT
21
UNIT
22
UNIT
23
UNIT
24
UNIT
25
UNIT
26
UNIT
27
UNIT
28
UNIT
29
UNIT
30

*
cult
[kʌlt]

명 광신적[사이비] 종교 집단

The various cults gradually increased as the faith of Christianity weakened throughout the 19th century

19세기 동안 기독교의 신앙심이 약해짐에 따라 다양한 사이비 종교 집단들이 점점 증가했다.

***
superficial
[ˌsuːpərˈfɪʃl]

형 깊이가 없는, 피상적인

The members of the cult had a superficial understanding of the weather, thinking they could easily change it.

사이비 종교 집단의 신도들은 날씨에 대한 얕은 이해를 가지고 있어서, 그들이 날씨를 쉽게 바꿀 수 있다고 생각했다.

**
pseudo
[ˈsuːdoʊ]

형 가짜의, 사이비의

The religious thinkers created pseudo-science, which led to the enormous gulf between religion and science.

종교 사상가들은 사이비 과학을 만들어 냈는데, 이것은 종교와 과학 간의 엄청난 격차를 초래했다.

***
reinforce
[ˌriːɪnˈfɔːrs]

reinforcement 명 강화

동 (감정·생각 등을) 강화하다

The clergy reinforced the focus on the spiritual over the everyday in the paintings displayed on the wall of the cathedral.

성직자들은 성당의 벽에 전시되는 그림에 있어 일상적인 것보다는 영적인 것에 더 초점을 강화했다.

**
enamored
[ɪˈnæmərd]

형 ~에 빠져 있는, 현혹된

Some philosophers were enamored with the belief that a supernatural being surpassed the living.

일부 철학자들은 초자연적인 존재가 살아 있는 사람들을 능가한다는 믿음에 빠져 있었다.

> **탭스 기출 표현**
> be enamored with ~에 몰두하다

---

*
apostate
[əˈpɑːsteɪt]

apostatize 동 신앙을 버리다

명 변절자

As there was an increasing number of other Christian groups, the church labeled them as apostates.

다른 기독교 단체의 수가 점점 늘어나자, 교회는 그들을 변절자로 취급했다.

027 □□□

***
ethical
[ˈeθɪkl]

ethics 명 윤리
ethically 부 윤리적으로

유의어
moral 도덕적인

형 **윤리적인**

The ethical doctrine has a significant influence on religious belief.

윤리적인 교리는 종교적인 믿음에 중요한 영향을 미친다.

텝스기출표현

ethical standard 윤리적 기준

---

028 □□□

***
insight
[ˈɪnsaɪt]

insightful 형 통찰력 있는

명 **통찰력**

The audience was inspired by his keen insight into human nature during the priest's sermon.

청중들은 목사의 설교 동안 인간의 본성에 대한 그의 예리한 통찰력에 감명받았다.

텝스기출표현

have an insight into ~의 통찰력이 있다

---

029 □□□

***
rigid
[ˈrɪdʒɪd]

rigidly 부 엄격히

유의어
inflexible 완강한

형 **엄격한**

Many of the clergyman raised drawbacks about the rigid rules and refused to adhere to them.

많은 성직자들이 엄격한 규정의 문제점들을 제기하고 따르기를 거부했다.

---

030 □□□

***
deity
[ˈdeɪəti]

deify 동 신격화하다

명 **신**

The precolonial period in America was marked by the various deities people worshiped.

미국의 식민지 이전의 시대는 사람들이 다양한 신들을 숭배하는 것이 특색이었다.

---

031 □□□

**
biblical
[ˈbɪblɪkl]

biblically 부 성서에 의해

형 **성서의**

Paintings displayed in the church included saints and biblical figures made larger than other figures.

교회에 전시된 그림들은 다른 인물들보다 크게 그려진 성자와 성경에 나오는 인물들이 포함되어 있었다.

---

032 □□□

**
secular
[ˈsekjələr]

secularity 명 세속

형 **세속적인, 비종교적인**

The new Protestant movement was believed to be rather secular and liberal.

새로운 청교도 운동은 매우 세속적이고 진보적이라고 여겨졌다.

033

**

sacred

[ˈseɪkrɪd]

유의어
sanctuary 성역의
holy 성역의

형 성스러운, 종교적인

The sacred place used to belong to the bishop and was controlled by the church.

그 성스러운 장소는 주교에 속해 있었고 교회에 의해 통제되었다.

034

**

theologian

[ˌθiːəˈloʊdʒən]

명 신학자

Early theologians opposed astrology as it was strongly associated with fortune-telling.

초기 신학자들은 점성학이 점술과 강하게 연관되어 있다고 반대했다.

035

**

meditate

[ˈmedɪteɪt]

meditation 명 명상
meditative 형 명상에 잠긴

동 명상하다 | 꾀하다, 계획하다

When you join a new program in Yongsan temple, you'll learn how to meditate and restore energy.

용산 절에서 하는 새로운 프로그램에 참여하면, 명상하는 법과 에너지를 회복하는 법을 배울 수 있다.

036

***

ritual

[ˈrɪtʃuəl]

ritually 부 의식에 따라

유의어
ceremony 의식
rite 의례

명 의례, 의식

They went through the rigid ritual to show all the power of the occult.

그들은 모든 초자연적인 힘을 보여 주기 위해 엄격한 의식을 거쳤다.

037

*

immoral

[ɪˈmɔːrəl]

immorally 부 부도덕하게

형 부도덕한

Those who had an abortion were sharply criticized for committing an immoral act.

낙태를 한 사람들은 비도덕적인 행위를 저지른 것에 대해 맹렬한 비난을 받았다.

038

***

predecessor

[ˈpredəsesər]

반의어
successor 후임자

명 전임자

The Catholic cardinals elected Gregory X, who is a stark contrast to his predecessor.

가톨릭 추기경들은 Gregory 10세를 교황으로 선출했는데 그는 전임자와 매우 대조적이었다.

| 039 □□□ | ★★★
divine
[dɪˈvaɪn]

유의어
holy 신의 | 형 신의
The architecture designed by Frank Wright reflected naturalism, which was to him an expression of the divine.
Frank Wright가 설계한 그 건축물은 자연주의를 반영했고, 이는 그에게 있어 영적인 면의 표현이었다.

텝스 기출 표현
the divine right of kings 신성 왕권 |

| 040 □□□ | ★
bishop
[ˈbɪʃəp] | 명 주교
Desmond was appointed the bishop of Rome, the highest rank in the Roman Catholic Church.
Desmond는 로마 가톨릭 교회의 가장 높은 지위인 로마 주교로 임명되었다. |

| 041 □□□ | ★
chant
[tʃænt] | 명 성가
Earlier Gregorian chants, the most popular in the 16th century, consisted of a single melody.
16세기에 가장 인기 있었던 초기 그레고리오 성가는 하나의 단순한 선율로 이루어졌다. |

| 042 □□□ | ★
manifest
[ˈmænɪfest] | 동 나타내다 형 명백한
The devout Buddhist did not even manifest the fear of death.
절실한 불교신자는 죽음에 대한 두려움을 전혀 나타내지 않았다.

Her lack of interest in this project is manifest.
이 프로젝트에 그녀가 관심이 없다는 것은 명백하다. |

| 043 □□□ | ★★
inquisition
[ˌɪnkwɪˈzɪʃn] | 명 종교 재판
Some of the pilgrims were subjected to the brutal executions in the medieval inquisition.
일부 순례자들은 중세의 종교 재판에서 잔인하게 처형당했다. |

| 044 □□□ | ★★
omen
[ˈoʊmən] | 명 징조, 전조
The early Christians regarded a bright comet as a bad omen and feared what would happen in the future.
초기 기독교인들은 밝은 혜성을 나쁜 징조로 여기고 미래에 일어날 일을 두려워했다. |

☆

persecution

[ˌpɜːrsəˈkjuːʃən]

명 (종교적인) 박해, 학대

The Roman emperor excluded Christians from society and ordered more intense persecution.

로마 황제는 기독교인들을 사회에서 배척하고 더 강도 높은 박해를 명령했다.

☆☆☆

pope

[poʊp]

papal **형** 교황의

명 교황

Pope Sixtus IV commissioned many famous artists of the day to paint the walls of the chapel.

Sixtus 교황 4세는 그 시대의 많은 유명한 화가들에게 교회의 벽에 그림을 그려 달라고 의뢰했다.

☆☆☆

contribute

[kənˈtrɪbjuːt]

contribution **명** 기부, 기여
contributor **명** 기여자
contributive **형** 기여하는

동 기여하다 | 기부하다

The tribe believed that their ritual contributed to making them fearless and impetuous.

그 부족은 그들의 종교 의식이 그들을 두려움 없이 맹렬하게 만드는 데 기여했다고 믿었다.

> **텝스기출표현**
>
> contribute to ~에 기여하다

☆

sermon

[ˈsɜːrmən]

명 설교

The missionary was not capable of gaining many adherents through his sermon.

그 선교사는 설교를 통해 많은 신도들을 확보할 수 없었다.

☆☆

baptism

[ˈbæptɪzəm]

명 세례

For centuries, early Roman Catholics believed that baptism was imperative for salvation.

수 세기 동안, 초기 로마 가톨릭 교도들은 세례는 구원을 위해 필수적이라고 믿었다.

☆

transcend

[trænˈsend]

유의어

surpass 능가하다
exceed 초월하다

동 초월하다

The religious beliefs in modern society transcend the borders.

현대 사회에서의 신앙은 국경을 초월한다.

051

★★★
antithetical
[ˌæntəˈθɛdəkəl]

형 정반대의, 상반되는

Many principles Buddhism pursues are antithetical to Western social values.

불교가 추구하는 많은 원칙들은 서양의 사회적 가치와 상반된다.

템스 기출 표현
antithetical to ~에 상반되는

052

★★★
retribution
[ˌretrɪˈbjuːʃn]

retributive **형** 보복의

명 응징, 징벌

When the great flood struck the region, the people believed it was the retribution for the king's sin.

대홍수가 그 지역을 강타하자 사람들은 왕의 죄에 대한 응보라고 믿었다.

053

★★
stigma
[ˈstɪɡmə]

명 오명

The religious-inspired stigmas were placed on women who had a divorce or abortion in many Catholic countries.

많은 기독교 나라에서는 이혼을 하거나 낙태를 한 여자들에게 종교에 기반한 오명이 붙었다.

054

★
tenet
[ˈtenɪt]

명 교리

Virtue is considered as one of the significant tenets in Buddhism.

덕은 불교에서 가장 중요한 교리들 중 하나로 여겨지고 있다.

055

★★
profane
[prəˈfeɪn]

형 신성 모독적인, 불경스러운

Prior to the Renaissance, many paintings omitting saints were regarded as profane.

르네상스 이전에는 성자가 없는 그림들은 불경스러운 것으로 여겨졌다.

056

★
Confucianism
[kənˈfjuːʃənɪzm]

명 유교

The core principle of Confucianism is the moral order and the virtue of rulers.

유교의 핵심 원리는 지도자들의 도덕적 질서와 덕망이다.

057

★★★
concrete
[ˈkɑːŋkriːt]

concretely **부** 구체적으로

반의어
abstract 추상적인

형 구체적인, 명확한

When complex rules for the clergy were listed without any concrete explanations, they were hard to grasp.

성직자들을 위한 복잡한 규정들이 어떠한 구체적인 설명 없이 나왔을 때 이해하기가 어려웠다.

| 058 | **revere** | **동** 숭배하다 |

058 □□□

*

revere

[rɪˈvɪr]

reverence **명** 숭배
reverent **형** 숭배하는

동 숭배하다

The Mayans associated certain animals with various gods and revered them as sacred ones

마야인들은 특정 동물들을 다양한 신들과 결부시키고 신성한 것으로 숭배했다.

---

059 □□□

**

patron

[ˈpeɪtrən]

patronage **명** 후원

명 후원자

As a great patron of the arts, Pope Julius II supported Renaissance artists.

예술의 위대한 후원자로서 교황 Julius 2세는 르네상스 예술가들을 지원했다.

---

060 □□□

*

pagan

[ˈpeɪgən]

paganistic **형** 이교 신앙의

명 이교도

The pagan beliefs of Europe were prevalent prior to the introduction of Christianity.

유럽의 이교도 신앙들은 기독교가 들어오기 전에 만연했다.

---

061 □□□

*

salvation

[sælˈveɪʃn]

salvational **형** 구제해 주는

명 구원 | 구제, 구조

The religious devotee prayed for salvation while making a pilgrimage to the holy sites.

열성 신자들은 성지들을 순례하면서 구원을 위해 기도했다.

---

062 □□□

*

devout

[dɪˈvaʊt]

형 독실한, 믿음이 강한

Shelly is very devout and never misses daily mass.

Shelly는 매우 독실해서 일간 미사에 절대 빠지지 않는다.

---

063 □□□

**

dogmatic

[dɔːgˈmætɪk]

dogmatize **동** 독단적인 주장을 하다

형 독단적인 | 교리상의

Some Catholics were so dogmatic that they refused to accept other religious practices.

일부 가톨릭 신자들은 너무 독단적이어서 다른 종교적 관례를 받아들이는 것을 거부했다.

---

064 □□□

**

humanitarian

[hjuːˌmænɪˈteriən]

형 인도주의적인, 박애의

Pope John XII was passionate for humanitarian work and did his utmost to help people who were suffering.

교황 John 12세는 인도주의적인 활동에 열정적이었으며 고통받는 사람들을 돕는 데 최선을 다했다.

065 □□□

✱
sin
[sɪn]

sinful 📵 죄가 있는

📵 죄

The priest contended that baptism is vital for deliverance from sin as the Bible explicates it.

신부는 성경에 명시되어 있듯이 세례는 죄로부터 구원받기 위해 필수적인 것이라고 주장했다.

---

066 □□□

✱
void
[vɔɪd]

📵 공허감 📵 텅 빈, 헛된

Susan decided to attend church services every morning to fill a void in her heart after retiring.

Susan은 은퇴 후 공허함을 채우기 위해 매일 아침 교회 예배에 참석하기로 했다.

---

067 □□□

✱
heresy
[ˈherəsi]

heretical 📵 이단의

📵 이단, 이설

The Catholic church designed the papal inquisitional court to purge heresy in medieval times.

가톨릭 교회는 중세 시대에 이단을 제거하기 위해 교황 종교 재판소를 만들었다.

---

068 □□□

✱
consecrate
[ˈkɑːnsɪkreɪt]

consecration 📵 신성화

📵 (종교적 목적으로) 바치다[봉헌하다]

Most of the priest consecrated themselves to the church in all their life.

대부분의 목사들은 평생 동안 교회를 위해 몸을 바쳤다.

---

069 □□□

✱✱
imbue
[ɪmˈbjuː]

imbuement 📵 물들임

📵 ~에게 불어넣다 ㅣ 물들이다

The priest preached that the strong religious belief only imbues people with immortality.

목사는 강한 신앙만이 사람들에게 영원한 생명을 불어넣어 준다고 설교했다.

---

070 □□□

✱
denomination
[dɪˌnɑːmɪˈneɪʃn]

📵 교파, 종파

Eastern Orthodoxy and Roman Catholicism were once two of the most powerful Christian denomination.

동방 정교회와 로마 가톨릭교는 한때 가장 영향력 있는 2개의 종파였다.

---

071 □□□

✱
occult
[ˈɑːkʌlt]

occultism 📵 신비주의

유의어
supernatural 초자연적인

📵 초자연적인

Some people are attracted strongly by occult powers although they don't believe in them.

신통력을 믿지 않더라도 그것에 강하게 끌리는 사람들이 있다.

**

sacrifice

[ˈsækrɪfaɪs]

명 (신에게 바치는) 제물 | 희생 통 (신에게) 제물을 바치다

Rams were used as sacrifices, which were meant to bring harmony.

숫양이 제물로 사용되었는데, 그것은 화합을 가져다줄 것으로 여겨졌다.

**

ascend to

~로 올라가다

The ancient city of Jerusalem was the place where Muhammad ascended to heaven.

고대 도시 예루살렘은 무함마드가 천국으로 올라간 장소였다.

---

*

fasting

[ˈfæstɪŋ]

명 금식

Nowruz, Iran biggest holiday, begins with religious fasting.

이란의 가장 큰 공휴일인 누르즈는 종교적인 금식으로 시작한다.

**

puritan

[ˈpjʊrɪtən]

형 청교도의 명 청교도 신자

It was Puritan settlers in New England that brought the tradition of Christmas to America.

크리스마스의 전통을 미국으로 가져왔던 건 뉴잉글랜드의 청교도 정착민들이었다.

**

endow

[ɪnˈdaʊ]

endowment 명 기부
endower 명 기부자

동 부여하다

To the ancient Romans, food was endowed with religious significance.

고대 로마인들은 음식에 종교적 의미를 부여했다.

---

*

superstitious

[ˌsuːpərˈstɪʃəs]

superstition 명 미신

형 미신적인

Most of the bad omens the ancient people feared proved to be superstitious beliefs.

고대인들이 두려워했던 대부분의 나쁜 징조들은 미신인 것으로 드러났다.

---

*

pious

[ˈpaɪəs]

유의어
devout 독실한

형 경건한, 독실한

Amy's brother is so pious that he attends a church service every night.

Amy의 오빠는 매우 독실해서 매일 밤 교회 예배에 참석한다.

**
Protestant
[ˈprɑːtɪstənt]

Protestantism 명 신교

명 (개)신교도

Many Catholics converted to Protestants and were critical of the teachings of the Catholic church.

많은 천주교인들은 개신교로 개종하면서 가톨릭 교회의 가르침을 비판했다.

---

*
taboo
[təˈbuː]

명 금기

Killing cows is considered a taboo by the followers of Hinduism.

소를 죽이는 것은 힌두교를 믿는 사람들에게는 금기시되고 있다.

문맥에 맞는 단어를 보기에서 골라 빈칸에 넣으세요.

PART 1

ⓐ heresy	ⓑ meditate	ⓒ dogmatic	ⓓ pagans	ⓔ antithetical
ⓕ ritual	ⓖ divine	ⓗ secular	ⓘ omen	ⓙ adhere

1. People are obliged to _____ to the strict rules of Buddhism when they stay in the temple.

2. The early Christians regarded a new comet as a bad _____, feeling worried about their future.

3. As Paul is reluctant to connect with religion, he prefers living in the _____ world.

4. I don't believe in any _____ power that controls all life in the religious way.

5. I once attended the _____ which was a strict religious service requiring fasting for two days.

6. The values of the Islamic world are _____ to those of the American.

7. _____ who did not believe in Christianity were considered to be inferior people.

8. When you participate in the temple stay program, you are supposed to _____ every day.

9. The Pope's _____ decisions often made those in power angry and were considered to be too rigid.

10. The early Protestants were regarded as a _____ as their belief and practice were quite unfamiliar in the times.

answers
1 ⓙ 2 ⓘ 3 ⓗ 4 ⓖ 5 ⓕ 6 ⓔ 7 ⓓ 8 ⓑ 9 ⓒ 10 ⓐ

>> **Check-Up** Questions

문맥에 맞는 단어를 보기에서 골라 빈칸에 넣으세요.

PART 2

ⓐ sacrifice	ⓑ pilgrims	ⓒ endows	ⓓ conviction	ⓔ pious
ⓕ clergy	ⓖ enamored	ⓗ doctrine	ⓘ superstitions	ⓙ deities

11. There were various _____ that the ancient people worshiped and each of them had distinct features.

12. The Mayans used the cow to _____ as an offering to their god in the early spring, wishing their affluence.

13. The speaker's strong religious _____ was inspiring, which had people believing in god.

14. There are thousands of Muslim _____ who make their way to Mecca at this time of the year.

15. He _____ the church with a lot of money to build a new place for service.

16. I didn't understand how he could donate everything to the church although he's extremely _____.

17. As the new bill adversely affected the religion, all the local _____ were asked to speak up against it.

18. I don't believe in any _____ that are not possible, and sometimes detrimental to real life.

19. Some secular people distort the Christian _____, claiming it does not reflect the reality.

20. The ancient Egyptians were _____ with the pyramids for god and made them for a long time.

answers

11 ⓙ 12 ⓐ 13 ⓓ 14 ⓑ 15 ⓒ 16 ⓔ 17 ⓕ 18 ⓘ 19 ⓗ 20 ⓖ

UNIT
26

정치

정치 UNIT 26 〉〉

---

001 ☐☐☐

★★★
opposite
[ˈɑːpəzət]

opponent 명 적수

유의어
antagonistic 적대적인

형 정반대의

Her opinion is opposite to mine in that she suggests the regulation be modified to fit the needs of local residents.

그녀는 규제가 지역 주민들의 요구를 충족시키도록 수정되어야 한다고 주장한다는 점에서 나와 다르다.

---

002 ☐☐☐

★★
elect
[ɪˈlekt]

elective 형 선거를 이용하는, 선택의
election 명 선거

유의어
vote 투표하다

동 선출하다 ┃ 선택하다

Korean voters used to elect their president every five years.

한국의 투표자들은 대통령을 5년마다 뽑곤 했었다.

Statistics show that increasing numbers of people elect to subscribe to online newspapers.

통계는 점점 더 많은 사람들이 온라인 신문 구독을 선택하고 있음을 보여 준다.

---

003 ☐☐☐

★★★
agree
[əˈɡriː]

agreement 명 동의, 협정

유의어
concur 동의하다
relent 동의하다

동 동의하다

Flawed as it may have been, the announcement was made that both parties agreed to stop the war.

결점은 있었으나, 양측이 전쟁을 멈추기로 동의했다는 협정은 발표되었다.

텝스기출 표현

opinions agree 의견이 일치되다

---

004 ☐☐☐

★★★
reform
[rɪˈfɔːrm]

reformed 형 개선된
consultant 명 상담가

유의어
(a)meliorate 개선하다

명 개혁, 혁신

Our authoritarian government is proving brittle, which shows that this is the time for a reform.

우리의 권위주의적인 정부는 불안정한 상태라는 것을 몸소 증명하고 있고, 이는 개혁의 적기임을 보여 준다.

텝스기출 표현

health care reform 의료 개혁

▶혼동하지 말자!
transform 변형하다
conform 순응하다
deform 외관을 훼손시키다

✦
domain
[doʊˈmeɪn]

유의어
territory 영토, 영역

🅟 영역, 범위

The king is looking out over his domain, preparing to send his army.

왕은 그의 군사들을 보낼 준비를 하며 자신의 영토를 지키고 있다.

✦✦
revolution
[ˌrevəˈluːʃn]

revolutionary 🅗 혁명의

🅟 혁명

Stolen statues and paintings of the palace triggered the beginning of the French Revolution.

도난당한 궁전의 조각상과 그림들이 프랑스 혁명의 시작을 촉발했다.

✦✦
independent
[ˌɪndɪˈpendənt]

independence 🅟 독립

🅗 독립적인

As an independent candidate among grouped parties, he ventured into running for the election.

당 간의 파벌 속 독립적인 후보자로, 그는 선거에 나가는 모험을 감행했다.

✦✦✦
subject
[ˈsʌbdʒɪkt]

subjection 🅟 종속
subjective 🅗 주관적인

🅟 주제, 대상

Inefficient operation of public enterprise was always the main subject of forensic criticism.

공기업의 비효율적 운영은 항상 법적으로 파고드는 비판의 대상이 되었다.

텝스 기출 표현
subject to approval 승인을 조건으로

✦✦
tension
[ˈtenʃn]

유의어
strain 과도 긴장

🅟 긴장

The tension was mounting on the border of the military demarcation line between North and South.

남북 군사분계선에서 긴장감이 고조되고 있었다.

텝스 기출 표현
hypertension 고혈압(↔ hypotension 저혈압)

✦
unification
[ˌjuːnəfəˈkeɪʃn]

unify 🅥 통일하다
unified 🅗 통일된

🅟 통일

Cultural exchange and economic cooperation will be featured in the event as a way of wishing for unification.

문화 교류와 경제 협력이 통일 기원을 위한 행사의 주된 내용이 될 것이다.

✶ shelve
[ʃelv]

유의어
postpone 미루다

통 보류하다 명 선반

Regarding the peace treaty, our political concern should not be shelved and put aside in jeopardy.

평화 조약과 관련해서, 우리의 정치적 우려는 미뤄지고 위험에 놓이도록 방치되어서는 안 된다.

> **텝스기출표현**
> shelve a bill 의안을 보류하다

✶✶ engage
[ɪnˈɡeɪdʒ]

engagement 명 약혼
engaged 형 종사하는, 바쁜

통 관계를 맺다

The economist is engaged in a campaign for advocating corporate social responsibility.

그 경제학자는 기업의 사회적 책임을 주장하는 캠페인에 참여하고 있다.

> **텝스기출표현**
> engage in ~에 종사하다[참여하다]

✶ standoff
[ˈstændˌɑːf]

유의어
stalemate 막다름
deadlock 교착 상태

명 교착 상태 | 떨어져 있는 상태

In a fierce standoff between leftist and rightist, angry grumbles went on.

좌익과 우익의 맹렬한 교착 상태에서 화가 난 채로 툴툴대는 소리들이 오갔다.

Sometimes a good standoff from politics provides a peaceful moment.

가끔씩 정치로부터 떨어져 있는 상태는 평화로운 순간을 제공한다.

✶✶ suppress
[səˈpres]

suppression 명 억제
suppressive 형 억압하는

유의어
subdue 억누르다
restrain 막다

통 진압하다

The police are to suppress the riot, provoked by a series of government measures to reduce the immigration quotas.

이민자 할당 쿼터를 줄이는 정부의 일련의 조치들로 인해 촉발된 시위를 경찰이 진압해야 한다.

01 UNIT
02 UNIT
03 UNIT
04 UNIT
05 UNIT
06 UNIT
07 UNIT
08 UNIT
09 UNIT
10
11
12
13
14 UNIT
15
16
17 UNIT
18
19 UNIT
20
21
22 UNIT
23
24 UNIT
25
UNIT 26
27
28
29
30

015 ★★
adopt
[əˈdɑːpt]

adoption 圆 채택, 입양

유의어
select 선택하다

图 채택하다
The tone of the voter reflected one's elated mood in adopting the new policy of the council.

투표자의 목소리는 위원회의 새로운 정책을 채택하게 된 것에 대한 들뜬 마음을 반영하고 있었다.

> **텝스 기출 표현**
> adopt or reject 취사 선택하다
>
> ▶혼동하지 말자!
> adapt 적응하다

---

016 ★★★
advocacy
[ˈædvəkəsi]

advocate 图 지지하다 圆 지지자

유의어
vindication 옹호
espousal 지지

圆 지지, 옹호
The senator is to endorse the bill in advocacy of abandoning green belt zone.

상원 의원은 그린벨트 지역을 버리는 것에 대한 지지의 차원에서 법안을 승인할 예정이다.

> **텝스 기출 표현**
> devil's advocate 일부러 반대 입장을 취하는 사람

---

017 ★★★
authority
[əˈθɔːrəti]

authorization 圆 허가

유의어
prestige 권위

圆 권한
The report claimed that a civil servant abused his authority in clearing away many potential roadblocks.

보도는 공무원이 많은 잠재적 방해물을 제거하는 데에 자신의 권한을 남용했다고 주장했다.

---

018 ★★
absolute
[ˈæbsəluːt]

absolutism 圆 절대주의

유의어
blithering 완전한
orbicular 완벽한

图 절대적인 | 완전한
An absolute monarchy is a form of monarchy in which the monarch holds supreme authority over the kingdom.

절대 군주제는 군주가 절대적인 권위를 왕국 전체에 행사하는 정치 제도이다.

> **텝스 기출 표현**
> absolute majority 절대 다수, 과반수

***
address

동 [əˈdres]
명 [ˈædres]

addressable 형 고심해 볼 만한

유의어
elocute 연설하다

동 다루다 ㅣ 연설하다 명 연설 ㅣ 주소

Anyone can address a political issue or problem freely in our society.

누구나 우리 사회에서 정치적 사안이나 문제를 자유롭게 다룰 수 있다.

The president delivered a televised address to the national broadcast TV, resorting to calm and peace.

대통령은 전국적인 TV 방송을 통해 진정과 평화를 호소하는 연설을 했다.

텝스기출표현
keynote address 기조 연설

**
counter

[ˈkaʊntər]

counterpart 명 상대

유의어
dissent 반대하다
gainsay 반대하다

동 반대하다 명 계산대, 판매대

The Conservative Party countered aggressively by suggesting they withdraw troops from the zone.

보수당은 이 지역에서 군대를 철수해야 한다고 주장하며 공격적으로 반대했다.

**
intervention

[ˌɪntərˈvenʃən]

intervene 동 개입하다, 끼어들다

유의어
interference 개입

명 개입, 조정

The government's armed intervention in the dispute among prisoners will not help their rehabilitation.

논쟁에 대한 정부의 무장 개입은 죄수들의 사회 복귀에 도움이 되지 않을 것이다.

텝스기출표현
humanitarian intervention 인도적 간섭

**
autonomy

[ɔːˈtɑːnəmi]

autonomous 형 자주적인

명 자치권, 자율성

Factory workers demanded professional autonomy and access to resources in exchange for their liability.

공장 근로자들은 직업적 자율성과 자원에 대한 접근을 그들의 법적 책임에 대한 대가로 요구했다.

▶혼동하지 말자!
autonym 본명, 실명

★
bureaucracy
[bjʊˈrɑːkrəsi]

bureaucratic **형** 관료의, 요식적인

명 관료, 관료주의

In its internal reform, the market has to eliminate unnecessary bureaucracy and protect consumers against conflicts of interest.

자체적 개혁 속에서 시장은 불필요한 관료주의를 제거하고 이해 관계 충돌에 대응하여 소비자들을 보호해야 한다.

★★★
candidate
[ˈkændɪdət]

유의어
applicant 지원자

명 후보자, 지원자

He is a candidate for the 2020 Republican Party presidential nomination.

그는 2020년 공화당 대통령 선거 후보 지명 후보자이다.

★★★
consensus
[kənˈsensəs]

consent **동** 동의하다

유의어
concurrence 합의

명 합의, 의견 일치

It is hard to achieve a significant consensus when both sides collide as to why unifying education matters.

통일 교육이 왜 중요한지에 대해서 양당이 충돌하고 있을 때 상당한 합의를 만들어 내기는 어렵다.

★★
corruption
[kəˈrʌpʃn]

corrupt **형** 부패한

반의어
incorruption 청렴결백

명 부패, 타락

Considering that Democrats are sensitive to corruption, it is no wonder they are petrified by recent scandals.

민주당원들이 부패에 예민하다는 사실을 고려하면, 그들이 최근 스캔들로 인해 겁에 질려 있다는 사실은 놀랍지 않다.

★★★
denounce
[dɪˈnaʊns]

denouncement **명** 비난

유의어
reprehend 비난하다
implead 비난하다, 항변하다
objurgate 책망하다

동 비난하다

We are denouncing authoritarian leadership in quest for democracy, based on ample proof of their wrong doings.

우리는 그들의 범법 행위에 대한 충분한 근거를 바탕으로, 민주주의를 위해 권위주의 정권을 비난하고 있는 것입니다.

탭스 기출 표현
denounce a heresy 이교를 탄핵하다

★★
evasive
[ɪˈveɪsɪv]

evade **동** 피하다
evasion **명** 회피

유의어
aversive 피하는

형 회피적인

Evasive answers from the Secretary of State disappointed those who had been expecting more concrete solutions.

국무장관의 애매한 답변은 좀 더 구체적인 해결책을 기대했던 이들을 실망시켰다.

✶ displace
[dɪsˈpleɪs]

displacement 몡 이동
displaced 혱 추방된

유의어
supplant 대신하다
substitute 대체하다

몡 대체하다

We have to displace liberal market policies with more protective ones, including ensured remuneration.

우리는 자유주의적인 시장 정책을 기본 보수의 보장과 같은 보호주의적인 정책으로 바꿔야 한다.

✶✶ defy
[dɪˈfaɪ]

defiance 몡 반항
defiant 혱 반항하는

통 반항하다, 거역하다

Let's not defy their orders and conform to the injustice of the decree, for the time being.

그들의 명령에 저항하지 말고, 당분간은 법령의 부조리함에 순응합시다.

텝스기출표현
defy all comparison 천하일품이다

✶✶ delegate
몡 [ˈdeləɡət]
통 [ˈdeləɡeɪt]

delegation 몡 대표단, 위임
delegator 몡 대표자

유의어
entrust 위임하다
commission 의뢰하다, 위임하다

몡 대표 통 위임하다

Delegates from 60 countries were invited to the conference, but Chinese delegate offered no reply.

60개국의 대표들이 학회에 초대되었으나, 중국의 대표는 응답하지 않았다.

The committee delegated the authority to perform the procedure.

위원회는 절차를 수행하기 위한 권한을 위임했다.

▶혼동하지 말자!
delegalize 법적 인가를 취소하다

✶✶ enact
[ɪˈnækt]

enactment 몡 입법

유의어
legislate 제정하다

통 제정하다

Other countries are taking initiatives to enact a treaty, rushing without scrutinizing the content.

다른 국가들은 조약 제정을 위해 내용 검토조차 하지 않고 빠르게 움직이고 있다.

033 ★★★

unanimous
[juˈnænɪməs]

unanimity 명 만장일치

유의어
consentient 만장일치의
unonymous 만장일치인

형 만장일치의

The decision was unanimous in suspecting that the proposed nuclear test would mean a large-scale war.

그 결정은 제안된 핵 실험이 대규모 전쟁을 의미할 것이라 의심하는 데에 만장일치의 뜻을 모았다.

---

034 ★

refugee
[ˌrefjuˈdʒiː]

refuge 명 피난, 도피

유의어
evacuee 피난민

명 난민, 망명자

Refugee camps are threatened by lack of resources and unsafe conditions.

난민 수용소는 자원 부족과 위험한 환경으로 인해 위협받고 있다.

텝스 기출 표현
refugee camp 난민촌

---

035 ★★★

restrict
[rɪˈstrɪkt]

restriction 명 제한, 구속

유의어
constrain 제한하다

동 제한하다

Labor laws restrict the abuse of secured working hours.

노동법은 보장된 근로 시간의 남용을 제한한다.

---

036 ★★★

enforce
[ɪnˈfɔːrs]

enforcement 명 시행, 집행, 강제, 강조

유의어
impose 강요하다

동 집행하다 | 강요하다

The government decided to enforce a fixed-price system.

정부는 고정 가격제를 집행하기로 결정했다.

It is difficult to enforce policy compliance when individuals are faced with the risk of litigation.

개인들이 법률 소송에 휘말릴 위험성에 직면했을 때, 정책에 대한 순응을 강요하기 어렵다.

---

037 ★★★

implement
[ˈɪmpləmənt]

implementation 명 이행, 실행

유의어
institute 도입하다

동 이행하다, 도입하다

President is evaluated by their ability to cope with problems and implement operational changes.

대통령은 문제에 대처하고 운영 방식의 변화를 실행하는 능력에 따라 평가받는다.

038
□□□

**
impose
[ɪmˈpoʊz]

imposition 명 시행, 도입, 부담

유의어
levy 부과하다

동 부과하다 | 도입하다

A fat tax was imposed on fast foods, forcing additional financial burdens to the lower class.

비만세가 패스트푸드에 부과되면서 하층민들에게 재정적 부담이 배가되었다.

039
□□□

*
incumbent
[ɪnˈkʌmbənt]

incumbency 명 직위, 재임 기간

형 현직의, 재임 중인

The incumbent president revised laws to impose a life sentence.

재임 중인 대통령은 종신형을 부과하도록 법을 개정했다.

텝스 기출 표현
incumbent government 현 정부

040
□□□

*
interminable
[ɪnˈtɜːrmɪnəbl]

반의어
terminable 종결시킬 수 있는

형 끝없는

The interminable election after a long discussion was finally settled as Trump became the president.

긴 회의 이후 끝없이 지속되던 선거는 Trump가 대통령이 됨으로써 막을 내렸다.

텝스 기출 표현
an interminable dispute 끝없는 분쟁

041
□□□

***
mandatory
[ˈmændətɔːri]

mandate 명 권한, 통치권

유의어
obligatory 의무적인
compulsory 강제적인

형 의무적인

It is mandatory for politicians to pursue the common good.

정치인들에게는 공공 선을 추구하는 것이 의무적이다.

042
□□□

*
mire
[ˈmaɪər]

mired 형 수렁에 빠진

명 진흙탕, 수렁 동 진창에 빠트리다

The Republican Party grappled in mud and mire before and after the election.

공화당은 선거 전후에 진흙과 수렁에서 고군분투했다.

텝스 기출 표현
in the mire 궁지에 몰려

043 ✳
monarch
[ˈmɑːnərk]

monarchy 몡 군주제

유의어
sovereign 군주

명 군주

His subjects considered him as a great monarch, involved in representational duties above politics.

그의 신하들은 그를 정치적 이유를 뛰어넘어 대표 일에 참여하는 위대한 군주로 여겼다.

---

044 ✳
parliament
[ˈpɑːrləmənt]

유의어
assembly 의회
council 의회

명 의회

After a bill goes through, the minister's accountability to parliament is to be questioned by the commissioners.

법안이 통과된 이후, 장관들의 의회에 대한 책임은 위원회 위원들에 의해 문제시될 것이다.

---

045 ✳✳✳
nominate
[ˈnɑːmɪneɪt]

nomination 몡 임명
nominee 몡 후보
nominal 혱 명목상의

유의어
designate 지정하다

동 지명하다

He was nominated for the representative of the opposition party to speak on our behalf.

그는 우리를 대신하여 야당을 대표할 인물로 지명되었다.

---

046 ✳
pledge
[pledʒ]

pledgeable 혱 담보로 잡힐 수 있는

유의어
oath 서약

명 약속, 맹세

The senator honored both his election pledge and donation pledge to take part in the Refugee Fund.

그 상원 의원은 선거 공약과 난민 기금에 기여하겠다는 기부 약속을 모두 지켰다.

텝스기출표현
Pledge of Allegiance 국기에 대한 맹세

---

047 ✳✳
proclaim
[prəˈkleɪm]

proclamation 몡 선언서, 선언, 선포

유의어
declare 선포하다

동 선언하다

Rabble rousers will proclaim current state as an emergency, regardless of their political stances.

대중 선동가들은 그들의 정치적 견해와 상관없이 현 상황을 응급 상황이라고 선언할 것이다.

▶혼동하지 말자!
declaim 포기하다
reclaim 되찾다

524

048

protocol

[ˈproʊtəkɔːl]

유의어
convention 협약

명 의례 | 규약

Royal protocols of the dynasty can mitigate the issue by proper adoption of Chinese laws.

왕조의 의례는 중국의 법을 적절하게 채택함으로써 문제를 완화할 수 있다.

Protocol on Environmental Protection to the Antarctic Treaty was agreed upon.

남극 조약 환경 규약이 합의되었다.

049

rally

[ˈræli]

유의어
assemble 집결하다

동 집결하다 명 집회

The campaign rallied around its ideals, and many national newspapers showed a great deal of support.

캠페인은 그 이상을 중심으로 뭉쳤고, 많은 전국의 신문들은 상당한 지지를 보였다.

050

allay

[əˈleɪ]

유의어
alleviate 완화시키다

동 진정시키다

To allay the suspicions that government's proposals are lacking details, thorough report of the issue is advisory.

정부의 제안이 구체적 사항들이 결여되어 있다는 의혹을 가라앉히기 위해 그 문제에 대한 철저한 보고서가 권고된다.

051

ratify

[ˈrætɪfaɪ]

ratification **명 비준, 재가**

유의어
endorse 승인하다
sanction 비준하다

동 비준하다

The Senate is not going to ratify the partial treaty even though it minimizes the cost of compliance.

상원은 그 불평등 조약이 준수 비용을 최소화하여도 이를 비준하지 않을 것이다.

052

depose

[dɪˈpoʊz]

유의어
dethrone 물러나게 하다

동 면직시키다, 물러나게 하다

The president was deposed in a military coup after having imposed an arms embargo.

대통령은 무기 금수 조치를 취한 뒤 군사 쿠데타에 의해 파면되었다.

053
□□□

✱
sanction
[ˈsæŋkʃn]

유의어
restriction 제재
endorsement 승인

명 승인 | 제재 동 승인하다 | 제재하다

The foundation retains the sanction of withholding approval, in the decision of fund usage.
그 재단은 기금 사용의 결정에 있어서 승인을 보류할 권한을 보유하고 있다.

The president is willing to reinstate military sanction against hostile countries.
대통령은 적대적 국가들에 대한 군사 제재를 복구시킬 의향이 있다.

텝스기출표현
impose economic sanction 경제 제재를 가하다

▶혼동하지 말자!
sanctity 존엄성

054
□□□

✱
sordid
[ˈsɔːrdɪd]

유의어
foul 더러운
filthy 추잡한
squalid 지저분한
abject 비열한

형 더러운, 비도덕적인

The article revealed that the chief executive officer had been exploiting customers for his own sordid enjoyment.
기사는 최고 경영자가 자신의 비도덕적인 즐거움을 위해 소비자들을 이용했다고 폭로했다.

텝스기출표현
sordid gain 더러운 이득

055
□□□

✱✱
mitigate
[ˈmɪtɪɡeɪt]

mitigation 명 완화, 경감

유의어
alleviate 완화하다

동 완화하다

We advise you to mitigate risk by anticipating consequences and combining optimal solutions.
결과를 예측하고 최적의 방안을 조합하는 것으로 위험을 완화하길 권고합니다.

056
□□□

✱
rampant
[ˈræmpənt]

rampage 명 광란 동 광란하듯 지나가다

유의어
prevalent 만연한
pervasive 만연하는

형 만연한

Unemployment is rampant in our society, indicating the government's failure to mark real progress.
실업이 우리 사회에 만연한 것은 정부가 실질적인 발전을 이룩하지 못했음을 나타낸다.

▶혼동하지 말자!
rampart 성벽

✦

rebuke

[rɪˈbjuːk]

유의어

reproach 책망하다
condemn 비난하다

동 비난하다

After the ship sank, the Ministry of Land, Transport and Maritime Affairs was publicly rebuked.

배의 침몰 이후 국토해양부는 사회적으로 비난을 받았다.

▶혼동하지 말자!
revoke 취소하다, 철회하다

✦✦✦

resign

[rɪˈzaɪn]

resignation 명 사직, 체념

유의어

demit 사직하다

동 사임하다, 물러나다

The president resigned just before his impeachment, scheduled prior to his trial.

대통령은 그의 재판 이전에 예정되어 있던 탄핵 직전에 사임했다.

텝스기출표현
resign oneself to 체념하다

✦

chancellor

[ˈtʃænsələr]

유의어

minister 장관
secretary 장관

명 장관, 수상

They congratulated the chancellor on his address when submitting their annual political report.

그들은 연간 정치 보고서를 제출하며 수상의 연설을 축하드렸다.

✦✦

conspiracy

[kənˈspɪrəsi]

conspire 동 음모를 꾸미다, 공모하다

유의어

scheme 음모

명 음모

The politician claimed that the incident was a result of conspiracy and incitement against him.

그 정치인은 그 사건이 그에 대한 음모와 선동의 결과라고 주장했다.

텝스기출표현
conspiracy theory 음모론

✦

consulate

[ˈkɑːnsələt]

consular 형 영사의

명 영사, 영사관

100 consulates and trade offices issue a visa on behalf of the embassies.

100개의 영사와 무역 사무소가 대사관을 대신하여 비자를 발급하고 있다.

emissary

[ˈemɪseri]

유의어
envoy 특사
delegate 사절

📵 사절, 특사

A personal emissary was sent to the prime minister, to congratulate their annual convention ceremony.

그들의 연간 총회 행사를 축하하기 위해 개인 특사가 수상에게 파견되었다.

텝스 기출표현
peace emissary 평화 사절 특사

---

espionage

[ˈespiənɑːʒ]

📵 첩보 활동, 염탐

A refugee camp was used for espionage training, which is considered a critical offense in our country.

우리나라에서 치명적인 범죄로 여겨지는 간첩 교육이 난민 수용소에서 이루어졌다.

---

exponent

[ɪkˈspoʊnənt]

exponential 📵 지수의, 기하급수적인
exponentially 📵 기하급수적으로

유의어
apostle 주창자

📵 주창자 I 지수

He was considered a reliable exponent of liberalism, during his presidential term.

그는 대통령 임기 중 신뢰할 수 있는 자유주의의 주창자로 여겨졌다.

텝스 기출표현
a leading exponent of ~의 대가

---

faction

[ˈfækʃn]

factious 📵 당파적인, 당파심이 강한
factionalism 📵 파벌주의

유의어
clique 파벌

📵 당파, 파벌

One faction within the party persuaded politicians to abandon a tax cut proposal.

당의 한 파벌은 정치인들로 하여금 세금 인하 제안을 폐기하도록 설득했다.

---

inaugurate

[ɪˈnɔːgjəreɪt]

inauguration 📵 취임
inaugural 📵 처음의

📵 취임하게 하다 I 시작을 알리다

He will be inaugurated as vice president in March, and the ceremony is to be held on Monday.

그는 3월에 부통령으로 취임할 것이며, 행사는 월요일에 열릴 것이다.

The new non-profit organization was inaugurated by the mayor.

새로운 비영리 조직의 시작을 시장이 알렸다.

incite

**

[ɪnˈsaɪt]

incitement 명 선동

유의어
instigate 선동하다

동 자극하다, 선동하다

The government will not tolerate those who incite violence and social unrest in the country.

정부는 자국 내에서 폭력을 조장하고 사회적 불안을 일으키는 자들을 좌시하지 않을 것이다.

텝스 기출 표현
incite a riot 폭동을 선동하다

▶혼동하지 말자!
insight 통찰

---

menace

*

[ˈmenəs]

유의어
duress 협박, 압력

명 위협, 협박 동 ~로 위협하다

It is emerging as a menace to the public, oddly twisting right and wrong.

그것은 옳음과 그름을 뒤바꿔 놓으며, 대중들에게 악영향을 끼치고 있다.

---

municipal

*

[mjuːˈnɪsɪpl]

형 시의, 지방 자치제의

The municipal authority is controlling five facilities, funded by the bond since 1990.

시 당국은 1990년 이래로 지방채를 통해 다섯 개의 시설들을 관리하고 있다.

---

naysayer

*

[ˈneɪˌseɪər]

naysay 동 거절, 부인

유의어
vetoer 거부자, 금지자

명 거부자

Naysayers are proposing to do nothing, while others are urging to do what is right for the people.

다른 이들은 사람들을 위해 옳은 행동을 해야 한다고 촉구하는 반면, 거부자들은 아무것도 하지 않을 것을 제안하고 있다.

---

pacify

*

[ˈpæsɪfaɪ]

pacific 형 평화로운, 평화를 사랑하는
pacification 명 강화, 화해

유의어
solace 달래다

동 진정시키다, 달래다

The speech was to pacify the work force in the corporation, irritated by the pay freeze.

그 연설은 임금 동결로 화가 난 회사의 노동력을 달래기 위한 것이었다.

▶혼동하지 말자!
opacify 불투명하게 하다

072 □□□

★
patriotic
[ˌpeɪtriˈɑːtɪk]

patriot 몡 애국자
patriotism 몡 애국심

유의어
loyal 충성하는

몡 애국심이 강한

Its purpose was patriotic, to proclaim constitutional right and train people for post-war emergencies.

그것의 목적은 헌법적 권리들을 선언하고 전쟁 이후의 비상 사태에 대비하여 사람들을 훈련시키는 애국적인 것이었다.

---

073 □□□

★★
preliminary
[prɪˈlɪmɪneri]

preliminarily 뿐 예비적으로, 사전에

유의어
auxiliary 보조의, 예비의
precursory 예비의

몡 예비의

Preliminary results of the poll show that the Republican Party is to win the election by 20 percent.

선거의 예비 조사 결과는 공화당이 20퍼센트 차이로 투표에서 이길 것임을 보여 주고 있다.

---

074 □□□

★
senator
[ˈsenətər]

몡 상원 의원

He was elected as a democratic senator to undertake the responsibility of unifying the party.

그는 당을 통합하는 책임을 완수하도록 민주당 상원 의원으로 선출되었다.

---

075 □□□

★
sovereign
[ˈsɑːvrən]

sovereignty 몡 통치권, 자주권

몡 주권의, 통치의

Korea's sovereign territory includes small islands located far down below.

한국의 통치 영토에는 아래에 멀리 떨어져 있는 조그마한 섬들도 포함된다.

---

076 □□□

★
tyranny
[ˈtɪrəni]

tyrant 몡 폭군, 독재자

유의어
despotism 폭정

몡 폭정

Showing his aversion to tyranny, he pursued liberty and cautioned against the misuse of power.

폭정에 대한 혐오를 보여 주며, 그는 자유를 추구하는 동시에 권력의 남용을 경계했다.

---

077 □□□

★
clique
[kliːk]

몡 파벌

Public immunity lawyers formed a clique over the past years and defended human rights.

공공 면책 변호사들은 지난 몇 년간 패거리를 형성하여 인권을 보호했다.

---

078 ☐☐☐

✶
collusion
[kəˈluːʒn]

collusive 웹 결탁한
collude 톱 결탁하다

유의어
logrolling 결탁

웹 **결탁**

Politicians' unwitting collusion with drug dealers is a failure in maintaining legislative transparency.

정치인들이 마약 거래상들과 자신도 모르게 진행하는 결탁은, 제정적 투명성 유지의 실패다.

---

079 ☐☐☐

✶
conscribe
[kənˈskraib]

conscription 웹 징병제
conscript 톱 징집하다

유의어
enlist 징집하다, 요청하다

톱 **징집하다 | 제한하다**

Faced with the difficulties of outnumbering the enemy, the government conscribed armies when the war occurred.

적을 수로 제압하는 데에 어려움을 겪어야 했던 정부는 전쟁이 발발했을 때 군대를 징집했다.

---

080 ☐☐☐

✶
demarcation
[ˌdiːmɑːrˈkeɪʃn]

demarcate 톱 경계를 표시하다

웹 **경계, 구분**

A horizontal line of demarcation drawn between the two countries is being blurred in the confusion.

두 나라의 경계를 구획하는 수평선은 혼란 속에서 흐릿해지고 있다.

텝스기출표현
demarcation line 휴전선

---

081 ☐☐☐

✶
deputy
[ˈdepjuti]

depute 톱 위임하다

웹 **보좌관, 대리, 부-**

She met with the deputy governor to deal with controversial issues in the Commissioner of Health.

보건위원회의 논쟁 거리들을 다루기 위해 그녀는 부지사를 만났다.

---

082 ☐☐☐

✶
envoy
[ˈenvɔi]

웹 **외교 사절**

As an envoy, the former president George Bush is spending hours in Europe for diplomatic affairs.

외교 사절 업무를 위해 전직 대통령인 George Bush는 유럽에서 몇 시간씩 보내고 있다.

---

083 ☐☐☐

✶✶
expulsion
[ɪkˈspʌlʃn]

expulse 톱 추방하다
expulsive 웹 구축력이 있는, 추방하는

유의어
deportation 추방

웹 **추방, 방출**

National security expulsions are triggering another political dispute about foreign journalists.

국가 안보를 위한 추방은 외신 기자들과 관련된 또 다른 정치적 분쟁을 야기하고 있다.

**
impeach
[ɪmˈpiːtʃ]

impeachment 명 비난, 고소, 고발

유의어
indict 기소하다, 고발하다
accuse 고발하다

동 탄핵하다 | 고발하다

Four subsequent attempts to impeach the president failed and left us with no choice but to leave the party.

대통령을 탄핵하기 위한 네 번의 시도들이 연달아 불발되어, 우리는 당을 떠날 수밖에 없었다.

텝스 기출 표현
impeach 사람 of crimes '사람'을 범죄 혐의로 고소하다

▶혼동하지 말자!
impede 지연시키다

---

*
inception
[ɪnˈsepʃn]

incept 동 섭취하다, 시작하다
inceptive 형 시초의

유의어
commencement 개시

명 시작, 발단

From the inception of the negotiation, England was devoted to its focused goal of stopping the international war.

협상의 시작부터 영국은 국제 전쟁을 멈추기 위한 목표에 헌신적이었다.

텝스 기출 표현
at A's inception A가 시작될 때

---

*
intransigence
[ɪnˈtrænsədʒəns]

intransigent 형 고집스러운

반의어
conciliatory attitude 협조적인 태도

명 비타협적 태도

North Korea's intransigence to South Korea was exacerbated by the summit meeting with the US.

미국과의 정상 회담 이후 북한의 남한에 대한 비타협적인 태도는 악화되었다.

---

*
hegemony
[hɪˈdʒemoʊni]

hegemonic 형 지배하는

명 주도권, 패권

Dismissing the hegemony of virulent rivals, he convened the constituent national assembly.

악의적인 적들의 주도권을 무시하며, 그는 헌법 제정 국민 의회를 소집했다.

---

*
ploy
[plɔɪ]

유의어
machination 책략
sleight 날쌘 솜씨
artifice 계략

명 책략, 술책

His negotiating ploy worked well, distracting attention from the stock market.

주식 시장으로부터 주의를 분산시키는 그녀의 협상 전술은 잘 통했다.

텝스 기출 표현
resort to a ploy 책략을 쓰다

089 □□□

**

reparation

[ˌrepəˈreɪʃn]

reparative 형 수선의, 회복의

유의어

compensation 보상

명 배상금, 보상

The country paid reparations for the purpose of showing its condolence for those who needed sufficient apologies.

그 나라는 충분한 사과를 필요로 하는 이들에게 조의를 표할 목적으로 배상금을 지불했다.

텝스기출표현

reparations in cash 현금 배상

---

090 □□□

*

referendum

[ˌrefəˈrendəm]

referendary 형 국민 투표의

유의어

plebiscite 국민 투표

명 국민 투표, 총선거

Korea is holding a referendum on the issue of the trade dispute.

한국은 무역 분쟁과 관련하여 주민 투표를 실시할 것이다.

텝스기출표현

ad referendum 더 고려해야 할

---

091 □□□

**

repatriate

[ˌriːˈpeɪtrieɪt]

repatriation 명 본국 송환, 귀환

동 본국으로 송환하다

To repatriate refugees fleeing from North Korea, the government is to meet delegates from Washington.

북한에서 탈주한 망명자들을 송환하기 위하여, 정부는 워싱턴에서 대표자들을 만날 계획이다

---

092 □□□

*

sedition

[sɪˈdɪʃn]

seditious 형 치안 방해의, 선동적인

유의어

riot 폭동

명 폭동, 선동

The criminal offences of sedition and criminal defamation are to be determined by the jurisdictions.

배심원들에 의해 폭동의 선동과 범죄 명예 훼손죄가 판결될 예정이다.

---

093 □□□

**

subvert

[səbˈvɜːrt]

subversive 형 체제 전복적인, 타락시키는

subversion 명 전복, 파괴, 멸망

유의어

keel 전복시키다

동 무너뜨리다

The government would often subvert market judgments through intermittent regulations.

정부는 간헐적 규제를 통해 시장 판단을 뒤엎곤 했다.

▶혼동하지 말자!
subvene 도움이 되다

UNIT
01
UNIT
02
UNIT
03
UNIT
04
UNIT
05
UNIT
06
UNIT
07
UNIT
08
UNIT
09
UNIT
10
UNIT
11
UNIT
12
UNIT
13
UNIT
14
UNIT
15
UNIT
16
UNIT
17
UNIT
18
UNIT
19
UNIT
20
UNIT
21
UNIT
22
UNIT
23
UNIT
24
UNIT
25
UNIT
26
UNIT
27
UNIT
28
UNIT
29
UNIT
30

succumb

**
[səˈkʌm]

유의어
capitulate 굴복하다
yield 굴복하다, 양보하다
bow down 절하다, 굴복하다

图 굴복하다, 무릎을 꿇다

We do not succumb to terrorists since it will only increase the challenges of absurd demands.

우리가 테러리스트들에게 굴복한다면 불합리한 요구만 커질 것이기 때문에 그렇게 하지 않는다.

텝스 기출 표현

succumb to authority 권력에 굴복하다

---

suffrage

*
[ˈsʌfrɪdʒ]

suffragist 图 참정권 확대론자

图 투표권

The extension of suffrage changed Korean society as a whole.

참정권의 확대는 한국 사회 전체를 바꾸었다.

---

supersede

*
[ˌsuːpərˈsiːd]

supersession 图 대체

유의어
substitute 대체하다
supplant 대신하다

图 대체하다

The terms and conditions of this Agreement supersede all previous proposals related to the matter.

이 계약의 이용 약관은 이와 관련된 이전의 모든 제안을 대체합니다.

텝스 기출 표현

supersede A by B A와 B를 교체하다

---

munition

*
[mjuːˈnɪʃən]

유의어
ordnance 군수품

图 군수품 图 ~에 군수품을 공급하다

Ironically, the shortage of exploding cluster munitions is causing the delay of the peace treaty.

역설적이게도 폭발하는 탄약들의 부족이 평화 협정을 지연시키고 있다.

---

chauvinist

*
[ˈʃoʊvɪnɪst]

chauvinism 图 국수주의

图 맹목적 애국주의자

He was such an arrogant chauvinist that he sacrificed the poor as a shield in the war.

그는 너무나 거만한 광신적인 애국주의자였기 때문에 빈곤층을 전쟁의 방패로 삼았다.

★
retinue
[ˈretənuː]

retinued 형 수행원을 거느린

유의어
entourage 수행단

명 수행원들, 수행단

When traveling abroad, the president has a large retinue of aides and bodyguards to accompany him.

대통령은 해외 여행을 할 때 보좌관들과 경호원들로 구성된 상당한 수행원들을 동반한다.

텝스 기출 표현
accompany a retinue 수행단을 동반하다

★
tumult
[ˈtuːmʌlt]

tumultuous 형 떠들썩한, 격동의

유의어
commotion 소란
uproar 대소동

명 소란 | 동요

In order to deal with the tumult, the government should take initiatives in punishing the war criminals.

소란을 해결하기 위해, 정부는 전범들을 처벌하는 데에 앞장서야 한다.

He said he liked the current tumult before the parliamentary elections.

그는 총선 전의 현재 동요가 좋다고 말했다.

문맥에 맞는 단어를 보기에서 골라 빈칸에 넣으세요.

PART 1

| ⓐ autonomy | ⓑ advocate | ⓒ enact | ⓓ suppressed | ⓔ authority |
| ⓕ shelve | ⓖ proclaim | ⓗ adopt | ⓘ reform | ⓙ defy |

1. The protestors in the city hall were brutally _____ by the police.

2. _____ independence and liberty of the country to the world, far and wide.

3. We should _____ stricter gun control laws, as far as children are concerned.

4. Death is regarded as a course of nature that no one can _____.

5. The Chinese government refused to give _____ to Hong Kong.

6. The committee's decision is against the work of _____.

7. He abused his vested _____ in office.

8. Why don't we _____ a plan that's less risky and failsafe?

9. I am a strong _____ of state ownership of the shipping line.

10. The company has to _____ the plan due to lack of funds.

UNIT 01
UNIT 02
UNIT 03
UNIT 04
UNIT 05
UNIT 06
UNIT 07
UNIT 08
UNIT 09
UNIT 10
UNIT 11
UNIT 12
UNIT 13
UNIT 14
UNIT 15
UNIT 16
UNIT 17
UNIT 18
UNIT 19
UNIT 20
UNIT 21
UNIT 22
UNIT 23
UNIT 24
UNIT 25
UNIT 26
UNIT 27
UNIT 28
UNIT 29
UNIT 30

▶▶ Check-Up Questions

문맥에 맞는 단어를 보기에서 골라 빈칸에 넣으세요.

PART 2 ▶

ⓐ bureaucracy	ⓑ mitigate	ⓒ rally	ⓓ implement	ⓔ preliminary
ⓕ mandatory	ⓖ denounce	ⓗ protocol	ⓘ evasive	ⓙ candidate

11. According to a _____ investigation, the officers did not use excessive force toward the protesters.

12. Superior tactics are to manage and _____ financial risks.

13. We have to _____ support to preserve the national park.

14. There is no set _____ for policies in screening childhood disease.

15. The _____ retirement age does not reflect the aging population.

16. A fundamental change is required to _____ this strategy.

17. Don't be _____ in answering my questions.

18. Let's not _____ him without proof.

19. I regret to announce that the presidential _____ lost his seat.

20. The department has to root out redundant _____ in its system.

answers

11 ⓔ 12 ⓑ 13 ⓒ 14 ⓗ 15 ⓕ 16 ⓓ 17 ⓘ 18 ⓖ 19 ⓙ 20 ⓐ

뉴텝스 어휘

UNIT
27

공학·기술

공학·기술

UNIT 27 ≫

001
☐☐☐

★
access
[ˈækses]

accessible 형 이용할 수 있는

명 접속 통 (컴퓨터에) 접속하다

The person in charge of the huge project should have stipulated lots of conditions on the Internet access.

큰 프로젝트의 책임자는 인터넷 접속에 대한 많은 조건들을 명시했어야 했다.

People can access the information network by typing a specific password.

사람들은 특정한 암호를 입력함으로써 해당 정보 네트워크에 접속할 수 있다.

텝스 기출 표현

access the network 네트워크에 접근하다

002
☐☐☐

★
attach
[əˈtætʃ]

attached 형 첨부된, 애착을 가진

반의어
detach 떼다

통 붙이다, 첨부하다 | ~에 의미를 두다

The specialists had an obligation to attach the critical files and modify the systems that had several problems.

전문가들은 중요한 파일을 첨부하고 여러 문제들이 있는 시스템을 수정할 의무가 있었다.

텝스 기출 표현

attach a file 파일을 첨부하다
attach a label to ~에 라벨을 붙이다

003
☐☐☐

★
install
[ɪnˈstɔːl]

installation 명 설치, 장치, 임명
installment 명 분할 불입, 1회분

통 설치하다 | 임명하다

Apparently, the professional second to none in his area must have installed this new machine.

보아하니, 자신의 분야에서 최고인 전문가가 그 새로운 기계를 설치했음에 틀림없다.

004
☐☐☐

★
repair
[rɪˈper]

유의어
mend 수선하다, 수리하다

통 수리하다 명 수리, 보수

After being rebuked by their manager, the employees have tried to repair the broken system.

직원들은 매니저에게 꾸지람을 듣고, 고장 난 시스템을 수리하려고 애썼다.

The technician reported that he had found the system's serious problem under the repair of the system.

기술자는 그 시스템을 수리하던 중에 시스템상의 심각한 문제를 발견했다고 보고했다.

005
□□□

patent
[ˈpætnt]

★★

명 특허(권) **동** ~의 특허를 얻다 **형** 특허의

The small electronic company has been denounced for infringing on the patent of a major brand.

그 작은 전자 회사는 한 유명 기업의 특허권을 침해했다는 이유로 비난받아 왔다.

The inventor has patented the new information technology which can contribute to the social development.

그 발명가는 사회 발전에 기여할 수 있는 새로운 정보 기술에 대한 특허를 얻었다.

006
□□□

expert
[ˈeksp3ːrt]

★

유의어
professional 기술 전문가

명 전문가 **형** 전문가의

The technician was not an expert skilled at applying the repair technique to some situations.

그 기술자는 일부 상황들에 수리 기술을 적용하는 데 능숙한 전문가가 아니었다.

Our company has offered all the employees with some expert advice to improve their job skills for higher sales.

우리 회사는 모든 직원들에게 더 높은 매출을 위한 그들의 직업 기술을 향상시키기 위해 전문가의 조언을 제공해 왔습니다.

007
□□□

enable
[ɪˈneɪbl]

★★★

유의어
allow 허락하다, 허가하다

동 가능하게 하다

Many electronic companies have offered a variety of technology programs to enable considerable changes.

많은 전자 회사들이 상당한 변화를 가능하게 하기 위한 다양한 기술 프로그램들을 제공해 왔다.

008
□□□

glue
[gluː]

★

명 접착제 **동** (접착제로) 붙이다

The customer devoted himself to repairing the puncture with glue without any help.

그 고객은 어떠한 도움도 받지 않고 구멍 난 곳을 접착제로 고치는 데 전념했다.

The designer was locked in the existing work while his colleague glued the paper onto the new model.

그의 동료가 새로운 모델에 종이를 붙이는 동안 그 디자이너는 기존의 일에 몰두했다.

009
□□□

remote
[rɪˈmoʊt]

★

remotely **부** 멀리서

유의어
distant 먼, 원격의

형 원격의 | 먼, 멀리 떨어진, 외딴

The goal of this training is to corroborate that all the members are aware of this remote system.

이 훈련의 목적은 모든 구성원들이 이 원격 시스템에 대하여 알고 있다는 것을 확증하기 위함이다.

010 □□□

★
surf
[sɜːrf]
surfing 명 인터넷 서핑

동 (인터넷) 서핑을 하다

The computer users couldn't surf the Net while the computer systems with lots of errors were restored.

컴퓨터 사용자들은 오류가 많은 컴퓨터 시스템이 복구되는 동안 인터넷 서핑을 할 수 없었다.

> **텝스기출표현**
> surf the Net 인터넷 서핑을 하다(= surf the Internet)

011 □□□

★★★
absorb
[əbˈsɔːrb]
유의어
engross 몰두시키다

동 흡수하다 | 몰두시키다

There is a theory on how many modern people absorb information about Internet technologies.

얼마나 많은 현대인들이 인터넷 기술에 대한 정보를 흡수하는지에 대한 이론이 있다.

012 □□□

★★★
viable
[ˈvaɪəbl]
viability 명 실행 가능성
유의어
feasible 실현 가능한

형 실행 가능한

The potential upheaval of our society would positively happen thanks to the technically viable programs.

기술적으로 실행 가능한 프로그램들 덕분에 우리 사회의 잠재적 대변동은 긍정적으로 일어날 것이다.

013 □□□

★
cyberspace
[ˈsaɪbərspeɪs]

명 사이버 공간

Several established corporations have dominated the social networking sectors including cyberspace.

여러 인정받는 기업들은 사이버 공간을 포함하여 소셜 네트워킹 부문을 지배해 왔다.

014 □□□

★
geared
[gɪrd]

형 (~에 맞도록) 설계된, 맞춰진

The computer industry geared towards the rapidly expanding demands for information has been praised.

정보에 대해 빠르게 늘어나는 요구에 맞춰진 컴퓨터 산업은 칭찬받아 왔다.

> **텝스기출표현**
> geared towards ~에 맞추어진

function
[ˈfʌŋkʃn]

functional 형 기능 위주의, 실용적인

명 기능 동 기능하다

This discussion includes many specifications related to technical matters and inappropriate functions.

이번 논의는 기술적 문제들과 부적절한 기능들에 대한 많은 자세한 설명을 포함한다.

The technicians were relieved when the special equipment used in the concert functioned properly.

그 콘서트에서 사용된 특수 장비가 잘 작동하자 해당 기술자들은 안도했다.

---

hardware
[ˈhɑːrdwer]

명 하드웨어

Some technicians had to replace the computer hardware despite the introduction of the innovative systems.

혁신적인 시스템의 도입에도 불구하고 몇몇 기술자들은 해당 컴퓨터 하드웨어를 교체해야만 했다.

---

lightweight
[ˈlaɪtweɪt]

형 경량의

Many companies started producing lightweight but powerful computers to appeal to potential consumers.

많은 회사들은 잠재적 소비자들에게 매력적으로 보이기 위해 경량이지만 성능이 좋은 컴퓨터를 생산하기 시작했다.

> **텝스 기출 표현**
>
> lightweight computer unit 랩톱 컴퓨터

---

pioneer
[ˌpaɪəˈnɪr]

pioneering 형 개척적인, 선구적인

유의어
trailblazer 개척자

동 개척하다 명 개척자

Many self-employed people tend to pioneer a new market with their own technique.

많은 자영업자들은 자신만의 기술을 가지고 새로운 시장을 개척하는 경향이 있다.

Some pioneers in chip technology are the people who strive to revive the economy by developing technology.

전자 칩 기술에서의 몇몇 개척자들은 기술을 발전시킴으로써 경제를 살리기 위해 노력하는 사람들이다.

---

advance
[ədˈvæns]

advancement 명 발전, 승진
advanced 형 발전된

유의어
promote 승진시키다
progress 진전을 보이다, 나아가다

동 전진시키다 | 승진시키다 명 진보, 발전

The huge machine couldn't advance forward until a very powerful force was applied to it.

거대한 기계에 굉장히 강력한 힘이 가해졌을 때 비로소 그 기계는 앞으로 전진할 수 있었다.

The Congress has been devoted to enacting new legislation on advances in IT technology.

의회는 IT 기술의 진보에 대한 새로운 법안 제정에 헌신해 왔다.

01
UNIT
02
UNIT
03
UNIT
04
05
UNIT
06
07
08
09
UNIT
10
UNIT
11
UNIT
12
13
14
15
16
UNIT
17
UNIT
18
UNIT
19
20
21
UNIT
22
23
24
25
UNIT
26
UNIT
27
28
29
UNIT
30

020 □□□

★
update

[ˌʌpˈdeɪt]

updated 혱 최신의

유의어
improve 개선하다

동 (현대화된 부품 등으로) 갱신하다

The boss is not concerned about the profits any longer as the firm has updated information on the new technology.

그 회사는 새로운 기술에 대한 정보를 갱신해 왔기 때문에 사장은 수익에 대해 더 이상 걱정하지 않는다.

텝스 기출 표현

give an update on ~에 대한 최신 정보를 제공하다

---

021 □□□

★★★
device

[dɪˈvaɪs]

유의어
equipment 설비, 장비

명 장치

Once you give us your feedback about the device which stopped working, our engineer will be dispatched.

일단 작동이 멈춘 장치에 대해 저희에게 피드백을 주시면, 저희 기술자가 파견될 것입니다.

텝스 기출 표현

safety device 안전 장치
output device 출력 장치(↔ input device 입력 장치)

---

022 □□□

★
aircraft

[ˈerkræft]

명 항공기

There is a rumor that the newly designed aircraft outperforms other existing models in several respects.

새롭게 설계된 항공기가 여러 측면에 있어서 다른 기존의 모델들을 능가한다는 소문이 있다.

---

023 □□□

★★
practical

[ˈpræktɪkl]

practice 명 실행, 실천, 관행
practically 부 사실상, 거의

형 실용적인, 현실성 있는

Using the new technology, the design of the machine needs to be more practical than any other machine.

새로운 기술을 이용하여, 그 기계의 설계는 다른 기계보다 더 실용적일 필요가 있다.

텝스 기출 표현

practical value 실용 가치

024

latest
[ˈleɪtɪst]

유의어
novel 새로운

형 최신의

The latest engine in engineering technology has the edge on efficiency running at a stable rate.

공학 기술 분야의 최신 엔진은 안정적인 속도로 작동되어서 효율성 면에 있어 우세하다.

텝스기출표현
the latest model 최신형

025

flawless
[ˈflɔːləs]

flawlessness 명 흠이 없음

형 흠 하나 없는, 나무랄 데 없는

The perfect and flawless technology can play a principal role in preventing the propagation of viruses.

그 완벽하고 흠 없는 기술은 바이러스의 확산을 막는 데 핵심적인 역할을 할 수 있다.

026

sizable
[ˈsaɪzəbl]

유의어
considerable 상당한, 많은

형 상당한 크기의[양의], 꽤 큰

The computer with a sizable amount of memory will be exported in large quantities.

상당한 양의 메모리를 가진 해당 컴퓨터는 대량으로 수출될 것이다.

027

user-friendly
[ˌjuːzərˈfrendli]

형 (컴퓨터 · 시스템이) 사용하기 쉬운

Many multinational companies promote their products blending the portability with user-friendly programs.

많은 다국적 기업들은 휴대성과 사용하기 쉬운 프로그램을 접목하여 그들의 상품을 홍보한다.

028

fuel
[ˈfjuːəl]

fueled 형 준비된, 흥분한

명 연료 동 연료를 공급하다 ı (분쟁 등을) 부추기다

The government has supported many experts who specialize in developing hydrogen fuel cell technology.

정부는 수소 연료 전지 기술 개발을 전문으로 하는 많은 전문가들을 후원해 왔다.

029

circuit
[ˈsɜːrkɪt]

명 (전기) 회로 ı 순환, 순회

The country needs to develop new technology in an emergency stop circuit based on safety standards.

국가는 안전 기준을 기반으로 비상 중지 회로에 대한 신기술을 개발할 필요가 있다.

030 □□□

★
tilt
[tɪlt]

유의어
incline 기울다
tip (몸 · 물체 등을) 기울이다

동 기울다 **명** 기울어짐

The old building began to tilt due to the unstable ground and had to be renovated with innovative technology.

그 오래된 건물은 불안정한 지면 때문에 기울기 시작했고 혁신적인 기술을 가지고 개조되어야 했다.

The renovation plan on the tower on the tilt requires many technologists to develop new technology.

기울어짐의 상태에 있는 그 탑에 대한 개조 계획은 많은 기술 전문가들로 하여금 새로운 기술을 개발할 것을 요구한다.

텝스 기출 표현
full-tilt 전속력으로, 전력을 기울여
on tilt 불안정한, 균형을 잃은

031 □□□

★
automatic
[ˌɔːtəˈmætɪk]

automatically **부** 자동적으로, 기계적으로

형 자동의 I 본의 아닌, 무의식적인

The team had patented lots of ideas about the revolutionary machine with automatic operation system.

그 팀은 자동 조작 시스템을 가진 혁명적인 기계에 대한 많은 아이디어들에 대해 특허를 받았다.

032 □□□

★
machinery
[məˈʃiːnəri]

유의어
apparatus 기구, 기계

명 (큰 기계를 집합적으로 가리켜) 기계(류)

The old machinery which has long been a headache has to be repaired by adding some components.

오랫동안 골칫거리였던 오래된 기계들은 몇몇 부품들을 추가함으로써 수리되어야 한다.

033 □□□

★
insert
[ɪnˈsɜːrt]

insertion **명** 삽입, 첨가

동 끼우다, 삽입하다

An error occurred related to the outdated system soon after the users inserted a disk into the drive.

사용자들이 드라이브에 디스크를 삽입하고 얼마 지나지 않아 오래된 시스템과 관련된 에러가 발생했다.

034 □□□

★
technician
[tekˈnɪʃn]

technique **명** 기법, 기술
technical **형** 과학 기술의

명 기술자

Numerous high technology methods for repairing computer systems have been used by lots of technicians.

컴퓨터 시스템을 고치기 위한 수많은 최첨단 방법들이 많은 기술자들에 의해 사용되어 왔다.

035 ★ electrical
[ɪˈlektrɪkl]

electricity 몡 전기, 전력
electrically 閈 전기로

혱 전기의

It's obvious that many technical experts have contributed to the generation of electrical power.

많은 기술 전문가들이 전력 생산에 기여해 왔음이 분명하다.

036 ★★ durable
[ˈdʊrəbl]

durability 몡 내구성, 영구성

반의어
fragile 부서지기 쉬운

혱 오래 견디는, 내구성이 있는

Durable and portable products will have a substantial impact on the development of computer technology.

내구성 있고 휴대가 쉬운 해당 제품들은 컴퓨터 기술 발전에 상당한 영향을 미칠 것이다.

037 ★★ virtual
[ˈvɜːrtʃuəl]

virtually 閈 가상으로, 사실상

혱 가상의 | 사실상의

Lots of people tend to be interested in several modern issues such as Internet technology and virtual reality.

많은 사람들이 인터넷 기술과 가상 현실과 같은 여러 현대의 문제들에 관심을 가지는 경향이 있다.

> **텝스 기출 표현**
>
> virtual reality 가상 현실
>
> ▶혼동하지 말자!
> virtue 선, 미덕, 장점

038 ★★ capacity
[kəˈpæsəti]

capacious 혱 널찍한, 용량이 큰

몡 (최대) 용량 | 재능, 역량

A group of researchers has collaborated on the performance and capacity of the new device.

한 연구팀은 그 새로운 기기의 성능과 용량에 대해 공동으로 연구해 왔다.

The experts in the field of engineering will spur the development of new technology at full capacity.

공학 기술 분야의 전문가들은 모든 역량을 발휘하여 신기술 개발에 박차를 가할 것이다.

039 ☐☐☐

**
elevate
[ˈelɪveɪt]

elevated **형** (지위가) 높은, 고상한, (주변·지면보다) 높은

유의어
lift 올리다, 들어 올리다
promote 승진시키다

동 (들어) 올리다 | 향상시키다 | 승진시키다

The machine was so robust and durable that it could elevate the trolley.

그 기계는 튼튼하고 내구성이 매우 좋아서 수레를 들어 올릴 수 있었다.

The development of a groundbreaking system in technology could be helpful to elevate the quality of many devices.

기술에 있어서의 획기적인 시스템의 개발은 많은 장치들의 품질을 향상시키는 데 도움이 될 수 있었다.

텝스 기출 표현
elevate one's mind 정신을 향상시키다

---

040 ☐☐☐

*
transform
[trænsˈfɔːrm]

transformation **명** 변화, 변신

동 (형태를) 바꾸다, 변형시키다

Lots of experts focus on the growth of technologies that can transform electricity into mechanical energy.

많은 전문가들이 전기를 기계 에너지로 바꿀 수 있는 기술의 성장에 초점을 맞추고 있다.

▶**혼동하지 말자!**
conform 순응하다

---

041 ☐☐☐

***
feasible
[ˈfiːzəbl]

feasibility **명** 실현 가능성

유의어
viable 실행 가능한

형 실행 가능한

The controversial question is what makes the alternatives to outdated technology more feasible.

논란을 불러일으키는 질문은 무엇이 그 오래된 기술에 대한 대안들을 더욱 실현 가능하게 만드느냐이다.

---

042 ☐☐☐

*
calculate
[ˈkælkjuleɪt]

calculation **명** 계산, 산출
calculative **형** 계산적인

동 계산하다, 산출하다

The researchers have calculated the probability of the development of new technologies for many years.

연구자들은 수년 동안 새로운 기술 개발의 가능성을 계산해 왔다.

---

043 ☐☐☐

*
engineering
[ˌendʒɪˈnɪrɪŋ]

engineer **명** 기사, 기술자

명 공학

We wanted to dispel a commonly held impression that learning civil engineering is just useless and valueless.

우리는 토목 공학을 배우는 것이 단지 쓸모없고 가치 없는 것이라는 흔히들 갖는 인상을 떨쳐 버리고 싶었다.

044 ☐☐☐

★★

standardize
['stændərdaɪz]

standard 명 수준, 기준, (도덕적) 규범
standardization 명 표준화, 규격화

동 표준화하다, 통일하다

Some companies can standardize and streamline lots of their technical data by using the innovative system.

일부 기업들은 혁신적인 시스템을 이용하여 그들의 많은 기술 자료를 표준화하고 간소화할 수 있다.

---

045 ☐☐☐

★★

problematic
[ˌprɑːbləˈmætɪk]

problematical 형 문제의, 의문의

형 문제가 있는

Our priority should be to introduce the latest technology which can rapidly solve the problematic situation.

우리의 우선순위는 문제가 있는 상황을 빠르게 해결할 수 있는 최신 기술을 도입하는 것이 되어야 한다.

---

046 ☐☐☐

★

generate
['dʒenəreɪt]

generation 명 세대
generator 명 발전기, 발생시키는 것

동 일으키다, 발생시키다

The expert was for many years considered the father of the great machine which can generate electricity.

그 전문가는 수년 동안 전기를 발생시킬 수 있는 훌륭한 기계의 발명가로 여겨졌다.

---

047 ☐☐☐

★★

outdated
[ˌaʊtˈdeɪtɪd]

유의어
obsolete 쓸모없게 된

형 구식의, 시대에 뒤진

Some experts have been devoted to changing some components of the outdated system.

몇몇 전문가들은 구식 시스템의 일부 부품들을 바꾸는 데 전념해 왔다.

---

048 ☐☐☐

★★

utility
[juːˈtɪləti]

명 유용, 효용 | (전기·수도 등의) 공공 설비

First and foremost, developing revolutionary transmission system providing maximum utility to users is critical.

무엇보다도, 이용자들에게 최대의 효용을 제공할 수 있는 혁명적인 전송 시스템을 개발하는 것이 중요하다.

텝스 기출 표현
be of no utility 소용없다, 무익하다

---

049 ☐☐☐

★

mechanical
[məˈkænɪkl]

mechanism 명 기계 장치, 기구
mechanically 부 기계적으로

형 기계로 작동되는, 기계의 | 무표정인, 생각 없는

The team has researched how to repair the machine without changing most of the new mechanical parts.

그 팀은 새로운 기계의 부품들 대부분을 바꾸지 않고 기계를 고치는 방법을 연구했다.

---

050 ☐☐☐

★

propulsion
[prəˈpʌlʃn]

명 추진(력)

Some particular actions need to be taken to develop more efficient propulsion systems to explore space.

우주를 탐험하기 위한 더 효율적인 추진 장치를 개발하기 위해 몇몇 특정 조치들이 취해질 필요가 있다.

★★

systematic

[ˌsɪstəˈmætɪk]

systematize **통** 체계화하다
systematization **명** 조직화, 체계화

유의어
methodical 조직적인
organized 조직된

형 체계적인

Many technical experts claim that the thriving technology sector can be ascribed to the systematic approach.

많은 기술 전문가들은 성공적인 기술 산업이 체계적인 접근법 때문일 것이라고 주장한다.

★★

manipulate

[məˈnɪpjuleɪt]

유의어
control 통제하다, 제어하다

통 조종하다, 조작하다

Several computer companies are looking for a method to manipulate the entire system of their existing computers.

여러 컴퓨터 회사들은 기존 컴퓨터들의 전체 시스템을 인위적으로 조작하는 방법을 찾고 있는 중이다.

★★

drawback

[ˈdrɔːbæk]

유의어
deficiency 부족, 결핍

명 결점, 문제점

The corporation has tried to remove the drawback of the knowledge-based system in engineering technology.

그 기업은 공학 기술 분야의 지식 기반 시스템의 결점을 제거하기 위해 노력해 왔다.

텝스기출표현
remove a drawback from ~로부터의 고장을 제거하다

★★

precision

[prɪˈsɪʒn]

precise **형** 정확한, 정밀한
precisely **부** 정확하게, 바로

명 정확, 정밀

Some large companies have promoted lots of handy machines made with splendid precision.

몇몇 거대 기업들은 매우 정밀하게 만들어진 많은 편리한 기계들을 홍보해 왔다.

★

pop-up ad

팝업 광고

Lots of unnecessary and annoying media contents cannot be displayed by using pop-up ad block systems.

많은 불필요하고 불쾌한 미디어 콘텐츠들은 팝업 광고 차단 시스템을 사용하여 표시될 수 없다.

텝스기출표현
pop-up ads or ad banners 팝업 광고창이나 배너 광고

056 ★★

innovative

[ˈɪnəveɪtɪv]

innovation 명 혁신, 쇄신

형 혁신적인

The development of innovative technology must have helped many international companies succeed.

혁신적인 기술 개발은 많은 국제 기업들이 성공하도록 도왔음에 틀림없다.

---

057 ★

transfigure

[trænsˈfɪgjər]

transfiguration 명 변형, 변신

통 (~의) 외관을 바꾸다, 변형하다

Risks related to some components which can easily transfigure a whole system have intensified over time.

전체 시스템을 쉽게 변형시킬 수 있는 몇몇 구성 요소들과 관련된 위험은 시간이 지날수록 증가해 왔다.

---

058 ★★

compatible

[kəmˈpætəbl]

compatibility 명 양립(성), 호환성

유의어
congruous 일치하는, 조화를 이루는

형 (컴퓨터가) 호환이 되는

Lots of products not compatible with the new system need to be replaced with new ones.

새로운 시스템과 호환이 되지 않는 많은 제품들은 새로운 것으로 교체될 필요가 있다.

텝스 기출 표현
be compatible with ~와 호환되다

---

059 ★

android

[ˈændrɔɪd]

명 안드로이드(인간의 모습을 한 로봇)

If the device using android technology has a mechanical malfunction, it must be replaced with a new one.

안드로이드 기술을 사용하는 그 장치가 기계적인 결함을 가지고 있을 경우, 그것은 새로운 기기로 교체되어야 한다.

---

060 ★★

duplicate

통 [ˈduːplɪkeɪt]
명 형 [ˈduːplɪkət]

duplication 명 복제, 복사
duplicable 형 복제 가능한

유의어
replicate 복사하다

통 복사하다 명 사본, 복사 형 사본의

The copy machine can duplicate documents far more clearly by using some special codes in the system.

그 복사기는 해당 시스템 내 일부 특별한 코드를 사용함으로써 문서를 훨씬 더 선명하게 복사할 수 있다.

A duplicate sample is needed using the laser printer, which, has great performance just in case.

만약의 경우를 대비하여, 성능 좋은 레이저 프린터를 사용한 사본의 샘플, 즉 부견본이 필요하다.

---

061 ★

semiconductor

[ˌsemikənˈdʌktər]

명 반도체

The company will cut back on aggressive semiconductor device marketing as the prices have decreased.

반도체 가격이 하락했기 때문에, 그 회사는 공격적인 반도체 장치 마케팅을 줄일 것이다.

062 □□□

**
expedite
[ˈekspədaɪt]

expedition 명 탐험, 원정
expeditious 형 신속한, 효율적인

통 촉진하다

According to the report, the innovative systems which are helpful to expedite progress in computer technology are at work.

그 보고서에 따르면, 컴퓨터 기술의 진보를 촉진하는 데 도움이 되는 혁신적인 시스템들이 작동하고 있다.

---

063 □□□

***
ingenious
[ɪnˈdʒiːniəs]

형 기발한 | 독창적인

One of the biggest misconceptions about the ingenious device is that there is no technical malfunction.

해당 기발한 장치에 대한 가장 큰 오해 중 하나는 아무런 오작동이 생기지 않는다는 것이다.

▶혼동하지 말자!
ingenuous 꾸밈없는, 순진한

---

064 □□□

*
three-dimensional
[ˌθriːdaɪˈmenʃnl]

형 삼차원의, 입체적인

Digital films with three-dimensional computer graphics using cutting-edge technology are in great demand.

첨단 기술을 사용한 삼차원의 컴퓨터 그래픽으로 만든 디지털 영화는 인기가 많다.

---

065 □□□

**
optimal
[ˈɑːptəməl]

형 최적의, 최상의

Many companies have invested a lot of their budget to ensure the optimal performance of their machines.

많은 회사들은 자신들의 기계의 최적 성능을 보장하기 위해 많은 예산을 투자해 왔다.

텝스 기출 표현
optimal conditions 최적의 상태

▶혼동하지 말자!
optical 시각적인, 광학의

---

066 □□□

**
unmatched
[ˌʌnˈmætʃt]

형 필적할 수 없는, 타의 추종을 불허하는

In the technology industry, some unmatched security systems were developed to ensure the safety of users.

기술 산업에 있어서, 몇몇 타의 추종을 불허하는 보안 시스템들이 사용자들의 안전을 보장하기 위해 개발되었다.

---

067 ★★★

breakthrough
[ˈbreɪkθruː]

🟩 돌파구

The team could seize the opportunity to make a breakthrough in engineering technology.

해당 팀은 공학 기술 분야에 있어서의 돌파구를 마련할 기회를 잡을 수 있었다.

템스 기출 표현

make a breakthrough 돌파구를 마련하다

---

068 ★★★

diminutive
[dɪˈmɪnjətɪv]

diminish 🟩 줄어들다
diminution 🟩 축소, 감소

🟩 소형의, 작은

The sales of the diminutive but novel device have not increased for over 5 years.

작지만 참신한 장치의 매출이 5년 넘게 증대하지 않았다.

---

069 ★★

groundbreaking
[ˈɡraʊndbreɪkɪŋ]

🟩 신기원을 이룬, 획기적인

Some experts develop lots of groundbreaking systems for the growth of the nation's engineering industry.

몇몇 전문가들은 국가의 공학 기술 산업의 성장을 위한 많은 획기적인 시스템을 개발한다.

---

070 ★★★

manual
[ˈmænjuəl]

🟩 수동의 | 육체 노동의 🟩 설명서

The vehicles which have manual transmission will become absolutely unnecessary within due time.

수동 변속기를 가진 차량들은 머지않아 완전히 필요 없어질 것이다.

It's plain that many manual laborers will be replaced by lots of finely designed robots.

많은 육체 노동자들은 정교하게 설계된 많은 로봇들에 의해 대체될 것임이 분명하다.

---

071 ★

hydroelectric
[ˌhaɪdroʊˈlektrɪk]

🟩 수력 발전의

The construction of a hydroelectric dam requires some systems with sophisticated and complex technology.

수력 발전 댐 건설에는 몇몇 정교하고 복잡한 기술을 가진 시스템이 필요하다.

---

072 ★★★

state-of-the-art
[ˌsteɪtəvðiːˈɑːrt]

유의어
cutting-edge 최첨단의

🟩 최신의

The government implemented a new law forcing several robotics companies to develop a state-of-the-art system.

정부는 여러 로봇 공학 회사들이 최첨단 시스템을 개발하도록 강요하는 새로운 법을 시행했다.

streamline ★★
[ˈstriːmlaɪn]

통 (시스템 · 조직 등을) 간소화하다

Some robotics companies have no choice but to change their way they streamline lots of technologies.

몇몇 로봇 공학 회사들은 그들이 수많은 기술들을 간소화하는 방법을 바꿀 수밖에 없다.

---

top-notch ★★★
[ˌtɑːpˈnɑːtʃ]

형 최고의, 일류의

Some new laws can help many corporations which have developed top-notch technology systems.

몇몇 새로운 법은 최고의 기술 시스템을 개발해 온 많은 기업들을 도와줄 수 있다.

---

belated ★★
[bɪˈleɪtɪd]

형 뒤늦은

To prevent a belated introduction of new technology, the company has focused on the revolution in outdated technology.

신기술의 뒤늦은 도입을 막기 위해, 해당 회사는 낡은 기술에 대한 개혁에 집중해 왔다.

---

brainchild ★★
[ˈbreɪntʃaɪld]

명 (독창적) 아이디어 | 발명품

All the workers didn't comply with the prevailing technology-related regulations thanks to the brainchild of a technologist.

모든 직원들은 한 기술 전문가의 아이디어 덕분에 기존의 기술 관련 규정을 따르지 않았다.

Many people are gaining insights into how the brainchild of the technologist functions in the high-tech field.

많은 사람들이 기술 전문가의 발명품이 첨단 기술 분야에서 어떻게 작동하는지에 대한 통찰력을 얻고 있다.

텝스기출 표현

the brainchild of ~의 발명품

---

stunning ★★
[ˈstʌnɪŋ]

형 근사한, 훌륭한

The stunning breakthrough makes many people expect progress in the information technology field.

그 훌륭한 획기적인 발전은 많은 사람들로 하여금 IT 분야에 있어서의 진보를 기대하게 만든다.

유의어
splendid 화려한, 훌륭한

---

contraption ★
[kənˈtræpʃn]

명 (기묘한) 기계

Please be aware that the capability of the recently developed simple but ingenious contraption is unknown.

최근에 개발된 간단하지만 기발한 기계의 성능은 알려지지 않았다는 점을 알아 두십시오.

유의어
gadget 도구, 장치

★★★
cutting-edge
[ˌkʌtɪŋ'edʒ]

형 최첨단의

Some computers with great performance using cutting-edge technology have dominated the market

최첨단 기술을 사용한 좋은 성능을 지닌 몇몇 컴퓨터는 시장을 장악해 왔다.

> **템스기출표현**
>
> a cutting-edge technology 최첨단 기술

★
handheld
형 [ˌhænd'held]
명 ['hændˌheld]

형 손바닥 크기의, 포켓용의 명 초소형 컴퓨터

The handheld device with convenience and durability is more portable than other electronic devices.

편리성과 내구성을 지닌 손바닥 크기의 해당 기기는 다른 전자 기기들보다 더 휴대하기 쉽다.

The company renowned for producing handhelds will have to refrain from acts that exploit consumers.

초소형 컴퓨터를 생산하는 것으로 유명한 회사는 소비자를 착취하는 행동을 삼가야 할 것이다.

★
off-kilter
[ɑːf'kɪltər]

형 상태가 나쁜, 고장 난 l 비스듬한

When repairing off-kilter machines, the help of innovative technologies and technicians is needed.

고장 난 기계를 수리할 때, 혁신적인 기술과 기술자의 도움이 필요하다.

Charging the off-kilter rectangular-shaped device requires a very careful and delicate approach.

비스듬한 직사각형 모양의 장치를 충전하는 것은 매우 조심스럽고 세심한 접근을 요한다.

★
glitch
[glɪtʃ]

명 작은 결함

After an unexpected glitch in the device was found, several engineers have struggled to correct the defect.

장치에 예기치 않은 결함이 발견되고 난 후, 여러 기술자들은 그 결함을 바로잡기 위해 고군분투해 왔다.

★
rivet
['rɪvɪt]

riveting 형 관심을 사로잡는

동 대갈못으로 고정시키다

It's clear that there was a mighty bang when the technician riveted an iron plate on the black wall.

기술자가 철판을 대갈못으로 검은 벽에다 고정시켰을 때 엄청난 소리가 났음이 분명하다.

★

sonar

[ˈsoʊnɑːr]

명 수중 음파 탐지기

The method of storing the special device which has sonar ability has never been used before.

수중 음파 탐지 능력을 지닌 그 특별한 장치를 보관하는 방법은 이전에 사용된 적이 없었다.

★★

encrypt

[ɪnˈkrɪpt]

encryption 명 암호화

반의어
decrypt 해독하다

동 (접근을 차단하기 위해 정보를) 암호화하다

The computer users who want to encrypt some messages need to know there's a complex approval process.

일부 메시지들을 암호화하고 싶어 하는 컴퓨터 사용자들은 복잡한 승인 절차가 있음을 알 필요가 있다.

★

gyrate

[ˈdʒaɪreɪt]

gyration 명 회전, 선회

동 회전하다, 선회하다

The machine which has the ability to gyrate to many kinds of sounds requires careful handling by users for their safety.

많은 종류의 소리에 맞춰 회전하는 능력을 가진 기계는 사용자들의 안전을 위해 조심스럽게 다뤄야 한다.

> **텝스 기출 표현**
> gyrate to ~로 선회하다

★★

convergence

[kənˈvɜːrdʒəns]

반의어
divergence 일탈, (의견 등의) 차이

명 한 점으로의 집합, 통합

Users can operate the machine more easily thanks to the convergence of data services within the system.

시스템 내의 데이터 서비스의 통합 덕분에 사용자들은 해당 기계를 더 쉽게 다룰 수 있다.

★★

multifaceted

[ˌmʌltiˈfæsɪtɪd]

형 다방면에 걸친

This multifaceted experiment is the test with thorough planning to ensure the safety of the users of the device.

다방면에 걸친 이번 실험은 해당 기기 사용자들의 안전을 보장하기 위한 철저한 계획을 지닌 실험들이다.

★★★

pivotal

[ˈpɪvətl]

pivot 명 중심점 동 회전하다

유의어
critical 대단히 중요한, 중대한
principal 주요한, 주된

형 중추적인

Some nations have imported a lot of electronics which play a pivotal role in the manufacturing industry.

몇몇 국가들은 제조 산업에서 중추적인 역할을 하는 많은 전자 기기들을 수입해 왔다.

---

090 ☐☐☐	**★★** **geometrical** [ˌdʒiːˈɑːmətrɪkəl] geometrically 🔁 기하학적으로	🔵 기하학적인 Some innovative devices with geometrical shapes must have been made by several competent experts. 기하학적인 형태를 지닌 몇몇 혁신적인 기기들은 여러 유능한 전문가들에 의해 만들어졌음에 틀림없다.

091 ☐☐☐	**★★★** **obsolete** [ˌɑːbsəˈliːt]	🔵 쓸모없게 된, 구식의 Some technicians claim that there's no use in repairing the devices which have become obsolete. 몇몇 기술자들은 쓸모없게 된 해당 기기들을 고쳐 봤자 소용없다고 주장한다.

092 ☐☐☐	**★★★** **entrench** [ɪnˈtrentʃ]	🔵 견고히 하다, 확립하다 Many companies devised innovative technologies to entrench themselves in the engineering industry. 많은 회사들은 공학 기술 산업에서 자신들의 입장을 견고히 하기 위한 혁신적인 기술들을 고안했다.

> **텝스 기출 표현**
>
> entrench oneself 자기 입장을 견고히 하다
>
> ▶혼동하지 말자!
> retrench 긴축하다, 줄이다, 해고하다

093 ☐☐☐	**★★** **hoist** [hɔɪst]	🔵 끌어올리다 🔵 승강 장치 Some companies have developed many innovative devices which help hoist lots of heavy machines. 몇몇 기업들은 많은 무거운 기계들을 들어올리는 데 도움을 주는 많은 혁신적인 장치들을 개발해 왔다. The machine has to be lifted using a hoist as it is too heavy to be lifted simply and easily. 그 기계는 간편하고 쉽게 들리기에는 너무 무거워서 승강 장치를 이용하여 들어 올려져야 한다.

094 ☐☐☐	**★★★** **infiltrate** [ˈɪnfɪltreɪt] infiltration 🔵 침입, 침투 **유의어** penetrate 뚫고 들어가다, 관통하다 pervade 침투하다	🔵 스며들다, 침투하다 The users have to check the machine routinely not to infiltrate so much dust into the machine. 사용자들은 기계에 너무 많은 먼지가 침투하지 않게 하려면 정기적으로 기계를 점검해야 한다. **텝스 기출 표현** infiltrate into ~에 침투하다

095

★★

elongate

[ɪˈlɔːŋgeɪt]

elongated 📗 길쭉한, 늘어진

📗 연장하다, 늘이다

The researchers had no choice but to elongate their research process to develop a flawless system.

연구자들은 완벽한 시스템을 개발하기 위해 연구 과정을 연장할 수 밖에 없었다.

096

★★

convulse

[kənˈvʌls]

convulsion 📗 진동, 경련

📗 진동시키다 | 경련을 일으키게 하다

The new machine made by a corporation aided by the government has the power to convulse the ground.

정부의 지원을 받는 한 회사에 의해 만들어진 그 새로운 기계는 땅을 진동시키는 힘을 가지고 있다.

097

★

ductile

[ˈdʌktaɪl]

ductility 📗 연성, 전성, 유연성

📗 (금속이) 연성이 있는 | 유연한

It's clear that the device made of lead, one of the ductile metals, requires a regular safety inspection.

연성 금속 중 하나인 납으로 만들어진 그 장치는 정기적인 안전성 검사가 필요하다는 점은 분명하다.

098

★

semblance

[ˈsembləns]

📗 외관, 겉모습

The robots created by some competent technical experts have the semblance of actual human beings.

몇몇 유능한 기술자들에 의해 개발된 로봇들은 실제 인간의 겉모습과 흡사하다.

텝스기출표현

under the semblance of ~을 가장하여

099

★★

ancillary

[ˈænsəleri]

📗 보조적인, 부수적인

Several robotics companies decided to develop lots of ancillary systems to improve the functions of the robots.

여러 로봇 공학 회사들은 로봇들의 기능을 향상시키기 위해 많은 부수적인 시스템을 개발하기로 결심했다.

100

★

perforated

[ˈpɔːrfəˌreɪtɪd]

perforate 📗 구멍을 뚫다

📗 구멍이 난, 관통된, 유공의

There are some innovative technologies related to the device made using a perforated cover plate.

유공 덮개 판을 이용하여 만들어진 해당 장치와 관련된 몇몇 혁신적인 기술들이 있다.

>> Check-Up Questions

문맥에 맞는 단어를 보기에서 골라 빈칸에 넣으세요.

PART 1

ⓐ flawless	ⓑ drawback	ⓒ problematic	ⓓ viable	ⓔ propulsion
ⓕ outdated	ⓖ elevate	ⓗ technicians	ⓘ surf	ⓙ hardware

1. The misuse of Internet access caused when people _____ the Net is a serious problem which needs to be solved.

2. The technically _____ and feasible program is viewed as being central to the development in computer technology.

3. The technician couldn't help replacing the computer _____ which was not quite perfect.

4. Many proprietors tend to greet the introduction of perfect and _____ technology.

5. Many skilled computer _____ are adept at repairing computer systems that need to be checked.

6. In order to _____ the quality of the existing machines, an innovative system is needed.

7. The _____ situation can be solved with the advent of new technologies which have more advanced capabilities than human beings.

8. This type of change requires more sophisticated manufacturing technology to replace some parts of lots of _____ systems.

9. The machines which have effective _____ systems can be applied to lots of bad situations.

10. The _____ of the information processing system is severely affecting the company's productivity and sales.

answers

1 ⓘ 2 ⓓ 3 ⓙ 4 ⓐ 5 ⓗ 6 ⓖ 7 ⓒ 8 ⓕ 9 ⓔ 10 ⓑ

문맥에 맞는 단어를 보기에서 골라 빈칸에 넣으세요.

PART 2

ⓐ optimal	ⓑ automatic	ⓒ contraption	ⓓ hoist	ⓔ streamline
ⓕ glitches	ⓖ manual	ⓗ hydroelectric	ⓘ diminutive	ⓙ transfigured

11. It is disconcerting that finding a way to fix this _____ is beyond our capabilities.

12. Without the efforts of many technicians, the new components could not have _____ a whole system properly.

13. Many giant companies have assisted dozens of small companies by providing great devices with _____ efficiency and performance.

14. The company's mission of offering _____ devices which are portable to the poor is more crucial than ever.

15. More new cars with automatic transmissions instead of _____ transmissions are expected to be unveiled.

16. The organization will be holding a meeting to assess the function of the _____ dam.

17. Some technical experts have struggled to create advanced technology to _____ business processes.

18. Many _____ that adversely affect the entire computer system need to be fixed by some engineers who specialize in repairing computers.

19. The company has tried to create lots of heavy equipment in order to _____ much cargo in a short time.

20. The renowned company is responsible for the faulty parts of the machines with an _____ response system.

answers
11 ⓒ 12 ⓙ 13 ⓐ 14 ⓘ 15 ⓖ 16 ⓗ 17 ⓔ 18 ⓕ 19 ⓓ 20 ⓑ

뉴텝스 어휘

UNIT
28

화학 · 물리

화학·물리

UNIT 28 ≫

001
□□□

✶
chemical
[ˈkemɪkl]

chemistry 명 화학

형 화학의 명 화학 물질

The researchers have reported there was a chemical reaction between the two particular molecules.

연구자들은 두 개의 특정 분자들 사이에서 화학 반응이 일어났다고 보고했다.

Lots of researchers will look into some particular reactions caused by a variety of chemicals.

많은 연구자들은 여러 종류의 화학 물질들에 의해 발생된 몇몇 특정 반응들에 대해 조사해 볼 것이다.

002
□□□

✶
mass
[mæs]

massive 형 거대한
massively 부 육중하게, 단단하게

유의어
accumulate 모으다, 축적하다

명 덩어리 | 질량 형 대규모의 동 운집하다

We are going to discuss what the continental mass consists of and the formation process of it.

우리는 그 대륙 덩어리가 무엇으로 구성되어 있는지 그리고 그것의 형성 과정에 대해 논의할 예정이다.

More researchers are conducting research on the law of conservation of momentum related to mass and velocity.

더 많은 연구자들이 질량 및 속도와 관련된 운동량 보존의 법칙에 대한 연구를 진행하고 있다.

> 텝스 기출 표현
> the law of conservation of mass 질량 보존의 법칙
>
> ▶혼동하지 말자!
> mess 엉망인 상황

003
□□□

✶
object
명 [ˈɑːbdʒekt]
동 [əbˈdʒekt]

유의어
article 물품, 물건

명 물건, 물체 | 목적 동 반대하다, 항의하다

If not for the intense and strong power, the metallic object wouldn't have moved forward at all.

그 강렬하고 강력한 힘이 없었다면, 그 금속 물체는 전혀 앞으로 움직이지 않았을 것이다.

The object of this experiment is to find out if the special chemicals are needed for insect repellants.

이 실험의 목적은 특수한 화학 물질이 살충제에 필요한지를 알아내는 것이다.

---

*

weight

[weɪt]

weigh 통 무게가 ~이다, 무게를 달다

명 무게, 체중 | 중요성

You have to be aware that the device is so thick that it can bear the weight of metal.

당신은 그 장치가 매우 두꺼워서 금속의 무게를 지탱할 수 있다는 점을 알아야 한다.

---

*

motion

[ˈmoʊʃn]

유의어

movement 운동, 움직임

명 움직임, 동작 통 (의사 전달을 위해) 몸짓을 하다

We'd like to request many physicists' help in correctly understanding and applying the equation of motion.

우리는 운동 방정식을 올바르게 이해하고 적용하는 데 많은 물리학자들의 도움을 요청하고자 한다.

---

*

solid

[ˈsɑːlɪd]

solidify 통 응고시키다
solidity 명 고체성, 견고

유의어

sturdy 튼튼한
sound 견고한, 안전한

형 고체의, 굳은 | (의견이) 확실한

Some scientists could detect the movements of the small device using solid fuel not liquid.

몇몇 과학자들은 액체가 아닌 고체 연료를 사용한 작은 장치의 움직임을 감지할 수 있었다.

> **텝스 기출 표현**
> solid fuel 고체 연료(↔ liquid fuel 액체 연료)

---

*

freeze

[friːz]

freezing 형 몹시 추운, 영하의

통 (액체·물 등이) 얼다 | (임금 등을) 동결하다

Water tends to freeze or evaporate easily when affected by lots of outside forces.

물은 많은 외부의 힘을 받을 때 쉽게 얼거나 증발하는 경향이 있다.

***

react

[riˈækt]

reaction 명 반응, 반작용
reactive 형 반응하는, 반작용을 하는

통 반응하다, (화학 반응을) 일으키다 | 대처하다

Many scientists have conducted a study on how certain chemicals react to each other to create a particular cell.

많은 과학자들은 특정 화학 물질들이 특정한 세포를 만들어내기 위해 서로 어떻게 반응하는지에 대한 연구를 해 왔다.

> **텝스 기출 표현**
> react against ~에 대해 반작용을 보이다

---

*

gravity

[ˈɡrævəti]

유의어

seriousness 중대함
significance 중요, 중요성

명 중력 | 중대성

According to the physicist's argument, the new device was finely designed using Newton's law of gravity.

그 물리학자의 주장에 따르면, 새로운 장치는 뉴턴의 중력 법칙을 이용하여 정교하게 설계되었다고 한다.

**✷
meld**
[meld]

유의어
blend 섞다, 혼합하다

🔁 섞이다, 혼합되다

Without the unique and strange black substance, a variety of smells couldn't have melded into one.

그 특이하고 이상한 검은색 물질이 아니었다면, 다양한 냄새들은 하나의 냄새로 섞일 수 없었을 것이다.

**✷
movement**
[ˈmuːvmənt]

move 🔁 움직이다
movable 📖 움직이는

📖 움직임 | 운동, 캠페인

Several physicists must have developed lots of innovative materials that can detect minute movements.

여러 물리학자들은 미세한 움직임을 감지할 수 있는 많은 혁신적인 물질들을 개발해 왔음에 틀림없다.

**✷
spark**
[spɑːrk]

유의어
flicker 깜빡임, 어른거림
flash 번쩍임

📖 불꽃, (전류의) 스파크 🔁 촉발시키다, 일으키다

To prevent unexpected spark discharge, some devices must be inspected even more frequently than before.

예상치 못한 불꽃 방전을 막기 위해, 몇몇 기기들은 이전보다 훨씬 더 자주 점검되어야 한다.

**✷
quantity**
[ˈkwɑːntəti]

quantitative 📖 양적인

📖 양

In the chemical experiment, a large quantity of poison which causes nausea was found in some substances.

이 화학 실험에서, 메스꺼움을 일으키는 많은 양의 독이 일부 물질들에서 발견되었다.

> **텝스기출표현**
>
> a large quantity of 많은
>
> ▶혼동하지 말자!
> quality 질, 우수함

**✷
acid**
[ˈæsɪd]

acidify 🔁 산성화되다, 산성화하다
acidity 📖 신맛, 산성

📖 산 📖 산성의

There are so many people that ignore the dangers of corrosive acid which have to be taken seriously.

신중하게 다뤄져야 하는 부식을 일으키는 산의 위험성을 무시하는 사람들이 매우 많다.

There is a strong link between acid rain and the corrosion of buildings in various aspects.

다양한 측면에 있어서 산성비와 건물의 부식 간에 밀접한 연관이 있다.

015 ☐☐☐

☀
oxygen
[ˈɑːksɪdʒən]

🔲 산소

There is a close correlation between the combination of oxygen and hydrogen and the formation of water.

산소와 수소의 융합과 물의 형성은 매우 밀접한 관계가 있다.

---

016 ☐☐☐

☀
hydrogen
[ˈhaɪdrədʒən]

🔲 수소

It seems that some theories on the sources of hydrogen are related to the formation process of water.

수소의 공급원들에 대한 몇몇 이론들은 물의 형성 과정과 관련이 있는 것으로 보인다.

---

017 ☐☐☐

☀
carbon
[ˈkɑːrbən]

🔲 탄소

Many researchers say that their hypothesis can explain how carbon dioxide affects the environment.

많은 연구자들은 그들의 가설이 이산화탄소가 어떻게 환경에 영향을 미치는지를 설명해 줄 수 있다고 말한다.

> **텝스 기출 표현**
> carbon dioxide 이산화탄소

---

018 ☐☐☐

☀
nitrogen
[ˈnaɪtrədʒən]

🔲 질소

There is a formulated theory that the air we breathe consists of lots of molecules including nitrogen.

우리가 숨쉬는 공기는 질소를 포함한 많은 분자들로 구성되어 있다는 정립된 이론이 있다.

> **텝스 기출 표현**
> nitrogen dioxide 이산화질소

---

019 ☐☐☐

☀☀☀
volume
[ˈvɑːljuːm]

유의어
mass 양, 부피
bulk 부피, 용적, 크기

🔲 부피, 용량 I 음량 I (책의) 권

As the volume of gas increased inside the hot-air balloons, they started to inflate and finally soared up.

열기구 내에서 가스의 부피가 늘어남에 따라 그 열기구들은 부풀어 오르기 시작했고 결국 날아올랐다.

020 □□□

*
sample
[ˈsæmpl]

sampling 명 샘플 추출

유의어
specimen 견본, 예

명 샘플, 표본 통 표본 조사하다

The survey conducted with a random sample has achieved splendid progress in the chemical industry.

무작위 샘플을 가지고 실시된 그 조사는 화학 산업에 있어서 훌륭한 진보를 이룩했다.

The results of the experiment show that the team must have sampled the other research team's item.

그 실험 결과는 그 팀이 상대 연구팀의 항목을 표본 조사했음에 틀림 없음을 보여 준다.

021 □□□

*
electron
[ɪˈlektrɑːn]

electronic 형 전자의
electronically 부 전자적으로

명 전자

This new electron microscope has lots of remarkable evolutionary advantages lacking in most other microscopes.

이 새로운 전자 현미경은 다른 현미경들에는 없는 많은 놀라운 진화 상의 장점들을 가지고 있다.

022 □□□

*
diagram
[ˈdaɪəgræm]

명 도표, 그림

To explain the major source of electrical power and its functions easily, the expert drew a simplified diagram.

주요 전력 공급원과 그것의 기능에 대해 쉽게 설명하기 위해, 그 전 문가는 간략한 도표를 그렸다.

023 □□□

***
filter
[ˈfɪltər]

filtering 명 거르기

유의어
percolate 여과시키다

명 필터, 여과 장치 통 여과하다, 거르다

It was necessary and urgent for the technician to replace the old filter with a new one for the safety of the user.

사용자의 안전을 위해 기술자가 그 오래된 필터를 새로운 것으로 교 체하는 것이 필요했고 시급했다.

The company has developed new devices helpful to filter out emission related to the reduction of the ozone layer.

그 회사는 오존층 감소와 관련된 배기 가스를 걸러내는 데 도움이 되 는 새로운 기기들을 개발했다.

텝스기출표현
filter A out A를 걸러 내다

024 □□□ ✦

vapor
[ˈveipər]

vaporize 툉 증발하다, 증발시키다

명 증기 툉 발산시키다, 증발시키다

There are many studies on the formation of clouds closely linked to condensed water vapor.

응축된 수증기와 밀접한 관련이 있는 구름의 형성에 대한 많은 연구들이 있다.

> **텝스 기출 표현**
>
> vanish into vapor 수증기가 되어 사라지다

---

025 □□□ ✦✦

density
[ˈdensəti]

densify 툉 밀도를 높이다
dense 톙 빽빽한, 밀집한

명 밀도, 농도

There are many kinds of substances which have an even higher density than water.

물보다 훨씬 더 높은 밀도를 지닌 많은 종류의 물질들이 있다.

---

026 □□□ ✦

experiment
[ɪkˈsperɪmənt]

experimental 톙 실험적인, 실험의
experimentally 톆 실험적으로

명 (과학적인) 실험 툉 실험하다

The genetic experiment on a way to modify certain genes continues to be conducted for scientific purposes.

특정 유전자를 변형하는 방법에 대한 유전자 실험이 과학적인 목적으로 계속 진행되고 있다.

The chemist has been committed to continuing to experiment on the formation of the DNA molecule.

그 화학자는 DNA 분자의 형성에 대해 실험을 계속하는 데 전념해 왔다.

---

027 □□□ ✦

spectrum
[ˈspektrəm]

명 (빛·음향 등의) 스펙트럼 | (생각 등의) 범위

A rainbow has various visible colors and many experts consider it as a spectrum of the Sun.

무지개는 다양한 볼 수 있는 색을 가지고 있고 많은 전문가들이 그것을 태양의 스펙트럼이라고 여긴다.

---

028 □□□ ✦

element
[ˈelɪmənt]

elementary 톙 초급의, 기본적인

명 원소 | 요소, 성분

There was an experiment on the essential element which plays a vital role in protecting the human body.

인간의 몸을 보호하는 데 중요한 역할을 하는 필수 원소에 대한 실험이 있었다.

---

029 □□□ ✦

laboratory
[ˈlæbrətɔːri]

laboratorial 톙 실험실의

명 실험실

The talented researchers in the laboratory have proved the principle of a new approach to the giant molecule.

그 실험실 내 재능 있는 연구자들은 거대 분자에 대한 새로운 접근 방식의 원리를 증명했다.

030
☐☐☐

*
physics
[ˈfɪzɪks]

명 물리학

Some physicists must follow the fundamentals of modern physics to develop groundbreaking theories.

일부 물리학자들은 혁신적인 이론들을 개발하기 위해서 현대 물리학의 기본 원칙들을 따라야 한다.

031
☐☐☐

*
magnetic
[mægˈnetɪk]

magnet 명 자석

형 자석의, 자기적인 | 대단히 매력적인

The amazing device is being praised for its ability to move forward due to magnetic force.

그 놀라운 장치는 자기적인 힘으로 인해 앞으로 나아가는 능력을 지닌 것으로 칭찬받고 있다.

032
☐☐☐

*
formula
[ˈfɔːrmjələ]

formulate 동 공식화하다
formulation 명 공식화

명 공식, 식

Though the two specific substances have quite different characteristics, they have the same molecular formula.

두 개의 특정 물질들이 서로 다른 특징을 가짐에도 불구하고, 같은 분자식을 가진다.

> **텝스 기출 표현**
>
> molecular formula 분자식
> chemical formula 화학 분자식

033
☐☐☐

*
molecule
[ˈmɑːlɪkjuːl]

molecular 형 분자의, 분자로 된

유의어
particle 극소량, 아주 작은 조각

명 분자

Lots of researchers have experimented on proteins which are complex molecules found in various products.

많은 연구자들은 다양한 제품에서 찾을 수 있는 복합 분자인 단백질에 관한 실험을 해 왔다.

034
☐☐☐

*
impure
[ɪmˈpjʊr]

impurity 명 불순, 불결

형 불순한, 더러운

Some peculiar substances found in the impure lead are similar to those found in silver.

불순물이 섞인 납에서 발견된 일부 특이한 물질들이 은에서 발견된 것들과 비슷하다.

035
☐☐☐

***
dilute
[daɪˈluːt]

동 묽게 하다, 연하게 하다

One of the ways to remove certain stains is to dilute the stains with detergent instead of water.

특정 얼룩을 제거하는 방법들 중 하나는 물 대신에 세제로 얼룩을 희석시키는 것이다.

> ▶혼동하지 말자!
> dilate 팽창시키다, 상세히 설명하다

★
proportion
[prəˈpɔːrʃn]

proportional 형 비례하는

명 (전체에서 차지하는) 비율 | 균형

Some scientists have tried to compare the actual proportion of the components in coffee,

몇몇 과학자들은 커피 안에 있는 성분들의 실제 비율을 비교하기 위해 노력해 왔다.

텝스 기출 표현

out of all proportion to A A와는 전혀 균형이 안 맞는

★
flux
[flʌks]

명 유동, 흐름

The temperature change has to be checked periodically to measure the heat flux without any errors.

열의 유동을 오류 없이 측정하려면 온도 변화가 주기적으로 측정되어야 한다.

★
particle
[ˈpɑːrtɪkl]

명 입자, 미립자

Photon energy-related issues intimately related with particle physics are being heavily debated in the country.

입자 물리학과 긴밀하게 연관되어 있는 광자 에너지 문제는 그 나라에서 심각하게 논쟁이 되고 있다.

★
atom
[ˈætəm]

atomic 형 원자의, 원자력의

유의어
particle 극소량, 티끌
trace 극소량, 미량

명 원자

The study on lots of small substances shows that atom can be split into much smaller parts.

많은 작은 물질들에 대한 연구는 원자가 훨씬 더 작은 부분들로 쪼개질 수 있다는 것을 보여 준다.

★
velocity
[vəˈlɑːsəti]

명 속도

When experts determine the velocity of wind, several wind measuring instruments helpful to calculate it are needed.

전문가들이 풍속을 측정할 때는 속도 계산에 도움이 되는 몇 가지 바람 측정 기구들을 필요로 한다.

★★
hypothesis
[haɪˈpɑːθəsɪs]

hypothetical 형 가설의

유의어
premise 전제
assumption 가정, 가설

명 가설, 가정

After forming a hypothesis on how the chemical reaction happened, the researchers have done some experiments.

연구자들은 해당 화학 반응이 어떻게 일어나는지에 대한 가설을 세운 다음, 몇 가지 실험들을 했다.

텝스 기출 표현

form a hypothesis 가설을 세우다
examine a hypothesis 가설을 검증하다

042
☐☐☐

**
reflection
[rɪˈflekʃn]

reflect 통 반사하다, 반영하다
reflective 형 빛을 반사하는, 반영하는

명 (거울에 비친) 상 | 반사 | 반영

Technically, reflection and refraction are different concepts, but they correlate to each other.

엄밀히 말하면, 반사와 굴절은 다른 개념이지만 서로 연관성이 있다.

043
☐☐☐

***
substance
[ˈsʌbstəns]

유의어
material 재료, 물질, 원료

명 물질 | 실체, 핵심 | 중요성

The recent research shows that there are several unique chemical substances harmless to humans.

최근 연구는 인체에 무해한 여러 특이한 화학 물질들이 있음을 보여 준다.

044
☐☐☐

*
circulate
[ˈsɜːrkjəleɪt]

circulation 명 순환, 유통

동 순환하다, 돌다 | (소문 등을) 퍼뜨리다

It is difficult for the cold air to circulate properly if there is insufficient space.

공간이 부족하면 냉기가 적절하게 순환하기 힘들다.

045
☐☐☐

**
component
[kəmˈpoʊnənt]

유의어
ingredient 성분, 재료
constituent 구성 요소

명 구성 요소, 성분

The fierce debate on the key component of nuclear weapons among many scientists has been ongoing.

핵무기의 기본 성분에 대한 열띤 논쟁은 많은 과학자들 사이에서 진행 되어 오고 있다.

> 텝스 기출 표현
> a key component 기본 성분

046
☐☐☐

***
dissolve
[dɪˈzɑːlv]

dissolution 명 용해, 해체

동 용해하다 | 해산하다

Some scientists have been examining the chemical changes caused when they dissolve detergent in liquid.

몇몇 과학자들은 액체에 세제를 용해할 때 일어나는 화학적 변화를 자세히 살피고 있다.

047
☐☐☐

**
flexible
[ˈfleksəbl]

flexibility 명 유연성, 융통성

유의어
pliable 휘기 쉬운, 유연한
elastic 탄력 있는, 탄성의

형 유연한 | (태도 등이) 융통성 있는

The tool was so flexible that the mechanic could repair the machine far more efficiently than before.

그 도구는 매우 유연해서 정비사는 기계를 이전보다 훨씬 더 효율적 으로 수리할 수 있었다.

✶

poisonous

[ˈpɔɪzənəs]

poisoning 명 중독

유의어
venomous 독이 있는, 앙심에 찬

형 독이 있는

Some poisonous chemicals are known to have lots of detrimental effects on the human body

몇몇 독성이 있는 화학 물질들은 인체에 많은 해로운 영향을 끼치는 것으로 알려져 있다.

✶

transparent

[trænsˈpærənt]

transparently 부 투명하게, 솔직하게

유의어
lucid 맑은, 투명한

반의어
opaque 불투명한

형 투명한 | 명백한

Air colorless and transparent can have a chemical action when exposed to lots of external stimuli.

무색 투명한 공기는 많은 외부 자극들에 노출될 때 화학 작용을 일으킬 수 있다.

텝스기출표현
colorless and transparent 무색 투명한

✶✶

pause

[pɔːz]

유의어
interval 휴식

동 잠시 멈추다, 정지시키다 명 멈춤, 정지

The moving object paused for a while and then it began to move again as powerful external forces are applied.

움직이는 물체는 잠시 멈췄다가 강력한 외부 힘이 가해지자 다시 움직이기 시작했다.

✶✶

sterilize

[ˈsterəlaɪz]

sterile 형 무균의, 불모의, 불임의

동 살균하다 | 불모화하다

Some chemical reactions were observed in the process of trying to sterilize lots of lab equipment.

많은 실험 도구들을 소독하려고 하는 과정에서 일부 화학적 반응들이 관찰되었다.

✶✶

compound

[ˈkɑːmpaʊnd]

명 합성물, 화합물 형 복합의, 합성의

There is a chemical compound made from various elements including oxygen humans need for their life.

인간들이 그들의 삶을 위하여 필요로 하는 산소를 포함하여 다양한 원소들로부터 만들어진 화학 화합물이 있다.

✶

distill

[diˈstil]

동 증류시키다

Some scientists had no choice but to distill if there are some unique chemical reactions.

일부 과학자들은 몇몇 특이한 화학 반응들이 일어나는지를 확인하기 위해 술을 증류시킬 수밖에 없었다.

054 □□□

✱
erroneous
[ɪˈroʊniəs]

erroneousness 뗑 틀림, 잘못됨

톙 잘못된, 틀린

The physicist's theory on nuclear materials was so erroneous that other physicists couldn't easily apply it.

그 물리학자의 핵 물질에 대한 이론은 매우 잘못되어서 다른 물리학자들이 그 이론을 쉽게 적용할 수가 없었다.

---

055 □□□

✱
evaporate
[ɪˈvæpəreɪt]

evaporation 뗑 증발

됭 증발시키다, 증발하다

It is a common natural phenomenon that heat has a tendency to evaporate water from the oceans.

열이 바다로부터 물을 증발시키려 하는 점은 일반적인 자연 현상이다.

---

056 □□□

✱
corrosion
[kəˈrouʒən]

corrode 됭 부식시키다
corrosive 뗑 부식을 일으키는

뗑 부식

Some old devices must be cleaned using a specially designed tool made from anti-corrosion materials.

일부 오래된 장비들은 부식 방지 물질로 만들어진 특별하게 고안된 도구를 사용하여 세척되어야 한다.

---

057 □□□

✱✱
friction
[ˈfrɪkʃn]

뗑 (물체 간의) 마찰 | (사람 사이의) 마찰

Many researchers have studied on the functions of the heat caused by the friction between two objects.

많은 연구자들은 두 물체 사이의 마찰로 인해 발생된 열의 기능에 대해 연구해 왔다.

---

058 □□□

✱✱
solvent
[ˈsɑːlvənt]

뗑 용매 뗑 지불 능력이 있는 | 용해하는

Many people tend to use vinegar to remove grease spots that it is a very effective solvent.

많은 사람들은 식초가 매우 효과적인 용매라는 이유로 그것을 기름 때를 없애는 데 사용하는 경향이 있다.

---

059 □□□

✱
kindle
[ˈkɪndl]

유의어
ignite 불을 붙이다, 점화하다

됭 (불을) 붙이다, 태우다

Some scientists decided to kindle the object to determine what kinds of chemicals exist in the smoke.

몇몇 과학자들은 연기 내에 무슨 종류의 화학 물질이 있는지를 확인하기 위해 그 물체를 태우기로 결정했다.

---

060 □□□

✱✱✱
flimsy
[ˈflɪmzi]

유의어
brittle 잘 부러지는, 불안정한
feeble 아주 약한

뗑 (얇고) 약한 | (근거 등이) 빈약한

Many kinds of flimsy objects vulnerable to external forces tend to be less resilient than other objects.

외부 힘에 취약한 많은 종류의 약한 물체들은 다른 물체들보다 덜 탄력적인 경향이 있다.

***
volatile
[ˈvɑːlətl]

유의어

unstable 불안한
unsettled 변하기 쉬운, 일정치 않은

🔵 휘발성의 | 변덕스러운 | 불안한

Many experts claim that volatile chemicals and explosions are tightly related concepts.

많은 전문가들은 휘발성 화학 물질과 폭발은 긴밀하게 연관되어 있는 개념이라고 주장한다.

▶혼동하지 말자!
versatile 다재다능한, 다용도의

---

*
alchemist
[ˈælkəmɪst]

alchemy 🔵 연금술, 신비한 힘

🔵 연금술사

A young man left on a long journey to be initiated in the secrets of alchemy from the renowned alchemist.

한 젊은이는 그 유명한 연금술사로부터 연금술의 비법을 전수받기 위해서 긴 여정을 떠났다.

**
refract
[rɪˈfrækt]

refraction 🔵 굴절, 굴절력
refractive 🔵 굴절시키는

🔵 (물·공기·유리 등이 빛을) 굴절시키다

The physicists are studying the various types of top layers that have the special ability to refract sound waves.

물리학자들은 음파를 굴절시키는 특별한 능력을 지닌 다양한 종류의 표면층을 연구하고 있다.

***
diffuse
🔵 [dɪˈfjuːz]
🔵 [dɪˈfjuːs]

diffuser 🔵 공기 확산기
diffused 🔵 확산된, 널리 퍼진

🔵 확산시키다, 확산되다 🔵 분산된, 확산된

There are some elements that diffuse at high speed into the water activating certain chemical actions.

특정 화학 작용을 활성화시키면서 물속으로 빠른 속도로 확산되는 몇몇 원소들이 있다.

▶혼동하지 말자!
defuse (긴장 등을) 진정시키다

---

*
fraction
[ˈfrækʃn]

🔵 부분, 일부분 | 분수

When people walk, only a fraction of our energy tends to be used compared to other intense sports.

사람들이 걸을 때 다른 격한 운동에 비해 일부분의 에너지만 소비되는 경향이 있다.

텝스 기출 표현

by a fraction 조금도
in a fraction of a second 순식간에

066 ☐☐☐

★★
elusive
[iˈluːsɪv]

elude 통 피하다, 빠져나가다

형 잘 빠져나가는 ㅣ 애매한, 규정하기 힘든

The scientist has made much effort to detect the roles of the molecule that has an elusive nature.

해당 과학자는 잘 빠져나가는 성질을 가진 분자의 역할을 알아내는 데 많은 노력을 기울였다.

▶혼동하지 말자!
delusive 기만적인, 현혹하는

067 ☐☐☐

★★
synthetic
[sɪnˈθetɪk]

synthesize 통 (화학 물질을) 합성하다
synthetically 부 합성적으로

형 (인위적으로) 합성한, 인조의

There are lots of deteriorated synthetic substances that are likely to take a toll on the human body.

인체에 해를 끼치는 듯한 많은 변질된 합성 물질들이 있다.

068 ☐☐☐

★★
exude
[ɪgˈzuːd]

유의어
ooze 흐르다, 흘리다

통 (액체 · 냄새를) 흘리다, 풍기다

The peculiar smell exuded from the objects due to some particular chemical reactions.

일부 특정한 화학 반응들 때문에 특이한 냄새가 해당 물체들로부터 풍겨 나왔다.

069 ☐☐☐

★★
condense
[kənˈdens]

condensed 형 응축한, 요약한, 간결한

통 (기체를) 응결시키다 ㅣ (액체가) 농축되다

The existence of natural phenomena to condense the steam into water has been proved by many scientists.

증기를 물로 응결시키는 자연 현상의 존재는 많은 과학자들에 의해 입증되어 왔다.

070 ☐☐☐

★★
inertia
[ɪˈnɜːrʃə]

명 관성 ㅣ 무기력

The latest study proved that certain force is inclined to be created when an object moves down by inertia.

최신 연구는 물체가 관성에 의해 아래로 움직일 때 특정 힘이 발생되는 경향이 있다는 것을 증명했다.

071 ☐☐☐

★★
permeate
[ˈpɜːrmieɪt]

permeable 형 침투할 수 있는

통 (서서히) 침투하다, 스며들다 ㅣ 퍼지다

The crack was so small that the poisonous liquid couldn't permeate the device.

그 틈은 굉장히 작아서 독성이 있는 액체가 기기에 침투하지 못했다.

072 ☐☐☐

★★
symmetrical
[sɪˈmetrɪkl]

symmetry 명 대칭, 균형
symmetrically 부 대칭적으로

형 대칭적인

The researchers were content with the distribution of the sample data which has a perfectly symmetrical figure.

연구자들은 완벽하게 대칭적인 모양을 가지는 표본 데이터의 분포에 만족했다.

073 ★★
kinetic
[kɪˈnetɪk]

웹 운동의, 운동에 의한

The results of the experiment on several moving objects that have lots of kinetic energy have been astonishing.

많은 운동 에너지를 가지고 있는 여러 움직이는 물체에 대한 실험 결과는 놀라운 성과를 보여 주고 있다.

---

074 ★★
catalyst
[ˈkætəlɪst]

유의어
accelerator 촉진제, 촉매제

웹 촉매, 자극제

Cellular reactions tend to be affected by some substances which function as a catalyst within the human body.

세포 반응은 인체 내에서 촉매로 기능하는 일부 물질들로 인해 영향을 받는 경향이 있다.

▶혼동하지 말자!
cataclysm 대재앙, 대변동

---

075 ★★
elastic
[ɪˈlæstɪk]

elasticity 웹 탄성, 탄력성

유의어
supple 나긋나긋한, (몸이) 유연한

웹 탄력 있는 | 융통성이 있는 웹 고무줄

The machine was specially designed to effectively deal with and use the object extremely elastic and strong.

해당 기계는 매우 탄력 있고 강한 물체를 효과적으로 다루고 사용하기 위해 특별하게 고안되었다.

---

076 ★★
infuse
[ɪnˈfjuːz]

infusion 웹 투입, 주입

유의어
instill 스며들게 하다, 주입시키다
inculcate (사상·지식 등을) 주입하다

웹 (액체 등을) 붓다 | (사상을) 주입하다

The researcher used a variety of instruments to infuse some liquid into the small glass tube more easily.

그 연구자는 액체를 작은 유리관에 더 쉽게 부어 넣기 위해 다양한 도구를 사용했다.

---

077 ★
wavelength
[ˈweɪvleŋθ]

웹 파장, 주파수

The research on the compound which is very vulnerable to light wavelengths is being carefully carried out.

빛의 파장에 매우 취약한 합성 물질에 대한 연구가 신중하게 진행되고 있다.

텝스기출표현
on the same wavelength as ~와 같은 파장으로

078 □□□ ★★
momentum
[moʊˈmentəm]

유의어
impetus 자극, 추동력

명 가속도, 탄력 | 운동량

The team has been dedicated to finding a way to measure and calculate the momentum of an object.
해당 팀은 물체의 가속도를 측정하고 계산하는 방법을 찾는 데 전념해 왔다.

Some innovative devices are used to effectively measure the momentum of lots of objects when they fall down.
일부 획기적인 장치는 많은 물체들이 아래로 떨어질 때 그것들의 운동량을 효과적으로 측정하기 위해 사용된다.

079 □□□ ★★★
immerse
[ɪˈmɜːrs]

immersion 명 담금, 몰두, 몰입

유의어
submerge 물속에 넣다

동 (액체 속에) 담그다 | 몰두시키다

The new researcher was warned not to immerse the crucial component of the complex machine in water.
신입 연구원은 그 복잡한 기계의 중요한 부품을 물에 담그지 않도록 주의받았다.

▶혼동하지 말자!
immense 엄청난

080 □□□ ★
alloy
[ˈæl.ɔɪ]

명 합금 동 합금하다

Some devices made of aluminum alloy have been widely used among many scientists for test purposes.
알루미늄 합금으로 제조된 몇몇 장치들은 많은 과학자들 사이에서 실험 목적으로 널리 사용되어 왔다.

Several experts know what kind of situation happens when they alloy silver with some unknown metals.
여러 전문가들은 그들이 은과 일부 알려지지 않은 금속을 합금했을 때 어떠한 상황이 일어나는지 알고 있다.

▶혼동하지 말자!
allay 감정을 가라앉히다, 누그러뜨리다

081 □□□ ★
vector
[ˈvektər]

명 벡터(크기와 방향으로 정해지는 양)

There are some ways to measure the scale of the vector drawing more precisely.
벡터 도면의 축척을 더욱 정확하게 측정하기 위한 몇몇 방법들이 있다.

082 □□□

★

scalar
[ˈskeɪlər]

📝 스칼라의(하나의 수치만으로 표시되는)

The expert has encouraged all the novices not to apply main values to scalar ones for several reasons.

해당 전문가는 여러 이유로 모든 초보자들이 메인 값을 스칼라 값에 적용하지 않도록 권고했다.

---

083 □□□

★★★

residue
[ˈrezɪduː]

유의어
remnant 나머지, 잔여

📝 잔여물

The researcher couldn't help cleaning them off as there were many residues on the surfaces of the devices.

기기들 표면에 잔여물이 너무 많았기 때문에 해당 연구자는 그것들을 닦아낼 수밖에 없었다.

---

084 □□□

★

diffract
[dɪˈfrækt]

diffraction 📝 회절

📝 (빛을) 회절시키다[분산시키다]

Scientists have continually focused on the research on the clouds related to the ability to diffract the sunlight.

과학자들은 햇빛을 회절시키는 능력과 관련하여 구름에 대한 연구에 지속적으로 집중해 왔다.

---

085 □□□

★

liquefaction
[ˌlɪkwəˈfækʃən]

liquefy 📝 액화되다, 액화시키다

📝 액화, 용해

The process of liquefaction is necessary to prevent the bulk of certain substances from increasing.

액화 과정은 특정 물질들의 부피가 증가하는 것을 막는 데 필요하다.

---

086 □□□

★★★

configuration
[kənˌfɪɡjəˈreɪʃn]

📝 구성, 배열, 배치

The electron flow can be diverted to another route as the electron configuration is altered.

전자의 구성이 바뀜에 따라 전자의 흐름이 또 다른 경로로 바뀔 수 있다.

---

087 □□□

★★

infinitesimal
[ˌɪnfɪnɪˈtesɪml]

infinitesimally 📝 극소량으로

📝 극소의

Since the infinitesimal traces of poison were found, the danger that was too little didn't need to be removed.

극소량의 독극물 흔적이 발견되어서 너무 적은 위험은 제거될 필요가 없었다.

---

088 □□□

★

counterbalance
[ˌkaʊntəˈbæləns]

유의어
offset 상쇄하다

📝 (반대되는 힘으로) 균형을 잡다, 상쇄하다

Some scientists have made countless attempts to counterbalance the acidity far more efficiently.

몇몇 과학자들은 산성을 훨씬 더 효율적으로 상쇄하기 위해 수없이 많은 시도를 해 왔다.

089 □□□
**

coalesce

[ˌkoʊəˈlɛs]

coalescence 명 합체, 연합

🖪 합체하다 | 연합하다

The phenomenon that tiny parts coalesce into molecules needs to be studied in greater depth.

아주 작은 부분들이 합체해서 분자가 되는 현상은 보다 심도 있게 연구될 필요가 있다.

텝스기출표현

coalesce into ~으로 합동하다[연합하다, 합체하다]

090 □□□
**

buoyancy

[ˈbɔɪənsi]

buoyant 형 떠 있는, 경기가 좋은

🖪 부력 | 회복하는 추세, 상승 추세

Pumping much air into certain objects vulnerable to outside pressure is the way not to lose buoyancy.

외부 압력에 취약한 특정 물체들에 펌프로 많은 공기를 넣는 것은 부력을 잃지 않기 위한 방법이다.

▶혼동하지 말자!

bureaucracy 관료 체제, 관료 국가

091 □□□
**

combust

[kəmˈbʌst]

combustion 명 불이 탐, 연소
combustive 형 연소성의

🖪 연소하기 시작하다

Some chemical substances combust at high speed regardless of how much pressure is applied.

몇몇 화학 물질들은 얼마나 많은 압력이 가해졌는지와는 상관없이 빠른 속도로 연소한다.

092 □□□
***

saturation

[ˌsætʃəˈreɪʃn]

saturate 동 흠뻑 적시다, 포화시키다
saturated 형 흠뻑 젖은, 포화된

🖪 포화, 포화도

It is obvious that the boiling water is reaching saturation point causing some chemical changes in it.

끓는 물이 그 속에서 일부 화학 변화를 일으키면서 포화 지점에 이르고 있음이 분명하다.

텝스기출표현

saturation point 포화 단계

093 □□□
*

thermal

[ˈθɜːrml]

🖪 열의 | 보온성이 좋은

A group of scientists conducted an experiment on the thermal properties of several moving objects.

한 과학자 집단은 여러 움직이는 물체들의 열적 특성에 관한 실험을 수행했다.

pliable

[ˈplaɪəbl]

유의어
flexible 유연한

형 유연한, 잘 휘어지는 | 순응적인

It seems that there are lots of pliable and flimsy devices in terms of physical property.

물리적 속성의 관점에서 볼 때 잘 휘어지고 잘 찢어지는 기기들이 많은 것으로 보인다.

---

exfoliate

[eksˈfoʊlieɪt]

exfoliation 명 벗겨짐

동 벗겨내다, 박피하다

Some experimenters exfoliated the old surfaces of the objects and replaced them with new ones.

몇몇 실험자들은 해당 물체들의 오래된 표면을 벗겨 내고 새것으로 교체했다.

---

oxidation

[ˌɑksəˈdeɪʃən]

명 산화

Oxidation can greatly affect the changes in the human body including the damage of the cells.

산화는 세포의 손상을 포함하여 인간의 신체 변화에 크게 영향을 미칠 수 있다.

텝스기출표현
oxidation and reduction 산화 환원 반응

---

coagulate

[koʊˈægjuleɪt]

coagulation 명 응고, 응고물

동 응고되다, 응고시키다

The scientist found that certain tools can help make the blood coagulate more rapidly.

해당 과학자는 특정 도구들이 피가 더 빠르게 응고되도록 하는 데 도움이 될 수 있다는 점을 발견했다.

---

sublimate

[ˈsʌblɪmeɪt]

sublimation 명 승화

동 승화하다 | (감정 등을) 승화시키다 명 승화(물)

Ice will start to sublimate naturally unless there are lots of external stimuli.

많은 외부 자극이 없다면 얼음은 자연적으로 승화하기 시작할 것이다.

There are several research reports on the use of devices made from sublimate minerals.

승화 광물로 만들어진 기기 사용에 대한 여러 연구 보고서들이 있다.

텝스기출표현
sublimate into ~로 승화시키다

▶혼동하지 말자!
sublime 절묘한, 숭고한, 극단적인

01 UNIT
02 UNIT
03 UNIT
04 UNIT
05 UNIT
06 UNIT
07 UNIT
08 UNIT
09 UNIT
10 UNIT
11 UNIT
12 UNIT
13 UNIT
14 UNIT
15 UNIT
16 UNIT
17 UNIT
18 UNIT
19 UNIT
20 UNIT
21 UNIT
22 UNIT
23 UNIT
24 UNIT
25 UNIT
26 UNIT
27 UNIT
28 UNIT
29 UNIT
30 UNIT

099 □□□

★★★
impervious
[ɪmˈpɜːrviəs]

impperviousness 명 불침투성

형 (물·공기가) 통과되지 않는 | 영향받지 않는

The majority of people tend to prefer the clothes made of certain substances impervious to some liquid.

대다수의 사람들은 일부 액체가 통과하지 못하는 특정 물질로 만들어진 옷을 선호하는 경향이 있다.

100 □□□

★
viscosity
[vɪˈskɒsəti]

viscous 형 끈적거리는, 점성이 있는

명 점성(률)

In order to measure the viscosity of the liquid in a very detailed way, a specially designed tool is needed.

액체의 점성을 매우 세밀한 방식으로 측정하기 위해서는, 특별하게 고안된 도구가 필요하다.

문맥에 맞는 단어를 보기에서 골라 빈칸에 넣으세요.

PART 1

ⓐ pause	ⓑ quantity	ⓒ sample	ⓓ poisonous	ⓔ formula
ⓕ density	ⓖ filter	ⓗ react	ⓘ reflection	ⓙ object

1. The _____ didn't move at all because there was no powerful force which can affect the movement of it.

2. Lots of scientists have been interested in studying how certain chemical substances _____ to each other.

3. The object had no choice but to _____ because it was exposed to external forces.

4. The blood _____ collected from a healthy woman had to be used in the new experiment for scientific purposes.

5. The test result showed that the new water purifier failed to _____ out impurities completely.

6. Many experts should have wondered why the _____ of some substances remained low.

7. Although the concept and principle of _____ and refraction are not the same, there are some relations between them.

8. The discovery of a new molecular _____ is needed to show how some unique molecules are correlated.

9. The government has implemented many laws against several chemical substances _____ and harmful to the human body.

10. In order to measure the _____ of latent heat in some objects, a group of researchers began a series of experiments.

answers

1 ⓙ 2 ⓗ 3 ⓐ 4 ⓒ 5 ⓖ 6 ⓕ 7 ⓘ 8 ⓔ 9 ⓓ 10 ⓑ

>> Check-Up Questions

문맥에 맞는 단어를 보기에서 골라 빈칸에 넣으세요.

PART 2

ⓐ friction	ⓑ kinetic	ⓒ synthetic	ⓓ combust	ⓔ solvent
ⓕ saturation	ⓖ buoyancy	ⓗ catalyst	ⓘ corrosion	ⓙ compound

11. The new _____ deemed helpful to removing persistent stains is being used properly by many people.

12. The distinguishing feature of the chemical _____ made from several elements is that it can be split into them again.

13. _____ detergents contain lots of harmful substances compared to the ingredients of natural detergents.

14. It is natural that the _____ between the two objects with different characteristics can create strong heat.

15. The special cleaning tool made from anti-_____ materials plays a pivotal role in cleaning the device effectively.

16. Many objects with latent _____ energy tend to move when force is applied to them.

17. There is a substance which functions as a _____ within tissues and promotes the movement of cells.

18. It's plain that there are lots of effective ways to boost and not to lose _____.

19. Lots of chemical changes occurred while the water was reaching _____ point.

20. The research team has been studying a variety of chemicals that do not rapidly _____.

answers
11 ⓔ 12 ⓙ 13 ⓒ 14 ⓐ 15 ⓘ 16 ⓑ 17 ⓗ 18 ⓖ 19 ⓕ 20 ⓓ

UNIT 01
UNIT 02
UNIT 03
UNIT 04
UNIT 05
UNIT 06
UNIT 07
UNIT 08
UNIT 09
UNIT 10
UNIT 11
UNIT 12
UNIT 13
UNIT 14
UNIT 15
UNIT 16
UNIT 17
UNIT 18
UNIT 19
UNIT 20
UNIT 21
UNIT 22
UNIT 23
UNIT 24
UNIT 25
UNIT 26
UNIT 27
UNIT 28
UNIT 29
UNIT 30

뉴텝스 어휘

UNIT
29

생물

생물

UNIT 29 ≫

001 ☐☐☐
*
food chain

먹이 사슬

As a furious predator, lions are at the apex of the food chain.

사나운 포식자로서, 사자는 먹이 사슬의 가장 꼭대기에 있다.

---

002 ☐☐☐
**
weed
[wi:d]

🅟 잡초 🅥 잡초를 뽑다

Scientists focus on developing a new generation of energy using weeds.

과학자들은 잡초를 이용한 새로운 세대의 에너지 개발에 주력하고 있다.

If you don't weed quickly, the growth of plants can be stunted.

빨리 잡초를 뽑지 않으면, 식물의 성장이 저해될 수 있다.

---

003 ☐☐☐
*
petal
['petl]

🅟 꽃잎

The flowers with multicolored petals sell more expensive than others.

여러 가지 색의 꽃잎을 가진 꽃들이 다른 꽃들보다 더 비싸게 팔린다.

> ▶혼동하지 말자!
> fatal 치명적인

---

004 ☐☐☐
**
cultivate
['kʌltɪveɪt]

cultivation 🅟 경작, 재배, 구축, 함양

🅥 (토지를) 경작하다, 일구다 | 가꾸다, 기르다 | 구축하다, 함양하다

The farmers are cultivating wasteland for planting crops.

농부들은 농작물을 심기 위해 불모지를 경작하고 있는 중이다.

Some crops such as corn and wheat are cultivated to generate biofuels.

옥수수와 밀과 같은 몇몇 작물은 바이오 연료를 생성하기 위해 재배된다.

---

005 ☐☐☐
**
fossil
['fɑ:sl]

fossilize 🅥 화석화되다

🅟 화석

Fossils play an important role in studying fauna and flora of the geological era.

화석은 지질학적 시대의 동물군과 식물군을 연구하는 데 중요한 역할을 한다.

stem
★★★
[stem]

유의어
stalk (식물의) 줄기[대]

图 (식물의) 줄기 图 ~로부터 유래하다, 기인하다

With numerous thorns on its stem, a rose makes it possible to protect itself from harmful pests.

줄기에 수많은 가시가 있어서, 장미는 해충으로부터 자신을 보호할 수 있다.

> 텝스기출 표현
>
> stem cell 줄기세포
> stem from ~로부터 기인하다(= originate from)

---

ecosystem
★★
[ˈiːkoʊsɪstəm]

유의어
ecology 생태계, 생태학

图 생태계

So many various species coexist in the ecosystem that the balance between them is really important.

너무나도 다양한 종들이 생태계에서 공존하고 있기 때문에 그들 간의 균형이 정말 중요하다.

---

crop
★★
[krɑːp]

图 농작물 | 수확량, 생산량

Drought can be devastating to crops, making them be withered.

가뭄은 농작물을 시들해지게 만들 수 있기 때문에 농작물에 치명적일 수 있다.

Because of drought, this year's rice crop is lower than that of last year.

가뭄 때문에 올해의 벼 수확량이 작년보다 낮다.

---

yield
★★
[jiːld]

图 (수익·결과 등을) 산출하다, (농작물을) 생산하다 | (결과를) 초래하다, 야기하다

Thanks to the mild climate and ample rain, the farm could yield more crops than it did last year.

온화한 기후와 충분한 비 덕분에, 농장은 작년보다 더 많은 농작물을 생산할 수 있었다.

Never have I expected to yield such a great result in the competition due to my short preparation period.

짧은 준비 기간 때문에 나는 경기에서 이렇게 좋은 결과를 낼 줄은 생각지도 못했다.

---

pollen
★★
[ˈpɑːlən]

pollinate 图 수분시키다

图 꽃가루, 화분

Pollen is a microscopic powder from flowers, but it is the main culprit of the spring allergy.

꽃가루는 꽃에서 나오는 아주 미세한 가루이지만, 봄철 알레르기의 주범이다.

011 □□□

***
prey
[preɪ]

명 먹이 I 희생자, 희생양

Thanks to the fast running ability, prey species like zebras can protect themselves from predators.

빠르게 달릴 수 있는 능력 때문에, 얼룩말과 같은 먹이 종들은 포식자들로부터 자신을 보호할 수 있다.

He was the prey of the brutal war.

그는 잔인한 전쟁의 희생양이었다.

> **텝스 기출 표현**
> prey on ~을 잡아먹다

---

012 □□□

***
creature
[ˈkriːtʃər]

명 생물, 생명체

Considering a lot of evidence, the idea that creatures exist on Mars is quite credible.

많은 증거로 고려해 봤을 때, 화성에 생명체가 산다는 것은 꽤나 믿을 만한 것 같다.

---

013 □□□

***
offspring
[ˈɔːfsprɪŋ]

명 자손, 새끼

Every species seem to have an instinct to protect and breed their offspring.

모든 종들은 그들의 자손을 보호하고 번식하고자 하는 본능을 가지고 있는 것 같다.

---

014 □□□

**
cell
[sel]

명 세포 I 감방, 독방, 작은 방

Scientists found cells that could help treat cancer.

과학자들은 암 치료를 도울 수 있는 세포를 발견했다.

> **텝스 기출 표현**
> stem cell 줄기세포
> nerve cell 신경 세포(= neuron)

---

015 □□□

**
hatch
[hætʃ]

동 부화하다

Not until the eggs hatch do the female fish eat or sleep.

알이 부화할 때까지 암컷 물고기는 먹거나 자지 않는다.

---

016 □□□

**
specimen
[ˈspesɪmən]

유의어
sample 표본, 샘플

명 견본, 샘플, 표본

Thoroughly analyzing the specimen of rare birds, the researchers found their shape and habitat.

희귀 새들의 표본을 철저히 분석하여 연구원들은 그들의 모양과 서식지를 발견했다.

**

bough

[baʊ]

🖲 (큰) 나뭇가지

In spring the boughs of trees are covered in blossoms.

봄에는 니못가지들이 꽃으로 덮여 있다.

▶혼동하지 말자!
bough 큰 가지 / twig 잔가지 / branch 줄기에서 나온 가지

**

tissue

[ˈtɪʃuː]

🖲 (생물 · 세포의) 조직

The study indicates that intense exercise can weaken the muscle tissue.

그 연구는 과도한 운동이 근육 조직을 약화시킬 수 있다는 것을 나타내고 있다.

**

feed on

유의어
live on ~을 먹고 살다

~를 먹고 살다

Tiny parasitic insects living on animals' dirty hair feed on their blood.

동물들의 더러운 털에 사는 작은 기생충들은 동물들의 피를 먹고 산다.

***

habitat

[ˈhæbɪtæt]

habit 🗃 살다, 거주하다

유의어
home 서식지

🖲 서식지

With people's reckless development, the natural habitats of wildlife have been destructed.

사람들의 무모한 개발로 야생 동물의 자연 서식지가 파괴되고 있다.

▶혼동하지 말자!
habit (동식물의) 서식지
habitation (사람의) 거주지

**

population

[ˌpɑːpjuˈleɪʃn]

🖲 개체 수

As the population of wild bears decreased each year, the government took special protective measures.

야생 곰의 개체 수가 매년 감소함에 따라 정부는 특별 보호 조치를 취했다.

**

breed

[briːd]

breeder 🖲 사육가, 양육자

유의어
give birth to (아이를) 낳다, 출산하다

🗃 새끼를 낳다, 번식시키다

Unlike many other animal species, male sea horses breed and raise their offspring.

다른 많은 동물 종들과는 다르게, 해마는 수컷이 새끼를 낳고 키운다.

023
□□□

**
reproduction
[ˌriːprəˈdʌkʃn]

reproduce 통 번식하다, 복제하다
reproductive 형 생식의, 번식의

유의어
breeding 번식, 부화

명 생식, 번식 | 복사, 복제, 재생산

Reproduction seems to be the ultimate goal for most creatures.

번식은 대부분의 생물들에게 궁극적인 목표인 것 같다.

024
□□□

***
species
[ˈspiːʃiːz]

명 종

The national park preserves various native plant species that are rare.

국립공원은 희귀한 여러 토착 식물종을 보존하고 있다.

025
□□□

**
mate
[meɪt]

통 짝짓기를 하다, 교미하다

Male frogs ready to mate make special noises in order to lure female counterpart.

짝짓기를 할 준비가 된 수컷 개구리들은 암컷 개구리들을 유인하기 위해 특별한 소리를 낸다.

026
□□□

***
evolve
[iˈvɑːlv]

evolution 명 진화
evolutionary 형 진화적인, 진화론에 의한

통 진화하다

All creatures have evolved in a way to adapt well to the changing surroundings.

모든 동물들은 변화하는 주변 환경에 잘 적응하기 위한 방식으로 진화해 왔다.

027
□□□

*
school
[skuːl]

명 (물고기·고래의) 떼, 무리

To protect themselves from predators, small fish swim in school, making them look bigger.

포식자들로부터 자신을 보호하기 위해 작은 물고기들은 떼를 지어 헤엄쳐, 그들을 더 크게 보이게 한다.

텝스기출표현
a school of fish 물고기 떼

028
□□□

***
classify
[ˈklæsɪfaɪ]

유의어
categorize 분류하다

통 분류하다

Animals can be classified into two groups based on how they breed their offspring.

동물들은 어떻게 새끼를 번식하는가에 따라 두 부류로 분류될 수 있다.

텝스기출표현
classify A into B A를 B로 분류하다

★★★
migrate
[ˈmaɪɡreɪt]

migration 몡 이주, 이동
migratory 톙 이주하는, 이동하는

图 **(동물·새·사람이) 이동하다, 이주하다**

Many bird species migrate long distance for breeding and food availability

많은 종의 새들이 번식과 먹이를 얻기 위해 먼 거리를 이동한다.

★
sprout
[spraʊt]

图 **싹이 나다, 발아하다**

As spring comes and the temperature gets warmer, many new buds begin to sprout.

봄이 오고 기온이 따뜻해지면서, 많은 새싹들이 움트기 시작한다.

★
microscopic
[ˌmaɪkrəˈskɑːpɪk]

microscope 몡 현미경

유의어
minute 극미한, 극히 작은
fine 미세한

혱 **미세한, 현미경으로 봐야만 보이는**

Most cells are so microscopic that they cannot be seen clearly with the naked eyes.

대부분의 세포들은 매우 미세하기 때문에 육안으로는 분명하게 볼 수 없다.

★★★
predator
[ˈpredətər]

predatory 혱 포식하는, 약탈하는
predation 몡 포식 행위

몡 **포식자, 약탈자**

Upon detecting predators, meerkats make warning noises to keep the rest of the group avoid being attacked.

미어캣이 포식자를 발견하면, 경고음을 내 무리의 나머지들이 공격 받는 것을 막는다.

★★
fungus
[ˈfʌŋgəs]

fungal 혱 곰팡이에 의한

몡 **균류, 곰팡이류**

Some fungi cause fatal diseases in crops or more seriously change traits of them.

어떤 곰팡이는 농작물에 치명적인 질병을 일으키거나 더 심각하게는 농작물의 특성을 바꾼다.

★★
genetic
[dʒəˈnetɪk]

gene 몡 유전자, 유전 인자
genetically 톙 유전적으로

혱 **유전의, 유전적인**

Every person has unique genetic traits so genes can be used to identify criminals.

모든 사람들은 고유한 유전적 특성을 가지고 있어서 유전자는 범인을 가려내는 데도 사용된다.

텝스 기출 표현
genetic engineering 유전 공학
genetic variation 유전 변이

035
★★★
withstand
[wɪðˈstænd]

圏 견뎌 내다, 참다

Cactuses withstand high temperatures and dry climate with their thick stems filled with moisture.

수분으로 가득 찬 두꺼운 줄기가 있어, 선인장은 높은 온도와 건조한 기후를 견딜 수 있다.

036
★★★
endangered
[ɪnˈdeɪndʒərd]

endanger 圄 위험에 빠뜨리다, 위태롭게 하다

혱 멸종 위기에 처한

People should raise their awareness on the protection of endangered species.

사람들은 멸종 위기에 처한 종들의 보호에 대한 의식을 고취시켜야 한다.

> **텝스기출표현**
> endangered species 멸종 위기에 처한 종

037
★★
mutual
[ˈmjuːtʃuəl]

mutualism 圕 (종류가 다른 생물 간의) 상호 공생

mutually 閉 서로, 상호 간에

혱 상호 간의, 서로의 | 공동의, 공통의

Some organism such as crocodiles and crocodile birds live together for mutual advantages.

악어와 악어새 같은 몇몇 유기체는 서로의 이익을 위해 함께 산다.

Not having any mutual interests between us, we two are good friends.

공통의 관심사가 전혀 없음에도 불구하고, 우리 둘은 좋은 친구이다.

> **텝스기출표현**
> mutual friend 서로 같이 아는 친구
> mutual acquaintance 서로 같이 아는 지인

038
★★
innate
[ɪˈneɪt]

유의어
inborn 타고난, 선천적인

반의어
acquired 습득된

혱 타고난, 선천적인

The birds seem to have an innate ability to recognize their migration route.

새들은 마치 이주 경로를 인지하는 타고난 능력이 있는 것 같다.

> **텝스기출표현**
> innate behavior 선천적 행동
> innate talent 타고난 재능

039
★
vegetation
[ˌvedʒəˈteɪʃn]

혱 초목

So much covered in lush green vegetation that we had trouble finding the hut.

초목이 너무 우거져 있어서 우리는 오두막으로 가는 길을 찾는 데 어려움을 겪었다.

★
burrow
['bɜːroʊ]

🔵 굴을[구멍을] 파다, 굴로 파고들다 🔵 굴

Many animals burrow for nesting and breeding.
많은 동물들이 보금자리와 번식을 위해 굴을 판다.

Meerkats can stay safe from predators in their burrow.
미어캣은 그들의 굴에서 포식자들로부터 안전하게 지낼 수 있다.

★★
terrestrial
[təˈrestriəl]

반의어
extraterrestrial 외계의, 지구 밖의

🔵 육지의, 육지에 사는

Although the mammoth is extinct now, it was the largest terrestrial creature.
비록 맘모스는 현재 멸종됐지만, 그것은 육지에 사는 가장 큰 생명체였다.

> **텝스기출표현**
> terrestrial creature 육지에 사는 생명체

★★★
adapt
[əˈdæpt]

🔵 적응하다 | 각색하다

Having been developed special eyesight, some nocturnal species such as owls adapt well to the dark.
특별한 시력이 발달되어 올빼미 같은 야행성 종은 어둠에 잘 적응한다.

This novel was adapted into a movie, starring famous Korean actors.
이 소설은 한국의 유명 배우들이 출연하는 영화로 각색됐다.

★
reptile
['reptaɪl]

🔵 파충류

Reptiles are cold-blooded animals, most of which cannot regulate their body temperature properly.
파충류는 변온 동물이라, 대부분 체온을 적절히 조절할 수 없다.

★★
progeny
['prɑːdʒəni]

유의어
offspring 자식
descendant 자손, 후손, 후예

🔵 (사람·동식물의) 자손, 후손

Some animals are willing to take risks in order to protect their progeny.
몇몇 동물들은 자손을 보호하기 위해 기꺼이 위험을 무릅쓴다.

★
mammal
['mæml]

🔵 포유 동물, 포유류

A blue whale, known as the biggest mammal in the world, is in danger of extinction due to overhunting.
세상에서 가장 큰 포유류로 알려져 있는 흰긴수염고래는 과도한 사냥으로 인해 멸종 위기에 처해 있다.

046 **
microbe
[ˈmaɪkroʊb]

명 미생물

According to the research, some microbes such as fungi changes the traits of some plants.

연구에 따르면, 곰팡이와 같은 몇몇 미생물들이 식물의 특징을 바꾼다.

---

047 ***
correlation
[ˌkɔːrəˈleɪʃn]

명 연관성, 상관관계

After a long study, the researchers found that there is a huge correlation between dopamine and success.

오랜 연구 끝에, 연구자들은 도파민과 성공 간에 엄청난 상관관계가 있다는 것을 발견했다.

---

048 ***
regulate
[ˈreɡjuleɪt]

regulation 명 규제, 조절

유의어
control 통제하다, 지배하다
adjust 조정하다, 조절하다

동 조절하다 | 규제하다

Animals can maintain a constant temperature by regulating heat generation and loss in their bodies.

동물들은 신체 내부의 열 발생과 손실을 조절함으로써 일정한 체온을 유지할 수 있다.

The company regulates the use of emails during the work hour.

그 회사는 근무 시간에 이메일 사용을 규제하고 있다.

텝스 기출 표현
regulate body temperature 체온을 조절하다

---

049 ***
inherit
[ɪnˈherɪt]

동 (생물적 특성을) 물려받다 | (재산을) 상속받다

Her curly brown hair is inherited from her mother.

그녀의 갈색 곱슬머리는 엄마로부터 물려받은 것이다.

She inherited a mass fortune from her grandfather whom she didn't know even existed.

그녀는 존재하는지도 몰랐던 할아버지로부터 막대한 재산을 상속받았다.

---

050 *
susceptible
[səˈseptəbl]

유의어
sensitive 세심한
susceptive 감수성이 강한, 민감한
delicate 연약한, 세심한

형 취약한 | 민감한, 예민한

Newborn babies are very susceptible to the virus as they don't have enough immunity to infection.

신생아들은 감염에 대한 면역력이 부족하기 때문에 바이러스에 매우 취약하다.

**
secrete
[sɪˈkriːt]

secretion 몡 분비

퇭 분비하다 | 은닉하다, 숨기다

When people feel happy, some special chemical called Dopamine is secreted.

사람들이 행복하다고 느낄 때, 도파민이라고 불리는 특별한 화학 물질이 분비된다.

▶혼동하지 말자!
secret 비밀, 비법, 비법의

*
mutation
[mjuːˈteɪʃn]

몡 돌연변이, 변형

As water contamination becomes serious, many species were found as mutations.

수질 오염이 심각해지면서, 많은 종들이 돌연변이로 발견됐다.

텝스 기출 표현
genetic mutations 유전적 변이

*
fertilize
[ˈfɜːrtəlaɪz]

퇭 수정시키다 | 비료를 주다

Once sperm and an egg fertilized, you become pregnant.

일단 하나의 정자와 하나의 난자가 수정이 되면, 임신이 된다.

If you fertilize too much, it will contaminate the soil, causing poor growth environment for plants.

비료를 너무 많이 주게 되면, 토양을 오염시키고 식물의 성장 환경을 좋지 않게 만들 것이다.

*
tentacle
[ˈtentəkl]

몡 촉수

After paralyzing preys with its poisonous tentacles, jellyfish eats them.

해파리는 독성 있는 촉수로 먹잇감을 마비시킨 후에 그것들을 먹는다.

*
spore
[spɔːr]

몡 홀씨, 포자

When the wind blows, the fungus releases its spores so that they can be spread more widely.

그 균은 바람이 불면 더 널리 퍼지도록 그것의 포자를 방출시킨다.

*
paralyze
[ˈpærəlaɪz]

퇭 마비시키다, 무력하게 만들다

In order to capture preys, scorpions use toxin which makes them paralyzed.

먹잇감을 잡기 위해서 전갈은 그것들을 마비시키는 독을 사용한다.

★
hibernation
[ˌhaɪbərˈneɪʃən]

명 동면, 겨울잠

As food becomes scarce and the temperature is low in winter, some animals prepare for hibernation.

겨울에는 먹이가 부족해지고 온도가 낮기 때문에, 몇몇 동물들은 겨울잠을 준비한다.

★
saliva
[səˈlaɪvə]

salivate **동** 타액을 분비하다, 침 흘리다

명 침, 타액

Some wild animals have deadly poisons in their saliva so make sure not to touch strange animals.

몇몇 야생 동물들은 그들의 침 속에 치명적인 독이 있으므로 낯선 동물을 만지지 않도록 주의하십시오.

★★
parasite
[ˈpærəsaɪt]

parasitism **명** 기생, 기생하는 상태

명 기생 동물, 기생충

The eradication of parasites is so hard that prevention is much more important.

기생충의 박멸은 몹시 어렵기 때문에, 예방이 훨씬 더 중요하다.

> **텝스기출표현**
>
> eradicate parasites 기생충을 박멸하다

★★
instinct
[ˈɪnstɪŋkt]

명 본능, 본성

It is an instinct that moths gathered around lights.

나방들이 불빛 주변으로 모여드는 것은 본능이다.

★
barren
[ˈbærən]

유의어
sterile 메마른, 불모의, 불임의
infertile 불임의

반의어
fertile 기름진, 비옥한

형 불모의, 척박한 | 불임의, 생식력이 없는

Wangari Maathai is well known for the first woman who planted trees in the barren land.

Wangari Maathai는 불모의 땅에 나무를 심은 최초의 여성으로 유명하다.

Serious pollution makes many creatures barren, putting their populations at risk.

심각한 환경 오염은 많은 생물들을 생식력 없게 만들었고, 그들의 개체 수를 위험에 처하게 했다.

UNIT
01
UNIT
02
UNIT
03
UNIT
04
UNIT
05
UNIT
06
UNIT
07
UNIT
08
UNIT
09
UNIT
10
UNIT
11
UNIT
12
UNIT
13
UNIT
14
UNIT
15
UNIT
16
UNIT
17
UNIT
18
UNIT
19
UNIT
20
UNIT
21
UNIT
22
UNIT
23
UNIT
24
UNIT
25
UNIT
26
UNIT
27
UNIT
28
UNIT
29
UNIT
30

062 □□□	**★★** **flourish** [ˈflɜːrɪʃ]	**됨** (동식물이) 무성하게 자라다, 잘 자라다 | (사업이) 번성하다

With rich soil, adequate water and sunlight, the plants will flourish.

풍부한 토양과 적절한 물, 햇빛이 있으면 식물은 잘 자랄 것이다.

His business flourished in the 19th century with the development of the steam engine.

그의 사업은 증기 기관의 발달로 19세기에 번창했다.

---

063 □□□	**★★** **complementary** [ˌkɑːmplɪˈmentri]	**웹** 상호 보완적인

The two theories are complementary, not different.

두 개의 이론은 서로 다른 것이 아니라 상호 보완적이다.

---

064 □□□	**★** **carnivore** [ˈkɑːnɪvɔːr] **반의어** herbivore 초식 동물	**뎀** 육식 동물

Because of their fierce-looking, gorillas are thought of as carnivores but they live on vegetables.

사납게 생긴 외모 때문에 고릴라는 육식 동물로 생각되지만, 채소류를 먹고 산다.

---

065 □□□	**★** **metabolism** [məˈtæbəlɪzəm] metabolic **웹** 신진대사의	**뎀** 신진대사

The older you get, the slower your metabolism becomes, causing you to gain weight easier.

나이가 들면 들수록 신진대사가 느려져 살이 찌기 쉬워진다.

---

066 □□□	**★** **forage** [ˈfɔːrɪdʒ]	**됨** 먹이를 찾다, 먹이를 찾아 돌아다니다

With their highly developed eyesight, some predators forage at night.

매우 발달된 시력으로, 몇몇 포식자들은 밤에 먹이를 찾아 돌아다닌다.

---

067 □□□	**★★★** **organism** [ˈɔːrgənɪzəm]	**뎀** 유기체, 생명체

Certain organisms live on or in their hosts, causing serious damage to them.

어떤 유기체들은 숙주나 숙주 안에서 살고, 그들에게 심각한 피해를 입힌다.

camouflage ★★
[ˈkæməflɑːʒ]

유의어
disguise 변장하다, 숨기다

명 위장 **동** 위장하다

Chameleon's camouflage is so real that it looks like a leaf seen from a distance.

카멜레온의 위장은 너무 진짜 같아서 멀리서 보면 마치 나뭇잎인 것처럼 보인다.

The way some predators camouflage themselves to attract prey is truly awe-inspiring.

먹잇감을 유인하기 위해 변장하는 몇몇 포식 동물들의 방식은 정말 경외심을 불러일으킨다.

---

sporadic ★
[spəˈrædɪk]

형 산발적인, 때때로 일어나는 | (식물 등이) 산재하는, 드문드문 있는

The sporadic eruption of the volcano made people move to another country.

그 화산의 산발적인 폭발은 사람들을 다른 지역으로 이사 가게 만들었다.

In the arid desert, sporadic flowering occurs.

건조한 사막에서 꽃이 드문드문 핀다.

---

infestation ★★
[ˌɪnfesˈteɪʃən]

명 (기생충·곤충 등의) 침입, 들끓음

As pest infestations are worse than ever, many plants are suffering from the disease.

해충의 침입이 그 어느 때보다 심각하기 때문에, 많은 식물들이 병에 걸렸다.

텝스 기출 표현
pest infestation 해충의 들끓음[침입]

---

annihilation ★★
[əˌnaɪəˈleɪʃən]

유의어
extinction 멸종, 절멸

명 멸종, 전멸

The reason for the annihilation of dinosaurs is a sudden climate change.

공룡이 전멸한 이유는 갑작스러운 기후 변화 때문이다.

---

amphibian ★
[æmˈfɪbiən]

명 양서류

Many tiny amphibians such as frogs are endangered because of the destruction of their habitat.

개구리와 같은 많은 작은 양서류가 서식지의 파괴로 인해 멸종 위기에 처해 있다.

073 ✱

ramification
[ˌræmɪfɪˈkeɪʃn]

명 결과, 파문, (어떤 행동 · 결정에 따라 생기는) 영향

The ramification of this research on ecosystems urged people to protect endangered species.

생태계에 관한 이 연구의 결과는 사람들에게 멸종 위기에 처한 동물을 보호하도록 촉구했다.

---

074 ✱

flora
[ˈflɔːrə]

명 (특정 장소 · 시대 · 환경의) 식물군

The extreme climatic change in the past caused an annihilation of all fauna and flora of the era.

과거 극심한 기후 변화가 당대의 동물군과 식물군의 전멸을 야기시켰다.

---

075 ✱

fauna
[ˈfɔːnə]

명 (특정 장소 · 시대 · 환경의) 동물군

The government is making great efforts to protect endangered wild fauna and flora.

정부는 멸종 위기에 처한 야생 동식물군을 보호하기 위해 많은 노력을 기울이고 있다.

---

076 ✱✱

propagate
[ˈprɑːpəgeɪt]

propagation **명** 번식, 증식
propaganda **명** 선전

동 (동식물 · 균 따위를) 번식시키다, 증식시키다 | (소문 등을) 퍼뜨리다

Most fungi propagate themselves rapidly.

대부분의 곰팡이는 빠르게 번식한다.

Sometimes attack advertisements in politics propagate false rumors to the audiences.

때때로 정치에서의 비방 광고는 대중에게 잘못된 소문을 퍼뜨리기도 한다.

---

077 ✱✱✱

stunt
[stʌnt]

동 (성장 · 발전 등을) 저해하다

The excessive use of fertilizers on plants stunts the growth of them.

식물에 비료를 지나치게 사용하는 것은 그들의 성장을 저해한다.

---

078 ✱

symbiotic
[ˌsɪmbaɪˈɑːtɪk]

형 공생의, 공생하는

Many creatures in the ecosystem have a symbiotic relationship.

생태계의 많은 생물들은 공생 관계에 있다.

> **텝스 기출 표현**
> symbiotic relationship 공생 관계

079

★

larva

[ˈlɑːrvə]

명 유충, 애벌레

The drought eliminated wet swamps for mosquito larvae, causing its population to decrease.

가뭄으로 인해 모기 유충들을 위한 늪지대가 사라졌고, 그 개체 수가 감소했다.

080

★

venom

[ˈvenəm]

venomous **형** 독이 있는
venomless **형** 독이 없는

유의어
poison 독

명 (뱀 등의) 독

Many people believe that every snake has lethal venom, but some snakes don't.

많은 사람들이 모든 뱀이 치명적인 독을 갖고 있다고 생각하지만, 몇몇 뱀은 그렇지 않다.

081

★

excrete

[ɪkˈskriːt]

동 배설하다

By studying wastes excreted by animals, researchers can get information about the animals.

동물들이 배설하는 노폐물을 연구함으로써, 연구자들은 그 동물에 대한 정보를 얻을 수 있다.

082

★

molt

[moʊlt]

동 (곤충 등이) 허물을 벗다, (동물 등이) 털갈이를 하다

To become beautiful butterflies, larvae molt their skins many times.

아름다운 나비가 되기 위해 유충들은 여러 번 허물을 벗는다.

083

★

vertebrate

[ˈvɜːrtɪbrət]

반의어
invertebrate 무척추동물

명 척추동물

Sharks are known to live longer than any other vertebrates.

상어는 다른 어떤 척추동물보다 더 오래 사는 것으로 알려져 있다.

084

★★

nocturnal

[nɑːkˈtɜːrnl]

반의어
diurnal 주행성의

형 야행성의

Nocturnal animals are dormant during the daytime but active at night.

야행성 동물들은 낮에는 활동하지 않지만 밤에는 활동적이 된다.

085

apparatus
[ˌæpəˈrætəs]

명 (신체) 기관 | 기구, 장치

A dog has highly developed sensory apparatuses that allow it to hear and smell far better than humans.

개는 고도로 발달된 감각 기관을 가지고 있어서 인간보다 훨씬 더 잘 듣고 냄새를 잘 맡을 수 있다.

His laboratory is packed with apparatus that is used for his research.

그의 실험실은 연구를 위해 사용되는 기구들로 가득 차 있다.

텝스기출표현

sensory apparatus 감각 기관
digestive apparatus 소화 기관

086

alga
[ˈælgə]

명 조류, 해조류

Algae, which remain at the base of the aquatic food chain, are staples for many small fish.

수생 먹이 사슬의 제일 밑에 있는 해조류는 많은 작은 물고기들의 주식이다.

087

avian
[ˈeɪviən]

형 새의, 조류의

Bird migration could be the one possible reason for the spread of avian influenza.

조류 이동은 조류 독감이 확산되는 한 가지 가능한 이유일 수 있다.

088

locomotion
[ˌloʊkəˈmoʊʃn]

명 운동 (능력)

The cerebellum keeps our body in balance as well as controls locomotion.

소뇌는 우리 몸의 균형을 유지할 뿐만 아니라 운동 능력도 조절한다.

089

canine
[ˈkeɪnaɪn]

형 개과의 **명** 개과의 동물

Wolves are fierce canine that hunt wild animals.

늑대는 야생 동물을 사냥하는 사나운 개과의 동물이다.

090

chlorophyll
[ˈklɔːrəfɪl]

명 엽록소

Because of chlorophylls in plants, they look green.

식물 속에 있는 엽록소 때문에 그것들은 푸르게 보인다.

091 □□□

photosynthesis

[ˌfoʊtoʊˈsɪnθəsɪs]

명 광합성

Through the process of photosynthesis, plants get energy from sunlight that can be used to produce oxygen.

광합성 과정을 통해 식물은 햇빛으로부터 산소를 생산하는 데 사용될 수 있는 에너지를 얻는다.

092 □□□

endocrine

[ˈendəkrɪn]

형 내분비의

Hormones produced in the endocrine system regulate various metabolisms.

내분비계에서 생산된 호르몬은 다양한 신진대사를 조절한다.

> **텝스기출표현**
>
> endocrine system 내분비계
> endocrine gland 내분비선

문맥에 맞는 단어를 보기에서 골라 빈칸에 넣으세요.

PART 1

ⓐ migrate	ⓑ ecosystem	ⓒ parasites	ⓓ predator	ⓔ genetic
ⓕ habitats	ⓖ endangered	ⓗ infestation	ⓘ secrete	ⓙ hatch

1. The government should take a specific action to protect our _____.

2. The severe _____ of locusts devastated many local farms.

3. Some birds _____ to warmer regions for breeding and foods.

4. As cities become bigger and more developed, natural _____ of many wild animals are sacrificed.

5. Much wildlife in Africa such as elephants and leopards are _____ because of deforestation.

6. Identical twins share the same _____ structures with each other.

7. Although a shark is known as a ferocious _____, it doesn't attack humans without any reason.

8. It takes about 20 days for chicks to _____ from the eggs.

9. _____ living on domestic livestock can infect it with serious diseases.

10. Ants _____ a chemical called pheromone to communicate with each other.

>> **Check-Up** Questions

문맥에 맞는 단어를 보기에서 골라 빈칸에 넣으세요.

PART 2

> ⓐ correlation ⓑ annihilation ⓒ propagate ⓓ flora ⓔ saliva
>
> ⓕ apparatus ⓖ nocturnal ⓗ venom ⓘ forage ⓙ camouflage

11. The study has found that there is a strong _____ between genes and obesity.

12. Bats are _____ animals that become active at night.

13. Weeds _____ so fast that they stunt the growth of other plants.

14. Thanks to a developed sense of smell, wolves can _____ for foods well.

15. Applying your _____ on the food makes it spoiled.

16. Some animals can change their color for _____.

17. If you drink too much alcohol at once, your digestive _____ can be damaged.

18. Due to ruthless deforestation, the wild fauna and _____ in the Amazon are losing their homes.

19. The _____ of the mammoth resulted from climate change and overhunting by humans.

20. Some animals are immune to strong _____ of the snakes.

| **answers**
| 11 ⓐ 12 ⓖ 13 ⓒ 14 ⓘ 15 ⓔ 16 ⓙ 17 ⓕ 18 ⓓ 19 ⓑ 20 ⓗ

UNIT
30

뉴텝스 어휘

천문

천문

UNIT 30 »

001
☐☐☐

★
theory
[ˈθɪri]

🖩 이론, 학설, 의견

Other astronomers refuse to accept the "big bang" theory.

몇몇 천문학자들은 '빅뱅' 이론 수용을 거부한다.

002
☐☐☐

★★★
orbit
[ˈɔːrbɪt]

🖩 궤도, 영향권, 세력권

Astronomers should factor in all the elements of planetary orbit.

천문학자들은 행성의 궤도 요소를 모두 고려해야 한다.

003
☐☐☐

★★
dwarf
[dwɔːrf]

🖩 ~을 위축시키다, 왜소해 보이게 만들다
🖩 소형의

All the images sent by satellites were dwarfed.

인공위성이 보내오는 모든 이미지는 작게 보여졌다.

004
☐☐☐

★★
dwarf planet

왜소 행성

The dwarf planet looked particularly small next to all the big planets.

왜소 행성은 다른 큰 행성들 옆에 있으면 특히 더 작아 보였다.

005
☐☐☐

★
Celsius
[ˈselsiəs]

🖩 섭씨의 🖩 섭씨온도

We need a special thermometer with a Celsius scale.

우리는 섭씨온도 눈금이 있는 특수 온도계가 필요하다.

They need to know the temperatures in Celsius.

그들은 섭씨온도를 알아야 한다.

> ▶혼동하지 말자!
> Fahrenheit 화씨의, 화씨

006
☐☐☐

★
galaxy
[ˈgæləksi]

🖩 은하계, 은하수, 운하

The galaxy comprises tens of thousands of stars.

은하계는 수만 개의 별들로 이뤄져 있다.

007
☐☐☐

★
planet
[ˈplænɪt]

🖩 행성

What is the biggest planet in outer space?

우주 공간에서 가장 큰 행성은 무엇인가요?

★

light year

광년(빛이 1년간 나아가는 거리)

Astronomically speaking, a light year is about 6 trillion miles, which is not too far from the Earth.

천문학적으로 말하자면, 1광년은 약 6조 마일의 거리이며, 지구로부터 그리 먼 거리가 아니다.

★

relatively

[ˈrelətɪvli]

relative **형** 비교상의, 상대적인
명 친척, 일가

부 비교적, 상대적으로

Jupiter relatively comes close to the Earth approximately every 12 years.

목성은 약 12년마다 상대적으로 지구 가까이 온다.

★

astronomically

[ˌæstrəˈnɑːmɪkli]

astronomical **형** 천문학의, 천문학적인

부 천문학적으로

Astronomically interesting events such as the total lunar eclipse has attracted many people to the local observatory.

개기월식과 같은 천문학적으로 흥미로운 일들이 지역 천문대로 많은 사람들을 끌어 모았다.

★

radius

[ˈreɪdiəs]

명 반지름, 반경

A radius of a circle equals half a diameter.

원의 반지름은 지름의 반이다.

★★

approximately

[əˈprɑːksɪmətli]

유의어
roughly 대략, 거의

부 대략, 거의

Approximately 200 people attended the conference on astronomical observations.

대략 200명의 사람들이 천체 관측 콘퍼런스에 참석했다.

★★

times

[taɪmz]

명 곱, 배

This planet is known to be at least two times bigger than the Earth.

이 행성은 지구보다 적어도 2배는 더 크다고 알려져 있다.

★

mass

[mæs]

massive **형** 거대한, 엄청나게 큰
massively **부** 과도하게, 엄청나게

명 질량

He calculated the mass of a planet.

그는 행성의 질량을 계산했다.

텝스기출표현
critical mass (물리) 임계 질량
land mass 광활한 대륙, 토지
mass production 대량 생산

015
□□□

***
exceed
[ɪkˈsiːd]

exceedance 圐 초과
exceeding 圐 엄청난, 대단한, 굉장한
exceedingly 튀 극도로, 대단히

图 (특정한 수·양을) 넘다, 초월하다

The temperature of the plant far exceeded 3,000 degrees Fahrenheit.
그 행성의 온도는 화씨 3,000도를 넘어섰다.

016
□□□

*
painstakingly
[ˈpeɪnzˌteɪkɪŋli]

图 힘들여, 공들여

The team painstakingly tried to sort out all the materials that were collected about this planet.
그 팀은 이 행성에 관해 모아 왔던 모든 자료들을 공들여 정리했다.

017
□□□

***
retain
[rɪˈteɪn]

retainable 圐 보유할 수 있는
retained 圐 보유하고 있는

유의어
preserve 지키다, 보호하다, 보존하다

图 유지하다, 보유하다

Astronomists are researching what kind of lifeform can be retained on this planet.
천문학자들은 어떤 형태의 생물이 이 행성에서 유지될 수 있는지에 관해 연구 중이다.

018
□□□

*
depression
[dɪˈpreʃn]

유의어
hollow 움푹 꺼진 곳, 구멍

圐 움푹한 곳, 오목한 곳

A few debris are found in depressions in the surface of the planet.
행성의 표면에 움푹 패인 곳에서 몇몇 잔해들이 발견되었다.

019
□□□

*
crash
[kræʃ]

圐 굉음 | 사고, 충돌

A meteorite fell with a crash.
운석이 굉음을 내며 떨어졌다.

They observed a big crash between the two comets.
그들은 두 혜성이 크게 충돌하는 것을 목격했다.

020
□□□

*
spark
[spɑːrk]

圐 불꽃, 불똥

The crash caused a spark which startled everyone.
그 충돌로 모든 사람들을 놀래킬 만한 불꽃이 일었다.

021
□□□

**
radiate
[ˈreɪdieɪt]

유의어
emit 내뿜다
release 방출하다
spout 내뿜다, 분출하다

图 내뿜다

The white fumes were radiated from the factory.
하얀 연기가 공장에서 내뿜어져 나왔다.

022

★
heartfelt
[ˈhɑːrtfelt]

유의어
sincere 진실된, 진심의
undissembled 거짓 없는, 진심의

형 **진심 어린**

I must express my heartfelt gratitude to you all.
여러분께 진심으로 감사드립니다.

023

★★★
emit
[iˈmɪt]

emission 명 배출, 배기 가스
emitter 명 방사체, 발포자

동 **내다, 내뿜다**

Numerous factories emit pollutants without government regulation.
많은 공장들이 정부의 규제 없이 오염 물질을 방출한다.

▶혼동하지 말자!
omit 생략하다, 빠뜨리다

024

★
rupture
[ˈrʌptʃər]

명 **파열, 균열**

Researchers wondered if a black hole was a rupture in space.
연구진들은 블랙홀이 우주에서 파열인 부분인지 아닌지에 관해 고민했다.

025

★
sphere
[sfɪr]

유의어
realm 영역, 범위

명 **구, 구체**

Do you know how to calculate the gross area of the surface of the sphere?
이 구의 총면적을 구할 수 있나요?

026

★★★
discharge
[dɪsˈtʃɑːrdʒ]

유의어
emit 내다, 내뿜다
release 방출하다
spout 내뿜다, 분출하다

동 **방출하다 | 해고하다 | 석방하다**

I wondered if the smoke can be discharged from other planets as it does on Earth.
나는 지구에서 연기가 나는 것처럼, 다른 행성에서도 연기가 방출되는지 궁금했다.

027

★
pine
[paɪn]

유의어
grieve 비통해하다
bewail 비통해하다, 애통해하다

동 **몹시 슬퍼하다, 비통해하다** 명 **소나무**

People were pining over the fact that Pluto was no longer a planet.
사람들은 명왕성이 더 이상 행성이 아니라는 사실에 몹시 슬퍼하고 있었다.

**
corrupt
[kəˈrʌpt]

corruption 명 부패, 타락, 오염
corrupt 형 부패한, 타락한, 부정직한

동 오류가 생기게 하다

Due to the corrupted programs, we couldn't send the images back to our spacecraft.

오류가 난 프로그램으로 인해, 우리는 우주선에 다시 사진들을 돌려 보낼 수 없었다.

**
flash
[flæʃ]

flashingly 부 번쩍번쩍 빛나며
flashily 부 지나치도록 화려하게

동 번쩍이다, 비추다 명 섬광, 번쩍임

I saw something flashing in the distance.

멀리서 무언가 번쩍이는 것을 보았다.

I observed a flash of lightning.

나는 한 줄기의 섬광을 보았다.

***
boast
[boʊst]

유의어
flaunt 과시하다
show off 과시하다, ~을 자랑하다
brag about ~을 자랑하다

동 뽐내다, 자랑하다

He boasted about his greatest achievements.

그는 그의 위대한 업적을 과시했다.

***
exertion
[ɪgˈzɜːrʃn]

exert 동 있는 힘껏 노력하다, (권력·영향력을) 행사하다

명 노력, 고군분투

That would be an exertion for the research team to accomplish such results.

연구팀에게 있어서 그러한 성과를 낸다는 것은 굉장히 힘든 일이었을 것이다.

***
refute
[rɪˈfjuːt]

refuter 명 논박하는[반박하는] 사람

유의어
dispute 반박하다
contradict 부인하다, 반박하다

동 논박하다, 반박하다

Under no circumstances could I refute what the scientist was saying.

어떠한 경우에도 나는 그 과학자가 얘기하는 것에 반박할 수 없었다.

▶혼동하지 말자!
repute 평판, 명성

***
inadvertently
[ˌɪnədˈvɜːrtəntli]

inadvertent 형 우연의, 의도하지 않은, 부주의한, 소홀한

반의어
advertent 주의 깊은, 용의주도한

부 무심코, 우연히, 부주의로

He inadvertently discovered a new kind of theory by reexamining data, which could be a valuable addition to the science community.

그는 데이터 분석을 재검토하다가 우연히 새로운 종류의 이론을 발견했고, 그것은 과학계에 중요한 보탬이 될 수 있었다.

034 ✱

terrain
[təˈreɪn]

명 지형, 지역

This terrain is so rough that it is not suitable for pedestrians.

이 지형은 너무 험해서 보행자들이 걷기엔 적합하지 않다.

---

035 ✱✱

obsolete
[ˌɑːbsəˈliːt]

유의어

out-of-date 쓸모없는
old-fashioned 구식인
timeworn 낡은, 오래된

형 쓸모없는, 구식의

With new discoveries being made, previous experiments' results are no longer applicable, which means they became obsolete.

새로운 발견이 이루어지고 있기 때문에, 이전 실험들의 결과는 적용 불가능하게 되었고, 이것은 그 실험 결과가 쓸모없게 되었다는 뜻이다.

---

036 ✱✱✱

evidence
[ˈevɪdəns]

evident **형** 분명한

유의어

obvious 분명한, 명백한, 확실한
apparent 분명한

명 증거, 흔적, 증언 **통** ~을 입증하다

The research team had numerous evidence to prove their theory.

연구팀은 그들의 이론을 입증할 많은 증거를 가지고 있었다.

---

037 ✱✱

intense
[ɪnˈtens]

유의어

extreme 극도의, 극심한

형 극심한, 강렬한

The experiments were so intense that the scientists decided to put it on hold for the time being.

그 실험은 너무 강도가 심해서 과학자들은 당분간 실험을 유예시키기로 결정했다.

---

038 ✱✱✱

detect
[dɪˈtekt]

detection **명** 발견, 탐지
detectable **형** 발견할 수 있는, 감지할 [탐지할] 수 있는

통 발견하다, 알아내다, 감지하다

The new device can detect the leakage of the gas.

그 새로운 장치는 가스가 누출되는 것을 감지할 수 있다.

---

039 ✱

telescope
[ˈtelɪskoʊp]

명 망원경

The image was captured by the Hubble Space Telescope sent into space in 1990.

이 이미지는 1990년에 우주로 보내진 허블 우주 망원경에 의해 촬영되었다.

텝스기출표현

radio telescope 전파 망원경

040 □□□

★
satellite
[ˈsætəlaɪt]

명 (인공)위성

The picture taken by a satellite in outer space sent us distorted images.

우주에 있는 인공위성은 우리에게 왜곡된 사진을 보내 줬다.

---

041 □□□

★★
defective
[dɪˈfektɪv]

defect **명** 결함

유의어
faulty 결함이 있는

형 결함이 있는

These reflective mirrors must be defective.

이 반사경은 결함이 있는 게 틀림없다.

---

042 □□□

★★★
blunder
[ˈblʌndər]

유의어
mistake 실수
slip-up 실수

명 실수

Another blunder like that will put this research to an end.

한 번 더 그런 실수를 하면, 이 연구는 끝나게 될 것이다.

---

043 □□□

★★
desolate
[ˈdesələt]

유의어
barren 황량한
bleak 암울한, 황량한, 적막한
forlorn 황량한

형 황량한, 적막한, 고독한, 쓸쓸한 **동** 황폐하게 하다, 고독하게 만들다

He led a desolate life as a scientist during his lifetime, but he got much recognition posthumously.

그는 살아생전 과학자로서 고독한 삶을 살았지만, 사후에 인정을 받았다.

---

044 □□□

★★
observe
[əbˈzɜːrv]

observation **명** 관찰, 관측, 감시, 주시
observable **형** 식별할 수 있는, 관찰할 수 있는

동 보다, 관찰하다, 관측하다

Astronomers said some stars can be observed by naked eyes.

몇몇 행성들은 육안으로 관찰될 수 있다고 천문학자들은 말했다.

---

045 □□□

★★
erupt
[ɪˈrʌpt]

eruption **명** 폭발, 분화, 분출물

동 분출하다, 폭발하다

Several weird volcanoes have erupted across the solar system.

태양계 전체에서 몇몇 특이한 화산들이 폭발했다.

046 ▢▢▢	****** **record** 통 [rɪˈkɔːrd] 명 [ˈrekərd]	통 기록하다 명 기록 His achievements in astronomy will be recorded in history and remembered for good. 천문학에서의 그의 업적은 역사에 기록되고, 영원히 기억될 것이다. The scale of the collision set a tremendous historic record. 충돌의 규모는 역사적으로 대단한 기록을 세웠다.
047 ▢▢▢	****** **shrink** [ʃrɪŋk]	통 줄다, 줄어들다, 줄어들게 하다 There is no evidence to shrink her hypothesis. 그녀의 가설을 위축시킬 만한 어떠한 증거도 없다.
048 ▢▢▢	******* **debate** [dɪˈbeɪt] **유의어** dispute 논란, 논쟁, 반박하다 argument 논쟁, 언쟁, 말다툼	명 논쟁, 논란 통 논의하다 The heated debate over radioactive rays drew the national body's interest. 방사선에 관한 열띤 논쟁은 정부 주요 관리부의 관심을 끌었다.
049 ▢▢▢	******* **conceive** [kənˈsiːv] **유의어** imagine 상상하다	통 (계획 등을) 품다, 상상하다 | 임신하다 He conceived of a plan that can be used for further research. 그는 추가 연구를 하는 데 사용될 수 있는 한 가지 계획을 생각해 냈다. **텝스 기출 표현** conceive of A as B A를 B로 생각하다[여기다] (= think of A as B, see A as B, view A as B)
050 ▢▢▢	******* **startle** [ˈstɑːrtl] startling 형 깜짝 놀랄 startled 형 깜짝 놀란 **유의어** astonish 깜짝[크게] 놀라게 하다	통 깜짝 놀라게 하다 This new discovery in astronomy startled even physicists. 천문학에서 이 새로운 발견은 심지어 물리학자들도 놀라게 했다.
051 ▢▢▢	****** **be taken aback**	~에 깜짝 놀라다, 충격을 받다 The audiences were taken aback by the simulation result. 모의 실험 결과에 관객들은 깜짝 놀랐다.

UNIT
01
UNIT
02
UNIT
03
UNIT
04
UNIT
05
UNIT
06
UNIT
07
UNIT
08
UNIT
09
UNIT
10
UNIT
11
UNIT
12
UNIT
13
UNIT
14
UNIT
15
UNIT
16
UNIT
17
UNIT
18
UNIT
19
UNIT
20
UNIT
21
UNIT
22
UNIT
23
UNIT
24
UNIT
25
UNIT
26
UNIT
27
UNIT
28
UNIT
29

052
□□□

★★★
controversial
[ˌkɑːntrəˈvɜːrʃl]

유의어
polemical 격론의, 격론을 벌이는

형 논란이 많은

The research team carried out a controversial experiment.
연구팀은 논란이 많은 실험을 진행했다.

053
□□□

★
definite
[ˈdefinət]

반의어
indefinite 무기한의, 명확하지 않은

형 명확한 | 확고한

He couldn't say anything definite about the results.
그는 그 결과에 대해 아무것도 단언할 수 없었다.

054
□□□

★★★
employ
[ɪmˈplɔɪ]

유의어
utilize 활용하다, 이용하다
harness 활용하다, 이용하다
tap into 활용하다, 이용하다

동 이용하다, 사용하다 | 고용하다

That special mirror is employed to get the reflected images from the planet.
특수 거울은 행성의 반사된 이미지를 얻는 데 사용된다.

The president of the company agreed to employ more staff.
그 회사의 사장은 더 많은 인력을 고용하는 데 동의했다.

055
□□□

★★★
absorb
[əbˈsɔːrb]

absorption 명 흡수, 통합, 몰두
absorbed 형 ~에 몰두한, 빠져 있는
absorbent 형 흡수력 있는

동 흡수하다 | 받아들이다

Microbial organisms use molecules to absorb energy from the Sun.
미생물은 태양으로부터 에너지를 흡수하기 위해 분자들을 이용한다.

Children absorb everything like a sponge.
아이들은 스펀지처럼 모든 것을 잘 받아들인다.

> **텝스 기출 표현**
>
> be absorbed in ~에 빠져 있다(= be preoccupied with, be enamored with, be engrossed in, be hooked on, be immersed in)

056
□□□

★★
feasible
[ˈfiːzəbl]

유의어
practicable 실행 가능한, 실현 가능한

반의어
unfeasible 실행 불가능한

형 실현 가능한

It is feasible that we could divert a large asteroid or comet from its orbit through extant technologies.
현존하는 기술을 통해, 큰 소행성이나 혜성을 우회시킬 수 있다는 것은 실현 가능하다.

057	******	
	tangible	형 실재하는, 유형의
	[ˈtændʒəbl]	Astronomers assumed that there might have been tangible things on this planet.
		천문학자들은 이 행성에서 실존하는 생명체가 있었을 거라고 추측했다.

058	*******	
	substitute	동 대신하다, 대체하다, 교체하다 명 대신하는 사람, 교체 선수, 대체물
	[ˈsʌbstɪtuːt]	Do not substitute any parts of this equipment.
	substitution 명 대리(인), 대용(품)	이 장비의 어떤 부품도 교체하지 마세요.
	substitutable 형 대신할 수 있는	

유의어
replace 대신하다, 대체하다
supplant 대신하다, 대체하다

텝스 기출 표현
substitute A with B A를 B로 대신하다[대체하다]
substitute B for A A를 B로 대신하다[대체하다]

059	******	
	link	동 연결하다, 접속하다 명 연결, 고리, 유대
	[lɪŋk]	Astronomy is strongly linked with Physics.
		천문학은 물리학과도 밀접하게 연관되어 있다.

텝스 기출 표현
link A to B A와 B를 연결하다(= link A with B)

060	*******	
	collide	동 충돌하다, 부딪치다
	[kəˈlaɪd]	It was predicted that a comet would collide with another one.
	collision 명 충돌, 부딪힘	한 혜성이 다른 혜성과 충돌할 것이라고 예측되었다.

유의어
crash 충돌하다, 부딪치다

061	******	
	simulate	동 모의 실험하다 ㅣ 가장하다
	[ˈsɪmjuleɪt]	This device is used to simulate how the consequences come out.
	simulation 명 시뮬레이션, 모의 실험	이 장치는 어떻게 결과가 나올지를 모의 실험하는 데 사용된다.

유의어
feign 가장하다, ~인 체하다

062 ☐☐☐

**

massive

[ˈmæsɪv]

유의어

enormous 막대한, 거대한
tremendous 엄청난, 대단한

형 거대한, 엄청난

Scientists believed it was created by the explosion of massive stars.

과학자들은 이것이 거대한 별들의 폭발로 만들어졌을 거라고 믿었다.

---

063 ☐☐☐

***

scale

[skeɪl]

명 저울 I 규모 I 비늘 I 음계

The scale is used to weigh things.

저울은 물건의 무게를 잴 때 사용된다.

The experiment was carried out on a large scale.

실험은 대규모로 시행되었다.

> **텝스 기출 표현**
>
> on a massive scale 대규모로
> major scale 장음계
> minor scale 단음계

---

064 ☐☐☐

*

astronaut

[ˈæstrənɔːt]

명 우주 비행사

His lecture inspired the kid to be an astronaut.

그의 강의는 아이가 우주 비행사가 되는 데 영감을 주었다.

---

065 ☐☐☐

*

astronomer

[əˈstrɑːnəmər]

astronomy **명** 천문학

명 천문학자

The questions regarding black holes caused astronomers to bethink how universes are made.

블랙홀에 관한 그 물음들은 천문학자들로 하여금 우주가 어떻게 만들어졌는지에 대해 숙고하게 만들었다.

---

066 ☐☐☐

**

geographical

[ˌdʒiəˈgræfɪkəl]

geography **명** 지리학, 지리, 지형
geology **명** 지질학

형 지리학의, 지리적인

Geographical differences should be factored in.

지리적 차이들도 고려되어야 한다.

---

067 ☐☐☐

*

geology

[dʒiˈɑːlədʒi]

명 지질학

I give lectures about science including biology, cosmology, and geology.

나는 생물학, 우주론, 그리고 지질학을 포함한 과학을 가르친다.

---

068 ☐☐☐

*

solar system

태양계

All the planets in the solar system orbit the Sun.

태양계에 있는 모든 행성들은 태양 주위를 돈다.

069 ☐☐☐
✶
celestial body

천체

A black hole is a celestial body whose gravity is so massive.

블랙홀은 중력이 매우 강한 천체이다.

---

070 ☐☐☐
✶
crater
['kreɪtər]

명 분화구

NASA is studying moon craters, which would give important information for the future moon landing.

미국 항공 우주국은 달 분화구를 연구하고 있는데, 이것이 미래의 달 착륙에 있어 중요한 정보를 제공해 줄 것이다.

---

071 ☐☐☐
✶✶
rover
['roʊvər]

명 탐사선

Private aerospace enterprise launched the rover into space.

민간 우주 기업이 탐사선을 우주로 쏘아 올렸다.

---

072 ☐☐☐
✶✶✶
conjecture
[kən'dʒektʃər]

유의어
surmise 추측하다, 추정하다, 추측, 추정
speculate 추측하다, 짐작하다

명 추측 동 추측하다

There was much conjecture as to why his main theory hadn't been accepted.

그의 주된 이론이 왜 받아들여지지 않았는지에 관한 많은 추측들이 있었다.

---

073 ☐☐☐
✶
axis
['æksɪs]

명 (중심) 축

Days and nights take place as the Earth rotates on its axis.

낮과 밤은 지구가 축을 따라 자전할 때 일어난다.

---

074 ☐☐☐
✶✶✶
scant
[skænt]

유의어
scarce 부족한

형 부족한

We've got scant information.

우리는 정보가 부족하다.

---

075 ☐☐☐
✶
meteorite
['mi:tiəraɪt]

명 운석

Studies on meteorites were carried out by researchers in Germany.

운석에 관한 연구가 독일 연구진들에 의해 수행되었다.

---

076 ☐☐☐
✶
magnitude
['mægnɪtu:d]

명 규모, 진도

The scientists measured an earthquake magnitude of 6 on the Richter scale.

과학자들은 지진의 진도가 리히터 규모 6이라고 측정했다.

UNIT
01
UNIT
02
UNIT
03
UNIT
04
UNIT
05
UNIT
06
UNIT
07
UNIT
08
UNIT
09
UNIT
10
UNIT
11
UNIT
12
UNIT
13
UNIT
14
UNIT
15
UNIT
16
UNIT
17
UNIT
18
UNIT
19
UNIT
20
UNIT
21
UNIT
22
UNIT
23
UNIT
24
UNIT
25
UNIT
26
UNIT
27
UNIT
28
UNIT
29

077
□□□

＊
latitude
[ˈlætɪtuːd]

🅝 위도 | (행동·사상의) 자유

They measured the units of latitude and longitude to find out the minimum vertical distance between surfaces.

그들은 지표면 간 최소 수직 거리를 알아내기 위해, 경도와 위도의 측정값을 계산했다.

▶혼동하지 말자!
longitude 경도

078
□□□

＊
zenith
[ˈzenɪθ]

🅝 정점, 절정

The sun reaches its zenith at noon.

태양은 정오에 최정점에 이른다.

079
□□□

＊＊＊
eclipse
[ɪˈklɪps]

유의어
top 능가하다, 더 낫다
surpass 능가하다, 뛰어넘다
outdo 능가하다

🅝 (일식·월식의) 식 🅥 ~을 가리다, 능가하다

It is expected that the solar eclipse is to be visible sometime tomorrow.

일식이 내일 중으로 보일 것으로 예측된다.

Thomas eclipsed Mark who was a favorite to win in a title match.

Thomas는 타이틀 매치에서 우승 후보였던 Mark를 능가했다.

080
□□□

＊＊＊
disseminate
[dɪˈsemɪneɪt]

유의어
propagate 전파하다, 선전하다
spread 퍼뜨리다

🅥 (정보·지식 등을) 퍼뜨리다, 전파하다

The belief that the Earth was not sphere was disseminated in old times.

오래전에는 지구가 둥글지 않다는 생각이 퍼져 있었다.

081
□□□

＊
go out on a limb

유의어
take a risk 모험을 하다

스스로 위태롭게 하다, 스스로 위험을 감수하다

Sometimes, you ought to go out on a limb on some experiments in case of need.

때때로, 필요한 경우 당신은 몇몇 실험들에 관해 위험을 감수해야 할 필요가 있을 거예요.

082
□□□

＊
repository
[rɪˈpɑːzətɔːri]

유의어
archive 기록 보관소

🅝 저장소, 보관소 | (지식·정보 등의) 보고

We need flexible information management and repository system.

우리는 유연한 정보 관리와 저장소 시스템이 필요하다.

Socrates was a repository of the learning of his time.

Socrates는 당대에 배움의 보고였다.

083 ★

pitch in

유의어

collaborate 협력하다
cooperate 협력하다, 합동하다

협력하다

Both research teams from the two different countries pitched in to make the results more robust,

두 나라의 연구팀들은 연구 결과를 조금 더 공고히 하기 위해 협력했다.

---

084 ★

unravel

[ʌnˈrævl]

통 풀다 ┃ 해명하다 ┃ 흐트러지기 시작하다

They've started to unravel a longstanding cosmic mystery.

그들은 오랫동안 이어져 오던 우주의 수수께끼를 풀기 시작했다.

---

085 ★

despondent

[dɪˈspɑːndənt]

유의어

discouraged 낙담한
dejected 낙담한, 실의에 빠진

형 낙담한

He seemed totally despondent with the result of the experiment.

그는 실험 결과에 완전히 낙담한 것처럼 보였다.

---

086 ★★

rift

[rɪft]

유의어

breach 틈, 구멍
chasm 아주 깊은 틈[구멍], 차이

명 균열, 틈

The explosion was so powerful that it caused a rift on the external wall.

폭발이 너무 강력해서 건물 외벽에 금이 생겼다.

---

087 ★★

sift

[sɪft]

유의어

delve into 철저히 조사하다
scrutinize 면밀히 조사하다[검토하다]

통 체로 거르다 ┃ 면밀히 조사하다

The search party sifted the soil to find the missing bones.

사라진 유골을 찾기 위해 수색대는 흙을 체로 걸렀다.

The research team sifted all the reports suggesting some planets contain water.

연구팀은 몇몇 행성들이 물을 함유하고 있다는 것을 나타내는 모든 보고서를 조사했다.

---

088 ★

incorrigible

[ɪnˈkɔːrɪdʒəbl]

incorrigibly 부 고질적으로, 구제 불능의

유의어

incurable 구제 불능의, 치유할 수 없는

형 고질적인, 구제 불능인

He is an incorrigible scientist who is narrow-minded and never embraces other opinions.

그는 편협하고, 다른 의견은 수용하지 않는 구제 불능의 과학자이다.

---

089 ★★

unreservedly

[ˌʌnrɪˈzɜːrvɪdli]

부 조금도 거리낌 없이

The public unreservedly criticized the astronomer's depravity.

대중들은 거리낌 없이 천문학자의 악행을 비난했다.

★★
unrelentingly
[ˌʌnrɪˈlentɪŋli]

부 가차 없이

They unrelentingly refuted the results of the other team.
그들은 상대편의 결과를 가차 없이 반박했다.

★★★
fathom
[ˈfæðəm]

유의어
understand 이해하다, 알다

동 가늠하다, 헤아리다, 이해하다

I can't fathom how he was feeling when his theory was rejected by his peers.
자신의 이론이 동료들에게 받아들여지지 않았을 때, 그가 어떤 기분이었을지 나는 가늠할 수가 없다.

★★
dilate
[daɪˈleɪt]

dilated **형** 팽창한, 넓어진

유의어
extend 확장하다, 확대하다, 연장하다

동 확장하다, 팽창시키다

The pupils of eyes dilate when you are in dark.
당신이 어둠 속에 있을 때 동공은 확장된다.

★★
ostensible
[ɑːˈstensəbl]

ostensibly **부** 겉으로는, 표면적으로는

형 표면상의, 표면적인

That was just an ostensible excuse.
그것은 표면상의 변명일 뿐이었다.

★★★
rule out

유의어
exclude 제외하다, 배제하다
leave out ~을 빼다[생략하다]
count out ~을 빼다

~을 배제하다[제외시키다] | ~을 불가능하게 하다

The theory completely ruled out the possibility that living things can survive on the planet.
그 이론은 행성에서 생물이 살아남을 수 있다는 가능성을 완전히 배제했다.

★★★
vindicate
[ˈvɪndɪkeɪt]

vindication **명** 옹호, 변호

유의어
justify 정당화하다
warrant 정당화하다
rationalize 정당화하다

동 정당성을 입증하다 | 무죄를 입증하다

I'm sure he will be vindicated by this new experiment.
나는 이 실험을 통해 그의 정당성이 입증될 것이라고 생각한다.

텝스 기출 표현
vindicate 사람's honor 오명을 씻다[벗다]

▶ 혼동하지 말자!
vindictive 앙심을 품은, 보복하려는

01 UNIT
02 UNIT
03 UNIT
04 UNIT
05 UNIT
06 UNIT
07 UNIT
08 UNIT
09 UNIT
10
11
12 UNIT
13 UNIT
14 UNIT
15 UNIT
16
17 UNIT
18 UNIT
19 UNIT
20 UNIT
21
22 UNIT
23 UNIT
24 UNIT
25 UNIT
26 UNIT
27 UNIT
28 UNIT
29 UNIT
UNIT
30

문맥에 맞는 단어를 보기에서 골라 빈칸에 넣으세요.

PART 1

ⓐ emitted	ⓑ crash	ⓒ ruled out	ⓓ defective	ⓔ radiates
ⓕ detect	ⓖ galaxy	ⓗ exceeded	ⓘ retain	ⓙ fathom

1. There are countless stars in our _____.

2. He _____ applicants based on their previous careers.

3. The research results on planet climate _____ everyone's expectations.

4. The planet will _____ its orbit as long as some other force does not change its speed.

5. The _____ with asteroids did not have an influence on the marine environment.

6. Heat _____ from the sun.

7. Many scientists measure the amount of light and energy _____ from the galaxy.

8. He couldn't _____ the gist of what the astronomer was conveying.

9. This machine can _____ the slightest movement.

10. The _____ mirror installed in satellites made it send distorted images.

answers
1 ⓖ 2 ⓒ 3 ⓗ 4 ⓘ 5 ⓑ 6 ⓔ 7 ⓐ 8 ⓙ 9 ⓕ 10 ⓓ

>> Check-Up Questions

문맥에 맞는 단어를 보기에서 골라 빈칸에 넣으세요.

PART 2

ⓐ employed	ⓑ scale	ⓒ recorded	ⓓ conjectured	ⓔ scant
ⓕ observe	ⓖ startled	ⓗ simulate	ⓘ eclipsed	ⓙ sift

11. The students were able to _____ stars.

12. The greatest achievement done by NASA will be _____ in history.

13. There is much research that we have to _____.

14. The experiment results _____ many people in the science community.

15. This small mechanical device was _____ to yield valuable results which can be a valuable addition to the scientific community.

16. Computer software can be used to _____ the condition in outer space.

17. The research was implemented by the collaboration on a larger _____.

18. Because the researchers made great achievements about the experiment this time, his previous experiment yielding no results was _____.

19. The researcher _____ that some planets will be expanded slightly.

20. He had _____ evidence to support his theory.

answers

11 ⓕ 12 ⓒ 13 ⓙ 14 ⓖ 15 ⓐ 16 ⓗ 17 ⓑ 18 ⓘ 19 ⓓ 20 ⓔ

청해 표현

UNIT
01

인사 · 안부

🔊 2_UNIT01.mp3

UNIT
01

UNIT
02

UNIT
03

UNIT
04

UNIT
05

UNIT
06

UNIT
07

UNIT
08

09

10

UNIT
11

12

13

14

15

16

17

18

19

20

21

22

23

24

25

26

27

28

29

30

인사 · 안부   UNIT 01 »

001
☐☐☐

be up to***
~를 하다

A: What have you been up to?
어떻게 지냈어요?

B: I've been doing well.
잘 지냈어요.

002
☐☐☐

for ages***
한동안

A: Hi, Sam. I haven't seen you for ages. How are you?
안녕하세요, Sam. 못 본 지 한참 됐네요. 어떻게 지내요?

B: I've seen better days. I was divorced.
잘 못 지내요. 저 이혼했어요.

텝스 기출 표현

have seen better days 상태가 안 좋다(= have known better days)

003
☐☐☐

What's new?***
새로운 일 없나요?, 잘 지내나요?

A: Hi, Lisa. What's new?
안녕하세요, Lisa. 새로운 일 없나요?

B: Not much. Same as usual.
별로요. 늘 똑같아요.

텝스 기출 표현

Same as usual. 늘 똑같아요.

004
☐☐☐

be new here**
신참이다

A: You seem to be new here.
신입이신 것 같은데요.

B: Yes, it's my first day. I am Lucy.
네, 오늘이 첫날이에요. 전 Lucy예요.

---

in person***

직접, 몸소

A: I am so pleased to meet you.
만나 뵙게 되어 반갑습니다.

B: Same here. I really wanted to see you in person.
저도요. 정말로 직접 뵙고 싶었어요.

텝스 기출표현

Same here. 저도 그래요.

---

couldn't be better**

최고다

A: How's everything?
잘 지내요?

B: Things couldn't be better.
더할 나위 없이 좋아요.

텝스 기출표현

How's everything? 어때?, 잘 지내?

Fancy meeting you here!**

여기서 당신을 만나다니 놀랍네요!

A: Fancy meeting you here! What brings you here?
여기서 당신을 만나다니 놀랍네요! 여기에는 어떻게 오게 되었어요?

B: Sandy invited me.
Sandy가 저를 초대했어요.

유사 표현

What a coincidence! 무슨 우연이람!

008 □□□

run into 사람***

'사람'과 우연히 만나다

A: Look who's here!
이게 대체 누구예요!

B: What a small world! I didn't expect to run into you here today.
세상 참 좁네요! 오늘 여기서 당신과 마주칠지 몰랐어요.

템스 기출 표현

Look who's here? 이게 누구야?, 여기에 누가 왔는지 봐!

유사 표현

come across ~와 우연히 만나다
bump into ~와 마주치다

---

009 □□□

make 사람's acquaintance*

'사람'을 알게 되다

A: It's a pleasure to make your acquaintance, Christine.
Christine, 당신을 알게 되어 기뻐요.

B: So am I. Please just call me Chris.
저도요. 그냥 Chris라고 불러 주세요.

---

010 □□□

give 사람's regards to 사람***

'사람'에게 '사람'의 안부를 전하다

A: I'm going to visit my parents this weekend.
저 이번 주말에 부모님 뵈러 갈 거예요.

B: Please give my best regards to them.
그들에게 제 안부를 전해 주세요.

UNIT 02
UNIT 03
UNIT 04
05
UNIT 06
UNIT 07
UNIT 08
09
10
UNIT 11
UNIT 12
13
UNIT 14
UNIT 15
16
UNIT 17
UNIT 18
19
20
UNIT 21
UNIT 22
23
UNIT 24
UNIT 25
UNIT 26
27
UNIT 28
UNIT 29
30

문맥에 맞는 단어를 보기에서 골라 빈칸에 넣으세요.

| ⓐ in person | ⓑ regards to | ⓒ be new | ⓓ been up to | ⓔ acquaintance |
| ⓕ fancy | ⓖ run into | ⓗ what's new | ⓘ for ages | ⓙ couldn't be better |

1. A: Please give my _____ your family.
   B: Of course, I will.

2. A: It's really glad to _____ you here today.
   B: Me too. It was a real surprise when you called my name.

3. A: Hi, Jane. _____ meeting you here!
   B: Hey, I was thinking the same thing about you.

4. A: Excuse me, can you tell me where the Human Resources Department is?
   B: You must _____ here. Just walk down the hallway and it is on your left.

5. A: I haven't seen you _____. Where have you been?
   B: I went on a business trip to France for a month.

6. A: How have you been these days?
   B: It _____.

7. A: I am delighted to make your _____.
   B: Same here.

8. A: What have you _____ these days?
   B: So far so good.

9. A: Have we ever met _____ before?
   B: I don't think we have.

10. A: Hi, Cindy. _____?
    B: Same old, same old.

UNIT
02

감사·사과

감사 · 사과   UNIT 02 »

001
□□□

I appreciate what you've done for me.*

(감사) 저에게 해 주셨던 일에 감사해하고 있어요.

A: I hope you enjoyed your stay with us.
저희와 함께 지내셨던 시간이 즐거우셨기를 바랍니다.

B: I appreciate what you've done for me.
저에게 해 주셨던 일에 감사해하고 있어요.

002
□□□

I owe you one.***

(감사) 당신에게 신세 졌네요.

A: I covered for you when you were late for the meeting yesterday.
어제 당신이 회의에 늦었을 때 당신 편을 들며 옹호해 줬어요.

B: I owe you one.
당신에게 신세 졌네요.

003
□□□

I can't thank you enough.***

(감사) 정말 감사합니다.

A: I hope these books will help you prepare for the test.
이 책들이 당신이 시험 준비하는 데 도움이 되면 좋겠네요.

B: I can't thank you enough.
정말 감사합니다.

004
□□□

give 사람 a hand***

(감사) '사람'을 도와주다

A: Is there anything else I can help you with?
제가 도와 드릴 다른 것이 있나요?

B: No, that's all. Thanks for giving me a hand.
아뇨, 그게 다예요. 도와줘서 고마워요.

626

UNIT
01

UNIT
02

UNIT
03

04

05

06

UNIT
07

UNIT
08

09

UNIT
10

UNIT
11

UNIT
12

13

14

UNIT
15

UNIT
16

UNIT
17

UNIT
18

19

20

21

22

23

24

25

26

27

28

UNIT
29

30

005
□□□

How can I reciprocate?***

(감사) 제가 어떻게 보답할 수 있을까요?

A: I can give you a ride to the airport if you need one.
필요하시면 공항까지 태워 드릴 수 있어요.

B: Thank you so much. How can I reciprocate?
정말 감사해요. 제가 어떻게 보답할 수 있을까요?

유사 표현

How can I ever thank you? 제가 어떻게 보답할 수 있을까요?
How can I return the favor? 제가 어떻게 보답할 수 있을까요?

006
□□□

You shouldn't have!*

(감사) (선물 등을 받고) 뭐 이렇게까지!

A: Here, I bought a birthday gift for you.
여기 당신을 위한 생일 선물을 샀어요.

B: Oh, you shouldn't have!
오, 뭐 이렇게까지!

007
□□□

Anytime.**

(응답) 별 말씀을요.

A: Thank you for helping me with my assignment.
과제하는 것을 도와줘서 고마워요.

B: Anytime.
별 말씀을요.

유사 표현

It's my pleasure. 별 말씀을요.
No big deal. 별것 아니에요.
It was the least I could do. 그것쯤이야 아무것도 아니죠.

What are friends for?**

(응답) 친구 좋다는 게 뭐예요.

A: Thanks for helping me move.
이사하는 것을 도와줘서 고마워요.
B: What are friends for?
친구 좋다는 게 뭐예요.

> **유사 표현**
> That's what I'm here for. 그게 제가 여기에 있는 이유죠.

How can I make it up to you?**

(사과) 제가 어떻게 하면 당신의 화가 풀릴까요?

A: My laptop isn't working after you spilled water on it yesterday.
어제 당신이 제 노트북에 물을 쏟은 뒤로 노트북이 작동이 안 돼요.
B: I'm sorry. How can I make it up to you?
미안해요. 제가 어떻게 하면 당신의 화가 풀릴까요?

> **유사 표현**
> What can I do to make amends? 제가 어떻게 하면 우리가 화해할 수 있을까요?

I'm sorry that I crossed the line.**

(사과) 지나친 말을[행동을] 해서 미안해요.

A: Your criticisms about my essay were way too harsh.
제 글에 대한 당신의 비판은 너무 가혹했어요.
B: I'm sorry that I crossed the line.
지나친 말을 해서 미안해요.

> **유사 표현**
> My comments were uncalled for. 제 말이 부적절했어요.

Check-Up Questions

UNIT
01
UNIT
02
UNIT
03
UNIT
04
UNIT
05
UNIT
06
UNIT
07
UNIT
08
UNIT
09
UNIT
10
UNIT
11
UNIT
12
UNIT
13
UNIT
14
UNIT
15
UNIT
16
UNIT
17
UNIT
18
UNIT
19
UNIT
20
UNIT
21
UNIT
22
UNIT
23
UNIT
24
UNIT
25
UNIT
26
UNIT
27
UNIT
28
UNIT
29
UNIT
30

문맥에 맞는 단어를 보기에서 골라 빈칸에 넣으세요.

ⓐ anytime　　ⓑ thank you enough　ⓒ owe　　ⓓ reciprocate　　ⓔ make it up

ⓕ appreciate　ⓖ crossed the line　　ⓗ a hand　ⓘ shouldn't have　ⓙ friends for

1. A: I took care of your dog while you were away, just like you asked.
   B: Thanks, I _____ what you've done for me.

2. A: I made up an excuse for you to explain why you weren't at the meeting yesterday.
   B: Thanks, I _____ you one.

3. A: I can't believe you wrecked my new car!
   B: I'm sorry. How can I _____ to you?

4. A: Thank you so much for helping me with the presentation.
   B: _____.

5. A: I can pick your daughter up from school if you'd like.
   B: Thank you so much. How can I _____?

6. A: This is a farewell present for you.
   B: Oh, you _____!

7. A: I'm glad we studied together and both did well in the mid-terms.
   B: So am I! I can't _____.

8. A: I'll wash the dishes. You just go and relax.
   B: Thanks for giving me _____.

9. A: You shouldn't have talked about me behind my back.
   B: I'm sorry that I _____.

10. A: Thanks for helping me prepare for my upcoming exam.
    B: What are _____?

answers

1 ⓕ　2 ⓒ　3 ⓔ　4 ⓐ　5 ⓓ　6 ⓘ　7 ⓑ　8 ⓗ　9 ⓖ　10 ⓙ

청해 표현

UNIT
03

조언·제안

조언·제안 — UNIT 03

001 Mind if I ~?**

(제안) ~해도 괜찮겠습니까?

A: Mind if I use your pen? I'm stuck in three meetings in a row.
펜 좀 써도 될까요? 회의가 세 개나 연달아 있어서 꼼짝 못 하겠어요.

B: Of course not.
물론이죠.

텝스 기출표현

be stuck 꼼짝 못 하다
in a row 연이어, 계속해서

002 I wish I could, but ~.***

(거절) 저도 그러고 싶지만 ~.

A: Why don't we go out and see a movie?
영화 보러 가지 않을래요?

B: I wish I could, but I have yet to look through this hard copy document.
저도 그러고 싶지만, 아직 이 분서를 검토하시 않았어요.

텝스 기출표현

have yet to do 아직 ~하지 않았다
look through 검토하다 cf. look up 찾아보다 look after 돌보다 leaf through 훑어보다
hard copy 인쇄된 자료 cf. soft copy 컴퓨터 화면 등의 자료

003 I would love to, but ~.**

(거절) 저도 그러고 싶지만 ~.

A: I'd like you to join us ahead of schedule.
예정보다 먼저 우리와 함께하면 좋겠어요.

B: I'd love to, but I have a full schedule around the clock.
저도 그러고 싶지만, 24시간 내내 일정이 있네요.

텝스 기출표현

ahead of schedule 예정보다 먼저(↔ behind schedule 예정보다 늦게)
cf. ahead of time 시간보다 이르게, 미리
around the clock 24시간 내내

Let's take a rain check.**

(거절) 다음 기회에 합시다.

A: Would you like to have dinner with me tonight? My treat.
오늘 밤 같이 저녁 먹을래요? 내가 살게요.

B: Let's take a rain check.
다음번에 하기로 해요.

텝스 기출 표현

My treat. 제가 대접할게요., 한턱 낼게요.

I can manage.**

(거절) 도움은 사양하겠습니다.

A: May I help you do the dishes or ironing?
설거지나 다림질 좀 도와 드릴까요?

B: I can manage. I would rather take care of it myself.
도움은 사양할게요. 제가 처리할 수 있어요.

텝스 기출 표현

do the dishes 설거지하다
do the ironing 다림질하다
would rather 차라리 ~하겠다

What do you say to ~?**

(제안) ~하는 게 어때요?

A: What do you say to going out to get some fresh air?
바람 좀 쐬러 밖에 나가는 게 어때요?

B: That's a good idea.
좋은 생각이에요.

텝스 기출 표현

get some fresh air 바람을 쐬다

007
□□□

What if ~?***

(제안) ~하는 게 어때요?

A: What if we go shopping today?
오늘 쇼핑 가는 게 어때요?

B: Well, sounds good to me.
음, 좋아요.

008
□□□

I wonder if ~.***

(제안) ~해도 괜찮을까요?

A: I wonder if it would be okay to pick me up. I'm about to pass out.
절 마중 나올 수 있겠어요? 기절할 것 같아요.

B: No problem. I'll go right away. But from now on you need to take a break, seriously.
물론이죠. 당장 갈게요. 근데 이제 당신은 좀 쉬셔야 해요, 진짜로요.

텝스 기출표현

pick up (사람을) 마중 나가다, 도중에서 태우다, (물건을) 가지러 가다
be about to 막 ~하려고 하다
pass out 의식을 잃다, 기절하다

009
□□□

I'd rather you ~.*

(조언) ~하는 편이 낫겠어요.

A: I'd rather you close the deal on your own in my absence.
제 부재 시에 당신이 독자적으로 거래를 매듭짓는 편이 낫겠어요.

B: OK. I'll make sure to do my utmost in your place for the company at stake.
네. 위기에 처한 회사를 위해 당신을 대신하여 최선을 다하겠습니다.

텝스 기출표현

close the deal 거래를 매듭짓다
on 사람's own 혼자서, 혼자 힘으로
in 사람's absence '사람'의 부재 시에
make sure 확인하다, 확실히 하다
do 사람's utmost 최선을 다하다
in 사람's place '사람' 대신에
at stake 위기에 처한

UNIT 03 조언·제안 **633**

01 02 03 04 05 06 07 08 09 10 11 12 13 14 15 16 17 18 19 20 21 22 23 24 25 26 27 28 29 30

Should you have any problems, ~.*

(조언) 무슨 문제가 생기면, ~.

A: Should you have any problems, please let me give you a hand. I need to drop by at your office anyway.

무슨 문제가 생기면, 제가 도와줄게요. 어차피 당신 사무실에 잠깐 들러야 해요.

B: Thanks a million.

정말로 고마워요.

> **텝스 기출 표현**

give 사람 a hand '사람'을 도와주다
  cf. give 사람 a big hand '사람'에게 박수갈채를 보내다 give 사람 a ring '사람'에게 전화하다
drop by 잠깐 들르다(= swing by, stop by)

Check-Up Questions

UNIT 01
UNIT 02
UNIT 03
UNIT 04
UNIT 05
UNIT 06
UNIT 07
UNIT 08
UNIT 09
10
11
12
13
14
15
16
17
18
19
20
21
22
23
24
25
26
27
28
29
30

문맥에 맞는 단어를 보기에서 골라 빈칸에 넣으세요.

ⓐ rather	ⓑ problems	ⓒ rain check	ⓓ could	ⓔ would
ⓕ wonder	ⓖ manage	ⓗ what if	ⓘ mind	ⓙ say

1. A: What do you _____ to going out for dinner.
   B: Sure, why not?

2. A: I _____ if I could borrow some paper. We've run out of paper.
   B: Sure.

3. A: _____ if I rest for a bit? I'm stuck in three classes in a row.
   B: Of course not.

4. A: I advised you to keep that hard copy. Do you need help?
   B: Oh, it completely slipped my mind! But I can _____. Thanks.

5. A: What if we eat out tonight?
   B: I _____ love to, but I have a full schedule around the clock.

6. A: Should you have any _____, let me drop by your office and give you a hand.
   B: Thanks a million.

7. A: Why don't we go out?
   B: I wish I _____, but I have a report to look through.

8. A: _____ I ask you a favor? I advise you to close the deal and double check, on behalf of the company.
   B: I'll do my best.

9. A: I plan to throw a party on Saturday. Why don't you come and join us?
   B: Let's take a _____ on that.

10. A: I would _____ you pick me up. I'm exhausted.
    B: I recommend you take a break more often from now on.

answers

1 ⓘ 2 ⓕ 3 ⓗ 4 ⓖ 5 ⓔ 6 ⓑ 7 ⓓ 8 ⓗ 9 ⓒ 10 ⓐ

UNIT
04

동의 · 수락

동의 · 수락　　　　　　　　　UNIT 04 ≫

001
□□□

couldn't agree with you more***

당신 말에 동의해요

A: Katy's excuses for skipping work sounded made-up.
　Katy의 결근에 대한 변명은 지어낸 것처럼 들려요.

B: Yeah, I couldn't agree with you more. I felt the same.
　네, 저도 동감이에요. 저도 똑같이 느꼈어요.

> **텝스 기출 표현**
>
> an excuse for ~에 대한 변명
> feel the same 동감이다
>
> **유사 표현**
>
> agree with you 당신의 말에 동의한다
> be with you 당신의 말에 동감이다
> be on the same page 당신과 같은 의견이다

002
□□□

Tell me about it.**

그러니까 말이에요.

A: I'm so overwhelmed with this work. This is just too much to get done.
　일이 산더미같이 많아요. 끝내야 되는 일이 너무 많네요.

B: Tell me about it.
　그러니까 말이에요.

003
□□□

I'll buy that.**

그렇게 합시다., 찬성합니다.

A: It's really warm today. I want to take a nap.
　오늘 날씨가 정말 따뜻해요. 낮잠 자고 싶네요.

B: I'll buy that.
　동감이에요.

---

down for*

~를 하고 싶어 하다, ~에 찬성하다

A: What do you want to do this weekend?
이번 주말에 뭐 하고 싶어요?

B: I'm down for anything.
어떤 것이든지 좋아요.

유사 표현
be up for ~할 의향이 있다

Don't even ask.*

말도 마세요., 묻지도 마세요.

A: Don't you think her remark is a little bit condescending?
그녀의 발언이 좀 잘난 체하는 거 같지 않아요?

B: Don't even ask. I couldn't even put up with it so I got out.
말도 마세요. 견딜 수 없어서 뛰쳐나올 정도였어요.

탭스 기출 표현
put up with 참다, 견디다

in favor of***

~을 찬성하여, ~을 지지하여, ~의 편에 서서

A: What do you think about the new ban on using a cell phone in the classroom?
교실에서 휴대 전화 사용을 금지하는 새로 생긴 규정에 대해 어떻게 생각하세요?

B: I'm in favor of it.
전 찬성이에요.

유사 표현
be all for ~에 대찬성이다

반의 표현
be against ~에 반대하다

01 UNIT

02 UNIT

03 UNIT

04 UNIT

05 UNIT

06 UNIT

07 UNIT

08 UNIT

09 UNIT

10 UNIT

11 UNIT

12 UNIT

13 UNIT

14 UNIT

15 UNIT

16 UNIT

17 UNIT

18 UNIT

19 UNIT

20 UNIT

21 UNIT

22 UNIT

23 UNIT

24 UNIT

25 UNIT

26 UNIT

27 UNIT

28 UNIT

29 UNIT

30 UNIT

007 ☐☐☐

suits me***

좋아요

A: How's your life in New York?
뉴욕에서의 생활은 어때요?

B: It suits me fine.
좋아요.

008 ☐☐☐

Now you're talking.**

바로 그거예요., 이제야 말이 통하네요.

A: Feel like going out for a drink?
한잔하러 갈래요?

B: Now you're talking.
바로 그거예요.

> **유사 표현**
> Now we're talking. 이제야 우리 서로 말이 통하네요.

009 ☐☐☐

take 사람 up on***

'사람'의 제안을 따라 ~를 하다

A: Would you like to go to the movies tonight?
오늘 밤에 영화 보러 갈래요?

B: I'll take you up on that.
당신의 제안을 따를게요.

010 ☐☐☐

make a point of -ing***

꼭 ~할게요, ~을 규칙으로 삼다

A: You really should do some exercise for your health.
당신은 건강을 위해서라도 정말 운동을 해야 해요.

B: I'll make a point of doing it.
꼭 그렇게 할게요.

Check-Up Questions

문맥에 맞는 단어를 보기에서 골라 빈칸에 넣으세요.

ⓐ down	ⓑ in favor of	ⓒ tell me	ⓓ take you up on	ⓔ I'll buy that
ⓕ talking	ⓖ suits me	ⓗ make	ⓘ don't even ask	ⓙ couldn't agree

1. A: Can you put in a good word for me?
   B: I'll _____ that.

2. A: Are you guys keen on going to the science museum this weekend?
   B: I'm _____ for that.

3. A: I don't understand why the hiring committee decided to lay her off.
   B: I _____ with you more. That's harsh for her.

4. A: I guess you were right about him. He was really condescending.
   B: You see? I told you. Now you're _____.

5. A: Can we order in today?
   B: That _____.

6. A: Because these assembly instructions are only in Chinese, I don't even know what to do with them.
   B: _____ about it.

7. A: Do you want to come over to my house for dinner?
   B: I'll _____ a point of doing it.

8. A: What do you say to asking for a raise when this project is done?
   B: I'm _____ that.

9. A: Care for a drink? Why don't we meet that place last time we went?
   B: _____.

10. A: The lecture was so boring.
    B: _____. You can say that again.

answers

1 ⓓ 2 ⓐ 3 ⓙ 4 ⓕ 5 ⓖ 6 ⓒ 7 ⓗ 8 ⓑ 9 ⓔ 10 ⓘ

청해 표현

UNIT
05

반대 · 비판 · 거절

반대·비판·거절　　　　UNIT 05 ≫

---

001 not as easy as it sounds**

들리는 것처럼 쉽지는 않다

A: What's the matter? Just activate the machine.
뭐가 문제예요? 기계를 작동시키세요.

B: Wait for a second. It's not as easy as it sounds.
좀 기다려 보세요. 이건 들리는 것처럼 쉽지 않아요.

---

002 Not that I know of.***

제가 알기로는 아닌데요.

A: Is John allergic to shrimps?
John이 새우 알레르기가 있나요?

B: Not that I know of. Why?
제가 알기로는 아니에요. 왜요?

텝스 기출 표현
be allergic to ~에 알레르기가 있다

---

003 I'd rather you didn't.***

나는 당신이 안 했으면 좋겠어요.

A: Would you mind if I smoke here?
제가 여기에서 담배를 피워도 될까요?

B: I'd rather you didn't. I really hate the smell.
저는 당신이 안 그러셨으면 좋겠어요. 저는 정말로 그 냄새가 싫거든요.

텝스 기출 표현
Would you mind if ~? ~해도 될까요?

---

talk to a brick wall*

벽에 대고 이야기하다, 상대로부터 아무런 반응을 얻지 못하다

A: Jason forgot to turn the light off again.
Jason이 또 불 끄는 걸 잊었어요.

B: I told him several times, but it's like talking to a brick wall.
제가 그에게 몇 번이나 말했지만, 벽에 대고 말하는 것 같아요.

텝스 기출 표현
turn the light off 불을 끄다(= turn off the light)

I see no occasion for ~.**

저는 ~의 이유를 모르겠어요.

A: I will never speak to him again.
저는 그와 다시는 이야기하지 않을 거예요.

B: I see no occasion for you being angry at him.
저는 당신이 그에게 화내는 이유를 모르겠어요.

I don't see why ~.***

저는 ~하는 이유를 모르겠어요.

A: I don't see why she keeps calling me.
저는 그녀가 계속 저에게 전화를 하는 이유를 모르겠어요.

B: I think she has a crush on you.
제 생각에는 그녀가 당신한테 빠진 것 같아요.

텝스 기출 표현
have a crush on 사람 '사람'에게 빠지다, '사람'에게 홀딱 반하다

sleep on it***

더 생각해 보다

A: Did you make a decision on the matter?
그 문제에 대해 결정했어요?

B: Not yet. Please give me some time. Let me sleep on it for a few days.
아직요. 저한테 시간을 좀 주세요. 며칠간 더 생각해 볼게요.

by no means***

결코 ~이 아닌

A: I decided to appoint Luis as the production manager.
저는 Luis를 생산 관리 책임자로 임명하기로 결정했어요.

B: He is by no means the right person for the position. You should reconsider your decision.
그는 결코 그 자리에 적합한 사람이 아니에요. 당신의 결정을 재고해야만 해요.

> **텝스 기출 표현**
reconsider 사람's decision '사람'의 결정을 재고하다

I can't stand it any longer.***

더 이상 참을 수가 없어요.

A: Please stop smoking here. I can't stand it any longer.
제발 여기서 담배 피우지 마세요. 더 이상 참을 수가 없어요.

B: Sorry. I will go outside.
죄송해요. 제가 밖으로 나갈게요.

Not in a million years.**

절대로 안 돼요.

A: Can you lend me another 100 dollars?
100달러만 더 빌려줄 수 있어요?

B: Not in a million years.
절대로 안 돼요.

> **유사 표현**
over my dead body 내 눈에 흙이 들어가기 전에는 (안 된다)

Check-Up Questions

문맥에 맞는 단어를 보기에서 골라 빈칸에 넣으세요.

ⓐ don't see ⓑ as easy as ⓒ can't stand it ⓓ million years ⓔ no occasion for
ⓕ I know of ⓖ sleep on ⓗ a brick wall ⓘ by no means ⓙ rather you didn't

1. A: Mom, Kate will have a party tonight. Can I sleep over at her house?
   B: Not in a _____.

2. A: I have decided to take out a loan.
   B: Don't make a decision hastily. I think you should _____ it for a few days.

3. A: I'm thinking of inviting Harry to my housewarming party.
   B: I would _____. I really hate him.

4. A: I want to know why you don't listen to me.
   B: This is because I _____ why I have to follow your order.

5. A: Am I talking to _____?
   B: Sorry, I'll listen to you more carefully.

6. A: Henry ran away from home yesterday.
   B: I see _____ his action.

7. A: Lisa, why the long face? What's the matter?
   B: My daughter slept out again last night. I _____ any longer.

8. A: Who is in charge of the security? Mike?
   B: Not that _____. It might be Sarah.

9. A: What do you think of your presentation yesterday?
   B: Well, it was _____ perfect. But I think it was okay.

10. A: I don't understand why it takes so long for them to complete the project.
    B: They are just freshmen. It might not be _____ it sounds.

answers
1 ⓓ 2 ⓖ 3 ⓙ 4 ⓐ 5 ⓗ 6 ⓔ 7 ⓒ 8 ⓕ 9 ⓘ 10 ⓑ

청해 표현

UNIT
06

위로·격려

위로·격려 UNIT 06 >>

001
□□□

tough it out**

잘 참고 견디다

A: She wants to give up on her report as it has been burdensome.
그 보고서가 부담스러워서 그녀는 보고서 쓰는 것을 포기하고 싶어 해요.

B: Knowing her, I'm sure that she can tough it out.
제가 그녀를 잘 아는데요, 그녀는 잘 참고 견딜 거예요.

> **유사 표현**
> stick A out A를 끝까지 계속하다

002
□□□

not be much of a problem*

큰 문제가 되지 않는다

A: We wish we left early since we want to get some rest.
저희는 조금 쉬고 싶어서 일찍 퇴근하면 좋겠어요.

B: Go ahead! I think leaving early won't be much of a problem.
그렇게 하세요! 제 생각에는 일찍 퇴근하는 것이 큰 문제가 되지 않을 것 같아요.

003
□□□

have a right to voice 사람's opinion***

'사람'의 의견을 말할 권리가 있다

A: He is hesitant to ask a question about the important agenda.
그는 중요한 안건에 대해 질문을 할까 망설이고 있어요.

B: I think he can do it since he has a right to voice his opinion.
전 그가 자신의 의견을 말할 권리가 있기 때문에 할 수 있다고 생각해요.

004
□□□

keep 사람's chin up**

기운 내다

A: Earning a living is so difficult that I can't bear this.
생계를 유지하기가 너무 힘들어서 견딜 수가 없어요.

B: If you keep your chin up, you will be rewarded sometime.
당신이 기운을 낸다면, 언젠가 당신은 보상받게 될 거예요.

005

keep 사람's fingers crossed ***

행운을 빌다

A: My friend and I can't wait until the test results are announced.
제 친구와 저는 시험 결과가 발표될 때까지 못 기다리겠어요.

B: We'll keep our fingers crossed for you two.
저희가 당신들을 위해 행운을 빌어 드릴게요.

006

not the end of the world **

세상이 끝난 게 아닌

A: Raising children has wearied my husband and I.
육아로 남편과 저는 지쳤어요.

B: I want you to realize that it's not the end of the world.
전 당신들이 세상이 끝난 게 아니라는 걸 깨닫길 원해요.

007

be hard on 사람 **

'사람'을 심하게 대하다

A: Some students are kicking themselves for not finishing the report quickly.
몇몇 학생들이 보고서를 빨리 끝내지 못한 것에 대해 자책하고 있어요.

B: Please tell them don't be hard on themselves because it'll work out.
다 잘될 거니까 제발 그들에게 자신을 너무 괴롭히지 말라고 전해 주세요.

008

pan out for 사람 someday **

언젠가는 '사람'을 위해 잘되다

A: We have put so much effort into our study on the latest technology.
저희는 최신 기술에 대한 연구에 정말 많은 노력을 기울여 왔어요.

B: I'm sure it'll pan out for you someday.
저는 그것이 언젠가는 당신들을 위해 잘될 거라고 확신해요.

009

all come out in the wash **

다 잘되어 가다

A: We've been in a panic about our presentation next week.
저흰 다음 주에 있을 발표 때문에 너무 두려워요.

B: Just believe that it will all come out in the wash.
그냥 다 잘될 거라고 믿으세요.

pass with flying colors***

멋지게 합격하다

A: We've wanted your advice on taking a written test for a job.

저희는 취직 필기시험에 대한 당신의 조언을 원해요.

B: If you are committed to preparing it, you'll pass with flying colors.

그것을 준비하는 데 전념하신다면, 멋지게 합격하실 거예요.

UNIT
01
UNIT
02
03
UNIT
04
05
UNIT
06
UNIT
07
08
09
UNIT
10
UNIT
11
12
13
UNIT
14
UNIT
15
UNIT
16
UNIT
17
18
UNIT
19
UNIT
20
21
22
UNIT
23
24
UNIT
25
UNIT
26
27
28
UNIT
29
30

문맥에 맞는 단어를 보기에서 골라 빈칸에 넣으세요.

ⓐ fingers crossed	ⓑ pan out	ⓒ end of the	ⓓ right to voice	ⓔ much of
ⓕ keep your chin	ⓖ pass with	ⓗ come out	ⓘ tough it out	ⓙ hard on

1. A: I've been really confused about what I should do for my living.
   B: If you try to get a lucrative job, it'll _____ for you someday.

2. A: Actually, Tom and I could use a little time to get some rest.
   B: Leave early and get some rest since I think it may not be _____ a problem.

3. A: We've been depressed due to the preparation for our presentation tomorrow.
   B: You must forget about it. Just believe that it will all _____ in the wash.

4. A: My parents don't understand why we're so worried about earning a living.
   B: They are always concerned about you, so you have to _____ up and do your best.

5. A: We've been seriously worried about the examination for promotion.
   B: But if you are devoted to preparing it, I guess you'll _____ flying colors.

6. A: I cannot help kicking myself for not finishing my homework.
   B: You'd better not be _____ yourself about the problem.

7. A: Raising children is so hard and difficult that I can't stand it.
   B: Considering it's not the _____ world, it is not that hard to bear it.

8. A: The unbearable situation makes my friends tired.
   B: We should keep our _____ for them.

9. A: They have been hesitant to blame on the professor.
   B: I'm pretty sure they have a _____ their opinion.

10. A: It was quite difficult for me to handle and finish the task.
    B: But you will be rewarded as you did _____.

청해 표현

UNIT
07

청찬

칭찬

001
□□□

out of this world*

매우 좋은

A: This food is heavenly, isn't it?
이 음식은 훌륭하네요, 그렇죠?

B: Yeah, this is out of this world.
네, 이것은 더할 나위 없이 좋네요.

유사 표현

hit the spot (자신이 원하는) 딱 그것이다

002
□□□

think highly of***

~를 높게 평가하다

A: That was awesome! I thought highly of it.
대단해요! 전 높게 평가했습니다.

B: Thank you so much.
감사합니다.

003
□□□

the right person for***

~의 적임자

A: You're the right person for this job. I apologize for even thinking about laying you off.
당신은 이 일에 적임자예요. 해임을 생각했던 것을 사과합니다.

B: Thanks. From now on, I intend to satisfy all the interested parties.
감사합니다. 앞으로는 모든 이해관계자들을 만족시키기 위해 노력하겠습니다.

텝스 기출표현

lay off 해고하다
from now on 앞으로는
interested parties 이해관계자, 당사자

---

have an eye for*

~에 대한 안목이 있다

A: Wow, look at Sam's painting. He started from scratch but made it after all.
와, Sam이 그린 그림을 봐요. 그는 처음부터 다시 시작했는데 결국 해냈군요.

B: You really have an eye for art! The reviews from several critics hit the nail on the head.
당신은 예술에 대한 안목이 있군요! 몇몇 비평가들의 평가는 정확했어요.

텝스 기출 표현

from scratch (다시) 맨 처음부터
make it 해내다, 시간에 맞추어 가다 cf. make up 보충하다 make out 분별하다
hit the nail on the head 정확히 맞는 말을 하다

I'm flattered.**

과찬이십니다.

A: Your way of teaching seems to be in line with my lecture style. I try to keep abreast of the new trend as well.
당신의 교수법은 제 강의 방법과 유사한 것 같아요. 저도 시대에 뒤떨어지지 않으려고 노력한답니다.

B: I'm flattered.
과찬이십니다.

텝스 기출 표현

in line with ~와 일치하여, ~와 유사한, ~의 변화에 맞추어
keep abreast of ~에 뒤떨어지지 않다

rave about***

~를 칭찬하다 (영화에 대한 칭찬)

A: The movie director must have really set his mind on this movie for the past five years. It was amazing.
그 영화감독은 이 영화에 지난 5년간 공을 들였음이 틀림없어요. 정말 재밌었어요.

B: Yeah, James raved about it, too.
맞아요, James도 영화를 극찬했어요.

텝스 기출 표현

set 사람's mind on ~에 심혈을 기울이다, ~에 전념하다

leave nothing to be desired***

(행동 · 일 등이) 더할 나위 없이 좋다

A: I'm pleased with our teammate's decision to go dutch when we eat out. It leaves nothing to be desired.

우리 팀원들이 식사 비용을 각자 부담하기로 한 결정에 난 만족하고 있어요. 더할 나위 없이 좋네요.

B: Our team plays it by ear, depending on our financial situation. I don't want to get on our managers' nerves. Speak of the devil, here he comes!

우리 팀은 재정 상태에 따라서 그때그때 상황에 따라 대처해요. 저는 상사의 신경을 건드리기 싫거든요. 호랑이도 제 말 하면 온다더니, 그가 와요!

텝스 기출 표현

go dutch 각자 부담하다
play by ear 상황에 따라 대처하다
get on 사람's nerves '사람'의 신경을 건드리다
speak of the devil 호랑이도 제 말 하면 온다

---

take to*

~를 좋아하게 되다

A: She has taken to her new team. I heard her team broke a sweat to win the game last weekend.

그녀는 자신의 팀을 좋아하게 되었어요. 지난 주말에도 그녀의 팀이 이기려고 땀 흘려 노력했대요.

B: Yeah, she's really something. Judging from her performance over the past year, she must have had a lot of opportunity to brush up on her skills.

맞아요, 그녀는 정말 대단해요. 지난 1년간의 성과로 판단하건대, 그녀는 기술을 연마하기 위한 기회가 많았음에 틀림없어요.

텝스 기출 표현

break a sweat 땀 흘려 노력하다 cf. break the ice 어색한 분위기를 깨다
judging from ~로 판단하건대
over the past year 지난 1년간
brush up on ~을 연마하다

유사 표현

be taken with ~을 매력적이라고 생각하다

---

know 사람's way around*

~을 매우 잘하다, ~에 정통하다

A: He really knows his way around the kitchen.

그는 요리를 매우 잘해요.

B: I know. He is quite the chef.

맞아요. 그는 대단한 요리사예요.

there's no match for**

~가 최고다 (일등에 대한 칭찬)

A: I admire your decision to take the bull by the horns and make an announcement. You are so brave to blow the whistle on bribery. There's no match for you.

정면으로 맞서 발표하겠다는 당신의 결정이 정말 존경스러워요. 부패 문제를 내부 고발하다니 그 용기가 대단해요. 당신은 최고예요.

B: It's nice of you to say so.

그렇게 말씀해 주시니 감사합니다.

> **텝스 기출 표현**
>
> take the bull by the horns 문제에 정면으로 맞서다
> blow the whistle on (잘못 · 비행을) 내부에서 고발하다

Check-Up Questions

문맥에 맞는 단어를 보기에서 골라 빈칸에 넣으세요.

ⓐ highly	ⓑ match	ⓒ right	ⓓ eye	ⓔ flattered
ⓕ out	ⓖ nothing	ⓗ raved	ⓘ way	ⓙ taken to

1. A: He is the _____ person for this job.
   B: I cannot agree with you more.

2. A: This cuisine is heavenly.
   B: Yeah, it is _____ of this world.

3. A: I thought _____ of your work.
   B: Thank you.

4. A: I am _____ how the school is noted for its academic excellence.
   B: Yeah, I had to take a day off to attend its orientation for my son.

5. A: I've decided to blow the whistle on the cheating.
   B: There is no _____ for your braveness, but be careful not to get on boss's nerves.

6. A: Your performance leaves _____ to be desired.
   B: I just tried to play by ear.

7. A: She is a natural born actor.
   B: Yeah, you really have an _____ for that matter.

8. A: Your view is in line with mine. Excellent job!
   B: I'm _____.

9. A: I've set my mind on this movie for the past three years.
   B: Is it so? Newspapers _____ about it this morning.

10. A: The chef broke a sweat for this meal. It is really good.
    B: He really knows his _____ around the kitchen.

answers
1 ⓒ 2 ⓕ 3 ⓐ 4 ⓙ 5 ⓑ 6 ⓖ 7 ⓓ 8 ⓔ 9 ⓗ 10 ⓘ

청해 표현

UNIT
08

시간 · 약속

시간·약속

001
☐☐☐

make it (to)***
(~에) 가다, 참석하다

A: Are you going to her birthday party this Sunday?
이번 일요일에 그녀의 생일 파티에 갈 거예요?

B: I am afraid I can't make it there because of another appointment.
다른 약속이 있어서 갈 수가 없을 것 같아요.

002
☐☐☐

get around to**
~을 할 시간을 내다

A: I haven't got around to working out recently.
나는 최근에 운동할 시간이 없었어요.

B: I would like to recommend that you take a stroll.
당신에게 산책하는 것을 추천하고 싶어요.

003
☐☐☐

take a rain check**
다음을 기약하다, 미루다

A: You know that we are going hiking this weekend?
우리 이번 주말에 하이킹 가는 거 알고 있죠?

B: Can I take a rain check? I have something to finish.
다음으로 미뤄도 될까요? 제가 마무리해야 할 일이 있어서요.

> **유사 표현**
> get a rain check 다음으로 미루다

004
☐☐☐

lose track of time***
시간 가는 줄 모르다

A: You have been at the shopping mall for three hours!
당신은 세 시간 동안 쇼핑 몰에 있었어요!

B: I have! I lost track of time.
그랬네요! 시간 가는 줄 몰랐어요.

---

up in the air^{**}

아직 미정인

A: Do you have any plans this weekend?
이번 주말에 계획 있나요?

B: Up in the air but I just want to do something fun.
미정이지만, 뭔가 재미있는 일을 하고 싶어요.

My hands are full.^{**}

저는 바빠요.

A: Let's take a coffee break now.
우리 이제 커피 마시면서 좀 쉬어요.

B: Sorry, my hands are full now.
미안해요, 저는 지금 바빠요.

keep 사람 occupied^{***}

'사람'을 바쁘게 하다

A: I am sorry for making you wait such a long time.
오래 기다리게 해서 미안해요.

B: Never mind. I kept myself occupied.
괜찮아요. 저는 바쁘게 있었어요.

swing by^{**}

~에 잠깐 들르다

A: I am going to grab a drink with Jina after work. Do you want to join us?
저는 Jina랑 퇴근 후에 한잔하려고 해요. 당신도 같이 할래요?

B: Sounds good. I will swing by right after work.
좋은 생각이에요. 제가 퇴근 직후에 잠깐 들를게요.

> **텝스 기출 표현**
> grab a drink 술을 한잔하다

> **유사 표현**
> stop by ~에 잠시 들르다(= drop by)

UNIT 01
UNIT 02
UNIT 03
UNIT 04
UNIT 05
UNIT 06
UNIT 07
UNIT 08
UNIT 09
UNIT 10
UNIT 11
UNIT 12
UNIT 13
UNIT 14
UNIT 15
UNIT 16
UNIT 17
UNIT 18
UNIT 19
UNIT 20
UNIT 21
UNIT 22
UNIT 23
UNIT 24
UNIT 25
UNIT 26
UNIT 27
UNIT 28
UNIT 29
UNIT 30

Tomorrow works for me.**

저는 내일 시간이 괜찮아요.

A: When should we try a new Chinese restaurant?
우리 언제 새로 생긴 중국집에 가 볼까요?

B: Tomorrow works for me.
저는 내일 시간이 괜찮아요.

ahead of time***

예정보다 빨리

A: Should we make it to the party in time?
우리가 제시간에 파티에 도착할까요?

B: Sure! We left from home ahead of time.
당연하죠! 우리 예정보다 집에서 일찍 출발했으니까요.

반의 표현

behind of time 예정보다 늦게

UNIT
01
UNIT
02
UNIT
03
UNIT
04
UNIT
05
UNIT
06
UNIT
07
UNIT
08
UNIT
09
UNIT
10
UNIT
11
UNIT
12
UNIT
13
UNIT
14
UNIT
15
UNIT
16
UNIT
17
UNIT
18
UNIT
19
UNIT
20
UNIT
21
UNIT
22
UNIT
23
UNIT
24
UNIT
25
UNIT
26
UNIT
27
UNIT
28
UNIT
29
UNIT
30

Check-Up Questions

문맥에 맞는 단어를 보기에서 골라 빈칸에 넣으세요.

ⓐ around	ⓑ occupied	ⓒ lost	ⓓ swing by	ⓔ full
ⓕ up in the air	ⓖ a rain check	ⓗ works	ⓘ make	ⓙ ahead

1. A: How was the movie?
   B: It was great! I _____ track of time.

2. A: Can you _____ it to my housewarming party this Friday?
   B: Sure! I would love to.

3. A: Would you like to go playing basketball?
   B: I would love to, but my hands are _____ now.

4. A: Can I take _____ on lunch? Something urgent came up.
   B: Okay. I hope it is nothing serious.

5. A: He said he would _____ here to say hello to us.
   B: Happy to hear that!

6. A: How about going to the gym together?
   B: I don't get _____ to it.

7. A: I am so disappointed that our family trip is still _____.
   B: Yeah, it is so hard to find the time that all family members are available.

8. A: What time can we meet?
   B: Anytime _____ for me.

9. A: I want to finish our report _____ of time.
   B: So do I. I don't want to finish it behind of time.

10. A: What do you usually do on the bus on the way home?
    B: I tried to keep myself _____ by listening to music and reading a book.

answers

1 ⓒ 2 ⓘ 3 ⓔ 4 ⓖ 5 ⓓ 6 ⓐ 7 ⓕ 8 ⓗ 9 ⓙ 10 ⓑ

UNIT
09

감정 표현(긍정)

감정 표현(긍정)

001
□□□

be thrilled about***

~가 정말 기쁘다

A: I heard you are expecting a baby.
당신이 임신했다는 소식을 들었어요.

B: Yes, I am thrilled about it.
네, 전 정말 기뻐요.

> **텝스 기출 표현**
>
> expect a baby 임신하다, 출산 예정이다

> **유사 표현**
>
> be more than delighted 정말 기쁘다

002
□□□

That's tempting.**

솔깃하네요.

A: Why don't you buy this jacket for your boyfriend? I'm sure he likes it.
남자 친구한테 이 재킷을 사 주는 거 어때요? 그가 분명히 좋아할 거예요.

B: Oh, that's tempting.
오, 솔깃하네요.

003
□□□

hard work pays off**

노력이 성공을 거두다

A: I finally passed the exam. You know how hard I studied?
저 드디어 시험에 합격했어요. 제가 얼마나 열심히 공부한지 아시죠?

B: Absolutely. Your hard work really paid off.
물론이죠. 당신의 노력이 정말 성과를 거두었네요.

---

second to none*

제일의, 최고의

A: What do you think about her latest novel?
그녀의 최신 소설에 대해 어떻게 생각하세요?

B: Needless to say, this is second to none in modern literature.
말할 필요도 없이, 이건 현대 문학에서 최고라고 생각해요.

텝스 기출 표현

needless to say 말할 필요도 없이

유사 표현

far and away the best 가장 뛰어나게[두드러지게]

It couldn't be better.**

이보다 더 좋을 수 없어요., 더할 나위 없이 좋아요.

A: How was your trip to San Francisco?
샌프란시스코 여행은 어땠나요?

B: It couldn't be better.
더할 나위 없이 좋았어요.

---

looking forward to***

~을 기대하다

A: Finally, our company's excursion is next week.
드디어 다음 주가 우리 회사의 야유회예요.

B: I am really looking forward to it.
정말 기대돼요.

유사 표현

can't wait to ~가 기대된다

I'd say chances are good.***

나는 가능성이 많다고 생각해요.

A: Do you think our team can pull off the game?
우리 팀이 경기에서 우승할 수 있다고 생각하세요?

B: I'd say chances are good.
저는 가능성이 많다고 생각해요.

텝스 기출 표현

pull off the game 경기에서 우승하다

---

be indulged in**

~에 탐닉하다[빠지다]

A: What are you into nowadays?
요즘 무엇에 빠져 있으세요?

B: I am indulged in romance movies.
전 로맨스 영화에 푹 빠졌어요.

텝스 기출 표현

be into ~에 관심이 많다

유사 표현

be enamored with ~에 열중하다

It will be a good way to unwind.*

그건 기분 전환에 좋을 거예요.

A: Why don't we go camping next weekend?
다음 주말에 캠핑 가는 거 어때요?

B: It will be a good way to unwind.
그건 기분 전환에 좋겠네요.

---

take 사람 up on*

'사람'의 제안을 따라 ~를 받아들이다

A: Do you want me to buy you some flowers?
제가 꽃 좀 사 줄까요?

B: Oh, thanks. I'll take you up on that.
어머, 고마워요. 당신의 제안을 받아들일게요.

UNIT 01
UNIT 02
UNIT 03
UNIT 04
UNIT 05
UNIT 06
UNIT 07
UNIT 08
UNIT 09
UNIT 10
UNIT 11
UNIT 12
UNIT 13
UNIT 14
UNIT 15
UNIT 16
UNIT 17
UNIT 18
UNIT 19
UNIT 20
UNIT 21
UNIT 22
UNIT 23
UNIT 24
UNIT 25
UNIT 26
UNIT 27
UNIT 28
UNIT 29
UNIT 30

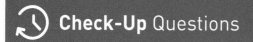

Check-Up Questions

문맥에 맞는 단어를 보기에서 골라 빈칸에 넣으세요.

ⓐ thrilled	ⓑ unwind	ⓒ second to	ⓓ chances	ⓔ better
ⓕ indulged in	ⓖ paid off	ⓗ tempting	ⓘ forward to	ⓙ take

1. A: How about taking her to a fancy restaurant?
   B: That' a good idea. It will be a good way to _____.

2. A: I got promotion.
   B: Congratulations! Your hard work really _____.

3. A: I heard you are getting married with Tom.
   B: Yes, and I am so _____ about it.

4. A: What's your favorites nowadays?
   B: I am _____ reggae music recently.

5. A: How do you like Professor Kim's new lecture on ancient mummies?
   B: I think that was _____ none in this field.

6. A: Why not buy a new car? The new model is just right for you.
   B: That's _____.

7. A: Do you think the Korean soccer team could beat the Brazilian soccer team?
   B: I'd say _____ are good.

8. A: This weekend is your birthday!
   B: Yes, I am looking _____ the weekend.

9. A: How was your honeymoon?
   B: It couldn't be _____.

10. A: Why don't we visit grandmother this weekend? It's Parents' Day.
    B: Sounds great. I'll _____ you up on that.

answers

1 ⓑ 2 ⓖ 3 ⓐ 4 ⓕ 5 ⓒ 6 ⓗ 7 ⓓ 8 ⓘ 9 ⓔ 10 ⓙ

청해 표현

UNIT
10

감정 표현(부정)

감정 표현(부정)

001
☐☐☐

be moody*

기분이 좋지 않다

A: I have been really moody recently because of lots of chores.
　　전 많은 집안일 때문에 최근에 기분이 정말 좋지 않았어요.

B: I recommend you to take a stroll for a change.
　　전 당신이 기분 전환으로 산책해 보는 걸 추천해요.

002
☐☐☐

driving 사람 crazy**

'사람'을 화나게 하는

A: I really hate something driving me crazy including this project.
　　전 이 프로젝트를 포함해 저를 화나게 하는 무엇인가가 정말 싫어요.

B: But you have the ability to handle it properly that I don't.
　　하지만 당신은 저에게는 없는 그것을 적절하게 처리할 수 있는 능력이 있잖아요.

003
☐☐☐

be certainly a letdown**

확실히 허탈하다

A: You will be evicted because you didn't pay for the rent.
　　당신은 월세를 내지 않아서 쫓겨날 거예요.

B: I'm really sure it will be certainly a letdown for me.
　　그것은 저에게 있어 확실히 허탈할 것이라고 확신해요.

004
☐☐☐

can't stand 사람's arrogance***

'사람'의 건방짐을 참을 수 없다

A: I don't like the new member with the impertinent personality.
　　전 무례한 성격의 새 직원이 싫어요.

B: I couldn't stand his arrogance when he ignored my comment.
　　전 그가 제 말을 무시했을 때 그의 건방짐을 참을 수 없었어요.

005
☐☐☐

be irritated by 사람's nagging**

'사람'의 잔소리에 짜증이 나다

A: I have been forced to study hard by my mom.
　　저는 공부를 열심히 하도록 제 어머니에게 강요받아 왔어요.

B: Me too. I have always been irritated by my mom's nagging.
　　저도요. 전 제 어머니의 잔소리에 항상 짜증이 났어요.

under the weather***

몸이 안 좋은

A: Please let our boss know I have been under the weather.
제가 몸이 안 좋다는 걸 사장님에게 제발 알려 주세요.

B: OK. I always think you need some rest.
네. 전 항상 당신이 쉴 필요가 있다고 생각해요.

out of sorts***

기분이 언짢은

A: You don't know how I have been out of sorts following the group work.
당신은 제가 그룹 업무 이후에 얼마나 기분이 안 좋았는지 몰라요.

B: We all recommend you to air yourself for a few days.
우리는 모두 당신이 며칠간 바람을 쐬고 오길 추천해요.

drive 사람 up the wall**

'사람'을 짜증나게 하다

A: Our teacher's derisive comments are driving us up the wall.
저희 선생님의 비꼬는 말들은 저희를 짜증 나게 해요.

B: But we should know that he always has our best interests at heart.
하지만 우리는 선생님이 항상 우리가 잘되길 바라고 계신다는 점을 알아야 해요.

a pain in the neck***

매우 성가신 일[존재]

A: I think the manager has been a pain in the neck for many years.
전 그 매니저가 수년 동안 성가신 존재였다고 생각해요.

B: Maybe you'd better just brush off his comment and behavior.
아무래도 그의 말과 행동은 무시하는 게 낫겠네요.

> **텝스 기출 표현**
>
> brush off ~를 무시하다

under the gun*

스트레스를 많이 받는

A: I have been under the gun since I was chastised by our seniors.
전 상사들에게 혼난 이후로 스트레스를 많이 받아 왔어요.

B: Me too. They always force me and other workers to clean the office room.
저도요. 그들은 항상 저와 다른 근무자들에게 사무실을 청소하도록 강요해요.

Check-Up Questions

문맥에 맞는 단어를 보기에서 골라 빈칸에 넣으세요.

ⓐ out of sorts	ⓑ under	ⓒ moody	ⓓ arrogance	ⓔ the wall
ⓕ under the gun	ⓖ pain in the neck	ⓗ crazy	ⓘ letdown	ⓙ nagging

1. A: I used to feel _____ the weather because of the excessive work.
   B: Maybe your manager didn't realize that you managed to finish it.

2. A: It was a _____ for me to tell the customers to wait in a queue.
   B: I'm sure you could haven't worked more comfortably as nobody helped you.

3. A: I was _____ because of the comment our boss made today.
   B: I think you shouldn't have dwelt on the issue.

4. A: My teacher's controlling words have driven me up _____.
   B: Why don't you try to get over the words by enjoying some hobbies?

5. A: This is something driving me _____.
   B: I want you to get some rest by getting enough sleep.

6. A: I have been _____ ever since the horrible accident.
   B: This situation is why I'm worried about you.

7. A: I'm really _____ due to the hard work to handle.
   B: Taking a walk or shopping would be helpful.

8. A: I had to finish my homework quickly.
   B: Me too. Yesterday I was annoyed and irritated by my mom's _____.

9. A: The employee is too idle and arrogant to handle the work.
   B: I can't stand his _____.

10. A: It was certainly a _____ when I was advised not to eat junk food.
    B: You should avoid eating lots of unhealthy food to promote your health.

---

answers

1 ⓑ 2 ⓖ 3 ⓒ 4 ⓔ 5 ⓗ 6 ⓐ 7 ⓒ 8 ⓙ 9 ⓓ 10 ⓘ

청해 표현

UNIT
11

가정 · 가족

가정·가족 UNIT 11 ≫

001
☐☐☐

spoil 사람's kid*
아이를 버릇없게 키우다

A: Her parents give her whatever she wants.
그녀의 부모님은 그녀가 원하는 건 무엇이든지 다 줘요.

B: No wonder they spoil their kid.
그들이 아이를 버릇없게 키운다는 것이 당연하네요.

텝스 기출표현
no wonder ~하는 것이 당연하다, ~은 놀랄 일이 아니다

002
☐☐☐

get devastated over*
~에 대해 큰 충격을 받다

A: She got devastated over the death of her parents.
그녀는 부모님의 죽음에 대해 큰 충격을 받았어요.

B: Yeah, it was hard for her to accept it.
맞아요, 그녀가 그것을 받아들이기 힘들어했어요.

텝스 기출표현
hard for 사람 to '사람'이 ~하기 힘든

003
☐☐☐

too scared to***
~하기에 너무 무섭다

A: Did tell your parents you broke the television?
부모님께 텔레비전 고장 낸 것을 말씀드렸어요?

B: No, I'm too scared to. I know how annoyed they will be.
아니요, 말하기가 너무 겁나요. 부모님이 얼마나 화내실지 알거든요.

004
☐☐☐

How do you like living in ~?***
당신은 ~에서의 생활이 어떤 점이 좋은가요?

A: How do you like living with family in a rural area?
시골 지역에서 가족들과 사는 생활이 어떤 점이 좋은가요?

B: I really like being able to have a peaceful time with them here.
여기서 그들과 평화로운 시간을 보낼 수 있어서 정말 좋아요.

UNIT
01
UNIT
02
UNIT
03
04
UNIT
05
06
UNIT
07
08
UNIT
09
UNIT
10
UNIT
11
12
UNIT
13
UNIT
14
15
16
UNIT
17
UNIT
18
19
20
21
22
UNIT
23
UNIT
24
25
UNIT
26
27
UNIT
28
29
30

005
□□□

move out of**

~에서 이사 나가다

A: Why are you moving out of such a great house?
당신은 왜 그렇게 좋은 집에서 이사 나가려고 하세요?

B: I found a much better one.
훨씬 더 좋은 집을 발견했거든요.

006
□□□

settle in***

~에 정착하다[적응하다]

A: How is your brother doing these days?
당신의 남동생은 요즘 어떻게 지내나요?

B: Great. He finally settled in at work.
잘 지내요. 그는 직장에 마침내 적응했어요.

007
□□□

There is no need to ~.**

~할 필요가 없다.

A: Mom! I will help you clean the house after finishing homework quickly.
엄마! 숙제 빨리 끝낸 후에 청소 도와 드릴게요.

B: There is no need to hurry.
서두를 필요는 없단다.

008
□□□

catch 사람 off guard***

'사람'의 방심을 틈타다[허를 찌르다]

A: So sorry to hear about your daughter's illness.
당신의 딸의 병에 대해 들었는데 참 안됐네요.

B: Thanks. It caught me off guard.
감사합니다. 제가 부주의했어요.

009
□□□

be lambasted by 사람**

'사람'에게 심하게 꾸지람을 듣다

A: I was lambasted by my mom for being late for home last night.
저는 어젯밤에 집에 늦게 들어가서 엄마한테 심하게 꾸지람을 들었어요.

B: She must have been worried about you a lot.
어머니께서 당신을 많이 걱정하신 게 틀림없어요.

My family has outgrown my house.**

가족이 늘어서 집이 좁아졌어요.

A: Congratulations on the birth of your third child!
셋째 아이의 탄생을 축하해요!

B: Thanks! My family has outgrown my house.
고마워요! 가족이 늘어서 집이 좁아졌어요.

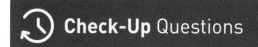

Check-Up Questions

문맥에 맞는 단어를 보기에서 골라 빈칸에 넣으세요.

ⓐ got devastated	ⓑ no need	ⓒ settle in	ⓓ lambasted	ⓔ living in
ⓕ moved out	ⓖ spoil	ⓗ outgrown	ⓘ off guard	ⓙ too scared to

1. A: Congratulations on moving a new place!
   B: Thanks. I need time to _____.

2. A: I am _____ tell my parents that I lost my cell phone.
   B: If I were you, I would tell them about it.

3. A: I _____ over the accident.
   B: Yeah, I can absolutely understand how you felt.

4. A: Could you wait for me just a minute?
   B: Of course. There is _____ to hurry.

5. A: When did you hear he _____ of town?
   B: I heard it yesterday morning.

6. A: Your son is getting married this spring.
   B: Yes, my family will have _____ my house by that time.

7. A: My children asked me if I am happy. I couldn't answer it.
   B: They caught you _____.

8. A: I don't want to _____ my kid.
   B: Then, you should not give anything that he wants.

9. A: How do you like _____ the city?
   B: It is very convenient to live here because it is close to public transportation, markets, and schools.

10. A: I broke the vase that my mom really loves.
    B: You will be _____ by your mom.

answers
1 ⓒ 2 ⓙ 3 ⓐ 4 ⓑ 5 ⓕ 6 ⓗ 7 ⓘ 8 ⓖ 9 ⓔ 10 ⓓ

청해 표현

UNIT
12

직장

직장

UNIT 12 ≫

01
02
03
04
05
06
07
08
09
10
11
12
13
14
15
16
17
18
19
20
21
22
23
24
25
26
27
28
29
30

001
□□□

I'm swamped with work.***

일 때문에 너무 바빠요.

A: How come you can't make it to the skiing trip?
스키 여행에 왜 참석하지 못하나요?

B: I'm swamped with work.
일 때문에 너무 바빠요.

> **유사 표현**
> My hands are full. 할 일이 많아요.
> My plate is full. 할 일이 많아요.

002
□□□

We're ahead of schedule.***

일이 예정보다 빨리 진행되고 있어요.

A: How is your new project going?
새 프로젝트는 어떻게 진행되고 있어요?

B: Thanks to the new employee, we're ahead of schedule.
신입 직원 덕분에, 일이 예정보다 빨리 진행되고 있어요.

003
□□□

He quit with short notice.*

그는 갑작스럽게 그만두었어요.

A: Do you know what happened to Stan? I haven't seen him in weeks.
Stan에게 무슨 일이 있는지 아세요? 몇 주 동안 그를 못 봤네요.

B: He quit with short notice.
그는 갑작스럽게 그만두었어요.

004
□□□

Could you fill in for me?***

저 대신 일해 주실 수 있나요?

A: Could you fill in for me tomorrow? I have a doctor's appointment.
내일 저 대신 일해 주실 수 있나요? 제가 병원 예약이 있어서요.

B: Well, maybe we should just change shifts for this week.
글쎄요, 그냥 이번 주 근무 시간을 서로 바꾸는 게 나을지도 모르겠네요.

Are there any job openings?***

(취직이 가능한) 빈자리가 있나요?

A: Are there any job openings at your company?
당신의 회사에 일자리가 있나요?

B: No, we're downsizing because of financial difficulties.
아뇨, 재정적인 어려움 때문에 구조 조정을 하고 있어요.

유사 표현
Are there any vacancies at your company? 당신의 회사에 공석이 있나요?

put in a good word for 사람*

'사람'에 대해 좋게 이야기해 주다

A: I really need to get this job. Could you put in a good word for me?
저는 이 일자리가 정말 필요해요. 저에 대한 좋은 말 좀 전해 주실래요?

B: I can't guarantee anything, but I'll try my best.
보장은 못 하지만, 최선을 다 해 볼게요.

What kind of employee benefits are there?**

직원을 위한 복리 후생은 어떤 것이 있나요?

A: What kind of employee benefits are there at your company?
당신의 회사에서는 직원을 위한 어떤 종류의 복리 후생이 있나요?

B: Mostly are the same as other companies, but we also get paid parental leave.
대부분은 다른 회사들이랑 비슷하지만, 우리는 유급 육아 휴직을 할 수 있어요.

be let go***

해고되다

A: Sam seems depressed. Do you know what's wrong with him?
Sam이 우울해 보여요. 그에게 무슨 일이 있는지 아세요?

B: Well, I heard he was let go from his workplace.
글쎄요, 회사에서 해고당했다고 들었어요.

유사 표현
get laid off 해고당하다
get the sack 해고당하다
get the boot 해고되다

bomb the interview**

면접을 망치다

A: I bombed the interview. The questions were tougher than I expected.

면접을 망쳤어요. 예상했던 것보다 질문이 까다로웠어요.

B: Don't lose heart. You'll do better next time.

낙심하지 마세요. 다음번엔 더 잘할 거예요.

유사 표현

mess up the interview 면접을 망치다
blow the interview 면접을 망치다

be on leave***

휴가 중이다

A: Is Ethan Lee available?

Ethan Lee와 통화 가능한가요?

B: I'm afraid he is on leave, but I can take a message for you.

그는 휴가 중입니다만, 메시지를 전달해 드릴 수 있습니다.

문맥에 맞는 단어를 보기에서 골라 빈칸에 넣으세요.

ⓐ swamped	ⓑ fill in for	ⓒ short notice	ⓓ bombed	ⓔ a good word
ⓕ let go	ⓖ openings	ⓗ ahead of	ⓘ on leave	ⓙ employee benefits

1. A: Why is the boss so mad about Sam?
   B: He quit with _____, and there's not enough time to find someone else.

2. A: What kind of _____ are there?
   B: They offer all the basic benefits mandated by law.

3. A: I'm looking for a new job. Do you know if there are any job _____ at your company?
   B: I'm not sure, but I can find out for you.

4. A: You look really tired. Is everything OK?
   B: I'm just _____ with work.

5. A: When will you find out about the results of your application?
   B: Next week, but I _____ the interview, so I'm trying not to get my hopes up.

6. A: I don't feel well. Could you _____ me this afternoon?
   B: Don't worry, I'll cover your shift. Go home and rest.

7. A: Why wasn't Sam at the meeting this morning?
   B: Didn't you hear the news? He was _____ yesterday.

8. A: Do you think we'll be able to finish this report by the deadline?
   B: Definitely, since we're _____ schedule.

9. A: I'm calling for Ms. Jones.
   B: She is _____ at the moment, but she'll be back by next week.

10. A: Do you think I would fit in as a permanent employee at your firm?
    B: Why not? I'll be sure to put in _____ for you.

answers
1 ⓒ 2 ⓙ 3 ⓖ 4 ⓐ 5 ⓓ 6 ⓑ 7 ⓕ 8 ⓗ 9 ⓘ 10 ⓔ

청해 표현

UNIT
13

학교

학교

001

□□□

make up for the test***
추가 시험을 보다, 시험을 만회하다

A: How did you do on the midterm exam?
중간고사 어떻게 봤어요?

B: I messed it up, so I need to make up for the test.
저는 망쳤어요, 그래서 추가 시험을 봐야만 해요.

텝스 기출표현

How did you do on the midterm exam? 중간고사 어떻게 봤어요?

유사 표현

take a make-up 추가 시험을 보다

002

□□□

take the prerequisite**
선수 과목을 듣다

A: Is it imperative to take those prerequisites to take Math 301?
'수학 301' 수업을 들으려면 저 선수 과목들을 필수로 들어야 하나요?

B: You should complete all the prerequisite courses before registering in it.
그 과목을 신청하기 전에 모든 선수 과목 과정들을 이수해야만 해요.

003

□□□

call it a day***
하루 일과를 끝내다, 그만하기로 하다

A: It's getting dark. Let's call it a day.
어둑해지고 있어요. 오늘은 이만 끝냅시다.

B: But we are almost done. Why don't we finish it today?
하지만 우리는 거의 다 한걸요. 오늘 마무리 짓는 게 어때요?

---

cram for an exam***
벼락치기 공부를 하다

A: I think I need to pull another all-nighter.
저는 또 밤을 새워야 할 것 같아요.

B: Again? According to some studies, cramming for exams is not good for long-term learning.
또요? 몇몇 연구에 따르면, 벼락치기 공부가 장기적인 학습에 있어서는 좋지 않대요.

> **텝스 기출 표현**
>
> pull an all-nighter 밤샘 공부를 하다

flunk the test**
시험을 망치다, 시험에서 낙제하다[떨어지다]

A: Why the long face?
왜 그렇게 우울해해요?

B: I studied really hard but flunked the test.
저는 정말 열심히 공부했는데 시험에서 낙제했어요.

> **텝스 기출 표현**
>
> long face 시무룩한 얼굴, 침통한 얼굴

> **유사 표현**
>
> screw up the test 시험을 망치다
> mess up the test 시험을 망치다
> blow the test 시험을 망치다

> **반의 표현**
>
> do well on the test 시험을 잘 보다

hand in***

~을 제출하다

A: Lucy, did you hand in your assignment yesterday? I looked everywhere but I couldn't find yours.

Lucy, 어제 과제를 제출했나요? 제가 구석구석 찾아봤지만 당신 것을 못 찾았어요.

B: Sorry, I didn't. I lost my laptop so I need to start from scratch. Could you extend the deadline on it?

죄송하지만, 제출하지 못했어요. 제가 노트북을 분실해서 처음부터 다시 해야 해요. 과제 마감 기한을 연장해 주실 수 있으세요?

텝스 기출 표현

look everywhere 구석구석 찾아보다
start from scratch 처음부터 시작하다
extend the deadline 마감 기한을 연장하다

유사 표현

turn in ~을 제출하다

---

take marks off*

점수를 깎다

A: I don't know why you've got such a bad score on Biology 101.

저는 왜 당신이 '생물학 101'에서 그렇게 나쁜 점수를 받았는지 모르겠어요.

B: The professor took marks off because I didn't submit a report.

제가 보고서를 제출하지 않아서 교수님께서 점수를 깎으셨어요.

---

brush up on**

~를 복습하다

A: I bet you will get a full mark in English.

당신은 확실히 영어에서 만점을 받을 거예요.

B: But I still need to brush up on English grammar more.

하지만 저는 여전히 영어 문법을 더 복습해야 해요.

텝스 기출 표현

get a full mark 만점을 받다

catch up on***

(뒤떨어진 일을) 만회하다

A: May I skip your class today? I have lots of assignments to do today.
오늘 선생님 수업에 빠져도 될까요? 오늘 해야 할 과제가 많거든요.

B: It's up to you, but it will take you a long time to catch up on studies.
당신한테 달렸어요, 하지만 수업 내용을 따라가는 데 오래 걸릴 거예요.

템스 기출 표현

It's up to you. 당신에게 달려 있어요.
take+사람+시간 '사람'에게 '시간'이 걸리다

---

drop out of school**

중퇴하다

A: Do you know why Kate dropped out of school?
왜 Kate가 중퇴했는지 아세요?

B: As far as I know, she will go study abroad.
제가 알기로는, 그녀는 해외 유학을 갈 거예요.

템스 기출 표현

as far as I know 내가 아는 한, 내가 알기로는
go study abroad 해외 유학을 가다

유사 표현

leave school 중퇴하다
quit school 중퇴하다

Check-Up Questions

문맥에 맞는 단어를 보기에서 골라 빈칸에 넣으세요.

ⓐ brush up	ⓑ flunked	ⓒ take marks off	ⓓ make up for	ⓔ drop out
ⓕ catch up	ⓖ hand in	ⓗ call it a day	ⓘ prerequisite	ⓙ cram for

1. A: I stayed all night to prepare for my presentation.
   B: After finishing it, I think you need to _____ on sleep.

2. A: Sir, I couldn't take the final test because of a car accident. Can I _____ the test?
   B: Well, actually you can't, but I'll make an exception of your case.

3. A: It's already 9 o'clock. Do you need more time?
   B: Yes, but let's just _____. I'm so tired.

4. A: I handed in my assignment late, and so I am afraid that my teacher will _____.
   B: I believe he will since he makes no exceptions.

5. A: How do you get a good score all the time?
   B: Well, I always try to _____ on what I learn when I have a free time.

6. A: You look tired. What's up?
   B: It's because I stayed up late to _____ my final exam.

7. A: Do you know why Rick keeps attending school?
   B: I recommended him that he not _____ of school, and he took my advice.

8. A: Do you know how we should _____ our lab reports?
   B: By e-mail.

9. A: Professor, I have decided to take your Advanced Chemistry. What do you think of it?
   B: Since you are a freshman, you have to take the _____ courses first.

10. A: Had it not been for your help, I would have _____ the test.
    B: What are friends for?

answers
1 ⓘ 2 ⓓ 3 ⓗ 4 ⓒ 5 ⓐ 6 ⓙ 7 ⓔ 8 ⓖ 9 ⓘ 10 ⓑ

청해 표현

UNIT
14

경제 · 돈

경제·돈

001
□□□

I am broke.***

저는 빈털터리예요.

A: I am broke.
　저는 빈털터리예요.

B: You shouldn't have bought that expensive car.
　당신은 그렇게 비싼 차를 사지 말았어야 했어요.

> **유사 표현**
>
> Money is tight. 돈이 별로 없어요.

002
□□□

can't afford***

(금전적으로) ~할 여력이 없다

A: Why don't we go skiing this weekend?
　이번 주말에 스키 타러 갈래요?

B: I wish I could go there, but I can't afford it.
　그러고 싶지만, 그럴 여력이 안 돼요.

> **유사 표현**
>
> short of money 돈이 부족한
> well over budget 예산을 초과하는

003
□□□

on a budget***

예산이 한정된

A: These earrings are so beautiful on you. You should get these.
　이 귀걸이가 당신에게 정말 잘 어울리네요. 이거 사세요.

B: Could you cut the price? I am on a budget.
　할인해 주실 수 있나요? 예산이 한정돼 있어서요.

> **텝스 기출 표현**
>
> cut the price 가격을 할인해 주다

---

01 UNIT
02 UNIT
03 UNIT
04 UNIT
05 UNIT
06 UNIT
07 UNIT
08 UNIT
09 UNIT
10 UNIT
11 UNIT
12 UNIT
13 UNIT
14 UNIT
15 UNIT
16 UNIT
17 UNIT
18 UNIT
19 UNIT
20 UNIT
21 UNIT
22 UNIT
23 UNIT
24 UNIT
25 UNIT
26 UNIT
27 UNIT
28 UNIT
29 UNIT
30 UNIT

004
□□□

splurged on***

~에 돈을 펑펑 쓰다

A: I splurged on new clothes.
새 옷을 사는 데 돈을 펑펑 썼어요.

B: You shouldn't have. You already have too many clothes.
그러지 말았어야 했어요. 당신은 이미 옷이 많이 있잖아요.

005
□□□

My shares plummeted.*

제 주식이 곤두박질쳤어요.

A: My shares plummeted again.
제 주식이 또 곤두박질쳤어요.

B: I think you should pull out of the stock markets.
당신은 주식 시장에서 발을 빼야 할 거 같아요.

> **텝스 기출 표현**
> pull out of the stock market 주식 시장에서 발을 빼다

006
□□□

break a bill**

지폐를 (잔돈으로) 바꾸다

A: Can you break a bill for me?
지폐를 잔돈으로 좀 바꿔 주시겠어요?

B: Sorry, we don't have enough change.
죄송하지만, 충분한 잔돈이 없어요.

007
□□□

pick up the tab (for)**

(~에 대한 돈을) 지불하다

A: I'll pick up the tab this time.
이번엔 제가 낼게요.

B: Thank you. I'll cover next time.
고마워요, 다음번엔 제가 낼게요.

> **유사 표현**
> pick up the bill 지불하다
> get the check 계산하다

open a savings account**

예금 계좌를 개설하다

A: I'd like to open a savings account.
예금 계좌를 개설하고 싶은데요.

B: Sure. May I see your ID card, please?
네. 신분증 좀 보여 주시겠어요?

take out a loan**

대출을 받다

A: I want to take out a loan for my apartment. Can you tell me the current interest rates?
아파트 때문에 대출을 받고 싶은데요. 현재 이자율 좀 알려 주시겠어요?

B: The current interest rates are 4.3 percent.
현재 이자율은 4.3퍼센트입니다.

cash a check*

수표를 현금화하다

A: I'd like to cash a check.
수표를 현금으로 바꾸고 싶은데요.

B: May I have the check?
수표를 주시겠어요?

문맥에 맞는 단어를 보기에서 골라 빈칸에 넣으세요.

ⓐ open	ⓑ cash	ⓒ break	ⓓ splurged on	ⓔ can't afford
ⓕ pick up	ⓖ broke	ⓗ budget	ⓘ plummeted	ⓙ take out

1. A: These shoes look good on you. Why not buy them?
   B: Well, they are too expensive for me. I _____ them.

2. A: Who's going to pay this time?
   B: I'll _____ the tab.

3. A: Do you know how to _____ a savings account?
   B: Yes, I'll explain the process.

4. A: Welcome to Seoul Bank. How may I help you?
   B: I'd like to _____ a check.

5. A: You look worried. What's wrong?
   B: My shares _____.

6. A: Can you lend me some money?
   B: I am sorry. I am _____ this month.

7. A: Can you _____ a bill?
   B: Sure, eight quarters and twelve one dollars are here.

8. A: I want to _____ a loan for my business.
   B: How much money do you need?

9. A: Why not stay in a better hotel?
   B: I am on a _____ for my travel.

10. A: I _____ my vacation.
    B: How much did you spend?

| answers
1 ⓔ 2 ⓕ 3 ⓐ 4 ⓑ 5 ⓘ 6 ⓖ 7 ⓒ 8 ⓙ 9 ⓗ 10 ⓓ

청해 표현

UNIT
15

여행 · 항공

여행·항공

UNIT 15 ≫

UNIT 01
UNIT 02
UNIT 03
UNIT 04
UNIT 05
UNIT 06
UNIT 07
UNIT 08
UNIT 09
UNIT 10
UNIT 11
UNIT 12
UNIT 13
UNIT 14
UNIT 15
UNIT 16
UNIT 17
UNIT 18
UNIT 19
UNIT 20
UNIT 21
UNIT 22
UNIT 23
UNIT 24
UNIT 25
UNIT 26
UNIT 27
UNIT 28
UNIT 29
UNIT 30

001
☐☐☐

check an extra bag**

여분의 가방을 부치다

A: Can I check an extra bag on the flight?
비행기에 여분의 가방을 부칠 수 있을까요?

B: Yes, for a fee.
네, 수수료가 있습니다.

> **텝스 기출 표현**
> for a fee 수수료를 징수하여

002
☐☐☐

seating preference***

선호하는 자리

A: Do you have any seating preference?
선호하는 자리가 있나요?

B: An aisle seat, please.
통로 좌석으로 주세요.

003
☐☐☐

leave the return date open**

오는 날짜를 미정으로 하다

A: Can I leave the return date open?
오는 날짜를 미정으로 할 수 있나요?

B: Surely, that will cost an extra fee, though.
물론이죠, 그러나 추가 비용이 있습니다.

004
☐☐☐

on a budget***

한정된 예산으로

A: Do you have any special plans this vacation?
이번 휴가에 어떤 특별한 계획이 있나요?

B: Not yet, but I should spend this vacation on a budget.
아직 없지만, 한정된 예산으로 이번 휴가를 보내야 해요.

How long is your layover in ~?**

~에서 경유 시간이 얼마나 되나요?

A: How long is your layover in Incheon?
인천에서 경유 시간이 얼마나 되나요?

B: It is 3 hours.
3시간입니다.

What brings you to ~?***

~에 무슨 일로 왔나요?

A: What brings you to Seattle?
시애틀에 무슨 일로 오셨나요?

B: I'm here to visit my sister.
제 여동생을 보려고 여기에 왔어요.

bump A up to B*

A를 B로 올리다

A: How was your flight to Paris?
파리로의 비행은 어땠나요?

B: It was great. I was bumped up to business class.
좋았어요. 저를 비즈니스 클래스로 올려 줘서 타게 됐거든요.

check 사람's itinerary***

여행 일정표를 확인해 보다

A: When are we arriving at the hotel?
우리는 언제 호텔에 도착하죠?

B: I am not sure. Let me check our itinerary.
잘 모르겠어요. 제가 여행 일정표를 확인해 볼게요.

My flight was overbooked.**

비행기 예약이 초과되었어요.

A: My flight was overbooked, so I had to take the next one.
비행기 예약이 초과되어서, 저는 다음 비행기를 타야만 했어요.

B: I hope the airline compensated you.
항공사가 당신한테 보상을 해 줬기를 바라요.

I don't have anything to declare.**

저는 신고할 게 없어요.

A: Could I get your customs declaration form?

세관 신고서를 주시겠습니까?

B: Here you are. I don't have anything to declare.

여기 있습니다. 저는 신고할 게 없어요.

문맥에 맞는 단어를 보기에서 골라 빈칸에 넣으세요.

ⓐ preference	ⓑ brings	ⓒ overbooked	ⓓ bumped up to	ⓔ layover
ⓕ extra	ⓖ open	ⓗ declare	ⓘ on a budget	ⓙ itinerary

1. A: Would you have a seating _____?
   B: A window seat, please.

2. A: Could I leave the return date _____?
   B: Of course, but you have to pay an additional fee.

3. A: Submit your customs declaration form to me.
   B: Here you are. I don't have anything to _____.

4. A: My flight was _____, so I had to wait for another flight.
   B: You must have been annoyed.

5. A: How long is your _____ in Hong Kong?
   B: I am not sure. It might be around two hours.

6. A: When is our boss coming back from New York?
   B: I'm not sure. I have to check her _____.

7. A: My parents were _____ the first class last trip to Italy.
   B: It made their trip amazing.

8. A: Is it possible to check a(n) _____ bag on the flight?
   B: Yes, but a fee will be charged.

9. A: How would you like your trip to Thai?
   B: It was the best vacation available _____.

10. A: What _____ you to Hawaii?
    B: I got invited to my friend's wedding.

청해 표현

UNIT
16

교통·길

교통 · 길

---

001 □□□

You can't miss it.***

쉽게 찾을 수 있을 거예요.

A: Could you tell me where the bus stop is?
버스 정류장이 어디 있는지 제게 말해 주실 수 있나요?

B: It is on the corner. You can't miss it.
그것은 모퉁이에 있어요. 쉽게 찾을 수 있을 거예요.

---

002 □□□

turn up**

도착하다, 나타나다

A: Has the bus turned up yet?
버스가 아직 안 왔나요?

B: It should be in 10 minutes.
10분 후에 도착할 거예요.

---

003 □□□

within walking distance**

걸어서 갈 수 있는 거리

A: Do I have to jump on a bus or grab a cab to Seoul Tower?
서울 타워에 가려면 버스나 택시를 타야 할까요?

B: You do! It is not within walking distance.
네! 걸어서 갈 수 있는 거리가 아니에요.

---

004 □□□

be congested with traffic***

(장소가) 교통이 혼잡하다

A: This area is always congested with traffic.
이 지역은 항상 교통이 혼잡해요.

B: I know. People should use public transportation.
알죠. 사람들은 대중교통을 이용해야만 해요.

> 유사 표현
> The traffic is heavy. 교통이 막히다.

> 반의 표현
> The traffic is light. 교통이 원활하다.

---

transfer to***

~로 갈아타다

A: Excuse me, can I transfer to the yellow line at this stop?
실례합니다. 제가 이 정류장에서 노란 노선으로 갈아탈 수 있나요?

B: Yes, two lines intersect here.
네, 여기서 두 개의 노선이 교차해요.

I am a stranger here.**

저는 여기가 처음이에요.

A: Pardon me. Do you know where the park is?
실례합니다. 공원이 어디에 있는지 아시나요?

B: Sorry. I am a stranger here.
죄송합니다. 저는 여기가 처음이에요.

run through**

~를 무시하고 달리다

A: My sister got a ticket for running through a red light last night.
제 여동생이 어젯밤에 정지 신호를 무시하고 달려서 교통 위반 딱지를 받았대요.

B: Oh dear, she should have followed the traffic rules.
저런, 그녀는 교통 법규를 따라야만 했었네요.

take an alternate route**

다른 길로 가다

A: You had better avoid 3rd Street going to work. I've heard a heavy traffic jam on the news.
당신은 출근할 때 3번가는 피하는 게 나을 거예요. 심한 교통 체증이 있다고 뉴스에서 들었어요.

B: Thanks. I can take an alternate route.
고마워요. 다른 길로 갈 수 있어요.

make a detour**

우회하다

A: Look at that! The sign says the road is under construction.
저것 보세요! 표지판에 도로가 공사 중이라고 쓰여 있네요.

B: Yes. I will make a detour.
네. 우회할게요.

유사 표현
take a detour 우회하다

pull ~ over**

(경찰이) ~를 길 한쪽으로 대게 하다

A: Why did the police pull you over?
경찰이 왜 당신을 길 한쪽으로 대게 했나요?

B: I was way over the speed limit.
제가 과속을 했거든요.

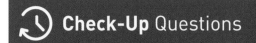

UNIT 01
UNIT 02
UNIT 03
UNIT 04
UNIT 05
UNIT 06
UNIT 07
UNIT 08
UNIT 09
UNIT 10
UNIT 11
UNIT 12
UNIT 13
UNIT 14
UNIT 15
UNIT 16
UNIT 17
UNIT 18
UNIT 19
UNIT 20
UNIT 21
UNIT 22
UNIT 23
UNIT 24
UNIT 25
UNIT 26
UNIT 27
UNIT 28
UNIT 29
UNIT 30

문맥에 맞는 단어를 보기에서 골라 빈칸에 넣으세요.

| ⓐ transfer to | ⓑ turn up | ⓒ stranger | ⓓ run through | ⓔ make a detour |
| ⓕ pull over | ⓖ miss | ⓗ alternate | ⓘ walking distance | ⓙ congested with |

1. A: Can you tell me how I get to the movie theater?
   B: You should take the subway to City Hall and then _____ the bus.

2. A: Can I offer you a ride?
   B: No thanks. My home is near here. It is within _____.

3. A: Let's go home by subway. The main road is _____ traffic.
   B: That is a good idea.

4. A: I need to _____. The road is closed because of the road work.
   B: Oh, we will be late for home.

5. A: You should not _____ a red light.
   B. Okay, I will not.

6. A: I am a _____ here. Can you let me know where the bank is?
   B: You can find it on the next block.

7. A: I am looking for a book store.
   B: It is opposite the convenient store. You can't _____ it.

8. A: When does the bus _____?
   B: It should be soon.

9. A: Could you _____ by the roadside?
   B: I can't. We are stuck in traffic.

10. A: There is a heavy traffic jam.
    B: No worries. I can take an _____ route.

answers

1 ⓐ   2 ⓘ   3 ⓙ   4 ⓔ   5 ⓓ   6 ⓒ   7 ⓖ   8 ⓑ   9 ⓕ   10 ⓗ

청해 표현

UNIT
17

쇼핑

쇼핑

UNIT 17 ≫

001
□□□

I'm just browsing.*

그냥 둘러보는 거예요.

A: Can I help you with anything?
제가 도와 드릴 것이 있나요?

B: I'm just browsing, thanks.
그냥 둘러보는 거예요, 고마워요.

> 유사 표현
> I'm just looking around. 그냥 둘러보는 거예요.

002
□□□

How much do I owe you?*

얼마예요?

A: How much do I owe you?
얼마예요?

B: The total is 50 dollars.
합계는 50달러입니다.

003
□□□

I got a great bargain on it.***

이 물건을 정말 싸게 샀어요.

A: Your new coat looks expensive.
당신의 새 코트가 비싸 보이는데요.

B: Actually, I got a great bargain on it at the outlet mall.
실은 아웃렛에서 정말 싸게 샀어요.

> 유사 표현
> I got a good deal. 싼 가격에 구매했어요.
> What a steal! 정말 저렴하네요!(거저나 마찬가지네요!)

It cost me a fortune.***

큰돈이 들었어요.

A: Your new TV looks expensive!
당신의 새 TV가 비싸 보이네요!

B: Yeah, it cost me a fortune.
네, 큰돈이 들었어요.

유사 표현

That's steep. 굉장히 비싸네요.
It costs an arm and a leg. 엄청난 돈이 들어요.

out of stock***

품절된

A: Where can I find the latest novel by James Brown?
James Brown의 신작 소설을 어디에서 찾을 수 있죠?

B: I'm sorry, but it's temporarily out of stock.
죄송하지만, 그 책은 일시 품절이에요.

유사 표현

sold out 품절된, 매진된

Do you carry ~?***

~를 판매하시나요?

A: Do you carry laptops?
노트북을 판매하시나요?

B: Sure, let me show you some.
물론이죠, 몇 가지 보여 드릴게요.

hit the shelves*

입고되다

A: I'm looking for the new novel by John Smith. When will it hit the shelves?
John Smith의 신작 소설을 찾고 있는데요. 언제 입고되나요?

B: Probably next week.
아마도 다음 주에요.

Charge it to my credit card.**

신용 카드로 결제할게요.

A: Are you paying in cash or credit?
결제를 현금으로 하시나요, 신용 카드로 하시나요?

B: Charge it to my credit card.
신용 카드로 결제할게요.

> **유사 표현**
> I'll put it on my credit card. 신용 카드로 결제할게요.

Can I put this purchase on a six-month payment plan?*

이 물건을 6개월 할부로 살 수 있을까요?

A: That will be 300 dollars altogether.
총 300달러입니다.

B: Can I put this purchase on a six-month payment plan?
이 물건을 6개월 할부로 구매할 수 있을까요?

> **유사 표현**
> Can I pay in installments? 할부로 구매할 수 있나요?

It becomes you.**

당신에게 잘 어울리네요.

A: How do I look in this jacket?
제가 입은 이 재킷 어때요?

B: It becomes you.
당신에게 잘 어울려요.

> **유사 표현**
> It suits you well. 당신에게 잘 어울리네요.

문맥에 맞는 단어를 보기에서 골라 빈칸에 넣으세요.

ⓐ carry	ⓑ out of stock	ⓒ browsing	ⓓ charge	ⓔ fortune
ⓕ becomes	ⓖ hit the shelves	ⓗ payment	ⓘ owe	ⓙ bargain

1. A: When do you expect the book to _____?
   B: I can't say for sure, but I'm hoping next week.

2. A: Could you help me find this shirt in a different color?
   B: I'm sorry, but all other colors are temporarily _____.

3. A: Are you looking for anything?
   B: Thanks, but I'm just _____.

4. A: Your laptop looks really expensive!
   B: It cost me a _____, but it's absolutely worth the price.

5. A: Do I look OK in this tie?
   B: It _____ you.

6. A: How would you like to pay?
   B: _____ it to my credit card.

7. A: Do you _____ DSLR cameras?
   B: I'm afraid we don't sell cameras.

8. A: How much did you pay for this dress?
   B: They were having a huge sale, so I got a great _____ on it.

9. A: How much do I _____ you?
   B: The total is 30 dollars.

10. A: Your total comes to 500 dollars.
    B: Can I put this purchase on a six-month _____ plan?

answers

1 ⓖ 2 ⓑ 3 ⓒ 4 ⓔ 5 ⓕ 6 ⓓ 7 ⓐ 8 ⓙ 9 ⓘ 10 ⓗ

청해 표현

UNIT
18

전화

전화

001

Can you connect me to 사람?**

'사람' 좀 연결해 주실래요?

A: Can you connect me to Mr. Robin?
　Mr. Robin 좀 연결해 주실 수 있나요?

B: This is he.
　제가 그 사람입니다.

> **유사 표현**
> May I speak to 사람? '사람'과 통화할 수 있을까요?

002

have him call me back***

그에게 다시 전화해 달라고 전해 주세요

A: You are asking for Mr. Brown, but he cannot answer the phone right now.
　당신이 요청하는 분은 Mr. Brown인데, 그는 지금 전화를 받을 수 없습니다.

B: That's all right. Can you have him call me back tomorrow?
　괜찮습니다. 내일 그에게 다시 전화해 달라고 전해 주시겠어요?

> **텝스 기출 표현**
> call back 회신 전화하다 cf. call on 사람 '사람'을 방문하다 call at 장소 '장소'를 방문하다

003

What's the nature of your call?**

전화 주신 목적이 무엇인가요?

A: What's the nature of your call?
　전화 주신 목적이 무엇인가요?

B: Please don't hang up. It's kind of personal.
　끊지 말아 주세요. 개인적인 용무입니다.

> **텝스 기출 표현**
> hang up (전화를) 끊다

> **유사 표현**
> What is this regarding? 무슨 일 때문에 그러시죠?

---

put through***

연결해 주다

A: Is Mrs. Jones on maternity leave?
Mrs. Jones는 출산 휴가 중인가요?

B: No, I'll put you through right away.
아니요, 제가 바로 연결시켜 드릴게요.

텝스 기출 표현

be on leave 휴가 중이다
maternity leave 출산 휴가 cf. sick leave 병가
right away 즉시, 곧장

---

gone for the day**

퇴근한

A: Is the secretary gone for the day?
비서는 퇴근했나요?

B: No, she stepped out for an errand. She won't be back until 6 o'clock.
아니요, 그녀는 방금 심부름하러 나갔습니다. 6시나 돼야 돌아올 거예요.

텝스 기출 표현

step out 나가다 cf. go out 외출하다

유사 표현

left for the day 퇴근한

Stay on the line.*

(전화를 끊지 말고) 기다려 주세요.

A: I'm calling about the ad in the paper.
신문 광고를 보고 전화드립니다.

B: Stay on the line.
기다려 주세요.

유사 표현

Hold the line. (전화를 끊지 말고) 기다리세요.
Please wait on the phone. (전화를 끊지 말고) 기다리세요.

You got the wrong number.***

전화를 잘못 거셨어요.

A: May I speak to Mr. James?
　Mr. James와 통화할 수 있을까요?

B: Sorry, but I think you got the wrong number.
　죄송하지만, 전화를 잘못 거신 것 같네요.

유사 표현
There's no one here by that name. 그런 분은 없습니다.

get through*

연락이 닿다

A: I called several times, but I couldn't get through.
　여러 번 전화했지만, 당신에게 연락이 닿지 않았어요.

B: What did you call me for?
　무슨 일로 전화했나요?

유사 표현
get a hold of 사람 '사람'과 연락이 닿다

You are wanted on the phone.**

당신에게 전화가 왔어요.

A: You are wanted on the phone.
　당신에게 전화가 왔어요.

B: Okay. I'll be back in a minute.
　알겠어요. 금방 돌아올게요.

텝스 기출 표현
in a minute 즉각, 당장

유사 표현
There's a call for you. 당신에게 전화가 왔어요.

return your call***

다시 전화해 주다

A: I'm holding all my calls right now. I'll return your call tomorrow.
저는 지금 모든 전화를 받지 못하고 있어요. 내일 다시 전화드리겠습니다.

B: Okay. Regarding the cost, you can place a collect call for me tomorrow.
네. 비용 문제라면, 내일 수신자 부담으로 전화하셔도 됩니다.

텝스 기출 표현

hold calls 전화를 바꿔 주지 않다
place a collect call 수신자 부담으로 전화를 걸다

UNIT 01
UNIT 02
UNIT 03
UNIT 04
UNIT 05
UNIT 06
UNIT 07
UNIT 08
UNIT 09
UNIT 10
UNIT 11
UNIT 12
UNIT 13
UNIT 14
UNIT 15
UNIT 16
UNIT 17
UNIT 18
UNIT 19
UNIT 20
UNIT 21
UNIT 22
UNIT 23
UNIT 24
UNIT 25
UNIT 26
UNIT 27
UNIT 28
UNIT 29
UNIT 30

문맥에 맞는 단어를 보기에서 골라 빈칸에 넣으세요.

ⓐ connect	ⓑ wrong	ⓒ get through	ⓓ stay	ⓔ return
ⓕ have	ⓖ gone	ⓗ nature	ⓘ wanted	ⓙ through

1. A: May I _____ your call later?
   B: Sure. Hold on.

2. A: Can you _____ me to Mr. Kim?
   B: Yeah, I'll connect you right away.

3. A: May I speak to Mr. Lee?
   B: Yes, I'll put you _____ soon.

4. A: I could not _____ you.
   B: Sorry about that. What did you call me for?

5. A: I would like to place a collect call.
   B: Call again. You got the _____ number.

6. A: Do you have a room for today under Kim?
   B: _____ on the line. Yes, I see a room reserved for two.

7. A: May I ask who's calling? He cannot answer the phone right now.
   B: This is Ann calling. Can you _____ him call me back?

8. A: Can I place an order by phone?
   B: No, the salesperson is _____ for the day. You have to order it online first.

9. A: Hold the line, please.
   B: What's the _____ of your call?

10. A: You are _____ on the phone.
    B: Sorry. Say that I will call back.

청해 표현

UNIT
19

인간관계

인간관계

001
□□□

be at odds with***

～와 사이가 나쁘다

A: Hey, did you hear Henry and Jack will go on a trip together?
이봐요, Henry랑 Jack이 함께 여행 간다는 얘기 들었어요?

B: Ah, really? Pretty surprising. I thought they are at odds with each other.
아, 정말요? 꽤 놀랍네요. 그 둘 사이가 안 좋은 줄 알았는데 말이죠.

002
□□□

set 사람 up with 사람***

'사람'에게 '사람'을 소개하다

A: Can you set me up with your friend?
당신의 친구를 제게 소개해 줄 수 있어요?

B: Yeah, sure.
네, 당연하죠.

003
□□□

take it out on 사람**

'사람'에게 화풀이하다

A: Sorry for taking it out on you earlier.
좀 아까 당신에게 화풀이해서 미안해요.

B: I hope you wouldn't do that ever again. I was really offended.
다신 안 그랬으면 좋겠어요. 저 정말 기분 나빴거든요.

004
□□□

pass the buck to 사람**

'사람'에게 책임을 전가하다[떠넘기다]

A: She's notorious for passing the buck to people in the team.
그녀는 팀 사람들에게 책임을 전가하는 것으로 악명 높아요.

B: Wow, that's so selfish and irresponsible.
와, 그거 참 이기적이고 무책임하네요.

---

patch things up**

화해하다

A: I heard that Jack and Katy finally patched things up.
　마침내 Jack과 Katy가 화해했다고 들었어요.

B: That's true. Good for them.
　맞아요. 잘된 일이죠.

> **유사 표현**
> make up (with 사람) ('사람'과) 화해하다
> bury the hatchet 화해하다, 문제를 해결하다

make it up to 사람***

'사람'에게 보상하다[만회하다]

A: You're late again.
　당신, 또 늦었네요.

B: I'm so sorry. Let me make it up to you.
　정말 미안해요. 제가 꼭 만회할게요.

> **유사 표현**
> make it up for A A에 대해 보상하다[만회하다]

root out for 사람**

'사람'을 응원하다

A: I was rooting out for him to be on the roster, but his name was left.
　저는 그가 선수 출전 명단에 오르길 바랐는데, 그의 이름이 빠져 있었어요.

B: That must've been frustrating.
　그거 참 실망스러웠겠네요.

drift apart*

관계가 소원해지다

A: People say some couples drift apart over time.
　사람들이 얘기하길 시간이 지나면서 몇몇 부부들은 관계가 소원해진다고 하더라고요.

B: Yeah, I guess that's true.
　네, 그런 것 같아요.

유사 표현
fall apart 사이가 틀어지다, 결딴나다
grow apart 사이가 멀어지다

butter 사람 up**

'사람'에게 아첨하다[아부하다]

A: You look absolutely stunning today! You look great in the red dress.
　당신 정말 오늘 아름다워요! 빨간색 드레스가 정말 잘 어울리네요.

B: Come on, don't butter me up.
　그러지 마요, 아첨하지 마세요.

speak ill of 사람***

'사람'을 나쁘게 말하다, '사람'의 험담을 하다

A: You won't speak ill of people behind their backs?
　당신은 사람들 뒤에서 험담하지 않을 거죠?

B: Definitely, I won't.
　그럼요, 당연하죠.

UNIT
01

UNIT
02

03

UNIT
04

05

06

07

UNIT
08

09

UNIT
10

11

UNIT
12

13

UNIT
14

15

UNIT
16

UNIT
17

18

UNIT
19

UNIT
20

21

UNIT
22

23

24

25

26

27

28

29

30

Check-Up Questions

문맥에 맞는 단어를 보기에서 골라 빈칸에 넣으세요.

ⓐ butter	ⓑ pass the buck	ⓒ rooting out	ⓓ up with	ⓔ patch things
ⓕ took it out	ⓖ make it up	ⓗ speak ill of	ⓘ odds with	ⓙ drifted apart

1. A: My boyfriend and I _____ lately.
   B: Well, that's bad. I hope your relationship will be on track.

2. A: You should try to _____ up with your best friend.
   B: Definitely, I will.

3. A: Why don't we set her _____ Nick?
   B: I guess it's a good idea.

4. A: Katy seems to _____ me up a lot.
   B: Maybe she wants something from you.

5. A: Do you know that Jack _____ to me on the project?
   B: That sounds ungrateful considering that you've helped him a lot.

6. A: Why are you at _____ your boss? Something happened?
   B: Well, I'm not. It's just about different working styles.

7. A: We're all _____ for you to win!
   B: Thanks. I hope so, too.

8. A: Don't _____ him. You're not in the position to say something like that.
   B: Well, you're right. I'll cut it.

9. A: I'm so infuriated that my boss _____ on me again!
   B: Again? I guess there's got to be something wrong with him.

10. A: He stood me up on our first date.
    B: Well, he really should _____ to you.

answers

1 ⓙ 2 ⓔ 3 ⓓ 4 ⓐ 5 ⓑ 6 ⓘ 7 ⓒ 8 ⓗ 9 ⓕ 10 ⓖ

청해 표현

UNIT
20

건강

건강 UNIT 20 ≫

001 in good shape***
몸 상태가 좋은, 건강한

A: I work out every day to keep myself in good shape.
저는 몸매 유지를 위해 매일 운동을 해요.

B: I should do that, too.
저도 시작해야 하는데 말이죠.

템스 기출 표현
work out (건강·몸매 관리 등을 위해) 운동하다

반의 표현
in bad shape 건강이 나쁜
out of shape 건강이 안 좋은, 몸매가 엉망인

002 have a throbbing headache*
머리가 지끈거리다[쑤시다]

A: I'm having a throbbing headache from last night's binge drinking.
어젯밤의 과음으로 인해 머리가 너무 아파요.

B: You have to keep drinking water.
계속 물을 마셔야 해요.

003 have a baby on the way*
임신 중이다

A: I heard that your daughter-in-law is having a baby on the way. Congratulations!
며느리가 임신 중이라면서요. 축하드려요!

B: Yes, that's right. Thanks.
네, 맞아요. 감사합니다.

유사 표현
expect a baby 임신 중이다

feel under the weather***

몸이 아프다

A: Are you feeling under the weather? You look all pale.
어디 몸이 안 좋은가요? 얼굴이 창백해 보여요.

B: I guess so. Maybe I should go to see a doctor.
그런 것 같아요. 아무래도 병원에 가 봐야겠어요.

come down with***

(~ 병에) 걸리다

A: Is she coming down with something?
그녀는 어디 아픈가요?

B: I'd assume so. Looks like she's having a touch of the flu.
그런 것 같아요. 감기 기운이 있는 것 같던데요.

텝스 기출 표현

a touch of the flu 독감 기운[증세]

be covered in a rash*

뾰루지가[발진이] 나다

A: My face is covered in a rash. This is so annoying.
얼굴에 뾰루지가 났어요. 너무 신경 쓰여요.

B: Try applying a bit of topical cream.
연고 좀 발라 보세요.

take walk-ins**

예약 없이 진료 가능하다

A: This clinic doesn't take walk-ins. You have to make a reservation.
이 병원은 예약 없이 진료가 불가능해요. 예약을 해야 해요.

B: Oh, I should keep that in mind.
아, 기억해 둬야겠네요.

텝스 기출 표현

make a reservation 예약하다(= make an appointment)
keep A in mind A를 명심하다, 기억해 두다

ache in the joints*

뼈 마디마디가 아프다[쑤시다]

A: I seem to ache in the joints lately.
요즘 뼈 마디마디가 아픈 것 같아요.

B: For your age, it's unusual.
당신 나이 또래에 비하면, 드문 증상인데요.

be allergic to***

~에 알레르기가 있다

A: Are you allergic to dogs or cats? I have a few in my house.
혹시 강아지나 고양이에 알레르기가 있나요? 저희 집에 몇 마리를 키우거든요.

B: Oh, not at all. Don't worry.
아, 전혀요. 걱정 마세요.

shed pounds***

살을 빼다

A: Yoga helped me shed pounds. I can't wait for summer to come.
제가 살 빼는 데 요가가 도움이 많이 됐어요. 빨리 여름이 왔으면 좋겠어요.

B: Well, you must be confident about your body.
그러게요, 당신은 몸매에 대해 자신감을 느낄 만하네요.

유사 표현
lose weight 살이 빠지다
reduce weight 체중을 줄이다
wear off the fat (운동 등으로) 군살을 빼다

반의 표현
gain weight 살찌다
put on weight 체중이 늘다

⟲ **Check-Up** Questions

문맥에 맞는 단어를 보기에서 골라 빈칸에 넣으세요.

ⓐ aching in	ⓑ coming down	ⓒ good shape	ⓓ take	ⓔ on the way
ⓕ covered in	ⓖ shed pounds	ⓗ allergic to	ⓘ under	ⓙ throbbing

1. A: I guess I'm _____ with a cold.
   B: You should take some pills and get some rest.

2. A: I'm _____ the joints.
   B: That means you really should start working out.

3. A: I'm having a _____ headache.
   B: You should take some aspirin.

4. A: Wow, you look so slim! Have you been working out?
   B: Yeah, I've been trying to _____ lately.

5. A: I'm feeling _____ the weather today.
   B: Then you should leave work early and get some rest at home.

6. A: Excuse me, do you _____ walk-ins?
   B: Yes, we're available for today.

7. A: You are in such _____. What's the strategy?
   B: I try not to indulge in too much sweets.

8. A: I'm _____ nuts.
   B: Oh, I didn't know that.

9. A: My tongue's _____ a rash.
   B: Maybe you've been stressed out lately.

10. A: I guess I'm having a baby _____!
    B: Oh, my god! Congratulations! That's good to hear.

answers

1 ⓑ 2 ⓐ 3 ⓙ 4 ⓖ 5 ⓘ 6 ⓓ 7 ⓒ 8 ⓗ 9 ⓕ 10 ⓔ

청해 표현

UNIT
21

음식 · 외식

음식 · 외식 UNIT 21 >>

001

I'm full.***

배가 불러요.

A: I'm too full. I think I'll have to skip dessert.
배가 너무 불러요. 디저트는 먹지 말아야겠어요.

B: Me too. We shouldn't have ordered three dishes.
저도요. 요리를 세 개 시키지 말았어야 했어요.

> **유사 표현**
> I'm stuffed. 배가 너무 불러요.

002

I'm starving.***

배가 고파요.

A: Shall we order food in? I'm starving.
우리 배달시켜 먹을까요? 배가 고파요.

B: We're trying to cut down on our expenses, remember? I'll cook for you instead.
우리 지출을 줄이려고 하고 있잖아요, 기억 안 나요? 대신 제가 요리해 줄게요.

> **유사 표현**
> My stomach is growling. 배가 꼬르륵거리네요.
> I could eat a horse. 배가 너무 고파요.

003

I don't have an appetite.*

식욕이[입맛이] 없어요.

A: Let's go out for lunch.
점심 먹으러 나갑시다.

B: You should go without me. I don't have an appetite because of my cold.
저 빼고 가세요. 감기 때문에 식욕이 없어요.

> **유사 표현**
> I lost my appetite. 입맛이 떨어졌어요.

---

grab a bite to eat***

간단히 먹다

A: We've been working past lunchtime. We both need a break.
우리는 점심 시간을 지나서 계속 일했어요. 우리 둘 다 휴식이 필요해요.

B: You're right. Let's grab a bite to eat.
맞는 말이에요. 간단히 뭐 좀 먹읍시다.

How many are in your party?**

일행이 몇 명입니까?

A: Hello, how many are in your party?
안녕하세요, 일행이 몇 명이십니까?

B: There are six of us altogether.
총 여섯 명이에요.

Would you like seconds?**

(한 그릇) 더 드시겠어요?

A: You're a great cook! This is the best curry I've tried.
요리를 정말 잘하시네요! 제가 먹어 본 카레 중에 최고예요.

B: I'm flattered. Would you like seconds?
그렇게 말씀해 주시다니 기쁘네요. 한 그릇 더 드시겠어요?

> **유사 표현**
> Would you like another helping? (한 그릇) 더 드시겠어요?
> Would you like a second helping? (한 그릇) 더 드시겠어요?

I'll pick up the tab.**

제가 살게요.

A: I'll pick up the tab.
제가 살게요.

B: No, it's my turn to pay!
안 돼요, 이번에는 제가 살 차례예요!

> **유사 표현**
> I'll grab[pick up/get] the tab[check]. 제가 살게요.
> I'll treat you. 제가 살게요.
> It's my treat. 제가 살게요.
> It's on me. 제가 살게요.

UNIT
01
UNIT
02
UNIT
03
UNIT
04
UNIT
05
UNIT
06
UNIT
07
UNIT
08
UNIT
09
UNIT
10
UNIT
11
UNIT
12
UNIT
13
UNIT
14
UNIT
15
UNIT
16
UNIT
17
UNIT
18
UNIT
19
UNIT
20
UNIT
21
UNIT
22
UNIT
23
UNIT
24
UNIT
25
UNIT
26
UNIT
27
UNIT
28
UNIT
29
UNIT
30

008 share the bill**

나누어 계산하다

A: Who's picking up the check?
오늘은 누가 돈을 내나요?

B: Let's just share the bill.
그냥 각자 냅시다.

> **유사 표현**
>
> split the bill 돈을 나누어 내다
> go fifty-fifty 돈을 반씩 내다
> go dutch 돈을 각자 내다

009 I was overcharged.*

비용이 과다 청구되었어요.

A: I think I was overcharged for my meal.
제 식사 비용이 과다 청구된 것 같아요.

B: I'm sorry, I'll check and get back to you.
죄송합니다, 확인 후 다시 말씀드릴게요.

010 on the house*

(음식점에서 손님에게) 무료로 제공되는

A: We didn't order this cake.
저희는 이 케이크를 주문하지 않았는데요.

B: Oh, it's on the house.
아, 이건 무료로 드리는 거예요.

Check-Up Questions

문맥에 맞는 단어를 보기에서 골라 빈칸에 넣으세요.

| ⓐ seconds | ⓑ in your party | ⓒ pick up the tab | ⓓ on the house | ⓔ full |
| ⓕ overcharged | ⓖ grab a bite | ⓗ have an appetite | ⓘ share the bill | ⓙ starving |

1. A: I don't seem to _____ these days. Maybe I should visit the doctor.
   B: It could be because you're under so much stress.

2. A: How much does it cost for dessert after the meal?
   B: All desserts are _____ for customers who order course meals.

3. A: I'd like to make a reservation for Friday, seven o'clock.
   B: Sure, how many are _____?

4. A: I'm feeling a little hungry. Why don't we _____ to eat?
   B: Sounds great!

5. A: I didn't know this restaurant's dishes had such large portions.
   B: Neither did I. I'm too _____ to eat anything else.

6. A: I'll _____ today.
   B: Nonsense! You always treat me to fancy meals. I'll cover it this time.

7. A: You must have been hungry. Would you like _____?
   B: Yes, please. I think you should open a restaurant.

8. A: Let's _____. How much do we have to pay each?
   B: There are five of us, so 15 dollars each.

9. A: I'm _____. I haven't had anything to eat all day.
   B: That's not very healthy. You should try to eat regularly, even if in small
   amounts.

10. A: Excuse me, could you check my bill? I think I was _____ for my meal.
    B: My apologies for the mistake.

answers
1 ⓗ 2 ⓓ 3 ⓑ 4 ⓖ 5 ⓔ 6 ⓒ 7 ⓐ 8 ⓘ 9 ⓙ 10 ⓕ

청해 표현

UNIT
22

의문사

의문사

UNIT 22 ≫

001
☐☐☐

What's eating you?**

왜 그렇게 속상해하나요?, 무슨 걱정거리 있어요?

A: I think you have been so frustrated after the meeting. What's eating you?
회의 이후로 당신이 매우 낙심해 있는 것 같아요. 왜 그렇게 속상해하나요?

B: That's because I have to collect lots of additional information for the next meeting.
그건 제가 다음 회의를 위해 많은 추가 정보를 수집해야 하기 때문에 그래요.

002
☐☐☐

What gives you that idea?**

왜 그런 생각을 하죠?

A: I heard that you think the teacher deserves to be blamed. What gives you that idea?
당신이 그 교사가 비난받아 마땅하다고 생각한다는 얘기를 들었어요. 왜 그런 생각을 하죠?

B: That's because he's rather controlling in my opinion.
제가 보기엔 그가 좀 지배적이기 때문이에요.

003
☐☐☐

What took you so long?***

왜 그렇게 오래 걸렸어요?

A: What took you so long to make preparations for the upcoming meeting?
다음 회의를 준비하는 데 왜 그렇게 오래 걸렸나요?

B: It was so burdensome for us to select only useful things.
저희가 유용한 자료만을 선별하는 게 힘들었어요.

> **유사 표현**
> What kept you so long? 왜 이렇게 늦었어요?

004
☐☐☐

How do you find ~?***

~이 어떻나요?, ~이 마음에 드나요?

A: How do you find this massage machine with the new technology?
신기술로 만들어진 이 마사지 기계 어때요?

B: I feel really comfortable when using this top-notch item.
전 이 최고의 제품을 사용할 때 매우 편안함을 느껴요.

Who's the breadwinner?*

누가 생활비를 버나요?

A: Do your parents still earn a living for your family? Who's the real breadwinner?
당신의 부모님께서 가족을 위해 아직도 생활비를 버시나요? 누가 실제로 생활비를 벌어요?

B: Actually my brother is the one who has made a living for our family.
사실 저희 오빠가 가족을 위해 생활비를 벌어 오는 사람이에요.

Why on earth***

도대체 왜

A: Why on earth did the boss compel us not to attend the important meeting?
도대체 왜 사장님이 우리에게 그 중요한 회의에 참석하지 말라고 강요했을까요?

B: I'm sure he must have been disappointed with our rude remarks.
사장님이 우리가 한 무례한 말 때문에 실망하신 게 틀림없어요.

How can we make it up to you?***

기분을 어떻게 풀어 드릴까요?

A: We dropped the ball when you visited our office. How can we make it up to you?
당신들이 우리 사무실에 왔을 때 우리가 실수를 하고 말았어요. 어떻게 기분을 풀어 드리면 좋을까요?

B: I wish you would visit our office and apologize in person.
전 당신들이 우리 사무실에 와서 직접 사과하면 좋겠어요.

> **템스 기출표현**
>
> drop the ball 실수로 망치다

How did 사람 manage to ~?***

'사람'이 어떻게 ~을 해내셨습니까?

A: How did you manage to surmount the serious problem without any mistakes?
당신은 어떻게 그 심각한 문제를 실수 없이 해결해 냈나요?

B: Thanks to much support from my family, I could handle it properly.
가족들의 지지 덕분에, 제가 그 상황을 적절하게 해결할 수 있었어요.

On what ground**

무슨 이유로

A: On what grounds did the boss compel us to do the work?
사장님은 무슨 이유로 우리에게 그 일을 하도록 강요했던 건가요?

B: He must have been interested in the potential of our department.
사장님께서 저희 부서의 잠재력에 흥미를 느끼셨음에 틀림없어요.

What's the hold up with ~?***

왜 그렇게 ~가 지체되나요?

A: What's the hold up with the important materials for the next meeting?

다음 회의를 위한 중요한 자료가 왜 그렇게 지체되나요?

B: That's because they need some finishing touches to be more perfect.

그건 보다 완벽한 자료를 위해 약간의 마무리 작업이 필요하기 때문이에요.

> **텝스 기출 표현**
>
> finishing touches 마지막 작업[손질]

UNIT
01
UNIT
02
03
UNIT
04
05
06
UNIT
07
08
09
10
UNIT
11
12
13
14
15
16
17
18
19
20
21
UNIT
22
23
24
25
26
27
28
29
30

문맥에 맞는 단어를 보기에서 골라 빈칸에 넣으세요.

| ⓐ on what grounds | ⓑ hold up | ⓒ manage to | ⓓ so long | ⓔ breadwinner |
| ⓕ how do you find | ⓖ make it up | ⓗ why on earth | ⓘ eating | ⓙ what gives |

1. A: What's the _____ with your graduation thesis?
   B: That's because I need to correct some errors without any help.

2. A: _____ your new clothes? I think it's gorgeous.
   B: I'm willing to wear it frequently because of the great designs.

3. A: _____ did your father force you to complete the work quickly?
   B: He may have wanted to enjoy his leisure time with me.

4. A: How did the new recruit _____ win the critical contract?
   B: Rumors say he is one of the most lucid employees in the department.

5. A: What took you _____ to do your assignment for the science class?
   B: It was so difficult for me to choose an appropriate topic.

6. A: How can we _____ to you on behalf of our kid?
   B: I want you to leave me alone as I suffered an emotional injury.

7. A: _____ did our teacher help us clean our classroom?
   B: She must have wanted to tidy it up regardless of her personality.

8. A: What's _____ you? I'm worried that you won't speak well at the upcoming seminar.
   B: I'm not satisfied with the new device which has to be introduced at the seminar.

9. A: I heard that you think the students must be disciplined. _____ you that idea?
   B: I think their rude attitude always bother my class.

10. A: Who's the real _____? I've been told your brother is the one.
    B: Actually I've been in charge of making a living lest my family go bankrupt.

청해 표현

UNIT
23

Yes/No 질문들

Yes/No 질문들 UNIT 23 ≫

☐☐☐

Can you give me a rain check on ~?**

~을 나중으로 미룰 수 있을까요?

A: Can you give me a rain check on your invitation? I must get my term paper finished today.

당신 초대를 나중으로 미룰 수 있을까요? 저 오늘 중으로 학기말 과제를 끝내야 해서요.

B: Definitely. How about next week?

물론이죠. 다음 주는 어때요?

> **유사 표현**
>
> Can I take a rain check on ~? ~을 나중으로 미룰 수 있을까요?

☐☐☐

Does that include ~?**

~이 포함되어 있나요?

A: I guess the rent is too expensive. Does that include utilities?

제 생각엔 집세가 너무 비싼 거 같은데요. 그거 공과금도 포함된 건가요?

B: Yes, except for the gas bill.

네, 가스 요금은 빼고요.

☐☐☐

Interested in ~?***

~하는 데 관심 있나요?, ~할 생각 있나요?

A: Interested in taking up yoga class?

요가 수업을 시작할 생각 있어요?

B: Yes, I really want to get in shape.

네, 전 정말로 몸매를 가꾸고 싶어요.

> **텝스 기출표현**
>
> take up (취미로) 시작하다
> get in shape 몸매를 가꾸다

Any changes to your routine recently?*

최근에 일상에 어떤 변화라도 있었나요?

A: Any changes to your routine recently?
최근에 일상에 어떤 변화라도 있었나요?

B: Yes, I am pregnant.
네, 저 임신했어요.

Can you give me a hand?***

저 좀 도와주시겠어요?

A: Can you give me a hand, please?
저 좀 도와주실 수 있나요?

B: Sure. What can I do for you?
물론이죠. 무엇을 도와 드릴까요?

> **유사 표현**
>
> Could you do me a favor? 저 좀 도와주시겠어요?
> Do you mind helping me? 저 좀 도와주시겠어요?
> I was wondering if you could help me. 저를 좀 도와주실 수 있는지 궁금해요.

Can you keep an eye on ~?**

~을 좀 봐주시겠어요?

A: Can you keep an eye on my dog while I go to the bathroom?
제가 화장실에 다녀오는 동안 제 개 좀 봐주시겠어요?

B: Sure. You can count on me.
물론이죠. 절 믿으세요.

> **텝스 기출 표현**
>
> count on 사람 '사람'을 믿다

Do you have ~ in your mind?***

염두에 둔 ~라도 있나요?

A: Do you have a specific place in your mind?
염두에 둔 특정한 장소라도 있어요?

B: You mean for our vacation? I like Bali.
우리 휴가로 말인가요? 전 발리가 좋아요.

Are you all settled into ~?**

~에 완전히 적응했나요?

A: Are you all settled into your new school life?
새로운 학교 생활에 완전히 적응했나요?

B: Still hassled, but I am getting used to it.
여전히 정신없지만, 익숙해지고 있어요.

> **텝스 기출 표현**

get used to ~에 익숙해지다

Can you fill me in on ~?*

~에 대해 설명해 주시겠어요?

A: Can you fill me in on what I missed yesterday's meeting?
제가 어제 회의에서 놓친 것에 대해 설명해 주시겠어요?

B: Not now. I'm behind in my work.
지금은 말고요. 제가 일이 밀려 있어서요.

> **텝스 기출 표현**

behind in 사람's work 일이 밀리다, 일이 늦어지다

Can you make it ~?***

~에 맞춰 올 수 있나요?

A: Can you make it a little bit earlier?
조금 일찍 올 수 있어요?

B: No, I can't. I am stuck in traffic.
아뇨, 그럴 수 없어요. 차가 막혀서요.

> **텝스 기출 표현**

be stuck in traffic 차가 막혀서 꼼짝도 못 하다

문맥에 맞는 단어를 보기에서 골라 빈칸에 넣으세요.

ⓐ rain check	ⓑ interested in	ⓒ include	ⓓ make it	ⓔ hand
ⓕ settled into	ⓖ keep an eye on	ⓗ routine	ⓘ fill me in	ⓙ mind

1. A: My schedules are packed this week. Can you give me a _____ on that drink?
   B: Sure. How about next Tuesday?

2. A: Can you _____ at six?
   B: No, I'm fully occupied with my work.

3. A: Are you all _____ your new home?
   B: Not yet. It takes some time to get used to it.

4. A: Excuse me, does that _____ taxes?
   B: No, you should plus 10 percent taxes on the price.

5. A: Any changes to your _____ recently?
   B: Yes, I started to exercise.

6. A: Do you have a specific cell phone in your _____?
   B: Well, the latest model that released last week.

7. A: Can you _____ on what happened last night?
   B: There has been a robbery at the store.

8. A: Can you give me a _____ for me?
   B: No problem. I'll help you.

9. A: Can you _____ my bag?
   B: I'm sorry, but I have got to go now.

10. A: _____ going to a new Japanese restaurant over there?
    B: Of course. You know I love Japanese food.

answers
1 ⓐ 2 ⓓ 3 ⓕ 4 ⓒ 5 ⓗ 6 ⓘ 7 ⓘ 8 ⓔ 9 ⓖ 10 ⓑ

청해 표현

UNIT
24

다양한 답변들

다양한 답변들

UNIT 24 ≫

UNIT 01
UNIT 02
UNIT 03
UNIT 04
UNIT 05
UNIT 06
UNIT 07
UNIT 08
UNIT 09
UNIT 10
UNIT 11
UNIT 12
UNIT 13
UNIT 14
UNIT 15
UNIT 16
UNIT 17
UNIT 18
UNIT 19
UNIT 20
UNIT 21
UNIT 22
UNIT 23
UNIT 24
UNIT 25
UNIT 26
UNIT 27
UNIT 28
UNIT 29
UNIT 30

001

Think nothing of it.**

천만에요., 신경 쓰지 마세요.

A: Thanks for picking up my son from school.
학교에서 제 아들을 데리고 와 줘서 고마워요.

B: Think nothing of it. It was on the way, anyway.
천만에요. 어차피 가는 길이었는데요.

002

What are friends for?**

친구 좋다는 게 뭐겠어요.

A: Thanks for helping me finish this project.
이 프로젝트 끝내는 걸 도와줘서 고마워요.

B: No problem. What are friends for?
별말씀을요. 친구 좋다는 게 뭐겠어요.

003

You are the one who should be thanked.*

제가 더 당신에게 감사합니다.

A: Thank you for making it to my recital.
제 연주회에 와 줘서 고마워요.

B: You are the one who should be thanked.
제가 더 감사한걸요.

004

It was the least I could do.**

제가 할 수 있는 최소한의 일인걸요.

A: Thanks for helping me organizing the party. I don't know how to express my gratitude.
파티 준비하는 데 도움을 줘서 고마워요. 어떻게 감사의 마음을 표현해야 할지 모르겠네요.

B: Well, it was the least I could do.
아니에요, 제가 할 수 있는 최소한의 일인걸요.

By all means.***

물론이에요., 당연하죠.

A: Can we postpone our appointment for another day? I feel a bit sick.
우리 약속을 다른 날로 미뤄도 될까요? 몸이 좀 안 좋아서요.

B: By all means. Let's take a rain check on that.
물론이죠. 다음을 기약합시다.

> **텝스 기출 표현**
> take a rain check on ~에 대해 다음을 기약하다

> **반의 표현**
> By no means. 절대 안 돼요.

It wouldn't hurt to ~.**

~하는 것도 괜찮아요.

A: I don't think I can finish this report in time. Should I ask for an extension?
아무래도 제시간에 리포트를 못 끝낼 것 같아요. 마감 기한 연장을 부탁해야 할까요?

B: Well, it wouldn't hurt to ask.
글쎄요, 물어봐서 나쁠 건 없죠.

> **유사 표현**
> it won't hurt to ~해서 손해 볼 건 없다
> it doesn't hurt to ~해서 나쁠 건 없다

I don't see why not.***

왜 안 되겠어요., 당연하죠.

A: Can I leave work early today?
저 오늘 일찍 퇴근해도 될까요?

B: I don't see why not.
네, 그러세요.

> **유사 표현**
> Why not? 왜 안 되겠어요?

Do as you please.*

원하시는 대로 하세요., 바라는 대로 하세요.

A: Can I correct your comment on this report?

이 보고서에 관한 당신의 코멘트를 수정해도 될까요?

B: Do as you please.

원하시는 대로 하세요.

유사 표현

Be my guest. 그렇게 하세요., 그러세요.
Suit yourself. 마음대로 하세요., 좋을 대로 하세요.

Over my dead body.*

절대 안 돼요., 꿈도 꾸지 마세요.

A: Should I get some tattoo?

저 문신할까요?

B: Over my dead body. You're too young for that.

절대 안 돼요. 당신은 문신하기엔 너무 어려요.

You know better than that.***

그거 할 정도로 어리석진 않잖아요., 그런 거 하지 마세요.

A: Should I download this movie online for free?

이 영화 온라인에서 무료로 다운받아도 될까요?

B: You know better than that. I'm sure it's against the law.

그런 거 하지 마세요. 그거 불법이에요.

유사 표현

You know better than to do that. 그 정도로 어리석지 않잖아요.

문맥에 맞는 단어를 보기에서 골라 빈칸에 넣으세요.

ⓐ dead body	ⓑ be thanked	ⓒ are friends	ⓓ all means	ⓔ the least
ⓕ wouldn't hurt	ⓖ as you please	ⓗ better than	ⓘ nothing of it	ⓙ why not

1. A: Would it be okay to ask her out?
   B: It _____ to ask.

2. A: Thank you for being in our movie.
   B: You are the one who should _____.

3. A: Should I call and invite him to our party?
   B: Over my _____. He's such a party pooper.

4. A: Thanks for house-sitting while I'm away.
   B: Think _____.

5. A: I can't tell you what you should do. So, do _____.
   B: I'll keep that in mind.

6. A: Can you help me move this weekend?
   B: Sure, what _____ for?

7. A: Do you want to come over to my place tonight?
   B: By _____!

8. A: Should I invest in this hedge fund?
   B: You know _____ that.

9. A: Thanks for setting me up with your friend.
   B: It was _____ I could do.

10. A: Can I take the day off?
    B: I don't see _____.

---

answers

1 ⓕ 2 ⓑ 3 ⓐ 4 ⓘ 5 ⓖ 6 ⓒ 7 ⓓ 8 ⓗ 9 ⓔ 10 ⓙ

청해 표현

UNIT
25

여러 장소

여러 장소 UNIT 25 》》

001
□□□

to 사람's liking**
'사람'의 기호에 맞는

A: What is your return policy?
환불 규정이 어떻게 되나요?

B: If the product isn't to your liking, you can return it within seven days.
상품이 맘에 안 드시면, 7일 이내에 반품하실 수 있습니다.

텝스 기출 표현
return policy 환불 규정
be to 사람's liking '사람'의 맘에 들다

002
□□□

get ~ out of***
~를 제거하다[빼다]

A: I'm here to get the stain out of this shirt.
이 셔츠에 묻은 얼룩을 빼러 왔는데요.

B: Sure, you can pick it up tomorrow.
네, 내일 찾으러 오시면 됩니다.

텝스 기출 표현
get the stain out of ~에서 얼룩을 제거하다
pick up 찾아가다

유사 표현
get rid of ~를 처리하다[없애다]

003
□□□

would like 사람's hair done**
'사람'의 머리를 (손질)하다

A: How would you like your hair done?
머리를 어떻게 해 드릴까요?

B: Just take a little off the top and trim the sides.
그냥 위는 살짝 쳐내고 옆은 다듬어 주세요.

텝스 기출 표현
take off 자르다
trim the sides 양옆을 다듬다

quote 사람 a price***

'사람'에게 견적을 내 주다

A: I'd like to know how much the roof repair costs.
지붕 수리 비용이 얼마나 드는지 알고 싶어요.

B: I'd have to inspect the damage to quote you a price.
제가 피해를 살펴봐야 견적을 산출해 드릴 수 있어요.

텝스 기출표현

inspect the damage 피해를 점검하다[살피다]

by registered mail*

등기 우편으로

A: How would you like this parcel sent?
이 우편물을 어떻게 부쳐 드릴까요?

B: I'd like to have it sent by registered mail.
등기 우편으로 부치고 싶습니다.

텝스 기출표현

send by registered mail 등기 우편으로 보내다

have ~ in mind***

~를 마음에 두다[원하다]

A: I'd like to get a jacket for my son.
아들에게 줄 재킷을 사고 싶은데요.

B: Do you have anything particular in mind?
특별히 마음에 두고 계신 거라도 있나요?

01 UNIT
02 UNIT
03 UNIT
04 UNIT
05
06
07 UNIT
08
09 UNIT
10 UNIT
11
12
13 UNIT
14 UNIT
15
16
17 UNIT
18
19 UNIT
20
21
22 UNIT
23
24
UNIT 25
26
27 UNIT
28 UNIT
29
30

take walk-ins**
예약 없이 가능하다

A: Do you take walk-ins? I'd like to have my teeth checked.
예약 없이 가능한가요? 치아 검진을 받고 싶은데요.

B: Unfortunately, we are fully booked today.
죄송합니다만, 오늘은 예약이 꽉 찼습니다.

> **텝스 기출 표현**
>
> have teeth checked 치아 검진을 받다
> fully booked 예약이 다 찬

beyond repair***
수리가 불가능한

A: I'd like to fix this furnace.
이 보일러를 고치고 싶은데요.

B: I'm afraid it's beyond repair. It's better to get a new one.
죄송하지만 수리가 불가능해요. 새로 하나 구입하시는 게 좋을 거예요.

> **텝스 기출 표현**
>
> fix a furnace 화로를[보일러를] 고치다
> be better to ~하는 게 좋다

> **유사 표현**
>
> incapable of repair 수리가 불가능한

a doggy bag*
남은 음식을 싸 가는 봉지

A: I'd like to take these leftovers home.
이 남은 음식들을 집에 가져가고 싶은데요.

B: OK, I'll get you a doggy bag.
네, 싸 갈 봉지를 가져다 드릴게요.

> **텝스 기출 표현**
>
> take the leftovers 남은 음식을 가져가다 cf. wrap up 싸다, 포장하다
> get 사람 a doggy bag 싸 갈 봉투를 '사람'에게 가져다주다

It's on me. ★★★

제가 계산할게요.

A: Who's picking up the tab?

누가 계산할 거예요?

B: It's on me today. You treated us last time.

오늘은 제가 계산할게요. 지난번에 당신이 우리를 대접했으니까요.

텝스 기출 표현

pick up the tab 계산하다
treat 사람 '사람'을 대접하다

반의 표현

go dutch 비용을 각자 내다

Check-Up Questions

문맥에 맞는 단어를 보기에서 골라 빈칸에 넣으세요.

ⓐ get out of	ⓑ quote	ⓒ registered mail	ⓓ in mind	ⓔ walk-ins
ⓕ on me	ⓖ doggy bag	ⓗ beyond repair	ⓘ hair done	ⓙ liking

1. A: Let's share the bill for dinner.
   B: No, I've got a bonus today. It's _____ this time.

2. A: This shirt looks nice on you.
   B: Actually, it's not to my _____. I prefer a different color.

3. A: I spilled coffee on my pants. Do you think I can _____ this stain?
   B: Sure. You can take them to the dry cleaner's.

4. A: Hello, how would you like your _____?
   B: I'd like to get my hair permed and colored.

5. A: My car is making a strange noise. How much will it cost to fix it?
   B: I can _____ you a price after I inspect it.

6. A: What can I do to get a proof that this parcel will be shipped correctly?
   B: You can choose to send it by _____.

7. A: What kind of shoes do you have _____?
   B: I'd like to get one suited for running.

8. A: My computer broke down yesterday. Could you have a look at it?
   B: I think it's _____. It's too old.

9. A: We have too much food left. We shouldn't have ordered more.
   B: Don't worry. I'll ask a waiter for a _____. We can take it home.

10. A: I didn't make any appointment. Do you take _____?
    B: Yes, but it's supposed to take about half an hour.

1 ⓕ 2 ⓙ 3 ⓐ 4 ⓘ 5 ⓑ 6 ⓒ 7 ⓓ 8 ⓗ 9 ⓖ 10 ⓔ

748

청해 표현

UNIT
26

날씨 · 환경

날씨 · 환경　　　　　　UNIT 26 ≫

001
□□□

It's overcast.***
날씨가 흐리네요.

A: Today is the wrong day for a kids' soccer game. It's overcast.
오늘은 아이들이 축구 경기 하기엔 안 좋은 날이군요. 날씨가 흐리네요.

B: They will be inconsolable if it rains.
비가 오면 아이들이 몹시 슬퍼할 거예요.

002
□□□

rain cats and dogs***
비가 억수같이 오다

A: The party's outside? What if it rains cats and dogs?
파티를 밖에서 하나요? 비가 많이 오면 어떡하죠?

B: I'll just move everyone indoors, so don't worry about it.
제가 모두를 안으로 이동시킬게요, 그러니 걱정하지 마세요.

> **텝스 기출 표현**
> What if ~? ~하면 어쩌죠?

003
□□□

scorching heat*
찌는 듯한 더위

A: I can't stand this scorching heat.
이런 찌는 듯한 더위를 참을 수 없어요.

B: Yeah, it's been going on for days.
맞아요, 며칠 동안 계속되어 왔어요.

> **텝스 기출 표현**
> can't stand 견디기 힘들다
> go on 계속되다

there is a good chance of***

~할 가능성이 크다

A: I hope the weather will be nice for our road trip today.
오늘 자동차 여행 가는데 날씨가 좋으면 좋겠어요.

B: Unfortunately, there is a good chance of showers.
유감스럽게도 소나기가 올 가능성이 커요.

텝스 기출 표현
road trip 자동차 여행

유사 표현
be likely to ~할 것 같다

bundle up**

(옷을) 따뜻하게 껴입다

A: It's freezing outside. You should bundle up.
밖이 매우 추워요. 옷을 단단히 껴입으세요.

B: I'm fine. This jacket keeps me warm enough.
저는 괜찮아요. 이 점퍼면 충분히 따뜻해요.

텝스 기출 표현
It's freezing. 정말 춥네요.

let up**

(비·눈이) 그치다, 개다

A: This rain doesn't seem to let up.
이 비가 안 그칠 거 같아요.

B: But according to the forecast, it's going to clear up any time soon.
하지만 일기 예보에서 곧 갠다고 해요.

텝스 기출 표현
clear up (날씨가) 개다, 그치다

What is ~ like?***

~ 어때요?

A: What's the weather going to be like tomorrow?
내일 날씨가 어떨 거 같아요?

B: It's supposed to be nice and warm.
따뜻하고 좋을 거래요.

> **텝스 기출 표현**
> be supposed to ~하기로 되어 있다

> **유사 표현**
> What do you think about ~? ~에 대해 어떻게 생각하세요?

be plowed*

도로가 제설 작업이 되다

A: You shouldn't drive in this snow. It's also below freezing.
이렇게 눈 오는데 운전하지 마세요. 기온도 영하예요.

B: Not to worry. The roads have been plowed.
걱정하지 마요. 도로가 제설 작업이 되었어요.

> **텝스 기출 표현**
> below freezing 영하의

easier said than done**

말처럼 쉽지 않다

A: It is important to protect the environment as much as possible.
환경을 최대한 보호하는 게 중요해요.

B: I know, but easier said than done.
알고 있죠, 하지만 말처럼 쉽지 않아요.

> **텝스 기출 표현**
> as much as possible 최대한

> **유사 표현**
> easy for you to say 말을 하기는 쉽다

something should be done***

뭔가 조치를 취해야 한다

A: Something should be done to save the Earth from the air pollution.

지구를 대기 오염으로부터 구하기 위해 뭔가 조치를 취해야 해요.

B: I agree. At least we have to avoid driving and use public transportation.

동의해요. 적어도 우리는 운전을 하지 않고 대중교통을 이용해야 해요.

유사 표현

take a step 조치를 취하다

⏱ **Check-Up** Questions

문맥에 맞는 단어를 보기에서 골라 빈칸에 넣으세요.

ⓐ overcast	ⓑ cats and dogs	ⓒ let up	ⓓ a good chance	ⓔ bundle up
ⓕ what	ⓖ scorching heat	ⓗ plowed	ⓘ said than done	ⓙ be done

1. A: It was below freezing yesterday.
   B: Yes, my sister advised me to _____, but I didn't. I have a cold now.

2. A: It rained heavily all day today.
   B: I'm relieved that it _____ this evening.

3. A: David put the air conditioner on all night last night.
   B: I understand. I can't stand the _____, either.

4. A: How come we put off the schedule?
   B: There is _____ of heavy snow.

5. A: I heard you met our new boss. _____ is he like?
   B: He seems smart and friendly.

6. A: What happened to the soccer game?
   B: We had to cancel it as it rained _____.

7. A: It snowed heavily all night, so we should give up driving to work.
   B: No, most of the roads had already been _____.

8. A: People have to work out regularly.
   B: But it is easier _____.

9. A: I heard you flunked the history exam.
   B: Something should _____ to make it up.

10. A: The weatherman said it would be sunny today.
    B: But it is _____ .

answers
1 ⓔ 2 ⓒ 3 ⓖ 4 ⓓ 5 ⓕ 6 ⓑ 7 ⓗ 8 ⓘ 9 ⓙ 10 ⓐ

청해 표현

UNIT
27

광고 · 공지

광고 · 공지

UNIT 27 ≫

001
□□□

live up to the hype**

광고에 부합하다, 기대를 충족시키다

A: I heard that you bought a new camera. Did it live up to the hype?
당신이 새 카메라를 샀다고 들었어요. 기대한 만큼 좋았나요?

B: Yes, except for a little inconvenience, I'm so satisfied with it.
네, 약간의 불편함을 제외하고는, 전 매우 만족하고 있어요.

> **텝스 기출 표현**
>
> be satisfied with ~에 만족하다

002
□□□

No one can beat our price.*

우리가 제일 싸요.

A: What a rip-off!
완전 바가지잖아요!

B: That's nonsense. No one can beat our price.
말도 안 돼요. 우리가 제일 싸요.

> **텝스 기출 표현**
>
> What a rip-off! 완전 바가지군요!

003
□□□

easy to operate*

다루기 쉬운, 조작이 간단한

A: What do you think are the advantages of your product?
당신 제품의 장점이 뭐라고 생각하나요?

B: Well, our cutting-edge products are easy to operate.
음, 우리의 최첨단 제품은 다루기가 쉽습니다.

> **텝스 기출 표현**
>
> cutting-edge product 최첨단 제품

These deals won't last.**

이 가격이 계속되는 건 아니에요.

A: How long is the sale?
세일을 얼마 동안 하나요?

B: We offer the sale only for a limited period. These deals won't last.
한정된 기간 동안만 세일해요. 이 가격이 계속되진 않을 거예요.

Don't miss out on ~.**

~를 놓치지 마세요.

A: Don't miss out on our new ice cream.
저희의 새로 나온 아이스크림을 놓치지 마세요.

B: It looks delicious, but I am allergic to milk.
맛있어 보이긴 한데, 전 우유에 알레르기가 있어요.

텝스 기출 표현
be allergic to ~에 알레르기가 있다

buy one get one free**

하나 사면 하나가 공짜

A: Look at this. It's buy one get one free.
이것 보세요. 하나 사면 하나가 공짜입니다.

B: That seems a great deal.
괜찮은 가격인 거 같은데요.

유사 표현
two for the price of one 한 개 가격에 두 개

save up to***

최대 ~까지 할인되다

A: How much discount can I get?
할인이 얼마나 되죠?

B: You can save up to 70 percent.
최대 70퍼센트까지 할인됩니다.

I regret to inform ~. ***

~을 알려 드리게 되어 유감입니다.

A: I regret to inform you that you are not qualified for the position.
귀하가 이 일자리에 적합하지 않다는 것을 알려 드리게 되어 유감입니다.

B: I think you need more specific explanation.
제 생각엔 좀 더 구체적인 설명이 필요할 거 같은데요.

Should you have any changes, I will inform you immediately. **

또 다른 변동 사항이 있으면, 즉시 알려 드리겠습니다.

A: I heard my flight has been delayed.
제 비행기가 지연됐다고 들었어요.

B: The flight will leave at 8 o'clock. Should you have any changes, I will inform you immediately.
비행기는 8시에 출발할 예정이에요. 또 다른 변동 사항이 있으면, 즉시 알려 드리겠습니다.

May I have your attention, please? ***

집중해 주시겠어요?

A: May I have your attention, please? I'd like to introduce some new faculty members.
집중해 주시겠어요? 저는 새로운 교직원 몇 분을 소개하려고 해요.

B: We've been introduced already.
이미 소개받았는걸요.

유사표현

I need your attention, please. 집중해 주세요.

문맥에 맞는 단어를 보기에서 골라 빈칸에 넣으세요.

ⓐ regret to inform	ⓑ get one free	ⓒ miss out	ⓓ changes	ⓔ hype
ⓕ beat our price	ⓖ save up to	ⓗ operate	ⓘ attention	ⓙ last

1. A: How was the new restaurant?
   B: It was nice. It totally lived up to the _____.

2. A: I _____ you that our train will be delayed because of heavy rain.
   B: Can I get a refund? I think I can't make it on time.

3. A: Why not buy this milk? It's buy one _____.
   B: It seems a great deal, but I'd prefer the other milk.

4. A: Don't _____ on our free samples!
   B: Can I get one more sample, please?

5. A: Our lawnmowers are easy to _____.
   B: Really? Then I'll take it.

6. A: Do you bet your shop sells the cheapest products around here?
   B: Of course. No one can _____.

7. A: Since our store will close, you can _____ 80 percent.
   B: Really? Then I should get some things that I've always wanted.

8. A: May I have your _____, please?
   B: What's the occasion?

9. A: I heard you can't attend the meeting today.
   B: Unfortunately, should you have any _____, I will inform you immediately.

10. A: These deals won't _____.
    B: Then I should buy one more before the price goes up.

answers

1 ⓔ 2 ⓐ 3 ⓑ 4 ⓒ 5 ⓗ 6 ⓕ 7 ⓖ 8 ⓘ 9 ⓓ 10 ⓙ

청해 표현

UNIT
28

숫자

숫자

UNIT 28 ≫

001

second to none**

최고의, 누구에게도 뒤지지 않는

A: How was Sindy's recital last night?

어젯밤 Sindy의 연주회 어땠어요?

B: It was second to none. I think she is a gifted player.

최고였어요. 그녀는 재능이 뛰어난 연주자인 거 같아요.

텝스 기출표현

a gifted player 재능이 뛰어난 연주자

유사 표현

no match for ~의 상대가 못 되는, ~에 대적할 수 없는

002

a second opinion***

다른 사람의[의사의] 의견

A: I was told that I got cancer.

제가 암에 걸렸다고 들었어요.

B: Why don't you seek a second opinion?

다른 의사의 소견을 구해 보는 게 어때요?

텝스 기출표현

be told 듣다
seek a second opinion 다른 의사의 의견을 구하다

003

that makes two of us***

동의하다

A: Etiquette is disappearing these days, don't you think?

요즘 에티켓이 사라지고 있어요, 그렇지 않나요?

B: That makes two of us. We could use more manner.

당신 말에 동의해요. 우리는 좀 더 예의를 지킬 필요가 있어요.

텝스 기출표현

could use 필요하다

the last person to^{***}

~하지 않을 사람

A: I heard Tom made several errors in the report.

Tom이 보고서에 여러 실수를 했다고 들었어요.

B: That can't be true. He's the last person to do such a thing.

그럴 리 없어요. 그는 절대 그럴 사람이 아니에요.

텝스 기출 표현

make an error 실수하다
the last person to do such a thing 그런 걸 절대로 안 할 사람

first come, first served^{***}

선착순으로

A: I just noticed our tickets don't have seat numbers.

지금 막 알아차렸는데 티켓에 좌석 번호가 없네요.

B: It's first come, first served.

선착순이라서요.

dime a dozen[*]

흔해 빠진

A: Where can we get some fruit around here?

이 근처 어디서 과일을 살 수 있지요?

B: Grocery stores are dime a dozen in this neighborhood.

식료품 가게는 이 동네에 흔하게 있어요.

zero in on^{**}

~에 관심을 집중시키다, 초점을 맞추다

A: What will you focus on at the meeting?

내일 회의에서 무엇에 대해 초점을 맞출 건가요?

B: Well, I'd like to zero in on the sales strategy.

글쎄요, 영업 전략에 중점을 두고 싶습니다.

텝스 기출 표현

focus on ~에 초점을 두다

사람's two cents worth**

'사람'의 의견

A: In my opinion, it's unfair to block personal e-mail at work.
내 생각엔 회사에서 개인 이메일을 차단하는 건 불공평하다고 봐요.

B: You might want to put your two cents worth at the meeting tomorrow.
내일 회의에 당신의 의견을 얘기하는 게 좋겠어요.

텝스 기출 표현
might want to ~하는 게 좋다

유사 표현
사람's opinion '사람'의 의견

---

first thing in the morning***

(아침에) 제일 먼저

A: I need the sales report by tomorrow.
내일까지 매출 보고서가 필요해요.

B: OK, I'll send it first thing in the morning.
알겠어요, 아침에 제일 먼저 보낼게요.

---

feel like a million bucks**

기분이 아주 좋다

A: My son got accepted to the college. I feel like a million bucks.
제 아들이 대학에 합격했어요. 기분이 정말 좋네요.

B: Really? You must be thrilled.
정말요? 아주 기쁘시겠어요.

텝스 기출 표현
get accepted 합격하다
be thrilled 몹시 기쁘다

유사 표현
be in cloud 기분이 좋다

문맥에 맞는 단어를 보기에서 골라 빈칸에 넣으세요.

ⓐ first thing	ⓑ the last	ⓒ second	ⓓ worth	ⓔ zero in
ⓕ to none	ⓖ two of us	ⓗ dime	ⓘ first served	ⓙ bucks

1. A: Do you think we'll be able to get free tickets?
   B: Only if we get there early. They offer only 50 free tickets on a first come, _____ basis.

2. A: I can't find any payphone booths around here.
   B: Yes, but they were _____ a dozen when I was young.

3. A: I want to skip the meeting this afternoon.
   B: You can't. The boss will _____ on an important issue that we have to follow.

4. A: What has to be done to improve the environment?
   B: Let me put my two cents _____. We should cut down on using disposable products.

5. A: I think the concert was great last night.
   B: I agree. The violinist was second _____.

6. A: We need extra pay for overtime work.
   B: That makes _____, but the boss doesn't agree with us.

7. A: I'm not sure if I should major in history.
   B: Why don't you get a _____ opinion? I guess Tom knows well.

8. A: Rick told me that he got the bonus, but I think that's a lie.
   B: It can't be. He's _____ person to tell a lie.

9. A: I heard that you won the lottery.
   B: Yes, I feel like a million _____.

10. A: Why didn't you do the dishes after dinner?
    B: I was too tired. I'll make sure to do it _____ in the morning tomorrow.

청해 표현

UNIT
29

신체

신체

UNIT 29 》》

001
□□□

cost an arm and a leg***

거금을 들이다

A: This new smartphone must've cost an arm and a leg.
이 새 휴대 전화 거금이 들었겠네요.

B: But I guess it has a lot of useful features.
하지만 유용한 기능들이 많은 거 같아요.

> **유사 표현**
> cost a fortune 엄청나게 비싸다

002
□□□

be all ears**

귀를 기울이다

A: I have something important to tell you.
당신에게 아주 중요한 할 말이 있어요.

B: Tell me. I'm all ears.
말해 보세요. 듣고 있어요.

003
□□□

see eye to eye***

마음이 잘 맞다

A: I heard you don't get along well with John.
당신과 John이 잘 못 지낸다고 들었어요.

B: Well, we don't see eye to eye on too many things.
글쎄요, 우리는 마음이 안 맞는 게 너무 많아요.

> **텝스 기출 표현**
> get along well 잘 지내다

766

004
□□□

pull 사람's leg**

'사람'을 놀리다

A: Tom said he won the lottery yesterday.
Tom이 말하길 어제 복권에 당첨됐대요.

B: Don't believe him. He's just pulling your leg.
그 말 믿지 마세요. 당신을 그냥 놀리는 거예요.

텝스 기출 표현
win the lottery 복권에 당첨되다

유사 표현
be kidding 놀리다

005
□□□

get cold feet*

겁먹다, 초조해지다

A: I have an interview this afternoon. I'm getting cold feet.
오늘 오후에 인터뷰가 있어요. 초조해지고 있어요.

B: Don't worry. You'll do fine.
걱정 마세요. 당신은 잘할 거예요.

유사 표현
get nervous 긴장이 되다

006
□□□

give 사람 the cold shoulder**

'사람'을 냉대하다[차갑게 대하다]

A: Why did you give him the cold shoulder?
왜 그에게 차갑게 대했어요?

B: He stood me up last weekend, and didn't even apologize to me.
그가 지난 주말에 날 바람맞혔고, 심지어 나한테 사과도 안 했어요.

텝스 기출 표현
stand 사람 up '사람'을 바람맞히다

□□□

play it by ear***

계획 없이 즉흥적으로 하다

A: What do you have planned during your holidays?
휴일에 무엇을 할 계획이에요?

B: I don't have any plans. I'll just play it by ear.
계획이 없어요. 그냥 되는 대로 하려고요.

□□□

keep an eye on***

~을 지켜보다

A: Can you keep an eye on my bag? I'm going out for lunch.
제 가방 좀 봐줄래요? 저 점심 먹으러 나가요.

B: Grab me some drink while you're at it.
간 김에 제 음료수도 사다 주세요.

유사 표현

take care of ~에 주의하다

□□□

have a green thumb*

화초를 잘 가꾸다

A: Your garden looks lovely. You must be good at growing plants.
당신의 정원은 정말 좋아 보여요. 화초를 키우는 걸 잘하나 봐요.

B: Actually, my husband has a green thumb, not me.
사실 제 남편이 원예를 잘해요. 저 말고요.

텝스 기출 표현

be good at ~을 잘하다

put 사람's feet up[*]

(다리를 쭉 뻗고) 편히 쉬다, 휴식을 취하다

A: You look tired today. You should take a break after work.
당신 오늘 피곤해 보여요. 퇴근 후 쉬어야 할 것 같아요.

B: Yeah, I'm going to put my feet up and relax as soon as I get home.
네, 집에 가자마자 편히 쉴 거예요.

탭스 기출 표현

take a break 휴식을 취하다

유사 표현

be laid-back 편히 쉬다

문맥에 맞는 단어를 보기에서 골라 빈칸에 넣으세요.

ⓐ feet up	ⓑ cold feet	ⓒ pulling	ⓓ an arm	ⓔ eye on
ⓕ ears	ⓖ to eye	ⓗ thumb	ⓘ shoulder	ⓙ by ear

1. A: I have an important presentation today, and I'm getting _____.
   B: Don't worry. You will be fine.

2. A: This luxurious bag looks really expensive.
   B: Yes, it cost _____ and a leg.

3. A: I need to tell you something about my problem.
   B: Sure, I'm all _____.

4. A: Sara and I see eye _____.
   B: No wonder you two often hang around.

5. A: Tom knows almost everything about plants.
   B: I know. He has a green _____.

6. A: I don't believe that he's going to quit his job.
   B: I'm sure he's _____ your leg.

7. A: After I failed the test, my advisor gave me the cold _____.
   B: Just tell him to give you a second chance.

8. A: I'm really worried that you didn't prepare for the presentation.
   B: I will just play it _____.

9. A: How come you didn't come to the party last night?
   B: As my sister went for work, I had to keep a(n) _____ her children.

10. A: I overworked for a week, and I'm really exhausted.
    B: You need to put your _____ and relax.

청해 표현

UNIT
30

동물

동물

---

001 □□□

A worm will turn.*

지렁이도 밟으면 꿈틀한다.

A: Lots of presidents have to keep in mind that a warm will turn.
많은 사장들은 지렁이도 밟으면 꿈틀한다는 사실을 명심해야 해요.

B: You're right. They need to care about lots of matters related to their subordinates.
당신 말이 맞아요. 그들은 부하 직원들에 대한 많은 문제들에 신경 쓸 필요가 있어요.

---

002 □□□

be the tune the cow died of *

소도 죽을지 모르는 불쾌한 소리의 연속이다

A: Did you hear her screaming which was the tune the cow died of?
소도 죽을지 모르는 불쾌한 소리의 연속이었던 그녀의 비명 소리를 들었어요?

B: Yeah, she may have been on edge preparing her paper to be published.
네, 그녀는 논문 출간 준비로 신경이 예민해져 있었을지도 몰라요.

---

003 □□□

have butterflies in 사람's stomach*

마음이 조마조마하다

A: I have had butterflies in my stomach due to the nerve wrecking project.
저는 그 진땀 빼는 프로젝트 때문에 마음이 조마조마해 왔어요.

B: Don't be so anxious since a few more helpers will be assigned.
몇 명의 조력자들이 더 배정될 거니까 너무 걱정하지 마세요.

---

004 □□□

sink through the floor*

쥐구멍에 들어가다

A: The student wanted to sink through the floor because of his blunder.
그 학생은 자신의 실수 때문에 쥐구멍에 들어가고 싶어 했어요.

B: Plus, he may have felt a lot of pressure to fix his mistake.
게다가, 그는 자신의 잘못을 해결해야 한다는 많은 압박감을 느꼈을지도 몰라요.

---

005 □□□

Every dog has its day.*

쥐구멍에도 볕들 날 있다.

A: Most employees were well-acquainted with all of the information.
대부분의 직원들은 모든 정보를 잘 숙지했어요.

B: I'm sure they kept in mind that every dog has its day.
전 그들이 쥐구멍에도 볕들 날이 있다는 것을 명심했다고 장담해요.

---

a white elephant to 사람**

가지고 있어 봤자 '사람'에게 거추장스러운

A: My son wants to discard the ornament, a white elephant to him.
제 아들은 가지고 있어 봤자 그에게 거추장스러운 그 장식품을 버리고 싶어 해요.

B: He'd better give it to the person who needs it for free.
그는 그걸 필요로 하는 사람에게 공짜로 주는 게 나을 거예요.

If you run after two hares, you will catch neither.**

두 마리 토끼를 잡으려다 한 마리도 못 잡는다.

A: I have been busy lately handling lots of tasks as well as raising my kid.
전 제 아이를 키우는 것뿐 아니라 많은 업무를 처리하느라 최근에 바빴어요.

B: You'd better do only one work. If you run after two hares, you will catch neither.
당신은 한 가지 일만 하는 게 나을 거예요. 두 마리 토끼를 잡으려다 한 마리도 못 잡거든요.

like a hog**

돼지처럼

A: They ate lots of pizza like a hog to win a cash prize at the contest.
그들은 대회에서 상금을 타려고 많은 피자를 돼지처럼 먹었어요.

B: They may not have cared about what the audience says of them.
그들은 관중이 그들에 대해 뭐라고 하든 신경 쓰지 않았을지도 몰라요.

Hold your horses.***

잠깐 생각을 먼저 하세요.

A: Who should I choose for the advancement right now, Tom or Jane?
제가 Tom과 Jane 중에 승진 대상으로 지금 당장 누구를 선택해야 할까요?

B: You need to hold your horses since both of them are very powerful.
두 명 다 강력하기 때문에 당신은 잠깐 생각해 볼 필요가 있어요.

Let the cat out of the bag.***

비밀을 누설하다.

A: I was ousted from my position because he let the cat out of the bag.
그가 비밀을 누설해서 전 제 직위에서 쫓겨났어요.

B: His foolish conduct did a disservice to you.
그의 어리석은 행동이 당신에게 폐를 끼쳤군요.

텝스 기출표현

do a disservice to A A에게 몹쓸 짓을 하다, A에게 폐를 끼치다

문맥에 맞는 단어를 보기에서 골라 빈칸에 넣으세요.

ⓐ sink	ⓑ horses	ⓒ tune the cow	ⓓ worm	ⓔ dog
ⓕ butterflies	ⓖ like a hog	ⓗ white elephant	ⓘ catch neither	ⓙ out of

1. A: I had _____ in my stomach because of the tasks hard to finish quickly.
   B: I want your boss to hire a few more employees who can support you.

2. A: I'm tired of doing my task handling my senior's work.
   B: Remember the saying that if you run after two hares, you'll _____.

3. A: I wish someone would take the old furniture, a _____ to my family.
   B: Just give it to someone who needs it as a gift.

4. A: I heard that he was suspended since his colleague let the cat _____ the bag.
   B: Yesterday, he was wailing when I dropped by his house alone.

5. A: All the staff members handled lots of work to pull off the big deal.
   B: Right. They must have been impressed by the saying that every _____
   has its day.

6. A: My senior's grumbling was the _____ died of.
   B: I had a premonition that you would file a grievance about it.

7. A: The leader needs to be careful since a _____ will turn.
   B: You're right. I think he has to serve as a model not to be blamed.

8. A: The head chef must have wanted to _____ through the floor.
   B: I think he shouldn't have taken up the high position.

9. A: Which should I buy for my son right now, this one or that one?
   B: Hold your _____ since both of them are splendid in terms of quality.

10. A: I remember the young men who devoured lots of meat _____.
    B: I bet they must have been famished.

answers
1 ⓕ 2 ⓘ 3 ⓗ 4 ⓙ 5 ⓔ 6 ⓒ 7 ⓓ 8 ⓐ 9 ⓑ 10 ⓖ

MEMO

MEMO

INDEX

사전처럼 찾아 보는
편리한 보카 검색

sanction	526	sentence	411	solar system	613
sanctuary	438	serene	077	solid	562
sanitation	229	sermon	506	solidarity	092
satellite	609	serve	046	soliloquy	385
satiate	059	set up	088	solitary	075
satire	354, 379	settle	121	solvent	571
saturation	577	severance	256	sonar	555
savage	358	severe	335	soothe	487
savor	058	shabby	131	sophisticated	187, 471
savvy	297	shareholder	272	sordid	426, 526
scalar	576	shatter	333	sought-after	165
scald	345	shelter	332	souvenir	064
scale	613	shelve	517	sovereign	530
scant	614	shield	334	spacious	130
scapegoat	209	shift	243	sparingly	169
scarcity	319	shirk	254	spark	563, 605
scathing	383	shortage	334	specialize in	111
school	587	shortcut	024	specialty	054
scorching	457	shorthanded	250	species	587
scour	128	shower	450	specimen	585
scribble	381	shrewd	114	spectacular	069
scrimp	280	shrink	610	spectator	174
scrutinize	075	sibling	139	spectrum	566
sculpt	389	sift	616	speculate	364
seal	046, 103	significant	470	speechless	051
seasoned	253	simulate	612	sphere	606
seasoning	052	sin	509	spill	045
secondhand	166	sinuous	037	spiritual	499
secrete	592	sip	051	split	240
secular	503	sit on the fence	084	splurge	166, 280
sedative	228	situated	145	spoil	293
sedentary	182, 252	sizable	544	sporadic	346, 595
sedition	533	skirt	031	spore	592
see fit to	404	skyrocket	114	spotless	127
segment	323	skyrocketing	320	spouse	139
segregate	501	slander	095, 209	spree	161
segregation	326	slavery	352	sprout	588
seismic	454	sleet	453	spurious	164
seize	357	sling	229	squander	166
seizure	229	sloppy	254	stagnation	278
selected	311	smear	128	stain	127
selfless	083	smother	343	stake	183
semblance	557	smuggle	421	stale	056
semiconductor	550	snob	325	stand for	376
senator	530	snub	113	standardize	548
senility	230	soar	268	standoff	517
senior	239	sober	029, 058	staple	054
sensation	199, 398	sociable	081	startle	610
sensitive	479	solace	494	starving	051